変貌する
銀行の法的責任
―判例の展開と実務の動向―

升田 純 著

発行 民事法研究会

は し が き

　本書は、日本の社会において個人、企業の取引の重要な位置を占めている銀行等の金融機関との取引をめぐる裁判例を紹介することによって、バブル経済の膨張、崩壊の時期を境にして大きく変貌している銀行等の取引の特徴、これに伴って生じている深刻なトラブルの実態を浮き彫りにしようとしたものである。

　銀行等は、伝統的には預金、融資のサービスを提供する事業を行い、個人、企業にとって重要な役割を担ってきたが、その重要性は、経済環境の変化、取引関係者の意識の変化等によって変化するものであり、現に低下しつつある。近年は、銀行等にとっては伝統的な預金、融資事業の魅力が薄れ、投資事業等に事業を展開、拡大しているようであるが、振り返ってみれば、この分岐点は、バブル経済の崩壊の時期であったように考えられる。特に最近は、銀行等から投資取引の勧誘が盛んに行われるようになっているが、その反面、銀行等の数が減少し、支店も減少し、窓口の様子も大きく変化し、伝統的な銀行等の取引とは大いに様変わりしている。

　本書は、裁判例を通じてではあるが、銀行等の金融機関が関係したトラブル（見方を変えると、銀行等の顧客、取引先等のトラブルである）のうち、銀行等の前記の変化を反映した深刻なトラブル、その法的な解決の実情・方向・解決基準を検討し、分析し、現代社会において生じ得る銀行等とのトラブルの法的な解決の方向・解決基準を予測することを試みたものである。銀行等は、現在、膨大な顧客、取引先等に関する情報を保有し、これらを基に投資事業等に活用し、新たな事業を展開しているが、現在の経営、事業の基本、姿勢は、伝統的な銀行等のものとは大きく異なり、変貌している。他方、銀行等の顧客、取引先の中には、銀行等がその取引、機能、経営、事業が大きく変貌していることを認識していない者も多々みられ、銀行等に対する期待、信頼も従来と同様の者も多いところであるため、銀行等との取引によってトラブルが発生する可能性が相当にある。

はしがき

　顧客等が銀行等との取引をめぐるトラブルが発生し、これらのトラブルの中には訴訟に発展するものもあることが予想されるが、本書は、顧客等が不要なトラブルに巻き込まれないよう、銀行等の変貌振り、裁判例の実情をも紹介している。

　日常生活上も、経済活動上も、銀行等との取引は、内容、程度は変化しつつも、必要かつ重要な取引であるが、不要なトラブルを回避し、訴訟に発展した場合の対応を事前に検討しておくことは、現代社会において生活し、活動するに当たって必要な知識になっており、特に現代社会が投資を重視した社会に変貌している現在、ますます重要な知識になっている。本書は、このような必要な知識の一片になることを企画し、判例時報（2112号から2165号）までに連載したものを整理し、さらに補充して執筆したものである。

　本書をまとめるに当たっては、民事法研究会の田口信義社長とその編集グループにお世話になった。この場を借りてお礼を申し上げる。

　　平成25年9月

　　　　　　　　　　　　　　　　　　　　　　　　　升　田　　純

目　次

序　章
総　論

1　バブル経済の膨張・崩壊と銀行の取引の変貌 ……………2

(1) 伝統的な銀行の役割 ………………………………………2
(2) 伝統的な銀行の変貌 ………………………………………4

2　銀行等の取引をめぐる法律環境 ……………………………6

(1) 銀行等の法律問題の変化 …………………………………6
(2) 銀行等に適用される法律、法理 …………………………7
(3) 本書の視点 …………………………………………………9
(4) 預金の払戻しをめぐる裁判例 ……………………………10

3　銀行等の健全な経営 …………………………………………16

(1) 健全経営の意義 ……………………………………………16
(2) バブル経済の崩壊と銀行等の経営 ………………………17
(3) バブル経済崩壊後の銀行等のトラブルと裁判例の動向 ………19
(4) 変貌する銀行等の業務・取引とリスク …………………23

目 次

第1章
銀行等の債権回収をめぐる裁判例

1 貸付業務の概要 …………………………………………………30

2 貸付債権回収の実務 ……………………………………………33

3 裁判例の紹介 ……………………………………………………37

〔1-1〕 公庫の保証等の錯誤が否定された事例（東京高判昭和40・10・6判タ185号138頁）……………………………………37

〔1-2〕 銀行の保証の錯誤が肯定された事例（東京地判昭和53・3・29下民集29巻1～4号153頁、判時909号68頁、判タ369号239頁）…38

〔1-3〕 信用金庫の保証の錯誤、信義則違反等が否定された事例（仙台高判昭和59・4・20金法1078号118頁、金判704号3頁）………40

〔1-4〕 前記〔1-3〕の上告審判決であり、信用金庫の保証の錯誤、信義則違反等が否定された事例（最三小判昭和60・7・16金法1103号47頁）……………………………………………41

〔1-5〕 信用金庫の保証の錯誤が肯定された事例（大阪地判昭和62・8・7判タ669号164頁）………………………………………42

〔1-6〕 銀行の物上保証人・連帯保証人に対する不法行為責任が否定された事例（東京高判平成元・3・29金法1243号29頁）…………44

〔1-7〕 銀行の質権設定の錯誤が肯定された事例（横浜地判平成元・7・13判時1337号81頁）………………………………………48

〔1-8〕 銀行の連帯保証、質権設定の錯誤が肯定された事例（仙台高判平成元・9・28判時1345号81頁）……………………………50

〔1-9〕 前記〔1-7〕の控訴審判決であり、銀行の質権設定の錯誤

目次

〔1－10〕 が否定された事例（東京高判平成2・3・8金法1261号30頁） …53

〔1－10〕 信用金庫の連帯保証の錯誤が肯定された事例（大阪高判平成2・6・21判時1366号53頁、判タ732号240頁、金法1262号66頁、金判880号9頁） ……………55

〔1－11〕 信託銀行の取引先の預金拘束につき債務不履行責任、不法行為責任が否定された事例（東京地判平成3・2・18判タ767号174頁、金法1293号30頁、金判877号25頁） ……………58

〔1－12〕 銀行の連帯保証契約の意思の確認につき信義則違反が肯定された事例（京都地判平成6・8・26判タ895号195頁） ……………59

〔1－13〕 銀行の名義貸しの融資につき民法93条但書の類推適用により貸金の返還請求が許されないとされた事例（名古屋高判平成6・11・30金法1436号32頁） ……………63

〔1－14〕 銀行の債権回収の手段が自由競争原理の範囲を逸脱した不法行為に当たるとされた事例（東京地判平成7・2・23判時1550号44頁、判タ891号208頁、金法1415号43頁、金判966号32頁） ……66

〔1－15〕 前記〔1－13〕の上告審判決であり、銀行の名義貸しの融資につき民法93条但書の類推適用により貸金の返還請求が許されないとされた事例（最二小判平成7・7・7金法1436号31頁） ……70

〔1－16〕 信用金庫の過剰融資等の不法行為責任が否定された事例（岐阜地判平成7・10・5判タ910号177頁） ……………70

〔1－17〕 信用組合の債権放棄の錯誤が肯定された事例（東京高判平成7・10・18判時1585号119頁、金法1470号34頁、金判1002号3頁） …72

〔1－18〕 前記〔1－14〕の控訴審判決であり、銀行の債権回収の不法行為責任が否定された事例（東京高判平成7・12・26金法1445号49頁） ……………75

〔1－19〕 信託銀行の譲渡担保の公序良俗違反等が否定された事例（東京地判平成8・1・22判時1581号127頁、判タ915号264頁） ………78

〔1－20〕 銀行の連帯保証の錯誤が肯定された事例（東京地判平成8・2・21判時1589号71頁） ……………80

目 次

〔1−21〕 マンションの管理費を原資とする預金につき銀行による管理業者に対する貸付債権との相殺が肯定された事例（東京地判平成8・5・10判時1596号70頁） ……………………………82

〔1−22〕 銀行の担保権の実行につき信義則違反、権利濫用が否定された事例（長野地判平成9・5・23判タ960号181頁） ………86

〔1−23〕 銀行の債権回収につき不法行為責任が肯定された事例（山形地判平成9・11・5判時1654号129頁） ………………………91

〔1−24〕 前記〔1−21〕の関連事件であり、預金の質権設定が有効であり、銀行の質権実行が肯定された事例（東京地判平成10・1・23金判1053号37頁） ……………………………………93

〔1−25〕 銀行の名義貸しの融資が有効とされた事例（岡山地判平成10・8・18金判1113号30頁） …………………………………95

〔1−26〕 銀行の名義貸しの融資につき民法93条但書の適用ないし類推適用により貸金の返還請求が許されないとされた事例（東京地判平成11・1・14金法1582号50頁、金判1085号31頁）………98

〔1−27〕 銀行の連帯保証の錯誤が肯定された事例（水戸地下妻支判平成11・3・29金判1066号37頁） ……………………………100

〔1−28〕 信用金庫の債権回収につき不法行為責任が肯定された事例（大阪高判平成11・5・18金判1075号27頁） ………………102

〔1−29〕 銀行の名義貸しの融資につき民法93条但書により無効であるとされた事例（大阪高判平成11・5・27金判1085号25頁） ………105

〔1−30〕 前記〔1−21〕の関連事件であり、マンションの管理費を原資とする預金につき銀行による管理業者に対する貸付債権との相殺が否定された事例（東京高判平成11・8・31高民集52巻1号36頁、判時1684号39頁、金法1558号24頁） ………………108

〔1−31〕 銀行の名義貸しの融資につき民法93条但書の適用により無効であるとされた事例（東京地判平成11・10・25金判1082号42頁）…110

〔1−32〕 銀行の名義貸しの融資につき民法93条但書の適用により無効ではないとされた事例（東京地判平成11・10・25判時1729号47

〔1－33〕 前記〔1－31〕の控訴審判決であり、銀行の名義貸しの融資につき心裡留保に当たらず、無効であるとはいえないとされた事例（東京高判平成12・4・11金判1095号14頁）……………115

〔1－34〕 前記〔1－32〕の控訴審判決であり、銀行の名義貸しの融資につき融資契約の成立が否定された事例（東京高判平成12・5・24金判1095号18頁）……………117

〔1－35〕 銀行の連帯保証の成りすましにつき民法110条の類推適用により成りすましをした者の責任が肯定された事例（大阪地判平成12・7・18金法1598号53頁）……………119

〔1－36〕 前記〔1－25〕の控訴審判決であり、銀行の名義貸しの融資につき民法93条但書の類推適用により名義貸人に融資の返還を求めることは許されないとされた事例（広島高岡山支判平成12・9・14金判1113号26頁）……………121

〔1－37〕 前記〔1－24〕の控訴審判決であり、銀行の質権実行が否定された事例（東京高判平成12・12・14判時1755号65頁、金法1621号33頁、金判1108号15頁）……………123

〔1－38〕 銀行、信用金庫の名義貸しの融資につき民法93条但書の類推適用により融資の返還を求めることが許されないとされた事例（東京地判平成17・3・25金判1223号29頁）……………126

〔1－39〕 信用金庫の連帯保証の錯誤が肯定された事例（東京高判平成17・8・10判時1907号42頁、判タ1194号159頁、金法1760号30頁、金判1226号15頁）……………129

〔1－40〕 銀行の担保株式の処分につき公序良俗違反、信義則違反が否定された事例（東京地判平成20・4・21金法1842号115頁）……………132

〔1－41〕 銀行の預金払戻しの拒絶、預金の相殺につき不法行為責任が否定された事例（東京地判平成20・8・1金法1875号81頁）……………135

〔1－42〕 前記〔1－41〕の控訴審判決であり、銀行の預金払戻拒絶、預金の相殺につき不法行為責任が否定された事例（東京高判

目次

平成21・4・23金法1875号76頁) …………………138

〔1-43〕 銀行の預金凍結につき不法行為責任が否定された事例（岡山地判平成21・7・31金判1393号62頁) …………………140

〔1-44〕 前記〔1-43〕の控訴審判決であり、銀行の預金凍結につき不法行為責任が肯定された事例（広島高岡山支判平成22・3・26金判1393号60頁) …………………143

〔1-45〕 銀行の連帯保証につき錯誤、信義則違反等が否定された事例（新潟地判平成23・3・2金法1962号102頁、金判1401号44頁) ……145

〔1-46〕 銀行の預金凍結につき不法行為責任が否定された事例（岡山地判平成23・4・27金判1393号58頁) …………………148

〔1-47〕 前記〔1-46〕の控訴審判決であり、銀行の預金凍結につき不法行為責任が否定された事例（広島高岡山支判平成23・10・27金判1393号54頁) …………………151

〔1-48〕 銀行の預金凍結につき不法行為責任が否定された事例（甲府地判平成23・11・8金判1394号54頁) …………………152

〔1-49〕 前記〔1-45〕の控訴審判決であり、銀行の連帯保証につき錯誤が肯定された事例（東京高判平成24・5・24判タ1385号168頁、金法1962号94頁、金判1401号36頁) …………………155

第2章
銀行等に対する否認権行使をめぐる裁判例

1 否認権等の概要 …………………158

2 倒産法における否認権の行使 …………………159

3 裁判例の紹介 ……………………………………………………160

〔2－1〕 信用金庫の根抵当権設定につき否認が肯定された事例（東京高判昭和55・11・18判タ435号109頁、金法957号36頁） …………161

〔2－2〕 信用金庫の満期未到来の割引手形の買戻しにつき否認が肯定された事例（東京地判昭和57・1・21判時1053号169頁） ………163

〔2－3〕 銀行の満期未到来の割引手形の買戻しにつき否認が肯定された事例（京都地判昭和57・6・24判時1059号143頁、金法1047号47頁） ……………………………………………………………165

〔2－4〕 銀行の割引手形の買戻し、弁済の受領につき否認が肯定された事例（京都地判昭和58・5・27判時1096号139頁、判タ502号190頁） ……………………………………………………………167

〔2－5〕 信用金庫の割引手形の買戻しにつき否認が否定された事例（京都地判昭和58・7・18判時1096号142頁、金法1047号47頁） ……169

〔2－6〕 前記〔2－5〕の控訴審判決であり信用金庫の割引手形の買戻しにつき否認が否定された事例（大阪高判昭和59・3・29金法1086号34頁） ……………………………………………………171

〔2－7〕 銀行の譲渡担保設定につき否認が肯定された事例（東京地判昭和60・8・7判時1194号123頁） …………………………………171

〔2－8〕 銀行の弁済受領につき否認が肯定された事例（津地松阪支判平成2・12・27金判869号25頁） ………………………………173

〔2－9〕 信用金庫の転付命令につき否認が肯定された事例（静岡地判平成4・12・4判時1483号130頁、判タ809号220頁） ……………175

〔2－10〕 銀行の根抵当権の設定につき否認が肯定された事例（福岡地判平成5・12・6判タ859号264頁） …………………………178

〔2－11〕 銀行の株式等の担保設定につき否認が肯定された事例（大阪地判平成9・3・21判時1628号64頁、判タ956号295頁、金判1053号26頁） ……………………………………………………179

〔2－12〕 信用金庫の根抵当権の設定につき否認が肯定された事例（東

目 次

京地判平成10・12・25金判1072号42頁） ……………………181
〔2−13〕 銀行の繰上げ弁済の受領につき否認が肯定された事例（東京地判平成12・1・24判時1713号79頁） ……………………183
〔2−14〕 信託銀行の債権譲渡の対抗要件具備につき否認が肯定された事例（大阪地判平成13・10・11金法1640号39頁） ……………185
〔2−15〕 銀行の預金債権の相殺につき否認が否定された事例（東京地判平成15・10・9判時1842号109頁、判タ1162号286頁、金法1699号53頁、金判1177号15頁） ………………………188
〔2−16〕 銀行の弁済受領につき否認が肯定された事例（東京地判平成19・3・29金法1819号40頁、金判1279号48頁） ……………193
〔2−17〕 銀行の株式担保の設定につき否認が肯定された事例（大阪地判平成21・6・4判時2109号78頁、金法1895号105頁） ………198
〔2−18〕 前記〔2−17〕の控訴審判決であり、銀行の株式担保の設定につき否認が肯定された事例（大阪高判平成22・2・18判時2109号89頁、金法1895号99頁） ………………………200

第3章
銀行等の貸付またはこれに付随する義務をめぐる裁判例

1 貸付取引の過程と銀行等の義務 ……………………………206

2 銀行等の信義則上の義務の動向 ……………………………207

3 裁判例の紹介 …………………………………………………209

〔3−1〕 融資証明書を発行した農協の融資拒絶につき不法行為が否定された事例（福岡地判昭和59・2・28判タ528号244頁） ………209

10

目 次

〔3－2〕 金庫の融資義務の不履行に基づく損害賠償請求が否定された事例（東京地判昭和63・5・26金判823号27頁）……………211

〔3－3〕 信用金庫の融資約束違反による債務不履行責任等が否定された事例（宮崎地都城支判平成元・1・20判タ733号118頁）………214

〔3－4〕 銀行の融資約束違反による債務不履行責任等が否定された事例（東京高判平成元・4・13金法1236号29頁、金判826号20頁）…216

〔3－5〕 銀行の融資約束違反の債務不履行責任が否定された事例（静岡地判平成元・9・28金法1254号37頁）……………………220

〔3－6〕 銀行の融資拒絶による不法行為責任が肯定された事例（東京地判平成4・1・27判時1437号113頁、判タ793号207頁、金法1325号38頁、金判902号3頁）……………………222

〔3－7〕 信用金庫の定期預金の勧誘につき説明義務違反の不法行為が肯定された事例（東京地判平成4・11・4判時1495号113頁、判タ832号140頁、金法1358号60頁）……………………225

〔3－8〕 前記〔3－6〕の控訴審判決であり、銀行の融資拒絶による不法行為責任が肯定された事例（東京高判平成6・2・1判時1490号87頁、金法1390号32頁、金判945号25頁）……………227

〔3－9〕 銀行の配慮義務違反の使用者責任が肯定された事例（東京地判平成8・10・30判時1615号64頁、判タ949号156頁）……………232

〔3－10〕 信託銀行の報告義務違反が否定された事例（東京地判平成8・12・25金法1505号59頁）……………………235

〔3－11〕 信用金庫の融資契約の成立が否定された事例（東京地判平成10・1・20金判1048号45頁）……………………237

〔3－12〕 銀行の融資拒絶につき拒絶時期の遅延による不法行為責任が肯定された事例（東京地判平成10・8・31金法1547号49頁）……239

〔3－13〕 銀行の貸付に係る権利濫用、信義則違反、保護義務違反が否定された事例（東京地判平成11・1・25金判1089号33頁）………242

〔3－14〕 信託銀行の不動産売買の紹介、代金の融資につき不法行為責任が否定された事例（東京地判平成11・1・28判時1693号92頁）…245

11

目　次

〔3−15〕　銀行の追加融資の約束が否定された事例（東京地判平成11・2・4金法1579号68頁） ……………………………………………248

〔3−16〕　銀行の追加融資の拒絶につき債務不履行責任が否定された事例（東京高判平成11・10・20判タ1039号148頁、金判1080号9頁） …250

〔3−17〕　銀行のゴルフ会員権の購入代金の融資につき断定的判断の提供、説明義務違反等による不法行為責任が否定された事例（浦和地判平成12・5・29金判1113号42頁） ……………………253

〔3−18〕　銀行の融資拒絶による使用者責任が肯定された事例（東京地判平成13・7・19判時1780号116頁） ……………………………257

〔3−19〕　銀行の融資に係る不動産取引に関する説明義務違反による不法行為責任が否定された事例（最二小判平成15・11・7判時1845号58頁、判タ1140号82頁、金法1703号48頁、金判1189号4頁）…260

〔3−20〕　銀行のゴルフ会員権の購入代金の融資につき詐欺等が否定された事例（東京地判平成16・2・27金判1222号44頁） ……………264

〔3−21〕　前記〔3−20〕の控訴審判決であり、銀行のゴルフ会員権の購入代金の融資につき不法行為責任が肯定された事例（東京高判平成16・8・9金判1222号37頁） ………………………266

〔3−22〕　銀行の税制の法改正に関する説明義務違反による不法行為責任が肯定された事例（東京高判平成17・3・31判タ1186号97頁、金判1216号6頁） ……………………………………………269

〔3−23〕　銀行の融資に係る不動産売却による返済の可能性に関する調査・説明義務違反の可能性が肯定された事例（最一小判平成18・6・12判時1941号94頁、判タ1218号215頁、金法1790号57頁、金判1245号16頁） ……………………………………………274

〔3−24〕　銀行のゴルフ会員権購入のための融資につき断定的判断の提供、説明義務違反による不法行為責任が否定された事例（東京地判平成19・1・18判時1979号85頁） ……………………277

〔3−25〕　前記〔3−23〕の差戻控訴審判決であり、銀行の融資に係る不動産売却による返済の可能性に関する説明義務違反が肯定

〔3－26〕 銀行のゴルフ会員権購入のための融資につき断定的判断の提供、説明義務違反等による不法行為が否定された事例（東京地判平成20・4・9判タ1299号227頁）……………284

〔3－27〕 信用金庫の融資拒絶につき契約締結上の過失が否定された事例（前橋地判平成24・4・25金判1404号48頁）………………287

〔3－28〕 前記〔3－27〕の控訴審判決であり、信用金庫の融資拒絶につき信義則上の注意義務違反が否定された事例（東京高判平成24・9・27金判1404号42頁）……………………290

第4章
銀行等の取引と一般法理をめぐる裁判例

1 銀行等の取引と一般法理の適用 …………………294

2 銀行等の取引の実態 …………………295

3 裁判例の紹介 …………………296

〔4－1〕 銀行の貸金返還請求につき貸し手責任を理由とする権利の濫用が否定された事例（札幌地判平成9・5・26判タ961号185頁）…296

〔4－2〕 農協の名義貸人に対する貸金返還請求につき信義則違反、権利の濫用が肯定された事例（仙台高判平成9・12・12判時1656号95頁、判タ997号209頁）………………298

〔4－3〕 銀行の根抵当権設定契約につき意思能力欠如による無効が認められた事例（東京地判平成10・7・30金法1539号79頁）………301

〔4－4〕 銀行の割引債の担保による継続的で多額の融資につき信義則違反、不法行為責任が否定された事例（大阪地判平成11・

13

目　次

〔4-5〕　銀行の貸金返還請求につき物的有限責任の抗弁が排斥された事例（東京地判平成12・4・28金判1103号32頁）……………306
〔4-6〕　銀行の従業員による高齢の顧客の預金の無断払戻しにつき銀行の使用者責任、不法行為責任が肯定された事例（東京地判平成13・7・12判時1766号55頁）………………………307
〔4-7〕　銀行の外国人による住宅ローンの申込み拒絶につき不法行為責任が否定された事例（東京地判平成13・11・12判時1789号96頁、判タ1087号109頁、金判1134号40頁）……………311
〔4-8〕　銀行のカードローンにつき貸し手責任、説明義務違反、権利の濫用が否定された事例（東京地判平成14・9・6金法1682号174頁）………………………………………………316
〔4-9〕　銀行等の違法な取引を行う業者に関する調査義務違反による不法行為責任が否定された事例（大阪地判平成16・1・19判時1847号44頁）…………………………………318
〔4-10〕　信用金庫の預金者本人の確認義務違反による不法行為責任が肯定された事例（甲府地判平成18・2・28金法1776号36頁）……321
〔4-11〕　銀行の警察の要請による預金凍結につき不法行為責任が否定された事例（東京地判平成19・2・14金法1806号58頁）…………326
〔4-12〕　銀行の警察の要請による預金凍結につき不法行為責任が否定された事例（東京地判平成20・11・12判時2040号51頁、判タ1305号117頁）…………………………………………328
3・4判時1705号100頁、判タ1025号209頁）……………302

第5章
銀行等の投資取引をめぐる裁判例

1 投資の時代と投資取引 …………………………………334

2 投資取引の変貌 …………………………………………335

3 投資取引をめぐる訴訟の実情 …………………………336

4 投資取引における紛争の不可避性 ……………………338

5 投資取引のリスクへの対応 ……………………………340

6 裁判例の紹介 ……………………………………………342

〔5－1〕 銀行のインパクト・ローン融資の勧誘につき説明義務違反が肯定された事例（大阪地判昭和62・1・29判時1238号105頁、判タ630号156頁、金法1149号44頁、金判765号19頁）…………343

〔5－2〕 銀行の外国為替先物取引の勧誘につき不法行為責任、債務不履行が否定された事例（東京地判平成2・10・9金法1271号46頁）…………………………………………………………345

〔5－3〕 銀行のインパクト・ローンの勧誘につき不法行為責任が否定された事例（東京地判平成4・6・26判時1469号113頁、金法1333号43頁、金判903号18頁）…………………………347

〔5－4〕 前記〔5－3〕の控訴審判決であり、銀行のインパクト・ローンの勧誘につき不法行為責任が否定された事例（東京高判平成4・12・21金法1362号39頁）…………………………350

目 次

〔5−5〕 外国銀行の節税対策の助言を受けて外国証券を購入したことにつき説明義務が否定された事例（東京地判平成7・10・16判タ912号209頁） …………………………………………………351

〔5−6〕 銀行の顧客との外国為替等のスワップ取引につき顧客の銀行に対する損害賠償責任が否定された事例（東京地判平成7・11・6金法1455号49頁、金判1032号35頁） ………………354

〔5−7〕 銀行の金利スワップ取引につき説明義務違反による不法行為責任が否定された事例（仙台地判平成7・11・28金法1444号64頁）…356

〔5−8〕 前記〔5−7〕の控訴審判決であり、銀行の説明義務違反、アフターケア義務違反による不法行為責任が否定された事例（仙台高判平成9・2・28金法1481号57頁、金判1021号20頁） ……359

〔5−9〕 銀行の融資の利息に関する外国為替先物取引につき利息制限法違反が否定された事例（東京地判平成9・4・2判タ966号235頁） ……………………………………………………361

〔5−10〕 前記〔5−6〕の控訴審判決であり、銀行の顧客との外国為替等のスワップ取引につき、顧客の銀行に対する損害賠償責任が肯定された事例（東京高判平成9・5・28判タ982号166頁、金法1499号32頁、金判1032号28頁） ………………364

〔5−11〕 銀行の通貨スワップ取引の説明義務違反等が否定された事例（東京地判平成9・10・31判時1650号103頁、金法1515号49頁） ……366

〔5−12〕 銀行の通貨スワップ取引につき公序良俗違反、錯誤、説明義務違反が否定された事例（東京地判平成10・7・17判時1666号76頁、判タ997号235頁） ……………………………369

〔5−13〕 信託銀行の金銭信託の勧誘につき誤信を与えない注意義務違反が否定された事例（東京地判平成11・3・29金法1565号92頁）…372

〔5−14〕 銀行のオプション取引、インパクト・ローン取引につき説明義務違反等による不法行為責任が否定された事例（東京地判平成11・5・31判タ1017号173頁） ………………………374

〔5−15〕 銀行の外国為替を利用する融資等につき説明義務違反が肯定

16

目　次

　　　　　された事例（東京地判平成13・2・7判時1757号104頁、判タ
　　　　　1099号233頁、金判1110号11頁）………………………………………379
〔5－16〕信託銀行の不動産投資取引の勧誘につき説明義務違反による
　　　　　不法行為責任が肯定された事例（東京地判平成14・1・30金法
　　　　　1663号89頁）……………………………………………………………383
〔5－17〕信託銀行の不動産小口化商品の販売につき説明義務違反が肯
　　　　　定・否定され、平等義務違反が肯定された事例（東京地判平
　　　　　成14・7・26判タ1212号145頁）……………………………………386
〔5－18〕信託銀行の不動産小口化商品の信託につき説明義務違反等が
　　　　　否定された事例（東京地判平成16・8・27判時1890号64頁）……393
〔5－19〕銀行の不動産小口化商品の販売の勧誘につき適合性の原則違
　　　　　反、説明義務違反が否定された事例（東京地判平成16・11・
　　　　　2判時1896号119頁）……………………………………………………399
〔5－20〕信託銀行の不動産小口化商品の販売につき断定的判断の提
　　　　　供、管理義務違反、公平義務違反、善管注意義務違反等が否
　　　　　定された事例（大阪地判平成17・7・21判時1912号75頁、判タ
　　　　　1192号265頁）……………………………………………………………402
〔5－21〕銀行の金利スワップ取引につき優越的地位の濫用、公序良俗
　　　　　違反が否定された事例（東京地判平成18・8・2金法1795号60
　　　　　頁）…………………………………………………………………………404
〔5－22〕銀行の金利スワップ取引につき説明義務違反が否定された事
　　　　　例（福岡地大牟田支判平成20・6・24判タ1364号170頁、金判
　　　　　1369号38頁）……………………………………………………………406
〔5－23〕銀行の投資信託の勧誘につき適合性の原則違反、説明義務違
　　　　　反が肯定された事例（大阪地判平成22・8・26判時2106号69頁、
　　　　　判タ1345号181頁、金法1907号101頁、金判1350号14頁）…………408
〔5－24〕銀行の債券取引の勧誘につき適合性原則違反、説明義務違反
　　　　　が肯定された事例（東京地判平成22・9・30金法1939号114頁、
　　　　　金判1369号44頁）………………………………………………………413

目 次

〔5−25〕 前記〔5−22〕の控訴審判決であり、銀行の金利スワップ取引につき説明義務違反等による不法行為が肯定された事例（福岡高判平成23・4・27判時2136号58頁、判タ1364号158頁、金判1369号25頁） ·· 417

〔5−26〕 信託銀行の投資信託の勧誘につき適合性の原則違反、説明義務違反が否定された事例（広島地判平成23・7・14金法1970号136頁、金判1398号43頁） ································ 420

〔5−27〕 前記〔5−24〕の控訴審判決であり、銀行の債券取引の勧誘につき適合性の原則違反、説明義務違反が否定された事例（東京高判平成23・11・9判時2136号38頁、判タ1368号171頁、金法1939号106頁、金判1383号34頁） ·························· 422

〔5−28〕 前記〔5−26〕の控訴審判決であり、信託銀行の投資信託の勧誘につき適合性の原則違反、説明義務違反が否定された事例（広島高判平成24・6・14判タ1387号230頁、金法1970号126頁、金判1398号32頁） ·· 425

〔5−29〕 信託銀行の年金信託の運用につき合同運用義務違反、アセットミックスに関する指示違反が肯定された事例（神戸地判平成15・3・12判時1818号149頁、判タ1218号244頁、金判1167号20頁） ··· 427

〔5−30〕 前記〔5−29〕の控訴審判決であり、合同運用義務違反、アセットミックスに関する指示違反を否定した事例（大阪高判平成17・3・30判時1901号48頁、金判1215号12頁） ············· 430

〔5−31〕 信託銀行の年金事務信託につき助言義務違反、善管注意義務違反が否定された事例（大阪地判平成18・1・19判時1939号72頁） ·· 433

第6章
銀行等の変額保険取引をめぐる裁判例

1 変額保険取引をめぐる紛争 …………………………………436

2 変額保険取引と銀行等の法的責任の根拠 …………………438

3 裁判例の諸相 …………………………………………………439

4 高齢者と変額保険取引 ………………………………………440

5 裁判例の動向と背景事情 ……………………………………441

6 裁判例の紹介 …………………………………………………443

〔6−1〕 銀行の変額保険に係る融資につき詐欺、錯誤、公序良俗違反が否定された事例（東京地判平成5・2・10判タ816号214頁、金法1356号46頁）……………………………………443

〔6−2〕 変額保険契約の解約返戻金につき銀行の債権者代位が肯定された事例（東京地判平成6・2・28判時1521号82頁、判タ856号223頁、金法1395号56頁、金判973号34頁）………………445

〔6−3〕 銀行の変額保険に係る融資につき錯誤、公序良俗違反等が否定された事例（東京地判平成6・3・15判タ854号78頁、金法1383号42頁）……………………………………………447

〔6−4〕 銀行の変額保険に係る融資につき錯誤が否定された事例（東京地判平成7・2・20金法1417号61頁）………………448

〔6−5〕 銀行の変額保険に係る融資につき説明義務が否定された事例

19

目 次

〔6－6〕 　（東京地判平成7・3・24判時1559号70頁、判タ894号207頁、金法1430号72頁）……………………………………450
〔6－6〕 銀行の変額保険に係る融資につき説明義務違反が否定された事例（東京地判平成7・3・24判時1579号89頁、判タ894号202頁）…452
〔6－7〕 銀行の変額保険に係る融資につき説明義務違反が肯定された事例（大阪地堺支判平成7・9・8判時1559号77頁、金法1432号35頁、金判978号35頁）……………………………………455
〔6－8〕 銀行の変額保険に係る融資につき説明義務違反等が否定された事例（東京地判平成7・9・25判時1572号62頁、判タ925号233頁）……………………………………458
〔6－9〕 前記〔6－6〕の控訴審判決であり、銀行の変額保険に係る融資につき説明義務違反が否定された事例（東京高判平成7・10・25判時1579号86頁）……………………………………462
〔6－10〕 銀行の変額保険に係る融資につき説明義務違反、適合性の原則違反、断定的判断の提供等が否定された事例（東京地判平成7・12・13判タ921号259頁）……………………………………463
〔6－11〕 前記〔6－5〕の控訴審判決であり、銀行の変額保険に係る融資につき説明義務が否定された事例（東京高判平成8・1・30判時1580号111頁、判タ921号247頁、金法1469号52頁、金判995号21頁）……………………………………466
〔6－12〕 銀行の変額保険に係る融資につき錯誤、説明義務違反が否定された事例（東京地判平成8・3・25判時1572号75頁、判タ920号208頁）……………………………………468
〔6－13〕 銀行の変額保険取引の関与につき不法行為が否定された事例（東京地判平成8・3・26判時1576号77頁、判タ922号236頁）……470
〔6－14〕 銀行の変額保険取引の説明、勧誘につき不法行為責任が肯定された事例（富山地判平成8・6・19判時1576号87頁、金法1465号110頁）……………………………………473
〔6－15〕 銀行の変額保険、相続税対策に係る説明義務が否定された事

　　　　例（東京地判平成8・7・10判時1576号95頁、判タ939号188頁）……475
〔6-16〕銀行の変額保険に係る融資につき錯誤が肯定された事例（東京地判平成8・7・30判時1576号103頁、判タ924号193頁、金法1465号90頁、金判1001号13頁）……………………………478
〔6-17〕銀行の変額保険の勧誘につき不法行為責任が肯定された事例（横浜地判平成8・9・4判時1587号91頁、判タ922号160頁、金法1465号56頁、金判1007号31頁）……………………482
〔6-18〕前記〔6-11〕の上告審判決であり、銀行の説明義務が否定された事例（最二小判平成8・10・28金法1469号51頁）…………487
〔6-19〕銀行の変額保険に係る融資につき錯誤が肯定された事例（東京地判平成9・6・9判時1635号95頁、判タ972号236頁、金法1489号32頁、金判1038号38頁）……………………………488
〔6-20〕銀行の変額保険取引の関与につき不法行為責任が否定された事例（東京地判平成10・5・15判時1651号97頁、判タ1015号185頁金法1543号69頁）……………………………………491
〔6-21〕銀行の変額保険に係る融資につき説明義務違反が否定された事例（東京地判平成11・3・30判時1700号50頁）……………494
〔6-22〕前記〔6-13〕の控訴審判決であり、銀行の変額保険に係る融資につき説明義務違反が否定された事例（東京高判平成12・9・11判時1724号48頁、判タ1049号265頁）……………499
〔6-23〕銀行の変額保険等の勧誘につき説明義務違反等が否定された事例（東京地判平成14・2・27金判1197号55頁）……………504
〔6-24〕銀行の変額保険の勧誘につき不法行為責任が肯定された事例（東京高判平成14・4・23判時1784号76頁、金判1142号7頁）……507
〔6-25〕銀行の変額保険の勧誘につき使用者責任が肯定された事例（消滅時効が肯定された事例）（東京高判平成15・12・10判時1863号41頁）………………………………………………512
〔6-26〕前記〔6-23〕の控訴審判決であり、銀行の変額保険等の勧誘につき契約の錯誤、不法行為が肯定された事例（東京高判

平成16・2・25金判1197号45頁） ……………………………516
〔6－27〕 銀行の変額保険に係る融資につき錯誤が肯定された事例（横浜地判平成16・6・25金判1197号14頁） ……………………518
〔6－28〕 銀行の変額保険の勧誘につき説明義務違反が肯定された事例（東京地判平成17・10・31判時1954号84頁、金判1229号12頁） ……522

第7章
銀行等の付随業務をめぐる裁判例

1 銀行等の付随業務の位置付け …………………………………528

2 付随業務と保有資源の活用 ……………………………………528

3 付随業務の違法性の意義 ………………………………………530

4 裁判例の紹介 ……………………………………………………530

〔7－1〕 信託銀行の守秘義務違反、プライバシー侵害による不法行為責任が否定された事例（東京地判平成3・3・28判時1382号98頁、判タ766号232頁、金法1295号68頁、金判880号31頁） ………531
〔7－2〕 前記〔7－1〕の控訴審判決であり、信託銀行の守秘義務違反、プライバシーの侵害による不法行為責任が否定された事例（東京高判平成4・2・3金法1347号27頁、金判910号20頁） …535
〔7－3〕 信託銀行の不動産小口化商品の取引につき賃貸人の地位の承継、保証金の返還義務の承継が認められた事例（東京地判平成5・5・13判時1475号95頁、金法1367号139頁、金判924号17頁） …536
〔7－4〕 信用組合の守秘義務違反による不法行為責任が否定された事例（大阪地判平成5・11・26金判966号28頁） ……………………539

目 次

〔7-5〕 信託銀行の不動産運用協定の解約につき債務不履行責任が否定された事例（東京地判平成6・4・21金法1401号33頁）………541

〔7-6〕 銀行の債務者に関する融資残高証明書の発行、交付による不法行為責任が否定された事例（東京地判平成6・7・19金法1430号82頁）………………………………………………………545

〔7-7〕 銀行の不動産業者との提携による不動産売却につき不法行為責任が肯定された事例（名古屋地判平成6・9・26判時1523号114頁、判タ881号196頁、金法1403号30頁）………547

〔7-8〕 前記〔7-4〕の控訴審判決であり、信用組合の守秘義務違反が否定されたものの、約定違反の債務不履行責任が肯定された事例（大阪高判平成6・12・21金判966号24頁）……………550

〔7-9〕 前記〔7-3〕の控訴審判決であり、信託銀行の不動産小口化商品の取引につき賃貸人の地位の承継、保証金の返還義務の承継が認められた事例（東京高判平成7・4・27金法1434号43頁）……………………………………………………552

〔7-10〕 銀行の融資先の仲介につき不法行為責任が否定された事例（東京高判平成7・7・19金法1462号75頁）………………555

〔7-11〕 銀行の欠陥のあるマンションの売買の紹介につき支店長の不法行為責任、銀行の使用者責任が肯定された事例（東京地判平成10・5・13判時1666号85頁、判タ974号268頁、金法1525号59頁、金判1046号5頁）……………………………………558

〔7-12〕 銀行の関連会社に関する念書の発行につき保証が否定された事例（東京地判平成11・1・22判時1687号98頁、金法1078号44頁）…564

〔7-13〕 前記〔7-9〕の上告審判決であり、信託銀行の不動産小口化商品の取引につき賃貸人の地位の承継、保証金の返還義務の承継が認められた事例（最一小判平成11・3・25判時1674号61頁、判タ1001号77頁、金法1553号43頁、金判1069号10頁）……566

〔7-14〕 銀行の関連会社に関する念書の発行につき損害担保契約の成立が否定された事例（東京地判平成11・6・28判時1703号150

23

目次

頁、金判1083号49頁) ……………………………………568

〔7－15〕 信用組合の残高証明書の発行、交付につき不法行為が肯定された事例（大阪高判平成12・6・8判時1742号114頁、判タ1040号271頁、金法1589号50頁) ………………………………570

〔7－16〕 銀行の会社合併に係る株式譲渡の斡旋等の義務違反が認められた事例（大阪地判平成12・12・21判時1774号75頁、判タ1072号159頁、金判1115号22頁) …………………………575

〔7－17〕 前記〔7－16〕の控訴審判決であり、銀行の株式譲渡斡旋義務違反が否定された事例（大阪高判平成14・3・5金判1145号16頁) ………………………………………………579

〔7－18〕 銀行の増資募集につき説明義務違反が肯定された事例（静岡地判平成15・11・26金判1187号50頁) ………………582

〔7－19〕 信用組合の出資募集につき不法行為責任が肯定された事例（東京地判平成16・7・2判時1868号75頁) …………584

〔7－20〕 銀行の個人信用情報の登録につき不法行為責任等が否定された事例（大阪高判平成17・2・3金判1221号51頁) ……588

〔7－21〕 信用金庫の会員の信用情報につき適正管理義務（守秘義務）違反が肯定された事例（横浜地判平成19・1・26判時1970号75頁) ……………………………………………………590

〔7－22〕 前記〔7－21〕の控訴審判決であり、信用金庫の会員の信用情報につき適正管理義務違反が肯定された事例（東京高判平成19・6・6判タ1255号271頁) ……………………………593

〔7－23〕 信託銀行の賃貸施設である複合施設のテナントに対する収支予測に重大な影響を与える事実の説明・告知義務違反が肯定された事例（大阪地判平成20・3・18判時2015号73頁) …………594

〔7－24〕 銀行の支援要請に係る取引先の経営状態に関する情報提供義務、説明義務が否定された事例（東京地判平成22・5・25判時2086号65頁) …………………………………………………598

〔7－25〕 銀行の法律に基づく貯金口座の取引停止措置につき不法行為

　　　　　が否定された事例（東京地判平成23・6・1判タ1375号158頁）…601
〔7－26〕銀行のATM相互利用に関する契約解約につき不法行為責
　　　　　任等が否定された事例（東京地判平成23・7・28判時2143号
　　　　　128頁、判タ1383号284頁、金法1928号122頁、金判1373号25頁）…604
〔7－27〕銀行の法律に基づく預金口座の取引停止措置につき適法であ
　　　　　るとされた事例（東京地判平成24・10・5判タ1389号208頁、金
　　　　　法1971号124頁、金判1403号124頁）……………………………609

第8章
銀行等の役員の損害賠償責任をめぐる裁判例

1 銀行等の役員の責任 …………………………………………614

2 裁判例の紹介 …………………………………………………615

〔8－1〕農業協同組合の理事が業務の一切を参事、専務理事に一任し
　　　　　ていたことにつき理事らの監視義務違反が肯定された事例
　　　　　（仙台高判昭和53・4・21高民集31巻3号467頁、金判584号32頁）…615
〔8－2〕信用組合の理事長が借主の返済能力を十分に調査せず、貸付
　　　　　を行ったことにつき理事長の任務懈怠が肯定された事例（東
　　　　　京地判昭和60・8・30判時1198号120頁、金法1137号34頁、金判
　　　　　745号16頁）………………………………………………………616
〔8－3〕銀行が融資を実行し、融資先が倒産し、融資債権の一部が回
　　　　　収不能となったことにつき取締役らの注意義務違反が否定さ
　　　　　れた事例（名古屋地判平成9・1・20判時1600号144頁、判タ
　　　　　946号108頁、金法1475号114頁、金判1012号14頁）……………617
〔8－4〕銀行が融資を実行し、融資先が倒産し、融資債権が回収不能
　　　　　となったことにつき取締役らの善管注意義務違反、忠実義務

25

目　次

〔8－5〕　　違反が否定された事例（松山地判平成11・4・28判タ1046号232頁）……………………………………………………………617

〔8－5〕　協同組合が準組合員に最高限度額を超えて融資を繰り返し、融資債権が回収不能となったことにつき理事ら、監事らの忠実義務違反、監督義務違反が肯定された事例（札幌地浦河支判平成11・8・27判タ1039号243頁）……………………………618

〔8－6〕　信用組合が無担保で多額の融資をし、融資先が倒産し、融資債権が回収不能となったことにつき理事らの善管注意義務違反が肯定された事例（大阪地判平成12・5・24判時1734号127頁、金判1097号21頁）………………………………………618

〔8－7〕　信用組合が融資をし、融資先が倒産し、融資債権が回収不能となったことにつき理事らの善管注意義務違反が肯定された事例（大阪地判平成12・9・8判時1756号151頁）……………619

〔8－8〕　信用組合が債務超過の状況にあった会社に融資をし、融資債権が回収不能となったことにつき理事らの善管注意義務違反が肯定された事例（大阪地判平成13・3・30判タ1072号242頁）…619

〔8－9〕　信用組合が融資をし、融資債権の回収が困難となったことにつき理事らの善管注意義務違反が肯定された事例（大阪地判平成13・5・28判時1768号121頁、判タ1088号246頁、金判1125号30頁）……………………………………………………………620

〔8－10〕　信用組合が融資をし、融資先の担保不足等により融資債権が回収不能となったことにつき理事らの忠実義務違反が肯定された事例（東京地判平成13・5・31民集57巻6号655頁、判時1759号131頁）……………………………………………………………620

〔8－11〕　信用組合が融資をし、融資先が経営破綻し、融資債権が回収不能となったことにつき理事長の職務を誠実に遂行すべき義務、忠実義務違反が肯定された事例（津地判平成13・10・3判時1781号156頁、判タ1207号255頁）………………………621

〔8－12〕　銀行が融資をし、融資債権の回収が困難となったことにつき

目次

　　　　　取締役の善管注意義務違反、忠実義務違反が肯定された事例
　　　　　（大阪地判平成14・3・27判タ1119号194頁）……………621
〔8−13〕前記〔8−9〕の控訴審判決であり、理事らの善管注意義務
　　　　　違反が肯定された事例（大阪高判平成14・3・29金判1143号16
　　　　　頁）………………………………………………………………622
〔8−14〕銀行が融資をし、融資先が倒産し、融資債権が回収不能とな
　　　　　ったことにつき取締役の善管注意義務違反が肯定された事例
　　　　　（東京地判平成14・4・25判時1793号140頁、判タ1098号84頁）……622
〔8−15〕銀行が融資をし、融資債権が回収不能となったことにつき取
　　　　　締役らの善管注意義務違反が否定された事例（東京地判平成
　　　　　14・7・18判時1794号131頁、判タ1105号194頁、金判1155号27頁）…623
〔8−16〕銀行が追加融資をし、融資債権が回収不能となったことにつ
　　　　　き取締役らの善管注意義務違反が肯定された事例（札幌地判
　　　　　平成14・7・25判タ1131号232頁）………………………………623
〔8−17〕銀行が融資し、融資先が経営破綻し、融資債権が回収不能と
　　　　　なったことにつき取締役らの善管注意義務違反が肯定された
　　　　　事例（札幌地判平成14・9・3判時1801号119頁、判タ1133号194
　　　　　頁）………………………………………………………………624
〔8−18〕銀行が融資をし、融資先が倒産し、融資債権の回収が困難と
　　　　　なったことにつき取締役らの善管注意義務違反、忠実義務違
　　　　　反が肯定された事例（大阪地判平成14・10・16判タ1134号248
　　　　　頁）………………………………………………………………624
〔8−19〕信用組合が担保不適格であるにもかかわらず融資を実行し、
　　　　　融資債権が回収不能になったことにつき理事長の任務懈怠が
　　　　　肯定された事例（大阪地判平成14・10・30判タ1163号304頁）……625
〔8−20〕銀行が実質無審査、無担保等で融資を実行し、融資債権が回
　　　　　収不能となったことにつき取締役らの善管注意義務違反が肯
　　　　　定された事例（東京地判平成14・10・31判時1810号110頁、判タ
　　　　　1115号211頁）……………………………………………………625

27

目　次

〔8－21〕 銀行が融資をし、融資債権が回収不能となったことにつき取締役の善管注意義務違反、忠実義務違反が否定された事例（水戸地下妻支判平成15・2・5判時1816号141頁）……………626

〔8－22〕 銀行が融資をし、融資先が経営破綻し、融資債権が回収不能となったことにつき取締役らの善管注意義務違反、忠実義務違反が否定された事例（札幌地判平成15・9・16判時1842号130頁）……………626

〔8－23〕 子会社の銀行の取締役らに不祥事があり、親会社の取締役が株主代表訴訟を提起しなかったことにつき取締役ら、監査役らの任務懈怠が否定された事例（大阪地判平成15・9・24判時1848号134頁、判タ1144号252頁、金判1177号31頁）……………627

〔8－24〕 銀行が融資をし、融資債権が回収不能となったことにつき取締役らの善管注意義務違反が肯定された事例（東京地判平成16・3・25判時1851号21頁、判タ1149号120頁）……………628

〔8－25〕 銀行がゴルフ場開発のために融資をしたが、計画が頓挫し、融資債権が回収不能となったことにつき取締役らの善管注意義務違反が肯定された事例（東京地判平成16・3・26判時1863号128頁）……………628

〔8－26〕 銀行が融資をし、融資債権が回収不能となったことにつき取締役らの善管注意義務違反が肯定された事例（札幌地判平成16・3・26判タ1158号196頁）……………629

〔8－27〕 銀行が融資をし、融資債権が回収不能となったことにつき取締役らの善管注意義務違反が肯定された事例（東京地判平成16・5・25判タ1177号267頁、金判1195号37頁）……………629

〔8－28〕 信用組合の出資募集につき、信用組合、理事長の不法行為責任が肯定された事例（東京地判平成16・7・2判時1868号75頁）…630

〔8－29〕 銀行が融資をし、融資債権が回収不能となったことにつき取締役らの善管注意義務違反、忠実義務違反が肯定された事例（大阪地判平成16・7・28判タ1167号208頁）……………630

目 次

〔8-30〕 銀行が融資先が大幅な債務超過の状況で追加融資を実行し、融資先が倒産し、融資債権が回収不能となったことにつき取締役らの善管注意義務違反が肯定された事例（札幌高判平成17・3・25判タ1261号258頁）………………………………631

〔8-31〕 銀行が中間配当、決算配当を実施したことにつき取締役らの違法配当が否定された事例（東京地判平成17・5・19判時1900号3頁、判タ1183号129頁）……………………………………632

〔8-32〕 前記〔8-17〕の控訴審判決であり、取締役らの善管注意義務違反が肯定された事例（札幌高判平成18・3・2判タ1257号239頁）……………………………………………………………632

〔8-33〕 前記〔8-22〕の控訴審判決であり、取締役らの善管注意義務違反が肯定された事例（札幌高判平成18・3・2判時1946号128頁）……………………………………………………………633

〔8-34〕 信用組合が融資をし、融資先が手形不渡りを出し、融資債権が回収不能となったことにつき理事の善管注意義務違反、忠実義務違反が肯定された事例（東京地判平成18・7・6判時1949号154頁、判タ1235号286頁、金法1811号68頁）………………633

〔8-35〕 前記〔8-31〕の控訴審判決であり、取締役らの違法配当が否定された事例（東京高判平成18・11・29判タ1275号245頁）……633

〔8-36〕 信用組合が融資をし、融資債権が回収不能となったことにつき常務理事の善管注意義務違反、忠実義務違反が肯定された事例（東京地判平成18・12・21判時1959号152頁、判タ1246号288頁）…………………………………………………………634

〔8-37〕 農業協同組合が融資をし、融資債権が回収不能となったことにつき理事らの善管注意義務違反、忠実義務違反が肯定された事例（盛岡地判平成19・7・27判タ1294号264頁、金判1276号37頁）……………………………………………………………634

〔8-38〕 前記〔8-16〕の上告審判決であり、銀行が追加融資をし、融資債権が回収不能となったことにつき取締役らの善管注意

29

目　次

〔8―38〕　　義務違反、忠実義務違反が肯定された事例（最二小判平成20・1・28判時1997号143頁、判タ1262号63頁、金法1838号48頁、金判1291号32頁）……………………………………………………635

〔8―39〕　前記〔8―30〕の上告審判決であり、取締役らの忠実義務違反、善管注意義務違反が肯定された事例（最二小判平成20・1・28判時1997号148頁、判タ1262号69頁、金法1838号55頁、金判1291号38頁）……………………………………………………635

〔8―40〕　前記〔8―32〕の上告審判決であり、債権の消滅時効に民法167条を適用した事例（最二小判平成20・1・28民集62巻1号128頁、判時1995号151頁、判タ1262号56頁、金法1838号46頁、金判1291号24頁）……………………………………………………636

〔8―41〕　銀行が融資先の経営破綻、倒産の可能性が高い状況で追加融資をし、融資債権の回収が困難となったことにつき取締役らの善管注意義務違反が肯定された事例（最二小判平成21・11・27判時2063号138頁、判タ1313号119頁、金法1891号52頁、金判1335号20頁）……………………………………………………636

〔8―42〕　信用金庫が融資をし、融資債権の回収不能となったことにつき経営判断の範囲を超えるものであるとして理事らの善管注意義務違反が肯定された事例（宮崎地判平成23・3・4判時2115号118頁）……………………………………………………637

〔8―43〕　銀行が融資先に追加融資をし、融資債権の回収が困難となったことにつき取締役らの善管注意義務違反が肯定された事例（前橋地判平成23・7・20判時2127号105頁）……………………637

・判例索引（年月日順）………………………………………………639
・著者紹介………………………………………………………………652

凡　例

〈判例集・判例評釈掲載誌略語〉

民集	最高裁判所民事判例集
	大審院民事判例集
高民集	高等裁判所民事判例集
下民集	下級裁判所民事裁判例集
判時	判例時報
判タ	判例タイムズ
金法	金融法務事情
金判	金融・商事判例
ジュリ	ジュリスト
判評	判例評論
法時	法律時報
民商	民商法雑誌
法協	法学協会雑誌

〈その他〉

・事案の概要等に記載している当事者の金融機関名等は判決に示されたものである（金融機関については、その多くが再編により名称を変更していることは周知のとおりである）。

・「破産宣告」等の法律上の用語や条文、「痴呆」等の病状名等についても、原則として判決時の用例に従っている。

・紙幅の関係で、「公庫に対する保証」「銀行に対する物上保証人」などを「公庫の保証」「銀行の物上保証人」などと便宜上略記しているところがある。

序　章

総　論

序章　総　論

1　バブル経済の膨張・崩壊と銀行の取引の変貌

(1)　伝統的な銀行の役割

　平成元年（1989年）の年末に至る数年間、日本の社会全体が資産価値の名目的な膨張を経験し、一部の企業、個人は、資産の増加を謳歌していた（日本社会の個人の多くは、相対的に貧困になったということができる）。不動産、株式、絵画、骨董、投資債権等、権利と名の付くものは、有形、無形のものを問わず、資産の価値が上昇し、その上昇がさらなる上昇を呼び、その繁栄は当分の間続くと予想する者が多かった（投資業務に関与する者、経済を専攻する者などは典型的であった）。日本の社会において声を出すことができる者は、当時の繁栄をさまざまな観点から裏付ける宣託を唱えていたものである。バブル経済の頂に到達していたわけである。頂に至る数年間は、バブル経済の膨張の時期であった。

　銀行、信託銀行、信用金庫等の金融機関（本書では、特段の指摘をしない限り、「銀行等」という）は、バブル経済の膨張の時期には、銀行等の主要な業務である貸付業務（本書では、「貸付業務」、「貸付」を「融資業務」、「融資」ということがある）の経済社会における位置付けが大きく変化したため、貸付業務の仕方、やり方、手法を変更したり、新たな業務に進出したものである。日本の社会においては、企業の資金調達は、銀行等との取引によって銀行等から融資を受ける間接金融が重要な役割を担ってきたが、企業が新株の発行、社債の発行によって証券市場において資金を比較的容易に調達することができる時代が到来し、銀行等の企業の資金調達の分野における役割が相当に低下するに至った（銀行等の融資の経済社会における役割が低下するにつれ、銀行等の地位も低下し始めたわけである）。銀行等としては、売上げを増加させ、利益を上げるためには、伝統的な企業貸付以外の貸付先を開拓するか、伝統的な貸付用途以外の用途の貸付を開拓するか、貸付業務以外の業務を開拓するか等の経営を行い、事業を展開することが考えられた。銀行等の

1 バブル経済の膨張・崩壊と銀行の取引の変貌

　これらの取組みは、銀行等の種類、規模によって異なるだけでなく、個々の銀行等の経営判断によっても異なるものであったが、銀行等を取り巻く経済環境は等しく個々の銀行等に影響を与えてきたものである。銀行等は、当時、例外的な事例は相当数あったものの、一般的には社会的な信頼を得ていたものであり、銀行等の提供する取引、情報は高い信頼性があったということができる。

　周知のとおり、銀行等は、その取引を通じて、企業、個人等の顧客の資産、負債、信用、経営状況、地域経済環境等に関する膨大な情報を取得して保有し、自己の貸付業務等の各種の業務に利用してきたほか、グループ企業等の他の企業が行う各種の企画に参加して、それらの企業との提携事業にも利用してきた（銀行等は、預金業務、貸付業務を中心的な業務とする事業者であるが、見方を変えると、膨大な信用情報を保有し、活用する情報企業とみることもできる）。銀行等が保有する膨大な情報を駆使すると、取引関係等にある各種の業種の企業等を他に紹介し、あるいは商品を紹介することが極めて容易かつ円滑に行うことができるものであるうえ、銀行等にとっても貸付業務、預金業務の拡大に繋がるものであったし、繋げることができるものであった。バブル経済の膨張の時期は、銀行等にとっては、従来の伝統的な貸付業務によっては事業の拡大、利益の増大を図ることが困難であるだけでなく、むしろ事業の縮小、利益の低下を余儀なくされ、経済社会における従来享受してきた地位の下落も予想されるものであった。

　銀行等が行う貸付、預金取引の伝統的な取引は、個人にとっても、企業にとっても、それぞれの経済的な地位に沿ってさまざまな意義で重要な取引であった。個人にとっては、銀行等は、預金を預け、資産の形成、運用をしたり、住宅ローン等の金銭の借入をしたりする取引の相手方であったし、地域や個々の銀行等によってはさまざまな取引の相談相手、助言者でもあった（個人は、銀行等との預金取引などにリスクを感じなかったのが実情である）。一般的には、個人の銀行等、その従業員に対する信頼は極めて高かったということができる。バブル経済が膨張し、その後に崩壊したり、銀行等が大規模

に経営破綻を繰り返したりするまでは。

　バブル経済の膨張の時期、個人は、銀行等にとっては、伝統的な取引を超えて取引の対象とされるようになった。たとえば、個人は、各種の投資商品を目的とする貸付が積極的に勧誘されたり、多額の資産を保有する個人に他の事業者と提携した投資商品が紹介されたり、土地の有効活用、資産運用を名目に貸付を利用する企画が提案されたり、相続税対策等の目的に貸付を組み合わせた企画が提案されたり、さまざまな取引が銀行等によって積極的に勧誘される等した。

　企業にとっては、銀行等は、事業資金の借入、手形の割引のための重要な取引相手方であり、事業の規模、経営状況、資金繰りの状況等の事情によっては銀行等に経営、事業を左右されることもあったが（人材の提供、財務の監視等のさまざまな監視、指導が行われることもあった）、銀行等によっては企業の成長、経営を支援するとの姿勢も相当に強かった。一般的には、銀行等とその取引先である企業との間の経営をめぐる対立、紛争が生じることもあったが、企業の銀行等、その従業員に対する信頼は相当程度にあったということができる。経済環境が銀行等にとっても、その取引先である企業にとっても、従来の方針によって事業の発展を期待することができる状況においては、一時期の苦境を凌げば回復が可能であると考えられていた。バブル経済が膨張し、その後に崩壊したり、銀行等が大規模に経営破綻を繰り返したりするまでは。

　バブル経済の膨張の時期、企業も、その規模、業種、事業範囲等の事情によって銀行等から伝統的な取引を超えて取引の対象にされるようになり（この時期、上場企業にとって銀行等に資金調達を依存する度合いが格段の低下していった）、たとえば、企業による国内、外国での投資取引に積極的に貸付の勧誘が行われたり、本来の事業に不要な商品の購入が紹介されたり、土地の有効利用、資産運用を名目に貸付を利用する企画が提案されたり、貸付を利用して企業の買収が勧誘されたり、事業の拡張が提案される等した。

　⑵　伝統的な銀行の変貌

銀行等の伝統的で基本的な業務は、預金または定期積金等の受入れ、資金の貸付または手形の割引、為替取引であり（たとえば、銀行法10条1項）、現在でも重要な業務であるが、その種類、規模、経営方針等の事情によって異なるところがあるものの、銀行等にとって、伝統的で基本的な業務の占める重要性が低下しつつあることが顕著である。

　銀行等にとって従来は取り扱うことができなかった業務が法律上拡大され（たとえば、銀行法10条2項以下は銀行の付随業務等に関する規定を定めているが、この20年間、規定が増加し、付随業務が著しく拡大されている）、銀行等が取り扱う業務が著しく拡大され、銀行等の行う取引が様代わりしている（われわれの日常生活においても、このことは様変わりしている。たとえば、銀行等から送付されるパンフレットの内容や、支店の内部の構造をみても、伝統的な銀行等の時代とは異なっている）。銀行等が同じ名前で営業していても、一昔前の金融機関とは相当に異なる取引を行っているものであり（都市銀行等の金融機関がこの20年間、多数経営破綻する等したため、金融機関の数も相当に減少し、名称も変更されているため、この意味でも一昔前の金融機関とは異なっている）、銀行等の経営の方針、事業の実態も大きく変貌しているのである。もっとも、銀行等と取引をする個人、企業は、銀行等が近年急激に変貌していることをどの程度知っているのであるかは疑わしい。銀行等と取引を行う個人、企業の多くは、昔のままの銀行等に対する印象、イメージを依然としてもち続け、取引を継続しているのが実情であろう。銀行等の経営の方針、業務の方針、業務の内容が大きく変貌しているにもかかわらず（銀行等の金融機関の種類、規模によって変貌ぶりは相当に異なる）、取引の相手方である個人、企業の多くは、銀行等全体の変化をさほど認識していないし、銀行等ごとの相当な変化をもさほど認識していないようにみえる。他方、銀行等は、新たな業務の開拓、業務の展開を図ろうとしていても、国内外の競争の中、役職員らがそれらの業務の遂行に相当高度の知識、ノウハウ、経験を有し、適切な人材を確保することが銀行等の重要な課題であるが、実際にどの程度の人材が育成され、確保されているのかは疑わしい。

2 銀行等の取引をめぐる法律環境

(1) 銀行等の法律問題の変化

　バブル経済の崩壊後、銀行等の経営、業務の遂行をめぐってさまざまな問題が生じた。政治、行政、経済の場において銀行等の経営破綻、倒産、事業譲渡、買収、合併、経営者の法的責任の追及、公的資金の投入、税制上の優遇措置、長期にわたる低金利政策等が実施・継続されてきたし（国民の目の前では、銀行等の金融機関の数が相当に減少し、その名称が変更され、その有人の店舗が減少し、機械化された無人の店舗が増加したことが顕著な現象であるが、銀行等の組織、経営、業務に構造的に変化が生じているのが実情である）、金融実務においては貸し渋り、貸し剝がし、貸付債権の回収の強化の傾向等がみられ、法律実務、訴訟実務の場においては抵当権の強化を認める判例、裁判例の傾向、民法の改正、抵当権等の担保権の実行、債権回収を強化する民事執行法の改正、抵当権等の担保権の実行を円滑化する執行実務の傾向等がみられてきたところである。銀行等の取引は、銀行等の業務の拡大を背景にして従来よりもその種類が拡大しているが、従来の伝統的な銀行等の取引であっても、銀行等を取り巻く経営環境等の変化によって取引に対する姿勢、方針、判断に相当に変化がみられるようになっている。銀行等の従来の伝統的な業務である貸付業務、預金業務でも、投資取引等の新たな業務でも、銀行等の取引は、その姿勢、判断、手法は大きく変化している。他方、銀行等の取引の相手方である個人、企業は、銀行等の取引姿勢、対応等の変化を認識していなかったこと等の事情から、銀行等の取引に対する対応に戸惑い、驚き、不満を抱くことも生じてきたのであって、取引先である一部の個人、企業と深刻な紛争が生じることがあったのである（取引先の一部にとっては、銀行等が突然取引のルールを一方的に変更したような印象をもったのであろう）。

　このような紛争の中において、一部では、銀行等の権利の行使が権利の濫用、あるいは信義則に違反するとの主張を持ち出したり、新たな装いの主張

として「貸し手責任」(Lender Liability)を持ち出したりする事例がみられたところである(貸し手責任の法理は、米国の判例法によって形成されてきた法理であり、詐欺、不実表示、誠実原則違反等の法的な根拠に基づき銀行等の融資の債権者に損害賠償責任を負わせるものとして理解することができる)。

銀行等の一般社会、経済社会における位置付け、業務、取引が変化するにつれ、関係する法律も、法理も変化するし、法律問題の判断の枠組みも判断基準も、さらに判断の仕方も異なることになる。法律問題、法的な紛争が訴訟に発展した場合には、裁判所の銀行等の業務、取引等に対する見方も変化することになる。

(2) 銀行等に適用される法律、法理

銀行等が取引先に対して有する権利は、その大半は金銭消費貸借契約に基づく貸付債権(貸金債権、融資債権)、担保権(物的担保、人的担保)であるが、これらの権利の行使に当たっては一般的に信義則、権利の濫用に関する規定(民法1条2項、3項)が適用されることはいうまでもないから、権利の濫用に当たったり、信義則に違反するような権利の行使を避けるべきである。銀行等が取引先に対して有する権利の行使が信義則に違反したり、権利の濫用に当たったりする場合には、権利の行使の全部または一部が制限されたり、あるいは損害賠償責任を負ったりする可能性がある。貸し手責任の考え方は、民法所定の信義則、権利の濫用に関する規定以上に、銀行等が権利を行使するに当たって配慮すべきことを求めたり、あるいは注意すべきことを求めることを内容とし、めざすものであるが、現在のところ、議論があるものの、法律実務において形成過程であるともいい難いし、訴訟実務において採用されているともいい難い。また、銀行等が取引先と取引を行うに当たっては、銀行等の種類によって銀行法等の金融機関ごとに適用される法律を遵守することが必要であるし、銀行等以外の事業者が権利を行使する場合について形成されてきた権利の行使を制限する法理にも配慮することが重要である。

銀行等が取引を行い、権利を行使し、義務を履行する場合には、銀行等が

関係する法律を遵守することは当然であるだけでなく（これらの法律は、銀行等の金融機関に直接適用される法律に限るものではなく、銀行等が行う業務に関係する各種の法律全体を含むものである）、銀行等が行う業務が拡大するにつれ、関係する法律も拡大しているわけであり、これらの業務に関係する法律も遵守すべきであるし、これらの拡大された業務に関する社会通念（取引通念）にも従うことが必要である。従来、銀行等は、伝統的な貸付業務、預金業務を中心とした業務を行っており、法令も、社会通念も、これらの業務に関係するものに限定して認識しがちであったが、銀行等は経済社会で事業を展開していたものであるから、貸付取引の相手方とか、経済社会に適用される法律、法理、社会通念を軽視することは許されないはずである。銀行等は、その業務を遂行するに当たっては、自己の業務に固有な法律、法理、社会通念のみの遵守に努めるだけでは不十分であり、経済社会の一員として経済社会、さらに社会全体に適用される法律、法理、社会通念の遵守に努めることも重要になっているのである。銀行等の伝統的な業務が変化し、新たな業務に拡大していることは、銀行等の取引の交渉、締結、実行に適用される法律、法理も変化し、拡大することは当然であり、銀行等の取引をめぐる法律環境が変化していることはいうまでもない。銀行等がその取引先との取引をめぐる紛争が発生した場合には、従来適用されてきた法律、法理、判例を検討し、適用するだけでは不十分であり、新たな業務に伴う取引に適用されるべき法律、法理、判例を広く取り上げ、検討し、適用することが必要であり、重要である。

　銀行等が企業、個人に対して適切な貸付を行う等、その業務を適正に遂行することは、社会における企業の経営、事業者、個人の経済活動、個人の生活の円滑化、活性化に極めて重要であるが、銀行等のこれらの業務の遂行が銀行等の健全な経営、法令の遵守、取引上の通念の遵守に依存しているものであって、後者の観点から銀行等の取引、権利の行使、義務・責任の履行が適正な範囲で必要な規制を受けることも当然である。特に銀行等が資金を求める企業、個人に対して経済的な力関係が強いだけでなく（優越的な地位に

あることも少なくない)、取引に関する情報、知識、ノウハウに富み、社会的な信頼性も相当に維持していることに照らすと、社会的にも、取引上も取引の相手方等に対して適正な範囲で必要な規制を受けるべきであり、この観点から銀行等の取引、権利の行使、義務・責任の履行についてどのような根拠、法理によって、どのような規制を受けるかを明らかにすることが重要である。

　また、銀行等が取引、権利の行使、義務の履行に当たって必要な規制を受け、法律の遵守、取引上の通念の遵守、合理的に形成された法理の遵守を基本的な方針としても、現実に金融実務の現場において厳格に遵守することは困難である。銀行等は、経営、事業を取り巻く経済環境、社会環境が厳しくなっている状況において激しい競争が迫られ、事務処理の効率化、合理化が盛んに行われる等しているため、金融実務の現場の隅々まで前記の各種の規制を的確に遵守できるかには、なお問題が残る状況にある(筆者の個人的な印象にすぎないかもしれないが、金融実務のさまざまな分野の専門家も少なくなり、金融実務のノウハウ、リスクの継承が十分に行われていないのではないかと懸念している)。

(3)　本書の視点

　本書は、バブル経済の膨張、崩壊の時期、銀行等の伝統的な業務である貸付業務等が相当に変化するとともに、その後の経営の再建の時期に新たな業務を取り込み、業務を拡大させてきた銀行等の取引の変貌ぶりを取り上げ、銀行等が伝統的な認識に照らすと大きく変貌していることを前提とし、銀行等に取引上の新たな法的な責任、厳格な責任が認められるようになっている諸相を判例、裁判例の概要、傾向に沿って紹介することを試みたものである。見方を変えると、本書は、銀行等の取引全般について関連する裁判例を紹介しようとするものではなく、銀行等の伝統的な取引、新規の類型の取引のうち近年における時代を反映した特徴的な裁判例を紹介しようとするものである。たとえば、保証をめぐる裁判例、手形をめぐる裁判例、抵当権の実行をめぐる裁判例は、銀行等にとって重要な法律問題であることは否定でき

序章　総　論

ないが、特に近年における時代を反映したものとはいえないことから、本書における裁判例の紹介からは割愛している（なお、抵当権の実行については、近年、抵当権を強化する裁判例が続いており、無視できないところであるが、銀行等の従来の債権回収の手法の延長線上にあるものにすぎず、本書の主要な関心事ではない）。

(4)　預金の払戻しをめぐる裁判例

たとえば、近年、金融実務を賑わした銀行等の取引については、預金通帳の窃取、銀行カードの窃取に伴う預金の無断引出しに伴う預金をめぐる事件が多数発生し、その一部ではあるものの、多数の裁判例が法律雑誌に公刊され、預金契約（金銭消費寄託契約）上の免責特約（免責規定）による免責、民法478条の規定による免責の基準、免責の当否が問題になってきたところであり、これらの裁判例の検討、分析も、近年における銀行等の窓口における預金取引の対応を示すものとして相当に興味深い問題である。

銀行等による預金等の払戻しにつき銀行等の免責が問題になった裁判例としては、たとえば、平成元年度以降の裁判例を取り上げただけでも多数が法律雑誌に公刊されているものであり、①東京地判平成元・1・31判時1310号105頁、判タ698号277頁、金法1213号34頁、金判812号10頁（銀行の過失の否定事例）、②東京高判平成元・7・19判時1321号129頁、金法1229号64頁、金判1944号37頁（銀行の過失の否定事例。①の控訴審）、③京都簡判平成元・9・29判タ719号173頁、金判838号23頁（銀行の過失の肯定事例）、④東京地判平成2・3・27判タ748号225頁、金判866号38頁（貯金の払渡しが肯定された事例）、⑤大阪高判平成2・6・12判時1369号105頁、判タ729号168頁、金法1260号26頁、金判853号24頁（銀行の過失の否定事例）、⑥東京高判平成3・3・20判時1388号50頁、金法1287号26頁、金判867号22頁（銀行の過失の否定事例）、⑦名古屋地判平成4・3・18判時1442号133頁、判タ791号190頁、金判900号17頁（銀行の過失の否定事例）、⑧東京地判平成5・1・29判タ838号243頁（銀行の過失の肯定事例）、⑨最二小判平成5・7・19判時1489号111頁、判タ842号117頁、金法1369号6頁、金判944号33頁（銀行の過失の

否定事例。②の上告審）、⑩福岡高判平成5・10・27判時1495号101頁、判タ857号173頁、金法1376号28頁（銀行の過失の肯定事例）、⑪大分地判平成6・2・25判タ857号183頁（銀行の過失の否定事例）、⑫最三小判平成6・6・7金法1422号32頁（銀行の過失の否定事例。⑤の上告審）、⑬東京地判平成6・6・15判時1527号110頁、判タ878号222頁、金判954号24頁（銀行の過失の否定事例）、⑭東京地判平成6・9・21判時1537号134頁、判タ883号210頁、金法1403号44頁（銀行の過失の肯定事例）、⑮静岡地判平成7・12・15判時1583号116頁（銀行の過失の肯定事例）、⑯東京地判平成8・2・28判時1588号112頁、判タ928号161頁（銀行の過失の否定事例）、⑰東京地判平成8・12・27判時1616号81頁（銀行の過失の肯定事例）、⑱仙台地判平成9・2・27金法1503号88頁（銀行の過失の否定事例）、⑲東京高判平成9・9・18判タ984号188頁、金判1036号34頁（銀行の過失の否定事例。⑰の控訴審）、⑳最二小判平成10・3・27金判1049号12頁（銀行の過失の否定事例。⑲の上告審）、㉑東京地判平成10・7・17金判1056号21頁（銀行の過失の否定事例）、㉒東京地判平成10・7・28金法1526号65頁（銀行の過失の否定事例）、㉓東京地判平成11・1・25金判1075号44頁（銀行の過失の否定事例）、㉔大阪地判平成11・2・23金判1062号39頁（銀行の過失の肯定事例）、㉕大阪高判平成11・3・18金判1067号28頁（貯金の払渡しが否定された事例）、㉖大阪高判平成11・3・26金判1069号18頁（貯金の払渡しが否定された事例）、㉗東京地判平成11・4・22金法1549号32頁、金判1066号3頁（銀行の過失の肯定事例）、㉘東京高判平成11・5・18金判1068号37頁（銀行の過失の否定事例。㉑の控訴審）、㉙東京地判平成11・11・26金判1082号3頁（銀行の過失の肯定事例）、㉚大阪地判平成12・2・10金法1580号62頁、金判1092号29頁（銀行の過失の否定事例）、㉛東京高判平成12・2・23金法1585号38頁、金判1087号12頁（銀行の過失の否定事例。㉗の控訴審）、㉜佐賀地判平成12・5・1判タ1038号215頁、金判1098号35頁（銀行の過失の否定事例）、㉝大阪高判平成12・9・5金判1109号16頁（銀行の過失の否定事例。㉚の控訴審）、㉞東京高判平成12・10・30金判1109号23頁（銀行の過失の否定事例）、㉟横浜地判平成12・10・30判時1740号69頁、

判タ1087号200頁、金判1109号29頁（銀行の過失の肯定事例）、㊱大阪地判平成12・10・30判時1740号65頁（銀行の過失の否定事例）、㊲東京高判平成12・11・9金判1109号19頁（銀行の過失の否定事例）、㊳東京地判平成12・12・28金法1615号68頁（銀行の過失の否定事例）、㊴大阪地判平成13・3・29判タ1072号155頁（銀行の過失の肯定事例）、㊵名古屋高判平成13・9・11金判1131号10頁（信用金庫の過失の否定事例）、㊶大阪地判平成13・9・17金法1631号101頁、金判1131号15頁（銀行の過失の肯定事例）、㊷大阪地判平成14・2・14金法1647号63頁（銀行の過失の否定事例）、㊸東京地判平成14・2・19判タ1099号217頁、金法1662号72頁（銀行の過失の肯定事例）、㊹大阪地判平成14・2・26判タ1127号177頁（銀行の過失の肯定事例）、㊺東京地判平成14・3・22金法1660号42頁（銀行の過失の否定事例）、㊻大阪高判平成14・3・26金法1648号56頁、金判1147号23頁（銀行の過失の肯定事例。㊶の控訴審）、㊼東京地判平成14・4・25金判1163号24頁（銀行の過失の肯定事例）、㊽東京高判平成14・7・17金法1667号99頁（銀行の過失の肯定事例）、㊾大阪地判平成14・9・9金判1163号21頁（銀行の過失の肯定事例）、㊿東京高判平成14・12・17判時1813号78頁、金法1666号73頁、金判1165号43頁（銀行の過失の否定事例。㊸の控訴審）、(51)東京地判平成15・1・15金判1163号17頁（銀行の過失の肯定事例）、(52)名古屋高判平成15・1・21金法1673号44頁、金判1163号8頁（銀行の過失の肯定事例）、(53)東京地判平成15・2・28金判1178号53頁（銀行の過失の肯定事例）、(54)東京地八王子支判平成15・3・10金判1169号45頁（銀行の過失の肯定事例）、(55)最三小判平成15・4・8民集57巻4号337頁、判時1822号57頁、判タ1121号96頁、金法1681号24頁、金判1170号2頁（銀行の過失の肯定事例）、(56)東京地判平成15・5・29金法1692号61頁（銀行の過失の否定事例）、(57)東京地判平成15・6・25金法1698号94頁、金判1176号29頁（銀行の過失の否定事例）、(58)横浜地判平成15・7・17判時1850号131頁、金法1683号57頁、金判1176号21頁（銀行の過失の否定事例）、(59)東京高判平成15・7・23判時1841号107頁、金判1176号12頁（銀行の過失の肯定事例）、(60)東京地判平成15・7・31金判1207号49頁（銀行の過失の肯定事例）、(61)大阪

高判平成15・8・27金判1179号33頁（銀行の過失の肯定事例）、㉒福岡地飯塚支判平成15・9・3判タ1153号173頁（銀行の過失の否定事例）、㉓横浜地判平成15・9・26判時1850号136頁、金法1693号100頁、金判1176号2頁（銀行の過失の肯定事例）、㉔千葉地判平成15・9・26判時1850号94頁、判タ1145号287頁、金判1207号40頁（貯金の払渡しが否定された事例）、㉕東京高判平成15・12・1金判1193号31頁（銀行の過失の否定事例。㊼の控訴審）、㉖東京地判平成15・12・3金法1696号79頁、金判1181号12頁（銀行の過失の肯定事例）、㉗新潟地判平成16・1・22金判1184号41頁（銀行の過失の肯定事例）、㉘東京高判平成16・1・27金法1704号65頁、金判1193号19頁（銀行の過失の否定事例）、㉙福岡地判平成16・1・27金法1704号59頁（銀行の過失の否定事例）、㉚東京高判平成16・1・28金法1704号59頁、金判1193号13頁（銀行の過失の肯定事例。㊽の控訴審）、㉛大阪地判平成16・3・11金判1193号51頁（銀行の過失の肯定事例）、㉜新潟地判平成16・3・16金判1193号46頁（銀行の過失の肯定事例）、㉝東京高判平成16・3・17金法1713号58頁、金判1193号4頁（銀行の過失の否定事例。�643の控訴審）、㉞東京地判平成16・3・25金判1200号45頁（銀行の過失の否定事例・肯定事例）、㉟福岡地小倉支判平成16・4・9金判1193号37頁（銀行の過失の肯定事例。損害賠償請求事件）、㊱新潟地判平成16・6・2判時1883号124頁、金判1200号37頁（銀行の過失の否定事例）、㊲札幌地判平成16・6・4金判1200号24頁（銀行の過失の肯定事例）、㊳東京地判平成16・6・11金判1230号36頁（銀行の過失の肯定事例）、㊴さいたま地判平成16・6・25金法1722号81頁、金判1200号13頁（銀行の過失の肯定事例）、㊵大阪地判平成16・7・23金判1207号34頁（銀行の過失の肯定事例）、㊶東京高判平成16・8・26金判1200号4頁（銀行の過失の肯定事例。�667の控訴審）、㊷福岡地判平成16・8・30金判1207号17頁（銀行の過失の肯定事例）、㊸福岡地判平成16・9・1金判1207号24頁（銀行の過失の肯定事例）、㊹東京地判平成16・9・6金判1230号44頁（銀行の過失の肯定事例）、㊺名古屋地判平成16・9・15判時1886号92頁（銀行の過失の肯定事例）、㊻名古屋地判平成16・9・17金判1206号47頁（銀行の過失の肯定事例）、㊼東京地判平成16・9・24

判タ1170号227頁、金判1206号14頁（銀行の過失の否定事例）、⑱東京高判平成16・9・30金判1206号41頁（銀行の過失の否定事例。⑭の控訴審）、⑲京都地判平成16・10・1金法1730号70頁（信用金庫の過失の否定事例）、⑳東京地判平成16・10・14判時1907号63頁（銀行の過失の肯定事例）、㉑東京高判平成16・12・15判時1883号116頁（銀行の過失の肯定事例。⑯の控訴審）、㉒東京地判平成16・12・20判タ1189号258頁（銀行の過失の肯定事例）、㉓東京地判平成17・2・21判時1907号73頁（銀行の過失の肯定事例）、㉔東京地判平成17・2・28判時1907号77頁、金判1213号34頁（銀行の過失の事例）、㉕福岡地判平成17・6・3判タ1216号198頁（銀行の過失の肯定事例）、㉖大阪地判平成17・11・4判時1934号77頁（銀行の過失の肯定事例）、㉗大阪高判平成17・11・29判時1929号59頁（銀行の過失の肯定事例）、㉘大阪地判平成18・4・11判タ1220号204頁、金判1249号55頁（銀行の過失の否定事例）、㉙東京高判平成18・7・13金法1785号45頁（銀行の過失の否定事例。インターネットバンキングの事例）、㉚福岡高判平成18・8・9判タ1226号165頁（銀行の過失の肯定事例）、㉛東京地判平成19・3・15判タ1256号124頁（銀行の過失の否定事例）、㉜大阪地判平成19・4・12金法1807号42頁（銀行の過失の否定事例。インターネットバンキングの事例）、㉝大阪地判平成19・5・25判タ1252号257頁（銀行の過失の否定事例）、㉞大阪高判平成20・2・28判時2008号94頁（銀行の過失の肯定事例。㉝の控訴審）、㉟東京高判平成20・3・27金法1836号54頁（銀行の過失の否定事例）、㊱名古屋高判平成21・7・23金法1899号102頁、金判1337号37頁（銀行の過失の肯定事例）がある。

　銀行等の免責は、具体的な法律問題としては、民法478条の規定の適用、あるいは免責特約の適用として問題になっているところであり、紹介した上記裁判例においては銀行等の過失の有無が重要な争点になっているものであり、銀行等の過失が認められると、銀行等の免責が否定され、銀行等が真実の預金者に対して預金等の払戻しに応じざるを得なくなる。氷山の一角であっても、このように多数の預金通帳の盗難等をきっかけにした預金の払戻しをめぐる裁判例が公刊され、しかも銀行等の過失を認める裁判例（結論とし

て、真実の預金者による預金の払戻請求を認めたものである）も相当数を数えていることは、銀行等の預金の払戻しの事務処理につき従前以上に厳格な基準によって評価し、銀行等の窓口担当者の過失の有無を判断していることを示している。預金の払戻しの取引の場面において、銀行等の責任が従来以上に厳格化されているものである。このような裁判例の判断姿勢は、当時、預金通帳、カードが犯罪者の対象になり、多数の窃盗事件が発生したことを背景として発生したものであるが、さらにその多数の窃盗事件の発生の原因の一つとして、従来の銀行等の預金取引が通帳の場合には、通帳の所持に加えて届出印による本人確認（伝統的な預金通帳には印影も押されていた）、カードの場合には、カードの所持に加えて暗証番号による本人確認によって安全対策が実施され、このような安全対策が犯罪者にとって突破できるものと考えられてたことにあることは疑いのないところである（預金通帳、カードを盗取すれば、他の安全対策を突破が可能であると考えられた原因、きっかけは明らかにされていないが、少なくとも多数の同種事件が発生した状況においては、預金取引のシステムの実態の再検討が必要であったということができる）。銀行等の預金取引、その前提となる事務処理のシステムは、従来と同様のものであったが、預金取引をめぐる社会環境が変化していたものであり、変化した社会環境に沿った事務処理であったとはいい難い状況が生じていたわけである（なお、銀行等の全体で、あるいは個々の銀行等によって預金の払戻しの事務処理の見直しは徐々に実施されたようである）。

　銀行等を取り巻く取引環境、法律環境は時代の進行に従って変動しているところであり、従前と同様な事務処理を行うだけでは法的な責任を負わされる可能性が高まるが、預金の払戻しをめぐる一連の裁判例はその一例である。

序章 総論

3 銀行等の健全な経営

(1) 健全経営の意義

　企業にとって証券市場における直接金融の途が拡大したといっても、現在でも日本の経済社会において銀行等の間接金融が重要な役割を担っている。

　銀行等の貸付業務は、企業にとっても、個人にとっても、経済活動、取引を行い、活性化するための血液としての機能をもつが、その重要性の程度は、経済構造、経済活動の規模・動静、金融の手段・方法の選択肢の幅等によって大きく異なる。銀行等の制度が経済社会の基本的な制度の一つであり、銀行等の健全な経営の確保が重要な政策課題であり、経営上の課題であることも否定できないところである。

　銀行等が健全な経営を行うためには、伝統的な銀行等の機能を前提とすると、経済的に資金需要がある企業等に適正な審査を経て、債権回収の確保の途を講じ、融資を実施し、融資先である債務者が弁済を怠れば、適時、的確に債権回収の方法を実行することが重要である。銀行等がこれらの過程における業務、事務処理を杜撰に行うと、その事業、経営に悪影響を及ぼすことになり、その内容、規模によっては経営が悪化し、さまざまな事情が積み重なって経営破綻を来すこともある。バブル経済の崩壊後、日本の社会でみられた多数の銀行等の経営破綻も、当初は些細な業務上の過誤、判断過誤から発展していったものである。些細な業務上の過誤、判断過誤が積もり積もって銀行等の経営を蝕んでいったが、その過程においては経営の健全化を図る機会はあちこちに存在したわけであるものの、実際に経営破綻した銀行等はその機会を活かすことができなかったものである。

　銀行等が健全な経営を行うことは、当該銀行等にとって重要であるだけでなく、その預金者、債務者等の取引先にとっても重要であるし、銀行等の種類、営業の内容、営業地域等の事情によっては、地域社会にとっても重要である（銀行等自体の存続というよりも銀行等による健全な金融機能が維持される

ことが最も重要であるというべきである)。平成元年をバブル経済の頂点としたバブル経済の崩壊、それに伴って生じた各種の金融機関の経営破綻は、周知のとおり、当該金融機関のみならず、取引先、地域社会、金融システム、経済社会、日本全体に重大な悪影響を及ぼしたものであるが(俗にいえば、金融機関のみならず、個人にとっても、企業にとっても、地域社会にとっても、経済社会にとっても、行政・政治にとっても痛い目に遭ったわけである)、社会全体で共有すべき銀行等の経営破綻による貴重な教訓は、いったいどれくらいの期間持続するものであろうか。貴重な教訓であっても、経済事故、不祥事の記憶が薄れたり、他の事態に関心が強まったりすると、教訓として活きなくなり、再度同様な経済事故、不祥事を生じさせる可能性が高まるが、バブル経済の崩壊に伴う教訓も、現在、同様な運命を辿りつつあるのではないかと感じられる(現在周知の事柄であっても、時間の経過、記憶の劣化によって、周知の事柄でなくなり、重要な教訓も忘れられる)。

(2) バブル経済の崩壊と銀行等の経営

バブル経済の崩壊の荒波を耐えた銀行等の金融機関は、1980年代の盛況を謳歌するには至っていないし、当時の状況にも復帰していないのが現状であるが、各種の投資取引等の新たな事業分野に進出したりし、一層競争が激化した経済状況の中で経営、事業を行っている。このような状況の中で東日本大震災が発生したが、東日本大震災の発生後には、地震、津波、原子力発電所の放射性物質の漏出事故といった被災地における甚大な被害につきその復興に協力するという新たな要請に応えることが求められている。新たな要請に応えること自体は社会的に有意義なことではあるが、健全な金融機能の維持の観点からは、将来にわたる重大な負担を抱えることになるという重大な問題を孕んでいる。

バブル経済の崩壊後、銀行、信託銀行、信用金庫、信用組合等の金融機関がいったいどれくらい経営破綻したのか、経営破綻の原因は何であったのか、経営破綻の影響がどのようなものであったのか等は、極めて興味深い事項であるだけでなく、今後、金融機関の経営破綻の発生に当たっての重要な

経験、貴重な教訓を提供するものである。しかし、現在のところ、バブル経済の崩壊後の金融機関全体についてこれらの事項を少なくとも民事法の観点から分析し、検討し、評価した書籍は刊行されていない。バブル経済の崩壊後において経営破綻した金融機関は約200を数えるものと推測されるが、銀行を取り上げてみると、東邦相互銀行（平成３年）、兵庫銀行（平成７年）、太平洋銀行（平成８年）、阪和銀行（平成８年）、京都共栄銀行（平成９年）、北海道拓殖銀行（平成９年）、德陽シティ銀行（平成９年）、福徳銀行（平成10年）、なにわ銀行（平成10年）、みどり銀行（平成10年）、日本長期信用銀行（平成10年）、日本債券信用銀行（平成10年）、国民銀行（平成11年）、なみはや銀行（平成11年）、幸福銀行（平成11年）、新潟中央銀行（平成11年）、東京相和銀行（平成11年）、中部銀行（平成13年）、石川銀行（平成13年）、足利銀行（平成15年）等がある。銀行の場合であっても、バブル経済の崩壊後においては、激しい競争に曝され、厳しい経営を強いられたものであるが、合併等によって再編成され、バブル経済前の時期と比べると、銀行名が変更されたものもあるし（特に都市銀行はメガバンクになり、その名称は大きく変更されている）、事業の内容も、経営姿勢も、事業の仕方も大きく変貌している。銀行等の金融機関の経営破綻は、株主等の出資者、預金者等の債権者、貸付債務の債務者、保証人、物上保証人等の取引関係者に重大な影響を与えるし、地域社会にも、地方公共団体、国にも重大な影響を与えるものであるが、預金口座を取引上の決済に利用している事業者等にも取引上の影響を及ぼすことになる。

　銀行等が経営破綻に至った場合には、その主要な原因は主要な業務である貸付事業が適切かつ的確に遂行されなかったことであると推測されるが、近年は、銀行等の業務が投資取引の事業の分野にも拡大され、重要な事業として位置付けられているため、投資取引の業務が適切かつ的確に遂行されないと、それだけ経営破綻をする可能性が高まることにもなるわけである。金融機関にとって経験の少ない新規の分野の事業は、それだけリスクが大きいが、伝統的な業務である貸付業務については、伝統的に取引の相手方（債務

者、債務者が企業の場合には、経営者等）をよくみて検討し、重視して判断する手法が相当に廃れ、審査項目を細分化し、基準得点を割り当てる等した表等を用いて、いわば機械的な手法、統計的な手法が重要になっているものであって、ここでも新たなリスクが生じているのである（与信審査の機械化、統計化が進行してきたものであるが、有用ではあるものの、弊害もあり、これは与信審査の形骸化につながりやすい）。伝統的な貸付業務について、いわば機械的な手法が採用され、重視されていることは、これを担当する銀行等の従業員、役員の思考方法、経験、能力を徐々に変化させることになる。このような変化が今後どのように活かされるかは興味深い問題である。

(3) バブル経済崩壊後の銀行等のトラブルと裁判例の動向

　バブル経済の崩壊の過程においては、日本国内においてさまざまな法律問題が発生し、あるいは潜在化していたさまざまな法律問題が顕在化し、多数の銀行等が破綻したことは、日本社会における政治問題、経済問題、社会問題、法律問題として歴史的に重大な事態であり、記憶にとどめておくべき出来事であったが、法律実務の現場においては、経営破綻した銀行等の破綻処理をめぐる各種の法律問題が多数発生したことは周知のところである。もっとも、銀行等の経営破綻につき法的な破綻処理が行われ、10年余も経過すると、経営破綻したこと自体、社会全体の記憶が劣化し、経営破綻に伴うさまざまな問題、弊害に対する意識も薄れるようであり、周知の事柄ではなくなっている。このような状況においては同様な事態が発生するおそれも高まることになる。

　同じ時期、銀行等の金融機関の経営破綻をめぐる破綻処理が行われる一方、金融機関の債権回収についても、従来の回収が不十分、不適切であると指摘されたり（経営破綻した金融機関の債権の回収のために新たな組織が設立されたり、債権管理回収業に関する特別措置法によって債権回収のための新たな業者（サービサー）の参入が認められる等した）、債務者らの財産隠し、執行妨害、抵当権妨害等の問題が重大なものとして指摘されるようになった。債務者らのこれらの不正、不当な行為は、従来からみられたところであるが、銀

序章　総　論

行等の有する貸付債権の回収が停滞し、あるいは困難になる事態が生じたことは、債務者らのさまざまな抵抗が主要な原因であるとの指摘が強力にされたわけである（債務者らの抵抗は、単に物理的な抵抗、身体的な抵抗でなく、合理的な根拠に当たるかどうかは別として、法律の規定を根拠にすることが多かったが、その前に、銀行等が自ら債権回収を実際に適時、適切、的確に行ってきたかといった点には疑問があった）。これらの銀行等による債権回収をめぐる諸問題については、強制執行、担保権の実行の現場において裁判所の事務処理を含めた工夫がされることがあり、また、民事執行法、民法の改正によって解決が図られることがあったほか、抵当権妨害をめぐる法律問題が多数訴訟等として裁判所に提起され、裁判所において抵当権妨害を排除する方向で判例、裁判例が形成されるという事例がみられたところである（抵当権の効力がそれだけ強化されたことになる）。平成年代にみられたこれらの出来事は、偶然に生じたものではなく、銀行等の金融機関の債権回収の問題を基本的な視点として観察すればわかりやすいものである。

　バブル経済の崩壊後、多数の銀行等の金融機関が経営破綻し、残った金融機関の中には公的資金が導入され、課税上の優遇措置を受ける等し、新たな経営姿勢、経営判断によって新たな業務に事業を展開する等している。バブル経済の崩壊の過程においては、金融機関をめぐるさまざまなトラブル、たとえば、破綻前の増資、融資取引、不動産取引、不動産関連取引、変額保険取引、貸し渋り、貸し剝がし等をめぐるトラブルが発生し、これらのトラブルの中には訴訟に発展したものもある。これらのトラブルは、銀行等の伝統的な顧客、取引先とのトラブルであり、顧客等に多額の損失を強いたものであるが、これらのトラブル、経営破綻等を通じて銀行等、その役職員の社会的な信頼、信用が相当に低下したことは否定できない。これらのトラブルをめぐる訴訟においては、銀行等が敗訴する事例も散見されるが（時代を経るに従って銀行等が敗訴する事例が増加する傾向にあると推測される）、銀行等が敗訴した裁判例を読んでみると、裁判所における銀行等（具体的には、銀行等の担当者）に対する信頼性、信用が低下していることも窺われる（具体

には、銀行等の取引に関する判断、行為の信頼性、合理性、担当者の供述の信用が従来と比較すると動揺し、低下しているのであろう）。銀行等が敗訴する可能性の原因としては、個々の事案によって相当に異なるものの、一般的には、銀行等の取引自体に問題があったこと、銀行等の担当者の問題のある言動、行為が訴訟において証明されるようになったこと、これらに関する証拠が入手され、証拠として提出できることがあったこと、銀行等の担当者の供述が信用されなくなったこと、銀行等が敗訴する事例が法律雑誌に公刊され始めたこと、銀行等の問題のある取引がバブル経済の崩壊後多々公表されたこと、銀行等がバブル経済の崩壊後社会的な評価、信用を低下させたこと等の事情を指摘することができ、これらの事情が裁判官の事実認定、判断に影響を与えているものと推測される。

　新たな体制を整えた銀行等の金融機関が新たな企業戦略の下において、新たな分野の業務において期待した業務を展開しているかは疑問を差し挟む余地があるが（銀行等にとって新たな業務分野であっても、未開のフロンティアがあるわけではなく、隣接する企業がすでに事業を展開しているため、激しい競争に曝されているのが通常である）、今後の重要な課題は、従前の伝統的な業務、新たな分野の業務について実りのある業績を得るための十分な知識、経験、ノウハウを有する従業員を教育、確保しているかであろう。銀行等の取引における末端の現場を見聞すると、日は暮れているものの、道は遠い印象を拭えない。経営戦略は新規で挑戦的であっても、末端の取引の現場においてその趣旨と取引の知識・経験と法令遵守の運用が徹底されていなければ、新たな分野の業務においてもトラブルが発生する可能性が高まることになる。社会、裁判所における銀行等に対する信頼性と信用が従来と比較すれば低下していることに照らすと、トラブルが訴訟に発展した場合、訴訟において敗訴する可能性もそれだけ高まっているということができよう（なお、文書提出命令をめぐる最高裁の判例の動向を概観しても、拡大傾向にあることが明らかであり、銀行等の保有する各種の取引関係文書もその例外ではないところ、他の業種の企業と比較すると、銀行等は取引に関係して多くの文書を作成することに特

序章 総論

徴があることから、文書提出命令の判例、裁判例の動向によっては銀行等の関係する訴訟がさまざまな影響を受けることが予想される）。

　銀行等の基本的で伝統的な業務であり、現在でも重要な業務になっているのは、貸付業務、預金業務である。このうち、貸付業務は、銀行等にとって収益の源であり、多種多様な企業、団体、個人等に対して資金需要に応えて資金を提供する業務であり、借主の属性が多様であるため、多様な事業であると考えられがちであるが、見方を変えると、資金需要のある人（法人、個人を問わない）に金銭を貸し付けるという単純な事業であり、単純な商品を提供しているということもできる。金銭の貸付は、資金需要のある人が多様であり、広範な資金需要に応えるものであり、社会において極めて重要な機能を担っていることは確かであるが、提供される金銭の貸付という商品そのものは単純な構造であり、貸付取引もまた取引全体の中では比較的単純な取引の類型に属するということができる。

　バブル経済の崩壊、その後に引き続いて生じた多数の銀行等の金融機関の経営破綻については、個々の金融機関ごとにさまざまな固有の事情があるものの、主として貸付取引が予定どおりに履行されず、巨額の貸付債権の回収ができなかったことに原因があったことは否定できない（経営破綻をしなかった銀行等においても、程度の差はあっても、巨額の貸付債権の回収不能という事態に苦しんだものであり、経営悪化の原因であったということもできる）。銀行等には多数の貸付業務、貸付取引の役職員が勤務し、日々貸付業務に従事していたはずであるが（貸付取引の専門家としての知識、経験を蓄積していたことも間違いないであろう）、バブル経済の崩壊後に生じた多数の銀行等の経営破綻に当たってこれらの役職員がどのような対応をしたかは極めて興味深い事柄であるが、結果的にみれば、対応が適切でなかったことになる（なお、当時の経済情勢が急激であったことに対応の失敗の原因を求めたいとの意向もあろうが、バブル経済の膨張期における貸付取引の実態に照らせば、合理的な説明とはいい難い）。バブル経済の崩壊後に生じた銀行等の経営破綻、経営悪化は、貸付という単純な商品の取引に失敗したことが主要な原因であったというこ

とができるが、その過程においては、貸付業務、貸付取引の専門家であったはずである多数の銀行等の役職員の業務上の過誤がその背景にあったということができる。バブル経済の膨張、崩壊の過程でみられた銀行等の貸付取引の失敗の経験は、現在、銀行等が行っている多様な業務にどのように経験、ノウハウ、知恵として蓄積されているのであろうか。

　(4)　**変貌する銀行等の業務・取引とリスク**

　銀行等は、バブル経済の崩壊、経営破綻後の大規模な倒産処理、不良債権の処理等の過程を通じて、伝統的な貸付業務、預金業務等の見直し、新たな投資業務等の分野への業務拡大を図り、国内的にも、国際的にも競争力を高め、金融機関としての信用、信頼性の向上に努めているようであるが、サブプライムローン問題、リーマンショック、EUの債務危機、国内産業の空洞化等のさまざまな問題に直面している。日本国内において経済にかかわる問題は、銀行等だけでなく、企業一般、個人一般にも重大な問題として覆われているようであり、国際的な競争力の低下、年金問題に端を発する国民生活の不安等は、深刻な印象を与えている。特に近年は、国内的に、消費税の増額、震災復興の遅れ、原発事故の解決の遅れ、企業の海外移転の進行、年金基金の破綻等が話題になる等、政治、経済、国民の日常生活等の重大な問題が続いている（むしろ政治、経済等の状況が著しく混乱しているというべきであろう）。社会は、個人の日常生活、企業、個人の経済活動、さらに政治システム、政治活動によって支えられているところ、最近は、これらの分野において旧来型の問題の深刻化、新来型の問題への対応の遅れが顕著になり、社会全体が大きく軋むようになっている。日本国内でも、銀行等の経営、事業を取り巻く環境は大きく変化しているが、銀行等は、このような混乱した社会において旧来型の取引の継続、拡大、新来型の取引の実施が企業、個人から要請されているところであり、従来以上に取引によるリスクが多様化し、高度化している状況の中でリスクの制御が求められている。個人にとっても、企業にとっても相当にリスクの制御が困難な社会の状況にあるが、銀行等にとっては、事業規模、取引規模が大きいだけに、企業よりもリスクの制

23

御が困難である。特に現代の経済社会の特徴として不動産、企業だけでなく、国家も金融化の対象になり、金融取引（昨今は、特にデリバティブ取引の著しい拡大が問題になっている）の影響を直接に受けるようになっているところであり、銀行等もこのようなリスクの高い金融取引が横行する経済状況の中で事業を展開し、リスクが拡大しているだけでなく、自らリスクの高い金融取引に参加し、さらにリスクが拡大している。

　他方、このような銀行等にとって取引の相手方は、リスクの高い取引にも積極的に参加する企業だけでなく（個人であっても、積極的にリスクの高い取引に関心をもち、参加する者もいる）、旧来型の企業、従来の生活を維持している個人が多いし、さらに高齢社会の急激な進行、年金に対する不安を背景として、個人のうち資産を保有する個人として高齢者が増加し、高齢者が取引の相手方になる機会が拡大している。銀行等の取引が個人を相手にしたり（個人であっても、個人の事業者を除く）、個人のうちでも高齢者を相手方とするものであったりした場合には、企業を相手方とする取引の場合とは異なり、消費者契約法の適用を受けるほか、消費者、高齢者の保護の要請の観点から、一般法理が適用される場合、企業、通常の個人の場合と比較して、有利に適用される可能性が相当にある。銀行等の取引の相手方が高齢者である場合、一般法理が有利に適用される手法としては、裁判例によって、あるいは個々の事案の内容によって異なるところがあるが、一般法理の要件の解釈の緩和、有利な事実認定、一般法理の要件の該当性の有利な判断の手法が利用されることがあるし、高齢者に特有な新たな法理の形成が試みられることもある。高齢者でない個人の場合であっても、企業、個人の事業者の取引の場合と比較して、一般法理が有利に適用される可能性がある。さらに、銀行等の金融機関の取引については、古くから不正な取引に利用されることがあったが、近年は、マネーロンダリングに利用される事例が現実に問題になったり、おれおれ詐欺、振り込め詐欺に利用される事例の発生が増加したりし（最近、このような事案の内容が変化したことから、名称の変更が公募され、「成りすまし詐欺」等の新たな名称が話題になっている）、新たな不正取引が金融機

関の取引実務、法律実務、警察当局、マスメディア等で重大な関心事になっている。金融機関の取引を利用した不正な取引の増加等の事態については、金融機関等による顧客等の本人確認等に関する法律（平成14年法律第32号。以下、「本人確認法」という）が制定、施行されていたが、その後、犯罪による収益の移転防止に関する法律（平成19年法律第22号。以下、「犯罪収益移転防止法」という）が制定、施行され、本人確認法が廃止され、現在に至っている。本人確認法の制定、施行によって金融機関等が口座開設時等において厳格な本人確認が法的に義務付けられ（従前も一応本人確認が行われていた）、本人確認等によって、金融機関における不正取引の監視が直接、間接に行われることになったものであるが、これに伴って金融機関は、私法の取引の分野においても新たな注意義務を負うか、注意義務違反による損害賠償責任が認められるか等の法律問題が生じることになったのである。金融機関の取引がマネーロンダリングに利用されることも重大な問題であるが、金融機関の取引を利用した不正な取引が社会の注目を集め、社会的な問題になったのは、おれおれ詐欺、振り込め詐欺の事例であったし（預金口座、預金取引が不正な取引に利用されてきた）、現在も重大な問題になっている（最近は、預金口座、預金取引を利用しない類型の振り込め詐欺の事例も増加しているようである）。

　振り込め詐欺等の不正な取引が金融機関の預金口座、預金取引を利用して行われる場合、不正な取引を防止するためには、まず、不正な取引の対象となった者が日頃から十分な注意を行うことが最も効果的で、簡便な対策・方法であるが、金融機関の従業員によるATMの監視、監視カメラの設置・稼働、挙動不審な者の監視、異常な預金取引の監視、警察官によるATMの見回り等の対策もとられてきた。金融機関、警察当局等によってこれらの対策がとられてきたことから、被害事例が減少した時期があるが、増加に転じることもあり、抜本的な効果がみられないのが実情である。現在でも高額の被害を受けた事例も報道されているが、長年にわたって振り込め詐欺の活動、危険に関する警告が繰り返して行われ、全国で警察当局、行政当局等に

よる対策が実施されていにもかかわらず、抜本的な効果が得られていない現状になっている（捜査当局の的確な捜査、適切な刑事処分も重要であるが、犯罪者の予備群は相当に広がっているようであり、根気強い捜査、刑事処分の観点からの対策も必要である）。振り込め詐欺等の不正な取引は、主として高齢者が狙われるものであり、高齢者に対する家族、地域の見守り、高齢者の日頃の警戒感の維持等の対策が最も効果的であることは明らかであるから、この観点からの対策の強化が最も重要である。

　金融機関の前記の対策は、各種の不正な取引の防止の観点からは、本来、付随的な対策・方法であるが、一旦不正な取引が発生し、金融機関の監視が結果的に不正な取引を防止することができなかったとの印象をもたれると、金融機関の監視過誤が追及する事例が登場する可能性が生じている。振り込め詐欺等の預金口座、預金取引等の金融機関との取引を利用した不正な取引の横行は、金融機関のこの分野における期待を高め、一旦不正な取引が発生すると、金融機関に対する不正な取引防止の役割が強調されがちであるが、不正な取引の実態、防止対策の実効性、金融機関の負担等を考慮すると、金融機関に過大な負担を負わせることは合理的ではない。もっとも、犯罪収益移転防止法は、金融機関にとっては、取引の私法の分野において新たな注意義務、損害賠償責任に主張するための一つの根拠を提供するものと受け取られる可能性があり、金融機関にとっては法的なリスクの一つになっている。

　銀行等の金融機関が利益の期待できる事業を展開しようとすると、伝統的な貸付業務だけでは限度があるため、さまざまな経営資源の活用を図り、新規の業務、隣接する業務を開拓することに意識が向かいがちであるが、慣れない業務には慣れないリスクが付随している。慣れない業務で痛い目に遭った経験は、バブル経済の膨張と崩壊の時期に十分に味わったはずであるが、経済情勢の変化、経済構造の変貌、金融機関の取引の変化等に直面し、顧客の選別・囲い込みも十分な成果が得られず、ATM等の機械化、インターネットも十分な活用がみられないのが現状であるため（金融機関の運用するATMのシステムは、現代社会におけるコンピュータ技術の水準、利用者の技術

3 銀行等の健全な経営

知識に照らすと、あまりにも時代遅れのものである）、伝統的な金融・投資業務の範囲内で新たな取引需要に応える業務を展開する傾向もみられる。しかし、伝統的な金融・投資業務であっても、時代が変われば、取引の相手方である顧客の属性も、思惑も大きく変化しているものであって（取引に伴うリスクの性質自体は、抽象的には同じものであっても、具体的なリスクの内容が大きく異なっていることがある）、従前と同様の姿勢、判断基準によって取引を判断していると、リスクの評価を誤ることが少なくない。

　金融機関の取引についてみると、金融機関に進取の気性があるとしても、経済社会、経済情勢の変化の動向には遅れがちであり、経済社会の先端部の企業の取引需要には対応することが困難である反面、取り残されがちな企業の取引需要には別の意味で対応が困難になっているという二重苦の時代が続いているのであろう。さまざまな不祥事を介し、あるいは大国の政策的な思惑によって金融機関に対する規制も緩和されたり、厳格化されたりしているが、国内、国外の法令、規制の遵守も気まぐれな改変が続いているだけに重要性が増しつつある（これを含めると、三重苦ということになろう）。さらに、日本においては、顧客は、企業も、個人も金融機関のこの20年間の自分の都合を重視した経営姿勢、事業態様と取引手法によって、金融機関に対する信頼も相当に低下しているところであり、これを含めると、四重苦の時代を迎えているということもできる。見方を変えれば、金融機関と顧客との間については、従来の一時期みられた信頼関係、蜜月の時代はすでに終わったということができる。金融機関との取引は、個人顧客の場合であっても、緊張感を孕んだ取引になることが多いと予想され、我慢をしない顧客が増え、金融機関に対するクレームを申し出たり、法的な手段に訴えたりする事例が珍しくない時代が到来している。

　銀行等の金融機関は、バブル経済の崩壊前と比較すると、伝統的な貸付業務等のほか、新規に開拓した業務を含めて業務を拡大させているところ、銀行等の業務、取引を取り巻く経済環境、社会環境、法律環境は大きく変化しているだけでなく、取引の相手方の範囲、属性、取引需要も相当に変化して

27

いるものであり、銀行等自体が変貌している状況において、環境も取引の相手方も変貌しているのである。このような時代、銀行等が行う取引につき、さまざまな過誤が発生することは不可避であるが、銀行等をみつめる社会も、取引先も、法律も従来とは異なって厳しいものがあり、銀行等にとっては厳格な法的な責任が問われ、裁判例によって認められる可能性が高まっている。この傾向はすでにバブル経済崩壊後の銀行等の取引をめぐる裁判例の中にみられるところであり、今後とも、個々の事案の内容によるところであるものの、銀行等の法的な責任を認める裁判例の傾向が続くと予想することができる。

第1章

銀行等の
債権回収をめぐる裁判例

1 貸付業務の概要

　銀行等の金融機関は、その取引先である企業等の事業者、あるいは個人に金銭を貸し付ける場合には、取引先の信用度を調査し、必要に応じて不動産に抵当権を設定し、保証人の保証を得る等の担保を取得し、さらに取引先に対する貸付債権の弁済状況を監視する等して債権を管理し、取引先が期限の利益を喪失した場合には、担保を実行して貸付債権の回収を図ることが通常である（なお、バブル経済の膨張の時期には、このような当然に要請される業務、事務処理が通常のように行われなかったことが膨大な量の不良債権を抱え込む重要な一因になったものである）。金融機関が貸付債権の回収を確実に行う権利、手段について、金銭の貸付の検討の際から確保することに努力をしていることは、金融機関の業務上、事務処理上当然の事柄であるが、回収のための権利、手段の獲得、行使が権利の濫用、公序良俗違反、法令違反、詐欺、錯誤等に該当するものであった場合には、権利の取得・行使の全部または一部が否定されたり、損害賠償責任を負う等の可能性がある。

　銀行等が企業、個人に金銭を貸し付けることは、企業の経営、事業の遂行、個人の経済生活に必要な資金を提供し、これらを円滑化、活性化するために重要な機能を担っているものであり、このような機能は、近代社会から現代社会においてみられる現象であり、当分の間、将来も、重要な機能として期待されている。

　銀行等の貸付が検討され、判断される場合には、資金需要のある企業等について背景になるさまざまな事情がある。企業等の事業資金が必要である場合等、貸付業務の本来の機能が十分に期待されることもあるが、資金の需要者である企業、個人、あるいは関係者（担保の提供を依頼される者等）が銀行等の貸付による弁済資金、投機資金等の目先の資金調達を急ぐこと等の事情から、十分な検討もなく、金銭を借り受け、担保を提供することがあり、本来の機能を期待することができないこともある。銀行等が借受を希望する企

業等の資力、信用等の事情を考慮して貸付に前向きの判断をし難い場合には、貸付を拒絶することが多いとしても、これもまた、さまざまな事情から貸付に応じることがある（銀行等の内部の規則に違反したり、審査基準を甘くしたり、審査基準を無視したり、根拠のない特段の事情を考慮したり、迂回で貸付をしたり、さまざまな貸付が実行され、目立っていたのが、バブル経済の膨張・崩壊の時期であるが、規模は異なるものの、それ以外の時期においても事案によっては問題のある貸付が行われていたものと推測されるし、実際に問題になった事例もある）。

　金銭の貸付がされると、資金を借り受けた企業等、関係者は事態が一段落し、状況を冷静にみることになりがちであり、担保を提供した関係者等は実際に担保が実行される等の事態に不満を抱くことがある（金銭を借り受けた債務者であっても不満を抱くことがある）。

　銀行等が企業等に金銭を貸し付けるに当たって、不動産に抵当権を設定したり、連帯保証をしたりする債務者以外の者に具体的にどのように依頼し、どのような説明をするかは興味深いが、もともと抵当権の設定、連帯保証は貸付債務が履行されない事態に備えて貸付債権を確実に回収するために行われる取引であり、貸付債務の債務者以外の者にとっては特段の事情のない限り、利益がないばかりか、むしろリスクのある取引である（保証人、物上保証人にとっては貸付債務の債務者の資産、信用の状況によってはリスクが高い取引であり、そのリスクの程度は債務者の状況、道徳心等の事情によって異なるものである）。銀行等が貸付債務の債務者以外の者とのこれらの取引に当たっては、取引の相手方の属性に従って交渉、説明の仕方が異なるが、リスクを説明していないか、説明しているとしても、どの程度リスクを説明しているかが、前記の法的な問題の発生の可能性、発生した場合における法的な問題の内容、金融機関にとって不利な判断の可能性に重要な影響を及ぼすことになる。特に消費者契約法が施行された後には、銀行等がこれらの取引につき消費者を取引の相手方とする場合には、同法の適用を念頭に置いて交渉、説明を行うことが重要であるし、事案によっては、説明義務の法理の浸透状況

31

を踏まえて取引に伴うリスクの説明義務を負わされることがあることにも注意を払うことが必要である。

　銀行等が資金需要のある企業等に対して適正な審査を経て融資を行うことは、銀行等の経営の健全化を図ることになり、ひいては経済社会にとって重要な役割であるが、銀行等が健全な経営を維持し、展開するためには、貸付債権を適切、的確に回収することも重要な役割である。銀行等が貸付債権を適切、的確に回収するに当たっては、貸付の際に、貸付の希望者の信用度、資金需要の内容（使途）、使途の合理性、返済計画の合理性等の事情を審査することが重要である。これらの事情のうち、使途は、金融機関が日常的に審査している事情であるが、どの程度の確度、どの程度の重要性で考慮しているかは、金融機関の種類、融資の規模、貸付の類型によって異なるところである。貸付を受けた債務者が使途に反して貸付金を使用した場合には、契約違反に当たるときがあるだけでなく、債権回収を困難にする事情の兆しであることが少なくない。のみならず、貸付を実行した銀行等の貸付担当者、貸付の判断者が貸付の表面的な理由、書類上の理由になっている使途と異なる使途（本来の使途、実際の使途、隠された使途）に貸付金が使用されることを知っている場合があるが、このような場合には、本来の使途の内容、銀行等の本来の使途の関与の態様・程度等の事情によっては、銀行等が債権回収を行うに当たって債務者、担保提供者、保証人に債権の行使を行うにつき、債務者らから抗弁を主張される可能性があるし、法的な抗弁として認められないときであっても、債権の行使に支障が生じることがある。さらに、貸付金の本来の使途が他人に損害を与えるおそれがある事業、活動であり、銀行等がその用途を知り、あるいは知り得た場合には、事業の内容・態様、損害の内容等の事情によっては、銀行等が損害を被った者に対して共同の不法行為者、幇助者として不法行為責任を負う可能性があるということができる。

　銀行等が資金需要のある企業等に対して貸付をした場合、貸付金をどのような使途に使用するかは事実上企業等に委ねられることになるが、銀行等は貸付に当たってその使途の審査を行い、使途を重視して貸付を行うことがあるか

ら、事情によるものの、その実際上の使途が企業等の違法行為、加害行為に加担したり、助長するときは、不法行為責任が認められる可能性がある。

　もっとも、バブル経済の膨張の時期には、銀行等は資金需要のある企業等だけに貸付を実行したわけではない。銀行等は、この時期、保有する貸付資金の貸付先を探し、開拓することに努めていたものであるが、資金需要のない継続的な取引先である企業等に対して貸付を勧誘する事例が多数みられたし、投資商品を紹介して貸付を勧誘する事例も、資産運用の企画を提案して貸付を勧誘する事例等もまた多数みられたところである。これらの貸付が後日、銀行等にとってトラブルを発生させる重要な原因になったことも否定できないが（これらの取引においては、貸付を受けた企業等の自己判断、自己責任も問題になるが、その前提として、銀行等との継続的な取引関係、銀行等に対する高い信頼性があったことは否定できない）、銀行等の担当者らの説明、貸付の経過、勧誘された商品、企画等の内容、融資を受けた企業等の損失額等の事情によっては、これらのトラブルが訴訟に発展することもあり、銀行等の取引の勧誘の実態が訴訟の現場で問われることになったのである。

2　貸付債権回収の実務

　債権の回収は、銀行等が有する貸付債権に限らず、金銭債権一般についてその的確、円滑な回収は容易なことではないし、銀行等が貸付債権の回収を図るといってもその的確、円滑な回収は容易なことではない。債権者が債務者に対して有する金銭債権の履行期限が到来し、債務者に任意の弁済を督促しても、さまざまな理由、事情から任意の約定弁済、全額弁済を拒絶したり、一部の弁済を拒絶したりする者は少なくないし、弁済の猶予を求める者も少なくない。そもそも債権者が債務者に連絡をとろうと思っても、連絡をとることが困難な者は珍しくないし、督促のための面談をしても、口約束だけで、実際に任意の全額弁済の実現に至ることは少ない。債務者が契約どおりに金銭債務の弁済に応じないことについては、債務者ごとのさまざまな理

由、事情があるとしても、債権者が契約を締結し、金銭債権を取得するに当たっては、債務者が任意の弁済に応じない事態が発生する可能性があること、そのような事態においてどのような強制的な手段を講じるかを想定しておくことは当然に予想すべき事柄である。金銭債権につき強制的な手段を執るとしても、金銭債権につき確定判決等の債務名義を取得し、債務名義に基づき民事執行法所定の手続に従って金銭債権の満足を図ることが必要であり、そのためには債務者の資産の調査、把握が必要であるうえ、金銭債権の弁済を得るためには手間、時間、費用が相当にかかることになる（手間、時間、費用をかけたとしても、金銭債権の全額の満足が得られるかどうかの予想は困難である）。債務者の中には、資産を有していても、任意の全額の弁済に応じない者もいるし、他方、資産が乏しくても、分割弁済等の方法によって任意の弁済を続ける者もいるのが債権回収の実務の現場である。

　銀行等が有する貸付債権の場合、債務者が企業であったり、個人であったりするし、貸金の使途もさまざまであるが、貸付に当たっての債務者の属性につき多角的な審査を相当に行っていたとしても、任意の弁済を図ることは困難であることが少なくない（債務者が特定の使途のために金銭を借り受けたとしても、債務者が予定された使途どおりに貸金を使用しないことがあるが、使途外の使用であるからといって、債務者が任意の弁済を拒否する理由にはならない）。銀行等は、そのため、貸付に当たって、不動産についての抵当権の設定、保証人の保証を重視してきたところであり（預金担保も当てにしていたことはいうまでもない）、特に土地の右肩上がりの動向を前提とした不動産の抵当権に大きな期待を寄せ、バブル経済の崩壊の時期までは不動産の抵当権もその期待に相当程度応えてきたということができる（不動産の抵当権を設定した場合であっても、競売による貸付債権の回収を図るよりも、任意売却による貸付債権の回収が選択されてきた）。しかし、土地の右肩上がりの動向は、バブル経済の崩壊とともに急激な右肩下がりの時代を迎え、土地等の抵当権等の担保はその価値と機能を大きく損なうことになり、銀行等の債権の管理・回収の実務に重大な悪影響を及ぼした（もっとも、銀行等が土地等の抵当権の

実行に踏み切り、債権の回収に積極的に努めたかどうかは疑わしく、債権の回収の遅れが膨大な不良債権を抱える原因の一つであると評価することもできよう)。のみならず、銀行等の取引先である各種の事業を行っていた企業もまた、土地の含み益を利用して行っていた経営が土地の価格の暴落とともに悪化し、企業の経営悪化が銀行等の経営悪化に拍車をかけたものである。銀行等が取引先に対して有していた不動産に対する抵当権は、設定時の担保価値が下落し、相当の損失を受忍しない限り、その実行が困難になり、任意売却も困難になっていったのである。

バブル経済の崩壊が始まった頃には、土地の価格の一時的な下落現象にすぎないとの認識もあったが、その認識も間もなく誤解であることが明らかになり、企業の倒産、銀行等の倒産、経営破綻が続発し、「失われた10年」、「失われた15年」として経済活動が低迷していたずらに時代が過ぎ去ったのである。

銀行等の倒産、経営破綻の原因として、土地の価格の急激な下落が指摘されることがあるが、もっと根本的には、貸付業務の専門家であり、豊富な経済情報を保有する銀行等が経済情報の理解を誤り、貸付業務の重要な部分である貸付債権を的確、適切に回収し、適正な経営を遂行することができなかったことにあるというべきであろう。

銀行等が貸付債権の回収を図る場合、一時期、貸し手責任が取り上げられることがあった。銀行等の債権回収の強化は、他方で債務者、保証人、物上保証人の反発、抵抗を引き起こし、銀行等が貸付債権の回収、抵当権の実行に着手すると、信義則違反、権利の濫用等の主張がそのために利用されてきたものである。債務者等の一部の者にとっては、銀行等の債権回収が従来の姿勢を突然に変更したとか、銀行等が身勝手であると感じる者もいたのである。債権回収に関する貸し手責任の法理は、このような時代を背景にして一時期取り上げられたものということができる。今後、貸し手責任の法理がどのように利用されるか、どのような法理として定着するかは明らかではない。

貸し手責任の用語は、本書で紹介している意味の他、銀行等が貸付をしている場合、貸付先の企業が法的な倒産、事実上の倒産、あるいは経営の悪化といった事態において貸付債権の減免をする負担、社会的責務、道義的責務として使用されることがある（貸し手責任に対応して、株主が負担を負うべき場合については、株主責任といった用語が使用される）。たとえば、バブル経済の崩壊後、銀行等の関連企業、貸付先の企業が経営悪化等した場合において、企業の再建、清算に当たって、債権者である銀行等がどのような負担をどの程度負うかが重要な問題になることが多く、メインバンクが最も重い負担を負い、他の金融機関が企業との関係に従って負担を負ったり（このような事例では、メインバンクの貸し手責任などと呼ばれることがある）、貸付残額に応じた割合で貸付債権の減免の負担を負ったり、平等な割合に従って貸付債権の減免の負担を負ったりすることが議論された。銀行等の種類、規模、経営方針によるところであったが、バブル経済の崩壊後間もない頃には、銀行等も表面的には余裕がみられたものであり、メインバンクが最も重い負担を負うことにより、取引先である企業の再建のために貸付債権の減免、追加貸付の実行等の負担を負うことがあったところ、日本全体に不景気が進行し、深刻になるにつれ、銀行等も余裕がなくなり、銀行等の負担をめぐる協議も難航したり、銀行等自体が経営破綻、倒産に追い込まれることもあったところである。

　銀行等の貸し手責任の用語は、以上のような場面で使用されることがあったところ、東日本大震災の発生に伴って生じた福島第一原子力発電所における放射性物質の漏出事故による巨額の損害賠償等の負担について同発電所を運営する東京電力に融資をしている銀行の負担等が話題になり、国の負担、株主の負担等とともに銀行の貸し手責任が議論されている。

　貸し手責任の用語は、日本の法律実務、企業経営、政治・行政等の分野でその概念が明確にされていないものであるから、まず、どのような場面、文脈で貸し手責任が問題になっているかを明らかにして議論をすることが必要である。

3 裁判例の紹介

　銀行等の債権回収をめぐる裁判例について、年代順に紹介すると、次のようなものがある。

(1－1) 公庫の保証等の錯誤が否定された事例 ［東京高判昭和40・10・6判タ185号138頁］

●事案の概要●

　事案の概要は明らかではないが、借受金の使途に誤解があった場合、金融機関との連帯保証契約、抵当権設定契約の錯誤が認められるかが問題になった控訴審の事案について、錯誤を否定したものである。

●判決内容

　「右認定の事実から判断すると、被控訴人が補助参加人のために控訴人公庫に対する借受け金債務の連帯保証をし、かつ、その所有不動産に抵当権を設定したのは、補助参加人が厚木基地内に支店を出すに必要な資金を借り入れるものと信じたがためであつたことは容易に推察することができるところであるけれども、他方、本件控訴人公庫や引受参加人のような金融機関との間の金銭貸借の担保について普通考慮されることは、保証人や担保提供者の同一性、資力、担保物の存在、その価額等であり、借受金の使途などは重要な問題にならない（もし右の意味の担保提供者が借受金の使途を重要視し、その如何によつては担保提供者になることを肯んじない態度を示すにおいては金融機関はそのような人を適当な担保提供者として採用しないであろう）のが普通のことと考えられるから、担保提供者が借受け金の使途のことを特に重視する旨をはつきり表示しないかぎり、かようなことは保証契約または担保権設定契約におけるいわゆる要素とはならないものと解するのが相当である。

　以上の説明のとおりであるから、かりに被控訴人がその主張の点において錯誤におちいつたとしても、その錯誤は単なる動機の錯誤であるにとどまり、要素の錯誤にならなかつた、といわなければならない。」

●事案の特徴

　この事案は、金融機関からの貸付がされた際、連帯保証、抵当権の設定を

したが、保証人が連帯保証等を争い、貸付金の使途に誤解があったことが連帯保証契約、抵当権の設定契約の錯誤に当たるかが問題になった控訴審の事件である。

なお、この事案の表題上、「公庫の保証」というのは、より正確には「公庫に対する保証」、「公庫との保証」とするのがより正確であるが、紙幅の関係で前記の表題としているところであり、以下も同様である。

●判決の意義

この判決は、貸付金の使途が動機の錯誤に当たることを前提とし、表示がされない限り、要素の錯誤に当たらないとし、要素の錯誤であることを否定したものであり、事例判断を提供するものである。この判決の論理によると、金融機関が貸付をするに当たっては、貸付金の使途を限定することが多いが、保証人が連帯保証、抵当権の設定に当たって貸付金の使途を誤解した場合には、動機の錯誤として錯誤無効の可能性を認めたものであり、興味深い判断を示したものである。もっとも、貸付金の使途が契約上、あるいは保証人の認識上齟齬があった場合、そのことが表示されていたときは、要素の錯誤が認められるかはなお慎重な検討、判断が必要であるというべきであり（貸付の事情、保証の事情等の事情によって使途が重要である場合に限定すべきであろう）、この齟齬があったからといって直ちに要素の錯誤を認めることは妥当ではない。

(1-2) 銀行の保証の錯誤が肯定された事例［東京地判昭和53・3・29下民集29巻1〜4号153頁、判時909号68頁、判タ369号239頁］

───●事案の概要●───

銀行業を営むX株式会社（株式会社静岡相互銀行）は、A株式会社、B株式会社、C株式会社との間で手形割引契約を締結し、Y信用保証協会が連帯保証をしていたところ、A、B、Cから手形の割引を受けたが、手形が不渡りになったため、Yに対して保証債務の履行を請求したものである。この判決は、Aらが割引を依頼した手形は商業手形ではな

く、融通手形であったこと等から、信用保証に錯誤があり、書類の机上審査のみで保証申込みに応じたとしても重大な過失はなかったとし、錯誤無効を認め、請求を棄却した。

● **判決内容**

「3　しかし、昭和47年6月に至り、本件三社は、尾崎らが被告の信用保証付手形割引の名目で原告から金員を騙取しようとして作り出した、単に登記簿上存在するだけの資産等実体皆無の会社であったこと、尾崎らは前記1（一）ないし（三）記載の各納税証明書や興信所の調査書を偽造し、これらと辻褄の合うように最近の損益計算書、貸借対照表を作出して原告に提示したこと、原告が割引いた本件各手形がすべて融通手形であったこと（この事実は当事者間に争いがない。）並びに築栄商工、豊容産業の二社については前記1（二）、（三）記載の各信用保証委託書の連帯保証人欄の記載も本人らの承諾もないのに尾崎らが勝手に記入したことが判明した。
4　被告が行う信用保証の対象となる中小企業者とは、その事業を一定期間継続して営業している実績のあるものに限られており、従来の原被告間の取引もいずれも右のように実績のある中小企業者を対象としたものであった。また、信用保証の対象となる手形はすべて営業上の取引によって正当に取得した約束手形又は為替手形に限られ、金融を受ける手段として第三者から交付された融通手形は含まれない取扱いであること（この事実は当事者間に争いがない。）も本件各契約締結にあたり原告の充分承知しているところであった。
二　右認定の各事実を合わせ考えると、被告の本件各契約による信用保証の意思表示は、その重要な部分に抗弁二記載の如き要素の錯誤があるというべきである。」

● **事案の特徴**

この事案は、銀行が手形割引による融資をするに当たって信用保証協会が連帯保証をしたところ、手形が商業手形でなく、融通手形であったことから、信用保証協会が保証を争い、信用保証協会の錯誤無効が問題になった事件である。

● **判決の意義**

この判決は、信用保証協会の信用保証の対象には融通手形が含まれない取扱いであり、信用保証の重要な部分に要素の錯誤があったとし、錯誤無効を認めたものであり、事例判断として参考になる。この判決は、銀行の手形割引による融資につき審査の過誤を認めたものであり、銀行における債権の管

理・回収上の問題を示すものである。

〔1－3〕信用金庫の保証の錯誤、信義則違反等が否定された事例［仙台高判昭和59・4・20金法1078号118頁、金判704号3頁］

●事案の概要●

　X_1、X_2は、生花業を営むAがY信用金庫（仙南信用金庫）から住宅建築資金1000万円を借り受けた際、包括保証を内容とする信用金庫取引約定書に連帯保証人として署名したところ、その後、Aが借入金の一部を弁済しなかったため、YがX_1らに保証債務の履行を求めたことから、X_1らがYに対して債務不存在の確認を請求したものである。第一審判決（仙台地大河原支判昭和57・11・16金判704号5頁）は請求を棄却したため、X_1らが控訴したものである。この判決は包括保証を内容とする普通契約約款は契約当事者がいちいち具体的に認識していなくても、これをすべて承認して契約したものと認められるから、要素の錯誤による意思表示に基づくものと認める余地はなく、内容を具体的に説明しなくても、信義則に違反するものではないし、特段の事情のない限り、契約条項に基づく権利行使をもって権利の濫用と認めることはできないとし、控訴を棄却した。

●判決内容

　「乙第2号証信用金庫取引約定書に記載された条項はいわゆる普通契約約款であり、契約当事者が右条項をいちいち具体的に認識しなくても、これをすべて承認して契約したものと認められるものである。したがつて、控訴人ら主張の要素の錯誤を容れる余地はないといわねばならない。
　また、右のように、契約当事者は約定書記載の各条項をすべて承認して契約したものと認められるのであるから、当事者の一方が相手方に対しその内容を具体的に説明しなければならないものではなく、右説明をしないからといつて信義則違反になるわけではない。また、被控訴人の乙第2号証記載の条項に基づく権利の行使（控訴人らに対する連帯保証人としての責任の追及）をもって権利の濫用と認めるべき特段の事情は本件において認められない。」

●事案の特徴

　この事案は、個人事業者が信用金庫から融資を受けるに際し、包括保証を内容とする信用金庫取引約定書に連帯保証人として署名した者らが保証を争い、保証債務の不存在確認を請求し、錯誤無効、信義則違反、権利の濫用を主張した控訴審の事件である（第一審判決は錯誤無効を否定したものである）。

●判決の意義

　この判決は、約款である信用金庫取引約定を具体的に認識していなかったことにつき要素の錯誤が成立する余地がないとし、信義則違反、権利の濫用を否定したものであり、事例判断を提供するものである。もっとも、この事案は、個人が約款によって連帯保証した事案であり、最近の消費者保護の要請、約款に対する適正な規制等の動向を踏まえると、要素の錯誤が成立する余地がないとまで断定することにはなお検討の余地があろう。上告審判決につき〔1－4〕参照。

〔1－4〕前記〔1－3〕の上告審判決であり、信用金庫の保証の錯誤、信義則違反等が否定された事例［最三小判昭和60・7・16金法1103号47頁］

●事案の概要●

　前記の〔1－3〕仙台高判昭和59・4・20金法1078号118頁、金判704号3頁の上告審判決であり、X_1らが上告したものである。この判決は、原判決を正当とし、上告を棄却した。

●判決内容

　「上告人らの主張を排斥して本訴請求を棄却した原審の判断は、原審の適法に確定した事実関係のもとにおいて、これを是認することができる。」

●判決の意義

　この判決は、控訴審判決である前記の〔1－3〕仙台高判昭和59・4・20金法1078号118頁、金判704号3頁が錯誤無効を否定し、信義則違反等を否定

41

したものを維持したものであり、その旨の事例判断を提供するものである。

〔1−5〕信用金庫の保証の錯誤が肯定された事例［大阪地判昭和62・8・7判タ669号164頁］

●事案の概要●

　XはA株式会社が融資を受けるために、Y信用組合（木津信用組合）との間で2000万円を限度とする保証契約を締結し、その際、Yの支店長はAの代表者に同行し、大丈夫でない会社に融資をしない等と説明したが、Aは、その後資金の調達ができなくなり、Yからさらに融資を受けることもできず、手形不渡りを出して倒産し、Xは、保証契約の履行として2048万円余をYに支払ったため、融資によって経営を立て直せるとの期待の下に保証契約を締結したものであり、要素の錯誤があったとして、Yに対して不当利得の返還を請求したものである。この判決は、要素の錯誤を肯定し、保証債務としての履行分につき不当利得を認め、請求を認容した。

●判決内容

「2　前記認定事実を前提に原告の意思表示に要素の錯誤があつたといえるか否かを判断する。
（一）　原告は、訴外会社が被告から2000万円の融資を受けることによつて当面の資金難による不渡り、倒産という事態を回避し、昭和60年秋ころまでにはその経営を立て直すことができるという趣旨の博の説明及びこれを裏付ける川元支店長ら被告の担当者の説明を信じて本件保証をしたものである。したがつて、被告から2000万円の融資を受けたとしても、翌日に迫つた不渡り、倒産の事態を回避できず、その経営を立て直すことが不可能ないしは極めて困難な程に訴外会社の経営が破綻していたとすれば、原告が本件保証に応じなかつたことは明らかである。
（二）　ところで博は、大阪相互銀行の550万円の決済資金はこちらで独自に工面がつく予定であつた、と供述している。しかし、同証人は、右入金予定であつた取引先は記憶にないと供述する等その内容は極めてあいまいである。のみならず、仮に入金予定の取引先があつたとしても、現実に翌25日には右取引先からの入金はなされず、しかも、それが送金手続上の手違い等何らかの一時的な事故によることをうか

がわせる資料も全く提出されていない本件においては、右入金先自体も当時すでにその支払能力を失つていたものと推認せざるをえない。ことに、昭和60年1月以来受取手形の不渡りが再三発生し、これが訴外会社の経営を急速に悪化させていたことから考えれば、訴外会社の取引先には、信用の乏しいもの、あるいはその経営が破綻寸前のものなどがかなりの数あつたものと考えられるのであつて、このことも前記推認を裏付けるものといえる。

　このようにみれば、訴外会社の経営は、前記のとおり2000万円程度の融資では翌日に迫つた不渡り、倒産の事態すら回避できない程度に破綻していたものと考えるほかはない。

(三)　以上のとおり、原告は博及び川元支店長ら被告担当者の説明を信じ本件融資を受けることによつて訴外会社が経営を立て直せるとの期待の下に本件保証契約を締結したものであるが、実際には訴外会社の経営は本件融資を受けたとしても翌4月25日の不渡りを回避しえない程に破綻していたものである。したがつて、本件保証契約を締結するに当たり原告の意思表示にはその成立の過程で、動機の点で重大な錯誤があつたものであり、しかも、右の動機は本件保証契約締結の際には、原告と被告間においては当然の前提とされていたことは明らかであるから、右の錯誤は要素の錯誤に該当するのもというべきである。」

●事案の特徴

　この事案は、連帯保証人が信用組合との間で保証契約を締結した際、融資を受ける者からの説明、信用組合の支店長の説明（大丈夫でない会社に融資をしない等の説明）を受けたが、融資を受けた者が手形不渡りを出し、倒産したため、保証債務を履行した後、錯誤無効を主張し、信用組合に対して保証債務の履行分につき不当利得の返還を請求した事件である。この事案は、信用組合の融資に関する保証の効力が問題になったこと、信用組合の支店長が融資を受けた主たる債務者の信用を裏付ける説明をしたこと、連帯保証人が一旦は保証債務を履行したこと、保証人が信用組合の支店長の誤説明を根拠に要素の錯誤による保証契約の錯誤無効を主張したこと、連帯保証人が履行済みの支払につき不当利得の返還を請求したことに特徴があり、珍しい内容の事案である。

●判決の意義

　この判決は、連帯保証の際、融資を受けた債務者が融資の翌日に手形不渡り、倒産の事態すら回避できない程度に破綻していたとし、信用組合の支店

長の説明等を信じて保証をしたことにつき動機の錯誤があるとしたうえ、要素の錯誤を認めたものである。この判決は、信用組合の支店長の保証人に対する誤った説明につき動機の錯誤、要素の錯誤を肯定した事例として参考になる。この判決は、信用組合の連帯保証契約の締結につき厳格な責任を認めたものである。この判決は、信用組合の担当者がした説明内容を前記のように認定しており、この事実認定が決め手になっているが、説明内容の立証方法に相当な工夫が必要であることをも窺わせるものである。

　金融機関との保証、物上保証等の取引は、本来、融資を受ける者が融資の返済を怠ったときは、保証債務の履行、担保の実行という不利益を被るリスクのある取引であるが、保証等の取引の際、保証人らが自らその責任を理解することを妨げ、あるいは誤解させるような説明をする事例がないではない（保証等の取引に当たってリスクを強調すると、取引に踏み切らない者が多くなると推測される）。この判決は、金融機関にとっては、融資に当たって融資の希望者の信用状態、資力を調査し、判断することが当然であるところ、信用状態の悪化等の状況を知りながら保証人らに対して異なる説明をしたとすれば、保証人に対する不法行為が成立する余地があるだけでなく、事情によっては錯誤、詐欺を問われることもやむを得ないものであり、金融機関として取引上の通念を逸脱した取引であるということができる。

〔1－6〕銀行の物上保証人・連帯保証人に対する不法行為責任が否定された事例〔東京高判平成元・3・29金法1243号29頁〕

――●事案の概要●――

　XがA会社を経営するBの経営手腕を高く評価しており、Aが銀行業を営むY株式会社（株式会社東和銀行、旧商号・株式会社大生相互銀行）から1億7200万円の融資を受けていたところ、Bは、Xに不動産購入資金をYから融資を受けるために所有不動産に抵当権を設定してほしい旨を依頼したが、他方、BとYとの間では、既存の融資分の返済に大部分の融資金を充て、Bが自由に使用することができるのは約600万

円とする合意があったところ、XとBは、Yの支店長Cを訪ね、CがBの信用性を評価する発言をしたりした後、Xにより抵当権が設定され（あわせて、連帯保証をした）、融資が実行されたものの（約4000万円の融資）、Aが倒産したため、Xは、不動産を売却し、Yに全額返済したが、Yに対して不法行為に基づき損害賠償等を請求したものである。

第一審判決（浦和地川越支判昭和63・3・24（昭和54年(ワ)第151号））が請求を棄却したため、Xが控訴したものである。この判決は、銀行の支店長に詐欺、権利の濫用等がなかったとし、動機の錯誤もなかったとして、請求を棄却した。

●判決内容

「5　原田による前記説得の結果、控訴人は原田の依頼による前記担保提供を承諾し、同年3月9日自己所有の不動産の権利証、実印、印鑑証明書を携行して原田と同支店に同行し、同支店長及び同支店野口融資課長に対し原田から控訴人を紹介した。同支店長は、控訴人の担保提供については原田と控訴人との間で既に了解がついているものと信じていたが、当日本店より控訴人から担保提供だけでなく連帯保証をもとるよう指示されたので、改めて控訴人に対し根抵当権設定及び連帯保証の双方につき意思確認をしたところ、控訴人は『原田社長は若いがだいぶ頑張つているので担保提供してあげるのですよ。』と答え、同支店長が『原田さんは大丈夫ですよ。心配はないですよ。』とか、『原田さんもこれで大儲けができますね。』と発言するなどのやりとりがあつたのち、控訴人が根抵当権設定及び連帯保証のいずれも承諾したので、本件担保契約を締結し、関係書類に各自署名押印をしたが、ただその作成日付は融資実行の都合上同月11日付とした。その際、控訴人が同支店長に対し原田の返済財源について尋ねたので、同支店長は原田から手形を預つているといつて上記間瀬サーキツトの手形を示し、そのコピーを控訴人に交付したうえ、本件担保契約の支払期日を右手形の支払期日にあわせて昭和53年7月10日としたが、原田の支払能力や控訴人の保証責任ないし担保責任については、いずれからも前記のほか別段言及することもなかつた。

……

　以上の認定事実に照らすと、本件融資については、原田が同支店長との間で少なくとも同支店が当時その解消を急務としていた分散融資やにぎり分合計3250万円の返済を約しながら、融資実行の段階でその4分の1にも満たないにぎり分700万円の解消をみたにすぎない結果となり、その余は原田工務所の支払手形の決済に充当さ

れたものの、それ自体、原田工務所の不渡処分、ひいては倒産を回避するためやむなく行われたものであつて、これを違法、不当なものとはいえないこと、同支店長、野口融資課長らは、本件融資については、第一義的に間瀬サーキツトの手形決済による弁済を期待し、その担保不足ないしは不渡りなど不測の事態に備えて控訴人の担保責任及び保証責任を考えていたものであつて、その後原田工務所の資金事情が悪化したのちも同年7月27日同会社倒産に至るまで能う限り資金援助を継続したものであること、他方控訴人は、当時原田を信用しており、同年2月2日県信連の融資5000万円についても原田のため連帯保証及び根抵当権設定を承諾し、更に本件融資より2か月後の同年5月にも原田に1100万円を融資していること、控訴人はゴルフ練習場を経営し金融取引にも浅からぬ知識と経験を有していると認められることなどを総合考慮すると、控訴人は、先に提供した県信連に対する担保の解除の期待と原田に対する支援の意思から、遅くとも同年3月9日原田と同支店に同行するまでに、原田よりなされた担保提供の依頼を承諾し、同支店において、連帯保証（これはその場で同支店長から申し入れたものである。）を含めて本件担保契約を締結したものと認めるのが相当である。……

　そうすると、本件担保契約が同支店長の詐欺あるいは権利濫用の不法行為によるものであるとする控訴人の主張は採用し難く、また、これが動機の錯誤に基づくという控訴人の主張も、前記事実関係に照らして理由がないのみならず、そもそも、同支店長の前示発言のごときは、取引上一般に用いられている単なる常套語の域を出ないものであつて、控訴人がこれに依拠して契約意思を決定したとは到底考えられないし、仮にそうでないとしても、控訴人のかかる内心の意思が相手方である被控訴人に対し明示ないしは黙示的に契約内容として表明されたものと認めるに足りる証拠もない。」

● **事案の特徴**

　この事案は、銀行が取引先である企業に不動産購入資金を融資するに当たって、企業の経営者の知人が所有不動産への根抵当権設定、連帯保証を依頼されたが、銀行の支店長が根抵当権設定の予定者に経営者の信用を評価する発言をし、根抵当権の設定、連帯保証がされ、融資が実行されたところ（経営者と銀行との間では、融資の多くが既存の融資の返済に充てる旨の合意があった）、企業が倒産したことから、不動産を売却し、融資の返済をした後に、銀行に対して不法行為に基づき損害賠償等を請求した控訴審の事件である（第一審判決は銀行の不法行為等を否定したものである）。この事案は、銀行が融資を行うに当たって、融資の希望者との間で多くの融資分を従前の融資の

返済に充てる旨の合意があったこと、不動産の根抵当権の設定者、連帯保証人が融資の債務者の経営者の知人であり、その経営者の経営手腕を評価していたこと、銀行の支店長が設定者・連帯保証人の意思確認を行った際、債務者の経営者の信用を評価する発言をしたこと、根抵当権の設定、連帯保証がされ、融資が実行されたものの、後に債務者が倒産したこと、根抵当権の設定者・連帯保証人が不動産を売却し、融資債務を返済したこと、権利の濫用、詐欺、動機の錯誤が問題になったこと、銀行の不法行為責任が問われたことに特徴がある。

●判決の意義

この判決は、この事案の融資が債務者の不渡り処分、倒産の回避のために行われたものであり、銀行が債務者の資金事情が悪化した後も、倒産に至るまで、できる限りの資金援助を継続したものであり、他方、根抵当権の設定者・連帯保証人が債務者の経営者を信用していたこと等を認定し、銀行の支店長の詐欺、権利の濫用を否定したこと、支店長の発言が取引上一般に用いられている単なる常套語の域を出ないものであるとしたこと、動機の錯誤を否定したこと、銀行の不法行為を否定したことに特徴がある。この事案は、既存の融資債務の返済に窮している債務者のための根抵当権の設定、連帯保証を行うというリスクの高い取引であり、特に融資金の相当部分が既存の融資債務へ返済することにつき銀行と融資の希望者との間でが合意されていた取引について、銀行の取引の違法性、支店長の根抵当権の設定者に対する発言の違法性が問題になったものであり、この判決は、これらの違法性を否定したものであるが、微妙な判断であり、債権回収の方法として疑問を払拭することはできない。

この事案の取引は、根抵当権の設定者・連帯保証人にとっては相当にリスクの高いものであり、銀行と債務者の関係、債務者の実際の信用状況、これらに関する銀行の保有する情報によっては、銀行の担保取引の効力、不法行為が成否が問題になり、担保取引の効力が否定され、あるいは不法行為が成立する可能性があるというべきである。また、この判決は、前記の支店長の

発言について、取引上一般に用いられている単なる常套語の域を出ないものであると評価しているが、この判決の趣旨、意義は不明確であり、理解に苦しむところであり、他の事情と相まって支店長の誤った情報提供として考慮され、違法性が認められることがあり得るものである。

(1-7) 銀行の質権設定の錯誤が肯定された事例［横浜地判平成元・7・13判時1337号81頁］

●事案の概要●

Aは、妹Bの夫Cの経営するD株式会社の工場長を務めていたところ、約1500万円の金銭を流用した責任を追及され、AがDに1500万円を弁償する旨の債務弁済公正証書が作成されたことから、A、C、Aの兄X、銀行業を営むY株式会社（株式会社横浜銀行）との間で、XがYに1500万円の定期預金をし、これを担保としてAがYから1500万円を借り受け、Dに返済する旨の合意が成立し、Xは、Yに1500万円の定期預金をし、定期預金質権設定契約証書が作成され、Xが署名押印したところ（定期預金証書はYが保管したが、預り証は交付されなかった）、Aが貸金債務を履行しなかったことから、Yにより貸金債権と預金債権が相殺されたため、XがYに対して担保差入れを否認し、質権設定が錯誤により無効であると主張し、預金の払戻しを請求したものである。この判決は、Yの担当者の説明等から質権の設定、保証の意思がないのに、定期預金の預り証であると誤信して署名押印したものと認め、要素の錯誤を肯定し、請求を認容した。

●判決内容

「（六）　また、右300万円の貸付と同日である昭和58年3月17日、被告の職員である有田孝機ほか1名が原告花子の勤務する大阪商船三井船舶株式会社の戸塚寮を訪れ、同寮の応接間で原告花子と面会し、原告花子に対して先日預かった定期預金の預かり証ができた旨説明のうえ、持参した定期預金質権設定契約証書に原告花子の署名捺印を求めた。

有田らからはそれ以上に詳しい説明はなく、原告花子は、先日預かった定期預金の預かり証ができた旨の右有田らの説明を鵜呑みにして、右証書の表題『定期預金質権設定契約証書』の部分や原告花子の署名部分に表示された『質権設定者』『連帯保証人』の記載について殊更注意を払うこともなく、漫然と右証書に署名捺印してこれを有田らに交付した。

(七)　その後被告は、原告春夫名義をもってその余の本件各貸付を続行し、いずれの貸付金も原告春夫名義の普通預金①に入金されたうえ順次払い出されて新芝浦自動車の用途に費消された。なお、本件各貸付及び普通預金①の払い戻し手続はいずれも補助参加人が原告春夫を代理する形で行われた。

(八)　原告花子は、本件各定期預金の満期日である昭和59年3月5日、被告に対して本件各定期預金の返還を求めたところ、原告春夫名義の本件各貸付のため本件各定期預金に本件質権等が設定されているとして、支払いを拒絶された。

2　以上の諸事実によれば、原告花子は、原告春夫に対する心理的効果を期待して被告に本件各定期預金をしたに過ぎず、質権設定や保証等の意思はなかったにもかかわらず、定期預金の預かり証と誤信して乙第6号証の1、2の定期預金質権設定契約証書に署名捺印し、錯誤により本件質権設定等をしたものということができる。」

● 事案の特徴

　この事案は、親族が銀行に新たに定期預金し、これを担保（質権設定）として銀行から他の親族が金銭を借り受けたところ（定期預金証書は銀行が保管したが、預り証は交付されなかった）、貸金を返済しなかったことから、銀行が貸金債権と預金債権が相殺したため、預金者・質権設定者が質権設定につき錯誤無効を主張し、預金の払戻しを請求した事件である。この事案は、銀行からの融資を希望したところ、親族が定期預金をし、これを担保として融資がされたこと、新たにした定期預金に質権を設定したこと、債務者が借入金の弁済を怠ったため、銀行により定期預金債権と貸金債権が相殺されたこと、質権設定者が質権の設定の効力を争い、質権の設定につき錯誤無効が問題になったことに特徴がある。

● 判決の意義

　この判決は、質権設定の経緯について、銀行の担当者が定期預金の預り証ができた旨を説明のうえ、持参した定期預金質権設定契約証書に設定者の署名捺印を求め、設定者が署名部分に表示された質権設定者等の記載について

49

殊更注意を払うこともなく、漫然と証書に署名捺印した等の事実を認定し、要素の錯誤を認めたものである。この判決の事実認定には証拠の評価、人間の行動に関する洞察力が感じられないものであり、特に質権設定者の供述を過大に評価したものであるが、訴訟実務に長年身を置いていると、裁判官によってはこのような事実認定がされることは珍しいものではない。訴訟における当事者本人の供述は、事件によっては相当に信用性が高いものもあるが、事件の内容、他の証拠の内容等の事情に照らし、信用性がないもの、あるいは信用性の乏しいものも多いのであって、信用性の程度、内容の合理性、他の証拠との整合性を十分に検討することが必要であるところ、この判決はこの検討が乏しいことを窺わせるものである。

　なお、この判決が維持された場合には、銀行としては定期預金等に質権を設定するに当たっては、契約書の内容を十分に説明したうえで署名押印を求めることをさらに徹底することが求められよう。控訴審判決につき〔1－9〕参照。

〔1－8〕銀行の連帯保証、質権設定の錯誤が肯定された事例［仙台高判平成元・9・28判時1345号81頁］

●事案の概要●

　Aは、銀行業を営むY株式会社（株式会社しあわせ銀行、旧商号・山形相互銀行）から2億3000万円の融資を受けていたところ、運転資金に窮して、追加融資を依頼したが、担保枠が一杯であることを理由に拒絶されたものの、建設会社であるX株式会社に対する建築残代金が未払で、Aの通知預金に入金されたままであったため、Yの担当者からこの一部を代金として支払ってYの定期預金とし、これに質権を設定すれば追加融資が可能であり、準備中の追加融資を実行したら担保を解消する等の説明を受けたため、現在および将来負担する債務の担保としてXが定期預金に質権を設定し、連帯保証をしたものの、追加融資が実行されなかったことから、Xが連帯保証等が錯誤による無効である等と主

張し、Yに対して預金の払戻しを請求したものである。第一審判決（福島地郡山支判昭和63・6・29（昭和61年(ワ)第211号））が請求を認容したため、Yが控訴したものである。この判決は、追加融資がされることにつき動機の錯誤がある等とし、要素の錯誤を認め、錯誤無効を肯定し、控訴を棄却した。

●判決内容

「3　ところで、荘原は医院を開業したものの、自己資金に乏しかったため、たちまち運転資金等に窮し昭和56年1月27日頃控訴人郡山支店の融資担当者太田誠二に対して運転資金が不足しているので前記預金の払戻しを受けたい旨申し入れたが、太田は右はあくまで使途を限定して融資したものであるから、右申入れに応ずるわけにはいかないとしてこれを断った。

4　荘原は、なおも太田に対し資金繰りに窮しているので新たに融資をして欲しい旨懇請し、太田は荘原に対してはすでに担保枠一杯の貸付けをしているので他の担保の提供がない以上貸付けはできない旨回答したが、荘原には前記預金が残っていたことから、被控訴人（代表取締役佐藤政義）に同席を求めたうえで、もし荘原が被控訴人に対し工事残代金を支払い、被控訴人がこれを控訴人の定期預金に組んだうえ担保に提供すれば、荘原に貸し付けることは可能である。控訴人から荘原に対しては昭和56年3月末頃までには少なくとも1000万円程度の追加融資をする予定でその準備を進めているところでもあるから、右追加融資実行の折には、その一部を右貸付金の返済に充て、担保を解消することができるなど説明した。

被控訴人は、太田の説明から、荘原のための担保提供に応ずれば、未払の工事残代金を受け取ることができ、短期間その一部が使えないがそれも仕方がないものと考え、太田に対し、荘原から支払われる工事残代金中500万円を定期預金とし、これを担保に提供することを承諾する旨の回答をした。そして、佐藤は、控訴人に対し、定期預金を組み、これを昭和56年3月末日まで荘原の債務のため担保設定をする旨決議した被控訴人の取締役会議事録を、更に、その後太田の申入れにより右の期間を昭和56年4月6日とする旨の取締役会議事録を控訴人に提出した。

5　そこで、控訴人は昭和56年1月28日荘原に対し前記通知預金の払戻し手続をとり、被控訴人は荘原から受領した工事残代金の一部500万円を本件定期預金に組むと同時に控訴人に対し、荘原の控訴人に対する現在及び将来負担する一切の債務につき同預金の元利金額の限度で連帯保証し、同預金に本件質権を設定する旨の契約証書を差し入れ、同預金証書をも預託した。そして、控訴人は荘原に対し、同日400万円、同年2月6日100万円をそれぞれ返済期日を同年4月6日と定めて手形貸付けを

した。被控訴人は、右各貸付けに当たり、連帯保証人として右各約束手形に記名捺印した。

6　太田は信用保証協会の保証を得ることにより荘原に対し追加融資を図るべく、控訴人郡山支店長や本部の了解の下にその準備をすすめていたが、意外にも荘原が適切な保証人を用意できなかったため、信用保証協会の保証を得る途が阻まれ、結局控訴人は荘原に追加融資することができなかった。そのため、荘原は返済期日に右貸付を受けた500万円を返済することができなかった。

　……

　叙上認定したところによると、被控訴人が控訴人と本件連帯保証契約を結び、かつ本件質権設定契約を結ぶに至ったのは、被控訴人が、控訴人において、荘原に対しおそくも昭和56年4月6日までには追加融資をし、その融資の一部をもって荘原の右500万円の貸金債務を決済し、被控訴人の荘原に対する工事請負代金のうち500万円が完全に決済されるものと誤信したことにあり、しかも右は契約締結に当たり、被控訴人と控訴人間において十分了承ずみで、表示された契約内容となっていたものであり、結局本件連帯保証契約及び質権設定契約はいずれもその要素に錯誤があり無効であると認めるのが相当である。」

　判例評釈として、吉原省三・金法1264号4頁がある。

●事案の特徴

　この事案は、銀行から融資を受けていた債務者が追加融資を依頼したところ、担保枠が一杯であるとして拒絶され、債務者が取引先に支払うべき代金を支払って定期預金とし、質権を設定すれば追加融資が可能である、準備中の追加融資を実行したら担保を解消する等の説明を銀行の担当者から受け、現在及び将来負担する債務の担保として取引先が定期預金に質権を設定し、連帯保証をしたものの、追加融資が実行されなかったため、質権の設定者・連帯保証人が質権設定契約、連帯保証契約が錯誤により無効である等と主張し、銀行に対して預金の払戻しを請求した控訴審の事件である（第一審判決は請求を認容した）。この事案は、銀行が融資を受けていた債務者に追加融資を行うことが交渉されていたこと、銀行の担当者が債務者の取引先に支払うべき代金を支払って定期預金とし、質権を設定すれば融資が可能であり、準備中の追加融資をしたら担保を解消する等の説明をしたこと、債務者の取引先が質権の設定を承諾し、連帯保証をしたこと、追加融資が実行されなかっ

たこと、質権の設定を承諾した取引先が連帯保証等が錯誤無効であると主張したこと、質権の設定を承諾した取引先が金融機関に対して預金の払戻しを請求したことに特徴がある。この事案では、前記の経過で融資の債務者のために定期預金の質権を設定し、連帯保証をしたことの効力が問題になったものであり、銀行の担保取引の交渉の仕方、担当者の説明が問われたものである。

●判決の意義

この判決は、銀行の担当者が説明していた準備中の追加融資が実行され、債務者の従前の債務が決済されること等が連帯保証、質権設定の内容になっていたとしたうえ、要素の錯誤を認め、連帯保証契約、質権設定契約が無効であるとしたものであり、事例判断として参考になるものである。この判決は、預金の質権設定契約、連帯保証契約につき要素の錯誤を認めたものであり、銀行に厳格な責任を負わせたものとして参考になる。この事案では、銀行が融資の債務者の取引先が提供する預金への質権の設定、連帯保証というリスクのある取引が問題になったものであるが、この判決は、取引の前提事情、銀行の担当者の誤った説明を考慮して要素の錯誤を認めたものであり、銀行の担保取得の方法に制限を加えるものとして参考になる。

(1-9) 前記 (1-7) の控訴審判決であり、銀行の質権設定の錯誤が否定された事例［東京高判平成2・3・8金法1261号30頁］

●事案の概要●

前記の〔1-7〕横浜地判平成元・7・13判時1337号81頁の控訴審判決であり、Yが控訴したものである。この判決は、定期預金質権設定契約証書を定期預金の預り証と誤信したとは認められないとし、錯誤を否定し、原判決を変更し、請求を棄却した。

●判決内容

「被控訴人は、『仮に被控訴人が本件質権設定等をしたとしても、被控訴人は、本

件各定期預金証書の預り証であると誤信して、乙第6号証の1・2の定期預金質権設定契約証書に署名押印したものであるから、その意思表示には錯誤があり、無効である。』と主張し、被控訴人本人は、原審における本人尋問において、右主張に沿う趣旨の供述をしている。

　しかしながら、被控訴人が署名押印した乙第6号証の1・2には、その標題として、『定期預金質権設定契約証書』と大きな活字で明瞭に印刷されており、征夫の控訴銀行に対する本件借受け債務を担保するため、被控訴人が本件各定期預金について質権を設定する旨が記載されていて、だれが見ても右書面が本件各定期預金の預り証であると誤解するような記載は全く無いばかりでなく、さきに設定した被控訴人が本件各定期預金をするに至つた経緯、並びに、被控訴人が控訴銀行杉田支店で本件各定期預金をした際及び同支店の有田が被控訴人から乙第6号証の1・2の署名押印を得た際の状況に照らすと、被控訴人が右『定期預金質権設定契約証書』を本件各定期預金の預り証であると誤解したものとは到底考えられないから、被控訴人本人の右供述は、たやすく採用することができず、他に再抗弁を裏付けるに足りる証拠はない。」

●事案の特徴

　この事案は、親族が銀行に新たに定期預金し、これを担保（質権設定）として銀行から他の親族が金銭を借り受けたところ（定期預金証書はYが保管したが、預り証は交付されなかった）、貸金を返済しなかったことから、銀行が貸金債権と預金債権が相殺したため、預金者・質権設定者が質権設定につき錯誤無効を主張し、預金の払戻しを請求した控訴審の事件である（第一審判決である前記の〔1－7〕横浜地判平成元・7・13判時1337号81頁は錯誤無効を肯定したものである）。

●判決の意義

　この判決は、定期預金に質権を設定した経緯の評価に関する事実認定を変更し、質権設定者の供述の信用性を否定し、錯誤無効を否定したものであるが、錯誤無効を否定した事例として参考になる。

〔1-10〕信用金庫の連帯保証の錯誤が肯定された事例〔大阪高判平成2・6・21判時1366号53頁、判タ732号240頁、金法1262号66頁、金判880号9頁〕

●事案の概要●

　Aは、Y信用金庫（播州信用金庫）から金銭を借り受けた際、Bに保証人になることを依頼したところ、一応これを承諾し、Xも保証人になることを依頼され、Xは、Bが保証人になっていることを聞かされ、保証人になることを承諾したが、Bが連帯保証額が月収に比較して多額であり、Aの仕事が苦しくなっているとの噂を耳にし、連帯保証を断り、Aがその旨をYに申し出たところ、交渉の結果、Aの実兄Cに保証人になることを依頼することとなったものの（Bに代わってCが保証人になってくれるまでの間、Bが形式的に保証人になってくれることが依頼された）、Bの代わりの保証人が立てられることもないまま、Yは、Aに金銭を貸し付けたところ、Aが弁済を怠ったため、XがYに対して保証債務の不存在の確認を請求したものである（Bに対する保証債務の履行は求められなかった）。第一審判決（神戸地姫路支判平成元・9・26（昭和61年(ワ)第487号））は請求を棄却したため、Xが控訴したものである。この判決は、Bの連帯保証は虚偽表示で無効であり、Xの連帯保証は錯誤により一部無効であるとし、無効の範囲はXの負担部分である2分の1に限定されるとし、原判決を変更し、請求を一部認容した。

●判決内容

　「四　以上に認定したところからすれば、控訴人は、川本が被控訴人から本件1500万円を借受けるにつき、川本に依頼されて、その連帯保証をしたが、右本件連帯保証契約は、川本の右1500万円の借受金（本件貸付）につき、品川も適法・有効にその連帯保証をすることを動機とし、かつ、右動機を表示した上、これをその要素として、締結されたものというべきである。
　ところが、品川は、川本が被控訴人から本件1500万円を借受けるにつき、その連帯保証をすることを強く拒絶したというところ、その後、右本件貸付の担当者であ

る被控訴人福崎支店の支店長代理の澤から、『約2週間位で品川の保証を他の保証人に代え、品川に対しては、連帯保証人としての保証責任を負わせない。』と言われ、右澤の強い要請により、右澤の述べた趣旨の約束の下に、形式的に本件貸付の連帯保証をしたもので、品川は、右約束により、真実は、連帯保証人としての責任を負わない趣旨で右連帯保証をし、被控訴人の担当者である澤もその趣旨を了解して、品川に連帯保証をさせたものというべきであるから、右品川の連帯保証契約は、当然無効というべきである（民法93条但し書ないし同法94条参照）。

そうとすれば、控訴人が被控訴人と締結した本件連帯保証契約は、右の点で一部（但し、その範囲は後記のとおりである）その要素に錯誤があるというべきである。

ところで、控訴人は、品川の前記連帯保証契約が有効であるならば、川本が被控訴人から借受けた1500万円の本件貸付につき、品川と連帯してその保証責任を負う意思であったというべきであるところ、弁論の全趣旨によれば、控訴人と品川との共同の連帯保証については、その負担部分の定めのなかったことが認められるから、控訴人は、少なくとも、前記1500万円の本件貸付のうち、その2分の1については、その支払いの責に任ずる意思で、本件連帯保証契約を締結したものというべきである。したがって、本件連帯保証契約は、右2分の1を越える部分については、要素の錯誤により、無効というべきであるが、右2分の1の範囲では、要素の錯誤はなく、有効であるというべきである（最高裁昭和54年9月6日第一小法廷判決・民集33巻5号630頁参照）。」

● 事案の特徴

この事案は、信用金庫からの融資につき連帯保証を依頼され、他にも保証人を依頼すると聞かされ、連帯保証をしたものの、他の保証人が立てられなかったため、信用金庫に対して保証債務の不存在の確認を請求し、連帯保証契約の錯誤無効が問題になった控訴審の事件である。この事案は、信用金庫との連帯保証契約が問題になったこと、保証人が他にも保証人を依頼すると聞かされ、保証契約を締結したこと、他の保証人が立てられなかったこと、連帯保証人が保証の効力を争ったこと、信用金庫にとっては連帯保証人の保証による債権回収につき問題があったことに特徴がある。

● 判決の意義

この判決は、他の保証人の存在が連帯保証契約の動機の錯誤に当たり、動機が表示されているとし、錯誤無効を認めたうえ、無効の範囲につき自己の負担部分を超える部分につき無効であるとしたものである。この判決は、連

帯保証契約の一部無効を認めたものであり、その範囲で信用金庫に厳格な責任を認めたものである。この判決は、連帯保証契約につき他の保証人の存在が動機の錯誤に当たるとし、錯誤無効を認め、かつ、その範囲が自己の負担部分を超える一部の範囲に限定した事例判断として参考になるものである。

なお、この判決が引用する最一小判昭和54・9・6民集33巻5号630頁、判時943号105頁、判タ399号119頁、金法920号32頁、金判583号3頁は、手形金額に錯誤のある裏書と悪意の取得者に対する償還義務の範囲が問題になった事案について、

「ところで、手形の裏書は、裏書人が手形であることを認識してその裏書人欄に署名又は記名捺印した以上、裏書としては有効に成立するのであつて、裏書人は、錯誤その他の事情によつて手形債務負担の具体的な意思がなかつた場合でも、手形の記載内容に応じた償還義務の負担を免れることはできないが、右手形債務負担の意思がないことを知つて手形を取得した悪意の取得者に対する関係においては、裏書人は人的抗弁として償還義務の履行を拒むことができるものと解するのが相当であり、被上告人の前記主張も、右のような趣旨に帰着するものと解される。そこで、被上告人は、錯誤によつて手形債務負担の意思がなかつたことを理由にして本件手形金全部の償還義務の履行を拒むことができるかどうかであるが、前記のように、被上告人が金額1500万円の本件手形を金額150万円の手形と誤信して裏書したものであるとすれば、被上告人には、**本件手形金のうち150万円を超える部分については**手形債務負担の意思がなかつたとしても、150万円以下の部分については必ずしも手形債務負担の意思がなかつたとはいえず、しかも、本来金銭債務はその性質上可分なものであるから、少なくとも裏書に伴う債務負担に関する限り、本件手形の裏書についての被上告人の錯誤は、本件手形金のうち150万円を超える部分についてのみ存し、その余の部分については錯誤はなかつたものと解する余地があり、そうとすれば、特段の事情のない限り、被上告人が悪意の取得者に対する関係で錯誤を理由にして本件手形金の償還義務の履行を拒むことができるのは、本件手形金のうち150万円を超える部分についてだけであつて、その全部についてではないものといわなければならない（手形の一部裏書を禁止した手形法12条2項の規定は、上記の解釈を妨げるものではない。）。」

と判示し（判例評釈として、宍戸善一・法協99巻2号344頁、小橋一郎・民商82巻3号110頁、服部栄三・判評256号35頁、前田庸・判タ411号223頁、大山俊彦・金判595号46頁、清水巌・ジュリ718号135頁がある）、一部の錯誤無効を肯定したものである。

〔1-11〕信託銀行の取引先の預金拘束につき債務不履行責任、不法行為責任が否定された事例［東京地判平成3・2・18判タ767号174頁、金法1293号30頁、金判877号25頁］

●事案の概要●

X株式会社は、信託銀行業を営むY株式会社（安田信託銀行株式会社）を取引銀行として取引を行っており、担保を提供して融資を受けていたところ、信託銀行業を営むA株式会社の融資の返済に充てることを予定していた金員を預金とし、その後、資金繰りのために預金を解約しようとしたが、Yが融資金のためすべての預金を拘束し、一旦解除したものの、当座預金を除き預金を拘束したため、Xが他から融資を受け、資金を調達せざるを得なかったと主張し、Yに対して債務不履行、不法行為に基づく融資の利息につき損害賠償を請求したものである。この判決は、Xが債務の履行遅滞になり、債権保全のために預金を拘束したものであり、相当な手段であるとし、請求を棄却した。

●判決内容

「3 右認定の各事実に照らせば、原告が、被告に対し、三菱信託銀行からの根抵当権譲渡による担保提供を約しておきながら、これを遅滞し、右譲渡を行う前提として調達した本件金員（三菱信託銀行に対する借入金の弁済資金）を、右担保提供実行の手順を明らかにすることなく、安易に運転資金として利用しようとしたことが本件預金拘束のきっかけとなったものである。そして、これについての被告の状況判断にも甘さがみられ、原告の資金繰りを考慮したうえでの十分な詰め（預金拘束による原告への影響を考えての担保価値の慎重な評価等）、原告に対する十分な協議、説明等を行わないまま、突然、本件預金拘束をしたことには問題も残るが、前記の担保不足の状況及び従前からの経緯等を併せ考えると、本件預金拘束が直ちに違法であるということはできない。」

判例評釈として、河上正二・金法1331号25頁がある。

●事案の特徴

この事案は、信託銀行が取引先である会社に担保の提供を受けて融資をし、預金を受け入れていたところ、会社が融資債務の履行を遅滞したことか

ら預金を拘束したため、会社が信託銀行に対して損害賠償を請求した事件である。この事案は、信託銀行が融資をした取引先の預金を拘束したことの違法性が問題になったこと、債務者の担保不足等の状況があったこと、預金が他の信託銀行への弁済資金であったこと、預金を拘束した信託銀行の債務不履行責任、不法行為責任が問われたことに特徴がある（事案の経過はやや複雑であり、詳細は判決文を参照されたい）。

●**判決の意義**

この判決は、信託銀行が預金拘束をするに当たって債務者・預金者に対する十分な協議、説明等をしなかったことに問題が残るとしたものの、担保不足の状況、従前の経緯等を併せ考えると、預金拘束が直ちに違法であるとはいえないとし、債務不履行、不法行為に基づく損害賠償責任を否定したものである。この判決は、債務者の預金拘束をしたことが違法ではないとした事例判断を提供するものであるが、限界的な事例ということができよう。この事案は、債権回収の場面で生じがちな事件であるが、この判決は、この事案につき信託銀行の損害賠償責任を否定したものの、事情によっては違法性が認められることを示したものである。

（1－12）銀行の連帯保証契約の意思の確認につき信義則違反が肯定された事例［京都地判平成6・8・26判タ895号195頁］

●**事案の概要**●

銀行業を営むY₁株式会社（株式会社三菱銀行）は、A有限会社に対して、B信用保証協会の保証の下に貸付を行っていたが、Aが元本の支払いを遅延し、信用保証の期限が切れる頃、Aの代表者Cが顧問税理士Xに対して信用保証契約における求償債務の連帯保証を依頼したところ、Y₁の貸付が無担保であったため、Xがこの依頼を断ったものの、Cが自宅を担保に入れる旨を告げたため、Xが連帯保証を承諾し、必要な書類に署名押印したため、Y₁の従業員Y₂がXの保証意思の確認を求めたのに対し、Xが無担保では保証人になれない旨を告げ、Y₂がこれ

59

を認識したにもかかわらず、Bに書類を送付し、信用保証を得たものの、Aが倒産し、BがAのY₁に対する債務を代位弁済し、Xに求償権を行使して訴訟を提起し、Xが敗訴したことから、XがY₁らに対し不法行為に基づき求償債務額等の損害につき損害賠償を請求したものである。この判決は、Xの連帯保証の意思が錯誤によるものであることを知った場合には、Xの意思どおりにするか、Xの意向に沿えない旨を告知すべき信義則上の義務が認められ、Y₁らに義務違反があったとし、請求を認容した。

●判決内容

「1　原告は、被告栗原及び被告銀行における信用保証委託手続上の違反について詳細に主張しているが、右は銀行と保証協会との間の内部の規則違反にすぎず、原告に対する関係で不法行為を構成するものではないから、この点に関する原告の主張は理由がない。

2　しかしながら、右二1において認定した事実関係の下で、被告栗原が、原告が錯誤により本件信用保証委託契約書の連帯保証の保証人欄に署名捺印したものであることを知り、原告の意向に沿う旨回答した以上、信用保証委託契約に関与した銀行員としては、その通りにするか、少なくとも原告の意向には沿えない旨を明確に告知しなおすべき信義則上の義務が存在するというべきであり、右義務に反し、原告の意思を無視して保証協会に本件保証委託契約書を送付し、原告と保証協会との間に連帯保証契約を成立させてしまい、主債務者の倒産により結果的に原告に損害を与えるに至った行為は、原告に対する関係で不法行為を構成すると解すべきである。その理由は以下のとおりである。

（一）　本件信用保証委託契約において、被告銀行は直接当事者関係にはないが、保証協会への保証委託契約手続はすべて被告銀行を通じて行われている上、被告銀行としては、保証協会がさがの染芸の被告銀行に対する債務を保証してくれることにより右債務の弁済は100パーセント確実になるという点で、信用保証委託契約の成否に重大な利害関係を有し、被告銀行は、信用保証委託契約において準当事者的な立場にあるとみられること。

（二）　原告の本件信用保証委託契約上の連帯保証を行う旨の意思表示は、本件信用保証委託契約書が被告銀行を通じて保証協会に到達して保証協会がこれを了承することにより保証協会と原告との間の連帯保証契約が成立するところであり、被告栗原は原告の右意思表示の到達過程において内部規則に従い保証意思を原告に確認し

たところたまたま原告の錯誤及び『無担保では保証しない。』旨の原告の要望を知ったにすぎないのであるが、被告栗原が『わかりました。』と回答したため原告は同被告が原告の要望通りに行ってくれるものと信じ、同被告の発言を信頼して連帯保証契約成立を防止するためのそれ以上の措置を講じていなかったのであるから、原告の瑕疵ある意思表示が保証協会に到達するか否かは専らその後の被告栗原の行為にかかっていたと認められること。
(三) 物的担保が提供されていると思っていたという原告の動機の錯誤は本件保証委託契約書の書面上、その動機が表示されておらず、一旦右書面が保証協会に送付され、保証協会がこれを承諾して契約が成立してしまうと、右錯誤は保証協会に対する関係では主張しえなくなってしまう情況であったこと。
(四) 以上の関係のもとで、被告栗原が、原告の『無担保では保証しない。』との意思表明を聞き、『わかりました。』と回答しながら、これを無視して本件信用保証委託契約書を保証協会に送付してしまった行為は信用保証委託契約の成立に関与する準当事者的な立場にある銀行員の行為として、著しく信義に反する行為と考えざるを得ないこと。
(五) 原告には、『自宅を担保に提供する。』旨の駒崎の発言を安易に信じ、まったく無条件の信用保証委託契約書に署名捺印をしてこれを駒崎に交付してしまった上、本件信用保証委託契約が無担保であることを被告栗原から聞いて知った後も本件信用保証委託契約書を回収するように関係当事者に働きかける等保証契約成立回避のための努力を行っていないという落ち度が認められるのであるが、右事実を過失相殺等の事情として斟酌することがあり得る（但し被告らは右主張を行っていない。）としても、被告栗原が本件信用保証委託契約書を原告の意思を無視して保証協会に送付してしまった点における信義則違反は拭うことはできないこと。
(六) 前記二1における認定事実によれば、被告銀行とさがの染芸との間の金銭消費貸借契約は、被告銀行が駒崎より金銭消費貸借契約証書（甲10）を受領し、平成2年8月22日に、被告栗原において貸付実行手続を行った段階で成立しており、被告栗原は、その後の電話で原告が錯誤に陥っていたことを知ったので、被告栗原としては貸付は実行したものの、保証協会へ10日以内に本件信用保証委託契約書を送付しなければ右貸付に対する保証協会の追認保証を得られず（甲37、乙5）、右の手続を進めれば原告の意思に反するというジレンマに立たされ、結局被告栗原としては被告銀行のために本件信用保証委託契約書を保証協会に送付したと考えられるのであるが、被告栗原としては、『無担保では保証しない。』との原告の意思表明に『わかりました。』と回答している以上、その通りにするか、少なくとも手続を進めるにあたってはその旨を原告に告知し、原告において本件信用保証委託契約における連帯保証契約の成立を防ぐ機会を与えるべきであったと認められること。」

●**事案の特徴**

　この事案は、銀行が信用保証協会の保証により債務者（会社）に融資を行っていたところ、債務者が返済を怠り、信用保証の期限が切れる頃、債務者の代表者が顧問税理士に対して信用保証契約における求償債務の連帯保証を依頼し、税理士がこれを断ったものの、代表者が新たに担保を提供することを言明したことから、連帯保証をし、その際、銀行の従業員に無担保では保証人になれない旨を告げていたが、後日会社が倒産し、求償債務の履行を余儀なくされたため、保証人が銀行、担当者に対して不法行為に基づき損害賠償を請求した事件である。この事案は、銀行が信用保証協会の保証付融資の継続に当たって求償債務の保証人から不法行為責任を追及されたこと、保証人が保証に当たって債務者の代表者の担保提供の言明を信頼したこと、保証人が銀行の従業員による保証意思の確認の際に無担保では保証人になれない旨を告げ、銀行の従業員がこれを肯定的に応じていたこと、銀行の従業員がこの応答を無視し、保証人が作成した書類によって保証契約を成立させたこと、保証人の損害は直接的には債務者の倒産によって生じたことに特徴がある。

●**判決の意義**

　この判決は、銀行の従業員が保証人において錯誤により信用保証委託契約書の連帯保証の保証人欄に署名捺印したものであることを知り、保証人の意向に沿う旨回答した以上、そのとおりにするか、少なくとも保証人の意向には沿えない旨を明確に告知しなおすべき信義則上の義務が存在するとしたこと、銀行の従業員がこの義務に反し、保証人の意思を無視して保証協会に保証委託契約書を送付し、保証協会との間に連帯保証契約を成立させ、債務者の倒産により結果的に保証人に損害を与えるに至った行為は、保証人に対する関係で不法行為を構成するとしたこと、この事案では、銀行の従業員の行為が著しく信義に反するものである等とし、不法行為を肯定したことを判示したものである。

　この判決は、信用保証協会の保証付融資の実態を踏まえ、保証人の意思、

意向の確認の段階で銀行の従業員の著しく信義に反する行為による銀行、従業員の不法行為を肯定した事例判断として参考になるものである。もっとも、この事案では、前記のとおり、保証人の求償債務の履行という損害は直接には融資の債務者の倒産という事態の発生によるものであり、倒産の実態、経緯等の事情によっては銀行の不法行為との因果関係を争うことができる余地はあるということができよう。

また、この判決は、銀行の従業員が保証意思の確認の際、保証人の予定者に前記の誤解がある場合には、少なくともその予定者の意向には沿えない旨を明確に告知しなおすべき信義則上の義務があるとしたものであり、議論があるものの、注目される信義則上の義務を認めたものであり、保証契約を締結する銀行の厳格な責任を認めたものである。

（1－13）銀行の名義貸しの融資につき民法93条但書の類推適用により貸金の返還請求が許されないとされた事例［名古屋高判平成6・11・30金法1436号32頁］

●事案の概要●

銀行業を営むＸ株式会社（株式会社中京銀行）は、Ａから依頼され、名義を貸したＹら（合計18名）と住宅ローンにつき金銭消費貸借契約を締結し、貸金をＹら名義の預金口座に振り込んで金銭を貸し付けたが、Ｙらが返済しなかったため、ＸがＹらに対して貸金の返還を請求したところ、Ｙらが通謀虚偽表示により無効であるとか、民法93条但書の類推適用により契約の効力が及ばない旨を主張したものである。第一審判決が請求を認容したため、Ｙらが控訴したものである。この判決は、Ｙらが名義貸与であることをＸが知っていたときは、民法93条但書の類推適用により貸金の返還を請求することは許されないとし、原判決を取り消し、請求を棄却した。

●判決内容

「3　ところで、本件住宅ローンの貸付けにおいては、一に認定したとおり、融資を受けた18名全員が融資対象マンションに入居せず、後のローンの返済も約1年間にわたって田中が行っていたものであるが、果たして、このような大規模な名義貸しによる住宅ローンの貸付けを全く銀行担当者の関与なしに行うことが可能であったのかどうかは大いに疑問と言わなければならない。

そして、実際にも、本件においては、一に認定したとおり、被控訴人が徴求した書類の中には、名義人以外の第三者（恐らく田中）が署名や押印を代行したものが少なくないこと、自宅を所有している者数名に対しても、特別の審査をすることなく、住宅ローンの貸付けが行われていること、さらに、前掲証拠及び弁論の全趣旨によって認められるように、18名の者の中の一人である恩田忠久の普通預金印鑑紙には、自宅の電話番号として、三和林業の事務所の電話番号が記載されていること、控訴人ら18名の者について作成された住宅ローン借入申込書（……）の『申込人概況』欄の預金、資産、生命保険付保額等については、事実と異なった記載が少なくなく、中には、金森正夫のように、実際には市会議員ではないのに、『勤務先・所属部課』欄に市会議員と記載されている者もいること等の事情に照らすと、銀行側がほとんど実質的な審査をしないまま、本件住宅ローンの貸付けが行われたものと考えられる。

これらの点については、被控訴人の元岡崎支店長山田達也の述べるように（……）、一般に、住宅ローンの貸付けに当たり、銀行側としては、専ら返済能力に重点を置いて審査をし、実際に住宅を必要としているのかどうか等については立ち入って審査をしないという事情があるとしても、本件では、通常の銀行業務として考えられないほど杜撰な審査・手続により、安易に住宅ローンの貸付けが実行されているのであり、このことからすれば、被控訴人の貸付担当者の了解の下に、田中が、単なる紹介者という以上に深く、関係書類の作成・徴求をはじめとする本件貸付けの手続に関与していたものと判断される。

さらに、前掲（……）によれば、控訴人ら18名の者による住宅ローンの返済が滞ると、内山から田中に督促の電話などが入ったことが認められるから（前記のとおり、恩田忠久の普通預金印鑑紙に三和林業の事務所の電話番号が記載されていること等からすれば、田中の右供述を虚偽として排斥することはできない。）、少なくとも、内山は、田中が実際に住宅ローンの返済をしていた事実を知っていたものと認められる。

以上に検討したところによれば、控訴人ら18名の者と田中の前記供述をそのとおり採用するにはなお躊躇を感じるけれども、被控訴人の全く関与しないところで本件の名義貸しによる住宅ローンの貸付けが行われたとは考えにくい。そして、本件証拠上、内山の関与の程度には明らかにし難いものがあり、内山の指導の下で本件の名義貸しによる住宅ローンの貸付けが行われたとは断定できないものの、内山は、本件貸付けに当たり、少なくとも、控訴人ら18名の者と田中との間で名義貸しの合

意がなされ、しかも、その融資金の一部が株式会社第三相互銀行に対する借入金の返済に充てられことを知っていたものと認めるのが相当である。
4 そうすると、被控訴人は、本件貸付けにより実質的に経済的利益を受ける者が田中であり、控訴人は単に名義を貸したにすぎないことを知りながら、控訴人に対して本件貸付けを行ったものであるから、控訴人に対する関係においては、消費貸借契約上の貸主として法的保護を受けるには値しないと言うべきであって、結局、民法93条ただし書の適用ないしは類推適用により、被控訴人は、控訴人に対して本件貸付金の返還を求めることは許されないものと解するのが相当である。」

● **事案の特徴**

この事案は、銀行がマンションの購入者らに住宅ローンを提供するとし、購入者らとの間で融資契約を締結したが（実際には名義貸しの依頼により、購入者らが名義貸しをしたものであった）、融資が返済されなかったため、銀行が借主に貸金の返還を請求した控訴審の事件である（第一審判決は請求を認容した）。この事案は、銀行がマンションの購入代金につき住宅ローンを提供したこと、購入者らが名義貸しを依頼されたこと、名義貸人らが銀行と融資契約を締結したこと、名義貸人らはマンションに入居したことはなかったこと、貸金の返済は依頼者が行っていたこと、貸金の返済が滞ったため、銀行が貸金の返還を請求したこと、銀行の従業員が事実を知りながら融資をしたことを前提とし、民法93条但書の適用、類推適用が問題になったことに特徴がある。

● **判決の意義**

この判決は、マンションの購入者らの住宅ローンに係る融資契約の全件（18件）が特定の依頼者による名義貸しであるとしたこと、銀行の担当者は名義貸しであり、融資金の一部が依頼者の他の銀行に対する借入金の返済に充てられていたことを知っているとしたこと、銀行がこの事案の融資により実質的に経済的利益を受ける者が名義貸しの依頼者であり、名義貸人は単に名義を貸したにすぎないことを知りながら、融資を行ったとし、名義貸人との関係においては、契約上の貸主として法的保護を受けるには値しないとしたこと、結局、民法93条但書の適用ないしは類推適用により、銀行は名義貸

人に対して貸金の返還を求めることは許されないとしたことに特徴があり、その旨の事例判断として参考になるものである。この事案の銀行の従業員の名義貸しへの関与は、相当に深いものであり、名義貸しであることを知っていただけでなく、多数の融資が同一の名義借人のために行われ、その資金用途の一部も知っていたこと等の事情があったところであり、銀行の融資姿勢として疑問の多いものである。上告審判決につき〔１―15〕参照。

〔１―14〕 銀行の債権回収の手段が自由競争原理の範囲を逸脱した不法行為に当たるとされた事例［東京地判平成７・２・23判時1550号44頁、判タ891号208頁、金法1415号43頁、金判966号32頁］

●事案の概要●

　Ｘは、銀行業を営むＹ株式会社（株式会社三和銀行）の顧客であったが、ビルの建替えの相談をし、Ｙからその取引先であるＡ建設会社を紹介され、Ｙの担当者も交え、採算性、建設資金の調達等の検討を進め、ＸとＡとの間に建設工事請負契約が締結され、Ｘが着手金5500万円をＹに設けられたＡの預金口座に振り込んだところ、そのうち約5365万円をＡのＹに対する債務の弁済として処理され、その３カ月後にＡが倒産し、工事が行われなくなったため（工事出来高約2205万円）、ＸがＹに対して不法行為に基づき損害賠償等を請求したものである。この判決は、Ｙの債権回収には第三者の債権侵害と同等に評価すべき特段の事情があり、自由競争原理の範囲を逸脱した不法行為に当たるとし、請求を認容した。

●判決内容

「一　争点１（石井鉄工の倒産による被告の原告に対する不法行為責任）について
１　原告は、被告支店が債務超過の石井鉄工を経営上不安のない企業であると原告に紹介して本件契約を締結させ、そのうえ本件振込金を石井鉄工の借入金に充当して債権回収の利得を得ながら、その後の支援を打ち切って石井鉄工を倒産させたとして、被告の右一連の行為が不法行為に該当すると主張し、被告は、これに対して、

銀行の守秘義務を抗弁として、石井鉄工が債務超過の財政状況にあったことを原告に告知する義務がなく、したがって石井鉄工を経営的に大丈夫な企業であると紹介していないし、本件弁済充当については、自由経済社会における一般に許された自由競争原理の範囲内にある経済取引行為であって、不法行為に当たらないと主張する。

2　銀行が顧客の秘密を業務上知り得る立場にあって、これを守秘する義務を負っていることについては、これを論ずるまでもなく、したがって、他の顧客から取引相手としての信用度について問い合わせがあった場合でも、相手方顧客の経済的信用を損なわない程度の情報を顧客サービスとして提供することはあっても、業務上知り得たその顧客の経営状態を正しく告知する義務がないのは勿論である。

　しかしながら、守秘義務があるということと真実を告げなくてよいということは同列ではなく、誤った情報を提供したことにより、それを信じて取引を行ったものが損害を被った場合には第三者の債権侵害として損害賠償を負うことがあり得るというべきである。例えば、債務超過の状況にあって倒産寸前の顧客について経営状況が安定しているとか、仕事内容に杜撰な顧客を仕事のよくできる顧客で信用できるという情報を提供したときは、その情報を信じて契約をした結果、契約途中で倒産して代金を踏み倒されるとか、不良製品を摑まされたという場合は、誤った情報の提供と契約締結との間の因果関係、更に発生した損失との間の因果関係が立証されれば、誤った情報を提供したものも責任を問われる可能性が高いといえるであろう。それは、契約関係において生ずる相対的な債権であっても、妄りに第三者から債務の履行を妨げられない、いわゆる不可侵性を有するからであり、銀行を第三者に置き換えて敷衍すれば、銀行は守秘義務を課されている反面、一般的に顧客から寄せられている信用度、すなわち銀行が提供する情報は正確であるとの期待は絶大であり、その信用を背景にして集めた顧客の預金を資金力として他の顧客に貸し付けることを業務の本旨としていることから見ても当然の帰結である。

3　そこで、本件において被告支店が原告にどの程度の石井鉄工の情報を提供し、それを信じて原告が本件契約を締結したかであるが、原告は、被告支店の渡邊に石井鉄工の経営状況を問い合わせたところ、大丈夫である旨を回答したから本件契約に踏み切った旨主張し、証人島田益子もそれに沿う供述をしているが、他方石井鉄工のことについて、心配で何度も渡邊に質問したと述べていることに鑑みると、渡邊は銀行員としての守秘義務を念頭において原告の妻と対応していたことが窺われ、被告支店が石井鉄工を経営的に問題がない、信頼できるとまでは積極的に紹介していないことが認められ、いわゆる虚偽の情報を原告に提供して本件契約の締結を斡旋したものではない、と解するのが相当であり、原告の主張する被告の詐欺による不法行為は認められない。

4　しかし、本件においては、被告支店が債務超過の経営状況にある石井鉄工を原告に紹介しただけに留まらず、原告の振り込んだ本件振込金を石井鉄工の債務に充

当して利得を得ているのであるから、右利得と原告が石井鉄工の倒産により被った損害との関係次第によっては、第三者の債権侵害と同等に評価すべき特段の事情の存在を認めるべきではないかという問題がある。
……
6 以上右認定したところによれば、被告支店は、本件弁済充当によって、石井鉄工から5365万0941円の貸付債権を回収し、同額の利得を得たのであるが、それは、原告の本件振込金が石井鉄工の口座に入金になることを予定して行われたものであることに鑑みると、被告が債務超過の建設業者である石井鉄工を契約の相手方として原告に紹介しただけではなく、請負契約締結の前提ともいうべき融資契約での支払方法に協力する旨を申し出て、一旦はビル建設を断念した原告を翻意させて本件契約の成約に漕ぎつけ、石井鉄工の債務超過という事情を知らない原告に本件振込をさせたのであるから、原告の右出捐と被告の債権回収が偶然に一致したものではなく、被告支店が石井鉄工を原告に紹介した行為から始まって本件弁済充当に至るまで、時には直接的に時には間接的な形で被告支店が関与して本件弁済充当の実現を果たしたものであると解すべきであり、右認定事実を公平の原則及び自由競争原理の内在的制約に照らし勘案すると、被告には、本件弁済充当を受けた見返りとして、右債権回収の限度で債務超過にある石井鉄工の本件契約上の施工義務（以下『本件施工債務』という。）の履行を支援して本件振込金に見合う工事を行わせ原告に損害が生じないように配慮すべき義務が生じたものと解するのが相当である。換言すれば、取引銀行と顧客との関係において、銀行は、顧客と比べて経済的優位にあり顧客の経営的方面の指導的役割りを果たすべき立場にあるのであるから、顧客が契約の対価として債務者に支払った出捐を銀行が合意に基づくとはいえ債務者から回収して自行の利得に充てる行為は、債権関係を侵害した第三者の行為に匹敵するものであって、信義則上、社会的妥当の範囲を超えているものというべきであり、そのようにして債権回収をしたのちに債務者の履行を支援しないまま放置して倒産に至らせた場合には、自由競争の必然の成り行きとして是認し自由経済の競争原理に悖るものではないと擁護できるものではなく、自由競争原理の範囲を逸脱したものとして不法行為に該当するというべきである。」

●事案の特徴

　この事案は、銀行の顧客が銀行にビルの建設（建替え）を相談し、銀行の担当者から建設会社を紹介される等し（当時、建設会社は債務超過であった）、建物建設請負契約を締結し、着手金を支払い、建設工事が開始されたものの、3カ月後に建設会社が倒産し、工事が途中で中断したところ、着手金の大半が建設会社の銀行に対する債務の弁済に充てられていたため、顧客（注

文者）が銀行に対して不法行為に基づき損害賠償を請求した事件であり、興味深い事件である。この事案は、銀行の担当者が顧客からビルの建設（建替え）を相談され、建設会社の紹介等を行ったこと（相当に積極的に関与したことが窺われる）、顧客と建設会社が建物建設請負契約を締結したこと、顧客が着手金を支払ったところ、その大半が建設会社の銀行に対する債務の弁済に充てられたこと、その後間もなく建設会社が倒産したこと、建設工事は途中で中止されたこと、顧客の損失は直接には建設会社の倒産によって生じたものであること、銀行の債権回収が社会的に妥当であるかが問題になったこと、銀行の不法行為責任が問題になったことに特徴がある。

●**判決の意義**

この判決は、銀行が取引先につき守秘義務を負っているところ、守秘義務があることと真実を告げなくてよいということは同列ではなく、誤った情報を提供したことにより、それを信じて取引を行ったものが損害を被った場合には第三者の債権侵害として損害賠償を負うことがあり得るとしたこと、銀行の担当者が虚偽の情報を提供したものではないとし、顧客の主張する詐欺を否定したこと、銀行の担当者が建設会社の紹介から弁済の充当に至るまで直接的、間接的に関与し、弁済充当を実現したものであり、公平の原則および自由競争原理の内在的制約に照らし、債権回収の限度で債務超過にある建設会社に着手金に見合う工事を行わせ、顧客に損害が生じないように配慮すべき義務が生じたとしたこと、この事案では銀行の担当者は信義則上社会的妥当の範囲を超え、自由競争原理の範囲を逸脱したものであり、不法行為に該当するとしたことを判示している。この判決が否定した虚偽の情報の提供による詐欺については、理論的にはあり得るものであるが、前提となる事実関係によるものであり、この判決は詐欺を否定した事例判断を提供するものである。この判決が肯定した配慮義務違反については、議論があるものの、その前提となる配慮義務の法理、内容には理論的に問題があり、疑問の余地がある。もっとも、この判決が認定した事実関係を前提とすると、銀行の担当者の一連の行為は社会通念、取引通念に照らして問題があり、自由競争を

逸脱したものであり、前記の配慮義務違反は別として、不法行為責任が認められる余地はあるというべきである（なお、この事案のように、銀行の担当者が積極的に建物建設請負契約の締結、代金の支払に関与したような場合には、銀行が倒産のおそれのある債務者への着手金の支払という他人の損失によって弁済の充当という利益を得たことが問題にもなり得る）。この判決が銀行の不法行為責任を認めた判断は、後に控訴審によって取り消されるものであるが、理論的にも、事例としても興味深い問題を提起したものである。控訴審判決につき〔1—18〕参照。

〔1—15〕前記〔1—13〕の上告審判決であり、銀行の名義貸しの融資につき民法93条但書の類推適用により貸金の返還請求が許されないとされた事例［最二小判平成7・7・7金法1436号31頁］

●事案の概要●

前記の〔1—13〕名古屋高判平成6・11・30金法1436号32頁の上告審判決であり、Xが上告したものである。この判決は、原判決を維持し、上告を棄却した。

●判決内容

「所論に関する原審の判断の認定判断は、原判決挙示の証拠関係に照らし、正当として是認することができ、その過程に所論の違法はない。」

●判決の意義

この判決は、控訴審判決である前記の〔1—13〕名古屋高判平成6・11・30金法1436号32頁の判断を維持したものである。

〔1—16〕信用金庫の過剰融資等の不法行為責任が否定された事例［岐阜地判平成7・10・5判夕910号177頁］

●事案の概要●

X_1株式会社は、衣料品の製造、販売を業とする株式会社であり、X_2

は、その代表者であるが、Y信用金庫（岐阜信用金庫）から融資を受けていたところ、負債を抱えて倒産したため、Yに対して過剰融資、預金の解約拒否を理由に、不法行為に基づき損害賠償を請求したものである。この判決は、Yが融資を強要したことはなく、定期預金の解約を拒否したことはないとし、請求を棄却した。

●判決内容

「二 1　ところで、一般に被告のような金融機関が顧客からの定期預金等預金解約の申し出に対して、その翻意を求める等の所為に出ることは世上みられるところであるが、その手段、方法が相当性の範囲を超えるとか、あるいは顧客が預金解約の具体的手続を踏んでいるにもかかわらず、解約を拒否するといった特段の事情でも認められないかぎり、その翻意を求める等の所為をもって金融機関の違法行為と断ずることはできない。

そして、本件各証拠を検討するも、被告に右のような特段の事情を認めることはできないし、加えて前示認定によると、青山繁子が代表取締役であった昭和62年6月頃まで、原告らが被告に対し、定期預金の解約や同預金と借入金との相殺を申し出たことはなく、原告禎子が代表取締役に就任した昭和62年6月以降においても、定期預金の解約の申し出に対して被告がこれを拒否するといった事実もないのである。

2　また、前示のとおり、多額の累積赤字を抱えた原告会社の経営改善のために、代表取締役たる原告禎子が原告会社及び代表者一族の定期預金の解約あるいは借入金との相殺により、累積赤字の減少を図ろうと考えることはありうることではある。

しかしながら、手形不渡りによる会社の倒産を防ぐため、遅滞なく支払手形を決済することは会社の存続にとって至上課題であって、被告の融資の主なものも前示のとおり原告会社による支払手形の決済資金であったものである。会社経営の継続を志向する立場からすると、このような手形の決済という逼迫した事態において、支払手形の決済資金の捻出のために定期預金を解約するという手段を採用することは通常みられないというべきである。なぜなら、右のような手段は、融資を受けたうえでこれをその後会社の売上金等から返済していくという手段に比べて、融資の担保的機能をも有する定期預金が減少することにより将来における金融機関との取引の継続性が失われるおそれがあること、企業の運営資金の融通性や流動性に欠けるばかりか資金の枯渇化を招くおそれがあるからである。

そうすると、右のような事情の下で原告会社から融資の申し出を受けた被告が、原告会社の業績のみならず、これまでの取引の期間、経営者一族の支払能力、担保

価値の把握の程度等の事情を総合的勘案して、これに応じてきたと認めるのが相当であり、また、被告が原告会社に対し融資を強要したというような事情を認めることはできない（証人白木哲の証言、弁論の全趣旨）。
3　以上検討したところによると、被告において原告会社に対し、融資を強要したり、また違法な過剰融資をなし、さらには、原告らによる定期預金の解約申し出を拒否したりといった原告の主張を認めることはとうていできない。」

●事案の特徴

この事案は、信用金庫の顧客（会社）が融資を受け、預金をしていたところ、負債を抱えて倒産したため、信用金庫に対して不法行為に基づき損害賠償を請求した事件である。この事案は、会社が倒産し、取引先である信用金庫の不法行為責任が問題になったこと、融資の強要、過剰融資、預金の解約、払戻し拒否が問題になったことに特徴がある。

●判決の意義

この判決は、顧客が不法行為の根拠として主張した融資の強要、過剰融資、預金の解約、払戻し拒否を否定したものであり、信用金庫の不法行為を否定した事例判断を提供したものである。

〔1－17〕信用組合の債権放棄の錯誤が肯定された事例［東京高判平成7・10・18判時1585号119頁、金法1470号34頁、金判1002号3頁］

　　　　　　　　　　●事案の概要●

　X信用組合（新栄信用組合）は、取引先であるY_1株式会社が倒産したことから、理事Aが貸金の回収に当たっていたところ、Y_1が弁護士に依頼して任意整理が行われたため、これに参加し、中間配当金、最終配当金を受領したが、最終配当金の受領の際、Y_1に対する債権は和解金を受け取ることによって残債権を放棄する旨の確認書に記載、押印して交付した後、Y_1とその債務の連帯保証人であるY_2、Y_3ら（Y_1の取締役）に対して貸金の返済、保証債務の履行等を請求したものである。第一審判決（新潟地判平成6・5・27（平成4年(ワ)第112号等））が請求を認容したため、Y_1らが控訴したものである。この判決は、債権放棄につ

き錯誤を認め、保証債権も放棄されることにつき重過失があったとはいえないとし、原判決を変更し、請求を認容した。

●判決内容

「2 (一) 以上の事実、特に本件確認書の記載内容によれば、被控訴人と控訴会社とは、平成3年7月27日ころ、和解をして配当金額を超える一般債権（抵当権で回収が確保されている被担保債権額を控除した残債権額）を放棄したものと認めるのが相当である。

(二) そして、特に被控訴人は根抵当権の設定や保証人らに対する仮差押えにより控訴会社に対する大部分の債権の回収を期待していた事実及び前記1 (七) の事実によれば、榎並理事は、控訴会社の不動産以外の資産からの債権の回収が事実上不可能であることから、右資産からの回収すなわち本件任意整理におけるその余の配当を断念する趣旨であると誤解して本件確認書に記名押印をしたものであり、同理事の真意と本件確認書による意思表示との間には不一致があり、したがって、同理事の意思表示にはその要素に錯誤があるというべきである。

(三) ところで、榎並理事は、金融機関である被控訴人の代表権を有する理事であるから、任意整理の際の債権放棄や和解についてはかなりの知識があるものと推認されないではないが、前認定の事情に照らすと、同理事が錯誤により本件確認書に記名押印をして山崎弁護士に返送したことに重大な過失があるとまでいうことはできない。

すなわち、一般に債務者が倒産した場合に、会社更生、破産、和議などの各種の法定手続によらないで、いわゆる任意整理を行うことがあるが、この場合においてもその手続は、各債権者の協力のもとに、右の法定の手続に準じて各債権の確認及び一定の割合による配当が行われ、配当がされない残余債権については、右の法定の手続におけるようなこれを消滅させる手続がないので、本件におけるように債権者が任意にこれを放棄することにするというのが一つの方法であり、また、このような任意整理については、会社更生法240条2項、破産法326条2項等の規定が適用されないので、主債務者に対する債権の放棄は、原則として保証債権の消滅をも来すものと解さざるを得ないものというべきであるが、本件のように弁護士が中心となって任意整理が行われている場合において、法律専門家でない一般の債権者が予め印刷されていたものであり当該債権者が自ら記載したものではなく、かつ、その真意とは明らかに異なる内容の文言が記載されている本件確認書のような書面に記名押印してこれを当該弁護士に送付したからといって、その結果の重要性にかんがみると、右の一事をもって、真意と異なることにつき、直ちに当該債権者に重大な過失があるということはできない。そして、本件においては、前認定のように、任

意整理は、担保のない一般債権について、控訴会社の売掛金を回収しこれを原資として配当を行うこととしてされており、不動産担保の実行は別途に行うものとされていたこと、また、被控訴人としては、既に保証人らの不動産に対して請求債権額合計6056万円とする仮差押決定を得ていること、更に、被控訴人は、金融機関として公的な存在であり、正当な法的手段を尽くして債権回収に努めるべきことが強く要請されるのであって、右のような仮差押決定まで得て保全されている債権を理由なく放棄することは全く考えられないところであり、榎並理事としては、このことを当然の事理として認識し行動していた（それ故、本件確認書を送付されるや、内部の決裁を得ることなく直ちにこれに記名押印をして送り返している。）と認められることその他前認定の事実からすると、同理事が本件確認書の趣旨を控訴会社の不動産以外の資産からの回収、すなわち本件任意整理におけるその余の配当を断念する趣旨のものと速断し、その送付により、控訴会社に対する債権が放棄され、また、これにより保証債権も放棄されることになるという点に考えが及ばなかったとしても、同理事の職務からするといささか軽率であったにしても、いまだ重大な過失があったものとは認められないというべきである。他に同理事に重大な過失があったものと認めるに足りる証拠はない。」

判例評釈として、田沢元章・ジュリ1152号171頁がある。

●**事案の特徴**

この事案は、信用組合の取引先（会社）が倒産し、理事が貸金の回収に当たっていたところ、倒産した会社につき弁護士が任意整理を行い、信用組合が中間配当金、最終配当金を受領し、最終配当金の受領の際、理事が和解金を受け取ることによって残債権を放棄する旨の確認書に記載、押印して交付したものの、その後、取引先、保証人に対して貸金の返済、保証債務の履行等を請求した事件である。この事案は、信用組合の取引先が倒産し、弁護士によって任意整理が実施されたこと、信用組合の理事が債権の回収を担当したこと、任意整理の最終配当金の受領の際、理事が和解金を受け取ることによって残債権を放棄する旨の確認書に記載、押印して交付したこと、理事の事務処理上の過誤があったこと、信用組合が債権放棄につき錯誤無効を主張したことに特徴がある。

●**判決の意義**

この判決は、信用組合の債権回収を担当した理事が債権放棄をしたことに

つき錯誤を認め、かつ、重大な過失がなかったとしたものであり、事例判断を提供するものであるが、信用組合の業務、理事の地位、任意整理の過程、内容、理事の作成した書面の内容等に照らすと、信用組合に相当に甘い判断をしたものであるとの批判を免れないものであり、疑問が残る。

〔1－18〕前記〔1－14〕の控訴審判決であり、銀行の債権回収の不法行為責任が否定された事例［東京高判平成7・12・26金法1445号49頁］

●事案の概要●

前記の〔1－14〕東京地判平成7・2・23判時1550号44頁、判タ891号208頁、金法1415号43頁、金判966号32頁の控訴審判決であり、Yが控訴したものである。この判決は、Aの倒産を予測していなかったとして、原判決を取り消し、請求を棄却した。

● 判決内容

「2　被控訴人は、石井鉄工が信頼できる建設業者であると言って被控訴人を欺罔した旨主張する。

確かに、前記認定のように、渡邊は、益子の質問に対し、経営内容に対しては直接の回答を避けたものの、小田桐が紹介したのだから大丈夫であろうと回答しており、被控訴人側は、その回答をもって、石井鉄工の、建設能力、経営状況について疑いを抱かなかったこと、控訴人支店の関係者の一連の行動により、被控訴人が石井鉄工に島田ビルの建築を依頼しても、完成に至るものと信じて本件契約を締結したこと、また、石井鉄工の建築続行能力に疑いがあることの告知を受けていれば、被控訴人が本件契約締結を回避したであろうことも前記認定のとおりであるが、以下に述べるように、当時としては、控訴人支店が石井鉄工の倒産を予測しておらず、資金繰に困った場合には融資を継続する意思を有していた段階であったから、金融機関の従業員に顧客の経営状態についての守秘義務があるか否かを問題にするまでもなく、この程度の控訴人支店の担当者の発言を欺罔行為に該当すると言うことはできない。

3　被控訴人は、控訴人支店が融資金の回収を図る目的で積極的に本件契約を締結させることを意図し、建築続行能力のない石井鉄工を信頼できる企業であるとして被控訴人に紹介し、被控訴人を信頼させて本件契約を締結させたもので、その一連の行為が不法行為に該当する旨主張する。

確かに、前記認定の石井鉄工の経営状況に鑑みれば、石井鉄工は、控訴人支店あるいは太平洋銀行からの融資が停止されれば倒産必至の状態にあったことは客観的に明らかであり、渡邊や、小田桐は別として、控訴人支店の幹部がその事情を知っていたことも容易に推認できるが、本件契約締結の直前頃、控訴人支店の関係者が石井鉄工が島田ビル建築途中で倒産するに至ることを予測していたことを認めるに足りる証拠はない。かえって、右認定のとおり、本件契約締結後も、控訴人支店及び太平洋銀行が石井鉄工に融資をしている事実に鑑みれば、控訴人支店関係者は、石井鉄工の経営の悪化を認識していたものの、島田ビル建築請負工事その他の請負契約の締結により、石井鉄工の再建が可能で追加の貸付金の回収も可能なものと認識していたものと推認するのが相当である。そうすると、控訴人支店が融資金の回収を図る目的で本件契約を締結させることを意図していたとは認めることができないから、この点の被控訴人の主張も理由がない。

4 被控訴人は、本件弁済充当当時、控訴人支店が石井鉄工の倒産を予想することが可能であった旨主張する。

確かに、本件弁済充当当時、石井鉄工の預貯金はほとんどなかったものの、太平洋銀行の融資額（合計3800万円。一部340万円は、太平洋銀行に保留）と、7月26日及び8月3日の不渡額（1327万円余）に鑑みれば、本件弁済充当がなければ、右不渡りの発生を回避することが可能であったと窺われないでもない。しかし、本件弁済充当がなくても、控訴人支店又は太平洋銀行から事後の融資が続かない限り、石井鉄工は、本件振込金を支払手形の決済や、管理費のために費消し、島田ビルの建築のために回る余地のある資金は極く僅かであり、早晩倒産に至ることは明らかな状態にあった。控訴人支店も、融資をしてもその回収ができないことが明白な段階に至っていれば、融資を中止することも金融機関として当然のことであり、石井鉄工の経営状態からすると、控訴人支店としても、石井鉄工への融資を何時まで続けるのか微妙な判断時期に達していたことも明らかである。しかも、石井鉄工においては、平成5年に入ってからは本件契約締結に至るまで手持の受注工事がなかった状態が続いていたから、本件契約締結がなければ倒産必至の状態にあった。また、石井鉄工のこれまでの営業実績から判断すると、同社の年間受注工事が本件の島田ビル建築に留まる場合には、資金繰に窮し、倒産に至ることも明らかであり、このような状態にあることは控訴人支店も充分認識していたと推認される。

しかし、本件弁済充当当時は、本件契約が締結された直後であり、また、予定額2億円の中村ビル建築請負工事の受注も見込まれていた段階にあったから、控訴人支店が石井鉄工の倒産を予想し、融資をしてもその回収が困難な状況にあったと判断していたとは認め難い。前記認定したとおり、本件弁済充当後も、控訴人支店は5月26日に融資をしているし、太平洋銀行も5月に融資をしており、これは、石井鉄工の倒産を予想していなかったことを推測させる。なお、本件弁済充当の結果、被控訴人の支払った着手金が工事のために使用されないことにより島田ビル建設工

事の遂行が不可能になることを控訴人支店において認識していたものとも認めるに足りない。
5　本件弁済充当行為は、控訴人支店が石井鉄工に対して既に弁済期の到来している債権を有していた以上、当然の行為であるから、控訴人支店において本件弁済充当の結果島田ビル建設途中に石井鉄工が倒産し、被控訴人が損害を受けることを承知しながら、そのような結果の発生を容認していた等の特段の事情の存在が認められない限り、本件弁済充当行為の効力を否定することはできないものであるところ、右に述べたように、控訴人支店としては、石井鉄工の倒産を予測していたとは認められないから、右の特段の事情の存在を認めることができない。」

● **事案の特徴**

　この事案は、銀行の顧客が銀行にビルの建設（建替え）を相談し、銀行の担当者から建設会社を紹介される等し、建物建設請負契約を締結し、着手金を支払い、建設工事が開始されたものの、3カ月後に建築会社が倒産し、工事が途中で中断したところ、着手金の大半が建設会社の銀行に対する債務の弁済に充てられていたため、顧客が銀行に対して不法行為に基づき損害賠償を請求した控訴審の事件である（第一審判決である前記の〔1―14〕東京地判平成7・2・23判時1550号44頁、判タ891号208頁、金法1415号43頁、金判966号32頁は、銀行の不法行為責任を肯定したものである）。

● **判決の意義**

　この判決は、銀行の担当者が取引先である建設会社の倒産を予想していなかったこと等を認定し、顧客の主張した詐欺を否定したこと、銀行の担当者が融資金の回収を図る目的で建物建設請負契約を締結させることを意図していたとは認めることができないとし、一連の行為による不法行為を否定したことを判示したものであるが、第一審判決である前記の〔1―14〕東京地判平成7・2・23判時1550号44頁、判タ891号208頁、金法1415号43頁、金判966号32頁と比較すると、銀行の担当者における取引先の経営状況に対する認識、この事案の建物建設請負契約の締結等をめぐる関与の内容といった事実認定が異なるとともに、銀行の担当者の行為の実態に対する認識が異なり、裁判官の個人的な判断姿勢も相まって結論を異にしたものということができる。

この判決は、銀行の不法行為責任を否定しているが、事案の内容に照らすと微妙な判断であるというべきであり、この判決も銀行の不法行為責任が肯定される余地を認めていることにも注意を払うことが必要である。

(1-19) 信託銀行の譲渡担保の公序良俗違反等が否定された事例 [東京地判平成8・1・22判時1581号127頁、判タ915号264頁]

●事案の概要●

バブル経済の崩壊によって業績が悪化したY株式会社は、メインバンクである信託銀行業を営むX株式会社（三井信託銀行株式会社）の資金援助によって再建を図ったが、その際に、Yが有する賃料債権を譲渡担保に供していたところ、双方の協力関係が失われ、賃料の取立委任契約が解除されたため、XがYに対して供託された賃料の供託金の還付請求権の確認を請求したものである。この判決は、Yの公序良俗違反等の主張を排斥し、請求を認容した。

●判決内容

「前記認定事実によれば、確かに原告は渡辺から麻布グループ企業の経営に関する一切の権限を委任するとの内容の本件委任状の交付を受け、被告に原告社員を出向させ又は派遣し、本件譲渡担保契約の締結のころ渡辺らの保有する被告の株式にまで担保の設定を受け、事業方針や被告社内の重要事項を決定実施する経営委員会の設置を指示するなど被告の経営に関与している。

しかしながら、本件委任状の作成及びその交付は原告の要請によるもので、右交付に際し、原告と被告の間で原告が被告の事業に関与する事項や形態について具体的な話し合いがされたことを認めるに足りる証拠もない上、人材の派遣等については、前記認定のとおり、渡辺の要請を受けて、被告の再建のためにされたものであり、また、被告の株式に担保の設定を受けた行為は、本件譲渡担保契約の締結と共に、被告に対する支援融資を継続するために担保不足の事態を回避しようとして行われた措置であり、右株式の処分は、被告が原告からの出向取締役を解任して両者の支援協力関係が失われた後に債権回収の手段としてされたものと思料され、そもそも本件全証拠によっても、原告が被告に代わって被告の事業を行った事実はおよそ認められず、原告が被告の経営に関与したのも、その方法、形態、当時の被告会

社の経営状況等に照らすと、その目的はあくまで被告の再建のためであり、その範囲は右目的を逸脱するものではなく、やむを得ない措置であったということができる。

結局、原告において被告の経営を乗っ取る意思が存在し、原告と被告との間で被告が主張するような経営委任契約が締結されたとはいえず、本件譲渡担保契約は、原告の従前からの債権の保全のために締結されたものということができる。

そのほか、本件譲渡担保契約の締結について、原告において、被告の主張するような優越的地位の濫用があったとか、正常な商慣習に照らして不当であるとする事情も窺えないから、右締結が公序良俗に違反するとの被告の主張は、採用することができない。」

判例評釈として、小野寺千世・ジュリ1147号122頁がある。

● 事案の特徴

この事案は、経営が悪化した会社がメインバンクである信託銀行の資金援助によって再建を図った際に、会社が有する賃料債権を譲渡担保に供していたところ、賃料の取立委任契約が解除され、信託銀行が供託された賃料の供託金の還付請求権の確認を請求し、会社が譲渡担保契約が公序良俗に反して無効である等と主張した事件である。この事案は、信託銀行が会社のメインバンクであったこと、会社の経営が悪化し、信託銀行が会社再建のために人材の派遣、再建計画の実施、経営事項の指示等を行ったこと、信託銀行が資金援助（追加の融資）を行い、資金援助に当たって賃料債権につき譲渡担保契約を締結したこと、会社の再建をめぐって経営者と信託銀行との間で方針、意見が対立する等して協力関係が破綻したこと、会社が優越的地位の濫用等を根拠として譲渡担保契約につき公序良俗違反による無効を主張したことに特徴がある。

● 判決の意義

この判決は、信託銀行が行ったことは会社の再建のためであり、その目的を逸脱したものではなく、賃料債権の譲渡担保契約は債権保全のためであるとし、優越的地位の濫用はなく、正常な商慣習に照らして不当であるとする事情も窺えないとし、公序良俗に違反しないとしたものであり、事例判断を提供するものである。

経営が悪化した企業の再建は、企業の業種、事業の内容、経営状況、負

債・資産の状況、経営者の能力・意向、従業員の動向、取引先の意向、経営環境、銀行等の金融機関の支援の内容・状況等の事情によって再建の内容、可能性が異なるものであり、金融機関が役員、幹部従業員等の人材を派遣して再建を図る場合であっても、再建が可能であるわけではなく、金融機関によっては再建の名目で債権の回収を図るものもないではない。経営が悪化した企業、その経営者は、いわば藁にもすがる気持ち、心理状態にあり、企業を取り巻くさまざまな利害関係者の損失等を考慮すると、金融機関等の支援を提供する者との交渉もとかく金融機関等に有利に進行しがちであり、締結された融資、担保の提供、人材の派遣等を含む再建の合意の内容も金融機関等に有利であると考えられることが多い。このような再建の合意が円滑に履行され、企業が予定したように再建が図られれば、後日問題になることはないが、再建に至る経過においてさまざまな障害が生じたり、再建ができないことが明らかになったりすると、企業の側からさまざまな不満、苦情が出され、再建の合意の当事者である金融機関等の支援者の側に対して権利の濫用、信義則違反、不当な権利行使、優越的な地位の濫用等のさまざまな法的な根拠に基づく抵抗が行われることがあり、このような抵抗は容易に予想されるところである。この事案は、信託銀行の再建支援の際には信託銀行と支援先である企業の経営者との関係が良好であったものの、その後、協力関係が破綻し、支援の一環として締結された債権譲渡担保契約の効力が問題になったものである。

〔1−20〕銀行の連帯保証の錯誤が肯定された事例〔東京地判平成8・2・21判時1589号71頁〕

●事案の概要●

　自動車の輸出入等を業とするY₁株式会社（代表取締役はY₂、Y₃）は、ノンバンクであるA株式会社、B株式会社との間で借入金全額を銀行に預金し、貸主のために質権を設定するとの合意をし、A、Bから各20億円を借り入れ、このうちBからの借入につきY₂、Y₃が連帯保証を

し、Y₁は、A、Bからの借入金を銀行業を営むX株式会社（株式会社あさひ銀行）の東京営業部に預金をしたところ、Xの東京営業部次長CとY₃が共謀し、Xの東京営業部長名義の質権設定承諾書を偽造し、質権設定手続がとられたかのように装い、質権を設定せず、Y₁が預金の払戻しを受けたことから、A、Bが貸金債権の回収ができなくなり、XがA、Bから貸金債権の譲渡を受け、Y₁に対して貸金の返還、Y₂、Y₃に対して保証債務の履行を請求したものである（Y₂は、連帯保証が預金債権への質権設定が前提であったとし、錯誤無効を主張した）。この判決は、Bの担当者がY₂に連帯保証を求めた際、預金に質権が設定され確実な担保があり、連帯保証が形式的なものであると説明し、Y₂が質権の設定を前提に連帯保証に応じたと認め、錯誤無効を認め、Y₁、Y₃に対する請求を認容し、Y₂に対する請求を棄却した。

● **判決内容**

「また、ティー・ディー・エスの佐藤部長代理も、前記五1（四）記載のとおり、外山と被告石塚により、借り入れる本件貸金（二）の金員をそのまま原告の東京営業部に預金し、これに質権を設定するので確実に本件貸金債権（二）を回収できるとの趣旨の話を聞き、これを信じて右融資を実行したものであり、被告岡本に連帯保証するよう要望した際、右預金に質権が設定され確実な担保があるから、連帯保証は形式上の問題にすぎない旨説明しているのであるから、右取引約定に基づく借入れについては、借入金を全額預金し、その預金に質権が設定されるという、被告岡本の連帯保証をするに至った動機は、被告岡本とティー・ディー・エスとの間の連帯保証契約締結に至る過程でティー・ディー・エスに対し表示されていたものと認めるのが相当である。

したがって、被告岡本は右取引約定に基づく借入れについては同額の預金担保が設定されるものであり、質権設定承諾書を偽造して不正な借入れをするのに利用されるようなことはないとの前提で、右動機をティー・ディー・エスに表示の上、これを要素としてティー・ディー・エスと連帯保証契約を締結したものというべきところ、外山が本件貸金（二）及び借換後の貸金（二）を担保する趣旨でティー・ディー・エスに交付した質権設定承諾書が偽造のものであり、ティー・ディー・エスが原告に対し質権をもって対抗することができないことは、前記四で説示したとおりであるから、右意思表示には要素の錯誤があり、無効というべきである。」

●事案の特徴

　この事案は、事案の内容はやや複雑であるが、本書の関心事に限定して紹介すると、会社がノンバンクから金銭を借り受けた際、借入金全額を銀行に預金し、預金に質権を設定するとの合意を前提とし、会社の代表取締役の１人がその旨の説明を受けて連帯保証をしたところ、銀行の従業員等が共謀し、銀行の担当者名義の質権設定承諾書を偽造し、質権設定手続がとられたかのように装い、質権を設定せず、会社によって預金が払い戻される等し、貸付債権の譲渡を受けた銀行が連帯保証人に保証債務の履行を請求し、保証契約の錯誤無効が問題になった事件である。この事案は、預金への質権設定を前提とし、連帯保証人が連帯保証をしたこと、銀行の従業員等が共謀し、銀行の担当者名義の質権設定承諾書を偽造し、質権設定手続がとられたかのように装い、質権が設定されなかったこと、銀行が貸付債権の譲渡を受けた後、連帯保証人の責任を追及したこと、連帯保証人が保証を争い、要素の錯誤を主張したことに特徴があり、預金への質権設定、預金の払戻しにつき銀行の従業員の不正な行為があったものである。

●判決の意義

　この判決は、連帯保証人に連帯保証をする動機に錯誤があり、契約締結の過程で貸付をしたノンバンクに表示されていたとし、要素の錯誤を認め、連帯保証契約が無効であるとしたものであり、事例判断として参考になるものである。

〔１－21〕マンションの管理費を原資とする預金につき銀行による管理業者に対する貸付債権との相殺が肯定された事例［東京地判平成８・５・10判時1596号70頁］

————●事案の概要●————

　Ａ株式会社は、マンションの分譲を業とするＢ株式会社において分譲したマンションの管理を業としていたが、マンションの管理組合Z_1、Z_2らの管理費を銀行業を営むＹ株式会社（株式会社さくら銀行）の

預金口座に預金していたところ、Aが破産宣告を受け、Xが破産管財人に選任され、Yに対して預金の払戻し等を請求したのに対し（Yは、預金担保、相殺を主張した）、Z₁らが当事者参加をし、預金の払戻し等を請求したものである。この判決は、Aが預金者であったとし、Yの相殺を認めて、Xの請求を一部認容し、Z₁らの請求を棄却した。

● **判決内容**

「2　そこで、検討を進めるのに、……によれば、本件各定期預金は参加人らの各マンションの管理委託費の一部を原資とするものであり、榮高の右各マンションごとの会計報告内容である決算書には本件各定期預金及びその利息が各マンションの収入に計上されていることが認められるものの、他方において、本件各定期預金の成立経緯は前記認定のとおりであり（本件各定期預金の預入行為者が榮高であることは全当事者に争いがない）、また、榮高は本件各定期預金を同会社の貸借対照表の流動資産の部に計上するなどして、自社の資産として多年にわたり本件各定期預金を取り扱ってきたこと、管理委託契約及び管理規約上、榮高から各管理組合又は区分所有者らへの管理委託費の払戻しは認められおらず、ただ、各管理組合又は区分所有者らは管理規約及び管理委託契約に規定された内容の債務の履行を榮高に求めることができるにすぎず、管理委託費については、榮高が一貫して出納業務を行っており、区分所有者ら又は管理組合は右管理委託費につき何らの処分権限を有しないこと、また、……によれば、本件預金担保差し入れに伴う書替処理上、各定期預金の満期の経過で自動書替手続が取られ、利息は、一部の元加方式を採る定期預金を除きいずれの定期預金もすべて、榮高名義の当座預金口座……へ入金するようになっていたこと等が認められるのであり、前記認定（特に榮高が本件各定期預金通帳及び銀行届出印鑑を所持して右預金を管理し、被告（八重州口支店取扱い）との間でその都度必要に応じて本件各定期預金に担保を設定していること及び原告自身、榮高名義の同会社固有の財産と主張する定期預金を本件各定期預金と共に混在して預金担保に供していることを自認していること）によれば、榮高が管理者として区分所有者らから必要経費を一括して管理委託費として同会社名義の普通預金口座に徴収して取得した上、その剰余金の管理方法として、更に、被告（八重州口支店取扱い）との間で、榮高名義で本件各定期預金契約を締結し、右預金証書と共に銀行届出印鑑を管理していたというのであるから、これらの事実を併せ考察すると（右管理委託費の使途の限定の問題については後に触れる）、前記原資の拠出者や決算書上の処理方法を考慮に入れても、預金原資となる管理委託費の管理方法いかんは榮高にゆだねられたものであり、榮高が自ら預金の出捐者として本件各定期預金契約

及び本件普通預金契約を締結したものということができるのであり、したがって、本件各定期預金及び本件普通預金債権者は榮高であると解するのが相当というべきである。
　……
2　これに対し、原告及び参加人らは、本件預金担保設定行為は業務上横領行為又は背任行為に該当する公序良俗違反の行為であるなどとして、右担保設定行為を無効とし、その担保権実行に当たる本件相殺も無効であると主張するので、以下に検討する。
(一)　定期預金債権者が、右定期預金を同人の借入金の担保に供することができることはいうまでもないところ、前記のとおり、本件各定期預金債権者は榮高であると認められるのであるから、同会社が本件各定期預金をその借入金の担保に供することには原則として支障はないというべきである。
(二)　ところで、前記認定のとおり、本件各定期預金は、榮高がマンション管理業務の一貫として区分所有者らが管理委託費を振り込む普通預金口座を設けて各種業務の支出等管理を行った後の剰余金を原資とするものであり、各管理規約及び管理委託契約に基づき、榮高は右管理委託費につき、受託に係る管理業務を行うに当たり必要な管理要員費、清掃費、物品購入費、保守費、水道光熱費、管理報酬その他の経費にのみ充当できる権利を有するものであり、修繕積立金を取り崩して修繕費に充て、なお不足する場合には区分所有者らに対して追加徴収することができる権利を有するものであるにすぎず、各区分所有者との間の管理委託の趣旨から右各定期預金は各マンションの修繕・補修等の費用に支出するたびに取り崩す取扱いがされており、したがって、榮高が管理する管理費等は多くの区分所有者らに利害関係を有するいわば公共性の強い性質のものであるとの原告及び参加人らの指摘には一応の合理性がみられないわけではない。
　しかし、金銭は本来、価値を表象するもので個性がなく特定性を持たないとの特性を有し、占有者が即所有者である。そして、榮高は本件各定期預金の原資となった各マンションの管理委託費につき、それぞれの管理委託契約及び管理規約に基づいて委任事務を処理する費用等として委託されているもの（区分所有法28条参照）であり、受託者として前記の管理義務を負っているのであるが、預り金としての金銭自体は榮高に帰属するものであり、前記認定のとおり、榮高が区分所有者らとの間の管理委託契約に基づき従うべき管理委託費の支払方法及び保管方法については特にこれを規定するものはなく、榮高に一切ゆだねられているものと解されるのである。
　さらに、榮高と被告（八重洲口支店取扱い）との間の本件預金担保設定においては別紙預金担保設定一覧表のとおり榮高の管理する各マンションの管理委託費を原資とする本件各定期預金のほか、榮高固有の定期預金も含まれていること等の事実を併せ考察すると、榮高は、本件のように破産に至った場合には参加人らの各マン

ションに対し、委託契約上の受託者としての未支出分の事務処理費用としての預り金残高の返還義務を負うにすぎないのであり、結局、本件各定期預金自体につき各マンションの管理委託費に使途が限定されていたと認めることは困難というべきである。
(三) したがって、本件預金担保設定行為が榮高の担当者による業務上横領行為に該当するものとは解し難く、また、同会社が自己の資産を担保に供した行為はその担当者の背任行為にも当たらないし、同会社の破産により、管理組合若しくは区分所有者らに担保設定相当額の損害が生じたとしても、それは榮高の破産自体に起因する損害であり、本件担保設定行為自体により生じた損害ではないというべきであって、原告及び参加人らの前記主張はいずれも理由がなく、失当である。」

●事案の特徴

　この事案は、マンションの管理業者が管理組合から管理業務を受託し、管理費等を自己名義の預金口座に保管していたところ、破産宣告を受け、破産管財人が銀行に対して預金の払戻しを請求したのに対し（銀行は、預金につき融資債権との相殺を主張した）、管理組合が当事者参加し、銀行に対して預金の払戻しを請求した事件である。この事案は、銀行が融資先であるマンションの管理業者から預金債権につき担保の提供を受けたこと、預金の原資が管理組合の管理費等であったこと、管理業者が破産したこと、預金債権の帰属が問題になったこと、管理業者、管理組合が銀行に対して預金の払戻しを請求したこと、銀行が相殺を主張し、相殺の効力が問題になったことに特徴がある。この事案は、マンションの管理組合にとっては、極めて重大な事件であり、結論の如何によって管理業務に由々しい影響を与えるものである。

●判決の意義

　この判決は、預金者は管理組合ではなく、マンションの管理業者であるとしたこと、管理業者が預金債権を銀行に担保として提供したことは無効ではないとしたこと、銀行の相殺が有効であるとしたことを判示したものであるが、この事案の預金者がマンションの管理業者であるとした判断には重大な疑問がある。

　当時のマンションの管理の実務において、管理費等の徴収を管理業者が行うこともあったが、管理費等を原資とする預金債権の預金者が管理組合であ

ると解することは常識であったということができる。マンションの管理費等は、マンション管理における極めて重要な財政的な基盤であり、管理業者は適切かつ確実に管理すべきであったこともいうまでもないうえ、管理業者と取引関係のある金融機関もこのような事情を知っていることが多く、また、仮に知っていなくても容易に知り得たところである。金融機関にとっては、マンションの管理業者が保管する多くの預金債権が管理組合に属するとの判断がされたとしても、予想外の判断とはいい難い。

なお、預金者の意義、認定については、古くから判例、裁判例を賑わしてきた法律問題であるが、判例は、記名預金も、無記名預金も預金の出捐者が預金者であると解すべきであるとの見解をとっているところであり（最二小判昭和52・8・9民集31巻4号742頁、判時865号46頁、判タ353号205頁、金法836号29頁、金判532号6頁等、多くの判例が公表されている）、この判決は判例にも沿わないものである。関連事件として〔1―24〕〔1―30〕参照。

〔1―22〕銀行の担保権の実行につき信義則違反、権利濫用が否定された事例
［長野地判平成9・5・23判タ960号181頁］

●事案の概要●

X株式会社らがゴルフ場を開発、開場するために、A株式会社を設立し、Xがその過半数の株式を引き受け、取得していたところ、Aは、Y₁信用金庫（掲載された判決上、信用金庫名は不明）から継続的にゴルフ場の建設資金の融資を受け、XがAの債務につき根保証をし、Aの株式につき根担保権を設定し、建設業者であるY₂株式会社に工事を発注する予定でいたが、Aが融資の返済を怠るようになり、Y₁が期限の利益の喪失を通知し、融資を拒絶するとともに、Aの株式の根担保権を実行して取得したこととし、Y₁が取得に係る株式の大半をY₂に譲渡したため、XがY₁らに対して根担保権の実行が信義則に違反し、あるいは権利の濫用に当たり無効である等と主張し、株式の引渡を請求したものである（なお、その後、Y₂は、ゴルフ場の建設工事を行った）。この判決

は、信義則違反、権利の濫用等を否定し、請求を棄却した。

●**判決内容**

「二　原告は、被告信金が更科カントリーに対する平成5年1月20日以降の融資を拒絶したことが違法であると主張する。

ところで、他に収入を得る方途のない企業が新たにゴルフ場の建設及び経営を目的として事業を展開する場合には、自己資金がない以上、事業資金の調達を借入れによって賄わざるを得ず、しかも、その弁済はゴルフ会員権の販売収入やゴルフ場開設後の営業収益を得られない限り不可能であることは明らかである。したがって、金融機関が右のような事業主体に資金を融資する場合には、その準備段階において、厳密な経営診断をし、企業としての信用の有無及び程度、事業遂行の確実性、事業計画全般にわたる資金需要と使途の相当性、人的・物的担保の有無及びその実質的な価値、返済計画の適否及びその実現性等の諸点について検討し、慎重に諾否を決すべきである。そして、このような審査を経ていったん長期的な対応が必要とされる融資が開始され、事業主体において継続的な融資を受けられるものと信頼するのが金融取引の一般的通念に照らし相当と認められる場合には、金融機関が正当な事由もないのに恣意的に融資を打ち切ることは、取引上の信義則に反し違法と評価されることもあり得ると考えられる。しかしながら、このようにいうことができるのは、前記の審査を要する諸点について実質的な変更がない場合に限られるのであり、有意な事情の変更が生じたときには別論である。

この点、本件においては、前掲各証拠によると、更科カントリーが被告信金に提出した資金計画書には月々の借入金見込額が記載されており、平成4年10月23日提出の資金計画書には平成5年8月までの借入金見込額が記載されていたこと、被告信金の原告及び更科カントリーに対する融資は、その都度借入申込書の提出と本店の稟議を経た上で実行されてはいたものの、平成5年1月19日まではおおむね右の資金計画書に沿った貸付が行われていたこと、被告信金は、平成4年5月26日付けで、更科カントリーに対し、農地法に基づく農地転用許可申請のため、56億円の融資の用意がある旨の融資証明書を発行したことが認められ、このような事情のもとにおいては、更科カントリーにおいて平成5年8月までの融資が計画どおりに受けられるとの期待を抱くことは当然の成り行きである。しかしながら、甲第29号証及び乙第8号証によれば、被告信金の右56億円の融資証明には、同被告の融資基準に適合する場合に限るという留保が付けられていることが認められ、このことは両当事者ともに理解していたものと考えられる上、前判示のとおりの被告前田建設の本件事業への関わり合いの態様に照らすと、第一回目の原告への小規模な融資はともかくとして、その後更科カントリーの設立を経て融資金額が増大する段階では、本件事業が被告前田建設による本件ゴルフ場建設工事の施工を前提に進められてきた

第1章　銀行等の債権回収をめぐる裁判例

ことは明らかであり、そのような中で同被告が右工事の施工を辞退し、代わりの建設業者も見つからないという事態に立ち至ったことは重要な事情の変更が生じたとみて差し支えない。確かに、原告の主張するように施工業者の選定は本来事業主体が行うことではあるが、他方、従前から予定されていた施工業者が辞退したということは金融機関にとっても債権回収の可否の面から重大な関心事であり、しかも、代替施工業者すら見つからなかったため事業遂行の確実性に影響が生じたとみられるから、融資基準に照らして融資を継続するか否か再検討せざるを得ない事態に至ったと考えられるのである。そして、右のような重要な事情の変更が生じた以上、被告信金が更科カントリーの前記のような期待に反し融資を打ち切ったとしても、金融機関としての性格上やむを得ないというべきであり、これをもって金融取引上の信義則に反し不当ということはできない。

……

四　更に、原告は、被告信金による本件株式の取得は、独占禁止法に抵触し、公序良俗に反する行為であり、また、融資先の支配権の獲得のみを目的として期限の利益を喪失させることは権利の濫用であると主張するので、これらの点について検討する。

なるほど、前判示のとおり、更科カントリーが本件事業に要する資金のほとんどすべてを被告信金からの融資に依存しているという状況においては、被告信金は融資を停止することによって容易に更科カントリーの自主性を抑圧することが可能であり、その意味において取引上の地位が更科カントリーに優越しているということができ、また、被告信金からの融資の停止が更科カントリーに対し死命を制するほどの重大な不利益を与えるものであることも明らかである。また、事態の収拾を図るための関係者の協議の過程で、芝波田が更科カントリーの代表取締役を辞任することと原告が保有する本件株式を被告信金に譲渡することを内容とする確認書が作成され、しかも、その後において、芝波田が任意に本件株式を譲渡しなかったことから本件担保権実行通知がされ、芝波田の後任として更科カントリーの代表取締役に被告信金の関係者が就任したことは前判示のとおりであり、これら事態は被告信金の更科カントリーへの支配ないし介入の意思の表われとみられなくもない。したがって、このような疑念を招いた被告信金の対応は、金融機関としての立場からみていささか慎重さを欠いていたといわなければならない。

しかしながら、被告信金の側から本件株式の譲渡を要求したとの事実を認めるに足りる証拠はない…。しかも、右のような事態に至ったのは、開発行為の許可を得て、これから建設工事が始まるという段階に至って、他に工事を請け負ってくれる建設業者の目途も立たないまま、それまで関係者間において工事請負予定業者として認識されてきた被告前田建設を本件事業から排除しようとした芝波田にもその責任の一端があることは否定できないのであって、更科カントリーに対して多額の貸付金債権を有していた被告信金が事業の遂行を確保して債権の回収を図るための事

88

態収拾策として右のような方途を取ったとしても、それが債権回収という目的に出ている以上、必ずしも不当とまではいうことができないし、公序良俗に反すると解することもできない。なお、この点、原告は、被告信金に債権保全の意図がなかったことを示す徴憑として、本件貸付金元本の金額に比して本件株式の取得による弁済充当額が僅少であることや、事業破綻のおそれのある融資先の株式を債権保全のため取得することは矛盾であることを指摘するが、単に弁済充当額の多寡によって債権保全の意図を否定できるものではなく、また、被告前田建設の工事辞退によって本件事業の先行きに不安定な要素が付け加わったとしても、開発行為の許可も得た段階のゴルフ場開発事業主体である更科カントリーは、依然として継続中の企業としてそれなりの財産的価値を有しているといえるから、そのような会社の株式を取得する行為に債権保全の意図を見出すことは不合理なことではない。

したがって、被告信金が本件担保権実行通知をするまでの経緯の中で不公正な取引方法14項3号又は4号に該当する行為は存在せず、同被告の本件株式取得は独占禁止法14条1項にいう不公正な取引方法による株式の取得には当たらないから、原告の同法違反を前提とする民法90条違反の主張及び権利濫用の内容として融資先の支配権の獲得のみを目的としていることを指摘する主張は、いずれも理由がない。」

●**事案の特徴**

この事案は、会社等がゴルフ場を開発、開場するために会社（新会社）を設立し、過半数の株式を引き受け、取得していたところ、信用金庫が新会社に継続的に建設資金の融資をし、会社が根保証をし、新会社の株式につき根担保権を設定していたが、新会社が融資の返済を怠り、信用金庫が期限の利益の喪失を通知し（追加の融資を拒絶した）、株式の根担保権を実行して取得し、その大半をゴルフ場の建設業者に譲渡したため、会社が信用金庫らに対して根担保権の実行が信義則に違反し、あるいは権利の濫用に当たり無効である等と主張し、株式の引渡を請求した事件である。この事案は、会社等が新会社を設立し、ゴルフ場の開発、建設等を行ったこと、建設資金につき信用金庫の融資が予定されたこと、信用金庫の融資は継続的に行われることが予定されたこと、会社は信用金庫の融資に当たって根保証をし、新会社の株式につき根担保を設定したこと、信用金庫の融資を受け、建設業者による建設工事の開始されたこと、融資の返済が滞り、信用金庫が融資を拒絶したこと、信用金庫が期限の利益喪失の通知をし、株式の担保権を実行し、取得し

た株式を建設業者に譲渡したこと、根担保権の設定から実行に至る信用金庫らの行為が不公正な取引方法、公序良俗違反、権利の濫用に当たると主張されたこと（新会社の乗っ取りではないかとの疑念があったものである）に特徴がある。

●**判決の意義**

　この判決は、金融機関がゴルフ場の開発、建設等のような事業主体に資金を融資する場合には、準備段階において、厳密な経営診断をし、企業としての信用の有無および程度、事業遂行の確実性、事業計画全般にわたる資金需要と使途の相当性、人的・物的担保の有無およびその実質的な価値、返済計画の適否およびその実現性等の諸点について検討し、慎重に諾否を決すべきであるとしたこと、金融機関が審査を経て一旦長期的な対応が必要とされる融資が開始され、事業主体において継続的な融資を受けられるものと信頼するのが金融取引の一般的通念に照らし相当と認められる場合には、金融機関が正当な事由もないのに恣意的に融資を打ち切ることは、取引上の信義則に反し違法と評価されることもあり得るとしたこと、審査に関連する事情につき有意な事情の変更が生じたときは、融資を打ち切ることができるとしたこと、この事案については、信用金庫の対応は新会社への支配ないし介入の疑念を招いたものであり、金融機関としていささか慎重さを欠いていたとしたこと、信用金庫の対応は債権の保全・回収のためであり、不公正な取引方法、公序良俗違反、権利の濫用等に当たらないとしたことを判示している。この事案では、結果として、信用金庫、ゴルフ場の建設を請け負った建設業者がゴルフ場の経営会社を株式、経営を取得したものであり、信用金庫の融資拒絶等がそのために行われたとの疑念が生じることも根拠があるため、信用金庫の対応に問題があったことは否定できない。この判決は、結論として信用金庫の対応の違法性を否定したものであり、事例判断を提供するものであるが、その前提となる金融機関の特定の事業のための継続的融資に関する義務については、金融機関に厳しい内容を認めるものであり（理論的には、金融機関に継続的な融資につき厳格な責任、義務を認めるものである）、議論を

呼ぶものであり、今後の動向が注目されるところである。

(1-23) 銀行の債権回収につき不法行為責任が肯定された事例 [山形地判平成9・11・5判時1654号129頁]

●事案の概要●

　銀行業を営むX株式会社（掲載された判決上、銀行名は不明）は、Y₁株式会社のメインバンクであり、融資を行い、Y₂らが連帯保証をしていたが、Y₁がコピー機購入代金支払いのために信用保証協会の保証のもとにXから600万円の融資を受け、Xの普通預金口座に入金し、払戻しを請求したところ、Xが303万円の払戻しに応じたものの、残余の払戻しを拒絶したため、Y₁がコピー機を納入することができなくなり、このことが一因になって倒産したため、XがY₁に対して貸金の返還を請求する等したのに対し、Y₁らが不法行為による損害賠償請求権による相殺を主張したものである。この判決は、Y₁の経営危機を察知した後、Xが預金を引き落とし、保護預かりの名目で返済資金として別途管理することは、信用を基調とする金融機関の営業活動として許容される範囲を著しく逸脱しているとし、相殺の主張を一部採用し（Y₂の慰謝料として70万円を認め、その余の損害の主張を排斥した）、請求を一部認容した。

●判決内容

「4　以上を総合すると、被告会社は、右コピー機を売却することができれば、前記資金計画予定表のとおり、平成5年4月には資金繰りが好転すると考え、ミノルタ事務機販売からコピー機を購入するにあたっての代金を捻出するために、原告に対し、右コピー機の購入代金と諸経費と併せて600万円の融資を申し込み、原告は、これを信用して、宮城県信用保証協会の信用保証によりミノルタ事務機販売からのコピー機械の仕入れ資金と長期運転資金を使途にするとの約束で被告会社に600万円を融資することにした。しかし、平成5年3月12日までに手形、小切手決済のための出金状況が約350万円になっていることが判明するや、原告は、3月12日被告会社の普通預金口座に597万7635円を入金した後、被告会社の払戻しに応じず、右口座か

ら519万円を引き落として、そのうち275万円を保護預りとして原告において別途保管し、100万円を同日決済の手形資金の決済資金として被告会社の当座預金口座に入金し、現金44万円を被告に交付し、その後も、被告会社の委託がないのに、被告会社の決済資金に充当したり、佐藤の立替分の弁済に充当したりしたと認めるのが相当である。

　原告は、預金の受託者として、被告会社の預金につき善良なる管理者の注意義務をもって管理すべき義務があり、被告会社からの委託なしに、預金を引き下ろして被告会社の債務弁済に充当することはできないものと解すべきである。

　ところが、原告は、右のとおり、被告会社の委託がないのに、勝手に被告会社の債務弁済に当てて、被告会社の預金債権を減少させたのであるから、右注意義務に違反しているものと認められる。

5　また、原告は、平成5年2月までの被告会社の経営状態からすれば、倒産の可能性も少なからずあり、被告会社のいわゆるメーンバンクとして、被告会社との融資取引への対応につき微妙な判断時期にあったことは明らかであるが、このような時期において、被告会社の経営危機を察知するや、原告の担当者である板垣及び佐藤は、返済期限が未到来の債権に相当する金額を被告会社の普通預金口座の中から引き落とし、保護預りの名目で返済資金として別途管理し、さらに、期限到来前に弁済充当し、被告会社から何の委託もないのに手形、小切手決済につき被告会社の普通預金口座から金員を引き落としたのであって、信用を基調とする金融機関の営業活動として許容される範囲を著しく逸脱しているものといわざるをえず、不法行為を構成するものと解される。ところで、原告の担当者である板垣及び佐藤は、原告の業務の一環として右違法行為を行ったものであるから、原告は、使用者責任を負わなければならない。」

● 事案の特徴

　この事案は、銀行がメインバンクとして会社と継続的に取引を行っており、会社が特定の用途のために融資を受けた金員を預金口座に入金し、払戻しを請求したところ、銀行が一部払戻しを拒否し、別途管理する等したため、銀行の貸金返還請求に対して、会社が不法行為に基づく損害賠償請求権を自働債権として相殺を主張した事件である。この事案は、銀行が会社のメインバンクであったこと、会社が特定の用途のための融資金を預金口座に入金した後、払戻しを請求したこと、銀行が一部の払戻しに応じたものの、残りの払戻しを拒否し、自ら管理し、決済資金等に充てたこと、銀行の不法行為責任が問題になったこと（会社はその後倒産したものである）に特徴があ

る。

●**判決の意義**

　この判決は、銀行は、預金の受託者として、会社の預金につき善良なる管理者の注意義務をもって管理すべき義務があるとしたこと、銀行が会社からの委託なしに、預金を引き下ろして会社の債務弁済に充当することはできないとしたこと、この事案については、銀行は、預金者である会社の委託がないのに、勝手に会社の債務弁済に充て預金債権を減少させたものであり、前記注意義務に違反したとしたこと、銀行の行為は金融機関の営業活動として許容される範囲を著しく逸脱しているとしたことを判示したものであり、銀行の不法行為を肯定した事例判断として参考になるものである。

　この事案の銀行のような対応は、債権の保全・回収のあり方、仕方として取引通念上許容される範囲を著しく逸脱したものであり、債権の保全・回収の限界を明らかに逸脱した事例として参考になるものである。

(1－24) 前記〔1－21〕の関連事件であり、預金の質権設定が有効であり、銀行の質権実行が肯定された事例［東京地判平成10・1・23金判1053号37頁］

────●**事案の概要**●────

　前記の〔1－21〕東京地判平成8・5・10判時1596号70頁の関連事件であり、A株式会社は、マンションの分譲販売を業とするB株式会社の子会社であり、Bが分譲したマンションの管理を受託し、規約、管理委託契約に従って、銀行業を営むY株式会社（株式会社東京三菱銀行）にA会社名義の普通預金口座を開設し、この口座に管理費等を入金して保管しており、預金額が一定額に達すると、順次定期預金に組み換えていたところ、これらの定期預金にはBのYに対する債務につき質権が設定されていたが、A、Bが破産宣告を受けたため、Yが質権を実行したことから、A、Bの破産管財人XがYに対して定期預金の支払を請求したのに対し、マンションの管理組合Z_1、Z_2が独立当事者参加し

て、定期預金の支払、定期預金が Z_1 らに帰属することの確認を請求したものである。この判決は、Aが預金者であり、質権の設定が有効であったとして、Xの請求、Z_1 らの請求を棄却した。

●判決内容
「2　普通預金債権の帰属
(一)　右認定の各事実によれば、破産会社は、ルイマーブル及びアルベルゴの各管理組合の管理者の地位にあるとともに、区分所有者との管理委託契約上の受任者の地位にあり、各区分所有者から破産会社に支払われる管理費は、町内会費等ごく僅かの部分を除いて、破産会社の管理委託契約上の事務の遂行のために要する費用及び報酬の支払に充てるためのもので、破産会社は、管理委託契約（委任契約又は準委任契約）の事務処理に要する費用の前払として本件管理費を受け取っていたものと認められる。前払いされた費用は、委任事務が継続している間は返還を求めることができず、委任契約が終了し又は委任事務が終了して残額を生じた場合に、その残額の返還を請求できるもので、本件管理委託契約は、その性質上、月々の管理事務を終えたからといって、それだけでは委任事務が終了するものとはいえず、支払った管理費についての清算及び残金の支払を請求することはできないというべきである。
したがって、管理費は、破産会社が管理費等の支払を受けるために自社名義で開設した普通預金口座に送金された段階で破産会社に帰属するものというべきで、その剰余金は、破産会社が被告のために預かっていた金員とはいえず、参加人らは、破産会社の破産に伴い右管理委託契約が終了した（民法653条）ことにより、破産会社に対し、確定した清算金の返還請求権を有するに至ったにすぎない。
保証預り金も、区分所有者の管理費の弁済に当てることを予定された金員というべきであるから、右管理費と同様に解すべきである。
(二)　これに対し、修繕積立金については、区分所有者らは管理委託契約上、修繕積立金を支払うべきものとされているものの、これを支出すべき場合については契約上何ら定められておらず、破産会社は、専ら管理者として修繕積立金の支払を受け、区分所有者のために保管するものと認められる（修繕積立金の対象となる修繕及びその費用の支払は、管理規約にも定めが見当たらず、管理組合の決定するところに従ってされるべきものと解される。）。
給湯基本料は、管理規約及び管理委託契約上、必ずしも使途が明らかでなく、前記認定のとおり、一部は給湯設備積立金として給湯施設の修繕管理のために剰余金とは別に積み立てられていることが窺われる。
(三)　しかしなから(ママ)、前記認定のとおり、区分所有者は、管理費、修繕積立金、給

湯基本料等の区別なく一括して被告名義の普通預金口座に振込送金しているのであり、管理費が前記のとおり破産会社に帰属すべき金員であること及び管理費の全体の金額に占める割合に照らしても、管理費部分は勿論のこと、修繕積立金等の部分についても本件各マンションの区分所有者らが右口座に自己の預金とする意思で送金したと認めることはできず、かえって、破産会社に対する支払の意思で送金しているものと認められる。

したがって、破産会社が管理費等の振込を受けるために開設した普通預金の口座に管理費等が振り込まれた時点で、右金員に相当する部分の預金返還請求権も破産会社に帰属したものというべきで、右普通預金債権が区分所有者らに帰属することは、管理費部分についてはもちろんのこと、修繕積立金部分についてもありえないものと解すべきである。

……

4 質権設定契約の公序良俗違反による無効の主張について

前記認定のとおり、区分所有者は管理委託契約（委任又は準委任）に基づき、その費用の前払い等として破産会社に管理費等を破産会社名義の普通預金口座に送金し、右金員は、右送金とともに破産会社に帰属するのであり、破産会社において同口座の金員を定期預金として預け入れることが横領に当たるものでないことも明らかで、被告担当者が横領に当たることを知るかどうかを問うまでもなく、原告の右主張は失当である。」

● 事案の特徴

この事案は、前記の〔1―21〕東京地判平成8・5・10判時1596号70頁の事案と同様な内容と特徴があるものである（銀行が預金債権に質権を設定しており、質権を実行したことが異なる）。

● 判決の意義

この判決も、預金者がマンションの管理業者であるとし、銀行の質権の設定、実行が無効ではないとしたものであり、前記のような重大な疑問のあるものである。控訴審判決につき〔1―37〕参照。

〔1―25〕銀行の名義貸しの融資が有効とされた事例［岡山地判平成10・8・18金判1113号30頁］

●事案の概要●

銀行業を営むＸ株式会社（株式会社富士銀行）は、Ａ株式会社に約11

億円融資を行っていたところ（ほかに、Aの取引先にも約40億円を融資していた）、追加融資を打診され、Aから事情説明を受ける等し、Y_1が融資を受け、Y_2が連帯保証をし、また、Y_2が融資を受け、Y_3有限会社が連帯保証をしたが（Y_1は、Aの顧問税理士であり、Y_3は、Y_1が代表者であった）、Aが破産宣告を受ける等したため、XがY_1らに対して貸金の返還、保証債務の履行を請求したものである。この判決は、通謀虚偽表示、民法93条但書の類推適用、信義則違反を否定し、請求を認容した。

● **判決内容**

「（一）　右１の認定事実及び前記のとおり被告甲野は、訴外会社の顧問税理士して、その経理に深く関与してきたこと、訴外会社の仲介により土地の転売による利益を享受していたことがあり、訴外会社に自宅の建物の建築請負を依頼していたなどの事実並びに……を総合すれば、原告は、訴外会社に追加融資をする便法とはいえ、被告甲野又は被告会社に対してならば融資することが可能である旨提案し、一方、被告甲野ないし被告会社は、原告が訴外会社に対する追加融資はできない状況にあったことを承知しており、このことを前提に訴外会社の資金繰りを援助するために、原告の右提案を受け入れて、自ら本件各消費貸借契約の借主（すなわち、原告の融資金に対する返済義務者）となることを承諾したと認めるのが相当である。
（二）　そこで、右（一）が通謀虚偽表示（抗弁１）となるかどうか判断するに、通謀虚偽表示といえるためには、原告と被告甲野又は被告会社との間において、被告甲野又は被告会社が真実本件各消費貸借契約の借主ではないことを合意していることが必要であるというべきところ、右（一）のとおり、被告甲野ないし被告会社は、本件各消費貸借契約の借主となることを承諾していたのであるから、原告と被告甲野又は被告会社との間において、本件各消費貸借契約を仮装するとの合意があったということはできず、他にこれを認めるに足りる証拠はない。
（三）　次に、被告らの主張する民法93条但書の類推適用（抗弁２）について判断するに、なるほど被告甲野又は被告会社は、原告の訴外会社に対する融資について名義を貸したと評価することはできるものの、右（一）のとおり、被告甲野ないし被告会社は、単に名義を貸したのみにとどまらず貸したことにより本件各消費貸借契約上の債務を負担することを承諾していたのであるから、右各契約について民法93条但書を類推適用することはできないというべきである。
（四）　さらに、信義則違反（抗弁３）について判断するに、抗弁３（一）の事実を

直ちに認めるに足りる証拠はなく、同（二）の事実については、被告甲野本人の原告支店長が『被告甲野に迷惑をかけない。』と言った旨の供述があるが、これが事実であったとしても、直ちにこのことが法的に信義則違反として評価できる約束であったと認めるに足りる証拠はなく、その他原告の本件各請求が信義則に違反すると認めるに足りる証拠はない。」

● 事案の特徴

　この事案は、株式会社が銀行から多額の融資を受けていたところ、追加融資を申し込んだものの、追加融資を受けることができず、会社の顧問税理士らが会社らから依頼され、自己が融資を受け、会社の資金に提供し、貸金の返済が滞ったため、銀行が顧問税理士らに対して融資の返還等を請求した事件である。この事案は、会社が銀行から多額の融資を受けていたこと、会社が追加融資を申し込んだこと、銀行が追加融資を拒絶したこと、会社の顧問税理士らが依頼され、自己が借主になって融資を受けたこと、追加融資の返済が滞ったこと、銀行が顧問税理士らに対して追加融資の返還等を請求したこと、銀行がこれらの事情を知っていたことを前提とし、通謀虚偽表示、民法93条但書の類推適用、信義則違反が主張されたことに特徴がある。なお、民法93条但書の類推適用の主張は、契約を含む法律行為の当事者の一方が相手方の真意を知りまたは知り得た場合には、法律行為が無効であるとの法理を主張するものである。

● 判決の意義

　この判決は、融資契約を仮装とする合意があったとはいえないとして通謀虚偽表示を否定したこと、融資契約の締結に単に名義を貸したことにより契約上の債務を負担することを承諾していたのであるから、民法93条但書を類推適用することはできないとして民法93条但書の類推適用を否定したこと、信義則違反を否定したことに特徴があり、その旨の事例判断を提供するものである。

　世上、契約の締結において、契約の当事者につき名義貸しの事例がみられるところであるが、名義貸しといっても、その実情は多様であり、契約上の債務を負担するものから、全く負担する意思がなく、名義借人が負担するも

のまであり、当該契約の効力が問題になることがあり、この場合、民法93条但書の類推適用の法理が主張されることがある。この判決は、融資契約において名義貸しが主張され、民法93条但書等が否定された一つの事例判断を提供するものである。控訴審判決につき〔1―36〕参照。

〔1―26〕銀行の名義貸しの融資につき民法93条但書の適用ないし類推適用により貸金の返還請求が許されないとされた事例［東京地判平成11・1・14金法1582号50頁、金判1085号31頁］

●事案の概要●

　Aは、自ら担保を有していなかったため、不動産を所有し、男女関係のあったYの名義を借用し（判決を掲載する法律雑誌上、Aは、Sと記載されている）、銀行業を営むX株式会社（株式会社富士銀行）からYを借主、Aを連帯保証人として数回にわたり貸付を受けたところ（AとXの総務部との間には、日常的に接待を受ける関係があった）、Yが期限の利益を喪失したため、XがYに対して貸金の返還を請求したものである。この判決は、名義貸与者に貸金の返還を求めることが民法93条但書の適用ないし類推適用により許されないとし、請求を棄却した。

●判決内容

「二　右認定の事実によれば、本件貸付は、実際にはSに融資を得させる目的で、被告において、借主として自己の名義を使用することをSに許諾し、原告に融資を行わせたものと認めることができる。
　……
　そして、原告が、本件貸付を必要としていたのがいずれの場合においても専らSであり、これに対する弁済資金を用意するのもSであることを認識していたこと、本件において、原告は、さしたる調査もしないまま、短期間のうちに融資を決定し、僅か1年余りの間に合計1億円余りを次々と融資実行していたものであるが、これは、もともと原告の本店総務部とSとの間の特別な関係に由来するものであることが窺われること、原告は、担保として提供された不動産は別として、被告の資力を重視してはいなかったこと、本件貸付において被告の名義が使用されたのは、専ら

担保物件を有しないSには融資ができないという原告の内部的制限を潜脱しようとするものであったことが窺われること、本件貸付に対する返済が滞っても、相当な期間が経過するまで被告に対する請求すらなされなかったことからすれば、本件貸付当時、貸主である原告において、名義上の借主である被告が弁済することを真に期待していたとは評価し難いのであって、原告としても、被告が名義をSに貸したにすぎず、自らは債務を負担する意思を有していないことを知っていたものと認めるのが相当である。

ところで、本件においては、本件貸付が原告と被告との間において成立したと認めることができるか否かについては争いがあり、特に、本件の貸付金が入金された口座の通帳をSが管理しており、原告もこの事実を承知していたことが窺われることからすれば、要物性の点からも問題があると解されるが、仮に、原告と被告との間における消費貸借契約の成立を認めることができたとしても、右のような事情からすれば、原告は、被告に対する関係においては、消費貸借契約上の貸主として法的保護を受けるには値しないというべきであって、結局のところ、民法93条ただし書きの適用ないしは類推適用により、原告は、被告に対して本件貸金の返還を求めることは許されないものと解するのが相当である。」

●事案の特徴

この事案は、銀行の従業員と親しい関係にあり、資金を必要とした者が親しい友人に依頼し、融資契約を締結してもらい、自らは連帯保証人となったところ、融資が返済されなかったため、銀行が融資契約の債務者に対して貸金の返還を請求した事件である。この事案は、資金を必要とした者が親しい友人に融資契約の当事者となることを依頼したこと、依頼者は銀行の従業員と親しい関係にあったこと、友人が銀行と数回融資契約を締結し、依頼者は連帯保証人になったこと、融資の返済が滞ったこと、銀行が貸金の返済を求めたのに対し、民法93条但書の適用、類推適用が主張されたことに特徴がある。

●判決の意義

この判決は、この事案の融資は、実際には依頼者に融資を得させる目的で、友人において、借主として自己の名義を使用することを許諾し、銀行に融資を行わせたとし、名義貸しを認めたこと、銀行において、名義上の借主である友人が弁済することを真に期待していたとは評価し難いものであり、

友人が名義を依頼者に貸したにすぎず、自らは債務を負担する意思を有していないことを知っていたとしたこと、銀行は、名義貸人である友人との関係においては、契約上の貸主として法的保護を受けるには値しないものであり、民法93条但書の適用ないし類推適用により、貸金の返還を求めることは許されないとしたことに特徴があり、名義貸しの融資につき民法93条但書の適用ないし類推適用を認め、銀行の貸金の返還請求が許されないとした事例判断として参考になるものである。

(1-27) 銀行の連帯保証の錯誤が肯定された事例［水戸地下妻支判平成11・3・29金判1066号37頁］

●事案の概要●

　Xは、A有限会社が銀行業を営むY株式会社（株式会社つくば銀行）から融資を受けた際に連帯保証をし、Aが融資の返済を怠ったため、Yに保証債務を一部履行したが、XがYに対して連帯保証につきAの信用状態に関する錯誤を理由に支払済みの金員の返還等を請求したのに対し、Yがその余の保証債務の履行を請求したものである。この判決は、錯誤を肯定し、Xの請求を認容し、Yの請求を棄却した。

●判決内容

「三　争点3について
　……によれば、原告は、自宅の新築工事を依頼したのがきっかけで、平成8年7月ころ、二郎と知り合い、同年10月からは、Hの社員となったものの、付き合いが浅く、本件各契約締結当時、前記二で認定したような、二郎の支払能力に問題があることを知らなかったことが認められる。
　これに対して、被告は、原告が二郎と共同してHを経営していたことから、二郎の支払能力について知っていた旨主張するが、前掲各証拠及び乙12号証によれば、原告が役員になったのは、平成9年3月であり、しかも、それは、同年1月に二郎が支払不能に陥って所在が分からなくなり、債権者がHの役員であった春子の元へ押しかけたので、その代りに名目上役員に就任したにすぎないものであるから、採用できない。

そして、原告が宅地建物取引主任の資格を有していて不動産業に通じており、二郎から求められてＨに入社したこと（甲20の１、同21）、したがって、原告は、二郎の連帯保証人の要請に応じなければならない立場にはなかったことを考慮すると、原告が、最終的に責任を負うべき二郎に支払能力がないことを知っていたとすれば、本件各契約を締結しなかった（二郎の要請を断った）と認められ（だからこそ、後記認定のとおり、Ｓに二郎の支払能力を確かめたのである）、しかも、本件各契約締結の際、Ｓは、原告の『乙川さんは大丈夫ですか』の問いに対し、『乙川さんとは長い付き合いであり、乙川さんは資産も信用もあり、支払いもきちんとしているので間違いありませんよ』と答えて……右原告の動機は表示されているとみることができるから、本件各契約は、錯誤により無効となるというべきである。」

● **事案の特徴**

　この事案は、会社が銀行から融資を受け、個人が連帯保証をした際、会社、経営者の支払能力につき銀行の従業員に尋ね、銀行の従業員がこれを肯定的に回答したが、融資の債務者が弁済を怠り、銀行が保証債務の履行を請求したのに対し、個人が錯誤無効（動機の錯誤）を主張し、保証の効力を争った事件である。この事案は、個人が銀行の会社に対する融資につき保証を依頼されたこと、個人が銀行の従業員に会社、経営者の支払能力につき尋ねたこと、銀行の従業員がこの質問に肯定的に回答したこと、連帯保証人が連帯保証につき錯誤無効を主張し、その効力を争ったことに特徴がある。

● **判決の意義**

　この判決は、連帯保証の際における銀行の従業員と個人の会話の内容、個人の連帯保証契約締結の経緯等を考慮し、動機の錯誤による錯誤無効を認めたものであり、連帯保証契約について融資の債務者の支払能力に関する動機の錯誤による無効を肯定した事例判断として参考になるものである。この判決は、銀行の従業員の連帯保証契約の締結における言動につき厳格な責任を認めたものである。この判決は、保証人が連帯保証契約を締結する際における重要な教訓を示しているものであり、金融機関の従業員にこの事案のような質問をし、その回答を証拠として保存しておくことが無駄ではないことを教えるものである。

（1－28）信用金庫の債権回収につき不法行為責任が肯定された事例［大阪高判平成11・5・18金判1075号27頁］

●事案の概要●

　X信用金庫（大阪商工信用金庫）は、Y_1株式会社との間で、信用金庫取引約定を締結し、Y_1の代表者Y_2は、連帯保証をしていたところ、Y_1から割り引いた手形が不渡りになったため、Y_2所有の不動産（弁済原資を調達するために売却予定のマンションであった）につき仮差押えをした後、Y_1に対して手形の割引代金の支払を、Y_2に対して保証債務の履行を請求したのに対し、Y_2が反訴として、仮差押えが違法であったとし、不法行為に基づく損害賠償を請求したものである。第一審判決（大阪地判平成10・8・26（平成9年(ワ)第8507号等））が本訴請求を認容し、反訴請求を棄却したため、Y_2が控訴したものである。この判決は、仮差押えが違法であったとし、不法行為を肯定し（Y_2が本件マンションの売却予定の価格と実際に売却した際の価格の差額が損害であるとしたうえ、過失相殺の規定の類推適用によりこの1割がXの責任であるとした）、原判決を変更し、Xの本訴請求を一部認容し、Y_2の反訴請求を一部認容した。

●判決内容

「2　債権者が債務者に対する債権を保全するため債務者の不動産を仮差押することは権利の行使として一般には適法な行為であるが、権利の行使といえどもそれがすべて是認されるものではなく、社会的に相当とされる方法・態様を超えて行われ債務者に必要以上の損害を被らせたときには、例外的に違法と評価され不法行為を構成する場合があるといわなければならない。

　債務者が債務過重に陥り債務の即時返済が困難となったときは、否認権や詐害行為取消権の制度の存在から窺われるように、とりわけ債権者間の平等な満足を図るべきことが強く要請されるのであって、債権者といえども自己の債権の満足を図るのみでなく、他の債権者の地位にも配慮した措置をとることが要請されるというべきである。

　とくに、原告は、信用金庫法に基き設立された信用金庫で、信用金庫の地区内の個人又は事業者を会員として組織する共同組織（信用金庫法1条・10条）であって、公共性を有する金融業務を担い、国民大衆のために金融の円滑を図って預金者等の

保護に資することを目的として運用されるべき法人（同法1条・2条）であるから、債権の回収のみを業とするものではなく、融資によって会員の経済的な安定を援助することも重要な業務であるのはもとより、経済的な更生を図ろうとする会員に対してはその利益を害することのないよう配慮すべきこともまた社会的な要請であるというべきである。

そして、真企技研及び被告甲野は、原告と昭和61年4月に信用金庫取引を開始して以来、債務の履行につき問題を生じたことはなく、本件において、真企技研及び被告甲野が原告に対し手形買戻義務を負担するに至った原因は、割引手形の振出人である他企業が倒産した結果であって、真企技研自体の手形不渡りではなかったこと、真企技研及び被告甲野としては、右倒産のあおりを受けて即時に支払うべき多額の債務を履行するには、唯一の資産である本件マンションを売却して返済原資を調達する以外に方策がなく、そのため、被告甲野は、各債権者との間で債務の返済額・返済時期・返済方法等について協議をし、原告以外の債権者との間では本件マンションを売却するまでの間は債務の返済を事実上猶予することでほぼ了解を得ていたものと窺われること、被告甲野は、原告に対しても、取引のあった西支店担当者に右の状況を説明し、返済すべき債務の内容・総額の他、本件マンションを売却して返済に充てる予定であることを伝えていたこと、原告西支店の支店長も、直接被告甲野を訪ね、同被告から同旨の説明を受けて返済の猶予を求められ、かつ、売却のために本件マンションの改装工事が行われていることを現認していたことは前記のとおりである。

このような原告の金融機関としての公共的性格や従来の真企技研及び被告甲野との取引状況に鑑み、とりわけ本件手形買戻義務の発生が真企技研や被告甲野の業績悪化から直接生じたものではなかったにもかかわらず、被告甲野が債務返済の方策として当時最善と考えられた本件マンションの売却によって出来るだけ多くの債務を返済する努力をしていたこと、原告以外の債権者は右売却を了承して債務の返済を事実上猶予していたこと等の事情に照らすと、原告としても、真企技研及び被告甲野から本件マンションの売却による債務返済について協力依頼を受けたときは、右売却によっては返済原資がかえって減少する等、返済方法として相当でないと考えるべき格別の事情のない限り、右債務返済の方策の実施を妨げないよう配慮すべき義務があると解するのが相当である。

しかるに、原告西支店の支店長乙川は、同支店の担当者から事前に被告甲野の本件マンションの売却計画につき報告を受けていたはずであるのに、被告甲野との直接面談の際には、同被告から右売却を理由に返済の事実上の猶予を求められたにもかかわらず、単に返済の履行を求めるのみで、それ以上右売却後の具体的な返済計画の内容を確かめようともしないまま右猶予の要請を拒否し、再度の面談の際にも同様でかえって口論となるなど冷静な対応を欠き、結局、喧嘩別れとなった翌日、直ちに被告甲野に対し本件仮差押の手続をとったこと、そして、本件仮差押決定を

受けた後に、改めて被告甲野に内容証明郵便で債務の履行を求めたことは前記認定のとおりである。
　金融機関が債権回収のために行う手順としては、債務者に内容証明郵便を送付した後なお履行がない場合に仮差押等の手続をとるのが通常であって、本件における原告の措置はそれと比較しても異例であったということができる。
　右のような支店長乙川の対応及び原告の措置は、被告甲野が債務返済のために最善の方策としてとった本件マンションの売却という手段の実現を妨げるもので、右売却が返済方法とし相当でないと考えるべき格別の事情は認められない本件においては、むしろ、感情的な報復措置と疑われてもやむを得ず、本件仮差押は原告が被告甲野に対して配慮すべき前記義務に著しく違反したもので、社会的に相当とされる方法・態様を超えて債務者に必要以上の損害を被らせたものとして、不法行為を構成するというべきである。」
　判例評釈として、岡本岳・判タ1036号294頁がある。

●**事案の特徴**

　この事案は、信用金庫が会社に融資をし、会社の代表者が連帯保証をしていたところ、割引手形が不渡りになり、代表者所有の不動産につき仮差押えをしたため、仮差押えにつき信用金庫の不法行為が問題になった控訴審の事件である（第一審判決は不法行為を否定したものである）。この事案は、信用金庫の保証人に対する権利行使が問題になったこと、保証人は主たる債務者である会社の代表者であったこと、保証人が自己所有のマンションを売却し、弁済に充てることを予定し、信用金庫の担当者にその旨を説明していたこと、信用金庫が保証人所有のマンションにつき仮差押えをしたこと（保証人はマンションを売却し、弁済原資を得ようとしたが、仮差押えにより売却が事実上できなくなったこと）、信用金庫が会社に対して融資の返済、保証人に対して保証債務の履行を請求する訴訟を提起したこと、保証人が反訴を提起し、信用金庫の仮差押えにつき不法行為に基づき損害賠償を請求したこと、信用金庫の権利行使に伴う不法行為の成否が問題になったことに特徴がある。

●**判決の意義**

　この判決は、債権者が社会的に相当とされる方法・態様を超えて仮差押え等の権利行使をし、債務者に必要以上の損害を被らせた場合には、例外的に

違法と評価され不法行為を構成する場合があるとしたこと、債権者は、自己の債権の満足を図るのみでなく、他の債権者の地位にも配慮した措置をとることが要請されるとしたこと、特に信用金庫は、信用金庫法に基づく公共性を有する金融業務を担い、国民大衆のため金融の円滑を図って預金者等の保護に資することを目的として運用されるべき法人であり、経済的な更生を図ろうとする会員に対してはその利益を害することのないよう配慮すべきこともまた社会的な要請であるとしたこと、この事案においては、保証人が債務返済の方策として当時最善と考えられたマンションの売却によってできるだけ多くの債務を返済する努力をしていたこと、信用金庫以外の債権者はこの売却を了承して債務の返済を事実上猶予していたこと等の事情に照らし、信用金庫としても、この売却によっては返済原資がかえって減少する等、返済方法として相当でないと考えるべき格別の事情のない限り、この債務返済の方策の実施を妨げないよう配慮すべき義務があるとしたこと、信用金庫の仮差押えが配慮義務違反に当たるとし、不法行為を認めたことを判示している。この判決は、信用金庫の業務の公共性を強調し、弁済原資とする予定の不動産に対する仮差押えが債権者としての配慮義務違反を認め、不法行為を肯定した事例として参考になるものである。

　この判決は、信用金庫の公共性を指摘し、信用金庫の権利行使につき厳格な責任、義務を認めたものである。この判決が一般論として権利行使であっても、社会的に相当とされる方法・態様を逸脱して権利行使をした場合には不法行為が成立することがあるとする判断は従来の判例、実務の多くの考え方に沿ったものであり、この事案では、信用金庫の債権行使の動機、方法・態様に著しく問題があったということができる。

(1-29) 銀行の名義貸しの融資につき民法93条但書により無効であるとされた事例 [大阪高判平成11・5・27金判1085号25頁]

　　　　　　　　　●事案の概要●
　ゴルフ会員権の売買斡旋を業とするA株式会社は、会員権を購入す

るに当たって、その会員権が個人会員権に限られていたことから、Aの顧問税理士Yの名義を借りることにし、ゴルフ場経営会社Bと提携して購入資金の貸付を行っていた銀行業を営むC株式会社（株式会社兵庫銀行）からY名義でローン（貸付）を受けたが、Aがローンの返済を遅滞したため、Yから委託され、連帯保証をした保険代行業者であるX株式会社がYに対して求償を請求したものである。第一審判決（神戸地判平成6・4・19（平成5年(ワ)第142号））が請求を棄却したため、Xが控訴したものである。この判決は、ローンに至る経緯から、CがYにおいて何ら負担をしないことを承知していたとし、民法93条但書の規定の類推適用により、ローンを無効とし、控訴を棄却した。

● **判決内容**

「被控訴人は、被控訴人には本件消費貸借契約による債務を負担する意思がなく、兵庫銀行のD支店長自身がこのことを知っていたから、民法93条但書の類推適用により、本件消費貸借契約は無効であると主張する。

そこで、検討するに、前記認定によると、本件消費貸借契約については、レスターと被控訴人の間で、レスターが右契約に基づく債務をすべて負担して履行し、被控訴人は何も負担しないことが合意されていたのであり、Dは兵庫銀行新大阪駅前支店長として自ら又は部下に指示して右申込の処理を担当し、レスターと被控訴人との間に右のような約束があることを承知しながら、右申込を承諾したのである。しかも、Dは、右の承諾をするについて、レスターに巨額の協力預金をして貰い、かつ、少なくとも本件消費貸借契約が締結される前後ころまでは、自らもレスターのため被控訴人と同じ立場でレスターに名義を貸すことを承諾していたのである。そして、Dのこのような業務処理は、当時のゴルフ会員権の取引状況に鑑み危険性のないものと認識されていたのであり、兵庫銀行新大阪駅前支店の成績の向上に資するものであったということができる。また、銀行の支店長は一般に支店の業務遂行の全般について広範な権限を持っているものと認識されているということができるところ、被控訴人は、Hから、支店長のDが承知し自らも名義貸しをする予定であることを聞かされたこともあって、自らは何ら負担をしなくともよい関係にあるものと考え、本件の名義貸しに応じたものである。このような本件消費貸借契約締結の経緯に鑑みると、兵庫銀行において被控訴人が契約当事者であることに基づいて本件消費貸借契約の履行を求めることは信義則上許容しがたいところということができるのであり、本件消費貸借については、民法93条但書の規定を類推適用して、

これを無効と認めるのが相当である。そうすると、控訴人はその主張の連帯保証債務を負担しないのであるから、右債務を負担することを前提とする本件主位的請求は、理由がないことに帰する。

　控訴人は、右認定判断を批判し種々主張するが、右主張はおおむねＤの認識及びＤの関与の態様について前記認定と異なる事実を前提とするものであるから、採用することができず、そのほかに右認定判断を覆すに足りる証拠はない。」

●事案の特徴

　この事案は、株式会社が融資を受けてゴルフ会員権を購入しようとしたが、会員が個人会員に限定されていたことから、顧問税理士に依頼し、税理士が銀行から融資を受け、保険代行業を営む会社に保証委託をしたところ、融資の返済が滞ったことから、連帯保証をした会社が代位弁済を行い、税理士に求償を請求した控訴審の事件である（第一審判決は請求を棄却した）。この事案は、株式会社が銀行の融資を受けてゴルフ会員権を購入しようとしたこと、ゴルフクラブの会員が個人会員に限定されていたこと、会社が顧問税理士に融資、購入の名義貸しを依頼したこと、保険代行業者の連帯保証がされたこと、融資の返済が滞ったこと、連帯保証人が代位弁済を行ったこと、連帯保証人が税理士に求償を請求したこと、銀行の従業員において税理士が名義貸しであることを知っていたことを前提とし、民法93条但書の類推適用が主張されたことに特徴がある。

●判決の意義

　この判決は、銀行の従業員（支店長）が融資につき名義貸しであることを承知していたとし、銀行において名義貸しをした税理士が契約当事者であることに基づいて本件消費貸借契約の履行を求めることは信義則上許容しがたいとしたこと、この事案の融資は民法93条但書の規定を類推適用して無効と認めるのが相当であるとしたことに特徴があり、その旨の事例判断として参考になるものである。なお、この事案において銀行の支店長が相当に深く名義貸しに関与したことが認められるものであり（銀行の業績を上げるためであった）、銀行の融資姿勢として疑問が多いものである。

〔1-30〕前記〔1-21〕の関連事件であり、マンションの管理費を原資とする預金につき銀行による管理業者に対する貸付債権との相殺が否定された事例［東京高判平成11・8・31高民集52巻1号36頁、判時1684号39頁、金法1558号24頁］

●事案の概要●

　前記の〔1-21〕東京地判平成8・5・10判時1596号70頁の関連事件であり、A株式会社は、マンションの分譲を業とするB株式会社が分譲したマンションの管理を業としていたが、マンションの管理組合Z_1、Z_2らの管理費を銀行業を営むY株式会社（株式会社三和銀行）の預金口座に預金していたところ、Aが破産宣告を受け、Xが破産管財人に選任され、Yに対して預金の払戻し等を請求したのに対し（Yは、預金担保、相殺を主張した）、Z_1らが当事者参加をし、預金の払戻し等を請求したというものである。第一審判決（東京地判平成8・5・10（平成6年(ワ)第10840号等））は、Aが預金者であったとし、Yの相殺を認めて、Xの請求を一部認容し、Z_1らの請求を棄却したため、X、Z_1らが控訴したものである。この判決は、Z_1らが預金者であるとし、Yの相殺の効力を認めず、Xの控訴を棄却し、Z_1らの控訴に基づき原判決を取り消し、Z_1らの請求を認容した。

●判決内容

「1　預金者の認定については、自らの出捐によって、自己の預金とする意思で、銀行に対して、自ら又は使者・代理人を通じて預金契約をした者が、預入行為者が出捐者から交付を受けた金銭を横領し自己の預金とする意図で預金をしたなどの特段の事情がない限り、当該預金の預金者であると解するのが相当である。
2　本件各定期預金の原資である管理費等は、もとより榮高固有の資産ではなく、管理規約及び管理委託契約に基づいて区分所有者から徴収し、保管しているものであって、榮高が受領すべき管理報酬も含まれてはいるが、大部分は各マンションの保守管理、修繕等の費用に充てられるべき金銭である。
　区分所有法によれば、区分所有者は、全員で、建物並びにその敷地及び附属施設の管理を行うための団体（以下『管理組合』という。）を構成するものとされ（3

条)、各共有者は、その持分に応じて、共用部分の負担に任ずるとされている（19条)。すなわち、区分所有建物並びにその敷地及び附属施設の管理は、管理者が行うのであって、その管理の費用は区分所有者が負担すべきものである。したがって、区分所有者から徴収した管理の費用は、管理を行うべき管理組合に帰属するものである。管理組合法人が設立される以前の管理組合は、権利能力なき社団又は組合の性質を有するから、正確には総有的又は合有的に区分所有者全員に帰属することになる。

したがって、本件各定期預金の出捐者は、それぞれのマンションの区分所有者全員であるというべきである。

3 管理費の余剰金等を原資とする定期預金は、榮高において、自己の預金、資産であるとは考えておらず、榮高はこれを各マンションの区分所有者ないし管理組合に属するものとして取り扱っていたものである。このことは、多くの定期預金の名義に各マンション名が付記されていること、榮高の決算報告書及び各マンションの管理費収支決算書等の記載内容、榮高の破産の前及び破産直前に管理組合に返還した定期預金もあること等の事実から明らかである。

4 本件各定期預金は、榮高が、管理費の余剰金等が一定の金額に達したときに、その独自の判断と裁量でこれを定期預金に振り替えていたものである。区分所有者は、管理費等を榮高名義の普通預金口座に振り込むだけであって、その管理費の余剰金等がいつの時点で、どのような金融機関の定期預金に振り替えられるか等の具体的な事実は認識していない。

しかし、普通預金としてよりも定期預金として保管することの方が区分所有者にとって有利であることは明らかであり、普通預金から定期預金への振替は区分所有者の意向に沿うものである。また、区分所有者は、管理費の余剰金等が一定の金額に達すれば、これが定期預金に振り替えられることになっているという仕組み自体は知っていたものと推認される。そして、区分所有者は、定期預金の預入から遅くとも1年以内に決算報告において、本件各定期預金がされていることを具体的に知ったのであり、区分所有者がこれに異議を述べたことを認めるに足りる証拠はないから、区分所有者は、この時点に至って、本件各定期預金をしたことを是認し、引き続き定期預金をすることを了承したものということができる。

すなわち、この時点以降、区分所有者が本件各定期預金の預入をする意思を有することが具体的に明確になったものである。」

●**事案の特徴**

この事案は、前記の〔1―21〕東京地判平成8・5・10判時1596号70頁の事案と同様な内容と特徴がある控訴審の事件である。

●**判決の意義**

この判決は、マンションの管理業者が管理していた預金の出捐者が区分所有者全員であるとしたこと、預金債権が管理業者に属しないとしたこと、銀行の相殺の効力を否定したことに特徴があり、預金取引上常識的な判断を示したものであるとともに、マンションの管理実務に資する判断を明らかにしたものである。

（1-31）銀行の名義貸しの融資につき民法93条但書の適用により無効であるとされた事例［東京地判平成11・10・25金判1082号42頁］

━━━━●事案の概要●━━━━

総会屋Ａの事務を手伝っていたＹは、Ａに依頼され、銀行業を営むＸ株式会社（株式会社第一勧業銀行）から株券を担保として手形貸付により融資を受け、手形書換により取引が継続していたが（融資合計13億円余）、Ｙが期限の利益を喪失したとして、ＸがＹに対して貸金の返還を請求したものである。この判決は、名義貸しの融資につき通謀虚偽表示を否定し、心裡留保を認め、民法93条但書の適用を肯定し、Ｘの悪意を認め、融資が無効であるとし、請求を棄却した。

●**判決内容**

「2　もっとも、被告は、甲野から頼まれて、形式上本件各貸付の名義人になったに過ぎず、必要書類についても、すべて甲野らから言われるまま署名押印したものであって、その収入や返済能力等の点から考えても、自ら数億円もの多額の債務を負担する意思を有していたものとは到底思われない（本件全証拠によっても、被告には、当時、多額の金員を必要とする事情は認められず、また、原告からの融資金を被告が自己の用に使用した形跡は認められない。）。このことは、原告からの被告名義の融資金は甲野が使用していたことのほか、被告名義の預金通帳を常に甲野が保管していたこと、第一貸付や第二貸付に対する返済や本件各貸付の利息の支払も被告において行ったことがないこと、何よりも甲野自身が自分が真実の借り主であると認めていることなどの事実に照らしても明らかである。

これに対し、原告は、被告は法律的知識・能力を有する社会保険労務士であり、

本件各貸付の債務者となることを認識しながら自ら本件取引約定書や約束手形その他関係書類に署名押印しているのであるから、借入意思を有していたことは明らかであり、何ら内心の齟齬がない旨主張する。

　しかしながら、心裡留保とは、表意者が表示行為に対応する真意のないことを知りながらする意思表示であって、表示行為と表示意思との間に齟齬が存することをいうものではない。被告は、確かに、本件取引約定書や約束手形等に署名押印することの法的意味・効果を認識し、それを行うことは外形上は自分が本件各貸付の債務者となることを十分に認識していたのであって（したがって、被告は、自己の表示行為の意味内容は十分認識していた。）、その点は原告主張のとおりではあるが、前記認定のとおり、その法的効果を自己に帰属させようとする意思、すなわち内心の効果意思までは有していなかった（真実は自分が債務者ではなく、単に名義を貸すだけであるとしか認識していなかった。）のであるから、被告には表示行為に対応する真意がなかったこと及び被告がその事実を認識していたことは明らかである。

　したがって、本件各貸付については、被告に心裡留保が存するものと認められる。

……

1　前記一において認定した各事実、すなわち①原告とR会や甲野との関係（原告は、前記一の1のとおり、株主総会を円滑に運営できるよう、総会屋であるR会やその会長である甲野らとの良好な関係を保持するために常に苦心していた。）、②被告名義や春子名義の融資を開始する経緯（丙山は、甲野からの融資の申込みをNに伝えたところ、同人は、甲野自身の名義での融資は困る旨答えたことから、春子や被告名義の融資が開始されている。）、③春子や被告に対する貸付手続（一般に銀行においては、融資に際しては、融資申込者の職業、地位、身分、収入、資産の保有状況、融資申込みの目的、融資金の使途、返済計画、担保の確実性等を十分調査の上、融資の可否を慎重に検討するのが常識であるが（当裁判所に顕著な事実）、原告は、春子や被告に対する融資をするに際して、そのような検討を一切行っていない。また、融資の際に担保に差し入れられた株券の多くは甲野の裏書がされており、その他のものも大半がR会の会員の名義であったことから、融資金の実際の入用者が甲野であったことが容易に推認できた。）、④貸付後の状況（本来、銀行にあっては、融資金額に比して担保物の価値が下落していわゆる担保割れの状態が生じた場合には、貸付額を担保に見合う額に縮小するか、新たな保証人を追加したり、担保物を追加したりして、担保力を保全するのが通常であるが（当裁判所に顕著な事実）、原告は、本件各貸付について、担保割れの状況が続いても追加担保の差入れを要求することもなく、長年利息のみの徴収で、返済期限を繰り延べしてきたにもかかわらず、総会屋との癒着が表面化して、総会屋や原告に対する社会的非難が集中し、原告の経営陣が交替した途端、従前のような返済期限の延長を認めず、被告に対して本件訴を提起した。）などの事実を走行すれば、本件各貸付は、極めて特殊な経過をたどっていると認めざるを得ず、原告は、丙山を通じて有力総会屋グループの会長

111

である甲野から融資の申込みを受けたが、従前からの関係からしてもこれからの付き合い上からも、これを真っ向から拒絶することができず、かといって、甲野に対して直接本人名義で融資をすることはさすがに好ましくないと考え、第三者の名義を借用しての迂回融資をすることを認め、春子や被告名義を使用して、実質的には甲野に対する融資を行ったものと認めるのが相当である。

したがって、（個々の融資手続を担当した担当者レベルはともかく、組織体としての）原告においては、本件各貸付が実質的には甲野に対するものであること、すなわち、被告には債務負担意思が無く、表示行為と真意とが一致していないことを十分に認識していたものと認められる。」

判例評釈として、西森みゆき・判タ1065号27頁がある。

●**事案の特徴**

この事案は、銀行が総会屋と不明朗な関係の下、総会屋の手伝いをしていた者（事務補助者）に多額の融資をし、不明朗な関係が発覚した後、銀行が事務補助者に対して融資残額の返還を請求した事件である。この事案は、銀行と総会屋の不明朗な関係があったこと、この関係を背景にして、銀行が総会屋の事務補助者に多額の融資を実行したこと、資金は総会屋が使用していたこと、不明朗な関係が発覚し、社会問題、法律問題になったこと、通謀虚偽表示、民法93条但書の心裡留保が問題になったことに特徴がある。

●**判決の意義**

この判決は、通謀虚偽表示を否定したこと、事務補助者に融資契約の法的効果を自己に帰属させようとする意思（内心の効果意思）がなく、銀行も債務負担意思のないこと、融資が実質的に総会屋に対するものであることを知っていたとし、融資契約を無効であるとしたことに特徴があり、その旨の事例判断を提供するものである。控訴審判決につき〔1―33〕参照。

〔1―32〕銀行の名義貸しの融資につき民法93条但書の適用により無効ではないとされた事例［東京地判平成11・10・25判時1729号47頁、金判1082号48頁］

───●**事案の概要**●───

総会屋Aの妻Y（専業主婦）は、Aに依頼され、銀行業を営むX株

式会社(株式会社第一勧業銀行)から3億円の融資を受けていたが、Yが期限の利益を喪失したとして、XがYに対して貸金の返還を請求したものである。この判決は、名義貸しの融資につき通謀虚偽表示を否定し、心裡留保も認めず、民法93条但書の適用を否定し、請求を認容した。

●判決内容

「本件融資は、昭和61年5月19日に銀行取引約定書が締結された後、3口合計6億5000万円の各融資とその返済を経て、昭和63年3月11日に実行されたものであり、その後は実質的に弁済期の変更を継続したものにすぎないことから、右の判断にあたっては、右同日以前に生じていた事実関係を手かがりとして、被告の意思表示とこれに対応する原告の主観的態様の内容を検討するほかない。

そこで、被告についてこれをみると、被告の夫の一郎がR会の会長として如何なる活動を行っているかは、株主総会の開催時期を迎えるたびに世上でされる報道を待つまでもなく、専業主婦の妻の身として、十分にこれを知悉しているはずであり、仮に一郎に言われるままであったにせよ、被告が原告の新宿西口支店に赴き、自らの名前で通常の融資に必要な所定の手続をしたのであるから、被告が契約当事者となる反面で、なぜ一郎自身が当事者とならないのかも、自ずと了解可能な事柄であった。

他方、原告については、総会屋会長を直接の取引当事者としたのでないにしても、その妻と取引をする以上は、潜在的に利益供与につながるような不明朗な関係を築いたとの誹りを免れないものではあるが、少なくとも、本件融資においては、その当初、担保として十分の価値のある株式の差入れがあって、株式担保融資といえる実質を伴うものであったから、同様の担保提供のある限り、当時の経済情勢や時代背景からして、仮に無職の一般投資家であっても、実行され得るような融資であったとみることができる。

してみると、本件融資は、被告側においては、おそらく一郎のための資金需要があったために、被告を介在させて融資を求めたもので、被告自身にいわば身代わり的な債務者となるしかないことの認識があり、原告側においては、絶ち難い関係のあった総会屋から求められた忌避すべき融資案件であったものの、通常の融資と同様の十分な担保を伴った案件であって、あくまで融資の相手方自体は総会屋でなかったからこそ、これに応じたものであろうことが指摘できるところである。そして、その後、担保に供された株式の株価が低落し、原告が本件融資につき何らの追加担保を求めなかった姿勢は不明朗というほかないが、これをもって、当初の契約関係

の評価に消長をきたすものではない。

　そうして、原告は、被告の名義を借用して、一郎との取引をする意思は毛頭なく、被告も、そのような事情を理解して自ら債務者となったものというべきであるから、被告において、本件融資にかかる意思表示につき心裡留保にいう表示上の効果意思と真意との間に何ら齟齬もないのであり、結局のところ、実際に請求される段となって、自らは債務者でなく、単なる名義の被借用者であると主張しているにすぎないものといわざるを得ず、抗弁その二の主張も失当である。」

　判例評釈として、西森みゆき・判タ1065号27頁がある。

●事案の特徴

　この事案は、前記の〔1―31〕東京地判平成11・10・25金判1082号42頁と同一の銀行、総会屋の関係の下で発生し、問題になった事件である。この事案は、銀行が総会屋と不明朗な関係の下、総会屋の妻に多額の融資をし、不明朗な関係が発覚した後、銀行が総会屋の妻に対して融資残額の返還を請求した事件である。この事案は、銀行と総会屋の不明朗な関係があったこと、この関係を背景にして、銀行が総会屋の妻に多額の融資を実行したこと、資金は総会屋が使用していたこと、不明朗な関係が発覚し、社会問題、法律問題になったこと、通謀虚偽表示、民法93条但書の心裡留保が問題になったことに特徴がある。

●判決の意義

　この判決は、融資を仮装する合意の存在が認められないとし、通謀虚偽表示を否定したこと、総会屋の妻は、融資にかかる意思表示と真意につき心裡留保にいう表示上の効果意思と真意との間に何ら齟齬もないとし、結局、実際に請求される段となって、自らは債務者でなく、単なる名義の被借用者であると主張しているにすぎないとして心裡留保を否定したことに特徴があり、前記の〔1―31〕東京地判平成11・10・25金判1082号42頁とは逆の結論の事例判断を提供するものである。控訴審判決につき〔1―34〕参照。

〔1—33〕前記〔1—31〕の控訴審判決であり、銀行の名義貸しの融資につき心裡留保に当たらず、無効であるとはいえないとされた事例［東京高判平成12・4・11金判1095号14頁］

●事案の概要●

前記の〔1—31〕東京地判平成11・10・25金判1082号42頁の控訴審判決であり、Xが控訴したものである。この判決は、心裡留保、通謀虚偽表示を否定し、原判決を取り消し、請求を認容した。

●判決内容

「2　しかしながら、前記争いのない事実及び前記控訴人の被控訴人に対する本件各貸付がなされた経緯等の認定事実によれば、控訴人は、甲野に対する融資はできないと明確に断ったうえで、右融資を受けるためにはR会の構成員でないものが借主にならなければならないと言明していたこと、被控訴人は、右の事情を承知のうえで甲野から借受人になることを求められて、控訴人から被控訴人へ被控訴人から甲野へという迂回融資に協力することを承諾したものであること、控訴人は、甲野が本件各貸付は自己に対する貸付であると主張して自己の名義で、平成10年2月23日に本件貸付一の利息として弁済提供した金1038万3972円及び同年4月3日に本件貸付二の利息として弁済提供した金635万7534円について、甲野へ貸付をしたことはないとしてその受領を拒絶していること、本件各貸付については、その貸付実行当時にあっては、十分な担保価値を有する上場株式の株券がその担保として差入れられていたことから、被控訴人への融資実行に当たっては、被控訴人の資産状況についての調査の必要性は少なかったこと、被控訴人は、前認定のとおり、本件各貸付に際しては、本件各貸金上の債務につき法的には自己が対外的にその第一次的責任を負うことを免れ得ないことになる約束手形に署名押印し、有価証券担保差入書、その基礎となる銀行取引約定書等にも何らの留保を付けることなく署名押印する等、社会保険労務士という職業からしても、約束手形に振出人として署名することが第一次的には法的義務を負うものであることを十分に理解し得る行動をとっていたこと、また、被控訴人の本件預金通帳の届出印には被控訴人の実印が使用され、その実印は被控訴人が管理していて、甲野は、被控訴人の承諾ないし押印の協力等がなければ控訴人から本件各借入金が振り込まれた本件通帳からその預金を自由に引き出すことができない形になっていたことが認められる。

3　したがって、右前記1の各事情があっても右2の認定を総合すると、本件各貸付契約につき、同契約が真実は控訴人と甲野との間の契約であって、被控訴人と控訴人との間では何らの法的義務を生じさせない無効なものとして仮装する旨の通

謀があったものとは認めることはできない。他に右通謀虚偽表示による契約であることを認めるに足りる証拠はない。
　また、被控訴人は、本件各貸金についての担保物、その利息の支払及びその返済資金は甲野が用意することから、自己は経済的には事実上なんら負担もないものと考えていたこと、控訴人においても、本件各貸付金が実質的に被控訴人から甲野に迂回融資の形で交付され、甲野が株式投資資金等として使用するものであることを認識していたことは前記のとおりであるが、被控訴人は、本件各貸付契約上の法的な借主は自己であって、それによる法的義務は自己が負うことを認識していたものというべきであり、控訴人においては、終始一貫して本件各貸付における法的当事者は被控訴訴人であるとして手続処理していたのであるから、本件各貸付契約の締結に際して、それが最終的な経済目的として甲野に対する迂回融資のためにする目的があったとしても、本件各貸付契約締結行為自体につき被控訴人に心裡留保があり、控訴人がそれを了知していたとは認められず、右各契約は無効であるということはできない。」

●事案の特徴

　この事案は、銀行が総会屋と不明朗な関係の下、総会屋の手伝いをしていた者（事務補助者）に多額の融資をし、不明朗な関係が発覚した後、銀行が事務補助者に対して融資残額の返還を請求した事件である（第一審判決である前記の〔1―31〕東京地判平成11・10・25金判1082号42頁は、心裡留保による無効を肯定した）。

●判決の意義

　この判決は、通謀虚偽表示を否定し、契約の名義人（事務補助者）が総会屋への迂回融資であることを認識していたものの、融資契約上の法的な借主は自己であって、それによる法的義務は自己が負うことを認識していた等とし、最終的な経済目的が迂回融資であったとしても、心裡留保は認められないとし、心裡留保を否定したものであり、その旨の事例判断を提供するものである。

　なお、この判決は、前記の〔1―31〕東京地判平成11・10・25金判1082号42頁、〔1―32〕東京地判平成11・10・25判時1729号47頁、金判1082号48頁、後記の〔1―34〕東京高判平成12・5・24金判1095号18頁と同一の銀行、総会屋、事実関係の下で発生し、同一の争点が問題になった事件について、心

裡留保をめぐる法律問題につきそれぞれ異なる判断を示したものであり、裁判官の事実認定・判断のあり方、裁判のあり方の視点から興味深いところである。これらの一連の裁判例は、法的な安定性、判断内容の合理性等の観点から問題を提起するものであるが、実際に訴訟においては、地裁、高裁の個々の裁判官の事実認定・判断の姿勢等の諸事情が法律問題の判断、結論に重要な影響を与えることを踏まえつつ、訴訟に対応することが重要であることをも示している。

(1−34) 前記 (1−32) の控訴審判決であり、銀行の名義貸しの融資につき融資契約の成立が否定された事例［東京高判平成12・5・24金判1095号18頁］

●事案の概要●

前記の〔1−32〕東京地判平成11・10・25判時1729号47頁、金判1082号48頁の控訴審判決であり、Yが控訴したものである。この判決は、契約の成立を否定し、原判決を取り消し、請求を棄却した。

●判決内容

「(四) 以上認定したところによれば、本件融資は被控訴人と控訴人との間で行われたものではなく、被控訴人と一郎との間で行われたものと認めるのが相当である。
 すなわち、右認定の各事実によれば、確かに、第一回目の融資が行われるについては、控訴人が自ら銀行取引約定書及び約束手形に署名したことから（控訴人に真に債務負担の意思があったか否か、又、控訴人に真に責務負担の意思がなかったとして被控訴人がそのことを知り又は知り得べきであったか否かが問題となるとしても）、外形的には控訴人が債務者であると一応認めることができるが、しかし、本件融資については、前記認定のとおり、控訴人自身の署名がある文書としては、本件融資の日の前日付けの有価証券担保差入証書及び本件融資の当日付けの普通預金払戻請求書があるだけで、本件融資に係る約束手形に控訴人自身が署名した事実を認めるに足りる証拠がなく、控訴人が本件融資が行われたことを認識していたがどうか疑問を否定することができない。
 この点につき、被控訴人は、本件融資に係るすべての約束手形及び控訴人作成名義の書類には控訴人の実印が押印されているから、これらは控訴人の意思に基づい

117

て作成されたものであることが推定されるし、また、控訴人は、一郎に実印を預けるに際して、これが使用されて控訴人名義で被控訴人から融資がされることを認識し、かつ、了解していたのであり、この実印が本件融資に係る一連の書類に押印して使用されることにあらかじめ同意していたことは明らかである、さらに、株式会社Sの取締役及び株式会社R会の代表取締役である控訴人において一郎及び戊田が本件融資の書替えをしていたことを知らなかったはずはなく、これらの事実から、本件融資が控訴人の意思に基づきその了解の下に行われていたことは明らかであると主張する。確かに、前記認定の有価証券担保差入証書（甲3）、本件融資に係る普通預金払戻請求書（甲35）及び届出印変更届等（甲8ないし10）に自ら署名していること及び控訴人本人尋問の結果に照らせば、控訴人において控訴人名義で被控訴人から何らかの融資が行われていたことを認識していたことは認められるが、しかし、それを本件融資と特定した上で大まかにでもその具体的内容を認識していたかは疑問であり、また、控訴人がいわゆる専業主婦であって株式会社S及び株式会社R会の活動に全く関与していなかったことは前記認定のとおりであり（取締役又は代表取締役として登記されていることから、直ちに一郎の行っている活動に積極的に関与していると認めることはできず、他にこれを認めるに足りる証拠はない。）、本件融資の書替えを現実に知っていたことを窺わせるに足りる事情も見当たらない。そして、前記認定の事実によれば、被控訴人は、昭和63年3月当時、総会屋として活動していた一郎と良好な関係を保つために、一郎からの融資申入れを断ることができず、そうかといって、一郎に対して直接融資することは総会屋の活動に協力することがあまりに明白となってはばかられたため、実質的には一郎への融資であると認識しながら、その妻である控訴人の名義で融資をしたものであることが容易に推認することができるのであり、そうすると、被控訴人において真の債務者は一郎であって控訴人は単なる名義人にすぎず、控訴人には真に債務を負担する意思がないことを十分に認識していたものと認めれるから、このような場合にまで、控訴人の実印が押印されていることにより控訴人の実印の押印された本件融資に係る前記各書類が控訴人の意思に基づいて作成されたものであるとの推定を働かせるこは相当でないと認められ、右の推定は働かないというべきである。そして、他に本件融資が控訴人に対して行われたものであると認めるに足りる証拠はない。」

● 事案の特徴

この事案は、銀行が総会屋と不明朗な関係の下、総会屋の妻に多額の融資をし、不明朗な関係が発覚した後、銀行が総会屋の妻に対して融資残額の返還を請求した事件である（第一審判決である前記の〔1—32〕東京地判平成11・10・25判時1729号47頁、金判1082号48頁は、心裡留保等を否定した）。

●判決の意義

　この判決は、銀行の融資契約が総会屋の妻との間で締結されたものではなく、総会屋との間で締結されたものである等とし、名義貸しをした総会屋の妻との間の融資契約の成立を否定したものである。この判決は、第一審判決である前記の〔１―32〕東京地判平成11・10・25判時1729号47頁、金判1082号48頁と異なる法律問題を取り上げ、前記のとおり、総会屋の妻との間の融資契約の成立を否定したものであり、事例判断を提供するものであるが、いささか技巧にすぎるとの印象は否定できない（結論としては、心裡留保を肯定した場合同様の結果が得られる）。

〔１―35〕銀行の連帯保証の成りすましにつき民法110条の類推適用により成りすましをした者の責任が肯定された事例［大阪地判平成12・7・18金法1598号53頁］

●事案の概要●

　Ａは、Ｂ信用保証協会の保証を得て、銀行業を営むＸ株式会社（株式会社三和銀行）から融資を受けるに当たり、妻Ｙの代わりに妹ＣをＹのように振る舞わせ、連帯保証をさせたが、Ａが支払を怠ったため、ＸがＹに対して保証債務の履行を請求したものである。この判決は、Ｙの基本代理権（連帯保証をする権限）の付与を認めたうえ、民法110条の類推適用を肯定し、Ｙの責任を認め、請求を認容した。

●判決内容

　「以上からすれば、被告は、本件保証に先だって、太郎に対し本件基本代理権を授与したものであるところ、太郎に被告に代わりに被告本人として本件保証をするよう依頼された良子が、被告本人として本件保証をしたところ、原告が、良子を被告本人と誤信したことには正当な理由があるということになる。

　ところで、代理人が直接本人の名で権限外の行為をした場合に、相手方がその行為を本人自身の行為であると信じたことにつき正当理由がある場合には、民法110条を類推適用して本人がその責に任ずるものと解すべきところ、右の理は、代理人が

直接本人として権限外の行為をした場合に限らず第三者として本人をして行為することを依頼して行わせ、相手方が当該第三者の行為を本人自身の行為と信じ、それにつき正当理由がある場合にも、等しく適用されるというべきであって、このことは、代理人から依頼された復代理人が、代理人の指示で権限外の行為をした場合に民法110条が適用されるのと変わらないというべきである。」

●事案の特徴

この事案は、銀行から融資を受ける際、債務者が妻を連帯保証人とすることとし、妻の妹に妻のように振舞わせて連帯保証契約を締結させたところ（成りすましである）、債務者が弁済を怠ったため、銀行が妻に対して保証債務の履行を請求した事件である。この事案は、銀行の融資に当たって、債務者が妻を連帯保証人としたこと、妻の妹に依頼し、妻のように振舞わせ、連帯保証契約が締結されたこと、銀行が妻に対して保証債務の履行を請求したこと、妻の連帯保証契約の効力が問題になったこと、民法110条（権限外の行為の表見代理に関する規定である）の類推適用が主張されたこと（どのような内容の類推適用になるかは議論があろう）に特徴がある。

●判決の意義

この判決は、代理人が直接本人の名で権限外の行為をした場合に、相手方がその行為を本人自身の行為であると信じたことにつき正当理由がある場合には、民法110条を類推適用して本人がその責に任ずるものと解すべきであるとしたこと、この理は代理人が直接本人として行為することを依頼して行わせ、相手方が当該第三者の行為を本人自身の行為と信じ、それにつき正当理由がある場合にも、等しく適用されるとしたこと、代理人から依頼された復代理人が、代理人の指示で権限外の行為をした場合にも同様であるとしたこと、この事案では銀行が連帯保証契約の締結に当たって、前記の妻の妹が妻であると誤信したことには正当な理由があるとし、妻につき連帯保証が有効に成立したことを肯定したことに特徴がある。この判決は、民法110条の規定の類推適用につき新たな類型を認めるものであり、理論的に参考になるものであり、成りすましの場合につき表見代理による契約の効力を認めた事例判断としても参考になるものである。

〔1-36〕前記〔1-25〕の控訴審判決であり、銀行の名義貸しの融資につき民法93条但書の類推適用により名義貸人に融資の返還を求めることは許されないとされた事例［広島高岡山支判平成12・9・14金判1113号26頁］

●事案の概要●

前記の〔1-25〕岡山地判平成10・8・18金判1113号30頁の控訴審判決であり、Yらが控訴したものである。この判決は、Xが迂回融資に積極的に協力したものであり、民法93条但書の類推適用を肯定し、原判決を取り消し、請求を棄却した。

●判決内容

「三 以上の事実を前提にして、本件各消費貸借契約の借主及び抗弁について検討する。
1 控訴人らは、4月1日の融資及び4月30日の融資に係る各消費貸借契約の責務者は、いずれも訴外会社である旨主張する。
しかし、控訴人甲野は、平成3年2月25日、被控訴人との銀行取引約定書に署名押印しており、4月1日の融資は、右銀行取引約定に基づくものであること、4月1日の融資の際、控訴人甲野が額面1億5,000万円の手形を被控訴人に対し振り出し、これに基づいて、融資金が控訴人甲野の口座に借入金として入金されて貸付けがなされたこと、4月30日の融資の際は、控訴人会社において、被控訴人との銀行取引約定書に記名押印し、額面1億5,000万円の手形を被控訴人に対し振り出し、これに基づいて、融資金が控訴人会社の口座に借入金として入金されて貸付けがなされたことからすれば、4月1日の融資は控訴人甲野と被控訴人との間での合意に基づき、その間で融資金が交付されたものであり、また、4月30日の融資は控訴人会社と被控訴人との間での合意に基づき、その間で融資金が交付されたものであり、前者の借主は控訴人甲野、後者の借主は控訴人会社と認めるほかない。
2 しかしながら、前記二で認定し、説示したところによれば、4月1日の融資及び4月30日の融資は、いずれも訴外会社の資金繰りのためになされ、現実にも、融資金が右の控訴人らの口座に入金されると直ちに訴外会社の口座に振り込まれたものであり、同控訴人らは、右各融資について直接の利益を受けたわけではない。しかも、被控訴人岡山支店長であるHは、控訴人甲野及び丙山に対し、訴外会社に対する追加融資は困難であるが控訴人甲野、控訴人会社を借主名義人とするなら融資が実行できると提案し、その結果右各融資がなされたものである。そして、……に

よれば、H、控訴人甲野及び丙山の間では、右各融資金の返済は訴外会社がすることになっていたものと認めることができ、また、被控訴人は、右各融資の返済が滞ってからもしばらくの間は、右控訴人らに対しその返済を求めた様子は窺えない。要するに、右各融資は右の控訴人らの名義貸しによるいわゆる迂回融資であり、被控訴人は、右の名義貸しに積極的に協力したものということができる。

そうすると、右各融資について、被控訴人の控訴人甲野ないし控訴人会社に対する貸主たる地位は、法的保護に値しないというべきであるから、民法93条ただし書の類推適用により、被控訴人は、右控訴人らに対し、右各融資金の返還を求めることは許されないと解するのが相当である。

そして、控訴人甲野花子及び控訴人甲野は、それぞれ右各融資についての連帯保証人であるが、右の連帯保証債務は、借主名義人の返還債務を前提とするものであるから、被控訴人は、借主である前記控訴人らに対し右各融資金の返還を求めることが許されない以上、右の連帯保証債務の履行を求めることも許されないというべきである。」

●事案の特徴

この事案は、会社が銀行から多額の融資を受けていたところ、追加融資を申し込んだものの、追加融資を受けることができず、会社の顧問税理士らが会社らから依頼され、自己が融資を受け、会社の資金に提供し、貸金の返済が滞ったため、銀行が顧問税理士らに対して融資の返還等を請求した控訴審の事件である（第一審判決である前記の〔1―25〕岡山地判平成10・8・18金判1113号30頁は心裡留保を否定し、融資が有効であるとした）。

●判決の意義

この判決は、この事案の融資が迂回融資、名義貸しであることを認め、銀行が名義貸しに積極的に協力したものであり、融資の貸主である銀行は法的保護に値しないとし、民法93条但書の類推適用により、銀行は顧問税理士らに融資の返還を求めることは許されないとしたものであり、その旨の事例判断として参考になるものである。

〔1―37〕前記〔1―24〕の控訴審判決であり、銀行の質権実行が否定された事例［東京高判平成12・12・14判時1755号65頁、金法1621号33頁、金判1108号15頁］

●事案の概要●

前記の〔1―24〕東京地判平成10・1・23金判1053号37頁の控訴審判決であり、Z_1らが控訴したものである。この判決は、預金者がZ_1らであるとし、Yの質権の実行を否定し、原判決中、Z_1らの敗訴部分を取り消し、Z_1らの請求を認容した。

●判決内容

「2　預金者認定の判断基準
　預金者の認定については、自らの出捐によって自己の預金とする意思で銀行に対して自ら又は使者・代理人を通じて預金契約をした者が、預入行為者が出捐者から交付を受けた金銭を横領し自己の預金とする意図で預金をしたなどの特段の事情の認められない限り、当該預金の預金者であると解するのが相当である（最高裁昭和57年3月30日第三小法廷判決昭和54年(オ)第803号・昭和54年(オ)第1186号）。
　……
　以上によれば、本件各マンションの区分所有者団体は、本件定期預金について、自らの出捐によって、自己の預金とする意思で、『管理者』たる榮髙を代理人として銀行との間で預金契約をしたものであり、本件定期預金の預金者であると解される。
　したがって、本件定期預金1、2の預金者は、各マンションの区分所有者団体であり、本件定期預金2は、ルイマーブル乃木坂マンションの区分所有者団体が法人格を取得する前においては、団体を構成する区分所有者全員に合有的又は総有的に帰属し、団体が法人格を取得して管理組合法人となった後においては、管理組合法人たる参加人ルイマーブルに帰属しているものであり、本件定期預金1は、アルベルゴ御茶ノ水マンションの区分所有者団体が法人格を取得する前においては、団体を構成する区分所有者全員に合有的又は総有的に帰属し、団体が法人格を取得して管理組合法人となった後においては、管理組合法人たる参加人アルベルゴに帰属しているものと認められる。
二　本件質権実行についての民法478条の類推適用の可否について
1　本件定期預金の預金行為者は榮髙であり、預金名義は『株式会社榮髙』であり、預金証書及び印鑑は榮髙が保管していたものであるが、証拠……によれば、次の事実が認められる。

(一) 一審被告は、昭和51年ころ豊栄土地開発との取引を、昭和53年ころ榮高との取引を開始したが、その段階において、榮高に関する情報を入手しており、榮高が豊栄土地開発の建築、分譲したマンションの管理業務を行うことを主な目的として設立された同社の子会社であることを知っていた。

(二) 一審被告は、豊栄土地開発との間で同社の分譲マンションに関する提携ローン契約を締結し、ルイマーブル乃木坂マンションほかの購入者に対する融資を行ったが、その際、当該マンションの管理規約、管理委託契約書を入手した。右管理規約及び管理委託契約書には、前記一、1、(一)のとおり、榮高が『管理者』の地位にあること、各区分所有者は『管理者』である榮高に毎月管理費、修繕積立金を支払うこと等が明記されていた。

(三) 一審被告は、本件普通預金口座2の預入銀行として、また、各区分所有者との間で自動引落（振替）契約を締結した銀行として、本件普通預金口座2がルイマーブル乃木坂マンションの区分所有者が管理費等を送金支払するために開設された口座であることを知っていた。

(四) 榮高は、昭和58年2月14日、アルベルゴ御茶ノ水マンションの区分所有者からの管理費等を原資とする住友銀行神田支店の預金口座から合計800万円を送金して一審被告荻窪支店に榮高名義の定期預金口座（口座番号8666931―012）を開設する際、同マンションの預金であることを特定するために、口座名義を『株式会社榮高　御茶ノ水口』とした。

　右預金については、同日、一審被告の豊栄土地開発に対する債権を担保するため質権が設定され、平成3年2月25日、質権の解除を受けたうえ、他の4口のマンションの預金と一体化して大口預金とされ、これに質権が設定され、平成4年2月25日、質権の解除を受けたうえ、元の原資どおりの金額に従って5口に分割され、そのうちのアルベルゴ御茶ノ水マンションの管理費等を原資とする本件定期預金1に質権が設定された。

　このような質権の解除及び新たな設定を伴う定期預金の合体又は分割をするため、榮高は、一審被告に対し、その必要性を説明しているが、その説明の中にはこれらの預金が各マンションの管理費等を原資とする預金であることの説明が当然に含まれていた。

(五) 一審被告は、預入銀行として、前記一、1、(四)の預金の変遷を知り得る立場にあった。

(六) 一審被告は、榮高の決算書を毎年入手していた。前記一、1、(三)のとおり、第10期（昭和59年9月1日から昭和60年8月31日まで）までの榮高の決算報告書の貸借対照表においては、各マンションの管理費等を原資とする預金が榮高自身の預金とは区別されて各マンション名を付記して資産の部に計上される一方、各マンションの管理費預り金等が『マンション管理預り金』として負債の部に計上されていたが、第11期からは、これらの預金は資産の部に計上されなくなり、これらの

『マンション管理預り金』も負債の部に計上されなくなっていた。
　2　本件においては、金融機関である一審被告が、本件定期預金につき真実の預金者である区分所有者団体（参加人ら）と異なる榮高を預金者と認定して、榮高から質権の設定を受け、その後右質権実行として、被担保債権を自働債権とし本件定期預金債権を受働債権とする相殺をしたのであるが、この質権の実行が民法478条の類推適用により区分所有者団体（参加人ら）に対して効力を生ずるためには、右質権設定時において、榮高を預金者本人と認定するにつき金融機関として負担すべき相当の注意義務を尽くしたと認められることを要するものと解される（最高裁昭和59年2月23日第一小法廷判決・民集38巻3号445頁）。
　そして、前記1のとおり、一審被告は、本件質権設定当時、榮高が区分所有者団体の『管理者』として各マンションの管理費等を原資とする預金を管理していること及び本件定期預金がそうした預金であることを知っていたのであるから、本件定期預金につき、榮高より、右『管理者』の職務ではあり得ない豊栄土地開発のための質権設定を受けるに当たっては、本件定期預金の預金者を榮高と認定すべきか否かについて、単なる預金の払戻しの場合とは異なり、より慎重に判断すべき注意義務があったというべきである。
　しかし、一審被告は、前記1のとおり、当裁判所が本件定期預金の預金者は区分所有者団体（参加人ら）であると認定した根拠となっている事実のうち、榮高が毎年本件各マンションの区分所有者に配付していた管理費収支計算書の記載内容を除くその余の事実を知っていたにもかかわらず、榮高を預金者と認定したものであり、右認定に当たり金融機関として負担すべき相当の注意義務を尽くしたと認めることはできない。
　したがって、一審被告の本件質権実行に民法478条が類推適用されるとの抗弁は理由がない。
三　本件質権設定についての民法94条2項の類推適用の可否について
　本件においては、金融機関である一審被告が、本件定期預金につき真実の預金者である区分所有者団体（参加人ら）と異なる榮高を預金者と認定して、榮高から質権の設定を受けたものであるが、この質権設定が民法94条2項の類推適用により区分所有者団体（参加人ら）に対して効力を生ずるためには、右質権設定時において、榮高を預金者本人と認定するにつき金融機関として負担すべき相当の注意義務を尽くしたと認められることを要するものと解される。
　しかし、前記二のとおり、一審被告が右認定に当たり金融機関として負担する相当の注意義務を尽くしたと認めることはできないのであるから、その余の点を判断するまでもなく、一審被告の本件質権設定に民法94条2項が類推適用されるとの抗弁も理由がない。」

●**事案の特徴**

　この事案は、前記の〔1－24〕東京地判平成10・1・23金判1053号37頁の控訴審の事件であり、同様な特徴があるが、第一審判決の争点に加えて、民法478条、94条2項の規定の各類推適用の可否・当否も問題になったものである。

●**判決の意義**

　この判決は、マンションの管理業者が管理していた預金の出捐者が区分所有者の団体である管理組合であるとしたこと、預金債権が管理業者に属しないとしたこと、銀行の質権の実行の効力を否定したこと、民法478条、94条2項の規定の各類推適用を否定したことに特徴があり、前記の〔1－30〕東京高判平成11・8・31高民集52巻1号36頁、判時1684号39頁、金法1558号24頁と同様に、預金取引上常識的な判断を示したものであるとともに、マンションの管理実務に資する判断を明らかにしたものである。

〔1－38〕銀行、信用金庫の名義貸しの融資につき民法93条但書の類推適用により融資の返還を求めることが許されないとされた事例［東京地判平成17・3・25金判1223号29頁］

―●事案の概要●―

　A株式会社は、ゴルフ場の開発を行っていたところ、開発資金を調達しようとしたものの、取引実績、担保がなく、金融機関から融資を受けることが困難であり、銀行業を営むB株式会社（株式会社東京相和銀行）と取引関係のあったY_1株式会社の代表者Y_2にBからの融資につき借主になってほしい等に依頼し、Bの担当者等と協議をし、Y_1が融資を受け（Y_2、Y_3が連帯保証をした）、他方、ゴルフ場の開発を行っていたC株式会社のためにD信用金庫（小川信用金庫）の担当者とY_2にDからの融資につき借主になってほしい等と依頼し、Y_1が融資を受ける等したが、B、Dが経営破綻し、貸付債権をX株式会社（株式会社整理回収機構）に譲渡したことから、XがY_1に対して貸金の返還、Y_2ら

に対して保証債務の履行を請求したものである。この判決は、迂回融資であり、借主名義を借用したにすぎない等とし、民法93条但書を類推適用し、請求を棄却した。

●判決内容

「a　東京相和銀行銀座支店は、融資拡大のため、鹿島の杜ゴルフ場開発事業に融資したいと考えたが、事業主体の鹿島の杜カントリーに取引実績や担保がなく直接融資を実行できなかったので、上記事業の関係者らと相談し、被告鶴亀の名義を借用して、形式的には被告鶴亀に融資を行うが、その資金をすべて鹿島の杜カントリーが使用する方法で、実質的には、東京相和銀行が鹿島の杜カントリーに対し事業資金を融資するという迂回融資のしくみを考案し、W銀座支店長が、被告鶴亀代表者の被告一郎に対し、ゴルフ会員権売却代金で確実に返済するので、被告鶴亀が返済の責任を負うことはないと説明して、被告鶴亀の協力を求め、これに対し、被告一郎は、上記しくみを了解した上、被告鶴亀が返済責任を負わないもの理解して、この依頼に応じたものである。

b　上記イ㈠a、c、d、e、fの各迂回融資の内容、手続、返済期限の延長等は、鹿島の杜カントリーのH社長と東京相和銀行銀座支店の担当者らが鹿島の杜ゴルフ場のゴルフ会員権販売状況等の事情に合わせて決めたものであって、被告鶴亀代表者の被告一郎がこれに加わったことはなかった。また、上記イ㈤bの融資は、東京相和銀行銀座支店のG支店長が、被告鶴亀に対し、直接迂回融資を承諾するよう要請したものである。そして、各貸付金は、東京相和銀行から同銀行の被告鶴亀の普通預金口座を経由してすべて鹿島の杜カントリー等に送金され、鹿島の杜ゴルフ場開発事業資金等のために使用された。被告鶴亀は、融資金の通過点となっただけで、その一部を使用させてもらうとか、対価を受領するとかの利益は何も得ていなかったし、上記迂回融資以外には、鹿島の杜ゴルフ場事業に参画したり、その事業に協力したこともなかった。

c　東京相和銀行は、上記のゴルフ会員権販売状況等には強い関心を抱いていたが、他方、借主とされていた被告鶴亀については、その業績に注意を払ったり、貸付金の返済方法について協議を求めたりしたことはなく、また、その返済を迫ったり、担保の処分等の現実の弁済方法を検討するよう求めたこともなかった。その上、被告鶴亀の提供した担保は、上記貸付金の支払いを担保するに足りないものであったが、その追加を求めたこともなかった。

d　東京相和銀行銀座支店のT支店長は、鹿島の杜カントリーから貸付金一五億円の返済の申出を受けながら、銀座支店の融資取扱額の減少を危惧して、返済を思いとどまるよう要請し、その結果、これが返済されないこととなったが、本訴では、

原告は、上記貸付金の返済も請求している。
e　上記各貸付金が、鹿島の杜カントリーへの転貸資金であり、鹿島の杜ゴルフ場のゴルフ会員権売却代金により返済されるものであること等の事情は、審査常務会等にも明らかにされて決済が得られていたことからすると、上記迂回融資の仕組みは、銀座支店だけの認識ではなく、東京相和銀行の役員等も認識し、了解していたものとうかがわれる。
(イ)　上記の事実に照らすと、東京相和銀行は、本来は融資できない鹿島の杜カントリーに融資するため、迂回融資の仕組みを考案し、被告鶴亀にその協力を依頼したのであるから、単に被告鶴亀の借主名義を借用したにすぎず、被告鶴亀に返済を求める意思がなかったばかりか、被告鶴亀に対しても、返済を求めない旨を約していたのであり、他方、被告鶴亀も、返済義務がないものと信じてこれに協力し、それによって何らの利得も得ていないのである。そうすると、東京相和銀行が、被告鶴亀を借主とする上記(1)アないしエの各金銭消費貸借契約において、貸主としての保護を受けるに値しないことは明らかである。また、金銭消費貸借契約を締結しながら、返済を求めないという点において、東京相和銀行と被告鶴亀双方の意思が合致していることに鑑みれば、民法93条ただし書が類推適用されるものというべきである。

したがって、上記のような各貸付金債権を譲り受けた原告は、被告鶴亀に対しこれらの返還を求めることは許されないものというほかない。」

●事案の特徴

この事案は、ゴルフ場を開発する会社が銀行、信用金庫から融資を受けるに当たって取引実績、担保がなく、他の会社らに迂回融資（名義貸し）を依頼し、銀行らによって融資が行われたところ、銀行らが経営破綻し、融資債権が譲渡され、譲受人が名義貸人に対して融資の返還を請求した事件である。この事案は、ゴルフ場の開発を行っていた会社に資金需要があったこと、会社に銀行らとの間で取引実績、担保がなく、融資が実行できなかったこと、迂回融資（名義貸し）を他の会社に依頼したこと、名義貸しをした会社が融資を受けたこと、銀行らが経営破綻した後、銀行等が融資債権を整理回収機構に譲渡したこと、機構が名義貸しをした会社に融資の返還を請求したこと、名義貸しをした会社が民法93条但書の類推適用を主張したことに特徴がある。

●判決の意義

　この判決は、銀行はゴルフ場の開発会社に融資をするため迂回融資の仕組みを考案し、他の会社に名義貸しを依頼したこと等を認定し、融資契約を締結しながら、融資の返済を求めないことにつき双方の意思が合致していた等とし、民法93条但書の類推適用を肯定し、銀行らが名義貸人に融資の返還を請求することが許されないとしたものであり、その旨の事例判断として参考になるものである。なお、この判決は、迂回融資の経緯を明確に認定しており、迂回融資の実情の一端を窺わせる事例としても参考になる。

（１−39）信用金庫の連帯保証の錯誤が肯定された事例［東京高判平成17・8・10判時1907号42頁、判タ1194号159頁、金法1760号30頁、金判1226号15頁］

●事案の概要●

　Ｘ信用金庫（浜松信用金庫）は、Ａ信用保証協会の保証付でＢ有限会社に2500万円を融資することを検討し、Ｂの代表者Ｃが自宅しか不動産を有しない高齢のＹ（71歳）に融資を受けることによって経営を立て直すことができるなどと説得され、Ｘの担当者からも大丈夫である旨を伝えられ、Ｙが連帯保証、前記不動産の物上保証を承諾したことから、平成10年12月、ＸがＢに融資を実行したが（Ｙが連帯保証をし、抵当権を設定した）、平成11年4月、Ｂが手形不渡りを出し、銀行取引停止処分を受けたため、ＸがＹに対して保証債務の履行を請求したものである。第一審判決（静岡地浜松支判平成16・11・30（平成12年(ワ)第454号））は、錯誤による無効を否定し、請求を認容したため、Ｙが控訴したものである。この判決は、Ｂが平成9年9月から高利のシステム金融からの借入れを繰り返すようになっており、2500万円の融資を受けても倒産必至の状態であった等とし、本件連帯保証には動機の錯誤があり、動機が表示されていたとし、錯誤による無効を認め、原判決を取り消し、請

> 求を棄却した。

● **判決内容**

「イ 控訴人の錯誤について

　上記のとおり、訴外会社は、本件融資が検討されていた時点において、ノンバンクだけでなくシステム金融に多額の債務があって事実上破綻状態にあり、必要な返済資金に満たない融資では早期の倒産が不可避で、被控訴人は、訴外会社からの本件融資の資金回収は不可能だったのであるから、本件保証契約締結の時点で、既に控訴人が現実に保証債務の履行の責を負うことはほぼ確実な状況であった。

　そして、融資の時点で当該融資を受けても短期間に倒産に至るような破綻状態にある債務者のために、物的担保を提供したり連帯保証債務を負担しようとする者は存在しないと考えるのが経験則であるところ、控訴人は、本件保証契約の締結の意思を確認された当時71歳の高齢で、子もなく2500万円の支払能力はなかったのであるから、もし控訴人が訴外会社の経営状態について上記のような破綻状態にあり現実に保証債務の履行をしなければならない可能性が高いことを知っていたならば、唯一の土地建物を担保提供してまで保証する意思はなかったものと認めるのが相当である。

　したがって、控訴人は、訴外会社の経営状態が上記のような破綻状態にあるものとは全く認識せずに被本件保証契約の締結に応じたものというべきであり、本件保証契約にはその動機に錯誤があったことは明らかである。

ウ　動機の表示について

(ｱ)　上記のとおり、およそ融資の時点で破綻状態にある債務者のために保証人になろうとする者は存在しないというべきであるから、保証契約の時点で主債務者がこのような意味での破綻状態にないことは、保証しようとする者の動機として、一般に、黙示的に表示されているものと解するのが相当である。

　加えて、控訴人は、何ら訴外会社と取引関係のない情義的な保証人であり、高齢かつ病弱で、担保提供した自宅が唯一の財産であるというのであり、このことは被控訴人においてその調査により認識していたものである。さらに、前記認定のとおり、控訴人は、松夫及び竹子から保証人となることを懇請されても容易に承諾せず、丁原次長が保証意思の確認のために控訴人宅を訪問した際にも保証することに同意せず、最後に松夫及び竹子に伴われて篠原支店に行き、丁原次長から訴外会社の経営状態について説明されても十分に理解できなかったため、端的に、丁原次長に対し『この会社大丈夫ですか』と確認したところ、丁原次長から『大丈夫です』との返答があったので、これを信じて、本件融資について保証することを決断したのであるから、訴外会社が破綻状態にはないことを信じて保証するのだという上記の動機が表示されていることは明らかというべきである。

(イ) そして、前記認定のとおり、丁原次長は、訴外会社から第27期の決算報告書及び確定申告書を提出させており、これによれば、訴外会社の支払利息は、前期末に比べて約2倍となり、平成10年6月には、訴外会社が資金繰りのためにシステム金融に振出交付した疑いの強い小切手があることを認識し、さらに、本件融資の実行の約1か月前にも、同様の疑いのある小切手が存在することを把握していたのであるから、後記のような篠原支店内で把握できる調査により、訴外会社にノンバンク以外の高利の金融業者からの借入金債務があることを認識することができたものというべきである。ところが、丁原次長は、篠原支店に開設された訴外会社の当座勘定口座の小切手の決済状況を調査しようともしなかった。

　このように被控訴人は、本件融資にいたる過程において、訴外会社に高利金融業者から多額の借入金があることを疑う機会が複数回あり、かつ、その調査も容易であって、訴外会社が破綻状態にあることを知り得たのに、あえてその調査を行わないまま、信用保証協会から、2500万円に保証額が減額された上、松夫及び竹子以外の物上保証及び保証人の保証を付けることを求められて、控訴人に対し、上記のような説明をして本件保証契約を締結したのであるから、本件保証契約が錯誤により無効とされてもやむを得ないものというべきである。

(ウ) これに対して、被控訴人は、控訴人が、丁原次長の前で松夫に対し『訴外会社がどうかなったときには、家屋敷を売らなければならなくなるし、足りないときには自分が返済していかなければならなくなる。家屋敷がなくなってもいいつもりで保証人となるので、死んだつもりになってやってもらわないといけない。そういうことにならないように頑張ってもらわないといけない。是非頼みます』と発言したと主張し、証人丁原はこれに沿う供述をする。控訴人本人はこれを否定するが、仮に上記のような控訴人の発言があったとしても、それは、上記の経緯の下において控訴人が抱いていた訴外会社の経営状態に対する一抹の不安を解消したいために、確認の意味で述べたものと認められるのであり、この発言をとらえて、控訴人においては、訴外会社が本件融資の時点で破綻した状態にあっても責任を負うという意思があったとは認めることができない。」

　判例評釈として、平野裕之・判タ1194号100頁がある。

● **事案の特徴**

　この事案は、高齢者が信用保証協会の保証付で信用金庫から融資を受けようとする会社の代表者から説得され、信用金庫の担当者からも大丈夫である旨を伝えられ、連帯保証、物上保証をしたところ、会社が銀行取引停止処分を受け、信用金庫から保証債務の履行を請求されたことから、要素の錯誤による連帯保証契約の無効を主張した控訴審の事件である（第一審判決は錯誤

無効を否定したものである)。この事案は、信用金庫の融資に当たって高齢者の連帯保証、物上保証が問題になったこと、高齢者が融資を受ける会社の代表者から保証等を説得されたこと、信用金庫の担当者から大丈夫である旨を伝えられたこと、融資後会社が手形不渡りを出し、銀行取引停止処分を受けたこと(融資の時点において債権回収が不可能であったこと)、連帯保証、物上保証の錯誤無効が問題になったことに特徴がある。

●判決の意義

　この判決は、融資の時点において当該融資を受けても短期間に倒産に至るような破綻状態にある債務者のために物的担保を提供したり連帯保証債務を負担しようとする者は存在しないと考えるのが経験則であるとしたこと、この事案の高齢者は、融資を受ける会社が破綻状態にあり、現実に保証債務の履行をしなければならない可能性が高いことを知っていたならば、唯一の土地建物を担保提供してまで保証する意思はなかったものと認めるのが相当であるとし、動機の錯誤を認めたこと、動機が表示されていたとしたこと、信用金庫の審査が不十分である等とし、錯誤無効を認めたことに特徴があり、連帯保証、物上保証の動機の錯誤による無効を認めた重要な事例判断として参考になるものである。この事案の信用金庫による連帯保証契約の交渉、締結は極めて杜撰であるというほかないものであり、この判決は、動機の錯誤による連帯保証契約の無効を認めることによって、信用金庫の厳格な責任を肯定したものとして参考になる。

〔1－40〕銀行の担保株式の処分につき公序良俗違反、信義則違反が否定された事例［東京地判平成20・4・21金法1842号115頁］

●事案の概要●

　X有限会社の代表者Aが米国の銀行Y₁(シティバンク・エヌ・エイ)と銀行取引約定を締結し、取引を行い、Xは、Aの貸金債務の担保として株式をY₁に差し入れていたところ(融資残高から貸付可能金額を差し引いた金額がマージン(担保物の評価額から貸付可能金額を差し引いた金

額）の一定の割合になったときは追加担保を提供するか、一部弁済を行い、これをしないときは、いつでも担保物を処分して弁済するか、弁済に代えて取得することができる旨の特約があった）、AとY₁は、平成14年4月、従来の融資を一本にまとめ93億円の金銭消費貸借契約を締結したが、Y₁が同年10月以降、前記株式を数回にわたって売却処分し、債務の弁済に充当したため、XがY₁に対してY₁が預託の趣旨に従い善良な管理者の注意義務をもって保管継続義務に違反し、無断で売却したなどと主張し、債務不履行に基づき株式の価額相当額の一部50億円につき損害賠償を請求し、銀行業を営むY₂株式会社（シティバンク銀行株式会社）がY₁から権利義務を承継し、訴訟を引き受け、Y₁が訴訟から脱退したものである。この判決は、前記特約が公序良俗に反せず、有効であるとし、特約に基づく売却処分が信義則、公序良俗に反しないとし、請求を棄却した。

● **判決内容**

「8　争点7（脱退被告による本件各担保処分は信義則ないし公序良俗に反するか否か）について
(1)　原告は、本件のような一時的な株価下落にすぎない状況下において本件担保差入証書3条に基づく権利行使をすることは、武田及び原告の責めに帰すべき事由がないことに比して、原告に甚大な被害をもたらす結果となるものであり、著しく信義に反し、あるいは公序良俗に違反する行為である旨主張する。
(2)ア　そこで検討するに、確かに、前記認定事実(4)イ、(5)のとおり、原告は、本件貸金債務の履行については何ら遅滞に陥ってないこと、本件各担保処分の後アドバンテスト株式の株価は上昇を続け、本件担保処分2の約1年後には株価は約2倍に上昇していたことからすれば、原告がアドバンテスト株式を本件担保処分2の時点で処分する必要がなかったと考えて不満を抱くのも理解できないわけではない。

　しかしながら、株式は土地等の不動産に比べて一般にその価値が短期間に大きく変動することがないわけではないから、金融機関が株式を担保として融資を行う場合、金融機関として、担保株式の価値が下落して債権回収が図れなくなるリスクを回避するため、担保株式の価値が一定程度下落した時点で担保処分を行い、貸金債務の弁済に充当することができるようにしておくことが許されないものとはいえない。

また、担保処分後に当該担保株式の株価が上昇するか下落するかは、担保処分の時点では不確実で予測困難なものであり、仮に担保処分をせずその後担保株式の株価が下落し続けた上債務者による債務の弁済が困難になる状況に至るようなことがあれば、かえって脱退被告は多大な損害を被ることになるのである。
　そうだとすれば、脱退被告が、担保株式の価値が一定程度下落した時点で当該担保株式を処分し、債務の弁済に充当することができる旨の本件担保差入証書3条の合意及びこれに基づく本件各担保処分が信義則ないし公序良俗に反するものであるとは認められない。
　イ　原告は、本件担保差入証書3条に基づく本件各担保処分が信義則ないし公序良俗に反することを基礎づける事情として、脱退被告は武田との取引において多額の収益を計上していたこと、脱退被告が武田の返済の申入れを拒絶した結果本件貸金債務が残されたこと、アドバンテスト株式が一時的な下落があっても、長期の移動平均で見る限り十分な価値のある担保であったこと、アドバンテスト株式は一時的な下落が生じる可能性がある担保であること、原告は脱退被告に対し安易な処分により過酷な課税が発生するリスクがあることを事前告知していたこと、原告が脱退被告からの増担保の要請に応じていたこと等縷々主張するけれども、いずれも、本件各担保処分が信義則ないし公序良俗に反することを基礎づける事情となるものではなく、要するに本件各担保処分後にアドバンテスト株式の株価が上昇したことから生じた不満を述べるにすぎず、上記認定を左右するに至らない。」

●事案の特徴
　この事案は、会社が外国の銀行に株式を担保として提供し、融資残高から貸付可能金額を差し引いた金額がマージン（担保物の評価額から貸付可能金額を差し引いた金額）の一定の割合になったときは追加担保を提供するか、一部弁済を行い、これをしないときは、いつでも担保物を処分して弁済するか、弁済に代えて取得することができる旨の特約で銀行から多額の融資を受けていたところ、銀行が本件特約に基づき担保に係る株式を数回売却し、債務の弁済に充当したため、会社が銀行に対して預託の趣旨に従い善良な管理者の注意義務をもって保管継続義務に違反した債務不履行に基づき損害賠償を請求した事件である（事件の背景には、銀行による株式の売却処分後、担保に係る株式の株価が上昇したことから、売却時期等に対する不満があったようである）。この事案は、銀行による融資に当たって株式が担保に提供されたこと、提供された担保につき融資残高から貸付可能金額を差し引いた金額がマージ

ン（担保物の評価額から貸付可能金額を差し引いた金額）の一定の割合になったときは追加担保を提供するか、一部弁済を行い、これをしないときは、いつでも担保物を処分して弁済するか、弁済に代えて取得することができる旨の特約（本件特約）が締結され、その効力が問題になったこと、銀行が本件特約に基づき担保に係る株式を売却処分したこと、銀行の売却処分が預託の趣旨に従い善良な管理者の注意義務をもって保管継続義務に違反したかが問題になったこと、本件特約、銀行の売却処分が信義則に反するか、公序良俗に反するかが問題になったこと、銀行の債務不履行責任が問題になったことに特徴がある。

● 判決の意義

この判決は、本件特約、株式の売却処分が信義則に違反せず、公序良俗に違反しない等とし、銀行の債務不履行責任を否定したものであり、事例判断を提供するものである。

〔1−41〕銀行の預金払戻しの拒絶、預金の相殺につき不法行為責任が否定された事例［東京地判平成20・8・1金法1875号81頁］

● 事案の概要 ●

X株式会社は、銀行業を営むY株式会社（掲載された判決上、銀行名は不明）に普通預金口座を開設し、預金を有していたところ、Xは、平成18年10月、Yから2000万円の融資を受け、分割弁済を続けていたが、A株式会社とXとは、Xの経理業務をAの担当者が兼務し、本店所在地は同一であり、Xの商号にはAの商号が利用され、取引上も密接な関係があったところ、Aは、平成20年1月、負債1億9597万円を抱えて民事再生手続開始の申立てをしたため、Yは、本件預金口座に係る預金を凍結し、その後、期限の利益を喪失したとし、貸金債権と相殺したことから、XはYに対して預金の凍結が違法であると主張し、不法行為に基づき損害賠償を請求したものである。この判決は、貸付契約上の利益喪失条項に該当し、Yは期限の利益を請求することができたと

いうべきであり、相殺が有効であり、損害が生じていない等とし、請求を棄却した。

● **判決内容**

「1　第2の1の争いのない事実のとおり、原告は、平成19年10月31日時点での原告の資産合計2億2745万1988円には、原告のA社に対する債権1億2153万2000円が含まれており、これは平成20年1月10日時点でも同じであり、また、平成19年10月31日時点での原告の負債額は1億9597万1537円であり、平成20年1月10日時点でも同様であるから、平成20年1月10日の時点で、A社の再生手続開始の申立てにより、原告のA社に対する債権の回収が不能となり、原告が債務超過に陥るおそれが相当あり、しかも、原告の商号には、A社の商号が使用され、原告の経理業務をA社の経理担当者が兼任して行っていたし、原告とA社の本店所在地が同じであったのであるから、原告の取引先にとって原告がA社と強い関連会社であると判断して原告との取引を差し控えることが容易に想定されるのであるから、被告が原告が連鎖倒産する恐れがあると判断するのは相当であり、本件貸付契約4条2項5号所定の『債権保全を必要とする相当の事由が生じたとき』が具備されたものというべきであり、被告は、期限の利益の喪失の請求をすることができたというべきである。したがって、仮に、被告が原告に対して本件貸付債権につき期限の利益の喪失を請求していないにもかかわらず、本件口座に係る預金を凍結してその払戻しを拒絶したとしても、その後、被告は、原告に対し、本件貸付債権につき期限の利益の喪失の請求をし、本件貸付債権を自働債権、本件口座に係る預金債権を受働債権として対当額で相殺するとの意思表示をしたのであり、これらの行為はいずれも有効であるから、被告に本件口座に係る預金債権相当額の損害が生じたということができないことは明らかである。のみならず、原告がした上記期限の利益の喪失の請求及び相殺の意思表示が無効であった場合、原告は、本件口座に係る預金債権を失っていないのであるから、いずれにしても、原告に上記預金債権相当額の損害が生じたということができないことは明らかである（なお、当裁判所は、原告に対して損害の主張について訴状段階で確認したものである。）。」

● **事案の特徴**

この事案は、会社が銀行に普通預金口座を開設し、預金をし、銀行から融資を受けていたところ、会社の関連会社が民事再生手続開始決定の申立てをしたことから、銀行が預金口座を凍結し、期限の利益が喪失したものとして預金債権と融資債権を相殺したため、会社が銀行に対して不法行為に基づき

損害賠償を請求した事件である。この事案は、銀行が会社に融資をしたこと、会社が預金口座を銀行に開設し、預金をしたこと（担保としての機能をもつことになる）、銀行が債権回収の前提として行った預金払戻拒絶措置（預金口座の凍結）の違法性が問題になったこと、会社の関連会社が民事再生手続開始の申立てをしたことから、銀行が貸付契約上の「債権保全を必要とする相当の事由が生じたとき」に該当するとし、期限の利益を失ったと判断したこと、銀行が預金債権と融資債権を相殺したこと、銀行の預金凍結等につき不法行為責任が問題になったことに特徴がある。

●**判決の意義**

　この判決は、銀行が会社につき連鎖倒産するおそれがあると判断するのは相当であり、貸付契約所定の「債権保全を必要とする相当の事由が生じたとき」が具備されたとしたこと、銀行の期限の利益喪失の請求、相殺が有効であるとしたこと、会社には預金債権相当額の損害が生じたとはいえないとしたことを判示し、銀行の不法行為を否定したものであり、その旨の事例判断を提供するものである。この事案では、会社の関連会社が民事再生手続開始決定の申立てをしたことが貸付契約上の期限の利益喪失条項である「債権保全を必要とする相当の事由が生じたとき」に該当するかどうかが重要な問題になったものであり、この判決の認定、判断には議論もあろう（関連会社との関係の認定、期限の利益喪失条項の該当性が比較的安易に判断されているとの批判があろう）。この判決の合理性は、前記の規定の解釈とこの規定の該当性の判断によることになるが、事案によってはこの判決と異なる判断もあり得るものである。特に貸付契約等における期限の利益の喪失条項による期限の利益の喪失の判断は、契約の当事者（債務者）にとって重大な影響を及ぼすものであり（期限の利益の喪失を喪失したとの判断は、当該契約のみならず、他の契約についても、その契約の条項によっては期限の利益の喪失をも誘発するものであって、その影響が広範囲に及ぶことがある）、その前提となる事実関係の認定、条項の該当性の判断は相当に慎重に行うことが必要である。控訴審判決につき〔1―42〕参照。

〔1－42〕前記〔1－41〕の控訴審判決であり、銀行の預金払戻拒絶、預金の相殺につき不法行為責任が否定された事例〔東京高判平成21・4・23金法1875号76頁〕

●事案の概要●

前記の〔1－41〕東京地判平成20・8・1金法1875号81頁の控訴審判決であり、Xが控訴したものである。この判決は、貸付契約上の債権保全を必要とする相当の事由が生じ、期限の利益を請求することができ、この旨を告げ、払戻拒絶措置をとるに止める等したことは合理的な措置である等とし、不法行為を否定し、控訴を棄却した。

●判決内容

「本件事実関係によれば、A社は、控訴人の発行済株式の総数200株中40株を所有する主要株主であり、A社と控訴人は強い資本関係にあること、控訴人は、その商号中に『A社』の文言を使用し、その本店所在地はA社の本店所在地と同じであり、その経理業務はA社のT部長が代行しており、控訴人の主な事業目的である書籍・雑誌の企画編集及び制作等の業務は、A社の営む出版業に関連する業務であること、平成19年10月31日現在の控訴人の資産負債状況……をみると、資産合計は2億2466万円7194円、流動資産合計は1億9793万0759円であり、そのうちA社に対する貸付金債権は短期貸付金1億2400万円の大部分を占め、負債総額は1億9597万1537円であり、A社は控訴人の大口かつ重要な取引先であると認められることなどからすると、控訴人とA社は、事業上極めて密接な関係があるものと認められる。また、本件事実関係によれば、A社は、平成20年1月9日民事再生手続開始の申立てをしたこと、その時点における控訴人のA社に対する貸付金債権は1億2153万2000円であったこと、同月10日被控訴人のM次長と控訴人のT部長が面談した際、M次長がA社の上記申立てにより控訴人について債権保全の必要性が生じ、本件貸付契約上の期限の利益損失事由に該当し、そのため、本件払戻拒絶措置を取ることとし、控訴人から追加担保の提供等の提案がない限り上記措置を解除することはできないと述べたのに対し、T部長は、控訴人の事業継続の見通しや追加担保の提供等について具体的な説明なり提案をすることができず、その後も、控訴人から具体的な提案等がなかったことが認められる。

以上によれば、同月10日以降、控訴人については、大口かつ重要な取引先であって事業上極めて密接な関係があるA社が上記申立てをしたことにより、控訴人のA社に対する貸付金債権の大部分が回収不能となる可能性が高くなり、そのため、控

訴人は、実質上の債務超過に陥り、また、今後の事業の継続が困難になったものであり、これに加えて、控訴人は、本件貸付債権について追加担保を提供することができなかったものであるから、控訴人について本件貸付契約第4条2項5号にいう債権保全を必要とする相当の事由が生じたものというべきである。

そうすると、被控訴人は、控訴人に対し、同月10日時点において本件貸付契約第4条2項に基づく請求をすることができたものであるが、前記のとおり、この時点においては請求喪失事由に該当することを告げるとともに本件払戻拒絶措置を取るに止め、その後、同年2月1日到達の本件通知書の送付に至ったものであるところ、このような被控訴人の対応は、預金債権を上回る貸付金債務を負う控訴人に対し、被控訴人からの相殺による債権債務の決済の余地を残しつつ、具体的な事業計画等の提示や追加担保の提供等の請求喪失事由を解消する措置を取るための猶予期間を与えたものということができる。

そして、前記認定のとおり、控訴人は、上記の請求喪失事由を解消する措置を取ることができず、その結果、被控訴人は、同年2月1日到達の本件通知書による請求により本件貸付契約に基づく控訴人の債務について期限の利益を喪失させた上、同月7日付け相殺通知書により本件貸付契約に基づく残債権の一部を自働債権とし、本件口座の預金残高等を受働債権として対当額で相殺の意思表示をするに至ったものであり、以上のような被控訴人による期限の利益喪失の請求、相殺等の措置に至る経緯に照らせば、本件払戻拒絶措置は、上記期間内において銀行が取った合理的な措置であるということができ、これを目して違法なものということはできず、控訴人の前記主張は理由がない。」

●判決の意義

この判決は、前記の〔1—41〕東京地判平成20・8・1金法1875号81頁の控訴審の事件について、銀行の不法行為を否定したものである。この判決は、第一審判決と比較すると、会社と関連会社との関係をより詳細に検討したうえ、預金の払戻拒絶措置の前における銀行と会社との交渉の経過も併せて考慮し、貸付契約所定の期限の利益喪失条項（債権保全を必要とする相当の事由が生じたこと）に該当するとし、銀行が期限の利益喪失の請求の前に、預金払戻拒絶措置をとり、会社に猶予を与えたこと等を認定し、預金払戻拒絶措置が銀行として合理的な措置であったとし、銀行の不法行為を否定したものである。

この判決は、第一審判決と比較すると、前記の期限の利益喪失条項の解釈、該当性の判断がより慎重であり、事例判断として参考になるものであ

る。

(1−43) 銀行の預金凍結につき不法行為責任が否定された事例［岡山地判平成21・7・31金判1393号62頁］

●事案の概要●

X有限会社は、4回のうち3回はB県信用保証協会、うち1回はC株式会社の各保証を得て、銀行業を営むY株式会社（株式会社中国銀行）から4回にわたり融資を受け（借主が債務の一部でも履行を遅滞した場合で、債権保全を相当とする事由があるときは、Yの請求により、一切の債務の期限の利益を失う旨の条項があった）、Dは全部の融資につき、Eは一部の融資につき連帯保証をしたところ、XがBの保証付の3口の約定の分割支払を怠ったことから、YがX、DがYに有していた預金を凍結し（1回目の凍結。この場合には、Yは、前記条項に基づき期限の利益を喪失させる意思表示をしなかった）、その後、Yが期限の利益の喪失を通知し、X、DがYに有する預金を凍結したため（2回目の凍結。Yは、その後、各預金につき相殺した）、XがYに対して不法行為に基づき損害賠償を請求したものである。この判決は、本件預金の各凍結につき正当な理由がないとか、正当化できないとしたものの、精神的苦痛を与えたとはいえないとし、不法行為を否定し、請求を棄却した。

●判決内容

「(2) 被告は、第1回目及び第2回目の各口座凍結行為について、上記のとおり合意に基づくものである旨を主張し、正当な理由があったと主張しているので検討する。

まず、証拠（乙2、3）によると、被告と本件協会との間では、被告は常に被保証債権の保全に必要な注意をなし、債務履行を困難とする事実を予見し、又は認知したときは、遅滞なく本件協会に通知し、かつ適当な措置を講じるものとするとの約定が締結されることが認められ、同約定に関し、遅くとも平成16年4月ころまでに、被告と本件協会との間で、具体的には利息又は元本の支払いが延滞して3か月を経過したとき（月賦返済の場合は3回延滞したとき）は被告は本件協会に対し、

事故報告書を作成して提出すること、また、事故発生後、預金の払戻（連帯保証人の預金を含む）等を行う場合は必ず事前に本件協会と協議することが取り決められていることが認められる。そして、この協議前に預金の払戻がされると、協議が無意味となるとはいえるものの、被告と本件協会との間で、事故発生後、被告が口座凍結による預金の拘束を行うことが予定されているとまでは本件証拠上、直ちに認めることはできない。

　また、本件各貸付に対しては、全て本件協会の信用保証がされているところ、原告は本件各貸付の主債務者であるから、本件各貸付の際、本件協会との間で原告が委託者となって信用保証委託契約を締結しているものと推認することができ、証拠（乙4）及び弁論の全趣旨によると、原告と本件協会は、同協会に対する信用保証委託契約において、金融機関と同協会との間の取り決めに基づいて行われるものとすることについて確約する旨の合意をしていることは認められる。しかしながら、ここでいう取り決めの内容について契約書上は明確にされておらず、原告と本件協会との間で、信用保証委託後に事故が発生した際の口座凍結に関する被告と本件協会の上記取り決めまで含むものとして、合意が成立していると認められるかについては疑問が残る。以上のことからすると、本件証拠のみでは被告の主張するように、被告の口座凍結が原告と本件協会間の合意に基づくものであるとは認めるには至らないから、本件証拠のみでは口座凍結行為について正当な理由があるということもできない。

　他方、原告は、第1回目の口座凍結について、被告従業員が原告が特定調停の申立をしたことを法的措置と勘違いして行ったものである旨の主張をするが、その事実を認めることのできる証拠は存在しない。

(3)　しかしながら、原告の損害の発生について、第1回目の口座凍結においては、凍結された原告の口座に預金残高は存在せず、また、口座凍結期間も短期間である。そうすると、仮に被告の口座凍結行為が違法であるとしても、原告には預金債権の拘束による直接的な財産的損害は生じていないのであって、それにもかかわらず、金銭の支払いをもって慰謝させるほどの精神的苦痛を原告に与えたと認めることのできる的確な証拠が存在しないから、結局のところ被告又は被告の従業員による不法行為が成立するとはいえない。

(4)　また、第2回目の口座凍結について、口座凍結時には第1回目の口座凍結と異なって原告は期限の利益を喪失しており、債権保全を必要とする事態が生じていると認められるが、そのような事態が生じているからといって、被告は、債権保全のため法的根拠又は合意に基づかない措置を含め、どのような措置も取り得るというものではなく、被告による口座凍結について、債権保全を必要とする事態が生じていることを理由として直ちに正当化できるものではない。

　しかしながら、原告の損害の発生について、第2回目の口座凍結後、被告による相殺が実行されていることからして、同口座凍結行為は被告による相殺の準備目的

141

も含んでいたものと認められる。このように口座凍結行為が期限の利益喪失後に相殺の準備目的も含めて行われる場合には、口座凍結時の預金債権はもちろんのこと、口座凍結後に発生した預金債権も発生時点で、被告による相殺の対象となり得ることが確定するのであるから、それらの預金債権を拘束しても原告に財産的損害が生じたとみることはできない。それにもかかわらず、金銭の支払いをもって慰謝させるほどの精神的苦痛を原告に与えたと認めることのできる的確な証拠は存在しないから、仮に被告の口座凍結行為が違法であるとしても、結局のところ被告又は被告の従業員による不法行為が成立するとはいえない。」

● **事案の特徴**

　この事案は、銀行が会社に融資をしていたところ、会社が分割支払を怠ったことから、債務者、連帯保証人の各預金を凍結したため、会社が銀行に対して不法行為に基づき損害賠償を請求した事件である。この事案は、銀行が保証協会等の保証を得て会社に融資をしたこと、銀行の請求による期限の利益の喪失条項（特約）があったこと、会社が分割支払を怠ったこと、銀行が期限の利益を喪失させる請求の前後2回にわたり会社、連帯保証人の各預金を凍結したこと、会社が銀行に対して不法行為責任を追及したことに特徴がある（なお、この事案では、銀行において預金凍結の措置に踏み切った判断の説明が混乱しているようである）。

● **判決の意義**

　この判決は、1回目の凍結も、2回目の凍結も正当化できるものではないとしたものの、1回目の凍結については、口座に預金残高は存在しなかったこと、口座凍結期間も短期間であることを理由に、損害（慰謝料）が発生していないことを理由に不法行為を否定したこと、2回目の凍結については、相殺の準備として行われたこと、精神的苦痛を与えたとの証拠がないことを理由に不法行為を否定したものである。この判決の理由は、あれこれの事情を指摘するものではあっても、必ずしも明らかではなく、不法行為を否定しようとの姿勢が先立った内容である。この判決は、損害（慰謝料）の発生がないか、証拠上認められないことを理由に不法行為を否定するもののようであるが、銀行が会社の預金口座を凍結することは、会社の信用に重大な影響

を与えるものであるから、銀行の預金が法的な根拠もなく凍結されることは、原則として信用毀損、営業上の損害が発生するものである。この判決の結論には賛否の議論があろうが、少なくともその論理には疑問が多い。特に１回目の預金凍結については、銀行は、期限の利益の喪失条項に従った手続も経ていないものであり、権利の行使に関する過誤が窺われるものである。控訴審判決につき〔１—44〕参照。

〔１—44〕前記〔１—43〕の控訴審判決であり、銀行の預金凍結につき不法行為責任が肯定された事例［広島高岡山支判平成22・３・26金判1393号60頁］

●事案の概要●

前記の〔１—43〕岡山地判平成21・７・31金判1393号62頁の控訴審判決であり、Ｘが控訴したものである。この判決は、１回目の凍結は期限の利益を喪失していない時点のものであり、これを正当化する事由が認められないとし、不法行為を認め、２回目の凍結は相殺できる状況にあり、その後相殺がされたものであるとし、不法行為を否定し、原判決を変更し、請求を認容した（なお、その後、Ｙが上告、上告受理を申し立てたが、最高裁が上告を棄却し、不受理を決定した）。

●判決内容

「１　第１回目の口座凍結の時点においては、いまだ控訴人が本件各貸付の期限の利益を失っていなかったことは被控訴人も自認するところであり、被控訴人は、被控訴人が本件協会に対して負う、事故発生後の債務者（連帯保証人を含む。）による預金払出しに際しての協議義務が、第１回目の口座凍結を正当化する旨を主張する。

しかしながら、被控訴人が本件協会に対して負っているのは協議義務に止まり、債務者及び連帯保証人の預金口座を凍結すべき義務まで負っているわけではないから、上記協議義務が第１回目の口座凍結を直ちに正当化するものとは認め難く、他にこれを正当化し得る事由を認めるに足りる証拠もないから、結局、第１回目の口座凍結は正当事由を欠くといわざるを得ない。

それにもかかわらず、被控訴人は、前記第２の２(7)のとおり、第１回目の口座凍

結の際、被凍結口座の名義人らに対して、本件協会から代位弁済を受けるために預金口座を凍結した旨を通知しており、同通知内容は、銀行である被控訴人が、控訴人が経済的に破綻したと判断し、本件各貸付債権の回収措置を取る方針であることを意味するものであるから、いまだ控訴人が期限の利益を失っていない時点において、上記内容を控訴人の連帯保証人ら（但し、控訴人代表者を除く。）に対して告げることは、控訴人の信用を毀損するものといわざるを得ず、これを正当化する事由を認めるに足りる証拠は見当たらない。なお、このことは、第1回目の口座凍結の時点において、控訴人が本件各貸付の各分割返済金の支払を遅滞し（乙7）、被控訴人が請求すれば直ちに期限の利益を失う（本件各貸付契約書〔乙1の1ないし3〕5条2(1)）状態にあったことによって左右されるものではない。したがって、第1回目の口座凍結及び被凍結口座の名義人ら（但し、控訴人及び控訴人代表者を除く。）に対する上記通知は、控訴人の信用を毀損する不法行為を構成するというべきである。

　控訴人が上記のとおりその信用を毀損されたことに対する慰謝料は、前記認定にかかる経緯等に鑑み、30万円とするのが相当であると認められる。

2　これに対し、第2回目の口座凍結の時点では、控訴人は期限の利益を失い、被控訴人はいつでも相殺することができる相殺適状にあり（本件各貸付契約6条〔乙1の1ないし3〕）、また、その後、前記第2の2(11)のとおり相殺が行われた（その効力は相殺適状発生時に遡る〔民法506条2項〕。）ことからすれば、第2回目の口座凍結を違法なものということはできない（同口座凍結により凍結された預金口座のうち本件各貸付との相殺に供されなかった預金口座及び凍結解除となった預金口座についても同様である。）。」

●事案の特徴

　この事案は、銀行が会社に融資をしていたところ、会社が分割支払を怠ったことから、債務者、連帯保証人の各預金を凍結したため、会社が銀行に対して不法行為に基づき損害賠償を請求した控訴審の事件である。

●判決の意義

　この判決は、1回目の預金凍結についてはこれを正当事由を欠くとしたこと、これによって信用が毀損されるとしたこと（慰謝料として30万円の損害を認めたこと）、2回目の預金凍結については相殺適状にあったとし、違法ではないとしたことを判示したものであり、銀行による1回目の預金凍結の不法行為を肯定し、2回目の預金凍結の不法行為を否定した事例判断として参考になるものである。この判決は、第一審判決である前記の〔1―43〕岡山

地判平成21・7・31金判1393号62頁の不合理な認定、判断を是正したものということができる。

(1-45) 銀行の連帯保証につき錯誤、信義則違反等が否定された事例［新潟地判平成23・3・2金法1962号102頁、金判1401号44頁］

●事案の概要●

　Aは、平成4年6月、銀行業を営むB株式会社（株式会社新潟中央銀行）と銀行取引約定を締結していたところ、不動産（ビルとその敷地）を購入するため、平成7年6月、Bから2億5000万円を借り受け、Yが連帯保証をしたが、Aの分割返済が遅滞し、返済方法が変更される等したものの、Bが債権をX株式会社（株式会社整理回収機構）に譲渡し、XがYに対して保証債務の履行を請求したものである（Yは、Bの担当者が購入する不動産の担保物件は十分である等と言われた等とし、錯誤、信義則違反、権利の濫用、詐欺を主張した）。この判決は、動機の錯誤、信義則違反、権利の濫用等を否定し、請求を認容した。

●判決内容

　「3　争点①（錯誤無効）について
(1)　被告は、現実には二郎の支払能力には不安があり、本件ビルの担保価値は不十分であったにもかかわらず、二郎の資力、本件ビルの担保価値は十分にあって保証債務の履行を求められる可能性はないと誤信していたという動機の錯誤を理由に、錯誤無効（民法95条）を主張する。そこで、以下検討する。
(2)　まず、前記2で判断したとおり、確かに、平成7年分の二郎の申告所得額は約854万円である一方で、負債総額は2億3000万円を超えていたが、新潟中央銀行が本件ビルの収益価格査定額として5億1320万円が見込まれると評価していたこと、新潟県知事も本件ビルの価額として9億円が著しく適正を欠くものではないと判断していたことからすれば、本件ビルは、本件連帯保証契約締結当時は、高収益物件であり、本件貸付金を超える担保価値を有する物件であったと認めるのが相当である。
　そうすると、本件連帯保証契約締結当時、二郎は本件貸付金の返済を合理的に期待できる程度の支払能力があり、被告が保証債務の履行を請求されない可能性が十分あったものと認められる。現に、前述のとおり、本件ビル購入当時、テナントの

家賃収入は本件貸付金の約定返済金を月額約50万円上回っており、二郎も、本法廷において、『裏切るだの、こういう事態に陥ることは夢にも思わ』ず、『ちゃんと完済する強い意志があ』った旨の証言をしている。
(3)　そして、前記前提事実のとおり、被告は、本件連帯保証契約締結当時、〈略〉病院の内科部長という社会的に責任のある地位にあったことからすれば、通常の社会常識を有していたと認めるのが相当である。そうすると、被告は、連帯保証人となる以上、保証債務の履行を求められる可能性があるということは当然に認識していたと考えるのが自然である。被告自身、本法廷において、保証人としての責任がかぶってくるおそれについて、『確かにあり得るんだと思います。』と供述している。
　しかも、被告は、本件連帯保証契約締結当時、二郎にいくらか借金があることについては認識していたというのであるから（被告本人）、被告において、可能性の大小はともかく、保証債務を履行しなければならない可能性があるということを認識していたと認めるのが相当である。
(4)　したがって、本件連帯保証契約締結当時、本件ビルが高収益物件であると評価されており、被告が保証債務の履行を請求されない可能性が客観的にも十分になったというべきであり、一方、被告においては保証債務を履行しなければならない可能性があるということを認識していたのであるから、結局、被告に動機の錯誤などなかったと認めるのが相当である。
　なお、仮に、被告に動機の錯誤が認められるとしても、それは保証債務の履行を求められる可能性が、被告が認識していたよりも高かったというだけに過ぎず、かかる点に関する錯誤が、法律行為の要素にかかるものとは認められないというべきである。
(5)　以上より、動機の表示の有無を検討するまでもなく、被告の錯誤無効の抗弁は理由がない。
4　争点②について
(1)　被告は、原告の被告に対する本件請求が信義則違反又は権利濫用に当たる旨の主張をする。
　金融機関が融資先を開拓し、顧客に融資を勧誘する行為それ自体は、金融機関の正当な業務行為の範囲内に属する行為とみるべきであるから、現実に借主が借金の返済をすることが不能の状態に陥り、結果的にみれば借主の返済能力を超えた貸付行為がされた場合であっても、それだけでは金融機関の行う借主に貸付金の返済を求める行為が権利の濫用となるものではないことは明らかというべきである。
　そして、金融機関が貸付金の返還を請求する行為が権利の濫用となるか否かは、借主の地位、経験、資産状況、貸付の目的、貸付金の額、金融機関の職員がことさら虚偽の情報を提供して詐欺的な勧誘を行い、これが借主の申込みに動機付けを与えたか否かなどの勧誘の態様、借主側の借入れに至った経緯、返済不能に至った原因、金融機関が担保を取ったか否かなどの担保の有無、内容、その後の債権管理の

状況など諸般の事情を総合勘案し、金融機関が当該貸付金の返還を請求することが著しく信義則に反するような特段の事情が存するか否かを基準として判断すべきであり、このような特段の事情の存する場合に初めて、権利の濫用として許されないものと解するのが相当である。

(2) 本件においてこれをみると、前記認定事実によれば、二郎は、従前新潟中央銀行から貸付けを受けるなどしていたうえ、本件貸付の際には、既に判断したとおり、新潟中央銀行は、本件ビルの収益による返済が可能であると判断しており、そもそも過剰与信の認識は認められない以上、乙山らにおいてことさら二郎に対して虚偽の情報を提供したというような事実は認められない。

さらに、本件貸付に際しては、新潟中央銀行は本件ビルに担保設定をしており、かつ、二郎は平成14年5月20日までは返済を継続していたというのであるから、新潟中央銀行が二郎に対して本件貸付金の返済を請求することに著しく信義則に反するような特段の事情は認められないというべきである。

そして、本件連帯保証契約締結の際に、乙山が被告に対してことさら虚偽の情報を告げた事実は認められない以上、新潟中央銀行が被告に対して保証債務の履行を請求することにも、著しく信義則に反するような特段の事情は認められない。」

●事案の特徴

この事案は、個人が不動産の購入のため、銀行から融資を受け、個人が連帯保証をしたところ、分割支払が遅滞し、返済方法が変更される等したが、銀行が融資債権等を譲渡し、譲受人が連帯保証人に対して保証債務の履行を請求した事件である。この事案は、銀行が不動産の購入資金を融資したこと、連帯保証がされたこと、債務者の分割返済が遅滞したこと、融資債権が譲渡された後、譲受人が連帯保証人に対して保証債務の履行を求めたこと、連帯保証人が十分な不動産担保があった等とし、錯誤、信義則違反、権利の濫用、詐欺を主張したこと、背景には購入に係る不動産の価格が融資金額を相当に上回っており、賃料収入が相当にあるという事情があったことの特徴がある。

●判決の意義

この判決は、連帯保証人が保証債務を履行しなければならない可能性があるということを認識していたとし、動機の錯誤を否定したこと、銀行の過剰与信、虚偽情報の提供等が認められないとし、信義則違反、権利の濫用を否

定したことに特徴があり、その旨の事例判断を提供するものである。控訴審判決につき〔1―49〕参照。

〔1―46〕銀行の預金凍結につき不法行為責任が否定された事例［岡山地判平成23・4・27金判1393号58頁］

●事案の概要●

　A有限会社は、4回のうち3回はB県信用保証協会、うち1回はC株式会社の各保証を得て、銀行業を営むY株式会社（株式会社中国銀行）から4回にわたり融資を受け（借主が債務の一部でも履行を遅滞した場合で、債権保全を相当とする事由があるときは、Yの請求により、一切の債務の期限の利益を失う旨の条項があった）、X_1 は全部の融資につき、X_2 は一部の融資につき連帯保証をしたところ、Aが約定の分割支払を怠る等したことから、Yが X_1、X_2 がYの有していた預金を凍結したため（Yは、前記条項に基づき期限の利益を喪失させる意思表示をしなかった）、X_1 らがYに対して不法行為に基づき損害賠償を請求したものである。この判決は、本件預金の凍結が具体的必要性があったとはいえないとし、正当事由があるということはできないとしたものの、当時債権保全を必要とする相当の事由があり、不当とはいえないとして不法行為を否定し、請求を棄却した。

●判決内容

「1　普通預金等のように、顧客から適式な払戻請求があった場合、金融機関がその要求に従って支払義務を負っているものについては、その払戻請求を拒絶すれば、正当事由のない以上、履行遅滞となり、場合によっては不法行為が成立する可能性がある。そして、金融機関が、顧客からの払戻しを拒むため、口座を凍結した場合も、正当事由がない限り、違法であるというべきである。
2　金融機関は、期限の利益の喪失請求をし、相殺の意思表示をした上で、初めて払戻しを拒めるのであって、それをしていない段階で預金を凍結することにつき、正当事由があるとは認められず、正当事由があると認められるためには、預金凍結の法律的な根拠が明らかでなく、銀行内部の一方的な手続で行われるのに対し、預

金者に与える影響が一般的に大きいこと等を考慮すると、金融機関において、債権保全を必要とする相当の事由が生じ、かつそれまでの経緯をふまえ、その時点で、口座を凍結する具体的必要性がある場合でなければならないと解するのが相当である。

　この点、甲野は、準消費貸借に基づく債務の弁済を上記のとおり遅滞し、自身が代表を務めるクリードも、貸出金①ないし④にかかる債務の弁済も遅滞している上、クリードは特定調停を申し立てる等している状況等に鑑みれば、被告が、甲野及び乙山につき、債権の保全を必要とする相当の事由があったと認めることもできるが、被告が、甲野口座及び乙山口座の凍結（以下『本件凍結』という。）に際し、どのような点を検討し、本件凍結に至ったか、その具体的経緯は明らかではなく、その時点で、被告において、本件凍結の具体的必要性があったと認めることはできず、正当事由があると解することはできない。

　なお、原告らは、制度融資の窓口にすぎない銀行が、保証協会等と相談もなく、口座を凍結するのは許されない等と主張するが、上記のとおり、貸出金①ないし④の貸し主は被告であり、単なる窓口ではなく、また、被告が、保証協会等と相談した上でなければ、口座凍結を行えないとする法的根拠は認められないので、その点の原告らの主張は採用できない。

3　以上によれば、被告による本件凍結は、正当事由のない違法なものということになる。

　他方、本件凍結は、甲野口座及び乙山口座にかかる原告らの被告に対する預金債権を直ちに侵害するものではなく、原告らの損害は、被告に払戻請求をしたにもかかわらず、払戻しを拒否された場合に、受け取れるはずの金員が受け取れないことによって発生し、その場合には、被告が、債務不履行責任として、法定利率あるいは約定利率に従って賠償することになり、かつ基本的にはそれで損害の填補としては足りるのであり、それ以外に、被告が、原告らに対して不法行為責任を負う場合というのは、口座凍結それ自体によって、原告らが損害を被ることを、被告が知りまたは知り得べきであるにもかかわらず、客観的にみても明らかに不当な口座凍結を行った場合に限られると解するのが相当である。

　この点、上記認定判断のとおり、本件凍結の時点において、原告らに債権の保全を必要とする相当の事由があったと認めることができる上、本件凍結の期間も、乙山については4日間と短く、甲野についても17日間と長いとは言えないこと等を考慮すると、本件凍結が客観的にみても明らかに不当とは認められず、他にそれを認めるに足りる証拠はないので、本件凍結が、不法行為を構成するとは認められない。」

● 事案の特徴

　この事案は、前記の〔1—43〕岡山地判平成21・7・31金判1393号62頁の

関連事件であり、同一の銀行による同一の融資債権による預金凍結の事件である(前記の事件では、融資の債務者の預金凍結が問題になったものであり、この事件では、連帯保証人の預金凍結が問題になったものである)。この事案は、銀行が会社に融資をしていたところ、会社が分割支払を怠ったことから、債務者、連帯保証人の各預金を凍結したため、連帯保証人が銀行に対して不法行為に基づき損害賠償を請求した事件である。この事案は、銀行が保証協会等の保証を得て会社に融資をしたこと、銀行の請求による期限の利益の喪失条項(特約)があったこと、会社が分割支払を怠ったこと、銀行が期限の利益を喪失させる請求の前後2回にわたり会社、連帯保証人の各預金を凍結したこと、連帯保証人が銀行に対して不法行為責任を追及したことに特徴がある。

●判決の意義

　この判決は、銀行の預金凍結には正当事由がないとしたものの、預金凍結は、預金債権を直ちに侵害するものではなく、不法行為が認められるためには、口座凍結それ自体によって預金者が損害を被ることを、銀行が知りまたは知り得るべきであるにもかかわらず、客観的にみても明らかに不当な口座凍結を行った場合に限られるとしたこと、この事案では債権の保全を必要とする相当の事由があり、凍結の期間が短かったこと等を考慮し、不法行為を否定したことに特徴がある。この判決は、前記の〔1—43〕岡山地判平成21・7・31金判1393号62頁の法理とは異なる法理(債権侵害の法理に類似しているが、その要件に異なるところがある)を採用し、不法行為を否定したものであり、理論的に興味が引かれるものの、採用した法理の根拠は必ずしも明らかではない。また、銀行が債権の保全、回収のために実行する預金凍結の措置については、その法的な根拠、要件の該当性、実行手続を検討することが必要であるが、加えて預金凍結による預金者への悪影響が預金の払戻しの遅延にとどまるのか、信用不安、信用毀損等への悪影響があるかの観点からの検討も必要であり、重要である。この判決は、銀行による預金凍結の悪影響が前者の悪影響にとどまるとの前提に立つものであるが、この前提自体の当否の議論が必要である。控訴審判決につき〔1—47〕参照。

〔1－47〕 前記〔1－46〕の控訴審判決であり、銀行の預金凍結につき不法行為責任が否定された事例［広島高岡山支判平成23・10・27金判1393号54頁］

●事案の概要●

前記の〔1－46〕岡山地判平成23・4・27金判1393号58頁の控訴審判決であり、X₁らが控訴したものである。この判決は、本件事情の下ではYは不法行為責任を負わないとし、控訴を棄却した。

●判決内容

「1　甲野口座の凍結について
(1)　控訴人甲野は、平成19年7月4日当時、控訴人甲野と被控訴人との間の準消費貸借契約において、毎月末日に支払うべき分割金の支払を、同年4月分以降3か月分連続して遅滞しており、被控訴人の請求により、いつでも期限の利益を喪失し、直ちに弁済しなければならない状況であったこと、(2)　控訴人甲野が代表者であるクリードの貸出金①ないし④について、控訴人甲野が連帯保証していたところ、同年7月4日当時、貸出金①及び④については各2か月分、貸出金②については4か月分、貸出金③については3か月分、いずれも連続して分割金の支払を遅滞しており、被控訴人の請求により、いつでも期限の利益を喪失し、直ちに弁済しなければならない状況であったこと、(3)　甲野口座が凍結された同年7月4日時点の甲野口座の残高は682円であったこと、(4)　甲野口座は、凍結から16日後の同月20日に凍結が解除されたこと（以上、前提となる事実(2)ないし(6)、(9)）、(5)　甲野口座凍結解除までの間に被控訴人と控訴人甲野及びクリードが弁済条件について協議していたこと（弁論の全趣旨）からすると、被控訴人は、同月4日時点で、直ちに期限の利益を喪失する旨の意思表示及び相殺の意思表示をすることができたにもかかわらず、これをせず、控訴人甲野ないしクリードに弁済するための措置を講ずるための時間的余裕を与えたということができ、甲野口座の凍結が違法であると直ちにいうことはできない。
2　乙山口座の凍結について
控訴人乙山は、クリードと被控訴人との間の貸出金③の連帯保証人であったところ、クリードは貸出金③について、上記のとおり平成19年7月9日の時点で3か月分連続して分割金の支払を遅滞しており、被控訴人の請求により、いつでも期限の利益を喪失し、直ちに弁済しなければならない状況であったこと、乙山口座は同月9日に凍結され、3日後の同月12日に凍結が解除されたこと（以上、前提となる事実(2)ないし(4)、(8)、(9)）及び乙山口座凍結解除までの間にクリードと被控訴人の間

151

で弁済条件について協議がなされていたこと（弁論の全趣旨）からすると、被控訴人は、同月9日の時点で、直ちに期限の利益を喪失する旨の意思表示及び相殺の意思表示をすることができたにもかかわらず、これをせずに、クリードに弁済するための措置を講ずるための時間的余裕を与えたということができ、乙山口座の凍結が違法であると直ちにいうことはできない。」

●事案の特徴

　この事案は、銀行が会社に融資をしていたところ、会社が分割支払を怠ったことから、債務者、連帯保証人の各預金を凍結したため、連帯保証人が銀行に対して不法行為に基づき損害賠償を請求した控訴審の事件である。

●判決の意義

　この判決は、この事案の諸事情を考慮し、預金凍結の措置が違法ではいえないとし、不法行為を否定したものであるが、第一審判決である前記の〔1－46〕岡山地判平成23・4・27金判1393号58頁のような法理を前提としていないものである。この判決が判断の基準としたのは、預金凍結の違法性の有無であるが（民法709条の規定上、違法性は明示の要件とされていないが、要件になるかどうかについては議論があり、最高裁の判例上、これを明示の要件とするものも見られる）、その判断に当たってこの事案の事実を列挙するだけであり、その違法性を否定した判断は明確であるとはいえない。なお、この判決は、前記のとおり、同一の事実関係の下で生じた前記の〔1－44〕広島高岡山支判平成22・3・26金判1393号60頁と比較すると、その論理、判断、結論が異なっている。これらの各裁判例を比較してみると、判決とその前提となる裁判官の考え方の実情の一端を示すものとして興味深いところがある。

〔1－48〕銀行の預金凍結につき不法行為責任が否定された事例［甲府地判平成23・11・8金判1394号54頁］

　　　　　　　　　　●事案の概要●

　銀行業を営むX株式会社（掲載された判決上、銀行名は不明）は、Y_1株式会社と銀行取引約定を締結し、Y_2ないしY_4が極度額を3億6000万円として連帯保証をし、Y_1に数回にわたり手形貸付をしたところ、

Y₁が債務超過となり、再建計画が問題になり、追加担保の要請を拒否する等していたことから、XがY₁の普通預金口座につき支払停止の措置をとったが、XがY₁に対して貸金残金の支払、Y₂らに保証債務の履行を請求したのに対し、Y₁らが口座凍結が不法行為に当たると主張し、損害賠償を請求したものである。この判決は、XがY₁に対する債権の保全のため預金口座を凍結する必要があったとして不法行為を否定し、Xの請求を認容し、Y₁らの請求を棄却した。

●判決内容

「2　争点(1)（本件口座凍結の違法性）について
(1)　前記1(1)認定のとおり、本件手形貸付はいずれも受注見合融資であり、その返済は、被告会社が受注した特定の取引についての取引先からの入金を原資とすることが予定されていた。しかし被告会社は、前記1(5)ウのとおり、平成20年9月4日の原告の要請に応えず、同年8月29日及び同年9月10日に返済期限が到来した手形貸付64421、64448、64476及び64459について、いずれもその取引先からの入金を返済に充当することなく、運転資金に流用した上、その後もそれらの手形貸付について支払猶予を要請するのみで一向に返済しなかった。
(2)　また、前記1(4)ウないしオのとおり、原告の被告会社に対する貸付けのうち、本件手形貸付とは別の手形貸付2000万円及び証書貸付は、O県信用保証協会ないしP株式会社による保証がなされており、商業手形割引は割り引いた商業手形が保全として取り扱われるため、被告会社及び被告Y₃が担保提供した不動産及びM株式は、合計1億5000万円にのぼる本件手形貸付を担保する機能を果たしていたということができる。
　平成20年4月30日時点における上記担保の評価額は、不動産が7980万5000円、M株式が4231万5000円であることから、本件手形貸付について、同日時点で2788万円の保全不足が生じていたと認められる。
　また、同年7月31日時点における上記担保の評価額は、不動産が7920万円、M株式が2839万2000円であることから、本件手形貸付について、同日時点で4240万8000円の保全不足が生じていたと認められる。
　さらに、同年8月31日時点における上記担保の評価額は、不動産が7466万8000円、M株式が、売り気配値で評価しても2730万円であることから、同日時点で4803万2000円の保全不足が生じていたと認められる。
　このように、原告の被告会社に対する手形貸付は保全不足の状況に陥っており、担保の評価額も下がる一方であったことから、原告が、前記1(4)カ及びキのとおり、

被告会社に対して複数回、追加担保を提供するよう要請したのは合理的な行動であるということができる。

　しかしながら、被告会社は、Eが法人保証の意向を示しているなどといった不実の説明をするのみで何ら適切な追加担保を提供せず、そのうえ、前記1(3)及び(4)のとおり、平成18年12月期、平成19年12月期及び平成20年7月期のいずれにおいても債務超過の状態であったにもかかわらず、貸借対照表等において債務超過ではないように装っていた。原告は、同年8月14日に、被告会社から、Eの査定による平成18年以降の被告会社の貸借対照表、損益計算書等を示されて、被告会社が債務超過の状態に陥っていたことを初めて認識するに至ったのである。

(3)　以上のような事実関係の下で、前記1(3)及び(5)のとおり、被告会社は、平成20年9月10日までに返済するよう求められた5000万円を支払わず、同月17日までに提出するとされていた債権計画書も提出しないどころか、同月22日、手形貸付64449の返済原資であるAからの入金を従業員の給料等に当てたいと原告に要請して返済に向けた積極的姿勢を示さなかったのであるから、同日の時点において、原告には、被告会社に対する債権を保全する必要性が客観的に存在し、そのための緊急やむを得ない措置として、被告会社の普通預金口座を凍結する相当な理由があったということができる。」

●**事案の特徴**

　この事案は、銀行が会社に融資をしたところ、分割支払が遅滞し、預金を凍結する等したため、銀行が会社に対して融資の返還、連帯保証人に対して保証債務の履行を請求したのに対し、会社が反訴として預金凍結につき不法行為に基づき損害賠償を請求した事件である。この事案は、銀行が会社に融資をしたこと、会社が分割支払を遅滞したこと、銀行が預金凍結の措置をとったこと、銀行が融資の返還を請求したのに対し、会社が預金凍結につき不法行為責任を追及したことに特徴がある。

●**判決の意義**

　この判決は、この事案では銀行の融資先である会社に対する債権を保全する必要性が客観的に存在し、そのための緊急やむを得ない措置として、会社の普通預金口座を凍結する相当な理由があったとし、不法行為を否定したものであり、その旨の事例判断を提供するものである。

3 裁判例の紹介

〔1−49〕前記〔1−45〕の控訴審判決であり、銀行の連帯保証につき錯誤が肯定された事例［東京高判平成24・5・24判タ1385号168頁、金法1962号94頁、金判1401号36頁］

● 事案の概要 ●

前記の〔1−45〕新潟地判平成23・3・2金法1962号102頁、金判1401号44頁の控訴審判決であり、Yが控訴したものである。この判決は、主たる債務者が購入する不動産の担保価値が十分であると認識して保証をし、銀行の担当者の担保価値に関する発言が事実でなく、銀行の査定基準によると担保価値が不足していたときは、動機の錯誤が認められるとし、連帯保証の錯誤無効を肯定し、原判決を取り消し、請求を棄却した。

● 判決内容

「(4) そうすると、本件ビルの担保価値等について控訴人が上記(1)のように考えたことは、上記(2)の新潟中央銀行の担当者の発言その他を前提として、事実でないことを事実と誤信したものであり、控訴人は、その誤信した事実を動機として、本件連帯保証契約を締結したものというべきである。
そして、控訴人が誤信した事実は、本件連帯保証契約の他方当事者である新潟中央銀行の乙山が積極的に発言した事実であるから、本件連帯保証契約にあたり当事者間で控訴人の上記動機の表示があったことは明らかである。
(5) よって、本件連帯保証契約は、控訴人において表示された動機に錯誤があったから、要素の錯誤により無効であるというべきである。」

● 事案の特徴

この事案は、不動産の購入のため、銀行から融資を受け、連帯保証がされたところ、分割支払が遅滞し、返済方法が変更される等したが、銀行が融資債権等を譲渡し、譲受人が連帯保証人に対して保証債務の履行を請求した控訴審の事件である。

● 判決の意義

この判決は、第一審判決である前記〔1−45〕新潟地判平成23・3・2金法1962号102頁、金判1401号44頁と異なり、主たる債務者が購入する不動

産の担保価値が十分であると認識して保証をし、銀行の担当者の担保価値に関する発言が事実でなく、銀行の査定基準によると担保価値が不足していたときは、動機の錯誤が認められるとしたうえ、この事案につき動機の錯誤による連帯保証の無効を肯定したものである。この判決は、不動産購入のための融資につき銀行の担当者が説明した場合において、連帯保証の動機の錯誤による無効を肯定した事例判断として参考になるものである。

第 2 章

銀行等に対する否認権行使をめぐる裁判例

第2章　銀行等に対する否認権行使をめぐる裁判例

1　否認権等の概要

　債権者である銀行等が債務者に対して債権を行使し、その回収を行う場合、その目的、手段・方法を誤ると、不法行為責任を負うことがあることは取引上常識に属するが、債務者の資産・負債の状況によっては債権の回収を行ったとしても、その回収が否定されることがある。債務者が無資力である場合には、債務者、受益者等が詐害行為を行えば、他の債権者が詐害行為取消権（民法424条）を行使する可能性がある（債務者等は、詐害行為取消しのリスクに配慮して取引等の行為をすることが重要である）。銀行等が債務者の行為につき詐害行為として取消権を行使することがあるが、銀行等が債権者として債権の回収のために債務者から弁済を受け、担保の設定を受ける等した場合には、他の債権者から銀行等が受益者として詐害行為取消権を行使される対象になることもある。行き過ぎた債権の回収は、詐害行為取消権の対象とされることによって、その回収が否定されることになるわけである。詐害行為取消権は、債権者が主導権をとって行使することができる権利であるが、詐害行為取消権を行使しようとする債権者にとっては、詐害行為に関する立証方法が少ないのが実情であり、権利行使の障害になっている（銀行等は、一般の債権者と比較すると、取引先である債務者の財務状況を比較的よく認識し、関係する資料も保有していることが多いから、他の債権者の債権の行使につき詐害行為取消権を行使することが可能であるということができる）。なお、詐害行為が認められる場合には、事情によっては詐害行為に関与した者の不法行為が認められることもあり、詐害行為取消権と損害賠償請求権が並存することもある。

　債務超過にある債務者、あるいは支払不能等にある債務者については、破産手続開始決定、民事再生手続開始決定等の法定倒産手続の申立てがされることがあるが（多くは、債務者の自己申立ての事例である）、これらの法定倒産手続が開始されると、詐害行為取消権よりも強力な手段である否認権が行使

される可能性が生じる。銀行等が債務者につき法定倒産手続の申立てをすることは従来は極めて少なく、否認権行使の対象にされるほどの不当な債権の回収を実行することも少なかったが、最近はどうであろうか。銀行等が債権者として債権の回収のために債務者から弁済を受け、担保の設定を受ける等した場合には、破産法等の各法定倒産手続に関する法律の規定に従って管財人等が否認権を行使することになるが、事案によっては否認権の行使を主要な動機として法定倒産手続の申立てがされることもある。法定倒産手続において否認権を行使するのは管財人等であり、すべての事案で管財人等が主導して否認権を行使するように思われがちであるが、必ずしもそうではない。そもそも法定倒産手続の申立ては債務者によって行われることがほとんどであり、債務者が否認権の行使につき相当に影響を与えることができるだけでなく、債権者の意向も否認権の行使に影響を与えるものである。否認権が行使される場合には、そのための立証方法は、詐害行為取消権の行使の場合と比較すると、相当に恵まれているということができる。また、この場合にも、否認が認められる場合には、事情によっては否認行為に関与した者の不法行為が認められることもある。

2 倒産法における否認権の行使

　否認権に関する規定は、近年、破産法の改正（平成16年法律第75号。平成17年1月1日施行）、会社更生法の改正（平成14年法律第154号。平成15年4月1日施行）、民事再生法の制定（平成11年法律第225号。平成12年4月1日施行。なお、和議法が廃止された）が相次いで行われ、規定の位置が大きく変更され、内容も変化しているところがある（破産法160条ないし176条、会社更生法86条ないし98条、民事再生法127条ないし141条）。否認権をめぐる過去の裁判例を利用する場合には、適用された法律の規定の内容を確認することが必要である。

　破産法等に規定されている否認権の対象になる可能性がある不正、不当な

行為のすべてが実際に否認権行使の対象になっているものでないことは、法律実務の常識であるが、実際上どの程度の不正、不当な行為が否認権の対象になっているのか、どのような過程を経て否認権が行使されるかは、法律実務において重要な関心事である。株式会社等が債務超過、支払不能等の事態に陥り、破産手続開始決定（従前の破産宣告）等の申立て、決定を経て、破産管財人等が選任され、法定倒産手続が開始した場合、否認権を行使すべき不正、不当な行為があったかどうかは、債権者にとっても関心の高い事項であり、監督権を有する裁判所にとっても常に関心をもっている事項であることを背景として、管財人等にとって常に調査をすべき事項として位置付けられている。実際には、管財人等がこのような調査を実施し（関連する証拠を収集することは当然である）、債権者の意向を聴取し（債権者らから情報提供がされることがある）、裁判所と協議をし、否認権の成否の蓋然性、回収可能な財産の種類・額、回収までの期間等の事情を考慮し、否認権の行使に踏み切るかどうかを判断することになろうが、受益者、転得者のうち誰に対して否認権を行使するかも重要な検討事項である。銀行等に対する否認権の行使を検討する場合には、銀行等が一般的には取引先である債務者の資産・債務の状況をよく知っていること、銀行等が行う取引、債権回収については比較的書面が多く作成され、残されていること、銀行等の公共的な性格に照らし、不正、不当な行為が比較的容易に構成することができること、銀行等の債権回収の現場では行き過ぎた回収が行われる可能性が常にあること、否認権の行使による資産の回収が確実であることの事情があるから、否認権の行使につき積極的な姿勢で判断すること適切であることがある。

3 裁判例の紹介

本章で紹介する否認権行使をめぐる裁判例は、否認権が行使された場合の一般のものではなく、銀行等の行為につき否認権が行使された場合における否認権行使をめぐる裁判例である。

(2-1) 信用金庫の根抵当権設定につき否認が肯定された事例 ［東京高判昭和55・11・18判タ435号109頁、金法957号36頁］

●事案の概要●

　Aは、Y₁信用金庫（横浜信用金庫）、Y₂信用金庫（城南信用金庫）から融資を受け、個人で事業を行っていたが、多額の負債を抱え、資金繰りに困り、手形不渡りを出し、銀行取引停止処分を受けたところ、その直後、Y₁、Y₂がA所有の不動産に根抵当権設定登記を得たため、Aの債権者であるX株式会社が詐害行為を主張し、登記の抹消等を請求したものである。第一審判決（横浜地判昭和53・4・10（昭和48年(ワ)第971号））が請求を認容したため、Y₁らが控訴したものである。この判決は、AがY₁の申立てにより破産宣告を受け、Zが破産管財人に選任され、訴訟を承継し、否認権の行使を主張したものであり、手形不渡りの前にY₁らに不動産を担保として差し入れることを承諾する旨の念書による抵当権設定を否定し、否認権の行使を認め、請求を認容した。

●判決内容

「2　……によれば、破産者は、控訴人らから、取引額の増加について物的担保を要求されるようになつたため、東急不動産との間に売買契約ないしその予約を締結していた本件不動産を提供することを承諾し、控訴人横浜に対し、本件不動産につき『私に所有権移転登記があり次第、直ちに貴金庫に対して担保提供することを誓約致します』との昭和48年4月3日付念書（乙第1号証）を、控訴人城南に対し、『私所有にかかる下記物件（本件不動産）を昭和48年4月末日頃までに本債務の根担保として貴金庫に差入れることを確約致します』との同年3月23日付念書（丙第2号証）をそれぞれ作成交付したこと、しかし、右各念書が真実右の日付のころに作成されたものであるとしても（とくに、丙第2号証については、破産者の住所として本件不動産の地番が記載されていることと前掲甲第3号証とを対照すると、後日に日付を遡らせて作成された疑いがあるが、その点はさて措き）、その際は、それ以外に担保契約の具体的内容については何らの定めもなされなかつたこと、破産者は、手形不渡を出し営業を廃止したのち、債権者の追及を免れるため一時身を隠していたが、控訴人らの職員は、昭和48年5月8日ころ、破産者に会つて、控訴人らの前記債権の確保のため、本件不動産につき根抵当権の設定を要求して、これを承

諾させ、なお、控訴人らの間においては、両者の根抵当権を同順位とすることを合意し、極度額をも同額として、同日付で控訴人ら各別に破産者との間に根抵当権設定契約証書（乙第2号証、丙第3号証）を作成し、本件建物及び土地につきそれぞれ破産者のための所有権保存登記、同移転登記がなされたうえで、翌日本件登記を経由したものであることが認められる。もつとも、乙第2号証の作成日付は、いつたん昭和48年4月4日と記載されて、同年5月8日に訂正されており、証人岡本高彦の証言中には、右証書をその訂正前の日付の同年4月4日に受領したが、登記の都合上同年5月8日に訂正したものである旨供述する部分があるが、前記趣旨の同年4月3日付念書と右契約証書とを重複して作成する実益が乏しいことを考えると、右証言部分はにわかに信用しがたい。他に右認定を左右するに足りる証拠はない。

　右認定事実によれば、破産者の右各念書の差入れは、その文言どおり、将来本件不動産を担保に供する旨の誓約にすぎないものと解され、これによって確定的な根抵当権設定契約が成立したものとは認めがたく、本件契約は昭和485年8日ころ成立したものと認めるのが相当である。

　3　以上の認定事実によれば、破産者は、支払停止後、全債権者に債務を弁済することができないことを知りながら、控訴人らにのみ優先弁済を受けさせるために本件契約を締結したのであつて、破産債権者を害することを知つて右行為をしたことが明らかである。」

●事案の特徴

　この事案は、信用金庫から融資を受けていた個人事業者が手形不渡りを出し、銀行取引停止処分を受けた直後、信用金庫が債務者所有の不動産に根抵当権設定登記を得たため、債権者が詐害行為を主張し、登記の抹消等を請求し、控訴審において信用金庫の申立てによって破産宣告を受け、破産管財人が訴訟を承継し、否認権の行使を主張した控訴審の事件である（第一審判決は詐害行為を認め、請求を認容したものである）。この事案は、信用金庫の根抵当権設定が問題になったこと、信用金庫が債務者につき銀行取引停止処分を受けた後に債務者の所有不動産に根抵当権を設定したこと、最初は債権者から詐害行為取消訴訟が提起され、控訴審に訴訟が係属中、債務者が破産宣告を受け、管財人が否認訴訟として訴訟を承継したことに特徴がある。

●判決の意義

　この判決は、信用金庫の従業員が債務者の手形不渡りの前に不動産を担保として差し入れることを承諾する旨の念書による抵当権設定を否定したこ

と、支払停止後の抵当権設定であるとし、否認権の行使を肯定したことに特徴があり、信用金庫の根抵当権設定につ否認権の行使を肯定した事例として参考になるものである。

なお、この判決は、手形不渡り後の信用金庫の従業員の慌しい債権回収策を認定し、しかも前記念書につき日付を遡らせて作成された疑いがあるなどと指摘していることも、信用金庫における債権回収の実態の一例を示すものとして興味深いものがある。

(2-2) 信用金庫の満期未到来の割引手形の買戻しにつき否認が肯定された事例 [東京地判昭和57・1・21判時1053号169頁]

● 事案の概要 ●

　A株式会社は、オイルショック後、営業不振となり、取引先から代金の前払を受け、Y信用金庫（城南信用金庫）から手形割引を受ける等していたが、昭和52年12月、取引先から援助を受けることを考え、金融機関を除く債権者に説明会を開催し、債権者の援助がなければ会社をやっていけないなどの説明をしたものの、債権者の援助がなく、また、その前日、Yに満期未到来の割引手形の買戻しをしたことから、昭和53年1月、Aが手形不渡りを出し、同年11月、破産宣告を受け、Xが破産管財人に選任されたため、Yに対して否認権を行使し、買戻金の返還を請求したものである。この判決は、Yの善意を否定し、否認権の行使を肯定し、請求を認容した。

● 判決内容

「二　抗弁について
1　被告は本件弁済が破産会社の破産債権者を害することを知らなかった旨主張し、……中には右主張に符合する供述部分があり、……によれば、被告は、昭和52年11月末日当時、破産会社に対し、証書貸付金1241万8072円及び手形割引による手形貸付金2億9413万8675円の合計金3億0463万8675円の債権があり、しかも右手形貸付金のうち金1億円以上の手形が不渡又は不渡確実であったにもかかわらず、同年12

月5日、武田の要請により、破産会社の定期預金など合計金5429万0803円の解約に応じ、払戻しをしたこと、更に、前項2の認定事実のとおり、破産会社が支払停止を宣言した同月27日の会社説明会に報告を含む金融機関には開催の通知をしなかったことが認められ、右各事実は被告主張の抗弁を窺わせる事実と、一応、判断することができる。

2　しかしながら、

(一)　前記各認定の事実に……によれば、被告は、破産会社設立以前から、武田個人と取引をしており、破産会社後は、破産会社の主たる取引金融機関であり、破産会社の経営内容を知りうる立場であり、昭和52年12月5日の預金払戻しに際しては、武田は金10億円の融資を受けないと破産会社はやっていけなくなる旨の発言をしており、本件弁済時までには破産会社の古河営業所が廃止されたことを知っており、破産会社からの割引を求められた手形の中には、通常の取引と思われないパチンコ屋などの手形もあり、右手形によって、資金繰りをしていたこともあり、破産会社の経営状態が悪いことを知っていたこと、

(二)　……によれば、昭和52年12月5日の預金の払戻しは、武田の電話による言葉を容易に信じて、他の金融機関の中には預金の払戻しをしていないにもかかわらず、払戻しをなし、その後、しばしば破産会社を訪れ、武田に対し、払戻しの返還や不渡手形の買戻しを要請したが、破産会社は、同月13日及び同月23日、極度額3000万円の根抵当権を設定したことの他、本件弁済までに何らの支払もなされなかったこと。

(三)　前記認定事実によれば、本件弁済は、破産会社がこれまで一度もしなかったような、現金による支払で、満期未到達の手形の受戻しを求めてなされたもので、被告もこれを知っていること。

以上の事実からすると、……及び前記1認定事実だけでは、被告の抗弁を認めることができず、他に抗弁を認めるに足りる証拠はない。」

●事案の特徴

　この事案は、信用金庫の取引先（手形割引等を行っていた）である会社が経営が悪化し、金融機関を除く債権者への説明会を開催する等した状況の下、信用金庫に割引に係る満期未到来の手形（満期前の手形）の買戻しをした後、会社が手形不渡りを出し、破産宣告を受け、破産管財人が信用金庫に対して否認権を行使した事件である。この事案は、信用金庫が会社の主要な取引金融機関（メインバンク）であったこと、会社が手形割引取引を継続的に行っていたこと、会社の経営が悪化した状況の下で信用金庫に満期未到来の割引手形の買戻しを行ったこと、その後、会社が破産宣告を受け、破産管財人が

割引手形の買戻しにつき否認権を行使したことに特徴がある。

●**判決の意義**

　この判決は、信用金庫の行為につき破産法上の否認行為を肯定し、否認権の行使を認めたものであり、その旨の事例判断を提供するものである。この事案では、信用金庫が会社に満期未到来の割引手形につき買戻しを実行したものであり、破産宣告後、破産管財人が否認権を行使したのに対し、これを争ったものであるが、主要な取引金融機関であること、満期未到来の割引手形につき買戻しを実行したこと、通常でない方法で手形の買戻しを実行したこと、その他取引の経過を考慮し、否認権の行使を肯定したものである。

　この判決は、金融機関にとって債務者の経営が悪化した状況において、通常と異なる債権の回収を実行することは、債務者が法定倒産手続を選択した場合には、否認権の行使がされるリスクを負うことを示すものである。特に金融機関は、社会においては取引先の経営状況、資産・負債の状況を相当程度知っているものと考えられているところであり、抜け駆け的な債権の回収、通常と異なる債権の回収を行った場合には、容易に否認権の行使の対象になり得るものである。

(2-3) 銀行の満期未到来の割引手形の買戻しにつき否認が肯定された事例
［京都地判昭和57・6・24判時1059号143頁、金法1047号47頁］

●事案の概要●

　銀行業を営むY株式会社（株式会社三和銀行）は、A株式会社に対して手形割引等によって融資を行い、Aの関連問屋等にも融資を行っていたところ、関連問屋とAとの間の振出手形に疑念をもつ等していたが、Aからの割引手形1通が満期に支払われないことが判明するや、満期前の手形の買戻しをさせる等したことから、Aにつき会社更生手続が開始され、Xが更生管財人に選任され、Yに対して否認権を行使し、買戻代金の返還を請求したものである。この判決は、YにおいてAが関連会社の相次ぐ倒産の影響を受けて倒産することを察知してい

165

第2章　銀行等に対する否認権行使をめぐる裁判例

たとし、否認権の行使を認め、請求を認容した。

● 判決内容

「二　そこで被告の抗弁につき検討するに、……によると、更生会社は昭和50年ころ以降東京店の拡張などにより呉服総合前売問屋として業容を拡大し、全国一円の地方問屋、小売商、量販店を対象に販路を確立して好成績をあげてきたこと、被告の更生会社に対する割引限度額は当初金5,000万円であったが、再三引上げられ、昭和53年2月以降金2億円であり、月中割引取組額は同年11月から昭和54年2月までの間皆無であったが、同年3月以降再び増大し、被告は更生会社の求めに応じ同年5月23日には（二）、（三）の手形を含めて合計金6,143万5,000円、同月31日には合計金5,492万1,000円、同年6月30日には合計金1,417万7,000円の商業手形の割引を行ったこと、被告は更生会社から毎年確定申告書の控、決算報告書を入手していたが、これによると、更生会社の昭和52年3月から昭和53年2月までの事業年度の売上高は87億8,400万円余、申告所得は金3億1,439万9,257円、昭和53年3月から昭和54年2月までの事業年度の売上高は93億0,500万円余、申告所得は金3億4,733万6,958円であって、被告五条支店の融資係の椿本らはこれを鵜呑みにし、更生会社が好成績の会社であると評価し、信頼し切っていたことを認めることができる。しかしながら、銀行は調査機関を常置して取引先の信用状態の調査に当るのが実験則上当然であって、被告本店審査部が被告五条支店から比較対照表により半年か1年置きに報告を受けていたにとどまり、割引限度額内での取引をすべて同支店に一任し、更生会社の動向について全く調査しなかったとはとうてい考えられないばかりでなく、前掲各証拠によると、被告五条支店は京都室町の呉服問屋約150社を相手とする貸付を担当しており、右椿本らは自らまたは預金係（外交）からの情報収集によって右問屋筋の動向に細心の注意を払っていたこと、右椿本は昭和53年11月ころには取組残高の増加した平安商事株式会社、高坂株式会社、聖光有限会社の振出手形につき疑念を抱き更生会社に右三社との取引の流れをただしたため、爾後更生会社からの割引の申出がなく、前認定のとおり月中割引取組額が4か月間皆無となったこと、被告はきさく商事が（一）の手形を期日に支払わなかったため、更生会社に対し（一）の手形のみならず、いまだ期日の到来していない（二）、（三）の手形についても買戻を要求し実行させ、買戻を猶予しておらず、買戻の翌日から期日までの割引料相当額を控除していないこと（銀行取引約定書6条1項からは、期限未到来の手形を含む全部の手形について当然に買戻債務を負うとは解されない。）が認められ、これらの点を考慮すると、被告が更生会社に対し危機意識を有していたことが推認され、むしろ被告は高度の調査能力によって更生会社が他への資金流出を粉飾して隠蔽していたとはいえ、他の一部銀行と同様、京都室町の相次ぐ連鎖倒産の流れを知り、更生会社もその影響を受けるであろうことをいち早く察知しながら、本

件手形の買戻を要求して買戻をさせたものと推認することができる。」

● **事案の特徴**

　この事案は、銀行が会社に手形割引等によって融資を行い、会社の関連問屋等にも融資を行っていたところ、会社からの割引手形1通が満期に支払われないことが判明するや、満期前の手形の買戻しをさせる等したため、会社につき会社更生手続が開始された後、更生管財人が銀行に対して否認権を行使した事件である。この事案は、銀行が取引先である会社と手形割引取引を継続的に行っていたこと、会社の経営が悪化した状況の下で銀行に満期前の手形の買戻しを行ったこと、その後、会社が会社更生手続開始決定を受け、更生管財人が手形の買戻しにつき否認権を行使したことに特徴がある。

● **判決の意義**

　この判決は、銀行が高度の調査能力によって会社の取引先の倒産による連鎖倒産によって影響を受けることをいち早く察知しつつ、会社に満期前の手形の買戻しを要求して買戻しをさせたものと推認し、否認権の行使を肯定したものであり、その旨の事例判断として参考になるものである。

　この判決は、否認権の行使を肯定するに当たって、銀行が高度の調査能力を有していること、満期前の手形の買戻しという通常でない取引であったことを重視しているということができるが、この意味でも、金融機関の法律行為につき否認権の行使が問題になった場合には参考になるものである。

（2−4）銀行の割引手形の買戻し、弁済の受領につき否認が肯定された事例
　　　　　［京都地判昭和58・5・27判時1096号139頁、判夕502号190頁］

──●事案の概要●──

　銀行業を営むY株式会社（株式会社滋賀銀行）は、A株式会社との間で割引手形の振出人に支払停止等の事由が生じたときは手形を直ちに買い戻す、財産・経営に関する報告義務違反があったときは期限の利益を喪失するなどの内容のある銀行取引約定を締結し、手形割引、貸付の取引を行っていたところ、Aは、昭和54年7月、手形を買い戻し、債務

を弁済した後、同月、会社更生手続開始決定の申立てをし、昭和55年3月、会社更生手続開始決定がされ、Xが更生管財人に選任されたことから、Yに対して故意否認を主張し、買戻金等の返還を請求したものである。この判決は、故意否認を認め、請求を認容した。

●判決内容

「2 辻和は、前記きさく商事株式会社倒産直後の同年同月11日以降被告から連日にわたる強硬な取立及び担保提供の要求を受けたため、金融機関よりの新規借入が実現しない場合には運転資金が枯渇し経営に破綻をきたすことを予知しながらやむなく右要求に応じて、被告に対し他の回わり手形の割引を依頼したり、又他の金融機関の与信枠を利用して小切手を差入れたりして資金を調達して本件各約束手形の買戻し及び本件各借入金債務の弁済をし、かつ、同年同月17日辻和所有の不動産等について極度額金5000万円の根抵当権を設定してその旨の登記を経由した。

　以上の認定事実によると、本件各約束手形の買戻し及び本件借入金の弁済は、辻和が金融機関からの新規借入を期待しながらも、それが実現しないときは更生債権者を害することを知ってした行為に該当することが明らかである（原告は被告の辻和に対する本件各約束手形の買戻し請求権の行使が更生債権者及び更生担保権者を害する行為であると主張するが、それは辻和の行為でないのみならず、弁済こそがそれらを害する行為であって、右買戻し請求権の行使自体はそれらを害する行為に該当しないと解すべきである。）。」

●事案の特徴

　この事案は、会社が銀行と割引手形の振出人に支払停止等の事由が生じたときは手形を直ちに買い戻す、財産・経営に関する報告義務違反があったときは期限の利益を喪失するなどの内容のある銀行取引約定を締結し、手形割引、融資の取引を行っていたところ、銀行の要求で会社更生手続開始決定の申立ての直前に手形の買戻し、債務の弁済を行ったことから、更生管財人が銀行に対して故意否認を主張し、否認権を行使した事件である。この事案は、銀行の債権回収が問題になったこと、銀行による取引先である会社の会社更生手続開始決定の申立ての直前の債権回収が問題になったこと、会社の取引先の倒産により資金繰りが極めて困難になったこと、銀行が手形買戻し、弁済の要求をし、会社がこの要求に応じたことが問題になったこと、会

社が会社更生手続による倒産をしたこと、更生管財人が故意否認を主張し、否認権を行使したことに特徴がある。

● 判決の意義

この判決は、会社が銀行から「連日にわたる強硬な取立及び担保提供の要求を受けた」こと等を認め、故意否認を認めたものであり、その旨の事例判断を提供するものである。この判決は、銀行の債権回収につき厳格な責任を認めたものであり、取引先の倒産間際における銀行の従業員の言動を認定し、銀行の債権回収の実態の一例としても参考になる。なお、この事案の銀行は、次に紹介する裁判例の信用金庫の従業員の対応と比較すると、より問題点が明らかになるものである。

取引の相手方の資金繰りが悪化する等した事態においては、債権の管理、回収を厳格化し、迅速化することは重要な事項であり、銀行等の従業員としても気が急くことになるが、過ぎたるは及ばざるが如く、債権の回収に関する別の法律上の制約があることにも十分な注意を払うことが必要である。なお、否認の成否は、単に破産法等の倒産に関する法令上の私法的な問題にとどまらず、事情によっては刑罰に抵触することがあり、金融機関のコンプライアンス上重大な問題を惹起することにも留意することが重要である。

（2－5）信用金庫の割引手形の買戻しにつき否認が否定された事例［京都地判昭和58・7・18判時1096号142頁、金法1047号47頁］

●事案の概要●

Y信用金庫（京都中央信用金庫）は、A株式会社との間で割引手形の不渡りが生じたときは手形を直ちに買い戻すなどの内容のある取引約定を締結し、手形割引の取引を行っていたところ、Aは、昭和54年7月、手形買戻金を支払った後、同月、会社更生手続開始決定の申立てをし、昭和55年3月、会社更生手続開始決定がされ、Xが更生管財人に選任されたことから、Yに対して故意否認を主張し、買戻金の返還を請求したものである。この判決は、Aの前記申立ての日まで取引を継続し、

169

> 他の金融機関のような買戻しをさせなかったこと等の事情を考慮して故意否認を否定し、請求を棄却した。

●**判決内容**

「(カ) 更生会社が経営上行きづまったのは、7月9日、きさく商事が不渡りを出したため、金融機関が手形割引を拒否したり、手形の買戻しをさせたため、資金の枯渇が生じたからであるが、被告金庫は、本件買戻しのほか、更生会社に対し、格別の要求を出したり、資金を引きあげたりしたことはなかった。
(キ) しかも、本件買戻しは、6条に基づく日常業務としてなされたもので、更生会社の倒産必至を予見して要求されたものではない。
(ク) 他の金融機関は、積極的に更生会社の帳簿閲覧要求の挙に出たり、全割引手形を買戻しさせたりしたが、被告金庫は、そのような行動を起さず、更生会社の倒産を知ったのは、会社更生手続の申立後である7月22日又は同月23日であった。
(三) そうしてみると、本件買戻しは、法78条1項1号、3号によって否認される場合には該当しないとするほかない。」

●**事案の特徴**

この事案は、会社が信用金庫と割引手形の不渡りが生じたときは手形を直ちに買い戻すなどの内容のある取引約定を締結し、手形割引の取引を行っていたところ、手形の買戻しを行った後、会社更生手続開始決定の申立てをし、更生管財人が故意否認を主張し、否認権を行使した事件である。この事案は、信用金庫の債権回収が問題になったこと、信用金庫による取引先である会社が会社更生手続開始決定の申立て前に行った債権回収が問題になったこと、会社につき会社更生手続開始決定がされたこと、更生管財人が信用金庫の割引手形の買戻し（買戻金を支払わせ、会社に買戻しをさせたこと）につき故意否認を主張し、否認権を行使したことに特徴がある。

●**判決の意義**

この判決は、故意否認を否定したものであるが、その理由の一つとして、他の金融機関のような積極的な債権回収を行わなかったことを指摘しているものであり、その旨の事例判断を提供するものである。控訴審判決につき〔2−6〕参照。

(2−6) 前記(2−5)の控訴審判決であり信用金庫の割引手形の買戻しにつき否認が否定された事例［大阪高判昭和59・3・29金法1086号34頁］

●事案の概要●

前記の〔2−5〕京都地判昭和58・7・18判時1096号142頁、金法1047号47頁の控訴審判決であり、Xが控訴したものである。

この判決は、原判決を引用し、故意否認を否定し、控訴を棄却した。

●判決の意義

この判決は、第一審判決である前記の〔2−5〕京都地判昭和58・7・18判時1096号142頁、金法1047号47頁と同様な意義をもつものである。

(2−7) 銀行の譲渡担保設定につき否認が肯定された事例［東京地判昭和60・8・7判時1194号123頁］

●事案の概要●

銀行業を営むY株式会社（株式会社青森銀行）は、A株式会社、そのグループ会社に融資をしていたところ、昭和56年11月、Aが手形14通につきYに譲渡担保として提供し、同年12月、Yが手形を取り立て、債権を回収したが、その前である譲渡担保の直後、Aが破産宣告の申立をし、Xが破産管財人に選任され、Yに対して譲渡担保につき否認権を行使し、回収金の支払を請求したものである。この判決は、否認権の行使を肯定し、請求を認容した。

●判決内容

「右認定事実によれば、新旭川は早くから経営的に苦境にあり、信用不安説が流れる等しており、現に昭和56年9月頃以降は、右経営苦境から合理化を遂行せざるを得ない状況にあった一方、被害においても右信用状態を警戒していたので、新旭川が倒産に陥るかどうかを察知し易い状態にあったと考えられる。

また、新旭川から北日本木材への被告からする融資の移転計画自体新旭川に不利

171

益であるうえ、被告の新旭川に対する貸金5億円の弁済期は、うち4億円が昭和57年1月18日、他の1億円が同月21日であることは当事者間に争いがないところ、本件各手形の満期は、右弁済期よりもかなり前の昭和56年11月30日であり、本件各手形の取立金が新旭川に戻されることなく貸金の弁済に充当されるとすれば、新旭川にとって相当の不利益である。

更に、……中には、新旭川から昭和56年11月26日手形取立依頼のあった9400万円につき譲渡担保差入証を徴求し保全を強化した旨の記載があり、……中にも、本件各手形は、ある面では保全の強化になることから受入れた旨の供述が存する。

以上の諸事情及び証拠からすれば、本件各手形への譲渡担保設定、これに基づく被告への裏書交付は、仮に、新旭川の保証付でなされるべき北日本木材への融資実行の前提として新旭川の被告に対する貸金債務のうち1億円の弁済をする源資とするためとの一面があったとしても、他面、右以上に、被告が新旭川の倒産の間近いことを察知し、これに備えて自己の新旭川に対する貸金の確保回収を図ってさせた疑いが濃いものというべきである。

従って、前記証人成田忠義、同鳴海通温の被告主張に沿う供述は措信し難く、右供述の他には、前記被告主張を認めるに足りる証拠はない。

3　よって被告の善意の抗弁は失当であり、本件各手形の譲渡担保設定、これに基づく被告への裏書交付に対する原告の否認権の行使は有効とみるべきであり、被告は、この結果、原告に対し、本件各手形の取立金を返還する債務を負担するに至ったものというべきである。」

●**事案の特徴**

この事案は、銀行が会社とそのグループ会社と融資取引を行っていたところ、破産宣告の申立ての直前に手形につき譲渡担保を設定し、手形金を回収したため、破産宣告後、破産管財人が銀行に対して否認権を行使した事件である。この事案は、銀行の債権回収が問題になったこと、銀行が取引先である会社の破産宣告の申立ての直前に手形の譲渡担保を受けたこと、会社につき破産宣告がされたこと、破産管財人が譲渡担保につき否認権を行使したことに特徴がある。

●**判決の意義**

この判決は、譲渡担保の設定前の会社の経営状況、銀行の従業員の言動等を認定し、否認権の行使を肯定したものであり、その旨の事例判断を提供するものである。

なお、この判決は、銀行の従業員の証言を措信し難いとして排斥しているが、要するに銀行の従業員が事実に反する証言をしたものと判断した事例としても参考になる。

(2-8) 銀行の弁済受領につき否認が肯定された事例［津地松阪支判平成2・12・27金判869号25頁］

●事案の概要●

A株式会社（代表者はBで、Bの個人会社であった）は、Bの親族Y_1が連帯保証をし、銀行業を営むY_2株式会社（株式会社第三銀行）から運転資金の融資を受けていたところ、第1回目の手形不渡りを出す前、Y_2に受取手形で優先弁済をすることにすることを申し出、Y_2の担当者が手形の満期日までに他の債権者から手形債権が差し押さえられることを防止するため、手形を一旦AからY_1に裏書譲渡し、Y_1から保証債務の履行としてY_2に取立委任することとし、Y_1が新たに預金口座を開設し、Y_2が手形を取り立て、Y_1の口座に入金し、貸金の弁済に振り替える処理をしたが、Aが手形不渡りを出して倒産し、破産宣告を受け、Xが破産管財人に選任され、XがY_1への手形の裏書譲渡、Y_2への弁済につき否認権を行使し、Y_1らに対して手形金の返還を請求したものである。この判決は、Y_2らによる一連の処理が実質的にY_2への弁済であるとし、否認権の行使を認め、Y_2に対する請求を認容し、Y_1に対する請求を棄却した。

●判決内容

「2　証人北垣内は、本件手形金による被告銀行への弁済について、他の債権者からの差押を避けるため保証人からの弁済の形をとることを被告銀行担当員が勝田に示唆したことはなく、それは被告銀行の関知しないところで画策されたものであったかの旨証言するが、右証言部分は、証人勝田及び被告中西の前記各証言及び本人尋問の結果のほか、以下の点に照らしても、容易に信用することができない。
前記認定の事実からも明らかなように、勝田及び被告中西としては、要するに、

本件手形金をもって、同被告が保証人となっている被告銀行等に対する破産会社の借受金債務を弁済することを、端的な目的としていたものであるところ、そのためには、本件手形を破産会社から直接被告銀行に取立委任し、取り立てた金員をもって右弁済に充てるのが最も簡潔で手っ取り早い方法であったはずである。しかるに、前記のとおり、本件手形には破産会社の裏書に続いてわざわざ被告中西が裏書をし、同被告から被告銀行に取立委任をした形をとり、それまで被告銀行花岡支店と取引のなかった同被告の預金口座を同支店に設けて、取り立てた手形金を一旦これに入金したうえ、被告銀行等への債務弁済に振り替えるなどの迂遠かつ煩雑な手続がとられているのであるが、これが、勝田の及び被告中西らの独自の知識に基づく画策によるものとはたやすく推測できないし、そもそも本件手形を破産会社から直接被告銀行に取立委任したのでは支払期日までに他の債権者から手形債権差押などの法的手段をとられる恐れがあること及びこれを避けるためには右のような手続を踏むことが有効であることなどの知識を、同人らが予め有していたということも容易に理解し難いところであって、そこには被告銀行担当員の何らかの示唆あるいは関与があったことを十分推測することができ、また被告銀行担当員が、前記のとおり破産会社が危機状態にある際に、右被告中西名義の新規預金口座の開設及び同口座への本件手形金の入金、さらには同口座からの破産会社の被告銀行等に対する借受金債務への振替弁済などの手続の依頼を受けるに当たって、そのことの目的を関知していなかったということも極めて不自然であり、納得できないところである。

三、以上によれば、本件手形金をもってなされた破産会社の被告銀行等に対する借受金債務の弁済は、その手形上の裏書記載及預金振替手続等の上からは被告中西からの入金によるものであるかのごとく処理されているが、それは、他の債権者の妨害を避けるためにとられた便法であって、その実質は、破産会社からの被告銀行等に対する弁済行為にほかならないものと認めることができ、かつ、破産会社が、当時これが破産債権者を害する行為であることを知っていたことは明らかである。」

● 事案の特徴

　この事案は、会社が銀行と融資取引を行っていたところ（会社の代表者の親族が連帯保証をしていた）、会社が手形不渡りの直前に保証人に受取手形を裏書譲渡し、保証人が銀行に新たに預金口座を開設し、銀行に手形の取立てを委任し、取立金を預金口座に入金し、銀行が貸金の弁済として振替処理をしたため、その後、会社が手形不渡りを出し、破産宣告を受け、破産管財人が銀行らに対して否認権を行使した事件である。この事案は、銀行の債権回収が問題になったこと、銀行が取引先である破産宣告の前にやや複雑な取引を介して融資の弁済を受けたこと、銀行が会社から直接に弁済を受けたもの

ではなく、会社が受取手形を保証人に裏書譲渡し、保証人が手形の取立てを銀行に委任するとともに、銀行に新たに預金口座を開設し、銀行が手形金を取り立て、預金口座に入金し、弁済として振替処理をしたこと、会社がその後に破産宣告を受けたこと、破産管財人が銀行の弁済につき否認権を行使したことに特徴がある。

● 判決の意義

　この判決は、会社が受取手形を裏書譲渡する等の取引経過を認定し、取引の外形が他の債権者の妨害を避けるためにとられたものであり、実質は、銀行に対する弁済にほかならない等とし、否認権の行使を肯定したものであり、重要な事例判断として参考になるものである。この判決は、銀行の従業員が行った取引が不自然であること、銀行の従業員の証言が信用できないとして排斥されたことにも重要な特徴があるところであり、前記のとおり、債権の回収に当たって過ぎたるは及ばざるが如しとの格言とともに、不自然な取引を工夫すること自体、問題の実質を隠そうとする意図を顕在化することにもなり、頭隠して尻隠さずとの格言にも当てはまることになろう。

（2−9）信用金庫の転付命令につき否認が肯定された事例［静岡地判平成4・12・4判時1483号130頁、判タ809号220頁］

●事案の概要●

　Ａ株式会社は、経営が悪化していたところ、メインバンクであったＹ信用金庫（島田信用金庫）は、ＢにＡの代表取締役副社長の就任を要請し、Ｂが経営再建を担当したものの、新たな事業として取り組んだ不動産事業にも失敗する等し、手形不渡りを出し、和議の申立てをしたところ、Ｙがその間Ａに対して貸金の返済を請求する訴訟を提起し、勝訴判決を得て、Ａの有する債権につき差し押さえ、転付命令を受けたが、Ａに対する債権者であったＣ株式会社の破産宣告の申立てにより、Ａが破産宣告を受け、Ｘが破産管財人に選任されたことから、Ｙに対して転付命令につき否認権の行使をし、被差押債権がＸに帰属するこ

第 2 章　銀行等に対する否認権行使をめぐる裁判例

> との確認を請求したものである。この判決は、否認権の行使を認め、請求を認容した。

● **判決内容**

「2　右事実によれば、被告は、塚田が代表取締役に就任する以前から破産会社のいわゆるメインバンクの地位にあり、資金の融資の面で破産会社と密接な繋がりを有していたのみならず、取締役副社長を派遣し、さらには事実上その代表取締役を交代させることができる程度にまで、破産会社の経営に深く関与していたこと、また、被告は、塚田が代表取締役に就任した後は、理事の高松正人が塚田から破産会社の資金繰り状況について報告を受け、援助を求められており、破産会社が資金繰りに苦慮していたことを知悉していたことを認めることができ、さらに、被告は、破産会社が和議開始の申立てをする前に、塚田からそのことについて相談を受け、申立ての直後にもその報告を受けるとともに、常務理事の小塩昭吾が裁判所の審尋を受けているのであるから、右二の2のとおり、破産会社が、和議開始の申立てをした平成元年5月29日当時、弁済期を目前に控えた7億8000万円余りの手形、小切手債務の弁済の目途が立たず、弁済禁止の保全命令を得なければ、銀行取引停止処分を受ける事態となること、及び破産会社が第1回目の手形不渡りを出したことが原因となって既に正常な会社経営ができない状態に追い込まれていたことをいずれも知っていたものと推認することができる。

そうすると、被告は、破産会社が和議開始の申立てをした時点において、支払停止の状態にあったことを知っていたものと認められる。

なお、塚田の代表取締役就任以前から破産会社が対銀行用を含む数種類の帳簿を作成していたこと及び被告が破産会社から受ける決算報告について疑いを抱いていたことは、前記二の1の（一）及び三の1の（三）のとおりであり、これらの事実と証人川本明弘の証言とによれば、被告は破産会社の正確な資産負債及び損益の状況を十分把握していなかったことが窺われる。しかし、被告が破産会社から受ける決算報告について疑いを抱き、これを必ずしも信頼していなかったことも右のとおりであり、さらに、前記のように、破産会社が資金繰りに苦慮しており、かつ、和議開始の申立てをした当時、弁済期を目前に控えた7億8000万円余りの手形、小切手債務の弁済の目途が立たず、弁済禁止の保全命令を得なければ、銀行取引停止処分を受ける事態となることは知っていたと認められるのであるから、たとえ、被告が破産会社の正確な資産負債及び損益の状況を充分把握してしなかったとしても、破産会社が支払停止の状態にあったことを知っていたとの認定の妨げとなるものとはいえない。」

●事案の特徴

　この事案は、経過がやや複雑であるが、会社が経営悪化し、メインバンクである信用金庫が経営再建に乗り出したものの（代表取締役副社長を派遣した）、手形不渡りを出し、和議の申立てをした後、信用金庫が会社に対して貸金の返済を請求する訴訟を提起し、勝訴判決を得て、Aの有する債権につき差し押さえ、転付命令を受けたところ、会社が債権者の申立てにより、破産宣告を受け、破産管財人が信用金庫に対して転付命令につき否認権を行使した事件である。この事案は、信用金庫の債権回収が問題になったこと、信用金庫が会社のメインバンクであったこと、信用金庫が積極的に経営再建を行ったものの、失敗したこと、会社が和議の申立てをした後、信用金庫が貸金返還請求訴訟を提起し、勝訴判決を受けた後、債権の差押え、転付命令を受けたこと、債権者が会社につき破産宣告の申立てをし、破産宣告の後、破産管財人が否認権を行使したことに特徴がある。

●判決の意義

　この判決は、メインバンクである信用金庫が会社の経営再建を行った経過を認定し、和議の申立てをした時点で支払停止であることを知っていた等とし、否認権の行使を肯定したものであり、その旨の重要な事例判断として参考になるものである。

　この判決は、会社のメインバンクが会社の経営再建に積極的に乗り出し、再建に失敗した事案について、信用金庫に対する否認権の行使が認められたものであり、信用金庫が会社の経営再建を積極的に行った場合の否認権の行使のリスクを示すものである。

　なお、破産法上の否認権の行使のリスクは、事情によっては刑事法上の刑罰、民事法上の損害賠償責任を伴うことがあることにも留意すべきである。

(2-10) 銀行の根抵当権の設定につき否認が肯定された事例［福岡地判平成5・12・6判タ859号264頁］

●事案の概要●

　銀行業を営むY株式会社（株式会社西日本銀行）は、A株式会社に融資を行っていたところ、延滞が発生し、支払期限を延期したものの、支払がされなかったこと等から、非拘束性の定期預金につき出金禁止の措置をとる等し、A所有の土地につき根抵当権設定契約を締結し、その旨の登記をしたが、その後間もなく、Aが破産宣告の申立てをし、破産宣告を受け、Xが破産管財人に選任され、Yに対して根抵当権設定につき否認権を行使、否認の登記手続を請求したものである。この判決は、否認権の行使を認め、請求を認容した。

●判決内容

　「(二)　右に認定したところによれば、被告は、本件手形金につき延滞が発生した後、当初の支払期限の平成3年3月29日をいったん同年4月30日に延期し、これを更に同年5月10日まで延期したにもかかわらず、その支払を得られず、その支払の担保として破産会社から受け取った同年6月4日付けの小切手についても、決算資金の手当がつかないまま依頼返却となった等の事実経過のもとにおいて、すでに平成3年5月13日の時点で、破産会社のスターリングに対する請負代金債権について債権譲渡契約書及び同通知書を徴求し、同月29日には、スターリングの代表者から右債権譲渡の承諾を求むべく同代表者に直接電話をかけて交渉している上、同年6月5日に至っては、破産会社の非拘束性の定期預金について出金禁止の措置をとるとともに不動産仮差押手続の準備にまで着手しているのであって、自己の債権保全策を着々と強化していることが認められる。

　本件根抵当権設定契約は、このような経過を経て同年6月6日及び12日に締結されたものであるところ、右のような被告の行動の推移に照らせば、被告は、本件根抵当権設定契約締結前の時点で、すでに自己の債権の保全に不安のあることを認識しており、本件根抵当権設定契約締結の際には、単なる不安という程度ではなく、本件土地につき根抵当権の設定を受けておかなければ、自己の債権の満足に不足を生ずることを認識していたものといわざるをえない。

　被告は、破産会社が第1回目の手形不渡を出したのは本来の手形決済日の前日の平成3年6月12日であり、破産会社でさえも右手形が支払に回ってくることを予期

していなかったから、被告にとって破産会社の倒産は全く予想外の出来事であったとして、本件根抵当権設定契約締結の際、破産債権者を害することは知らなかったと主張する。

しかしながら、『破産債権者を害する』とは、債務者の資産状態がすでに実質的な危機状態にあるため、当該行為の結果として、債務者の一般財源が減少し、破産債権者の満足に不足を生ずることをいうものであるから、被告が、前示のような認識を有していた以上、破産会社の倒産を予測していなかったとしても、本件根抵当権設定契約締結の際、破産債権者を害することを知らなかったとはいえないものというべきであり、被告の右主張は、採用することができない。」

● 事案の特徴

この事案は、会社が銀行と融資取引を行っていたところ、融資債務の返済が遅滞する等したことから、会社所有の土地に根抵当権設定契約を締結し、その旨の登記を経由し、その後間もなく会社が破産宣告を受け、破産管財人が銀行に対して根抵当権設定につき否認権を行使した事件である。この事案は、銀行の債権回収が問題になったこと、会社が融資債務の支払いを遅滞する等したことから、破産宣告の間際に銀行に土地を担保として提供したこと（根抵当権を設定したこと）、会社が破産宣告を受けたこと、破産管財人が根抵当権設定につき否認権を行使したことに特徴がある。

● 判決の意義

この判決は、会社が融資債務の弁済を遅滞する等した後の経過を認定したうえ、否認権の行使を肯定したものであり、その旨の事例判断を提供するものである。

〔2-11〕銀行の株式等の担保設定につき否認が肯定された事例［大阪地判平成9・3・21判時1628号64頁、判タ956号295頁、金判1053号26頁］

━━━━●事案の概要●━━━━

料亭を経営していたAは、銀行業を営むY株式会社（株式会社日本興業銀行）から巨額の融資を受け、株式投資、不動産投資等を行い、融資の返済を繰り返していたが、バブル経済の崩壊等により返済に窮するようになり、B信用金庫（東洋信用金庫）のC支店長を通じてBの定期預

金証書を偽造し、Yを含む金融機関に担保として差し入れる等したところ、これらの預金証書が問題になる中、これらの預金証書との差替えのためYがAの保有する株式等に担保権を設定する等した後（株式等は処分された）、Aにつき破産宣告がされ、Xが破産管財人に選任されたことから、Yに対して担保供与につき否認権を行使し、原状回復として株式等の相当額の支払を請求したものである。この判決は、Aの担保提供約束、担保供与義務を否定し、担保供与につき否認権の行使を認め、請求を認容した。

● 判決内容

「右認定の事実経過に照らすと、被告担当者らは、一連の架空預金事件や破産者から東信定期につき口止めの電話連絡を受けたことなどから、東信定期300億円（及び同155億円）が架空預金ではないかとの強い疑念を持つに至り、さらに、破産者が架空預金を利用しているとの疑念は、前年1月以来の株価の著しい下落と相まって、巨額の株式投資を行っていた破産者の資産状態がかなり悪化しているものとの疑念（すなわち、資産状態悪化の蓋然性の認識）につながり、そのために、同年7月30日以降、東信定期を他の担保と差し換えるべく破産者と長時間にわたり執拗に折衝し、本件担保約束及び同供与を得るに至ったと推認することができる。

この点に関し、被告は、破産者の資産状態に格別の疑念を抱いたことはなく、東信定期が架空預金であることを知ったのは同年8月10日になってからであると主張し、証人H、同Bの証言中にはこれに沿う証言部分が存するが、前記認定の被告担当者らの同年7月30日以降の一連の行動に照らすと、東信定期と株式との担保差換えを早急に実現すべく、躍起となって破産者と折衝していたことが窺われるのであって、これは、東信定期が架空預金であるとの疑念、ひいては破産者の資産状態の悪化という疑念があったためであると考えざるを得ない。もし、そうでなければ、本来確実な担保価値を有するはずの東信定期を確保しているにもかかわらず、担保価値の不安定な株式を代替担保として提供させるために、被告担当者が破産者の店舗に長時間詰めて折衝に当たるなどの一連の行動は到底理解し難い。よって、右各証人の右証言部分は到底信用できない。

また、被告は、東信定期300億円と株式との担保差換えは、破産者からの申し出に被告が応じたにすぎない旨主張し、証人H、Bの証言中にはこれに沿う証言部分が存するが、右各証言部分によっても、破産者が被告に担保差換えを求めた具体的理由が明らかでないこと、のみならず、甲第18号証によれば、破産者は、同月5日に

被告から返還を受けた東信定期155億円を直ちに富士銀行に担保として差し入れ、従前同行に差し入れていた株式の担保解除を受けていることが認められ、この事情に照らすと、破産者において、架空預金の発覚を恐れて東信定期を手元に回収しようとする意図があったことも認め難いこと、及び前記認定の被告担当者との折衝における破産者の態度などを考慮すると、破産者が右担保差換えに執着していたとは認め難く、むしろ被告担当者こそがこれに執着していたものであって、この点に関する右各証人の右証言部分も信用できない。」

●事案の特徴

　この事案は、料亭の経営者が大手の銀行から巨額の融資を受ける取引を行っていたところ、信用金庫が関係した不祥事をきっかけにして、銀行が経営者の保有する株式等担保権を設定する等したため、経営者が破産宣告を受けた後、破産管財人が銀行に対して否認権を行使した事件である。この事案は、大手の銀行が関係した不祥事として報道される等し、社会的にも大きな話題になった事件であり、融資のきっかけ、融資の経過・内容、料亭の経営者が行った各種の投資取引の内容、取引の破綻の経過等につきバブル経済の崩壊を象徴する一つの事件ということができる。

●判決の意義

　この判決は、否認権の行使を肯定したものであり、その旨の事例判断を提供するものである。

(2−12) 信用金庫の根抵当権の設定につき否認が肯定された事例［東京地判平成10・12・25金判1072号42頁］

━━━━●事案の概要●━━━━

　A株式会社（代表者はB）は、Y₁信用金庫（王子信用金庫）がメインバンクであり、融資を受けながら、Y₂株式会社との継続的な取引を行う等して事業を展開していたところ、Y₁は、Aの融資の申出につき、追加担保を求め、Aが市街化調整区域にある土地と違法建築の建物に根抵当権の設定を提案したことに難色を示したものの、他に担保がなかったことから、登記手続に必要な書類の交付を受けて登記を留保した

が、Aの取引先が手形不渡りを出し、Bが善後策をY_1らと協議をし、Y_2に債務の代物弁済として本件土地、建物を譲渡し、Y_1が根抵当権の設定登記をしたところ、Aにつき破産宣告がされ、Xが破産管財人に選任されたため、主位的に本件土地、建物の所有権に基づき根抵当権設定登記等の抹消登記手続を、予備的に否認権を行使し、Y_1に対して根抵当権設定登記の否認登記手続、Y_2に対して所有権移転仮登記の否認登記手続を請求したものである。この判決は、根抵当権設定登記等がAの意思に基づき行われたとし、主位的請求を棄却し、Y_1の悪意による根抵当権設定登記を認め、否認権の行使を肯定し、予備的請求を認容した。

●**判決内容**

「(一) (被告王子信金の根抵当権設定登記の否認) について
　後記認定事実によると、被告王子信金は、破産者の事務所等が閉鎖され、破産者の当座預金に当日の手形決済資金の手当がされていないことを確認した上で、本件根抵当権設定登記を経由しているのであるから、本件根抵当権設定登記を経由する際、破産者の支払停止の事実を知っていたものというほかない。したがって、請求原因4は理由がある。
　……
　しかし、約束手形の割引を銀行が拒否する姿勢を示すようになったことから、甲野春子は、破産者の倒産はやむを得ないと考え、平成6年4月11日、乙川花子と共に被告王子信金綾瀬支店を訪れ、支店長らにその事情を説明した。そこで、被告王子信金綾瀬支店長らは、登記を留保している前記根抵当権 (極度額2億円) につき登記することとし、甲野春子らに対し、その旨説明して登記手続に必要な印鑑証明書の差し替えを求めた。ところが、甲野春子が手形不渡りを回避するよう努力する旨述べたので、被告王子信金は、もうしばらくの間、前記根抵当権につき登記手続をせずに様子を見守ることとした。
　……
　破産者は、平成6年4月15日、第1回目の手形不渡りを出したが、被告王子信金は、同日、破産者に電話をしても通じないし、破産者の事務所等が閉鎖されていたので、破産者の当座預金の残高を確認したところ、同日満期の約束手形の資金手当てがされていないことが判明した。そこで、被告王子信金は、直ちに本件土地建物について、前記書類を利用して根抵当権設定登記手続 (原因・平成6年4月15日設

定、極度額・2億円）をした。なお、同日、破産者は、本件土地建物について、被告相互金属から渡された前記委任状等を利用して、平成6年4月5日売買を原因とする本件仮登記を経由している。」

●事案の特徴

　この事案は、会社が信用金庫をメインバンクとして融資取引を行っていたところ、信用金庫が会社の融資の申出につき追加担保の提供を求め、登記手続に必要な書類の交付を受けて登記を留保した後、会社の取引先が手形不渡りを出し、信用金庫と善後策をと協議をしたものの、信用金庫が前記書類を利用して根抵当権の設定登記をしたが、会社の破産宣告後、破産管財人が信用金庫に対して否認権を行使した事件である。この事案は、信用金庫が会社のメインバンクであったこと、信用金庫が会社から融資の申出を受け、不動産につき追加担保を求めたこと、信用金庫が根抵当権設定登記手続に必要な書類を受け取りながら、登記留保をしたこと、会社の取引先が手形不渡りを出し、会社が信用金庫と善後策を協議した後、間もなく信用金庫が根抵当権設定登記を経由したこと、会社が破産宣告を受け、破産管財人が根抵当権設定につき否認権を行使したことに特徴がある。

●判決の意義

　この判決は、破産管財人による信用金庫の根抵当権設定につき否認権の行使を肯定したものであり、その旨の事例判断を提供するものである。

　この事案では、信用金庫が会社のメインバンクであり、会社の経営状況を十分に知っていただけでなく、資金繰りに窮した状況で善後策を協議していたものであり、登記留保を利用していたことが債権回収に失敗した原因になっているものである。

（2−13）銀行の繰上げ弁済の受領につき否認が肯定された事例［東京地判平成12・1・24判時1713号79頁］

●事案の概要●

　木材、建材等の販売を業とするA株式会社は、メインバンクである

銀行業を営むY株式会社（株式会社東海銀行）から継続的に融資を受けていたところ、Aが経営困難になったため、Yに1億3043万円の繰り上げ弁済をし（弁済を受けた融資債権が保証協会の保証付であった）、その3日後にAが破産宣告を受け、Xが破産管財人に選任されたため、Xが否認権を行使して、Yに対して弁済分の返還を請求したものである。この判決は、否認権の行使を肯定し、請求を認容した。

●判決内容

「(四) さらに、前記1のとおり、平成10年5月には、一部取引先においては破産者の信用不安が噂され、また、それまでには破産者内部においても種々取り沙汰されており、短期間のうちに8名もの退職者を出したり、従業員が相次いで財形貯蓄を解約するなどの異常な事態に立ち至っており、到底通常の業務を執り行える状況ではなかったことが窺えるのであって、担当者が破産者を定期的に訪問し、かつ、従業員の給与関係を含む破産者の金融全般に深く関与していた被告にあっては、当然、少なくとも右の状況を十分知りうる立場にあったということができる。
(五) これらの事情を総合すると、被告は、単に抽象的に、破産者のメインバンクとして、従業員を含む破産者の全財産状況を把握しうる立場にあったという以上に、具体的、個別的事情によっても、破産者が経済的に破綻に瀕していることを認識しうる十分な機会を有していたものと認められ、かかる事情下にあっては、むしろ、被告が右事実を知っていたと推認されるのが一般的であり、それにもかかわらず、被告において、右事実を知らなかったというためには、相当具体的かつ確実な立証を要するものと解するのが相当である。
　　……
4　また、被告は、本件弁済を受けた債権が、いずれも保証協会の保証付き債権であることを理由に、もし、被告が破産者の経済的破綻を認識していたとすれば、担保でしかカバーされない債権を残し、保全100パーセントの保証協会の保証付貸金の弁済を優先して受けることは絶対にあり得ない旨主張する。
　確かに、被告の右主張には、一応の合理性が認められる。しかしながら、……によれば、破産者から本件弁済の申し出があったとき、被告からは、手形貸付金に対する弁済として受け入れたい旨強く希望したことが認められるのであって、被告としては、保証協会の保証のない債権から回収したかったものの、太郎らが、飽くまでも自分たちが連帯保証した債務についての弁済に強く固執したため、やむを得ず、これを受け入れたに過ぎないことが窺えるのであって、かかる事情のもとにあっては、保全100パーセントの保証協会の保証付貸金の弁済を優先して受けることは絶対

にあり得ないとまで言い切れるのか疑問なしとしない。よって、本件弁済の対象が保証協会の保証付の債務であったからといって、それをもって、直ちに、被告が債権者を害することを知らなかったものとまで認めることはできないというべきである。

　……

6　以上の結果、被告主張の諸事実を最大限考慮しても、被告が破産者から破産申立てに関して（4日後に申立をするなどという）具体的な事情を知らされておらず、本件弁済直後の破産申立てという事態まで予測していなかった可能性は認められるものの、前記認定の事情のもとにおいては、それ以上に、本件弁済が、結果的に破産者の債権者間の公平を害することになることについて、知らなかったとまで認めるには、なお十分とは言い難い。」

●事案の特徴

　この事案は、会社がメインバンクである銀行と融資取引を行っていたところ、経営が困難になり、1億3043万円の繰上げ弁済をし、その3日後に会社が破産宣告を受け、破産管財人が銀行への弁済につき否認権を行使した事件である。この事案は、銀行が会社のメインバンクであったこと、会社の経営が困難になった状況の下で銀行が繰上げ弁済を受けたこと、弁済額が多額であったこと、弁済が保証協会の保証付融資につきされたこと、弁済の3日後に会社が破産宣告を受けたこと、破産管財人が繰上げ弁済につき否認権を行使したことに特徴がある。

●判決の意義

　この判決は、会社の銀行に対する保証協会の保証付融資の繰上げ弁済につき破産管財人の否認権の行使を肯定したものであり、その旨の事例判断を提供するものである。

〔2-14〕信託銀行の債権譲渡の対抗要件具備につき否認が肯定された事例
　　　　　［大阪地判平成13・10・11金法1640号39頁］

　　　　　　　　●事案の概要●

　信託銀行業を営むX株式会社（東洋信託銀行株式会社）は、リース業を営むY株式会社（A信用組合の事実上の子会社であった）と銀行取引約

定を締結し、融資を行い、Yが取引先に対して有するリース債権につき集合債権の譲渡の予約をしていたところ、Aの経営破綻が報道される等したことから、予約完結権の意思表示をし、あらかじめ預託を受けていた債権譲渡通知書をYの取引先に発送したが、Yが譲渡債権の支払のために振り出された手形をそのまま保持し、取引先から引き続き支払を受け、Yにつき民事再生手続開始決定がされ、Zが監督委員に選任されたところ、XがYに対して手形の引渡し、受領金の返還を請求したのに対し、Zが訴訟に参加し、債権譲渡の対抗要件具備につき否認権を行使し、譲渡債権がYに帰属することの確認を請求したものである。この判決は、否認権の行使を認め、Xの請求を棄却し、Zの請求を認容した。

●判決内容
「3　争点(2)（被告の『支払の停止』時期）について
(1)　参加人は、被告が支払猶予を求める内容の按分弁済案を作成した平成12年8月28日の時点又は被告が按分弁済案を実施できない状況となった同年12月15日の時点で『支払の停止』（民事再生法129条1項）状態であったと主張する。
(2)　民事再生法129条1項の『支払の停止』とは、債務者が資力欠乏のため債務の支払をすることができないと考えてその旨を明示的又は黙示的に外部に表示する行為をいうと解されるところ、争いのない事実及び……により認められる事実を総合すれば、次の事実が認められる。
　　……
(4)　しかし、当時の被告の経営状況からすると、被告は、借入先金融機関に対し、当初の約定の債務の支払ができない状態であり、借入先金融機関の協力又は関西興銀の支援が打ち切られると破綻が必至であることを前提にした按分弁済案の説明、説得を行い、借入先金融機関としても、被告が約定債務の支払ができない状況にあり、関西興銀から支援を受け、借入先金融機関の按分支払への協力を得ることで事業継続、破綻回避が可能となっていたことを認識していたと推認される。
　とすると、被告と借入先金融機関との従前のやりとりからして、関西興銀の破綻が明らかになった時点においては、関西興銀のみでなく被告もまた支払不能状態に陥ることは、被告と借入先金融機関の共通の認識となっており、被告は、関西興銀の破綻が一般的に明らかになった時点で、なお支払が可能であるとの意思等を表明

しておらず、したがって被告も支払不能状態に陥ったことを外部に黙示的に表示していたといえるから、その時点で、被告は支払停止となったというべきである。
……
4　争点(2)（被告の支払い停止についての原告の『悪意』）について
(1)　参加人は、原告が遅くとも平成12年12月20日の時点で被告の支払停止について悪意だったと主張する。
(2)　上記認定事実によれば、被告の借入先金融機関においては、被告の事実上の親会社である関西興銀が破綻すれば、被告がいかなる破綻処理手続を取るかは別として、被告が事実上経営破綻に陥るとの観測が一般的であったと推認できる。
　また、上記認定事実によれば、原告は、
ア　被告が平成9年9月ころから経営状態が芳しくなく、借入金の約定支払ができない状態にあったこと、
イ　被告は関西興銀から財政支援を受け、借入先金融機関から各期毎に按分弁済案の了承を得ることにより破綻を免れ、事業を継続している状態にあったこと、
ウ　被告は、関西興銀が破綻するか、又は借入先金融機関から按分弁済案の了承が得られない場合には債務の弁済をする見込みが立たなくなり、破綻に至るであろうこと、
を、遅くとも被告から按分弁済案についての説明を受けた平成12年9月1日の時点では知っていたと認められる。
　さらに、原告は、平成12年12月15日に関西興銀の破綻が大きなニュースとして広く一般に報道された時点で、被告が破綻必至の状況に置かれ、関西興銀破綻の報道を知った多くの金融機関から按分弁済案の拒否、残債務の一括支払請求、担保の実行等を受けるであろうことを認識していたと推認できる。
　加えて、原告は、上記認定のとおり、関西興銀の破綻直後の平成12年12月19日に被告に対し本件債権譲渡の通知を行っているが、我が国においては債権譲渡通知が債務者（債権譲渡通知人）の信用不安の現れとみられることが少なくないことからすると、原告が債権譲渡通知を行った事実は原告が被告の支払停止を知っていたことを裏付けるものといえる。
　以上の事実を総合すると、原告は、平成12年12月19日午前中に関西興銀破綻が大きく報道された時点において、被告が按分弁済案に必要な財政支援を受けられない状態に陥り、そのために借入先金融機関へ提示済みの按分弁済案に基づく支払すらできない状態にあったことを認識したものと認められ、原告は、同日以降、被告の支払停止の事実を知っていたと認められる。」

●事案の特徴
　この事案は、信託銀行が信用組合の事実上の子会社であるリース会社に融資をし、リース料の集合債権につき譲渡の予約をしていたところ、信用組合

第2章 銀行等に対する否認権行使をめぐる裁判例

の経営破綻が報道される等したため、信託銀行が予約完結権を行使し、あらかじめ受領していた債権譲渡通知書をリース会社の取引先に送付する等したが、リース会社につき民事再生手続開始の申立てがされ、開始決定がされ、監督委員が選任され、監督委員が債権譲渡の対抗要件の具備につき否認権を行使した事件である。この事案は、信託銀行がリース会社に融資を行っていたこと、リース会社は信用組合の事実上の子会社であったこと、信託銀行がリース会社の有するリース料の集合債権につき譲渡の予約をしていたこと、信用組合の経営破綻の情報が流れ、信託銀行が予約完結権を行使し、債権譲渡通知書をリース会社の取引先に送付したこと、リース会社が民事再生手続開始決定の申立てをしたこと、リース会社につき民事再生手続の開始決定がされたこと、監督委員が信託銀行に対して対抗要件の具備につき否認権を行使したことに特徴がある。

●判決の意義

　この判決は、リース会社の事実上の親会社が経営破綻した事態が公表されたこと等により、リース会社の支払不能状態が黙示的に表明されたということができるとしたうえ、債権譲渡の通知につき監督委員が否認権を行使したことを肯定したものであり、監督委員の否認権の行使を肯定した事例判断として参考になるものである。

　また、この判決は、親会社の経営破綻の報道等による子会社の支払停止を認めた事例判断としても参考になるものである。

〔2－15〕銀行の預金債権の相殺につき否認が否定された事例［東京地判平成15・10・9判時1842号109頁、判タ1162号286頁、金法1699号53頁、金判1177号15頁］

●事案の概要●

　A株式会社は、銀行業を営むY株式会社（株式会社日本長期信用銀行）、その関連会社によって設立され、リース業を営んでいたが、Yは、Aに対する1304億円の債権を放棄し、約900億円の新規融資を実施して

いたところ、平成10年10月、Ｙが金融監督庁から債務超過の判断の可能性のある検査結果を受け、金融再生委員会の監督下に置かれ、Ａが信託受益権解約返戻金の返還を受けることになり、うち180億円をＹに定期預金とし、その後、160億円に減額し、満期の都度定期預金として預入を続けていたところ、Ａが平成11年５月に破産宣告を受けたことから、Ｙが同年８月に定期預金債権を受働債権、Ａに対する貸金債権等を自働債権として相殺したため、Ａの破産管財人ＸがＹに対して否認権を行使し、160億円の支払を請求したものである。この判決は、否認権の行使を否定したものの、破産債権者が破産者の支払不能を知って破産財団に対して債務を負担したときは、破産法104条２号が類推適用され、破産債権者はその債務をもって相殺することが許されないとし、請求を認容した。

●判決内容

「２　否認権行使の適否
(1)　原告は、破産会社が支払不能の状況下で借入金等の債務を負担する被告に対し平成11年４月26日付け定期預金をしたことは、被告に相殺によって優先的に債権を回収させる手段を与え、一般破産債権者の配当原資を減少させるものであるから、破産法72条１号の故意否認の要件に該当し、また、上記定期預金は、破産宣告の申立てがされた平成11年５月25日から30日以内にされたから、破産法72条４号の危機否認の要件にも該当すると主張し、さらに、破産会社が平成10年10月21日付け、同年12月24日付け、平成11年１月25日付け、同年２月25日付け、同年３月25日付け、同年４月26日付けの各定期預金を繰り返し、満期において払戻しをせずに預金し続けていた行為は、満期において払戻しを受けていれば破産宣告後に破産財団を構成するはずの金員を、定期預金という形で拘束し、相殺可能な状態を作り出していたものであるから、一般債権者の配当原資を減少させるものであって、破産法72条１号の故意否認の要件に該当すると主張するので、検討する。
(2)　破産管財人の否認権の行使とは、破産者が破産宣告前に破産財団に属する財産についてした一般債権者に損害を与える行為につき、その効力を破産財団のために失わせ、破産財団を現状に回復させることであるから（破産法72条、76条、77条等）、一般破産債権者に損害を与える行為、すなわち詐害行為とは、一般破産債権者の共同担保である破産財団となるべき財産を不当に減少させる行為と解される。

189

ところで、破産者が、自己の資金を銀行に預金すること（銀行との間に金銭消費寄託契約を締結すること）は、自己の支配内の資金を外部に移動させることではあるが、他方、銀行に対して上記資金と等価の預金債権を取得することでもある。また、仮に預金契約を否認したとしても、これにより取得する金員の返還請求権も上記預金債権と等価であり、その権利行使の実効性に差異があるということもできない。したがって、銀行に対する預金行為は、破産財団となるべき財産を減少させることにはならないというべきである。
　また、破産法は、破産債権者が破産宣告当時破産者に対して債務を負担する場合は、破産手続によらないでその対当額について相殺をなし得る権利（相殺権）を認めており（破産法98条）、相殺権の対象となる破産者の財産は、そもそも破産財団に含まれないものとしている。そして、相殺権は、破産者が行使するものではないから、否認権の対象とはならず、破産債権者は否認権による制限を受けることなく自由に相殺権を行使することができる。
　その上で、破産法は、104条1号において『破産債権者ガ破産宣告ノ後破産財団ニ対シテ債務ヲ負担シタルトキ』、2号において『破産債権者ガ支払ノ停止又ハ破産ノ申立アリタルコトヲ知リテ破産者ニ対シテ債務ヲ負担シタルトキ』は相殺をすることができないと規定して、危殆時期に負担した債務については、相殺権の行使を制限して、相殺権者と一般破産債権者との利害の調整を図っている。
　以上のとおり、預金行為が破産財団となるべき財産を減少させるものではないことに加え、破産法が否認権により制限されない相殺権を認めた上で、104条1号、2号において危殆時に負担した債務について相殺権の行使を制限して、相殺権者と一般破産債権者との利害の調整を図っていることに照らすと、例え破産者が支払不能の状況にあったとしても、破産者が債務を負担する銀行に金員を預金することは、詐害行為には当たらないというべきである。そして、危殆時にされた預金についての相殺権者と一般破産債権者との利害調整は、否認権の行使ではなく、破産法104条1号及び2号の相殺権の制限によって行われるべきものと解される。
(3)　したがって、破産会社が借入金等の債務を負担する被告に対し平成11年4月26日付け定期預金をしたことや、平成10年10月21日付け、同年12月24日付け、平成11年1月25日付け、同年2月25日付け、同年3月25日付け、同年4月25日付けの各定期預金を繰り返したことは、詐害行為には当たらないというべきであり、原告の否認権行使の主張はいずれも理由がない。
3　相殺権行使の適否
(1)　原告は、破産債権者が破産者の支払い不能を知って破産者に対する債務を負担した場合は、破産法104条2号の類推適用により、この債務を持って相殺することが許されないところ、被告は、破産会社が支払い不能であることを知って平成11年4月26日付定期預金をしたから、この債務をもってする本件相殺の意思表示は無効であると主張するので、検討する。

(2) 破産法は、104条1号において、破産債権者が破産宣告後破産財団に対して債務を負担したときはその債務をもって相殺することが許されないものと規定しているのに加え、2号において、破産債権者が破産者の支払停止又は破産申立を知って破産財団に対して債務を負担したときもその債務をもって相殺することが許されないものと規定している。これは、破産宣告の後のみならず、破産宣告前であっても、破産債権者が、債務者（後の破産者、以下単に『破産者』という。）が危機状態にあることを知りながら、破産者に対して債務を負担し、この債務をもって自己の有する債権と相殺することを許せば、他の破産債権者との間に不均衡を招き、破産債権者平等の理念に反する結果となるので、そのような相殺を禁止したものと解される。

ところで、破産法104条2号は、破産債権者が破産者の支払不能を知っていたことを相殺禁止の要件として掲げていない。しかし、破産者の支払不能とは、破産者が支払手段の継続的欠乏のため、金銭調達の見込みがなく、即時に履行すべき金銭債務としての弁済を一般的になしえない客観的状態をいうのであり、破産原因にもされているのである（破産法126条1項）。

また、破産債権者が、破産者の支払不能を知った場合は、破産者の支払停止を知った場合よりも確実に、破産者が破産の危機にあることを知ることができる。そうすると、破産債権者が破産者の支払不能を知って破産財団に対して債務を負担した場合に、その債務をもって自己の有する債権と相殺することを許せば、他の破産債権者との間に不均衡を招き、破産債権者平等の理念に反する結果となり、また、そのような破産債権者を破産者の支払停止を知って破産財団に対して債務を負担した場合以上に保護する理由もない。

したがって、破産債権者が破産者の支払不能を知って破産財団に対して債務を負担した場合には、破産法104条2号が類推適用され、破産債権者はその債務をもって相殺することが許されないものと解するのが相当である。

……

ウ(ｱ) 上記事実関係によれば、破産会社は、平成10年9月当時、約476億円の債務超過となっていた上、支払時期の迫った約1060億円の債務を抱えていたが、みるべき業務もなく、被告の支援がなければ債務の弁済や業務の継続が不可能な状況にあったが、その被告が、経営悪化により、平成10年10月23日特別公的管理とされて、破産会社を支援する意思も能力もなくなっていたと認められるから、遅くとも、平成10年10月初旬以降は、破産会社は、支払手段の継続的欠乏のため、金銭調達の見込みがなく、即時に履行すべき金銭債務としての弁済を一般的になしえない客観的状態、すなわち、支払い不能に至っていたものというべきであり、被告も、上記状況を認識していたものというべきである。

(ｲ) これに対し、被告は、破産会社は平成10年5月以降も自転可能な状態であったと主張するが、破産会社の多額の債務超過やみるべき業務もない状況からすれば、およそ自転可能な状態であったとは認められない。

また、被告は、特別公的管理下で関連会社の整理統合が行われても、被告は破産会社を支援して、存続させるものと考えていたと主張するが、被告自身が平成10年11月ころ破産会社の清算を決め、破産会社もその意向を受けて、同月下旬ころから、被告の協力のもと、日本リース発行の ABS のバックアップサービサー、貸株、ジャパレバ業務等の業務の整理をしていたことは前示のとおりであるから、被告に主張のような破産会社支援の意思があったということもできない。

オ(ア)　そうすると、破産会社が平成11年4月26日に被告に定期預金160億円を預け入れたことにより生じた、被告の破産会社に対する預金返還債務は、被告が破産会社の支払不能を知って負担したものであるから、破産法104条2号の類推適用により、被告がその預金返還債務をもって反対債権と相殺することは許されないものというべきである。

　したがって、本件相殺の意思表示は無効ということになる。」

●事案の特徴

　この事案は、銀行が関連会社であるリース会社に対して巨額の債権を放棄した後、新規融資を実行していたところ、リース会社から信託受益権解約返戻金の返還を受けることになり、その一部を定期預金とする等していたところ、リース会社が破産宣告を受けた後、銀行が定期預金債権を受働債権、リース会社に対する貸金債権等を自働債権として相殺したため、破産管財人が銀行に対して銀行の行った相殺につき否認権を行使した事件である（この事案では、ほかにも銀行による相殺権の行使が問題になっている）。この事案は、銀行とその関連会社であるリース会社との融資、定期預金取引を行っていたこと、銀行がリース会社の支援を行っていたこと、関連会社が破産宣告を受けたこと、銀行が預金債権と融資債権を相殺したこと、破産管財人が銀行の定期預金債権の相殺につき否認権を行使したことに特徴がある。

●判決の意義

　この判決は、危殆時にされた預金についての相殺権者と一般破産債権者との利害調整は、否認権の行使ではなく、旧破産法104条1号および2号の相殺権の制限によって行われるべきものとし、否認権の対象となることを否定したものであり、相殺に対する否認権の行使を否定した旧破産法に関する解釈事例として参考になるものである。この判決は、最一小判昭和40・4・22

判時410号23頁、判タ176号107頁に従ったものである。なお、この判決は、銀行による相殺につき旧破産法104条1号、2号の規定の類推適用を認め、相殺の効力を否定したものであるが、破産法のこの規定のように関係者の利害が鋭く対立する法律関係を調整する規律について安易に類推適用を認めているものであり、賛成し難いものである。

　前記の最一小判昭和40・4・22判時410号23頁、判タ176号107頁は、相殺に対する否認権の行使について、

「所論は原審が本件相殺につき破産法72条各号に該当するか否かを判断しないで、直ちに否認権の行使を排斥したのは違法であるという。

　しかしながら、破産法が否認権と別個に相殺権を規定し、破産手続によらないでこれを行使することを許容したのは、破産開始前、既に相殺が許されている場合には、破産宣告があつても、破産債権者は何等これによつて妨げられることなく、当然の権利として相殺をなし得るものと認めたによる。けだし、破産債権者は自己の関与せざる相手方の破産という事実によつて、本来有する相殺権が影響を受くべき理由はないからである。ただこの権利が破産に際して濫用される弊害を慮つて、破産法104条は例外的に制限を規定したに止るのである。従つて、破産債権者の相殺権の行使は、右法条の制限に服するのみであつて、同法72条各号の否認権の対象となることはないものと解すべきである。」

と判示している。

(2-16) 銀行の弁済受領につき否認が肯定された事例［東京地判平成19・3・29金法1819号40頁、金判1279号48頁］

━━━●事案の概要●━━━

　A株式会社は、熊本県内の最大手の建設会社であり、銀行業を営むY株式会社（株式会社熊本ファミリー銀行）との間で手形貸付等の取引をしていたところ、平成17年11月、B建築士による耐震偽装問題が報道され、社会的な問題になり、Yは、耐震偽装が疑われる施工業者として指摘されたAの預金口座につき支払停止コードを設定し、預金を凍結するとともに、期限の利益の喪失をAに通知したのに対し、Aが支援を求めたものの、従業員の給料2カ月分に相当する預金を解放し、他の

> 預金13億円余につき貸付金回収口座に振り替え、貸付金を回収したところ、同年12月、Aが破産手続開始決定を受け、Xが破産管財人に選任されたため、Yに対して弁済金につき否認権を行使し、預金の払戻し、期限の利益喪失請求等につき不法行為に基づき損害賠償を請求したものである。この判決は、弁済の大半につき否認権の行使を肯定し、不法行為を否定し、請求を一部認容した。

● 判決内容

「まず、争点1（本件期限の利益喪失の請求の有効性［適法性］）について判断する。

被告は、木村建設に対して、常時14億円から15億円程度の貸付けを行っていたが、木村建設の建築工事の受注先が信用力のある大手企業が多かったことから、木村建設の工事代金を信用供与の基礎として、被告の木村建設に対する貸付けのうち、常時10億円前後は担保のない信用貸越しであり、平成17年11月19日の時点での木村建設に対する信用貸越しの額は、12億2258万2731円であって、木村建設が将来的に建設工事を受注することができることが被告の木村建設に対する信用供与の前提であったということができる。

本件新聞報道及び本件インターネット情報は、木村建設自体は、本件耐震偽装問題への関与を否定しているものの、木村建設が、B建築士が構造計算書を改ざんした疑いのある物件の多くを施工又は設計・施工を行っていることを内容とするものであり、木村建設の本件耐震偽装問題への関与を疑わせるものであったということができ、被告において、本件新聞報道及び本件インターネット情報を受け、木村建設が、建築工事について新規の受注を得ることができず、既に施工が完了した工事又は継続中の工事についても工事の中断、注文者から工事代金の支払の留保や請負契約の解約がされる可能性が強く、木村建設が施工又は設計・施工を行っている物件については損害賠償を請求される可能性があったと判断することもやむを得なかったということができる。

木村建設のK社長らは、遅くとも同月11日には、特定行政庁から建築基準法12条5項に基づく報告を求められ、木村建設が施工した『グランドステージ藤沢』がB建築士が構造計算書を改ざんした疑いのある物件であることを知っており、同月17日に、B建築士が構造計算書を改ざんした物件に、木村建設が施工、設計・施工を行った物件が含まれていることを知っていたにもかかわらず、本件約定書12条2項に違反し、このことを自ら被告に報告することもなかったのであり、これは、被告の木村建設に対する信用を失わせるものであったということができる。

以上の事情に照らすと、被告が木村建設に対して本件期限の利益喪失の請求を行った時点で、本件約定書 5 条 2 項 5 号所定の『債権保全を必要とする相当の事由』が具備されていたということができ、被告が木村建設の主要な取引銀行であり、木村建設が熊本県内最大手の建設会社であることを考慮しても、本件期限の利益喪失の請求は、有効かつ適法であるというべきである。本件約定書 5 条 2 項 5 号についての原告の解釈は独自のものであり、採用することができない。
　……
　4　次に、争点 3 （本件小切手 2 の交付による弁済に対する否認権行使の可否）について
(1)　相殺は、双方の債務が互いに相殺に適するようになったときであっても（双方の債務が相殺適状にあっても）、相殺の意思表示がされない限り、その効果を生じないところ（民法506条 1 項）、破産法は、相殺と弁済とでその取扱いを異にしており（破産法67条から73条まで、160条から176条まで）、弁済行為についての否認権の行使に当たっては、当該弁済に係る債権が別の債権と相殺適状にないことを要件とはしていないのであるから、破産者が支払不能になる前に、弁済行為により消滅する破産債権者の破産者に対する債権と破産者の破産債権者に対する債権とが相殺適状の状態にあったとしても、上記弁済行為を否認することができると解するのが相当である。これに反する被告の主張は採用することができない。
(2)　破産法にいう支払不能とは、債務者が、支払能力を欠くために、その債務のうち弁済期にあるものにつき、一般的かつ継続的に弁済することができない状態をいう（同法 2 条11項）のであるから、支払不能であるか否かは、現実に弁済期の到来した債務について判断すべきであり、弁済期未到来の債務を将来弁済することができないことが確実に予想されたとしても、弁済期の到来した債務を現在支払っている限り、支払不能ということはできない（これに反する原告の主張は採用することができない。）。また、上記支払能力を欠くとは、財産、信用又は労務による収入のいずれにとっても、債務を弁済する能力がないことをいうものと解される。
(3)　前記 2 で検討したとおり、本件期限の利益喪失の請求は有効であるから、平成17年11月19日の本件面談の際に、被告が木村建設に対し、木村建設の被告に対する一切の債務につき期限の利益を喪失させる旨通知した時点で、木村建設の被告に対する本件貸付債務15億9500万円について弁済期が到来しており、木村建設は、同日午後零時47分には、本件預金凍結により、本件普通預金口座 1 及び 2 並びに本件当座預金口座から、預金の払戻しを受けることができなくなったということができる。
(4)　同日の時点では、木村建設の被告に対する預金債権額は合計15億0561万0379円であり、本件貸付債権額15億9500万円を下回るが、木村建設は同月21日に被告以外の金融機関から合計 5 億0321万2813円を他の金融機関に送金するか払戻しを受けていることによれば、本件貸付債務について、一般的かつ継続的に弁済することができない状態にあったということまではできず、木村建設が支払不能になったという

195

ことはできない。
(5) 同日の午前零時になった時点で、本件手形債務7億1912万2492円の弁済期が到来し、その時点で木村建設の弁済期が到来していた債務は、本件手形債務7億1912万2492円と本件貸付債務15億9500万円の合計23億1412万2492円となったのに対し、木村建設は、被告に対しては合計15億0561万0379円の預金を、被告以外の金融機関に当座預金として5億5043万6604円、普通預金として5316万6960円、定期預金として1億1834万7062円、定期積金として6863万3955円を有しており（流動性預金の合計は6億0360万3564円、非流動性預金の合計は1億8698万1017円であり、全預金の合計は合計7億9058万4581円である。）、木村建設は、全金融機関に対する預金全額（22億9619万4960円）をもってしても、同日午前零時に弁済期が到来した債務を弁済することができなかった。木村建設は、この時点で現金は数十万円程度しか有していなかった。

同月19日及び同月20日については、木村建設は、被告に対して本件預金凍結の解消を要求する等被告との対応に追われており、資金調達を行う時間的余裕はなかったといえるし、また、両日は、土曜日又は日曜日であり、金融機関の休業日であるから、本件手形債務の決済のために定期預金及び定期積金の解約手続並びに本件当座預金口座への送金手続を取ることはできなかった。被告以外の金融機関も、流動性預金も含めて木村建設の預金について預金凍結を行う可能性があり、実際、三井住友銀行は、木村建設の約1億円の流動性預金につき、木村建設に指示し、3700万円を本件普通預金口座1に送金したのを除いて全額通知預金に預け替えさせており、木村建設が同日に被告以外の金融機関から預金を送金又は払戻しを受けることができたのは5億0321万2813円にとどまっていた。

被告は、木村建設に対する担保として有していたのは評価額1378万8900円の有価証券、評価額1億8981万4000円の不動産にとどまっており（なお、熊本県信用保証協会の保証は、被告の木村建設に対する請求を妨げるものではないので、支払不能の判断に当たっては考慮することができない。）、しかも、少なくとも不動産については即時に換価することができないことは明らかである。

木村建設は、B建築士が関与していない物件につき、本件耐震偽装問題が発覚する以前から契約済みの工事代金額として、同月19日から同月25日までの間に1億7896万3153円、同年12月に5億5640万9522円、平成18年1月に6億0165万4020円、同年2月に7億9641万7000円、同年3月に1億9391万6350円、同年4月以降に18億2979万9984円の入金を受ける予定であったものの、本件耐震偽装問題に加えて平成17年11月21日に手形不渡りを出していることもあり、木村建設が、建設工事を継続し、上記工事代金額が木村建設に入金されたとは考え難い。同月25日には、木村建設の工事代金債務2億2038万1000円の弁済期が到来した。木村建設は、同年12月2日に破産手続開始の決定を受けており、破産手続開始の申立て当時の債務の額は、少なくとも、別除権付債務として12億5481万5513円（被告に対する債務額を除く）、

一般債務として40億5258万3465円、公租公課として7523万6990円であった。木村建設は、本件耐震偽装問題に関する新聞報道、手形の不渡り、粉飾決算の発覚及び常時10億円以上の信用貸越しをしていた主要な取引銀行である被告が支援打ち切りを決定したことにより、その信用が著しく低下しており、同年11月21日以降に債権者からの弁済の猶予または弁済資金の融通を受けることを期待することができなかった。

　以上の事情に照らすと、木村建設は、支払能力を欠くために、同日の午前零時以降に弁済期の到来する債務について、一般的かつ継続的に弁済することができない状態にあったことは明らかであり、木村建設は、同日午前零時の時点で、支払不能になったということができる。」

●事案の特徴

　この事案は、建設会社が銀行との間で手形貸付等の取引をしていたところ（この銀行は主要な取引銀行であった）、特定の建築士による構造計算の耐震偽装問題が発生し、耐震偽装が疑われる施工業者としてマスメディアに取り上げられる等したことから、銀行が預金を凍結し、期限の利益の喪失を通知し、預金の大半を貸付金回収口座に振り替え、貸付金を回収したため、会社が破産手続開始決定を受けた後、破産管財人が銀行に対して弁済金につき否認権を行使するとともに、期限の利益喪失請求等につき不法行為に基づき損害賠償を請求した事件である。この事案は、マンション、ホテル等の建物の建築に当たって、構造計算を担当した建築士が構造計算を偽装し、社会的にも、行政的にも、政治的にも重大な問題として取り上げられた事件に関連して発生した民事事件である（建築士が起訴され、刑事問題にも発展している）。この事案は、この建築士が構造計算の偽装したきっかけになったなどとマスメディアに取り上げられた建設会社が取引銀行との間で預金凍結、期限の利益喪失の措置等をとられ、破産手続開始決定に至ったことから、破産管財人が主要な取引銀行に対して前記内容の訴訟を提起したことに特徴がある。

●判決の意義

　この判決は、耐震偽装問題がマスメディアによって報道される等した後における建設会社の資産、負債の状況、変化を詳細に認定し、主要な取引銀行である銀行が支援打ち切りを決定した時点において支払不能になったことを

第2章　銀行等に対する否認権行使をめぐる裁判例

認め、一部の弁済につき否認権の行使を認めたものであり、事例判断として参考になるものである。

なお、この判決は、銀行の不法行為については、特約に基づく期限の利益喪失の請求は有効、適法であり、預金の凍結も適法である等とし、不法行為を否定したものであるが、事例判断を提供するものである。

〔2−17〕銀行の株式担保の設定につき否認が肯定された事例［大阪地判平成21・6・4判時2109号78頁、金法1895号105頁］

●事案の概要●

　Ａは、Ｂ株式会社、その関連会社の代表取締役であったところ、銀行業を営むＹ株式会社（株式会社りそな銀行）がＢに対して融資（3億円の手形貸付）をするに当たり、Ａが保有する株式をＢがＹに対して現在および将来負担する一切の債務の担保として差し入れたが、その後、Ａが死亡し、相続人がなかったところ（Ｙは、担保提供を受けた株式を売却した）、その直前に破産手続開始決定を受けたＢの破産管財人ＣがＡの相続財産につき破産手続開始決定の申立てをし、同決定がされ、Ｘが破産管財人に選任されたことから、ＸがＹに対して担保提供につき無償否認であると主張し、売却に係る代金の返還を請求したものである。この判決は、Ａが担保提供の対価として経済的利益を得ていないとし、無償行為であるとして否認権の行使を認め、請求を認容した。

●判決内容

　「(1)　無償否認における行為の無償性に関する考え方
　無償行為の否認を定める破産法160条3項は、破産者が破産手続開始の申立ての前6月以内にした無償行為は、破産手続開始後、破産財団のために否認することができると定めている。この規定にいう無償行為とは、破産者がその行為の対価として経済的利益を受けていない行為をいうのであって、保証や物上保証などのように第三者（主債務者）の利益を図るために破産者が相手方と取引した行為については、

相手方においてはその行為の対価として第三者に対し新規貸付などの経済的利益を供与している場合もあり得るが、その場合でも、破産者がその行為の対価として経済的利益を受けていないときは、無償行為に当たると解される。

　本件担保設定については、被告は、第1回目の担保設定の日である平成18年2月10日、主債務者である愛染蔵に対し3億円の手形貸付を行い、その返済期日であり第2回目の担保設定の日である平成18年3月10日、前記手形貸付の借り換えとして新たに3億円の手形貸付（これらの手形貸付による貸付金額3億円は、本件担保設定に係る株式の売却価額1億7500万2000円を上回る。）を行った事実が認められる。これら行為の客観的経過からして、本件担保設定がなければ被告が愛染蔵に前記各手形貸付（以下あわせて『本件手形貸付』という。）をしなかったことは明らかであり、被告としては本件担保設定の対価として愛染蔵に手形貸付という経済的利益を供与したものと評価できるが、担保提供した植田にとって、本件担保設定が対価としての経済的利益を受けた有償行為であったということにはならない。そして、物上保証した植田は、主債務者である愛染蔵から、担保提供料などの直接的な経済的利益を受けていない。

　被告の主張の趣旨は、植田が担保提供料のような直接的な経済的利益を対価として受けずに物上保証をした本件担保設定においても、次のような場合、すなわち、①債務者と保証人（物上保証人を含む）との関係が、法人格の否認の法理が適用されないまでも、それと同程度に密接な場合、②保証人が債務者の既存の債務のほとんどを保証しており、債務者の倒産が即保証人の倒産につながる場合、③保証による債務者への融資により、物上保証人の債務者に対する出資や債権の回収可能性が高まる場合、には無償行為には当たらないと主張するものである。被告主張のとおりに類型化して論ずることが適切か否かはさておき、担保提供料というような直接的な対価を受けていない場合であっても、破産者（植田）が、本件担保設定により、実質的に見て、対価というべき経済的利益を受けている場合には、それは無償行為ということはできないと考えられる。しかし、仮に実質的に検討するとしても、無償行為であるか否かは、あくまで否認の対象となる行為である本件担保設定という行為に着目し、その行為によって現実的かつ直接的な経済的利益を受けていると言えるような場合でなければ、行為を有償と判断する前提となる『対価』と評価できるものではなく、間接的あるいは一般的ないし抽象的な利益を受ける場合についてまで、広くこれを対価と評価することは、無償行為の否認を定める破産法160条3項の趣旨ではないと解される。」

● **事案の特徴**

　この事案は、会社の代表者が会社において銀行から融資を受けるに際し、保有株式を会社の銀行に対する現在および将来負担する一切の債務の担保と

して差し入れていたところ、会社が破産手続開始決定を受け、銀行が当該株式を処分したことから、会社の破産管財人が代表者の相続財産につき破産手続開始決定の申立てをし、同決定がされた後、相続財産の破産管財人が銀行に対して担保提供につき否認権を行使した事件である。この事案は、会社が融資を受けるに際し、代表者が保有株式を担保に提供したこと、会社につき破産手続開始決定がされたこと、代表者の死亡後、会社の破産管財人が代表者の相続財産につき破産手続開始決定の申立てをし、破産管財人が選任されたこと、相続財産の破産管財人が銀行に対して担保提供につき否認権を行使したこと、無償否認が主張されたことに特徴がある。

●**判決の意義**

　この判決は、破産法160条3項所定の無償行為は、破産者がその行為の対価として経済的利益を受けていない行為をいうとし、保証や物上保証などのように第三者（主債務者）の利益を図るために破産者が相手方と取引した行為については、相手方においてはその行為の対価として第三者に対し新規貸付などの経済的利益を供与している場合もあり得るとしても、破産者がその行為の対価として経済的利益を受けていないときは、無償行為に当たるとしたうえ、この事案の担保提供につき無償行為として否認権の行使を肯定したものであり、銀行に対する担保提供につき否認権の行使を肯定した事例判断として参考になるものである。控訴審判決につき〔2-18〕参照。

〔2-18〕前記〔2-17〕の控訴審判決であり、銀行の株式担保の設定につき否認が肯定された事例［大阪高判平成22・2・18判時2109号89頁、金法1895号99頁］

――――――●**事案の概要**●――――――

　前記の〔2-17〕大阪地判平成21・6・4判時2109号78頁、金法1895号105頁の控訴審判決であり、Yが控訴したものである。この判決は、無償性を否定すべき特段の事情が認められないとし、無償否認を肯定

し、控訴を棄却した。

● 判決内容

「(2) 次に、控訴人は昭和62年最判を前提としたとしても、本件担保設定が植田にとって無償とはいえないと主張する。
ア　しかし、まず第1に、植田は、本件担保設定に当たり、保証料等の直接の対価を受領していないから、特段の事情のない限り、本件担保設定は、植田にとって無償行為に当たるというべきであり、無償性を否定すべき特段の事情の有無は、これを否定する者において主張立証すべきものである。
イ　この点に関し、控訴人は、植田が愛染蔵を私物化していたとして、愛染蔵と植田との関係は、法人格否認の法理が適用されるのと同程度に密接な場合に当たり、本件担保設定について無償性を否定すべきであると主張するが、会社の代表者が会社の利益を犠牲にして自己の利益を図っていたという事実があったからといって、当然に、法人格否認の法理が適用されるのと同程度に密接な関係があったといえるわけではない。
　控訴人は、植田が愛染蔵から貸付けを受けて不動産を購入し、それを愛染蔵のグループ会社であることぶき屋に賃貸することにより同社から継続的に賃料を得るという収益構造を作り出すこと自体異常であると主張するが、他方で、愛染蔵には、不動産を購入することによる資金の固定化を避け、購入不動産の価格変動リスクを負わなくて済むというメリットを受けているともいえるのであって、それが直ちに会社の私物化を意味するわけではない。
　また、控訴人は、愛染蔵が、植田個人の利用にかかるクレジットカードの支払いとして年間5000万円近い負担をしていることが異常であると主張するが、その中に会社の経費と評価することのできない支出がどの程度含まれているのかすら明らかではないし、仮にそのような支出があったとしても、第一次的には、会社と代表者との間の貸借や立替金等として経理処理がされるべきものにすぎず、そのような支出が多額に上れば当然に法人格が否認されるというものでもない。さらに、控訴人は、会社と代表者との間の貸借について利息が計上されていても、税務対策上そのような経理処理がされているだけで、経済的に区別されていたということにならないとも主張するが、経済的に区別されていない事実を認めるに足りる証拠はないから、同主張は失当である。
　本件手形貸付を受けた愛染蔵の利益について、愛染蔵の法人格を否認ないし無視して、これを植田の利益と同視し、植田が本件担保設定の対価を受けていると評価できるまでの事実が認められないことは、原判決の説示するとおりである。」

第 2 章　銀行等に対する否認権行使をめぐる裁判例

●**判決の意義**

　この判決は、前記の〔2—17〕大阪地判平成21・6・4判時2109号78頁、金法1895号105頁の控訴審の事件について、無償行為の成否が重要な争点として審理されたところ、第三者による担保設定に当たり、保証料等の直接の対価を受領していない場合には、特段の事情のない限り、担保設定は、設定者にとって無償行為に当たるというべきであり、無償性を否定すべき特段の事情の有無は、これを否定する者において主張立証すべきものであるとしたうえ、この事案では、特段の事情が認められないとし、無償行為であることを認め、否認権の行使を肯定したものであるが、第一審判決と同様に、銀行に対する担保提供につき否認権の行使を肯定した事例判断として参考になるものである。

　なお、無償行為の成否に関する先例としては、最二小判昭和62・7・3民集41巻5号1068頁、判時1252号41頁、判タ647号113頁、金法1171号29頁、金判780号3頁は、無償行為が問題になった事案について、

「破産者が義務なくして他人のためにした保証若しくは抵当権設定等の担保の供与は、それが債権者の主たる債務者に対する出捐の直接的な原因をなす場合であっても、破産者がその対価として経済的利益を受けない限り、破産法72条5号にいう無償行為に当たるものと解すべきであり（大審院昭和11年(オ)第298号同年8月10日判決・民集15巻1680頁参照）、右の理は、主たる債務者がいわゆる同族会社であり、破産者がその代表者で実質的な経営者でもあるときにも妥当するものというべきである。けだし、同号にいう無償行為として否認される根拠は、その対象たる破産者の行為が対価を伴わないものであつて破産債権者の利益を害する危険が特に顕著であるため、破産者及び受益者の主観を顧慮することなく、専ら行為の内容及び時期に着目して特殊な否認類型を認めたことにあるから、その無償性は、専ら破産者について決すれば足り、受益者の立場において無償であるか否かは問わないばかりでなく、破産者の前記保証等の行為とこれにより利益を受けた債権者の出捐との間には事実上の関係があるにすぎず、また、破産者が取得することのあるべき求償権も当然には右行為の対価としての経済的利益に当たるとはいえないところ、いわゆる同族会社の代表者で実質的な経営者でもある破産者が会社のため右行為をした場合であつても、当該破産手続は会社とは別個の破産者個人に対する総債権者の満足のためその総財産の管理換価を目的として行われるものであることにかんがみると、その一事をもつて、叙上の点を別異に解すべき合理的根拠とすることはできないから

である。

　これを本件についてみるに、原審の確定したところによれば、(1)　訴外平田染工株式会社（以下『平田染工』という。）は、いわゆる同族会社であるが、昭和51年6月ころ、資金繰りが悪化し、原料購入先である上告人に対し、代金の支払猶予を求めた、(2)　上告人は、同年9月3日、平田染工に対し、向う6か月間に満期が到来する金額合計3673万3060円の支払手形の書換えのため上告人において立替決済をする旨約するとともに、平田染工の代表取締役で実質的な経営者でもある訴外高井一三（以下『破産者高井』という。）との間で、同人が平田染工の上告人に対する取引上の一切の債務につき連帯保証（以下『本件保証』という。）をし、かつ、同人所有の本件不動産につき上告人のため極度額4000万円の根抵当権（以下「本件根抵当権」という。）を設定する旨の合意をし、その旨登記を経由した、(3)　破産者高井は、本件保証及び本件根抵当権の設定に際し、保証料の取得その他破産財団の増加をもたらすような経済的利益を受けなかつた、(4)　上告人が右立替決済の一部の履行をしたところ、破産者高井は、同年12月21日破産の申立をされ、昭和52年3月14日京都地方裁判所において破産宣告を受け、被上告人が破産管財人に選任された、(5)　その後、本件不動産について任意競売手続が開始され、同裁判所により、上告人に対し本件根抵当権に基づき2919万5635円を配当する旨の配当表が作成されたため、被上告人は、右根抵当権の設定が破産法72条5号にいう無償行為に当たるとして否認権を行使し、配当期日において異議を申し立てるとともに、本訴において同号に基づき本件保証をも否認した、というのであり、以上の事実認定は、原判決挙示の証拠関係及び記録に照らして首肯することができ、その過程に所論の違法はない。」

と判示しているものであり（判例評釈として、住吉博・民商98巻6号90頁、伊藤眞・判評353号59頁、福永有利・判タ677号306頁、佐藤鉄男・ジュリ905号81頁、上原敏夫・ジュリ910号142頁がある）、重要な先例になっている。

第3章

銀行等の貸付またはこれに付随する義務をめぐる裁判例

第3章　銀行等の貸付またはこれに付随する義務をめぐる裁判例

1　貸付取引の過程と銀行等の義務

　銀行等の金融機関の基幹的な業務である貸付業務は、貸付の申込み、打診等の段階から貸付債権が回収されるまでの間が相当の期間、事案によっては長期の期間が必要であり、その間に申込み、質問、回答、説明、情報収集、調査、確認、交渉、打ち合わせ等の多種多様な情報提供が相互に行われている。これらの情報提供は、面談による口頭、電話、ファクシミリ、Eメール、文書等の方法を利用して行われるものであるし、正式な情報提供もあれば、非公式な情報提供もある（交渉の担当者同士の気楽な会話、Eメールの交換もある）。貸付の申込み等によって交渉が開始され、貸付が実行されることもあれば、交渉が途中で中止され、貸付が実行されないこともあるが、その間には大量の情報提供が行われることが通常である。他方、貸付の交渉は契約が締結され、貸付が実行されたとしても、貸付の返済の段階で紛争が発生するだけでなく、貸付の交渉が途中で頓挫し、その段階で紛争が発生することがあるが、契約の交渉、締結の当事者間の法律関係、経済関係が長期になればなるほど、紛争の発生の可能性が高くなる。これらの類型の紛争においては交渉の間に提供された情報の内容が重要な証拠になることはいうまでもない。

　銀行等の貸付は、取引の相手方が資金調達につき銀行等に依存する関係が生じるものであり（もっとも、貸付債権の回収の過程においては、銀行等が取引の相手方に事実上依存する関係が生じることもある）、説明等の情報提供も銀行等に依存する関係が生じるものであるため、実際に紛争が生じた場合には、貸付の交渉、実行等の際における説明義務、情報提供義務を銀行等に認めるべきであるとの発想に結び付きやすいところがある。特に企業等の事業者の事業につき、銀行等を交えて事業の企画が練られ、関係する企業等が銀行等の融資を前提として事業の計画が進行したり、銀行等の親密な取引先が事業の計画に参加したり、銀行等が主体となって事業の計画を立てたりすると、

貸付の交渉、実行等の際、銀行等の情報提供がより重要な意味をもつことになり、さらに銀行等の説明義務、情報提供義務が認められやすい事態に陥ることになる。銀行等が貸付を行うに当たって、貸付の内容の説明義務等を負うことがあっても、それ以外の事項につき説明義務等を負わないということができるが、銀行等が貸付の交渉等の際に貸付に関連する事業、事項に関係し、情報提供をする等した場合には、情報の内容が誤っていたり、適切かつ十分な情報が提供されていなかったりしたときは、損害賠償責任を問われ、その責任が認められる可能性があるということができる。

2 銀行等の信義則上の義務の動向

　銀行等が貸付の交渉、契約の締結に当たって、貸付を希望する個人、企業との間で、貸付契約の内容である義務以外に、信義則上義務を負うことがあるかは、従来の裁判例を概観する限り、消極的に解するものが多かったものの、積極的に解する裁判例も徐々にみられるようになっている。銀行等にとっては、このような裁判例の動向は快くないものと受け止められがちであるが、信義則上義務が認められる可能性は、他の類型の契約、他の事業者が締結する契約についても高まっている状況にあり、銀行等だけにその傾向がみられるわけではない。銀行等が貸付を行うに当たって借主である取引先、顧客、その関係者に対して信義則上義務を負うかどうかの裁判例についてみると、このような義務を負う可能性がないとする裁判例の時代があったことは否定できないが、近年は、信義則上義務を負う可能性があることを認め、事案によっては義務違反を肯定する裁判例が登場しているところであり、裁判例の変化が認められる。このような裁判例については、法律の解釈、理論の観点から十分に合理的な議論と検討が必要である。

　現代社会における銀行等としては、貸付に当たって信義則上義務を負うことがあり得ることを前提として、貸付の交渉、貸付の実行を実施することが重要である。銀行等が具体的にどのような義務を信義則上負うかは、個々の

事案の事情によるところが大きいものであり、貸付金の使途、貸付の希望者の属性、貸付の交渉の内容・経過、銀行等の担当者の関与・言動の内容・態様等の事情が考慮されることになる。近年における事業者に対する信義則上の義務の動向によると、少なくとも説明義務が相当に広く認められるようになっており（情報提供義務、告知義務も実質的には同様な義務である）、銀行等も説明義務を負わされる可能性が高まっているということができる（投資取引については、銀行等も一般的に顧客に対して説明義務が認められることは、関係する法令に基づくものであるし、信義則上も認められるところである）。

　企業等の事業者が事業に関する契約の交渉、締結に当たって信義則上義務が認められるかは、現在のところ、全体的な研究が行われているものではないが、法律雑誌に公表されている裁判例、あるいは公表されていない一部の裁判例を読む限り、相当に認められているのが現状であろう。筆者は、裁判例において法律の規定、契約の規定等の特段の根拠がない限り、信義則のみを根拠として義務を認めることについては慎重であるべきであると考えるものであり、裁判例の現状には疑問があるが（裁判例の中には、特段の法的な根拠もなく、また、事実関係上の根拠もなく信義則上の義務を認めるものがあり、不合理、不相当なものも散見される）、現実的には、信義則上の義務が認められる可能性を前提として契約の交渉、締結を行うことが重要である。銀行等が貸付の交渉、契約の締結に当たってどのような内容の信義則上の義務を負わされる可能性があるかは、貸付を希望する者の属性、従来の取引関係の有無・内容、貸付額、貸金の使途、交渉の経過・内容、交渉担当者の言動等の事情によるところである。銀行等についても契約の交渉、締結に当たって信義則上の義務が認められる場合、今後の問題は、どのような要件の下で、あるいはどのような事実関係がある場合に信義則上具体的な義務が認められるか、どのような内容の義務が認められるか、さらにどのような判断基準によって義務違反が認められるかである。銀行等が借主らに対して説明義務が認められる場合、どのような事項が説明の対象になるのか、どのような事情があれば、どのような判断基準によって説明義務違反が認められるか等が重要

な問題である。銀行等が貸付取引において信義則上説明義務等の義務が認められることについては、前記のとおり、まだ形成途上の問題であるが、一旦これらの義務が認められると、さまざまな事案を介して義務の範囲が拡大し、義務違反が認められる判断基準が緩和されることが予想される（この傾向は、裁判例一般について当てはまるものである）。銀行等にとって信義則上の義務は、貸付業務、貸付取引に当たっても当然に留意すべき事項になっている。

また、近年は、銀行等と企業が融資枠を設定する契約（コミットメントライン等と呼ばれている）を締結し、資金需要が生じた企業等がこの契約に基づき銀行等から金銭を借り受けることを繰り返す取引も盛んに行われている。融資枠設定契約においては、貸付の条件等が詳細に定められていることが通常であり、企業等が貸付を申し入れた場合、銀行等がこれに応じるかどうかは契約に従って判断されることになるが、契約上の規定の解釈、判断をめぐる紛争が発生する可能性がある。

3 裁判例の紹介

銀行等の取引をめぐる裁判例は、銀行等の基本的な業務である貸付をめぐる取引と貸付に付随する義務をめぐる紛争が従来から発生してきたところであり、最近は従来と異なる内容の裁判例も公表されていることから、貸付または貸付に付随する義務をめぐる裁判例を紹介したい。

（3－1）融資証明書を発行した農協の融資拒絶につき不法行為が否定された事例［福岡地判昭和59・2・28判夕528号244頁］

●事案の概要●

X株式会社は、マンションの建設を計画していたAらと建設工事の請負を検討中、Y農業協同組合（延岡市農業協同組合）が有効期間3カ月の融資証明書（不動産に先順位の抵当権を抹消し、第一順位の根抵当権を

設定すること、第三者の保証人を立てることを条件としてＡらに１億円を融資する旨の内容のものであった）を発行する等し、Ａらと請負契約を締結し、Ａらが5000万円の融資を受けたものの、その余の融資を受けることができなかったため、マンションが完成した後、請負代金の支払いを受けることができず、ＸがＹに対して不法行為に基づき損害賠償を請求したものである。この判決は、融資が実行されなかったのは、融資証明書の条件が履行されなかったものであるとし、不法行為を否定し、請求を棄却した。

●判決内容

「けだし前認定の経過にてらせば、第三者保証人の条件は融資申込の時から問題にされているし、限度を越える貸付の許される筈のないことは被告農協の担当者自身一番よく知っている筈であり、原告側に提出されていない筈のない石内側の資金計画表によれば既に昭和54年２月に5000万円の融資がなされ、５月に5000万円の融資の予定が記載され、両者を合わせて被告農協の融資総額は１億円であることが判明するのであるから、被告農協の融資担当者らが、そのような返事をする筈のないことは事柄の推移にてらして自ら明らかというしかないからである。

そうすると原告側が融資証明書の記載を信じたとしても、それは誤解か、石内明典の話に乗ぜられたとしか云いようがなく、被告農協に融資証明書の記載に違背するところはないといわねばならないから、その余の争点に言及するまでもなく、原告の請求は失当たるに帰する。」

●事案の特徴

この事案は、建設会社がマンションの建築請負を計画した注文者と建築請負を交渉中、注文者が農業協同組合（農協）から融資証明書を作成してもらったこと等から、建設会社が建築請負を受注し、マンションを建築中、注文者に融資証明書に従った融資がされず、請負代金の支払を受けることができなかった等のため、建設会社が農協に対して不法行為に基づき損害賠償を請求した事件である。この事案は、農協がマンションの建築を計画した注文者に融資証明書（その内容は、判決文参照）を作成、交付したこと、農協が融資証明書に従った融資をしなかったこと、建設会社がマンションを完成した

後、請負代金の支払を受けることができなかったこと、農協が融資証明書を交付した者（注文者）と取引をした者（建設会社）から不法行為責任を問われたこと（農協が融資証明書を交付した者から不法行為責任を追及されたものではない）に特徴がある。

●**判決の意義**

この判決は、融資証明書の作成の経緯、内容を認定したうえ、農協が融資証明書に違反したことがないとし、その不法行為を否定したものであり、融資証明書を作成、交付した農協の不法行為責任を否定した事例判断として参考になる。

金融機関が融資を受ける者のさまざまな必要に応じて融資証明書を作成、交付することがあるが、金融機関の作成する文書であり、その信用度は高い。融資証明書の内容は、金融機関が法的な責任を負わないように文言が厳選されているが、融資証明書を信頼したと主張する者にとっては、そのような文言が無視、軽視され、融資証明書を作成した金融機関に対する法的な責任を追及するきっかけを提供することになる。融資証明書が交付された場合、交付を受けた者以外の者について、どの範囲で法的な責任が問題になるかは融資証明書の交付の目的、経緯、内容等の事情によって個別に検討する必要がある。この事案は、融資証明書の内容が明確にされており、融資を受けた者がこれに違背したものであったため、金融機関の不法行為責任が否定されたものであるが、融資証明書の内容によっては異なる判断もあり得るところである。

（3−2）金庫の融資義務の不履行に基づく損害賠償請求が否定された事例
［東京地判昭和63・5・26金判823号27頁］

●**事案の概要**●

A株式会社が経営不振になり、主要取引金融機関であるY金庫（商工組合中央金庫）は、Aの再建を図るため経営を引き受ける会社を探したが、決まらず、X株式会社を含む、Aの主債権者である7会社と、

再建計画策定までの間手形債権を一時棚上げとし、必要な事業資金をＹが融資する旨の合意が成立し、その旨の覚書が作成され、前記 7 会社の債権棚上げ期間が一時延期され、返済計画が策定されたものの、経営を引き受ける会社をみつけることができなかったため、自主再建の方法をとり、再建計画を定め、債権の償還方法を定めることにしたところ、Ａの経営不振が続き、原木の仕入れを停止したため、前記 7 会社のうちある会社が買掛金の支払を拒否し、再建が不可能になり、Ａが破産宣告を受けるに至ったことから、主要取引先であるＸがＹに対して融資義務の不履行を理由として、納品すべき原木の引取が拒否された損害につき賠償を請求したものである。この判決は、Ｙが前記合意によって何らかの債務を負担したものとはいえないとし、請求を棄却した。

●判決内容

「以上の認定事実によれば、本件覚書は、倒産の危機に直面した訴外会社に関し、メーン・バンクである被告及び主要債権者である関係 7 社が、関係 7 社は訴外会社の手形の決済を猶予して買掛代金債務については支払を続け、被告は訴外会社の事業資金の融資を継続するということで、相協力して訴外会社の再建を支援する旨合意して取り交されたものであって、関係 7 社の手形債権の棚上げ期間や再建計画の策定期間が昭和58年10月末日までとされ、その再建計画の策定期間中被告が訴外会社の事業資金を融資するとされていたものであって、本件覚書による合意は、訴外会社の倒産を当面回避するための措置としてなされたと認められるのであり、その後被告及び関係 7 社により、債権者による委員会を発足するに際し本件協定が結ばれ、訴外会社が再建計画を策定するとされたところ、再建計画の中で明示するとされた棚上げ中の手形債権の償還方法について、各債権者と訴外会社の間で準消費貸借公正証書が作成されて確定したのである。そして、関係 7 社が手形債権を棚上げして手形金の支払を猶予した相手方であり、かつ被告が融資する相手方であるところの訴外会社は本件覚書の当事者になっていないのであり、結局訴外会社の債権者が、債権者の立場から、当面の訴外会社の倒産を回避するための、また、訴外会社の再建に向けての基本的方針や方策について本件覚書により合意したものというべきで、右合意によって直ちに被告が原告ら関係 7 社に対し何らかの債務を負担するものとは解することはできない。

それ故、本件協定を結んだ際被告が関係 7 社に対し従前どおり訴外会社に融資す

ることを確約したとしても、これにより直ちに被告が原告ら関係7社に対し債務を負担したとは認め難く、また、本件協定により、被告が訴外会社への融資を打ち切る際その旨を原告ら関係7社に通告する義務があるとは認め難いところである。」

●**事案の特徴**

この事案は、経営が悪化した会社の再建を図るため、メインバンクである商工組合中央金庫（商工中金）が主要な取引先らと手形債権棚上げ、事業資金の融資等を内容とする覚書を取り交わしたが、再建ができず、会社が破産宣告に至ったため、主要な取引先の1社が商工中金に対して融資義務の不履行を主張し、損害賠償を請求した事件である。この事案は、経営が悪化した会社の再建が問題になったこと、メインバンク（商工中金）が中心になり、主要な取引先との間で手形債権の棚上げ、事業資金の融資等を内容とする覚書が取り交わされたこと、会社の再建が頓挫し、融資も実行されなかったこと、会社が破産宣告を受けたこと、商工中金が融資先である会社ではなく、会社の主要な取引先から融資義務の不履行による損害賠償責任が問われたことに特徴がある。

●**判決の意義**

この判決は、この事案の覚書は経営再建が問題になった会社が当事者ではないこと等から、会社の再建に向けての基本的方針や方策について合意したものであり、この合意によって直ちに商工中金が主要な取引先らに対し何らかの債務を負担するものとは解することはできないとし、商工中金の融資義務の不履行を否定したものである。この判決は、会社の再建のため、商工中金がメインバンクとして、会社の主要な取引先らとの間で覚書を取り交わしたものの、会社の再建が頓挫し、商工中金が取引先から融資義務の不履行を問われた事案について、覚書の内容の解釈を介し、覚書によって何らかの債務を負うものではないとしたものであり、覚書の解釈事例、融資義務を否定した事例として参考になるものである。

(3-3) 信用金庫の融資約束違反による債務不履行責任等が否定された事例
[宮崎地都城支判平成元・1・20判夕733号118頁]

●事案の概要●

X株式会社は、各種袋の製造、販売を業とする会社であり、工場用地を探していたところ、Y信用金庫（西諸信用金庫）から用地の購入とそのための3000万円の融資を勧められたものの、実行されず、その後、XはYに5000万円の融資を依頼し、友人所有の不動産に根抵当権を設定したが、融資が実行されず、倒産するに至ったため、XがYに対して融資の約束の成立を主張して債務不履行、不法行為に基づき操業不能になったことによる損害につき損害賠償を請求したものである。この判決は、Yが融資を予定していたかは疑問である等とし、融資の約束を否定し、請求を棄却した。

●判決内容

「以上の事実を総合考慮すると、前記のとおり、被告側が本件物件の売却に利益関心を持ち、原告代表者の不動産の見分に立ち会うなど積極的姿勢を示していたこと及び永久井融資課長らが原告代表者を中金公庫に案内して融資交渉をするなど極めて協力的であったことから、原告側が被告からの融資を強く期待したことが窺われるが、他方、堀支店長、永久井融資課長らが、原告に対し被告から融資することを予定して行動していたかは疑問であり、また、原告代表者尋問（第1、2回）の結果及びこれと同趣旨の甲第75号証並びに元島証言は、首尾一貫せず、曖昧な点が多く、容易くに措信することができず、庵下証言及びこれと同趣旨の甲第17号証のうち金3000万円の融資に関する部分は、原告代表者からの伝聞に依る部分を伴っており、曖昧な点もあってにわかに措信することができず、他に原告の主張する如く、永久井融資課長らが原告に対し金3000万円を融資する旨申し向けたことまたは被告が原告に対し金3000万円を融資すべき義務を負うに至ったことを認めるに足りる証拠はない。
……
これらの事情及び前記被告の組織、機構、永久井融資課長の融資裁量限度額を総合考慮すると、原告が被告の支払保証の下に訴外第一生命から金5000万円の融資を受ける案と別個独立に、永久井融資課長が原告に対し金5000万円を融資する旨申し向けたことは認め難く、前記原告の主張に副う原告代表者尋問（第1、2回）の結

果及び証人上原忠雄、同元島維精の各証言並びにこれらと同趣旨の甲第18、第75号証の各記載内容はいずれも措信することができず、証人三住勉の証言も曖昧であって採用することができず、他に右金5000万円の融資約束を認めるに足りる証拠はない。」

判例評釈として、松本崇・判タ743号17頁、山田卓生・ジュリ982号102頁がある。

●事案の特徴

この事案は、会社が信用金庫から融資約束を得たと主張し、融資約束が実行されず、操業不能になったことによる債務不履行、不法行為に基づく損害賠償を請求した事件である。この事案は、信用金庫の担当者の言動が問題になったこと、信用金庫による融資約束の成立が問題になったこと、融資約束違反による操業不能の損害が主張されたこと、信用金庫の債務不履行責任、不法行為責任が追及されたことに特徴がある。

●判決の意義

この判決は、融資約束の成立を否定し、信用金庫の不法行為、債務不履行を否定したものであり、その旨の事例判断を提供するものである。

銀行等に融資を求める企業等の事業者は、切実な資金需要があり、銀行等の従業員らの言動に敏感であり、できるだけ自分に有利な回答、返事をもらおうとする姿勢があるところ、金融機関の従業員らの言動を誤解したり、有利な部分のみを理解したりすることがあるため、そのような言動が後日紛争に発展することがある。この事案は、融資を期待していた企業の融資約束に関する主張、関係者の供述が排斥されているが、この判決がされるまでに約6年を要していることに照らすと、融資を希望する取引先らとの普段の折衝に当たっては誤解を招くおそれがある言動にも細心の注意が必要であることを示している。

なお、金融機関が融資をする契約は、事業者間の通常の契約と異なり、融資をする金融機関と融資を受ける企業等との間で契約書を取り交わすのではなく、企業等が金融機関によって用意された約定書、契約書等の契約の内容

を明記した書面に書名押印、記名押印をして作成し、金融機関に差し入れる方式がとられることが多く（企業等にはその書面の写しが交付されることがある）、融資の交渉の段階から書面の作成、差入れをした企業等がその差入れによって融資契約が成立したと主張される重要なきっかけになることがある。金融機関の契約書の作成実務には、通常の契約実務に照らし、見直すべき事柄があるというべきである。

(3-4) 銀行の融資約束違反による債務不履行責任等が否定された事例［東京高判平成元・4・13金法1236号29頁、金判826号20頁］

●事案の概要●

Aは、X_1の連帯保証によりB公庫（住宅金融公庫）から融資を受けて所有土地上に建物を建築していたが、倒産し、X_1が注文者の地位を承継したところ、X_1は、その土地を買い受けようとし、銀行業を営むY株式会社（株式会社東海銀行）に買受資金の融資を受けるため、3500万円を20年間で返済し、土地、建物に抵当権を設定するうえ、Bの保険付で融資の申込みをしたところ、Yの担当者は、Bの保険付融資を前提として融資の実行のための準備が行われていたものの、Yによる融資が実行されず、X_1が代表者であるX_2有限会社が土地代金を立て替えたが、倒産し、X_1は信用を失墜したため（ほかに、建築工事を行っていたX_1が代表者であるX_3株式会社も事実上営業不能になった）、X_1らがYに対して債務不履行、不法行為に基づき信用失墜、事業の失敗等の損害賠償を請求したものである。第一審判決（後記の静岡地判昭和62・7・28金判826号28頁）が請求を一部認容したため（不法行為に基づき慰謝料として300万円の賠償請求を認容した）、X_1ら、Yがともに控訴したものである。この判決は、融資契約が成立していないし、欺罔も認められないとし、Yの控訴により原判決を取り消し、請求を棄却し、X_1らの控訴を棄却した。

●**判決内容**

「一　債務不履行による損害賠償請求について
　……
（二）　のみならず、……によると、第一審原告長沢と第一審被告との間に、本件融資契約に関し契約書等が交わされたことはなく、本件土地・建物について本件融資のために抵当権が設定されたことがないのは勿論、設定のための委任状が徴されたり、司法書士にその手続が委託されたこともないこと、公庫の保険といつても、公庫側が個別に選択指示して、保険契約を締結するというものではなく、毎年の金融機関の本部と公庫との交渉で、その年の保険の総額の枠を決め、実質的にも金融機関の側で保険付融資とするかどうかを決定し、これを公庫に通知し、金融機関において保険料を負担して（融資に上乗せされるが）保険契約が発効するという仕組みであること、右融資は長期の返済となるので、債務者に手形を徴求することはしていないこと、本件融資についての第一審被告側の最終決定は同年8月29日第一審原告に伝えられたが、結局本件融資が断られたのは、主として第一審原告長沢の返済能力について、第一審被告側において確信がもてなかつたためであること、もつとも本件建物からの賃料収入のみではなく、第一審原告昭和電設などからの給料収入等を勘案し、融資が実現できるよう取り計らつてはきたこと、西垣らは第一審被告側の本件土地についての前記調査結果を第一審原告長沢に話し、本件融資の実現には困難があることを告げていたが、前記8月29日までの間、第一審原告長沢は、再三第一審被告静岡支店を訪ね、西垣らに対し、ときには長時間膝詰め談判の形で融資の実行を迫つたこと、以上の事実が認められる。

　そうだとすると、本件融資の申込みと目する行為があつた前記6月19日に、本部決裁がされていないのに、契約書もなく、担保とされる本件建物の保存登記すら未了の段階で、本件土地・建物の現地調査もされないままで、しかも倒産した相沢の事業を引き継ぐという、金融機関とするとあまり好ましいとも思えない状況の第一審原告長沢に対し、そのように安易に、融資を実行するについてのなんらかの確定的な約束をするような、または約束をするかのような言動を、幹部職員（支店長、次長、支店長代理）が三人も立ち合っている場で、第一審被告静岡支店側がするとは到底考えがたい。本件融資を確約するには未確定の要素が多すぎることが明らかである。また、8月29日の約束手形の差し入れ等についての前記各供述も措信できないし（手形は必要とされていない。）、本件土地・建物に抵当権を設定する手続を採る前に、金融機関である第一審被告が、第一審原告長沢の当座預金口座に融資金を振り込むとの約束をするとも思えないのである。

　のみならず、融資が決定したから第一審原告昭和電設が第一審原告長沢に本件土地売買代金を融資したとの第一審原告本人の各供述も、前記2の認定事実によると、融資の有無に拘らず、残代金3500万円の支払い時期は、本件融資の交渉が始まる前

の段階で、すでに同年6月21日と決まつていたのであつて、6月19日に本格的な融資の折衝を開始して、第一審原告長沢が前記の倒産した事業を引受、かつ、本件建物は完成せず、本件土地の所有権移転登記もされていないという状況のもとで、通常右21日までに融資の可否についての結論が出されるとも考えがたく、右供述もそのとおりには採用しがたい。

以上に述べたところと、前記第一審原告本人尋問の各結果を否定する原審における西垣紀生の証言を対比させて考えると、第一審原告らの前記主張に副う各証拠は措信できず、また、甲第12号証、第13号証の14の各記載も、本件融資をめぐつて、第一審原告長沢と第一審被告との間に確定的な約定が成立したとの事実を認定するに充分でなく、他にこれを認めるだけの証拠はない。

……

二　欺罔による不法行為

第一審原告らは、第一審被告静岡支店の牧野支店長、西垣支店長代理らが、第一審被告の内部で所定の本部決済が済まず、融資の実現は未確定であつたのに、確定的に融資が実現できる旨申し向けた、または本件融資の実行が可能であるかのように申し向けたものであり、これが欺罔行為に当たると主張する。

第一審被告静岡支店の支店長代理の西垣が、公庫の保険付融資を扱つた経験がなかつたことは当事者間に争いがない。第一審原告らは、第一審原告長沢が公庫の保険付融資の説明をし、回収不能となつた額の9割を補塡するものであり、不足分1割は拘束預金としてよい旨述べたところ、同支店側では本件融資を承諾した、もしくは承諾するかのような言動をした旨主張し、原審（第1、第2回）及び当審における第一審原告本人尋問の結果中には、右主張に副うかもしくは副うかのような部分がある。しかしながら、公庫の保険付融資といつても、保険である以上、回収不能の事態、つまり事故のあつたときに、その分が補塡されるもので、担保や保証、すなわち本来の債務として回収するのとは異なり、金融機関としてもそのような「事故」と関係する事態は避けたいのが当然であり、したがつて保険付融資であれば即融資可能となるとは考えられない。また、そもそも第一審被告の関係者がそのように第一審原告長沢を欺罔するだけの理由が見当たらないうえ、前記の判断のとおり、右主張に副う証拠は採用できず、第一審被告静岡支店側にそのような言動があつたと認めることはできないし、他にこれを認めるだけの証拠はない。

してみると、第一審原告らの主張は、その余の点について判断するまでもなく理由がない（なお付言するに、前記一の2、3で認定した事実によると、第一審原告長沢の融資の申込みから、第一審被告が融資をしない旨最終的に決めるまでに時日がかかりすぎていることは否めない。そして、第一審原告長沢と第一審被告の前記折衝を目して、いわゆる契約締結準備過程と認めることができるとしても、右最終決定が遅れたことについては、前認定のとおり、第一審原告長沢側の事情も多分に影響しているのであつて、第一審被告側が最終的に融資を断つたことも、それだけ

の首肯するに足りる理由があるのであるから、第一審被告に、契約締結準備過程の当事者として、信義則上の遵守すべき義務違反があると認めることはできず、その点での不法行為の成立も認めることができない。」

判例評釈として、松本崇・金判839号47頁がある。

第一審判決（静岡地判昭和62・7・28金判826号28頁）は、
「第二　不法行為の成立の有無
一　第一に認定した事実を総合すれば、原告ら主張の請求の原因一から六までの事実は全てこれを肯認することができる。
二　以上に認定した事実に徴するときは、被告の職員である西垣らに欺罔の意思があつたとは認められないけれども、原告長沢に保険付融資を実行する旨の言質を与えながら、充分に首肯するに足りる理由を示さずそれを実行しなかつたのであるから、その融資を当てにして同人が企てていた事業の失敗により同人が受けた損害を賠償する責任が被告に存するものと言わなければならない。」
と判示している。

● 事案の特徴

この事案は、会社を経営する個人が銀行に融資を申し込み、銀行の担当者において融資の実行の準備を行っていたが、融資が実行されなかったため、個人、会社らが銀行に対して融資約束の成立を主張し、債務不履行、不法行為に基づき信用失墜、事業の失敗等の損害賠償を請求した第一審、控訴審の事件である（第一審判決は請求を一部認容した）。この事案は、銀行の融資約束の成否が問題になったこと、融資が実行されなかったこと、融資を受けることを希望した事業者（会社の経営者）の事業が頓挫したこと、銀行の債務不履行責任、不法行為責任が問われたこと、第一審判決が銀行の損害賠償責任を肯定したことに特徴がある。

● 判決の意義

第一審判決は、簡単な理由で融資の実行を当てにしていた事業者に対する銀行の損害賠償責任を認めたものであり、事例判断を提供するものである。これに対して控訴審判決は、融資約束の成立を否定し、銀行の債務不履行責任を否定したうえ、銀行の担当者による欺罔による不法行為を否定し、さらに契約締結上の過失責任を否定したものであり、これらのいずれの判断も事

例として参考になるものである。

　これらの第一審判決と控訴審判決を比較すると、控訴審判決の事実関係の認定が丁寧であり、事実認定が両判決の結論を分けた重要な分水嶺であるが、銀行にとっては、融資に関する交渉における従業員の言動によっては、融資を希望した者に誤解、期待を抱かせ、この事案のような紛争に発展する原因を作ることになるわけである（融資に関する取引において、金融機関の担当者が不要な期待を融資の希望者にもたせることは、その希望者が他の融資の途を閉ざすことになり、紛争がより深刻になるおそれがある）。

　紛争が訴訟に発展すると、双方の主張、立証の内容、事案の内容によるところがあるが、裁判官の判断姿勢等に大きく影響されるのが訴訟実務の実情である。法律実務においては訴訟対策をいつの時点からどのような対策を立てることが必要であるか、妥当であるかが問われることがあるが、取引の過程から対策を立てることが重要であり、訴訟が提起された後に慌てて対策を立てることでは、不要なリスクを排除することができないところである。金融機関にとっても、その取引先にとっても、取引の過程から将来の不要な紛争を回避することにも留意しながら、取引を進行させ、関連する証拠を作成、保存しておくことが重要である。

（3-5）銀行の融資約束違反の債務不履行責任が否定された事例［静岡地判平成元・9・28金法1254号37頁］

●事案の概要●

　Xは、土地を買い受けてマンションを建築することを計画し、銀行業を営むY株式会社（株式会社中部銀行）に1億7500万円の融資を申し込み、土地を約6478万円で購入し、手付金500万円を支払ったところ、Yの担当者が融資が可能である旨を言明したものの、借入申込書も提出されず、利息、返済期限等の条件が確定していなかったが、その後、Yが融資の実行を拒否したため、Xは、土地の売買契約を解除され、手付金を没収されたことから、XがYに対して債務不履行に基づき

1200万円の損害賠償を請求したものである。この判決は、融資契約の成立を認めず、請求を棄却した。

●判決内容

「(二) 被告の本部において、原告に対する貸出についての稟議について融資不可と判断した理由は、(一) 原告は土地を購入して賃貸マンションの建築を計画しているが、自己資金はなく全額借入れであること、(二) 建築したマンションを一括して売却する計画があるが、売却先が未定であること、(三) 担保物件の担保価値が低く債権の保全に不安があること、などであるが、右理由とするところに虚偽の点はなく、しかも右理由は、原告に対する融資を拒否するに足りる相当な事情である。
2 以上の認定に反する証人福原孝、同金岡昂仁の各証言及び原告本人の供述の各一部は、いずれも措信し難く、右認定に反する証拠はない。もつとも、原告は、本人尋問において、原告が昭和62年3月28日に被告に対し1億7500万円の融資の申込みをしたのに対し、被告が同年4月10日に右申込みを受諾し融資を実行する旨確約した旨供述するが、原告に対する融資については被告の静岡駅前支店のみでその実行の可否を判断することができず、本部の稟議を要する案件でありながら、4月10日の段階で本部の稟議を得ていなかつたことは前認定のとおりであるうえ、原告本人尋問の結果によれば、4月10日の段階では原告から正式の借入申込書の提出がなく、また、貸付けについての利息、返済期間等の貸出条件が確定していなかつたのみならず、原告に対する融資に関し契約書が作成されたことはなく、担保とすべき不動産についての権利証や担保設定のための委任状を提出したり、司法書士にその手続を委任されこともなかつたことが認められ、右認定に反する証拠がないから、被告静岡駅前支店の水野課長らが、原告に対し1億7500万円の融資を実行することを安易に確約するとは到底考え難いところであつて、原告の前記供述はたやすく採用し難く、また、証人福原孝、同金岡昂仁の各証言をもつてしても原告と被告との間で原告に対し1億7500万円の融資を実行する旨の確約が成立したとの事実を認めるに十分でなく、他にこれを認めるに足りる証拠はない。」

判例評釈として、栗田哲男・判タ736号23頁がある。

●事案の特徴

この事案は、マンションの建築を計画した者が銀行に融資を申し込み、融資を期待し、敷地の土地を購入し、手付を支払ったところ、融資が実行されなかったため、銀行に対して債務不履行に基づき損害賠償を請求した事件である。この事案は、銀行の融資契約の成否が問題になったこと、銀行との間

で融資の交渉がされたこと、融資を希望した者が融資の実行を前提として土地を購入し、手付を交付したこと、銀行が融資を実行しなかったこと、銀行の融資に係る債務不履行責任が問われたことに特徴がある。

●**判決の意義**

この判決は、融資の申込みから融資の拒否に至るまでの経過を認定し、融資の確約が成立したとはいえないとし、債務不履行を否定したものであり、その旨の事例判断として参考になる。この事案においても融資契約の書面は作成されていないが、マンションの建築に向けた融資の交渉が前向きに進行し、融資を希望した者が土地を購入し、手付を交付する等していたため、融資に期待を抱いたということができる。融資を希望した者の期待が合理的かどうかの議論は別として、金融機関が融資につき前向きの姿勢をみせると、これを前提とした経済活動が行われ、金融機関がこの経済活動をみながら放置していると、融資に対する期待も合理的なものと考えられる事態が生じることになる。金融機関と企業との間の契約の交渉は、交渉が進行するにつれ、交渉が具体化するにつれ、内容が煮詰まるにつれ、徐々に法的な責任が認められる可能性が高まるため、融資の実行が拒否されると、融資を希望した者が裏切られた気持ちになるだけでなく、他の融資の機会を閉ざされることになって、金融機関の法的な責任を追及しようとする重大な動機になることがある。融資に伴う法的な責任、リスクを回避するためには、早期の交渉の打ち切りの判断が重要である。この状況は、融資契約以外の事業者間の契約交渉にも同様に当てはまるものである。

〔3-6〕**銀行の融資拒絶による不法行為責任が肯定された事例**［東京地判平成4・1・27判時1437号113頁、判タ793号207頁、金法1325号38頁、金判902号3頁］

─────●**事案の概要**●─────

X₁株式会社は、A県企業庁が開発した工業団地に新工場の進出を決め、その融資をメインバンクであるY株式会社（株式会社三菱銀行）に

依頼し、Yは融資に応じることとして、Aに提出予定の融資証明書を発行したが、その後、Yが融資を拒絶したため、X_1は、他の金融機関であるB株式会社（株式会社三和銀行）から融資を受けたが、十分ではなく、結局、新工場の進出を断念したため、X_1、X_2（X_2はX_1の代表者）がYに対して不法行為に基づき損害賠償を請求したものである。この判決は、融資拒絶が融資予約契約違反であるとして、請求を一部認容した（X_1につき、収入印紙代、根抵当権設定登録免許税等99万1325円を損害賠償として認めた）。

●**判決内容**

「右一、二の事実に基づき、被告の融資拒絶行為が原告らに対する違法な権利侵害行為となるか否かについて判断する。
1　原告会社と被告との間で昭和63年11月9日になされた融資予約契約は、融資契約そのものではないけれども、被告は原告会社の予約完結の意思表示により所定の内容で融資を実行すべき義務を負うものと解せられ、本件の如くこの融資を前提に大規模な工場進出計画が進められ、用地取得について公的審査も通過し、計画が相当程度具体化しているような状況下にあっては、正当な事由なく被告の恣意によってこれを破棄し、あるいは重大な落ち度に基づきこれを履行しないことは、単なる債務不履行にとどまらず、不法行為を構成すると解することができる。
2　前認定の事実によると、被告支店の縄田支店長が12月8日に原告会社に対する融資を拒絶したのは、11月9日の融資予約が同月11日に撤回され、改めて11月21日にされた融資申込みが三和銀行による債務肩代わりを条件とするものと理解していたところ、その債務肩代わりの話が進展していなかったためであり、他方、右11月11日の時点で原告関において、融資申込みの撤回と理解されてもやむを得ないような言動があったことは前認定のとおりである。しかし、その後の11月21日に原告関が改めて被告支店に先の融資の実行を申入れ、被告支店が承諾した3億7000万円の融資について、前認定の12月8日の双方の対応を見ると、原告関は結局融資証明書に示された融資予約はそのまま維持されていると理解していたのに対し、被告支店側では、別途三和銀行による肩代わりを条件とする新たな融資決定と理解し、ここに双方の食い違いが生じたものと推認される。
　そして、右のような認識の不一致を生じた原因は、被告が既に発行した融資証明書を回収するどころか、その後の経過においても右融資証明書に全く言及せず、これを提出した千葉県企業庁にも森副支店長が原告関に同行し、同企業庁の担当者に

対し、被告支店から間違いなく土地分譲代金を送金する旨確約するなど、当然融資証明書どおりの融資が実行されるものと原告関において信じるのが当然であるような言動をとっていたためであり、この点に関する非は専ら被告支店側にあると認められる。

　証人縄田、同山本、同森の各供述中には、縄田支店長が11月21日原告関に対して融資を承諾するについて、三和銀行による債務の肩代わりを条件とする旨明示したかのような部分もあるが、その一方では同証人らは、右肩代わりがいつ行われるかなど具体的な話は一切行われなかった旨の供述もしていること、右三和銀行による債務の肩代わりが融資そのものの実行を左右する厳密な意味での条件であったとすれば、既に発行されている融資証明書の内容と明らかに異なるものであるのに、被告支店は、改めて右条件を加えた融資証明書と差し替えることも、別途その旨の条件を明示した書類を交わすこともしていないことからすると、右三和銀行による債務肩代わりの件は、一方的な被告支店側の思い込みに止まり、原告会社側に客観的に明示されたとは認め難い。

　そうすると、被告は、原告会社が工場用地取得について千葉県の分譲委員会の審査を通過した直後である同年12月8日になって、被告の融資が右工場用地取得代金支払にあてる予定であることを充分承知しながら、またメインバンクたる被告の融資拒絶が原告会社の本件工場進出計画に悪影響を及ぼすであろうことも容易に予測できるのに、正当な理由なく融資を拒絶し、その結果、原告会社が予定していた土地代金の支払計画に支障を来させ、別途3億7000万円の調達に奔走せざるを得ない事態を招来し、またそれにより原告会社の社長として一手に右計画の責任を担っていた原告関に著しい心労を与えたのであるから、被告の右不当な融資拒絶は、原告らに対する違法な権利侵害行為とみるのが相当である。」

　判例評釈として、久保宏之・法時65巻7号99頁、松本崇・別冊法時7号36頁、秦光昭・金法1326号4頁、峯崎二郎・金法1329号29頁、坂本武憲・ジュリ1026号138頁、星野豊・ジュリ1064号114頁がある。

●**事案の特徴**

　控訴審判決である後記の〔3－8〕の項参照。

●**判決の意義**

　控訴審判決である後記の〔3－8〕の項参照。

〔3－7〕信用金庫の定期預金の勧誘につき説明義務違反の不法行為が肯定された事例［東京地判平成4・11・4判時1495号113頁、判タ832号140頁、金法1358号60頁］

●事案の概要●

　X_1 は、Y信用金庫（王子信用金庫）に普通預金を有していたところ、その従業員の勧誘により普通預金から預金を引き出して100万円の定期預金を設定したところ、普通預金がマイナスになり、オーバーローンが発生したため、余分の利息を支払わされ、また、X_2 有限会社（代表者は X_1）は、Yに当座預金を有していたところ、小切手が振り出され、定期預金が設定され（X_1 らは無断で設定されたと主張し、争点になっている）、当座預金の残高がマイナスになり、当座貸越しになる等したため（X_1 の家族である X_3、X_4 の関係は省略）、X_1 らはYに対して不法行為に基づきオーバーローン等による利率の差額等を損害賠償として請求したものである。この判決は、X_1 に対して説明義務違反があったとするなどして、X_1、X_2 の請求を認容し（X_1 につき42円、X_2 につき436円の損害を認めた）、X_3 らの請求を棄却した。

●判決内容

「六　無断定期預金口座開設の不法行為の主張について
1　……によれば、以下の事実が認められる。
（一）　森は、昭和61年4月15日付けで原告照茂の普通預金口座から100万円を引出し、これを振り替えて原告照茂の定期預金を設定した（この点は当事者間に争いがない）。
　これによって、原告照茂の前記普通預金口座の残高は40万9631円のマイナスとなり、右マイナス状態が解消されたのは同月30日であつた。当時のオーバーローンの利率は定期預金利率より年利にして0.25パーセント高かった。
（二）　原告会社代表者の原告照茂は、昭和63年2月12日、原告会社振出の100万円の小切手を吉田に交付し、吉田は、同日、右100万円を原告会社名義の定期預金とした（この点は当事者間に争いがない）。
　これによって、原告会社の前記当座預金の残高は62万4441円のマイナスとなり、右マイナス状態が解消されたのは同月15日であった。当時の当座貸越の年利（12パ

ーセント）と定期預金利率（3.49パーセント）との差は年利にして8.51パーセントであった。

2 ……によれば、原告照茂が、右各定期預金の設定を承諾したことが認められる。とくに乙第78号証の小切手を自身で振り出しながら、その使途を確かめなかったとの原告照茂の供述は極めて不自然で、この点を含め、右承諾をしていないとする原告照茂の供述は信用できない。

しかし、森、吉田の各証言によっても、同人等が原告照茂に各定期預金に設定の承諾を求めた際に、普通預金や当座預金の残高がマイナスになり、いわゆる逆ザヤが発生することにつき十分な説明をしたとは認められないところ、いかに原告照茂と被告の関係が当時良好であり、損失そのものは多額でないとしても、損失を被ってまで被告担当者の定期預金獲得競争に協力したであろうとは思われず、原告照茂の右逆ザヤの事実を知れば、右各定期預金の設定に承諾しなかったであろうと推認される。

そして、右のように明らかな損失が生じる場合、金融機関の従業員には、預金者等に対し、その点について十分な説明を行う注意義務があると解されるから、右事実につき十分な説明を怠った森及び吉田には過失があると認められる。

3 右森及び吉田の行為により、原告照茂は、前記40万9631円に対し、4月15日から同月30日までの前記年利差0.25パーセントの割合を乗じた額である42円の損害を、原告会社は、前記62万4441円に対し、2月12日から同月15日までの前記年利差8.51パーセントの割合を乗じた額である436円の損害を受けた。

4 右森及び吉田は、被告の事業の執行につき右損害を与えたものであるから、被告はこれにつき賠償責任があり、右不法行為に基づく原告らの主張は理由がある。」

判例評釈として、御室竜・金判1034号32頁がある。

● 事案の特徴

この事案は、顧客らが信用金庫との間で預金等の取引を継続していたところ、信用金庫の従業員らの勧誘により、普通預金から払い戻されて定期預金が開設され、会社の小切手が振り出されて定期預金が開設されたところ、定期預金の利率より普通預金のオーバーローンの利率が上回り、当座預金の貸越しの利率が上回るに至ったため、顧客らが信用金庫に対して損害賠償を請求した事件である。この事案は、顧客らが信用金庫と継続的に取引をしていたこと、顧客のうち個人は信用金庫の従業員の勧誘により普通預金から払戻しを受け、定期預金を開設したこと、普通預金がオーバーローンになり、逆ザヤが発生したこと、顧客のうち会社は小切手を振り出して定期預金を開設

したこと、当座預金が貸越しになり、逆ザヤが発生したこと、顧客らが信用金庫の不法行為責任を追及したことに特徴がある。この事案は、信用金庫による定期預金の勧誘が主として問題になったものであり、預金取引あるいは投資取引をめぐる事件ということができるが、顧客の損失がこれらの取引に伴うオーバーローンによって発生したものであり、この後者の点をとらえて本章で紹介するものである。

●判決の意義

この判決は、定期預金の開設には顧客の承諾があったとしたうえ、信用金庫の従業員において普通預金や当座預金の残高がマイナスになり、いわゆる逆ザヤが発生することにつき十分な説明をしたとは認められないとしたこと、顧客は逆ザヤを知れば信用金庫の従業員の定期預金獲得競争に協力したであろうとは思われないとしたこと、逆ザヤのように明らかな損失が生じる場合、金融機関の従業員には、預金者等に対し、その点について十分な説明を行う注意義務があるとしたこと、この事案では信用金庫の従業員らに十分な説明を怠った過失があるとしたことに特徴があり、信用金庫の定期預金の開設、これによって生じる貸付との利率のマイナスの差額に関する説明義務違反による不法行為を肯定した事例判断を提供するものである。この事案における信用金庫の定期預金の勧誘については、少なくとも判決文を読む限り、説明義務違反を認めることができるかは微妙な判断であり、信用金庫には厳格な責任を認めるものである。

(3-8) 前記（3-6）の控訴審判決であり、銀行の融資拒絶による不法行為責任が肯定された事例［東京高判平成6・2・1判時1490号87頁、金法1390号32頁、金判945号25頁］

●事案の概要●

前記の〔3-6〕東京地判平成4・1・27判時1437号113頁、判タ793号207頁、金法1325号38頁、金判902号3頁の控訴審判決であり、X_1らが控訴し、Yが附帯控訴したものである。この判決は、融資約束の一

方的な破棄が不法行為に当たるとして、原判決中 X_1 の請求に関する部分等を取り消し、X_1 の請求を一部認容し（契約解消を余儀なくされた損害賠償が認められた）、X_2 の請求に関する部分を取り消し、X_2 の請求を棄却する等した。

●判決内容

「1　企業とそのいわゆるメインバンクとして取引を継続してきた銀行が、右企業から新規に計画した事業について必要資金の融資の申込を受け、当該計画の具体的内容を了知したうえ、右企業と消費貸借契約の締結に向けて交渉を重ねている途中であり、金銭の授受がなく消費貸借契約が成立したとはいえない段階においてであっても、融資金額、弁済期、借入期間、利率、担保の目的物及び担保権の種類並びに保証人等の貸出条件について具体的な合意に達し、銀行が右貸出条件に基づく融資をする旨を記載した融資証明書を発行して融資する旨の明確な約束（以下『融資約束』という。）をした場合において、右融資約束が破棄されるときには、右企業の新規事業計画の実現が不可能となるか若しくは著しく困難となり、右企業が融資約束を信じて当該計画を実現するためにとった第三者との契約若しくはこれと実質的に同視することができる法律関係等の措置を解消することを余儀なくされる等し、このため右企業が損害を被ることになる等の事情があり、しかも当該銀行が、このような事情を知り又は知りうべきであるにもかかわらず、一方的に融資約束を破棄する行為に出たときには、かかる行為に出るにつき取引上是認するに足る正当な事由があれば格別そうでない限り、当該銀行は、右企業が前示のような損害を被ったときには、民法709条、715条に基づき、これを賠償する責任を負うものと解すべきである。

　　……

3　そこで、縄田支店長が本件融資拒絶の行為に出るにつき取引上是認するに足る正当な事由があったかどうかについて、検討することとする。

（一）　被控訴人は、控訴会社は本件融資証明書の発行を受けた日の翌々日である同年11月11日融資申込みを撤回し、同月21日改めて融資の申込みをしたものであり、被控訴人支店は三和銀行の肩代わりを条件とするつなぎ融資であることを確認のうえこれを了承したところ、同年12月8日、三和銀行の肩代わりの話が進行していないことが判明し、その前提条件が満たされていないため、右つなぎ融資の申込みを拒絶したものである旨主張し、原審及び当審証人縄田晴明並びに原審証人山本嘉明及び同森広美の各証言中には、融資拒絶の経緯及び理由が被控訴人の右主張のとおりであるかのような供述部分もある。

　しかしながら、控訴会社が昭和63年11月10日三和銀行芝浦支店から、工場建築資

金の融資に加えて、被控訴人からの既存借入金全額の肩代わり、すなわちメインバンクの変更の申入れを受けたとの被控訴人の主張は、これを認めるに足る証拠はなく、かえって成立に争いがない甲第44号証、乙第8号証の1、2及び当審証人住出一正の証言によれば、三和銀行芝浦支店は控訴会社の本件工場進出計画を聞知し、支店長代理住出一正と外交担当者迫中が、同月8日、控訴会社を訪問して控訴人関と会ったこと、その際、住出らが、工場建築資金の融資に加えて、被控訴人からの既存借入金全額の肩代わりについての打診程度のことをしたが、明確に右のような申入れをしたことはなく、また、控訴会社から住出らに対し右融資の申入れもなされなかったこと、その後同月中旬に三和銀行の右外交担当者迫中から控訴会社に対して本件工場進出計画に関し融資の勧誘が行われたが、それも融資の打診程度の域を超えるものではなかったことが認められる。当審証人縄田晴明の証言により真正に成立したと認められる乙第16号証には、『11月10日に、工場建築資金の融資に加えて、三菱の既存借入全額肩代わりを社長宛に申入れした。但し、この時点では、まだ柔らかい話で固まった訳ではない。』との記載があるが、同記載は右程度の意味を超えるものではないと解すべきである。

　右のとおり、三和銀行芝浦支店が控訴会社に対し、控訴会社の被控訴人からの既存借入金の全額につき肩代わりする旨の申入れをしたことも、控訴会社から住出らに対し右融資の申入れもしたことがなかったものであり、これらの事実と原審における控訴人兼控訴会社代表者関純弥本人尋問の結果に照らすと、前記各証人の供述部分は到底採用できないし、他に被控訴人の前記主張を認めるに足る証拠はない。

（二）　また、被控訴人は、同年11月8日控訴会社は太陽神戸銀行に対し5億円の融資申込みをしているが、これは、本件工場用地に第一順位の担保権設定を必要とする千葉県の制度融資による融資申込みであり、被控訴人の融資の担保と競合して両者は相容れないから、被控訴人の融資の不足額を補うものではなく、被控訴人に対する融資申込の撤回を裏付けるものであるかのような主張をする。

　しかしながら、原審及び当審における控訴人兼控訴会社代表者関純弥本人尋問の結果によると、控訴会社は当初、被控訴人支店に対し、本件工場用地購入及び同工場建設資金として合計7億7000万円の融資を申し入れていたが、同月7日縄田支店長から本件工場用地購入資金3億7000万円のみ融資する旨の回答を受けたため、翌日、その不足額を補うために、やむなく太陽神戸銀行に対し右5億円の融資申込みをしたものであるが、同銀行が右申込に応諾するかどうか未定な段階において、控訴会社が被控訴人に対する融資申込を撤回する意思を有しておらず、また、右のような意思を被控訴人支店に示したこともなかったことが認められる。したがって、被控訴人の右主張も採用することができない。

（三）　更に、被控訴人は、本件融資証明書を回収しなかったのは、被控訴人としては、本件工場進出計画に反対であったが、控訴会社が同計画を推進し支援してくれる銀行があると力説していたので、他行が融資を決定し融資証明書を発行するまで

の間、控訴会社の立場や事情を考慮したからであると主張し、成立に争いがない乙第13号証及び原審証人縄田晴明の証言中には、これに沿う記載ないし供述部分があるが、同証言によれば、被控訴人支店は控訴会社から本件融資証明書の回収を猶予するよう依頼されたことはなく、回収しないことにつき被控訴人主張の理由が控訴会社に表明されていないことが認められるから、本件融資証明書を回収しなかったことが被控訴人主張の理由によることは、控訴会社が本件融資証明書どおりの融資を受けられるとの信頼を解消する事由となり得ず、その他被控訴人が右信頼を解消するに必要な措置を講じたことを窺わせる証拠もない。
(四) ところで、縄田支店長が同年11月11日控訴会社から融資申込の撤回があったものと理解したこと、及び同月21日控訴会社からつなぎ融資の申込があったものと理解したことは、前記認定のとおりであるが、縄田支店長の右のような理解は、事実関係を十分調査検討することなく、また、控訴人関及び控訴会社に対し確認することなく、一方的にそう思い込んだものに過ぎず、縄田支店長が右のように思いこんだことにつき、控訴会社又は控訴人関に責めに帰すべき事由があるともいえないから、本件融資約束を一方的に破棄するにつき取引上是認するに足る正当な理由があるとはいえないものというべきである。
4 前記認定の事実関係によると、(一) 千葉県企業庁との本件工場用地の売買契約及び東急建設との工場建設の請負契約は、いずれも本件融資拒絶後に締結されたものであるが、右各契約の基礎は、本件融資拒絶の前に既に形成されていたものであることは前示のとおりであり、控訴会社のその後の計画実現に向けての努力が背景にあることを考慮すると、本件融資拒絶後においては、控訴会社は右各契約を締結すべきでなかったとはいえず、控訴会社が取引の相手方と確約している以上、右各契約を締結したことは、経済人としては合理的な範囲内にある行動というべきであり、(二) 被控訴人支店の縄田支店長は、本件融資約束を一方的に破棄したものというべきであり、同支店長が右のような行為に出るにつき、取引上是認するに足る正当な事由があるとはいえないから、(三) 被控訴人は、控訴会社が千葉県企業庁及び東急建設との右関係の解消を余儀なくされたことにより被った損害につき、控訴会社に対し、民法715条に基づき、その賠償責任があるものというべきである。」

判例評釈として、菅野佳夫・判タ872号69頁、河上正二・金法1399号6頁、潮見佳男・金法1428号17頁、星野豊・ジュリ1064号114頁がある。

● 事案の特徴

この事案は、企業が工業団地に進出し、工場を建設することを計画し、メインバンクである銀行から融資を受けることを交渉し、融資証明書を作成、交付する等し、計画を推進していたところ、銀行が融資を拒絶したことか

ら、他の銀行の融資を得たものの、十分な融資を得ることができず、工場の進出を断念したため、企業が銀行に対して融資約束違反による損害賠償を請求した第一審、控訴審の事件である（なお、この事案では、企業の経営者も損害賠償を請求しているが、紹介を省略する）。この事案は、企業が工場団地に進出することを計画し、工場建設の資金を調達するため、メインバンクである銀行に融資を申し込んだこと、融資の交渉が進行し、銀行が融資証明書を交付する等していたこと、銀行が融資を拒絶したこと、企業が他の銀行から融資を得たものの、結局、工場の建設を断念したこと、銀行の不法行為責任が問われたことに特徴がある。

●判決の意義

　第一審判決である前記の〔3－6〕東京地判平成4・1・27判時1437号113頁、判タ793号207頁、金法1325号38頁、金判902号3頁は、銀行が正当な理由なく融資を拒絶したとし、違法な権利侵害行為であるとして不法行為を肯定したものであり、参考になる判断を示しているが、損害賠償額の認定、算定に問題が残るものである。

　他方、この控訴審判決は、融資約束を一方的に破棄するにつき取引上是認するに足る正当な理由があるとはいえないとし、使用者責任を肯定したものであり、参考になるものであるうえ、損害賠償額については第一審判決よりも合理的な判断を示している。この事案では、見方を変えれば、銀行が融資を希望していた企業に交渉の際に融資を期待させるような情報提供をし続けていたことが問題になったものであり、これらの情報提供が融資約束の成立、さらに正当な理由のない融資拒絶という法的な判断に基礎を与えたものということができる。

　この控訴審判決は、融資契約の成立ではなく、契約の交渉段階における融資約束の成否を問題にし、融資約束を認め、この一方的な破棄による銀行の不法行為に基づく損害賠償責任を肯定したものであり、契約の交渉段階における損害賠償責任（不法行為責任）の判断の枠組みとして理論的にも参考になるものである。

第3章　銀行等の貸付またはこれに付随する義務をめぐる裁判例

（3－9）銀行の配慮義務違反の使用者責任が肯定された事例［東京地判平成8・10・30判時1615号64頁、判タ949号156頁］

●事案の概要●

　歯科医師Xは、銀行業を営むY株式会社（株式会社住友銀行）の支店長Aから、ノンバンクであるB株式会社の融資により、株式の仕手集団Cに融資をすることの紹介を受け、XらがCから株式を担保として提供され、Bから55億円の融資を受け、このうち、50億円をCに融資し、5億円を株式に投資したが、融資が回収不能になる等したため、XらがYに対して説明義務違反等を理由に使用者責任に基づき損害賠償を請求したというものである。この判決は、仕手集団に対する融資を斡旋するときは、顧客が不測の損害を被ることがないよう配慮すべき義務があるとし、配慮義務違反を肯定し、請求を認容した（過失相殺を9割認めた）。

●判決内容

「出資法3条は、金融機関の役員、職員その他の従業員は、その地位を利用し、自己又は当該金融機関以外の第三者の利益を図るため金銭の貸借の媒介等をしてはならない旨定めているが、右規定は、金融機関の役職員がその地位を利用してサイドビジネスとして金銭の貸借の媒介等を行うことは、公共性を有する金融機関に対する信用を損なうものであるし、金融機関を信頼して取引を行う個々の顧客が、右のような行為により不測の損害を被るおそれがあるので、かかる行為を禁止したものであり、銀行の行員が右規定を遵守すべきことはいうまでもない。また、銀行の行員が銀行の信用を背景に、顧客を勧誘して一定の融資先に融資の斡旋をなすについては、融資先の業務内容、信用についてあらかじめ一定の知識を有すべきは当然のことといわなければならない。ところで、その融資先がいわゆる仕手集団の支配する会社であり、融資金が仕手株への投資に使用されることが予定されているような場合について考えると、いわゆる仕手集団による仕手戦の手法は、通常、株式の流通量が少ない小型株を借入金等で調達した資金により集中的に買い占め、その価格を極端につり上げるというものであるが、株価が停滞し始めると、仕手集団はたちまち莫大な金利負担に負われ、借入金の返済に窮して、資金繰りが極端に悪化することになり、そこで、仕手集団は、直ちに持ち株を巧妙に売り抜けるか、対立する経営陣に高値で引き取らせ、投下資本を回収しようとするのであるから、それに失

敗すると、仕手株は暴落し、仕手集団は倒産に追い込まれるという経過をたどる危険性を常にはらんでいるものである。したがって、銀行員としては、顧客に積極的に働きかけて右のような仕手集団が支配する会社への融資の斡旋を行うことは控えるべきが筋であり、仮に融資の斡旋を行うとしても、その危険性について顧客に十分説明し、仕手株の暴落により顧客が不測の損害を被ることのないよう配慮する義務を負っているものと解するのが相当である。

本件についてみるのに、前記二認定の事実によれば、乙山は、青葉台支店の業績不振を脱却し、順調に栄進している自己の保身を図るため、丙川と相談の上、同支店の顧客にノンバンクから50億円単位の資金を借り入れさせ、これを掛け目10割で評価した株式を担保に多額の金員を運用して株式取引を行っている株式投資グループに年2割の利息で半年間融資させ、青葉台支店はノンバンクから見返りに協力預金を獲得するという本件融資計画を立案し、同支店の大口顧客のうち、本人又はその親族が担保に適する多数の不動産を有している原告一郎らを選んで、本人融資計画への参加を積極的に勧誘したものであるが、丙川は、東成商事が秋山、加藤の支配するいわゆる仕手集団に属していることを知っていたものであり、前記二認定のとおり、乙山は、丙川が『株に関係のある人』とつながりのある人物であるとの認識を持っていたこと、丙川から東成商事について、6000億から7000億円もの資金を運用して株式投資を行っている会社であると聞いていること、本件担保株式の中には乙山が仕手株ではないかと思っていた本州製紙等の株式が含まれていたことのほか、乙山が丙川に相談して本件融資計画を立案した前記二認定の経緯からすれば、丙川から東成商事の紹介を受けた乙山においても、東成商事が人為的に株価を操作するいわゆる仕手集団に属する会社かもしれず、また本件担保株式は仕手株であると薄々認識していたものと推認される。加えて、乙山は、東成商事の債務がかなり多く、内部留保資産が乏しいことに不安を抱いていたことが認められるから、丙川はもちろん、乙山あるいは乙山から右情報を得ていた青葉台支店の幹部行員（以下『乙山ら』という。）も、本件融資計画の実行が極めて大きなリスクを伴うものであるとの認識を有すべきであったし、現に有していたものと認めるのが相当である。

したがって、乙山の本件融資計画の実行は出資法3条に違反する行為であり、この点を別にしても、乙山らは、銀行員として、原告一郎らに対し、東成商事への融資を斡旋することを控えるのが筋であり、少なくとも東成商事への融資が極めて大きなリスクのある取引であることを十分に説明し、仕手株の暴落により顧客が不測の損害を被ることのないよう配慮すべき義務があったものというべきである。しかるに、乙山らは、右の点について思いを致さず、原告一郎らに対し、東成商事への融資が多大なリスクを伴う点の説明を十分になさず、むしろ、同社への融資により金利差分として多額の利益を獲得できることに目を奪われている原告一郎に対し、返済については心配はいらないという趣旨のことを言って、被告銀行の紹介先への融資であるから問題が生じても被告銀行側でうまく対応してくれるものと東成商事

への融資に伴うリスクについての認識を薄れさせ、しかも、丙川に言われるまま、右融資の担保として不動産等の確実なものをとらず、仕手戦によって値上がりした株式を掛け目10割という非常識な評価で提供させ、その結果、株式の暴落により東成商事は倒産状態となり、本件担保株式も著しく下落して、大きな担保割れが生じ、原告一郎は多額の債権を回収することが事実上不可能になったのである。

乙山のした右行為は、出資法3条違反の違法なものであり、また、乙山らは銀行員として融資の斡旋を行うに際し、顧客に対し当然なすべき前記の配慮義務を怠ったものであって、原告一郎に対する不法行為に該当するものというべきである。」

判例評釈として、小林俊明・ジュリ1169号127頁がある。

●**事案の特徴**

この事案は、個人が銀行の支店長の紹介、斡旋により、ノンバンクから融資を受け、株式の仕手集団に融資したところ、融資が回収不能になったため、個人が銀行に対して使用者責任に基づき損害賠償を請求した事件である。この事案は、銀行が融資をしたものではなく、支店長が個人に融資の斡旋をしたことが問題になったこと、個人が株式の仕手筋に融資をしたこと、個人が融資の資金をノンバンクから融資を受けて調達したこと、個人の仕手筋に対する融資が回収不能になったこと、銀行の使用者責任が問われたことに特徴がある。この事案は、銀行が取引先等に関するさまざまな情報を保有していることに加えて、銀行の社会的な信頼性があることが背景にあるものである。

●**判決の意義**

この判決は、銀行の従業員は顧客に積極的に働きかけて仕手集団が支配する会社への融資の斡旋を行うことは控えるべきことが筋であるとしたこと、融資の斡旋を行うとしても、その危険性について顧客に十分説明し、仕手株の暴落により顧客が不測の損害を被ることのないよう配慮する義務を負っているとしたこと、この事案では、顧客に対する配慮義務違反があるとしたこと、銀行の使用者責任が認められたことに特徴がある。

銀行の従業員が取引先である個人、企業にさまざまな商品、個人、法人を紹介、斡旋する事例を見かけることがあるが、銀行が融資、融資紹介に関連

して行うこれらの紹介、斡旋につき何らかの法的な義務を負うかは興味深い問題である。この事案では、前記の説明義務、配慮義務が主張され、この判決は、これらの法的な義務が生じ得ることを認めたうえ、仕手集団に対する融資、銀行の従業員による紹介、斡旋という特徴的な事実関係を前提として配慮義務違反を認めたものであり、事例判断として参考になるものである。なお、配慮義務については、その根拠、内容、義務違反の基準等の議論があろう。

　この事案は、銀行にとっては仕手筋を紹介する等の特異な事件であるが、損害発生の蓋然性が相当程度認められる事件が発生する可能性は常にあるものであって、今後、この判決が提示するような説明義務、配慮義務の法理が援用されることが予想される。

(3-10) 信託銀行の報告義務違反が否定された事例［東京地判平成8・12・25金法1505号59頁］

●事案の概要●

　信託銀行業を営むX株式会社（三井信託銀行株式会社）は、ハワイにおけるコンドミニアムの建設、分譲を行うAパートナーシップの融資団の主力銀行であり、ノンバンクであるY株式会社（住銀ファイナンス株式会社）が、この事業に保証人団として参加し、XがAとローン契約を締結し、総額8500万ドルを貸し付け、Yが貸付元本のうち1000万ドルを限度に保証をしていたところ、AがXからの融資の返済を怠ったため、XがYに対して保証債務の履行を請求したことから、Yが詐欺による取消し、報告義務違反による契約の解除を主張したものである。この判決は、詐欺、報告義務違反を否定し、請求を認容した。

●判決内容

「一　本件保証契約の詐欺による取消しの主張について
　被告は、本件保証契約締結当時（平成2年9月28日）、ハワイオアフ島の高級住宅

地では高額物件の売れ残りが急増していたにもかかわらず、原告はこれらの事実を秘匿し、原告は数年前から伊藤忠商事が推進する大型不動産開発案件に対する融資業務を積極的に展開し非常にうまく行っている、本件プロジェクトは全く心配のないもので極めて危険性の少ないものであるなどと説明し、被告を欺罔して本件保証契約を締結させたものであると主張する。

なるほど、原告が被告に交付した本件プロジェクトの説明書……には、伊藤忠商事が参加ないし融資参加したコンドミニアム（ホノルルパークプレイス437戸、ナウルタワー304戸）がすべて即時完売されたこと及び本件プロジェクトが極めて事業性の高い優良物件であることなどが記載されているが、これらの記載が虚偽であると認めるに足りる証拠はない。また、被告が指摘する新聞記事（平成2年12月27日付け日経産業新聞。……）も、ハワイにおける高級住宅の売れ行きが振るわなくなったことを報じているものの、『日本の関係者でも「これまで高騰を続けてきた住宅市場が一つの転換点を迎えたのは確かだが、世界有数のリゾート地であるハワイの市場価値は依然として大きい。日本からの投資も単に値上がりだけを狙った投機は衰えても、ハワイに物件を持っていたいという地に足のついた商談は増えるだろう」（堀尾氏）との見方は強い。』との観測を伝えているのであって、本件プロジェクトが全く成功の見込みのないものであったということはできない。

前記認定のように（第二の一）、本件プロジェクトは損失を被る結果に終わったが、その主たる原因は、いわゆるバブル経済の崩壊に伴う急速な不動産景気の衰退に基づくものというべきであって、本件保証契約の締結が原告の欺もう行為によるものとする被告の主張は、これを認めるに足りる証拠がなく、採用することができない。

二　原告の債務不履行（報告義務違反）に基づく本件保証契約解除の主張について……

4　被告は、原告が建築の進行状況等の報告を怠ったと主張するが、原告が被告に対して行った報告の状況は、別紙『原告の反論』第6項記載のとおりであって（掲記されている証拠のほか、証人後藤田裕久の証言及び弁論の全趣旨によって認める。）、原告に報告義務違反があるということはできない。

5　被告は、伊藤忠商事が販売努力を行っていないにもかかわらず、原告は被告に対してそのことを報告しなかったと主張するが、伊藤忠商事が行った販売努力は、別紙『原告の反論』第7項記載のとおりであって（掲記されている証拠のほか、弁論の全趣旨によって認める。）、その前提事実を認めるに足りる証拠はない。

6　以上のとおりであって、被告が解除原因として主張する事実を認めるに足りる証拠はないから、被告の主張は、その余の点について判断するまでもなく理由がない。」

●事案の特徴

　この事案は、信託銀行がハワイのコンドミニアムの建設、分譲を行うパートナーシップに融資をし、銀行系のノンバンクが保証をしたところ、パートナーシップが融資の返済を怠り、信託銀行がノンバンクに対して保証債務の履行を請求し、ノンバンクが報告義務違反による契約解除等を主張した事件である。この事案は、信託銀行の外国の不動産投資の資金を融資したこと、融資をした信託銀行の報告義務が問題になったこと、信託銀行と銀行系のノンバンクとの間の保証をめぐる紛争であったこと、保証人となったノンバンクが報告義務違反による契約解除を主張したことに特徴がある。

●判決の意義

　この判決は、融資を行った信託銀行の保証人であるノンバンクに対する詐欺、報告義務違反を否定し、契約解除を否定する等したものであり、融資に伴う信託銀行の報告義務違反を否定した事例判断として参考になるものである。

(3－11) 信用金庫の融資契約の成立が否定された事例［東京地判平成10・1・20金判1048号45頁］

●事案の概要●

　Y_1は、Y_2が営業する不動産業の従業員として中心的な業務を担当していたが、A信用金庫（東武信用金庫）から融資を受け、賃貸建物を借地権付で購入し、建て替えることを計画し、Aから3億8000万円の融資を受ける交渉を行った後、交渉を打ち切り、X信用金庫（東京シティ信用金庫）と交渉を行い、Xとしては、とりあえず1億2000万円の融資を行ったものの、建物の賃借人との立退交渉等が進捗しなかったため、XがY_1らに対して1億2000万円の返済を請求したことから、Y_1らが融資残額2億6000万円の融資が未履行であるところ、これが先履行である等として争ったものである。この判決は、融資契約の成立を否定し、請求を認容した。

第3章　銀行等の貸付またはこれに付随する義務をめぐる裁判例

●判決内容

「2　以上の事実によれば、原告と被告J又はその他の被告らとの間には、平成3年6月の原告から被告Jに対する1億2000万円の貸付けの際、本件借地上のビル建設資金として、更に2億6000万円の融資契約が成立していたなど、原告が被告らに対して更に融資をするべき法的義務を負っていたと認めることはできず、その他、これを認めるに足りる的確な証拠は全くない。
3　なお、被告らは、原告担当者と被告らとの間で、原告は被告Jに対し、実際に融資された1億2000万円を含めて総額3億8000万円を融資することの話ができていたと主張し、被告Jはその本人尋問において同様の趣旨を供述する。
　しかしながら、前記1のとおり、本件借地上のビル新築資金として残額2億6000万円の融資を被告Jが希望しており、右事実を原告担当者Wは知っていたことが認められるが、右残額2億6000万円の融資のためには、本件建物に入居していた飲食店2店の立ち退きの有無（それによって、新築ビルの内容や建設に要する予算が変わってくる（乙1）。）、被告が返済計画を立てることが可能なように、被告ら所有物件を売却して他の借入れを減少させなければならないという不確定要素があり（結局、被告らが予定していた他の所有物件の売却は実現しなかった。）、また、原告は、被告Jに対して、借地権購入及びビル新築計画についても、総額3億8000万円のほか、総額1億9000万円、総額2億1000万円の案を参考として提出させるなどしており（乙1）、それにもかかわらず、借地権付き本件建物1億2000万円融資の際、原告と被告J間で総額3億8000万円の融資が決まっていたとする被告Jの供述は容易に採用できず、被告らの右主張は採用できない。
　また、被告Jは、借地権を購入し、古い建物を取り壊し、ビルを新築し、被告ら所有物件を売却すれば、新築ビルの賃貸収入等で借入金の返済が実行できるとの一体の計画で、原告から3億8000万円を借り入れることが決められ、その第一回分として1億2000万円を借り入れたもので、そうでなければ、原告としても1億2000万円の貸付けをするはずはない旨供述するが、前記1のとおり、原告は本件借地の立地条件などから1億2000万円の融資は可能であるとしてその実行をしたものであり、必ずしも、被告Jの右供述どおりに考えられるものではない。
4　したがって、原告はまず融資すべき残額2億6000万円を先に履行すべき契約上の義務があり、仮にそうでなくとも、1億2000万円の本件④貸付けの返済は、2億6000万円の実行がされると同時履行関係にあるとの被告らの主張は採用できない。」

●事案の特徴

　この事案は、借地権付建物を購入し、建物の建替えを計画した者が資金調達のため、信用金庫と3億8000万円の借入れの交渉をし、1億2000万円を借り入れたものの、建物の賃借人の立退等の問題によって計画の進行が膠着し

238

たことから、信用金庫が貸金の返済を請求した事件であるが、さらに2億6000万円の融資の合意（融資契約）が成立しており、この融資が先履行であると争ったため、融資契約の成否等が争点になったものである。この事案は、信用金庫の融資が問題になったこと、融資の交渉が3億8000万円につき行われたこと、融資金は不動産の購入、建物の建替えの資金調達のためにされたこと、1億2000万円の融資が実行されたこと、信用金庫が融資の返済を請求したこと、総額3億8000万円の融資契約の成立が主張されたこと、この融資契約の成立は、一部の融資が実行されたものであるとし、返済請求に対する抗弁として主張されたことに特徴がある。

●**判決の意義**

この判決は、信用金庫との総額3億8000万円の融資契約について、融資契約の成立を裏付けるに足りる証拠がないとし、融資契約の成立を否定したものであり、その旨の事例判断を提供するものである。この判決は、簡単な理由で総額3億8000万円の融資契約の成立を否定したものであるが、融資交渉の内容と経過に照らすと、誤解を受けるおそれのある融資交渉であったことは否定できないものである。

金融機関から融資を受けようとする者は、特定の目的、動機、使途等に必要な資金を調達することを意図しているものであり、そのような事情が融資交渉の段階において明らかにされている場合には、交渉に当たって金融機関の担当者としては融資全額に対する明確な姿勢を示しておかないと、この事案のような融資をめぐる紛争に巻き込まれる可能性が残るわけである。

（3－12）銀行の融資拒絶につき拒絶時期の遅延による不法行為責任が肯定された事例［東京地判平成10・8・31金法1547号49頁］

────●事案の概要●────

X有限会社の代表者Aの父Bは、株式会社C、株式会社Dを経営していたが、Cが破産宣告を受けたため、Xを設立し、Aを代表者とし、C、Dの債務を担保するため、C所有の不動産に抵当権が設定されてい

たところ、不動産競売手続が開始され、入札期間が平成7年10月11日から同月17日までと決められ、Xは、不動産を倉庫として使用していたため、これを買い受ける必要に迫られ、平成7年11月13日、価額4612万円で入札したものの、他に高額な入札が行われたとの噂を聞き、同月15日、A名義で買受申出保証金899万6000円を提供したうえ、価額5012万円で入札したところ、同年12月13日、売却許可決定を受け、代金納付期限が平成8年2月9日と定められたことから、Bは、平成8年1月8日、知人Eの紹介により、銀行業を営むY株式会社（株式会社第一勧業銀行）の支店長代理Fに融資を申し込んだところ、Fが信用保証委託申込書を交付して信用保証協会の保証を受けての融資に前向きの姿勢を示し、Fは、Xから記入された2通の申込書を受領し、借入金額を各2000万円とし、2箇所の信用保証協会に送付したところ、1000万円と1500万円の信用保証が決定されたため、Fは、Xにその旨を連絡するとともに、Xに対する合計2500万円の融資を平成8年1月30日実行の稟議書を作成し、Xから1000万円、1500万円の2口の記入された各金銭消費貸借契約証書を受領したものの、Yでは、平成8年1月30日、Cの破産宣告等を理由として融資の実行を拒絶し、Fらが同月31日にBにその旨を説明し、同年2月1日、正式に融資の実行を拒絶したため、Xは、代金納付期限までに買受代金を納付することができず、前記保証金が没収されたため、Yに対して不法行為に基づき保証金相当額の損害につき使用者責任等に基づき損害賠償を請求したものである。この判決は、融資の拒絶自体はやむを得ないものの、拒絶の時期を遅延させた過失を認め、請求を認容した（買受申出保証金相当額が損害であるとされた）。

●判決内容

「3 そして、……によれば、土屋は、原告の融資金の使途や幸吉が原告の代表取締役となっていない事情等について上司に報告しないまま、原告に対する融資につき、その資金使途を長期運転資金として、被告青葉台支店内の稟議にかけた（前提

事実4)が、決裁の過程で右事実が上司の知るところとなり、結局、前提事実5のとおり、被告において原告に対する融資を拒絶することとなったことが認められる。
4　そうすると、被告が前提事実5の理由により原告に対する融資を拒絶したこと自体は止むを得ないものであり、不当とはいえない（原告もこれを違法とは主張していない。）が、被告の被用者である土屋が、幸吉らから右拒絶の理由となった事実関係の説明を聞きながら、これを上司に報告しないまま原告に対する融資の手続を進め、結局、被告における融資拒絶の決定の時期を遅延させたことについては、過失があるというべきである。」

●事案の特徴

　この事案は、会社が現に使用中の不動産につき不動産競売の手続が開始したことから、その買受を希望し、保証金を納付して入札し、売却許可決定を受け、その資金の調達のために銀行に融資を申し込み、銀行の担当者が前向きの姿勢を示したものの、最終的に融資を拒絶し、買受代金を納付することができず、保証金を没収されたため、銀行に対して不法行為に基づき損害賠償を請求した事件である。この事案は、銀行の融資が問題になったこと、融資が不動産競売で売却許可決定を受けた者に購入代金に使用されることが予定されていたこと（購入代金の納付期限は短期間に限定されている。民事執行法78条）、銀行の担当者が融資に前向きの意向を示し、融資の手続が進行していたこと、銀行が融資を拒絶したこと、銀行が不法行為責任を問われたことに特徴がある。

●判決の意義

　この判決は、銀行による融資の拒絶はやむを得ないとし、不当とはいえないとしたものの、融資拒絶の決定の時期を遅延させたことにつき過失があるとし、銀行の不法行為（使用者責任）を認めたものであるが、興味深い事案につき銀行の不法行為を認めた重要な事例判断として参考になる。また、この判決が不法行為を認めた論理は、銀行が融資の交渉をするに当たって、融資の拒絶の当否だけでなく、融資を拒絶する時期の当否についても判断を誤ると、銀行の不法行為が肯定されるとするものであり、理論的にも参考になるものである。

第3章　銀行等の貸付またはこれに付随する義務をめぐる裁判例

　この判決は、融資の事情によって融資の許否の決定を短期間に行うべき必要があることを前提とし、融資の拒絶が不当とはいえなくても、融資の拒絶の時期が遅延したことにつき不法行為を肯定したものであるが、この論理は、融資の許否の時期を誤ると、金融機関が不法行為責任を負う可能性を認めるものであり、金融機関の融資業務に無視できない影響を与えるものである。金融機関が融資に前向きに姿勢を示していると、融資を受けることを希望している者にとっては、他の金融機関からの融資を受ける機会を失うことになりかねないものであるから、融資の許否の判断の時期は、極めて重要な事情である。金融機関としては、融資の申込みにつき実質的に許否の検討、判断をする場合には、できる限り早期に判断をし、融資の申込者にその結果を告げるべきであり、期待を抱かせるような言動を繰り返したり、検討、判断を遅らせたりすることは、融資金の使途等の事情によっては、この判決の法理によって損害賠償責任を負わされる可能性があることに十分に留意することが必要である。また、この判決は、銀行の融資拒絶の決定の時期が遅延したことと買受申出保証金の没収との間の因果関係を認め、保証金相当額の損害を認めたものであるが、いずれも事例判断を提供するものである。

(3－13) 銀行の貸付に係る権利濫用、信義則違反、保護義務違反が否定された事例［東京地判平成11・1・25金判1089号33頁］

●事案の概要●

　X_1（一級建築士）は、A会社、X_2会社、B会社の代表者であり、昭和63年7月頃、銀行業を営むY_1株式会社（株式会社富士銀行）の従業員からマンションの購入を紹介され、平成元年3月、X_1において2億2000万円、X_2において8000万円の融資を受け、マンションにY_1のために根抵当権を設定したうえで購入した後、マンションの価格が4000万円台に下落したところ、平成7年1月、Y_1がX_2に対する貸金債権をY_2株式会社に譲渡する等したため、X_1らがY_1らに対して一定の範囲を超える債務の不存在確認を請求したものである。この判決は、X_1らの権利の

> 濫用、信義則違反、保護義務違反の主張を排斥して、請求を棄却した。

●判決内容

「2　ところで、金融機関が融資先を開拓し、顧客に融資を勧誘する行為それ自体は、金融機関の正当な業務行為の範囲内に属する行為とみるべきであるから、現実に借主が借金の、返済をすることが不能の状態に陥り、結果的にみれば借主の返済能力を超えた貸付行為がされた場合であっても、それだけでは金融機関の行う借主に貸付金の返済を求める行為が権利の濫用となるものではないことは明らかであるというべきである。そして、金融機関が貸付金の返還を請求する行為が権利の濫用となるか否かは、借主の地位、経験、資産状況、貸付の目的、貸付金の額、金融機関の職員がことさら虚偽の情報を提供して詐欺的な勧誘を行い、これが借主の申込みに動機付けを与えたか否かなどの勧誘の態様、借主側の借り入れに至った経緯、返済不能に至った原因、金融機関が担保を取ったか否かなどの担保の有無、内容、その後の債権管理の状況など諸般の事情を総合勘案し、金融機関が当該貸付金の返還を請求することが著しく信義則に反するような特段の事情が存するか否かを基準として判断すべきであり、このような特段の事情の存する場合にはじめて、権利の濫用として許されないものと解するのが相当である。

3　これを本件についてみるに、前記1認定の事実によれば、原告Nは不動産の売却、仲介を目的とする会社を複数経営する一級建築士であり、様々な不動産情報を一般の個人よりはるかに入手し易い立場にあり、本件以外にも不動産取引のための融資申込みの経験があること、本件貸付金額が当時の原告らの資産収入と比較して極端に不相応なほどに多額とはいえないこと、本件貸付は本件不動産売買の買付け資金の融資目的であり、それ自体は何ら非難されるべきものではなく、被告富士銀行は、当時の貸付額を超える時価を有していた本件不動産を担保に取るなど、一定の債権確保措置を講じていること、Mの本件融資の勧誘行為は積極的かつかなり執拗に行われたものであったと推察されるが、ことさら虚偽の情報を提供するなどそれ自体社会的に是認できない行為であったとまではいえないこと、原告らが本件貸金の返済が困難な事態に陥ったのは、本件不動産購入後の不動産市況における価格の下落という社会、経済的要因によるところが大きいものとみられること、被告富士銀行の本件貸付金の債権管理に特段問題とすべき事情は存しないことなどの諸事情が認められ、これに照らすと、本件において、被告富士銀行が原告らに対し、本件貸金の返還請求を行うことが著しく信義則に反するような特段の事情が存するものということはできず、被告らの本件貸付金の請求が権利の濫用に当たるとは到底いえない。」

第3章　銀行等の貸付またはこれに付随する義務をめぐる裁判例

●**事案の特徴**

　この事案は、会社の経営者（一級建築士）が銀行の担当者からマンションの購入を紹介され、自ら、また経営する会社が銀行から融資を受けてマンションを購入したところ、マンションの価格が下落する等したため、借主である経営者らが銀行らに対して債務不存在の確認を請求した事件である。この事案は、銀行の融資が問題になったこと、会社の経営者が銀行からマンションの購入を紹介されたこと、銀行が購入資金を融資したこと、マンションの購入者が銀行の担当者の執拗な勧誘によって融資を受け、購入をしたこと、マンションの価格が下落したこと、銀行から貸付債権の譲渡を受けた者の貸金の返済請求につき権利の濫用、信義則違反、保護義務違反が問題になったこと、権利の濫用等は返済を拒絶する正当な理由として主張されたこと（銀行の損害賠償責任が問題になったものではない）に特徴がある。この事案は、銀行が融資をするに当たって返済能力を超える借主に融資をする等した場合、法的な責任を負うか、その前提として法的な義務を負うか、貸金の返還請求につき権利の濫用等の制約を受けるかという興味深い問題を提起するものである。

●**判決の意義**

　この判決は、金融機関が融資をし、借主が返済をすることが不能の状態に陥り、結果的にみれば借主の返済能力を超えた貸付行為がされた場合であっても、それだけでは金融機関の行う借主に貸付金の返済を求める行為が権利の濫用となるものではないとしたこと、特段の事情がある場合には、金融機関につき権利の濫用が認められるとしたこと、金融機関が貸付金の返還を請求する行為が権利の濫用となるか否かは、借主の地位、経験、資産状況、貸付の目的、貸付金の額、金融機関の職員がことさら虚偽の情報を提供して詐欺的な勧誘を行い、これが借主の申込みに動機付けを与えたか否かなどの勧誘の態様、借主側の借入れに至った経緯、返済不能に至った原因、金融機関が担保を取ったか否かなどの担保の有無、内容、その後の債権管理の状況など諸般の事情を総合勘案し、金融機関が貸付金の返還を請求することが著し

く信義則に反するような特段の事情が存するか否かを基準として判断すべきであるとしたこと、この事案では貸付金の返還請求を行うことが著しく信義則に反するような特段の事情が存するものとはいえないとし、権利の濫用等の主張を排斥したことに特徴がある。この判決は、特段の事情がある場合には、貸金の返済を請求することが権利の濫用に当たることを認めたものであり、特段の事情の意義、判断基準等をめぐる議論はあるが、今後の検討に参考になる見解を示したものである。

この判決の控訴審判決（東京高判平成11・10・13金判1089号31頁）は、X₁らが控訴したものである。この控訴審判決は、原判決を維持し、控訴を棄却している。

（3－14）信託銀行の不動産売買の紹介、代金の融資につき不法行為責任が否定された事例［東京地判平成11・1・28判時1693号92頁］

●事案の概要●

A株式会社は、信託銀行業を営むY₁株式会社（中央信託銀行株式会社）の従業員Y₂の紹介、説明により、B株式会社から代金24億円で土地を購入し、Y₁が代金を融資し、X株式会社が融資の連帯保証をしたが、この土地については長年にわたって訴訟で係争中であり、結局、真実の所有者Cの勝訴判決が確定するに至ったこと等から、この土地の権利取得につきY₂の虚偽の説明があったこと等を理由とし、XがY₁らに対して不法行為に基づき損害賠償を請求したものである。この判決は、Y₂の説明がセールストークであり、最終的にはXの自己の判断により取引が行われたとし、因果関係を否定して、請求を棄却した。

●判決内容

「(一) 本件売買契約、前融資及び前保証に関する被告馬場及び田村の発言あるいは説明について

……

(6) 以上の次第で、本件売買契約、前融資及び前保証に当たり、被告馬場及び田村が、本件差戻事件の帰趨については楽観的な見通しを述べ（もっとも直接原告に対する発言としては、前記認定のとおり、昭和62年2月24日と同年5月13日に被告馬場が原告のもとを訪れた際の2回だけである。）、その結果、大平や野村が本件土地の権利取得の可能性が高いとの期待を抱いていたことは容易に推認できるというべきであるが、右の被告馬場あるいは田村の発言は、いわゆるセールストークというべきであって、被告馬場が書面として大平産業に差し入れたものが甲第27号証の確約書に過ぎず、一方、本件特約や『証』と題する書面（甲35）が存在することからしても、被告中央信託銀行として本件土地の権利取得につき法的にも責任を持つといった趣旨の断定的な内容の発言を被告馬場あるいは田村がしたとまで認定することはできないというべきである。

……

3　原告及び大平産業が、被告馬場あるいは田村の説明を信じて本件売買契約を締結し、あるいは前融資を受けて前保証をし、さらには本件融資を受けて本件保証をするに至ったと言えるか。

（一）　前記認定のとおり、被告馬場及び田村の発言は、前融資と前保証あるいは本件融資と本件保証につき、直接被告中央信託銀行の法的責任を認めるような断定的なものであったとまでは認められないというべきであるが、一方で、被告馬場及び田村が、本件売買契約の締結あるいは前融資、前保証の際に、本件差戻事件の見通しにつきかなり楽観的な発言をし、あるいは本件融資の際に田村が被告中央信託銀行においても責任をもつという趣旨の発言をしたことは推認できるというべきである。そして、前記認定のとおり、本件売買契約は、事件ものの土地である本件土地の、俗にいう土地転がしともいうべき取引の一環であり、前融資と前保証及び本件融資と本件保証も右取引のためのものであることからすると、本来そのような取引に正規の金融機関である被告中央信託銀行が関与すること自体に問題があったというべきである（前記認定のとおり、本件売買契約については本件特約が付され、前保証に当たっては、原告から『証』と題する書面が差し入れられており、その内容からすると、一応被告中央信託銀行に対する責任追求はできないことになるが、あえてそのような特約ないしは書面を差し入れさせることが必要な取引を銀行が行ったこと自体に問題があったというべきである。）。そうであるとすれば、金融取引における一般企業の銀行に対する信頼を前提とする限り、被告馬場及び田村が事件ものの土地である本件土地の土地転がしともいうべき取引を仲介したうえで、本件差戻事件の訴訟の見通しにつき一定の方向をもった発言をすること自体が、いわゆるセールストークの域を超え、金融機関の担当者としての注意義務を逸脱する違法な行為と解する余地はあるというべきである……。

……

（三）　以上認定の事実によれば、原告及び大平産業は、豊富な不動産取引の経験を

踏まえて、本件土地がいわゆる事件ものの土地であることを十分に承知のうえで、本件売買契約、前融資、前保証をするに至ったものであって、前記認定のとおり、本件土地の売買価額が当時の周辺土地の路線価と比べてみても格段に低額であったことからすると、ある程度のリスクは当然の前提として、利害得失を十分に検討のうえ、これらの取引に臨んだと認めるのが相当である……。

　そして、本件土地につき本件差戻事件が係属中であったことは関係者の間では周知の事実であったところ、一般に裁判は、当事者が自らの責任で攻撃防御方法を提出し合い、これを受けて、裁判所が自由な心証によって、事実を認定し、法律判断を行うものであり、また、和解は、当事者の互譲によって合意に達しなければ成立しないものであり、訴訟の帰趨は、これらの当事者の訴訟活動いかん、裁判所の自由心証による事実認定及び法律判断いかんによるものであって、係属中の裁判の結果について100パーセント正しく予測することは不可能であることは公知の事実であるというべきである。そうであるとすれば、いかに訴訟の帰趨につき被告馬場及び田村が楽観的な見通しを述べたからといって、これによって右公知の事実が左右されないのは当然の理であり、原告において裁判の客観的な係属状況を認識して各取引に臨んだと認められる以上、被告馬場あるいは田村の発言と前保証を原告が行ったこととの間に法的因果関係を認めることはできないというべきである。」

●事案の特徴

　この事案は、信託銀行の従業員の紹介、説明を受けた会社が、係属中の訴訟の対象になっている不動産を購入することになり、信託銀行から融資を受け、別の会社が連帯保証をしたところ、訴訟において売主の所有権が否定されたため、連帯保証をした会社が信託銀行らに対して不法行為に基づき損害賠償を請求した事件である。この事案は、信託銀行の融資が問題になったこと、信託銀行の従業員が係属中の訴訟の対象である不動産の売買を紹介したこと（信託銀行の従業員が事件物の紹介をしたものである）、信託銀行が売買代金の融資をしたこと、会社が連帯保証をしたこと、訴訟によって不動産の売主の所有権が否定されたこと、融資の連帯保証をした会社が信託銀行に対して不法行為に基づく損害賠償責任を追及したことに特徴がある。

●判決の意義

　この判決は、融資の際に信託銀行の従業員が信託銀行においても責任をもつという趣旨の発言をしたことが推認されたこと、この発言はセールストークであり、断定的な発言ではないとしたこと、不動産の売買、融資、保証は

買主等が事件物であることを十分に認識して取引をしたこと、信託銀行の従業員の発言と連帯保証との間には因果関係がないとしたこと、信託銀行の損害賠償責任を否定したことに特徴がある。この判決は、信託銀行の従業員が事件物である不動産を紹介し、融資等の取引を行い、不動産の所有権が否定されるに至り、連帯保証人に対する損害賠償責任が問題になった事案について、信託銀行の従業員に疑問を抱かせる発言があったものの、その発言がセールストークであり、不動産の取引を行った者の自らの判断で行ったものであるとし、発言等との法的な因果関係がないとしたものであり、興味深い事例判断を提供するものである。

　信託銀行は、経済社会においては、不動産取引の専門家と認識されており、信託銀行の社会的な信頼を背景として各種の業務、取引を行っているものであることに照らすと、この判決の結論の当否は別として、信託銀行の従業員の担当者の言動に問題があったことは否定できないものである。この判決が指摘するセールストークの意味合いには違和感が残るし、信託銀行の従業員の言動であることに照らすと、セールストークであるとの理由で、信託銀行が顧客に対して法的な責任が生じないというわけではないであろう。

〔3−15〕銀行の追加融資の約束が否定された事例［東京地判平成11・2・4金法1579号68頁］

●事案の概要●

　銀行業を営むX株式会社（株式会社富士銀行）は、旅館営業を行うY株式会社が旅館用建物の建設等を計画していたところ、Yから必要資金の希望が伝えられ、融資の申込みを受け、交渉が行われ、内部で検討してきたが、2億6800万円を融資したものの、その後、Yから融資金額の増額の申込みがされ、融資を拒絶したことから、Yが期限の利益を失ったため、XがYに対して融資残金の返還等を請求したものである。この判決は、追加融資の約束が認められないとし、請求を棄却した。

●判決内容

「二 右一の各認定事実に、被告イーグルが原告に対し右一2に認定した各貸付けに係るもののほかには本件約束に係る融資につき申込書を提出した証拠はなく、右融資の担保に差し入れられる不動産について、抵当権設定契約締結、登記申請の委任等の処理がされた形跡もないこと（被告代表者兼同正彦本人尋問結果には、本田の所有に係る土地及び本件事業の用地として取得した土地を担保とする予定であり、それらに関する登記済権利証、承諾書等を原告に預けたと思うと述べる部分があるが、そのような重要な書類に関する事実であるにもかかわらず、供述が曖昧である上に、原告に対する交付の時期や融資が拒絶された後に返還を受けた経過については詳らかにされていないことなどにかんがみれば、右部分は、直ちに措信し難い。）を併せ考えると、結局、本件事業の必要資金の融資については、被告イーグルが口頭でおおよその金額を示して何度か希望を述べたのに対し、原告担当者がこれを聞き置いて、事業計画及び所要資金額の具体化の進捗を注視しつつ、内々の検討を続けてきたところ、融資の可否及びその限度額についての確実な見通しを立てるには至らないうちに、同被告の申入れに係る金額が漸増し、遂に原告において融資に応ずる見込みのない金額に達したため、その旨を告げたというべきであり、結局、原告から被告らの主張に係る18億5000万円の融資について、これに応ずる旨の約束と評価し得るような言動が原告にあったとは認められないというべきである。」

●事案の特徴

この事案は、銀行が会社から建物の建設等につき融資の申込みを受け、2億6800万円の融資を行い、その後、融資金額の増額の申込みを受け、これを拒絶する等し、会社が期限の利益を喪失したとし、銀行が会社に融資金の返還等を請求した事件である。この事案は、銀行の融資が問題になったこと、2億円余の融資が実行されたこと、融資を受けた会社は実行額を超える融資を希望し、交渉が行われていたこと、会社が希望額の融資の約束が成立したと主張したこと（銀行の融資拒絶、融資契約の不履行による損害賠償責任が問われたものではない）に特徴がある。

●判決の意義

この判決は、銀行との融資の交渉の内容、経過に照らし、希望額の追加融資の約束が認められないとしたものであり、事例判断を提供するものである。

〔3-16〕銀行の追加融資の拒絶につき債務不履行責任が否定された事例［東京高判平成11・10・20判夕1039号148頁、金判1080号9頁］

●事案の概要●

マンションの分譲等を業とするX株式会社は、銀行業を営むY株式会社（株式会社東海銀行）と当座預金取引を行っていたところ、平成2年8月ころ、土地の購入、マンションの建設を計画し、そのためにYから融資を受けることにし、借入申込書を提出したが、Yでは保証会社が保証をすることを条件として融資をすることにし、Xは、7億5000万円の融資を受け、平成3年3月、2億8000万円の融資を融資を受けたものの、その余の融資を受けることができなかったため、XがYに対して融資義務の不履行に基づき損害賠償を請求したものである。第一審判決（後記の東京地判平成11・4・15金判1080号12頁）が請求を棄却したため、Xが控訴したものである。この判決は、融資契約、その予約を否定し、控訴を棄却した。

●判決内容

「3　しかしながら、総額約40億円近い金員に関する融資契約が金融機関との間で締結されたというのであれば、右の事実を証する契約書面が作成されるのが通常であるところ、控訴人と被控訴人の間において、本件事業資金全額及び支払利息相当額について融資をする旨の契約書が交わされたことはなく、被控訴人が控訴人に対し、右の融資をする旨の融資証明書を交付した事実もない。

この点について、控訴人は、被控訴人においては、融資に関し、被控訴人と借主の双方が署名した書面や、被控訴人による融資証明書等の念書を作成せず、一方的に借主側から文書を差し入れさせる慣行がとられており、右慣行に照せば、被控訴人が本件書面を受け取ったことは、本件全額融資契約の締結を示すものであると主張する。確かに、本件において控訴人と被控訴人の間で成立した銀行取引約定や金銭消費貸借契約及び佐藤と被控訴人との間で成立した連帯保証契約においては、いずれも控訴人あるいは佐藤作成の銀行取引約定書、金銭消費貸借契約証書又は保証書等を被控訴人に差し入れる形式で締結されていることが認められるが……、右の各書面は、その形式及び趣旨から、事前に当事者間で約定された必要事項を、被控訴人所定の様式による用紙に記入して完成されたものであることが明らかである。

しかし、本件書面の形式、内容及び添付資料並びに先に認定した本件書面が被控訴人に提出されるに至る経緯及びその際の状況……に照らすと、これを右銀行取引約定書等と同視することはできない。しかも、融資の申込みを受けた金融機関である被控訴人としては、事業の内容、事業に要する資金の総額、返済計画等を記載した書面の提出を受けた上で、その融資を実行するか否かを慎重に検討することが必要であるから、本件書面の受領が直ちに消費貸借契約の予約ないしは諾成的消費貸借契約の締結を示すものということはできない。さらに、控訴人と被控訴人は、従前融資契約を締結したことはなく、第一融資が被控訴人の控訴人に対する初めての融資であり、その際には控訴人から金銭消費貸借契約証書が差し入れられているのであるから、控訴人と被控訴人双方の合意書面又は被控訴人による融資証明書等の書面が作成されているならばともかく、そのような事情に認められない本件において、控訴人が作成した本件書面を被控訴人が受領することで、総額40億円近い巨額の消費貸借契約の予約又は諾成的消費貸借契約が成立するような関係が、控訴人と被控訴人の間で醸成されていたとは認められない。したがって、控訴人の右主張を採用することはできない。」

● 事案の特徴

この事案は、マンションの分譲会社がマンションの建築を計画し、取引銀行に融資を申し込み、二度にわたり合計10億3000万円の融資を受けたところ、その余の融資（融資希望額全額）を受けることができず、銀行に対して融資義務の不履行に基づき損害賠償を請求した控訴審の事案である（第一審判決は請求を棄却したものである）。この事案は、銀行の融資契約の成否が問題になったこと、会社が二度にわたり融資を受けた後、銀行の融資希望額全額の融資義務が問題になったこと、銀行の融資義務の不履行に基づく損害賠償責任が問題になったことに特徴がある。なお、分譲会社の主要な主張は、銀行の契約実務において、銀行が銀行と借主の双方が署名した書面等を作成せず、一方的に借主側から文書を差し入れさせる慣行がとられており、この事案では銀行が資金の総額、返済計画等を記載した書面を受け取ったことから、融資の合意が成立したと主張したものであり、この意味の融資の合意の成否が争点になったものである。

● 判決の意義

この判決は、銀行がマンションの分譲会社から融資に関する書面を受け取

ったことから直ちに消費貸借契約の予約ないしは諾成的消費貸借契約の締結を示すものということはできない等とし、融資契約、融資予約の成立を否定したものであり、融資契約、予約の成立を否定した事例判断を提供するものである。この事案では、融資の交渉に当たって融資希望額等が記載された融資に関する書面の交付が行われ、一部の融資が実行されていることから、分譲会社が融資希望額の融資を期待したことが紛争の重要なきっかけになったものと推測される。また、この事案では、銀行の契約実務が双方が契約書に記名押印（署名押印）をする方式ではなく、借主が記名押印（署名押印）をして銀行に差し出す方式が採用されていることも分譲会社の期待の根拠になったものと推測されるが、このような差出方式については従来から見直すべきであるとの批判がある。

　この判決の第一審判決である東京地判平成11・4・15金判1080号12頁は、「6　以上の事実及び判断に照らすと、平成2年9月5日に、原告から本件書面が提出され、冬野及び夏野が、原告に対し、本件事業資金の融資を行う意向を伝えたこと、その際、冬野らは、原告の返済原資としてマンションの販売収入を第一に考えていたこと、同月7日に、冬野が、原告に対し、保証会社の保証が付けば融資を行う旨を原告に伝えたことをもって、被告が本件事業資金総額約35億円及び本件事業期間に発生する利息分の融資を行うことを確定的に約束したと認めるには足りない。そして、右両日や同月10日、11日及びその他の期日においても、被告が、原告に対し、右金額の融資を確定的に約したと認めるに足りる証拠もない。

　もっとも、……には、同月7日に冬野が、原告に対し、本件事業資金全額の融資実行について本部稟議が下りた旨連絡してきたとする箇所があり、原告代表者尋問の結果中にも同旨の供述があるが、前記認定のとおり、同日の段階では、被告において原告に対する融資に関し本部の稟議はまだ下りていないと認められる上、仮に冬野が右の趣旨の発言をなしたとしても、右各証拠によっても、冬野は同時に、原告に対し、保証会社の保証が付くことが融資の条件となると伝えていることが認められるところ、前記認定のとおり、

同日の段階では、原告は保証会社との間で本件融資に関する保証委託申込をなしていないのみならず、……によれば、原告は保証会社と従前取引をしたことはなかったことが認められ、これらの点に鑑みれば、前記各証拠によっても、同日、原被告間において、本件事業資金全額についての消費貸借の予約又は諾成的消費貸借が成立したと認めることはできない」と判示し、事業資金全額の消費貸借契約の予約または諾成的消費貸借契約が成立したと認めることはできないとしている。

(3－17) 銀行のゴルフ会員権の購入代金の融資につき断定的判断の提供、説明義務違反等による不法行為責任が否定された事例［浦和地判平成12・5・29金判1113号42頁］

●事案の概要●

Xらは、銀行業を営むY株式会社（株式会社埼玉銀行）の取引先であり、Yが組織していたゴルフ愛好者の親睦団体の会員であったところ、平成2年、Yの支店長からA株式会社が計画し、建設していたゴルフ場の会員権の購入を勧誘され、Yから融資を受けて、入会契約を締結したが、ゴルフ場の開場が不可能になったため、Xらは、入会契約を解除し、主位的に、断定的判断の提供、説明義務違反等を主張して、Yに対して債務不存在の確認、不法行為に基づき損害賠償を請求する等したのに対し、Yが反訴として貸金の返還を請求したものである。この判決は、断定的判断の提供、説明義務違反等を否定し、Xらの本訴請求を棄却し、Yの反訴請求を認容した。

●判決内容

「三　原告らは、一般的にゴルフ会員権の購入には、ゴルフ場の開設遅延やゴルフ場会社の倒産等の危険が伴うので、本件会員権の購入を勧誘するに当たっては、原告らが的確な認識形成を行うのを妨げるような断定的な判断の提供してはならないという義務を負うにもかかわらず、埼玉銀行は、本件会員権の有利な面や本件会員権が安全、確実であることを過度に強調して本件会員権の購入に伴う危険性につい

第3章 銀行等の貸付またはこれに付随する義務をめぐる裁判例

て的確な認識を形成することを妨げるような断定的判断を提供したと主張する。

1 前記認定した事実によると、埼玉銀行は、日常の業務として、取引先のつながりや取引の振興を図るということから、取引先に対して有益な情報をサービスとして提供することを行っていたこと、指扇支店においては、昭和63年8月あるいは同年9月ころ、O前支店長が、S次長及び同支店の渉外担当者に対し、本件ゴルフ場に関する『事業計画の概要』と題する書面を示して、本件ゴルフ場の経営母体、会員数のほか本件ゴルフ場は指扇支店に近いこと、東松山支店とプリムローズの経営母体であるM商事とは取引関係にあること、M商事の経営者であるNは、Tの実弟であること等の説明をした上で、渉外担当者はそれぞれの担当する顧客に対して、また、S次長はサイギン会のメンバーに対して、それぞれ本件ゴルフ場に関する情報を流すように指示したこと、また、O前支店長は、平成元年7月、O前支店長が、自己の後任として着任したU支店長に対し、サイギン会のメンバーに対して本件会員権に関する情報提供を行ったので、本件ゴルフ場の会員募集の手続が始まったら、本件会員権の購入を希望している者及び関心を示している者に対して、改めてその旨の情報を提供することを引継ぎ事項の一つとして伝えたこと、U支店長又は渉外担当者らは、本件ゴルフ場の縁故募集が開始されたとして、平成2年2月ころ、原告らに対し、本件ゴルフ場の場所が指扇支店に近いこと、プリムローズの経営主体がTの実弟であること、本件会員権の販売価格が2,300万円であること、本件会員権の購入代金は、埼玉銀行が融資すること、本件ゴルフ場が埼玉県で許可される最後のゴルフ場になる可能性があること、プリムローズに対しては、東松山支店が融資していること等の情報提供をしたこと、埼玉銀行は、右情報提供により、本件会員権の購入を希望した者に対しては、埼玉銀行においてあらかじめ用意した入会申込書に基づいて、縁故募集として正会員の入会申込み手続きをするとともに、埼玉銀行との間でプリムローズカントリー倶楽部ゴルフローン借入申込書及びサイギン・ローン契約書（金銭消費貸借契約証書）を取り交わし、本件甲ないし戊契約を締結したことが認められる。右事実に照らすと、本件会員権に関する情報提供は、顧客に対する一般的な情報提供としながらも、埼玉銀行にとっては、ゴルフ会員権の購入資金名目で高額な融資を行うことができ、M商事としても、埼玉銀行の融資により直接本件会員権を販売することができるのであるから、埼玉銀行からの融資借入れと本件ゴルフ会員権の購入は極めて密接な関連性を有しているといわざるを得ない。したがって、埼玉銀行は、信義則上、本件ゴルフ場及び本件会員権について、殊更に有益な情報あるいは断定的判断に関する情報等の提供をすべきでなく、客観的かつ的確な情報を提供すべき義務を負うというべきである。

2 前記認定のとおり、指扇支店は、昭和63年8月ないし同年9月ころ、原告らに対し、プリムローズが正会員の縁故会員募集を行っていること、本件ゴルフ場は、Tの実弟が代表取締役であるプリムローズが事業主体であり、M商事が経営母体であること、埼玉県では最後の名門ゴルフ場であること、最終正会員が950名、縁故会

員が限定200名であり、入会金が300万円、預り保証金が2,000万円、消費税込みの支払金額が2,309万円であること、東松山支店が、プリムローズに対して融資をしていることのほか、本件ゴルフ場の名称、造成期間、ホール数等の本件ゴルフ場の概要を説明し、右購入代金等については、埼玉銀行においてローンを利用することができること等を説明したが、これらの情報の内容が、虚偽であると認めることはできないし、昭和60年ころから、ゴルフ場の開発がブームになり、ゴルフ会員権の相場も高騰を始め、昭和63年ころから平成元年ころにかけては、さらに右相場が上昇し、埼玉県内のゴルフ場の会員権が4,000万円から5,000万円で販売されることがめずらしくない状態で、本件会員権の販売も、平成2年半ばころまでは、順調であったというのであり、また、本件証拠によるも、原告らが本件会員権を購入した平成2年2月ないし3月ころ、ゴルフ場を経営する会社の倒産や、ゴルフ場の開発の著しい遅延という具体的な状況が存し、社会的な問題となったという状況はうかがうことはできないし、本件ゴルフ場の事業主体であるプリムローズは、昭和63年10月ころには、用地買収を完了し、平成元年9月には、Fとの間で本件ゴルフ場の造成工事に関する請負契約を締結し、同年10月には埼玉県から開発許可を取得して、造成工事に着手し、その後も順調に造成工事は行われていたというのであるから、ゴルフ場の開発が、コースの造成工事、芝の養生、付属施設の建築等を要する大規模な計画であり、ゴルフ場の開場に至るには多額の資金と長期間に及ぶ工事期間を必要とすることを考慮しても、埼玉銀行が、原告らに対して、本件会員権に関する情報提供をした当時、本件ゴルフ場の開設が著しく遅延したり、不可能となったりすることを一般的に予測することが可能であったとは認め難く、また、原告甲野は、有限会社甲野ガス興業を、原告乙山は、乙山商店（米穀商）を営み、原告丙木は、株式会社埼玉自動車教習所の代表取締役であり、原告低原及び原告戊田は、いずれも税理士であり、原告らは、いずれも、社会的経済的に豊富な経験ないし知識を有している者で、しかも、本件会員権のほかにも複数のゴルフ会員権を取得した経験をそれぞれ有していること、原告らは、S次長、U支店長あるいは指扇支店の行員らからの情報提供に関する説明をうけた後、自己の意志に従って本件会員権を購入することを決めたこと及び右購入する目的、動機等に照らすと、前記のとおり、埼玉銀行の行員が、原告らに対し、本件会員権に関する情報を提供し、その後、会員の募集が開始されたとして、その購入方の確認をしたとしても、埼玉銀行の右情報提供及び本件ゴルフ場に関する説明等が、本件ゴルフ場の開場の確実性や本件会員権の安全性を過度に強調したものであって、原告らが的確な認識を形成することを妨げるようなものであったとは認めることはできない。

……

4　右のとおり、埼玉銀行の情報提供が、本件会員権の安全性、確実性を過度に強調したものであって、原告らが的確な認識、判断を形成することを妨げるような内容、方法、態様であったとは認められないから、この点に関する原告らの主張は、

255

採用できない。」

●**事案の特徴**

　この事案は、銀行の取引先ら（銀行が組織していたゴルフ愛好会の会員であった）が銀行の従業員から融資によるゴルフ会員権の購入を勧誘され、融資を受け、ゴルフ会員権を購入したところ、ゴルフ場が開場しなかったため、取引先らが銀行に対して断定的判断の提供、説明義務違反等を主張し、不法行為に基づき損害賠償等を請求した事件である（銀行が反訴として貸金の返還を請求した）。この事案は、銀行の取引先への融資が問題になったこと、銀行の融資がゴルフ会員権の購入資金のためであったこと、銀行が自行のゴルフ愛好会の会員で、取引先である者にゴルフ会員権の購入を勧誘したこと、ゴルフ場が開場しなかったこと、銀行の不法行為による損害賠償責任が問題になったことに特徴がある。

●**判決の意義**

　この判決は、この事案のゴルフ会員権の購入に関する融資は、銀行の融資により直接会員権を販売することができるものであり、銀行からの融資借入れとゴルフ会員権の購入は極めて密接な関連性を有しているとの認識を示したうえ、銀行は、信義則上、ゴルフ場およびゴルフ会員権について、ことさらに有益な情報あるいは断定的判断に関する情報等の提供をすべきでなく、客観的かつ的確な情報を提供すべき義務を負うとしたこと、ゴルフ会員権を購入した取引先は社会的経済的に豊富な経験ないし知識を有している者であり、銀行が会員権に関する情報提供をした当時、ゴルフ場の開設が著しく遅延したり、不可能となったりすることを一般的に予測することが可能であったとは認め難いとし、断定的判断の提供、説明義務違反を否定したことに特徴がある。この事案では、ゴルフ会員権の購入を取引先らに勧誘した銀行は、ゴルフ場を経営する会社とは密接な取引関係があり、ゴルフ会員権の販売にも利害関係を有していたこと、ゴルフ場を経営する会社の経営状況を相当に認識していたことに照らすと、銀行が取引先らにゴルフ会員権の購入資金の融資、勧誘に当たって事情によっては法的な責任を負う可能性が生じる

ことは否定できない。銀行としては融資業務の拡大の一環としてゴルフ会員権の販売の勧誘、ゴルフ場の経営会社との間の業務提携等を実施しているものであるが、融資業務の拡大、他の事業者との業務提携を推進すれば、それだけリスクが高まることは当然であり、リスクがこの事案のように現実化することも事前に予測できるはずである。銀行においては、融資業務の拡大等に伴うリスクの管理につき十分な体制がとられているか等が問われることになる。

この判決は、銀行につき説明義務違反等を否定したものであるが、理論的には銀行が融資付で商品の販売等を勧誘し、あるいは紹介する場合において商品に関する説明義務の法理を認めるものであり、その意味では銀行の融資に伴う法的な義務を広く認めるものである。

(3-18) 銀行の融資拒絶による使用者責任が肯定された事例 [東京地判平成13・7・19判時1780号116頁]

●事案の概要●

銀行業を営むX株式会社（株式会社第一勧業銀行）は、平成元年12月、Y株式会社と銀行取引約定を締結し、平成2年12月から平成6年9月までに繰り返し融資を行ったが、Yが土地区画整理組合から土地区画整理事業の保留地をXの融資を得て買い受けた際、Xの支店長から引き続き建物の建築資金も融資できる旨を告げられていたところ、融資を受けることができなかったこと等から、Yが平成7年3月に銀行取引停止処分を受けて倒産したため、Xが被告として提起された訴訟に併合して、Yに対して貸金の返還を請求したものである（判決文上、丙事件である。Yは、融資約束違反等による損害賠償請求権につき貸金債権との相殺を主張した）。この判決は、Yの主張に係る損害賠償債権との相殺を一部認め（一部の融資の利息相当分の損害を認めた）、請求を一部認容した。

第 3 章　銀行等の貸付またはこれに付随する義務をめぐる裁判例

● 判決内容
「1　責任原因について
(一)　証人奥地は、第三次売買に際して、吉國から保留地上に建築する建物の資金は被告銀行支店で融資をするから、単独で保留地を購入するよう強く勧められたため、これを信じて10区画を購入した旨証言する。
(二)　しかしながら右証言から直ちに、被告銀行支店が、被告京葉木材に対し、保留地10区画の取得代金の融資契約と一体のものとして、同土地上に建物一棟当たり1500万円として10棟分合計1億5000万円の建物建築資金を融資する旨を具体的に約した事実を認めるのは困難である。
　他に右事実を認めるに足りる証拠はない。
　してみれば、第二の二2 (一)(1)アの主張は、採用し難い。
(三)　しかしながら、前示一の事実によれば、被告銀行支店の融資態度には、単独で10区画の保留地を購入して事業を行う能力がないと判断したはずの被告京葉木材に対して敢えて右保留地購入資金を融資していること、融資に際して、形式的としかいいようがない転売のための買付証明書を提出させて貸付を行っていること、貸付の仕方も迂回融資まがいの無理をした貸付けであることのような不審がある。また、購入に際しては、吉國が価格を取り決めていることなど、被告銀行において積極的に行動したことが窺われる。
　他方、被告京葉木材には、建物建築資金調達の目処がつかないままで、無理に10区画分の保留地を購入しなければならない事情があったとは認め難い。
(四)　(一)の証言に(三)の点を総合すると、吉國支店長は、第三次売買に係る保留地10区画の購入代金を融資するに際して、実際にはそれが困難であるのに、引き続き建物建築資金の融資ができる旨告げて、被告京葉木材に、独力でも保留地10区画の建売事業の遂行が可能であると誤信させ、その経営判断を誤らせた点で過失があると認められる。
　右過失行為が被告銀行の事業の執行につきされたことは明らかである。
　してみれば、被告銀行は、民法715条に基づき、これによって、被告京葉木材の被った損害を賠償すべき責任がある。」

● 事案の特徴
　この事案は、銀行が取引先である会社に継続して融資を行っていたところ、会社が土地区画整理事業の保留地を購入するに当たって、銀行の支店長が引き続き建物の建築資金の融資をする旨を言明したものの、融資をせず、会社が事実上倒産したことから、銀行が貸金の返還を請求したのに対し、会社が融資拒絶等による損害賠償請求権の相殺を主張した事件である。この事

案は、銀行が不動産の購入資金を融資したこと、融資の際に銀行の支店長の次の融資を約束する言明が問題になったこと、銀行の支店長の融資姿勢が問題になったこと、銀行の融資約束違反が問題になったこと（銀行の使用者責任が問われたこと）、銀行の融資約束違反による損害賠償請求権と貸金債権との相殺が問題になったこと、この紛争の背景には銀行が積極的に取引先に融資付で不動産の購入を勧誘、紹介したことがあったことに特徴がある。

●判決の意義

この判決は、銀行の融資態度について、銀行の取引先が保留地の購入を必要とする事情がなく、保留地を購入して事業をする能力がないのに、銀行が積極的に融資を実行して購入させたことが窺われるとし、銀行の支店長が取引先に保留地上の建物の建築資金の融資ができる旨を言明し、その旨を誤信させ、取引先の経営判断を誤らせた過失があるとし、銀行の使用者責任を肯定したうえ、損害につき経営不振・倒産による逸失利益、建築事業による逸失利益、保留地の転売による損害を否定したものの、借入利息相当額の損害（4888万円余）を認め、一部の相殺を肯定したものである。この判決は、銀行の融資に当たって、融資の使途である保留地の購入、保留地上の建物の建築、販売事業について、そもそも取引先である会社が事業上の必要のない保留地の購入等を持ちかけ、その資金を融資したことを疑っているものであり、この融資等の過程において銀行の支店長が融資の言明をし、この融資の言明を誤信させたことにつき不法行為を認めたものであり、重要な事例判断として参考になるだけでなく、銀行の融資姿勢、融資判断に問題があったことを示す事例を提供するものである。

第3章　銀行等の貸付またはこれに付随する義務をめぐる裁判例

(3-19) 銀行の融資に係る不動産取引に関する説明義務違反による不法行為責任が否定された事例［最二小判平成15・11・7判時1845号58頁、判夕1140号82頁、金法1703号48頁、金判1189号4頁］

●事案の概要●

　Y信用金庫（京都信用金庫）の従業員Aは、顧客Xに対してYの融資を受けて、宅地造成され、分譲中の土地の一角の購入を積極的に勧誘し、XがYから融資を受けて、不動産仲介業者であるB株式会社が立ち会い、土地の所有者Cから土地を購入したところ、当時、本件土地の前面道路は私道であり、道路位置指定が行われておらず、本件土地が接道要件を満たしていなかったが、Xが購入後10年を経て、土地上に建物を建築しようとし、建築確認を申請したところ、接道要件を満たしていないとし、建築確認を受けることができなかったため（この間、Cが死亡し、相続人に移転登記がされた後、売買を原因としてBに所有権移転登記がされ、XがBに道路位置指定の協力を求めたが、Bがこれを拒否し、高値での購入を求めたことがあった）、XがYに対して接道要件を具備しないことの説明義務違反を理由に不法行為に基づき損害賠償を請求したものである。第一審判決（後記の大津地判平成13・7・18金判1189号14頁）は、Xの請求を棄却したため、Xが控訴したところ、控訴審判決（後記の大阪高判平成13・12・19金判1189号12頁）は、信義則上の説明義務を肯定し、説明義務違反を認め、原判決を取り消し、Xの請求を一部認容したため、Yが上告したものである。この判決は、接道要件を満たしていないことにつき説明をしなかったことが法的義務に違反しないとし、原判決中、Yの敗訴部分を破棄し、Xの控訴を棄却した。

●判決内容

　「前記の事実関係によれば、次のことが明らかである。(1)　本件売買契約と被上告人と上告人との間の上記の融資契約とは、当事者を異にする別個の契約であるが、乙山は、後者の融資契約を成立させる目的で本件土地の購入にかかわったものであ

る。このような場合に、乙山が接道要件が具備していないことを認識していながら、これを被上告人に殊更に知らせなかったり、又は知らせることを怠ったりしたこと、上告人が本件土地の売主や販売業者と業務提携等をし、上告人の従業員が本件土地の売主等の販売活動に深くかかわっており、乙山の被上告人に対する本件土地の購入の勧誘も、その一環であることなど、信義則上、乙山の被上告人に対する説明義務を肯認する根拠となり得るような特段の事情を原審は認定しておらず、また、そのような事情は、記録上もうかがうことができない。(2) 本件前面道路部分は、本件私道の一部であり、本件売買契約締結当時、本件土地の売主である丙川が所有しており、不動産登記簿上も地目も公衆用道路とされていたことから、同人が被上告人に売却した本件土地の接道要件を満たすために本件前面道路部分につき道路位置の指定を受けること等の丙川の協力が得られることについては、その当時、十分期待することができたのであり、本件土地は、建物を建築するのに法的な支障が生ずる可能性の乏しい物件であった。(3) 本件土地が接道要件を満たしているかどうかという点は、宅地建物取引業法35条1項所定の重要事項として、書面による説明義務がある。本件売買契約においては、売主側の仲介業者である丁原商事がその説明義務を負っているのであって、乙山に同様の義務があるわけではない。

　これらの諸点にかんがみると、前記のとおり、上告人の従業員である乙山が、被上告人に対し、上告人から融資を受けて本件土地を購入するように積極的に勧誘し、その結果として、被上告人が本件売買契約を締結するに至ったという事実があったとしても、その際、乙山が被上告人に対して本件土地が接道要件を満たしていないことについて説明をしなかったことが、法的義務に違反し、被上告人に対する不法行為を構成するということはできないというべきである。」

● 事案の特徴

　この事案は、信用金庫の従業員が融資による接道要件を満たさない土地の購入を積極的に顧客に勧誘し（隣接する土地は同一人の所有であり、私道であった）、融資を行い、不動産仲介業者の仲介によって土地の売買契約が行われたが、その後、買主である顧客が建物の建築を計画したものの、接道要件を満たすことができず、建築確認を受けることができなかったため、顧客が信用金庫に対して説明義務違反の不法行為に基づき損害賠償を請求した上告審の事件である（控訴審判決は説明義務違反を認め、信用金庫の不法行為を肯定したものである）。この事案は、信用金庫の従業員が融資による土地の購入を積極的に勧誘したこと、顧客が融資を受け、土地を購入したこと、土地は接道要件を満たしていなかったこと、顧客が購入した土地に建物を建築するこ

とができなかったこと、信用金庫の土地の接道要件についての説明義務違反による不法行為責任が問題になったことに特徴がある。

●**判決の意義**

この判決は、信用金庫の融資契約と土地の売買契約は別の契約であること、信用金庫が融資をするために土地の売買を成立させたこと等の事情から、信用金庫の従業員が土地の売主等の販売活動に深くかかわっており、土地の購入の勧誘も、その一環であることなど、信義則上、従業員の顧客に対する説明義務を肯認する根拠となり得るような特段の事情があれば格別、信用金庫から融資を受けて土地を購入するように積極的に勧誘し、その結果として、顧客が売買契約を締結するに至ったという事実があったとしても、土地が接道要件を満たしていないことについて説明をしなかったことが、法的義務に違反し、顧客に対する不法行為を構成するということはできないとしたものである。

この判決の結論の当否は別として、この判決は、金融機関による融資契約の交渉、締結に当たって、信義則上、説明義務を肯認する根拠となり得る特段の事情がある場合には、説明義務を認めるものであって、従来の裁判例の動向に照らすと、金融機関の信義則上の義務を拡大するものと評価することができる。

なお、この事案につき信用金庫の説明義務、説明義務違反を認めることができるかは微妙であって、金融機関が融資業務の推進のために特定の土地の販売、勧誘に関与することがしばしばみられるが、その勧誘の際に勧誘の内容、態様、顧客の属性、金融機関と事業者との関係等の事情によっては説明義務等の信義則上の義務を認めることができるものであり、この判決と逆の結論であっても不合理ではない。

この事案の第一審判決である大津地判平成13・7・18金判1189号14頁は、「3　そして、以上の事実によると、原告は、本件土地を購入するにあたり、231番1の土地につき、Bとの間において、少なくとも黙示で、通行等を目的とする地役権設定契約を締結していたと認めるのが相当であり、また、原

262

告が有する上記地役権につき、C株式会社がその登記の欠缺を主張する正当な利益を有していないことは明らかであるから、原告としては、C株式会社の承諾なくして本件土地に建物を建築できるのであり、この点において、原告の主張はその前提を欠くというべきである。

Ⅳ　これに対し、231番1の土地の所有権が移転した場合において、原告が本件土地に建物を建築しようとするときに、その建築につき231番1の土地の譲受人が異議を述べるなどして、事実上これを妨害することは予想できないことではない。しかし、231番1の土地の所有権が移転されるかどうかということは、本件売買契約当時においてまったく未確定のことがらであり、また、同様の危険は、231番1の土地だけではなく、231番1の土地から公道に通じるすべての私道部分についてあてはまることであるうえ、その妨害の態様も種々のものが想定されるのであり、しかも、私道部分の所有権が移転されなくても、事実上の妨害のおそれということになると、これを完全に否定することはできないものである。したがって、前記のとおり、原告が本件土地を購入するにつき、Aが被告の利益のために本件土地を紹介し、その購入を勧めたことを勘案しても、A（ないしK）において、原告に対し、231番1の土地の所有者との間で同土地の利用権設定契約を締結し、その旨の登記手続をすることが適切であることを説明すべき義務があったとまでいうことはできないというべきである」と判示し、説明義務を否定したものである。

　この控訴審判決である大阪高判平成13・12・19金判1189号12頁は、これに対して、「(3)　前記(1)、(2)で認定したところに基づき、被控訴人の従業員であるA又はKに、本件土地の取引についての説明義務及びその違反があるか否かについて検討するに、Aは、同人の方から控訴人に対して、資産運用に有利である旨告げた上、被控訴人の住宅ローンによる融資を受けて本件土地を購入するように強く働きかけて勧誘し、その結果、控訴人が購入を決意したこと、以後、本件土地の売買手続及び融資手続の一切はAにおいて行い、控訴人は、ただ売買の当日初めて売主のBに引き合わされて売買契約書及び住宅ローン契約書等に署名押印したにすぎないこと、ところで、本

263

件土地はそのままでは、建築基準法42条、43条の接道義務を満たさない、建物敷地として利用不能の土地であって建物を建築するためには、前面道路である231番1の土地について通行地役権の設定等による通行権の取得が不可欠であることなどの事実によれば、本件土地の売買契約は、被控訴人の融資契約と一体となって、被控訴人の利益のために、従業員Aの斡旋によって行われたのであるから、このような場合には、信義則上、Aは控訴人に対し、本件土地の売買契約に先立って、上記接道義務の不充足などについて説明すべき義務を負うものというのが相当である。しかるに、控訴人は、同売買契約の締結された昭和62年7月7日まではもちろん、その後もこの点についてAからも説明を受けていないことは、前記で認定説示したところによって明らかである。したがって、Aは、控訴人に対し、不法行為に基づき、控訴人の被った後記損害を賠償すべき義務を負うところ、Aによる本件売買の斡旋は、その代金の融資契約と一体をなしていることは上記で説示のとおりであり、被控訴人の事業の執行につきなされたものというべきであるから、被控訴人は民法715条によって控訴人に対し同様の損害賠償責任を負うといわなければならない」と判示し、説明義務違反を認めたものであるが、この控訴審判決が前記の最高裁の判決によって破棄されたわけである。

(3-20) 銀行のゴルフ会員権の購入代金の融資につき詐欺等が否定された事例 ［東京地判平成16・2・27金判1222号44頁］

●事案の概要●

　Yは、銀行業を営むX株式会社（株式会社第一勧業銀行）と取引があったところ、Xの従業員Aからゴルフ会員権の購入を勧誘され、平成2年9月、ゴルフ会員権10口分の融資の申込み（総額4億円）をしたが、7000万円の融資が実行され、Yは、2口のゴルフ会員権を購入したものの、会員権価格が下落する一方、ローンの借換えが行われた後、XがYに対して貸金の返還を請求したものである。この判決は、Aの説

明による錯誤、詐欺はないとし、請求を認容した。

●判決内容

「2　争点1及び2について

前記のとおり、Sが1か月後には本件ゴルフ会員権が5500万円で売り出されるなどという説明をした旨の被告の供述は信用できず、その他これを認めるに足りる証拠はないから、Sのかかる説明を前提とする被告の錯誤や詐欺の主張は、認めることができない。

また、被告は、原告が、被告が本件ゴルフ会員権の投資価値について誤信をしていることを知り得たにもかかわらず、被告の誤信に対して何らの説明もしないまま複数口の本件ゴルフ会員権を購入させたことが不作為による欺罔行為である旨主張するが、これも結局Sの虚偽の説明があったことを前提とするものであり、それが認められないことは上記のとおりであるし、そもそも、複数口の本件ゴルフ会員権を購入させることが不作為による欺罔行為に当たるというのは、被告独自の理論であって採用することができない。」

●事案の特徴

この事案は、銀行の取引先（顧客）が銀行の従業員から融資を利用し、ゴルフ会員権の購入を勧誘され、融資を受けて、これを購入した後、会員権の価格が下落し、取引先が不満を抱いているところに、銀行が融資の返還を請求した事件である。この事案は、銀行の従業員が取引先にゴルフ会員権の購入を勧誘したこと、銀行の融資付の商品の購入の勧誘であること、銀行の従業員がゴルフ会員権の購入資金として融資を勧誘したこと（投資としてゴルフ会員権の購入を勧誘したものと推測される）、取引先が融資を受けてゴルフ会員権を購入したこと（ゴルフ会員権10口の融資を申し込み、2口の融資が実行された）、銀行の貸金の返還請求に対して、取引先が錯誤、詐欺を主張して争ったこと、ゴルフ会員権の価格が下落し、当初の投資目的が裏目に出たことに特徴がある。この事案では、銀行の従業員が融資を勧誘するに当たって、投資のためのゴルフ会員権の購入を勧誘したことが窺われるところであり、ゴルフ会員権の購入と融資は別の当事者、別の契約であるとしても、銀行にとっても、取引先にとっても、ゴルフ会員権の購入、購入目的、銀行の従業

員の言動が融資の重要な事情になっているものであり、この事情の評価によっては、融資契約の交渉、締結における信義則上の義務違反、意思の瑕疵として取り上げることが可能である。

●判決の意義

この判決は、あっさりと錯誤、詐欺の主張を排斥したものであり、この意味の事例判断を提供するものである。控訴審判決につき〔3―21〕参照。

〔3―21〕前記〔3―20〕の控訴審判決であり、銀行のゴルフ会員権の購入代金の融資につき不法行為責任が肯定された事例〔東京高判平成16・8・9金判1222号37頁〕

●事案の概要●

前記の〔3―20〕東京地判平成16・2・27金判1222号44頁の控訴審判決であり、Yが控訴したものである（Yは、Xの不法行為による損害賠償請求権による相殺を主張した）。この判決は、錯誤、詐欺は否定したものの、ゴルフ会員権の価値につき儲かることのみに目を奪われている顧客の状況を放置し、説明をしないままに購入の勧誘をしたものであり、欺罔行為に匹敵する過失があったとし、Aの不法行為を認め（貸金相当額が損害に当たるとした）、相殺を一部認め、原判決を変更し、請求を認容した。

●判決内容

「(2) 不作為の欺罔行為について

前記1で認定したとおり、Sは、本件ゴルフ会員権の購入を控訴人に対して勧誘する際、控訴人が積極的にゴルフをするか否かの点をよく確かめないまま勧誘し、しかも、本件ゴルフ会員権が1、2か月程度の極めて近接する時期に5500万円程度の高額で売りに出される予定であり、購入した本件ゴルフ会員権はすぐに高騰して儲かるかのような甘い見通しを述べたこと、他方、本件ゴルフ会員権を購入することによるデメリットやリスク等については何の説明もしなかったこと、このSの極めて甘い説明を真に受けた控訴人が、返済の余裕もそのめどもないまま、極めて安易に、被控訴人から購入資金全額の融資を受けて本件ゴルフ会員権10口を購入したいとSに申し込んだこと、以上から、Sにおいては、控訴人が投資若しくは投機目

的で本件ゴルフ会員権の購入を極めて安易に決意したことを容易に看取したのにもかかわらず、控訴人が本件ゴルフ会員権についての投資価値について、Ｓの説明から儲かることのみに目を奪われた決定的に甘い思い込みをしている状況をそのまま放置し、控訴人のこの誤信に対してあらためて相応の説明が必要であるのにもかかわらず、何の追加説明も、何の反論もせず、さらには、本件ゴルフ会員権ローン契約は、10年間の元利均等払いであって、毎月の支払額が元利金合計で84万5598円と比較的高額であり、別件貸付金に対する支払と合わせると毎月の支払額が相当額となることが明らかであるのに、控訴人の本件ゴルフ会員権ローン契約等の毎月の支払額の原資が何であり、これをどのように捻出するのか等本件ゴルフ会員権ローン契約当時の控訴人の資金繰り等について深く踏み込んで検討しないまま、控訴人の極めて安易な甘い思い込みに乗じて、漫然と本件ゴルフ会員権ローン契約を締結させ、本件ゴルフ会員権２口を購入させたことが認められる。

　以上の認定事実を総合すれば、Ｓが積極的に控訴人を騙したとは認めがたいものの、Ｓは本件ゴルフ会員権を売却し、かつ、融資成績を上げんがために、極めて安易に、顧客である控訴人に本件ゴルフ会員権ローン契約を締結させて本件ゴルフ会員権を購入させたものであると認められる。

　Ｓは、控訴人の本件ゴルフ会員権についての投資価値について、儲かることのみに目を奪われた、非常に愚かとも評すべき決定的な思いこみをしている状況を放置し、控訴人の誤信に対してあらためて相応の説明・反論をしないまま本件ゴルフ会員権の購入の勧誘をしたものであって、Ｓには、銀行の担当者としてなすべき義務を放棄した、いわば不作為による欺罔行為に匹敵する過失があったというべきであり、Ｓの行為が被控訴人の業務の執行につきなされたことは明らかであるから、被控訴人の不法行為責任を否定することはできない。

　そして、このＳの過失行為に基づき控訴人は本件ゴルフ会員権ローン契約を締結し、次いで、本件当座貸越契約と本件証書貸付契約を締結したものであるから、本件ゴルフ会員権が結局のところほとんど無価値に近い状況ととなったこと自体は、必ずしも当事者の計り知れない我が国の経済情勢変動の結果であって、控訴人や被控訴人のみの責任ではあり得ないが、本件訴訟においては、結局のところ、この我が国の経済情勢変動の結果、すなわちバブルの崩壊の責任を、すべて融資を受けた控訴人側のみに負わせる結論は不当といわざるを得ず、被控訴人の上記不法行為責任に基づき、被控訴人も、この融資を実行した貸主として、控訴人に生じた損害についての相応の責任を負担・分担すべきである。」

● **事案の特徴**

　この事案は、銀行の取引先（顧客）が銀行の従業員から融資を利用し、ゴルフ会員権の購入を勧誘され、融資を受けて、これを購入した後、会員権の

価格が下落し、取引先が不満を抱いているところに、銀行が融資の返済を請求した控訴審の事件であり（第一審判決である前記の〔3―20〕東京地判平成16・2・27金判1222号44頁は取引先の主張を排斥した）、その特徴は前記のとおりであるが、控訴審において、銀行の不法行為に基づく損害賠償請求権による相殺が主張されたものである。

●**判決の意義**

　この判決は、銀行の従業員がゴルフ会員権の購入を取引先（顧客）に対して勧誘する際、積極的にゴルフをするか否かの点をよく確かめないまま勧誘し、ゴルフ会員権が極めて近接する時期に5500万円程度の高額で売りに出される予定であり、購入したゴルフ会員権はすぐに高騰して儲かるかのような甘い見通しを述べたこと、ゴルフ会員権を購入することのデメリットやリスク等については何の説明もしなかったこと、取引先が極めて甘い説明を真に受け、返済の余裕もそのめどもないまま、極めて安易に、銀行から購入資金の融資を受けてゴルフ会員権10口を購入したいと申し込んだことの事情を認定したうえ、銀行の従業員において、取引先が投資もしくは投機目的でゴルフ会員権の購入を極めて安易に決意したことを容易に看取したのにもかかわらず、ゴルフ会員権についての投資価値につき儲かることのみに目を奪われた決定的に甘い思い込みをしている状況をそのまま放置、取引先のこの誤信に対してあらためて相応の説明が必要であるのにもかかわらず、これに乗じて融資契約を締結させたものとし、銀行の担当者としてなすべき義務を放棄した、いわば不作為による欺罔行為に匹敵する過失があったとし、銀行の不法行為を認めたものである（取引先による相殺の主張を認めた）。この判決が銀行の不法行為（使用者責任）を認めた認定、判断については、議論があろうが（判断としても微妙であることは否定できない）、融資の目的、内容、金額に照らし、融資を勧誘した銀行の従業員がその勧誘によって取引先（顧客）が誤解した場合、取引先に対して誤解を解く義務を認め、この義務違反による不法行為を認めたものとして評価することができる（この判決は、「いわば不作為による欺罔行為に匹敵する過失」を認めているが、このような不法行為を

肯定するのに若干の躊躇があったものと推測される)。この事案では、銀行の従業員の積極的な勧誘、言明があったものであり、この判決は、これを重視して不法行為を認めたものであるが、銀行の従業員が融資に当たって融資の使途、取引につき積極的な勧誘、言明をした事情によっては、銀行の不法行為が肯定される可能性を認めるものであり、この意味で重要な事例判断として参考になるものである。

(3－22) 銀行の税制の法改正に関する説明義務違反による不法行為責任が肯定された事例 [東京高判平成17・3・31判タ1186号97頁、金判1216号6頁]

●事案の概要●

Aは、平成2年4月、銀行業を営むY₁株式会社(当時、株式会社三和銀行。株式会社ユーエフジェイ銀行)の担当者から融資を受けて不動産を購入すれば相続税対策になる等と勧誘され、B株式会社に保証を委託し、Bの保証を得てY₁から10億円の融資を受けて土地建物を代金9億5000万円で購入したところ、平成3年8月、Aが死亡し、妻X₁、子X₂らが相続したが、融資の返済を怠ったため、BがY₁に代位弁済をした後、X₁らによって土地建物が売却され、代位弁済による求償債務の一部に弁済されたことから、X₁がY₁に対して税制の法改正につき説明すべき義務を怠ったと主張し、債務不履行、不法行為に基づき損害賠償を請求したのに対し、Bの委託を受けた債権回収を業とするY₂株式会社が反訴としてX₁らに対し求償金の残額の支払を請求したものである。第一審判決(東京地判平成15・11・28(平成13年(ワ)第25455号等))がY₁の告知義務違反が認められないとし、X₁の本訴請求を棄却し、Y₂の反訴請求を認容したため、X₁らが控訴したものである。この判決は、Y₁の税制の法改正に関する説明義務違反を肯定し、X₁の控訴に基づき原判決を変更し、請求を認容し、X₂らの控訴、X₁のその余の控訴を棄却した。

●**判決内容**

「6 説明義務違反（争点(4)）について

控訴人花子は、被控訴人銀行は、本件各消費貸借契約に際して、太郎に対して相続税対策についてその仕組みを説明する義務を負担していたにかかわらず、被控訴人銀行は太郎に対し、本件税制改正を説明せず、説明義務に違反したから、被控訴人銀行は本件各消費貸借契約に係る債務不履行責任が成立する旨主張する。

しかし、被控訴人銀行が、本件各消費貸借契約に際して、太郎に対して本件税制改正を説明しなかったことが、本件各消費貸借契約上の義務に違反するものとは認められず、被控訴人銀行には所論の債務不履行責任はない。

次に、被控訴人銀行の担当者が本件各契約締結に際し、信義則上、本件税制改正について説明する義務があったかどうかについて検討する。

本件各消費貸借契約は、本件不動産売買契約の売買代金及び諸費用に充てるためのものであり、本件第1カードローン契約は、本件各消費貸借契約による利息の支払に充てるためのものであり、また、本件第1、第2保証委託契約は、本件各消費貸借契約による太郎の債務の保証のためのものであって、これらの各契約は、太郎の相続が発生した場合の相続税対策という一つの目的のために相互に関連する一体のものとして締結された契約であり、乙川、丙田は、被控訴人銀行の融資拡大の業務として、太郎の相続開始の場合に備えての相続税対策として本件各消費貸借契約及び本件不動産売買契約の締結を太郎及び控訴人一郎に積極的に勧誘していたことは前記認定事実から明らかである。また、本件各消費貸借契約は、10億円という個人に対する融資としては極めて多額の融資であり、本件不動産から得られる賃料収入は利息の支払に足りず、その差額は毎年3000万円以上生ずることが見込まれた上、相続開始後に本件不動産を売却することによって債務を弁済するほかなく、したがって、上記の相続税対策は、本件不動産の価値が下落すれば、その程度によっては著しい損失が生じかねない危険性をもともと有していたということができる。

そして、本件税制改正により、不動産取得後3年以内に太郎が死亡すれば、不動産の取得価額よりも相続税評価額が低額であることを利用した上記相続税対策は効果がないこととなるのであるから、仮に、本件税制改正の内容を知らされていれば、太郎の高齢と同人が心筋梗塞を患っていることを知っていた控訴人ら太郎の家族は、不動産取得後3年以内に太郎が死亡する可能性も充分にあるものとして受け止め、多額の費用と毎年3000万円以上と見込まれる支払利息と取得不動産から得られる賃料との差額を負担してまで、本件不動産購入のために被控訴人銀行から10億円という多額の融資を受けることはしなかったであろうと考えられ、これが通常の合理的判断というべきである。

被控訴人銀行担当者が、太郎に心筋梗塞の持病があったという具体的な事情を知らなかったとしても、80歳を超える男性がそうした病気をかかえていることは特異

なことではないのであり、当時81歳であった太郎が、不動産取得後3年以内に死亡する可能性が少なくないことは被控訴人銀行担当者においても容易に認識し得たものというべきである。

　平成元年から同2年当時、地価は高騰しており、それにともない、土地を所有している親族が死亡して相続が発生した場合に相続税が高額となり、相続した土地を売却しなければ相続税を納付できなくなった例や、親族に土地を所有する高齢者がいる家庭では不安を抱いていることなどがしばしば報道されたことは当裁判所に顕著である。そして推定相続人の数や身分関係、相続財産の評価額を前提に相続税法に定められた控除額や税率をもとに、相続が発生した場合の相続税を概算することは、一般人であっても多少の調査をすることによって知ることができるとしても、概算した相続税額が高いことに困惑し、これを合法的に軽減したいと考えても、特別の知識がない一般人が有効な相続税軽減対策に思い至りこれを実行することは困難であったもので、控訴人一郎を含め控訴人らも、この方面に十分な知識を有していなかったからこそ、乙川に助言を求めたものと認められる。そして、そのことは、乙川及び丙田も知り得たことであるが、他方、乙川及び丙田は、本件税制改正がこうした相続税軽減対策の有効性に重大な制約を加えるものであることは理解していたものと認められる。そして、太郎が採用した相続税対策は、控訴人一郎が乙川に助言を求めたことを契機とするものであるが、相続税対策として具体的に上記の方法を採用し、それに適する物件をして本件不動産を選定し、その売買価格を決定し、融資規模を決定するといういずれの点についても乙川が被控訴人銀行の業務として融資の拡大のために積極的に関与し、控訴人一郎に働きかけたことは前記認定のとおりである。

　以上の事情に照らせば、被控訴人銀行の担当者である乙川及び同人から案件を引き継いだ丙田は、契約当事者となることが予定されている太郎や控訴人一郎に対し、本件各消費貸借契約締結までの間に、本件税制改正により、太郎が不動産取得後3年以内に死亡すれば、相続税対策としての効果がないことを説明すべき信義則上の義務があったというべきである。

　乙川及び丙田が上記義務を怠り、太郎及び控訴人一郎に上記のことを説明しなかったことは前記認定のとおりであり、そのことにより太郎は、相続税対策として有効であると信じて、本件不動産売買契約、本件各消費貸借契約、本件第1カードローン契約、本件第1、第2保証委託契約を相互に関連する一体のものとして締結したものであり、これにより太郎及びその相続人である控訴人花子に損害を負わせたものである。したがって、被控訴人銀行は、その事業の執行につき乙川及び丙田が過失により第三者に加えた損害について、使用者として不法行為による損害賠償責任を免れない。」

第3章　銀行等の貸付またはこれに付随する義務をめぐる裁判例

●**事案の特徴**

　この事案は、自宅不動産を所有する個人である顧客が銀行の従業員から銀行から融資を受け、他の不動産を購入することを内容とする相続税対策を勧誘され、銀行から多額の融資を受け、不動産を購入する等した後、顧客が死亡したところ、相続人らが銀行に対して税制の改正に関する説明義務違反を主張し、債務不履行、不法行為に基づき損害賠償を請求したのに対し、銀行から債権の回収を委託された会社が求償金の支払を請求した控訴審の事件である（第一審判決は銀行の告知義務違反を否定する等した）。この事案は、銀行の従業員が不動産の購入、融資を組み合わせ、税法の特則を利用した相続税対策を顧客に勧誘したこと、顧客が銀行から多額の融資を受け、不動産を購入する等したこと、銀行の従業員の税制の改正に関する説明義務違反が問題になったこと、銀行の債務不履行責任、不法行為責任が問題になったことに特徴がある。

●**判決の意義**

　この判決は、まず、消費貸借契約に際して、顧客に対して税制改正を説明しなかったことが消費貸借契約上の義務に違反するとは認められないとし、銀行の債務不履行責任を否定したものであるが、事例判断として参考になるものである。

　この判決は、次に、銀行の従業員らが顧客に相続税対策を勧誘した際、顧客の状況から税制改正により顧客が不動産取得後3年以内に死亡すれば、相続税対策としての効果がないことを説明すべき信義則上の義務があったところ、この説明をしなかったことにつき銀行の不法行為責任（使用者責任）を認めたものであるが、この事案の特有の事実関係を前提とするものであるものの、銀行の融資に関連する説明義務を認め、また、説明義務違反を肯定した重要な事例として参考になるものである。

　従来から銀行等の金融機関が顧客に融資取引を勧誘するため、融資以外の商品、サービスの紹介、勧誘をする事例は少なくないが、紹介、勧誘に係る商品、サービスの取引で顧客が損害を被った場合について銀行の損害賠償責

任が認められるかが問題になる裁判例が、数は少ないものの、登場してきたところである。本書で紹介しているとおり、従来の裁判例においては、金融機関の損害賠償責任を認めたものは少ないのが実情である。金融機関の紹介、勧誘の内容、紹介等に係る商品、サービス等と金融機関との関係、融資と商品、サービスとの関係等の事情によっては、金融機関の損害賠償責任を認めることができるというべきであるが、この判決は、従来の裁判例と比較すると、金融機関である銀行の説明義務、不法行為責任を比較的広く認めているものと評価することができる。この判決は、銀行等の金融機関の融資に付随する注意義務の存否、内容につき新たな傾向を示す裁判例ということができる。なお、この判決は、銀行の説明義務につき融資契約上の債務不履行ではなく、融資に関連する不法行為を認めたものであるが、理論的に参考になる判断である。

　バブル経済の膨張の時期、崩壊の直後の時期には、不動産価格が上昇し、高齢の不動産の所有者らが相続税の負担を心配していたところ（高額の不動産を所有していても、相続の場合に相続税を支払う現金を準備することが困難な状況にあり、そのような事例が増加していた）、この機会に銀行等が相続税対策として融資を組み合わせた企画、商品を勧誘する事例が多数みられた。この事案もそのような事例の一例である。

　さらに、この判決は、銀行の前記の説明義務違反によって融資、自宅の売却、不動産の購入等の一連の取引によって損害を被ったものとし、相続人の主張に係る①平成13年5月2日までの支払済み利息相当額5億3412万1760円、②購入に係る不動産の価格下落相当額の損害（購入価格9億5000万円と売却価格1億7000万円の差額）7億8000万円、③購入に係る不動産の購入に要した諸費用4361万0960円、④自宅不動産を売却して信用保証会社に対する債務を弁済したことによる売却価格相当額の損害1億3800万円の大半を相当因果関係のある損害と認めたものであるが、損害額の認定、算定事例としても参考になるものである（損害賠償の範囲を広く認め、また、高額な損害額を算定した事例ということができる）。

(3−23) 銀行の融資に係る不動産売却による返済の可能性に関する調査・説明義務違反の可能性が肯定された事例［最一小判平成18・6・12判時1941号94頁、判タ1218号215頁、金法1790号57頁、金判1245号16頁］

●事案の概要●

　Xは、京都市内に土地を共有しており、取引のあった銀行業を営むY₁株式会社（株式会社第一勧業銀行）の担当者から土地の有効利用にノウハウを有する会社としてY₂株式会社を紹介され、平成2年1月頃、自己資金に借入金を加えて、本件土地上の建物を取り壊し、本件土地の南側にビルを建築し、北側の土地を売却して資金を調達するなどを企画し、同年6月、Y₂と建物建築請負契約を締結し（本件土地全体を敷地として建築確認を受けたため、北側の土地に建物を建築する場合には、二重に敷地として使用することになり、建築確認を直ちには受けられない可能性があった）、Y₁は資金を融資し、建物が建築されたが（Y₁は、本件土地、本件建物に根抵当権を設定した）、Xは、北側の土地が予定どおりに売却することができないため、貸付債務の返済が遅滞し、Y₁の申立てにより本件土地、本件建物につき不動産競売が開始される等したため、XがY₁、Y₂に対して建築基準法に関する問題につき説明義務違反があった等と主張し、債務不履行、不法行為に基づき損害賠償を請求したものである（本件では、他に本件土地の共有者2名の原告、信用保証協会ら2名が被告になっているが、本書のテーマとは関係しないので、その部分は省略している）。第一審判決（後記の大阪地判平成15・1・24金判1245号28頁）は、Y₁、Y₂の各説明義務違反を認め、XのY₁、Y₂に対する請求を一部認容する等したため、双方が控訴し、請求を追加したものである。控訴審判決（後記の大阪高判平成16・3・16金判1245号23頁）は、北側の土地が予定の価格で売れなかったとは認められないから、説明義務違反はない等とし、Y₁らの控訴に基づき原判決中Y₁らの敗訴部分を取り消し、請求を棄却し、Xの控訴、追加請求を棄却したため、Xが上告受理を申し立てた。この判決は、Y₁には北側の土地の売却の可能性につき調査

し、説明すべき義務が当然にあるわけではないが、本件の事情の下では、Y₁の担当者が北側土地を取引先にでも働きかけて確実に実現させる旨の特段の事情を主張しているので、この特段の事情が認められれば、信義則上の義務を肯認する余地がある等とし、原判決を破棄し、本件を大阪高裁に差し戻した。

●判決内容

「(2) 一般に消費貸借契約を締結するに当たり、返済計画の具体的な実現可能性は借受人において検討すべき事柄であり、本件においても、銀行担当者には、返済計画の内容である本件北側土地の売却の可能性について調査した上で上告人に説明すべき義務が当然にあるわけではない。

しかし、前記事実関係によれば、銀行担当者は、上告人に対し、本件各土地の有効利用を図ることを提案して被上告人積水ハウスを紹介しただけではなく、本件北側土地の売却により被上告銀行に対する返済資金をねん出することを前提とする本件経営企画書を基に本件投資プランを作成し、これらに基づき、積水ハウス担当者と共にその内容を説明し、上告人は、上記説明により本件貸付けの返済計画が実現可能であると考え、本件貸付けを受けて本件建物を建築したというのである。

そして、上告人は、銀行担当者が上記説明をした際、本件北側土地の売却について銀行も取引先に働き掛けてでも確実に実現させる旨述べるなど特段の事情があったと主張しているところ、これらの特段の事情が認められるのであれば、銀行担当者についても、本件敷地問題を含め本件北側土地の売却可能性を調査し、これを上告人に説明すべき信義則上の義務を肯認する余地があるというべきである。」

●事案の特徴

この事案は、銀行、建設会社と土地の所有者において銀行から融資を受け、土地の一部を売却し、資金を調達する等してビルを建築する企画が立てられ、土地全体を敷地として使用してビルの建築確認を得てビルが建築されたところ、売却予定の一部の土地が建物の敷地として使用できない問題があり（敷地の二重使用が問題になった）、売却が困難になったため、土地の所有者が説明義務違反を主張し、銀行、建設会社に対して債務不履行、不法行為に基づき損害賠償を請求した上告審の事件である（第一審判決（大阪地判平成15・1・24金判1245号28頁。後記〔3―25〕（判決の意義）参照）は説明義務違反

を肯定したのに対し、控訴審判決（大阪高判平成16・3・16金判1245号23頁）は説明義務違反を否定したものである）。この事案は、銀行の土地の所有者に対する融資に伴う調査・説明義務違反が問題になったこと、銀行と建設会社が土地の所有者にビルの建築計画を勧誘したこと、銀行の従業員がビルの建築計画に積極的に関与したこと、銀行が建築資金の調達のため、融資をしたほか、土地の一部の売却を勧誘したこと、売却予定の土地につき建築確認のための二重使用が予定されるという問題があったこと、銀行の債務不履行、不法行為が問題になったことに特徴がある。

● **判決の意義**

この判決は、金銭消費貸借契約を締結するに当たり、返済計画の具体的な実現可能性は借受人において検討すべき事柄であり、銀行担当者は、返済計画の内容である土地の売却の可能性について調査したうえで借受人に説明すべき義務が当然にあるわけではないとしたこと、この事案の事実関係によれば、銀行の担当者は、借受人に対して土地の有効利用を図ることを提案して建設会社を紹介しただけではないこと、銀行の担当者は、土地の売却により銀行に対する返済資金を捻出することを前提とする投資プランを作成し、建設会社の担当者と共にその内容を説明する等したこと等の事情があり、事情によっては、銀行の担当者についても、敷地の二重使用問題を含め土地の売却可能性を調査し、これを借受人に説明すべき信義則上の義務を肯認する余地があるとしたことに特徴がある。この事案の銀行の従業員については、ビルの建築、資金の調達、土地の売却等の計画に積極的に関与し、建設会社の従業員とともに土地の所有者（融資の借受人）を積極的に勧誘したものであり、直接に問題になったのは一部の土地の売却計画の実現可能性の調査・説明義務違反である。この判決は、融資に当たって、金融機関が一般的に融資の返済計画の具体的な実現可能性につき借受人に説明義務を負うものではないとする判断を示していることは当然であるが、この判決が重要であるのは、例外的に事情によっては信義則上融資の返済計画の具体的な実現可能性、この事案のような土地の売却可能性につき調査・説明義務を負うとした

うえ、その調査・説明義務違反の可能性を認めたことである。

　金融機関が融資の交渉をし、融資を実施するに当たっては、担当の役職員において借受を希望する者の融資の使途、融資金が使用される企画の実現性、資金の調達方法等を考慮するものであるし、融資を積極的に推進するために、事業会社と協議・提携をし、さまざまな事業計画を紹介し、勧誘することもあるが、この場合には、金融機関の役職員も相当積極的に勧誘をすることがある。融資の交渉の経過、内容、使途、融資等の勧誘の内容等の実態によっては、銀行も借主に対して事案に応じた信義則上の義務を負うことがあることは当然であって、この判決は、その当然の法理を明らかにしたところに大きな意義が認められるとともに、この事案につき具体的に説明義務違反の可能性のある事例であること示したことも重要な意義が認められる。差戻控訴審判決につき〔3－25〕参照。

(3-24) 銀行のゴルフ会員権購入のための融資につき断定的判断の提供、説明義務違反による不法行為責任が否定された事例［東京地判平成19・1・18判時1979号85頁］

●事案の概要●

　A株式会社は、昭和46年12月、ゴルフ場の経営のために設立され、B株式会社からゴルフ場の営業を賃借し、ゴルフ場を営業していたが、Xは、昭和61年頃、C株式会社を設立し、Cは、平成2年3月頃、銀行業を営むY株式会社（株式会社東京スター銀行）の紹介により、Aのゴルフクラブに入会することとし、Yから融資を受け、Aと会員契約を締結し、入会保証金、入会登録料を支払い、Cは、平成6年5月、本件会員権をXに譲渡したところ、Aは、平成16年12月、特別清算開始決定を受けたため、Xは、YがAの委託を受けてゴルフ会員権を販売し、銀行法12条違反、断定的判断の提供、説明義務違反があったなどと主張し、Yに対して不法行為に基づき損害賠償を請求したものである。この判決は、優越的地位の濫用、断定的判断の提供、説明義務違反等を否

定し、不法行為を否定し、請求を棄却した。

●判決内容
「二　争点一ア（本件会員権に関する虚偽の説明の有無）について
(1)　原告は、東京相和銀行が、本件会員権購入の勧誘に際し、バックアップ会社を含めてゴルフ場経営会社の経営が万全であり、預託金の償還に不安はないと強調し、あたかもゴルフ事業や将来の預託金の償還についてフジパンが責任を負担したり、保証したりするかのような虚偽の説明を行ったと主張する。
　そこで検討するに、東京相和銀行は、本件提携ローン合意に基づき、取引先等に対して本件会員権の購入を勧誘したものであり、取引先等による本件会員権の購入と被告からの融資は極めて密接な関連性を有しているから、東京相和銀行は、取引先等に対して自ら本件会員権の内容を説明するにあたっては、信義則上、できる限り正確な説明をすべきであり、購入希望者の判断を誤らせるような虚偽の説明をしたときは、これを信用して本件会員権を購入した者に対し、上記虚偽の説明と相当因果関係のある損害を賠償すべき義務を負うというべきである。
(2)　これを本件についてみると、原告は、糸長が、勧誘に際して、丙川社に対し、『このゴルフ場はフジパンが経営している』とか『名古屋の優良企業であるフジパンがバックアップするゴルフ場である』という説明を行ったと主張する。
　そして、原告は、その調査回答書において、『銀行からの説明では、名古屋に本社を置くフジパンが経営（あるいは関連する信頼のおける会社）及びバックアップする富士カントリーグループの新規事業』とのことであり、『名古屋を本社とする優良企業のフジパンがバックアップしますし、銀行としても取り引きがありますから、15年据置の少々長い会員権預託金ですが必ず返還されますから御安心下さいとの説明がありました。』旨を述べ、本人尋問においても、大多喜城ゴルフ倶楽部をフジパンが経営していると聞いた旨供述している。
　他方、糸長は、その陳述書において、『支店長らの上司からこのゴルフ場はフジパンのゴルフ場だとレクチャーを受けて販売を行いました。』、『フジパンがバックにあると聞いてその旨をお客様に説明したのです。』、『甲野さんの事務所に私は何度も訪問したと思います。その時に経営母体が有名なパン屋のフジパンですという説明をしました。』と述べ、証人尋問においても、フジパンが経営母体である旨の説明はしたものの、具体的に伝えた内容はフジパンがバックにあるということにとどまり、それ以上の説明はしていないと証言する。この供述等に照らすと、糸長が丙川社に対する説明としてフジパンがバックにある旨を述べたことは認められるものの、原告の供述等をもって、糸長が、フジパンが大多喜城ゴルフ倶楽部の経営に責任を負うとか、経営を保証している旨の説明したとは認めるには足りない。」

3 裁判例の紹介

●**事案の特徴**

　この事案は、銀行の紹介・勧誘により、銀行から融資を受け、ゴルフ会員権を購入したところ、ゴルフ場の経営会社が倒産したため、会員権の購入者から会員権を譲り受けた者（購入者である会社の代表者）が銀行に対して説明義務違反等を主張し、不法行為に基づき損害賠償を請求した事件である。この事案は、銀行がゴルフ会員権の購入を紹介・勧誘したこと、銀行とゴルフ場の経営会社との間には業務提携があったこと、銀行が購入資金を融資したこと、ゴルフ場の経営会社が倒産したこと、銀行の説明義務違反等が問題になったこと、銀行の不法行為責任が問われたことに特徴がある。金融機関が取引先に融資を勧誘し、ゴルフ会員権の紹介をする事例は、日本全国において多数の事例があったと推測されるが、金融機関がこのような紹介を行ったのは、融資の拡大を図るためであったことは容易に推測される。金融機関の紹介の内容・態様、金融機関とゴルフ場の経営会社らとの間の事業上の関係、融資関係はさまざまであるが、ゴルフ場の経営会社の倒産、ゴルフ場の未開場等の事態が発生した場合、金融機関が融資の債務者に融資に付随する法的な義務を負うか、義務違反が認められるかが問題になってきたところ、この事案もそのような類型の事件の一つである。

●**判決の意義**

　この判決は、銀行がゴルフ場の経営会社とローン提携関係にあるところ、銀行の取引先等に対してゴルフ会員権の購入を勧誘したものであり、銀行は、取引先等に対して自ら会員権の内容を説明するにあたっては、信義則上、できる限り正確な説明をすべきであり、購入希望者の判断を誤らせるような虚偽の説明をした場合には、これを信用して会員権を購入した者に対し、虚偽の説明と相当因果関係のある損害を賠償すべき義務を負うとしたこと、この事案では虚偽の説明を否定し、銀行の不法行為を否定したことに特徴がある。この判決は、業務提携をしているゴルフ場の経営会社のゴルフ会員権の購入を自己の取引先らに勧誘する銀行は、信義則上、虚偽の説明をした場合には、取引先等に不法行為に基づく損害賠償責任を負うとする法理を

279

提示しているが、このように虚偽の説明に限定して不法行為を認めるとの合理的な根拠は明らかではなく、むしろゴルフ会員権の購入を勧誘するに当たって、その会員権の内容につき説明義務を負うと解するのが合理的である（もっとも、ゴルフ場の経営会社の経営破綻の事情、危険性について説明義務を負うかどうか、どの範囲、どの程度の説明義務を負うかは慎重な検討が必要である）。この判決の結論の当否は別として、その前提となる法理には疑問が残る。

（3－25）前記（3－23）の差戻控訴審判決であり、銀行の融資に係る不動産売却による返済の可能性に関する説明義務違反が肯定された事例
［大阪高判平成19・9・27金判1283号42頁］

●事案の概要●

　前記〔3－23〕最一小判平成18・6・12判時1941号94頁、判タ1218号215頁、金法1790号57頁、金判1245号16頁の差戻控訴審判決である。この判決は、Y$_1$の担当者としては、Y$_2$の担当者とともに売却予定地につき購入者がそこに建築物を建てる場合の容積率、建蔽率等の売却可能性を大きく左右する法規制適合性の有無等を十分調査を尽くして、Xに説明すべき本件貸付に係る消費者契約に付随する信義則上の義務があるところ、この義務に違反し、民事訴訟法248条を適用し、4500万円の損害を認め、Xの控訴に基づき原判決を変更し、請求を一部認容し、Y$_1$らの控訴を棄却した。

●判決内容

　「ア　一審被告銀行は、消費貸借契約の一方の当事者であり、一般的には、返済計画の具体的実現可能性は、借受人が検討すべき事項であるから、本件においても、一審被告銀行担当者には、返済計画の内容である北側土地の売却可能性について調査した上で一審原告に説明すべき義務が当然にあるわけではない。しかしながら、本件においては、一審被告銀行西陣支店融資課の担当者Hは、一審原告に対し、土地の有効利用のノウハウを持つ会社として一審被告積水を紹介し、当初、一審被告

3 裁判例の紹介

積水においてアパート建築請負の営業を担当するMがアパート経営の企画を提案したが、収支規模が小さいとして同支店融資課のO課長に退けられた後、O課長の意向を受けて、一審被告積水の中高層マンション建築請負の営業担当者Sが計画立案に関与することとなり、HとSが一審原告と打ち合わせをして本件計画を煮詰めた結果、Sから本件経営企画書が作成、提出され、Hからも本件経営企画書を前提に作成された本件投資プランが作成、提出されたものであり、そして、これによれば、一審原告らが所有する土地の有効活用を前提に、自己資金2億8770万円、借入金9000万円をもって工事代金3億7770万円を調達して5階建てマンションを建築し、借入金を賃貸部分の賃料収入で分割返済することを骨子とするもので、一審原告には上記の自己資金の手持ちがないことから、売却予定地（北側土地のうち80坪程度）を売却してこれを調達することが予定され、これは、H、S及び一審原告の共通の認識事項となっていたのであり、Hも、Sとともにこれを前提として、一審原告に本件投資プランの説明をしたこと、一審原告もこの説明により、北側土地を売却すれば自己資金の捻出も可能と考え、本件投資プランに従い、一審被告銀行から建築資金全額の融資を受けて、本件建物を建築することにしたことが認められるのである。

イ　そして、本件北側土地の売却については、本件敷地問題が内在していたことは前記認定のとおりであるところ、一審被告銀行側がSから本件敷地問題の指摘を受けたりして、これを認識していたことを認めるに足りる証拠はないものの（SがO課長にこれを指摘した旨の証人Sの証言及び丁1はそのとおりには採用することはできない。）、Hにとっては、一審原告の自己資金確保の成否が関心事であったというのであり、Sに北側土地売却の目処について聞いたところ、Sから、『本件建物建築中は、北側土地を資材置き場として使用することから、建築工事中は売却困難であるが、建物完成後は問題ない。』と聞いたというのであり、更に、Sから建築計画の具体案を聞いたときに、建物の規模が思っていたよりも大きいとの印象を受け、Sに対し、北側土地の売却に問題はないのかという趣旨の質問をしているのであるから、新築される本件建物が、本件各土地全体を敷地として建築されるものであることを認識、認容した上、返済資金のうちの自己資金を売却予定地の売却により捻出するしかないとの一審原告の自己資金の捻出方法にまで深く関わっていた一審被告銀行担当者としては、Sの上記説明を鵜呑みにすることなく、売却予定地について、その購入者がそこに建築物を建てる場合の容積率や建ぺい率等の売却可能性を大きく左右する法規制適合性の有無等を一審被告積水の担当者とともに十分調査を尽くして、一審原告に説明すべき本件貸付に係る消費貸借契約に附随する信義則上の義務があるというべきである。

ウ　しかるに、一審被告銀行のO課長は、上記の調査を十分にしないまま、知り合いの業者に北側土地を抱かせて処分する意向を示し、これを受けたSも、売却予定地に建物が建てられる際の建築確認時に、建築主事が敷地の二重使用に気付かなけ

281

れば、建物の建築に支障はないとの見込みから、本件敷地問題について一審原告に説明しないまま、本件計画を提案したものである。確かに、O課長又はHが直接一審原告に対し、知り合いの業者に抱かせる旨の説明をした事実については、これを認めるに足りる証拠はない。しかしながら、O課長は、Sに対し、北側土地を業者に抱かせて処分する意向を示したのであり、O課長のこの行為がSをして、本件敷地問題を認識していたにもかかわらず、一審原告に対して『北側土地は売却できる。』と発言させたものと考えられるし、Hからも『知り合いの不動産業者に声をかけておく。』との発言があったのと相俟って、一審原告が北側土地の売却が可能なものと判断するに至ったものであるから、一審被告銀行担当者の行為は、上記説明義務に違反することが明らかであり、一審被告銀行は、一審原告に対し、上記説明義務違反によって一審原告に生じた損害について賠償すべき責任を負うというべきである。」

● **判決の意義**

この事案は、前記内容と特徴を有する差戻控訴審の事件であるが、この判決は、前記の〔3－23〕最一小判平成18・6・12判時1941号94頁、判タ1218号215頁、金法1790号57頁、金判1245号16頁を踏まえ、この事案では、売却予定地につき、その購入者がそこに建築物を建てる場合の容積率や建ぺい率等の売却可能性を大きく左右する法規制適合性の有無等を建設会社の担当者とともに十分調査を尽くして、借受人に説明すべき貸付に係る消費貸借契約に附随する信義則上の義務があるとしたこと、この事案につき銀行の担当者の説明義務違反は明らかであるとしたこと、損害額の算定につき民事訴訟法248条を適用し、4500万円の損害額を認めたことに特徴がある。

この判決は、前記の上告審判決を前提にしているものの、融資に付随する調査・説明義務を肯定し、理論的に重要な判断を示すとともに、銀行の担当者の言動に照らして説明義務違反を肯定し、事例として重要な判断を示したものとして参考になる。この判決は、金融機関の融資に付随する義務に関する従来の裁判例の動向に照らすと、相当に広く法的な義務を認めるものであり、今後の裁判例の動向が注目される。

なお、この事案の差戻前の第一審判決（大阪地判平成15・1・24金判1245号28頁）は、銀行の責任について、

「(1) 被告銀行の違法・過失行為について
ア 原告 X₁ は、被告銀行が建築基準法上の規制及び総量規制の結果、第 1 貸付は当初から返済の目途が立たなかったのに、同貸付を勧誘実施したのは、原告らに対する説明義務に違反する違法な過失行為である旨主張する。
イ まず、建築基準法違反の点についてみると、前記 1 (18)、(21)認定の事実及び証人 H の証言によれば、被告銀行においては、建築資金を融資する場合には、融資稟議の段階で建築確認申請書添付図面や公図等を徴求して建物が建築基準法に違反していないかどうかをチェックし、完成した建物にも担保権を設定するのが一般的な取扱であること、本件建物についても、被告銀行は、原告 X₁ 名義の所有権保存登記がなされた直後である平成 4 年 4 月 9 日に本件建物に根抵当権を設定していること、H は、第 1 貸付の融資稟議書を起案した当時、本件土地 1 ないし 8 の容積率が200パーセント、建ぺい率が60パーセントであることを知っていたことが認められる。
　そして、担保権の目的建物が建築基準法に違反することになれば、当該建物の担保価値が大きく低下し、ひいては第 1 貸付の回収可能性（原告 X₁ の返済計画の妥当性）の判断に影響することは明らかであるから、H は、被告銀行の担当者として第 1 貸付の融資稟議を作成するにあたって、本件建物が建築基準法に違反しないかどうかを審査（調査）する義務を負っていたというべきであり、担保価値に対する誤った評価を前提に融資を実行することは、本件建物を建築するために建築業者である被告積水を紹介し、かつ被告銀行がその建築資金を融資する相手方である原告 X₁ を経済的破綻に追い込む危険性がある行為であることを併せ考慮すれば、H は、被告銀行に対する前記審査義務のみならず、原告 X₁ に対しても建築基準法違反の有無を調査したうえでその結果を説明すべき義務を負っていたと解すべきである。
　ところが、証人 H の証言によれば、H は、本件建物が北側土地売却後本件建物が容積率規制を充たさなくなることに気づかずに融資稟議を起案し、その結果第 1 貸付が実行されたと認められるのであるから、H は前記審査義務・説明義務を怠ったといわざるを得ない。
ウ 次に、総量規制の点についてみると、前記 2 (1)カで説示したとおり、第 1 貸付の当時、総量規制が北側土地の地価にどのような影響を与えていたかを認定するに足りる証拠もない。
　また、原告 X₁ や H が総量規制と北側土地の地価動向の関係についていかなる認識を持っていたかを認定するに足りる証拠もない。
　そうすると、H が負うべき注意義務を確定する前提事実となる、総量規制と北側土地の地価の関係を的確に認定することができないのであるから、H に過失があったとはいい難い。
エ したがって、H には、第 1 貸付の際に建築基準法違反の有無を調査し、原告

X₁に対して北側土地の売却によって本件建物が容積率違反となることを説明しなかったことについて過失があるというべきである。」
と判示しているが、差戻控訴審判決と比較すると、事実認定の仕方、判断の仕方の事例として参考になる。

　また、差戻前の控訴審判決（大阪高判平成16・3・16金判1245号23頁）は、
「イ　しかしながら、前記の敷地の二重使用の問題があったこと及び総量規制が実施されていたことを加味しても、平成2年6月29日当時、本件建物の建築後に北側土地を売却して約3億円程度の自己資金を捻出することが困難な状況にあったと推認することはできないことは、前記のとおりである。
　したがって、第1貸付は当初から返済の目途が立たなかったことを前提とする1審原告X₁の前記主張（1審被告銀行の説明義務違反）は、前提を欠いているから、採用することはできない。」
と判示し、説明義務違反の前提事実のないことを理由に説明義務違反を否定したものであるが、この判断が後に前記の上告審判決、差戻控訴審判決によって否定されたものである。

〔3－26〕銀行のゴルフ会員権購入のための融資につき断定的判断の提供、説明義務違反等による不法行為が否定された事例［東京地判平成20・4・9判タ1299号227頁］

●事案の概要●

　A株式会社は、昭和46年12月、ゴルフ場の経営のために設立され、B株式会社からゴルフ場の営業を賃借し、ゴルフ場を営業していたが（Aは、前記の〔3－24〕東京地判平成19・1・18判時1979号85頁の事案のゴルフ場経営会社と同じである）、Xは、銀行業を営むY株式会社（株式会社千葉銀行）の紹介により、Aのゴルフクラブに入会することとし、平成7年6月、Yから融資を受け、Aと会員契約を締結し、入会保証金、入会登録料を支払ったところ、Aは、平成16年12月、特別清算開始決定を受けたため、Xは、YがAの委託を受けてゴルフ会員権を販売し、銀行法12条違反、断定的判断の提供、説明義務違反があったなどと主張

し、Yに対して不法行為に基づき損害賠償を請求したものである。この判決は、Xが自らゴルフ会員権の購入を希望し、Yにローンの提供を要請した等とし、会員権の紹介が銀行法10条2項の付随業務に当たるとし、優越的地位の濫用、断定的判断の提供、説明義務違反等を否定し、不法行為を否定し、請求を棄却した。

● **判決内容**

「3 説明義務違反に係る主張
(1)ア 原告は、本件会員権には様々なリスクがあって、原告にはこれらのリスクについて認識が困難であるのに対し、被告はこれを知り、少なくとも知り得る立場にあったから、被告が本件会員権を販売ないし購入の勧誘をする際に、原告にこれを説明する義務があったのに、その説明を怠ったのは不法行為に当たると主張する。
　しかしながら、被告が原告に対し本件会員権を販売したとか購入の勧誘をしたことを認めるに足りないことは前示のとおりであるから、原告の上記主張は採用することができない。
イ 次に、本件会員権の紹介者である被告の説明義務について検討する。
　預託金制のゴルフ会員権は、ゴルフ場の施設の優先的利用権、預託金返還請求権と年会費等の納入義務とから成る契約関係であることに照らすと、本件会員権購入の危険性とは、市原倶楽部を経営する富士カントリーが将来経営破綻するなどして返還期限に預託金が返還されなくなるおそれがあることをいうものと解される。そして、平成7年当時、バブル経済は崩壊していたものの、ゴルフ場経営会社が倒産する事態は生じておらず、ゴルフ場経営会社が将来経営破綻して倒産する恐れがあるとの観測も一般的ではなく、富士カントリーによる市原倶楽部会員権の預託金償還が困難であることが判明したのは平成10年ころであったことは前示のとおりである。これらの事情の下では、被告は、本件会員権の紹介者として、本件会員権に係る市原倶楽部を経営する富士カントリーが、他のゴルフ場経営会社と比較して、特に経営基盤が脆弱などの事情により将来経営が破綻して預託金の返還がされなくなるおそれがあることを予測させる重要な事実があり、かつ、この事実を紹介者は知っているが、顧客が知らない場合に限って、信義則上、顧客に対し当該事情を説明すべき義務を負うものと解するのが相当である（原告は、被告が富士カントリーの経営内容や預託金の返還可能性がないことを知り得たとして、この場合にも説明義務を負うと主張するが、これは、紹介者に富士カントリーの経営内容や預託金返還が困難となるおそれの有無を基礎づける事実についても調査を義務づけ、その調査結果を顧客に説明することを求めるものと解される。しかし、被告が本件会員権を

紹介する際に、被告の知らない、富士カントリーの経営内容や預託金の償還可能性に関する事情についてまで調査してこれを顧客に説明する義務はないというべきである。)

しかるところ、被告が本件会員権を紹介した当時、富士カントリーが、他のゴルフ場経営会社と比較して、経営基盤が脆弱などの事情により将来預託金の返還がされなくなるおそれがあることを予測させる事実があったことを認めるに足りる証拠はないし、乙山副支店長が当該事情を認識していたことを認めるに足りる証拠はない（富士カントリーにおいて将来預託金の返還がされなくなるおそれがあることを被告が予測し得たことを認めるに足りる事情ないし証拠もない。)。したがって、乙山副支店長は上記事情を説明する義務を負わない。」

●事案の特徴

この事案は、前記の〔3―24〕東京地判平成19・1・18判時1979号85頁の事案におけるゴルフ場の経営会社のゴルフ会員権の購入、そのための融資が問題になったものであり（融資を実行した銀行は異なる）、銀行から紹介され、銀行から融資を受け、ゴルフ会員権を購入したところ、ゴルフ場の経営会社が倒産したため、会員権の購入者が銀行に対して説明義務違反等を主張し、不法行為に基づき損害賠償を請求した事件であり、事案の特徴もほぼ同様である（銀行によるゴルフ会員権の勧誘があったかどうかが重要な争点になっている）。

●判決の意義

この判決は、銀行のゴルフ会員権の勧誘があったことを否定したこと、銀行がゴルフ会員権の購入を紹介する場合、ゴルフ場の経営会社の破綻の危険性については、当該のゴルフ場の経営会社が他のゴルフ場の経営会社と比較して、特に経営基盤が脆弱などの事情により将来経営が破綻して預託金の返還がされなくなるおそれがあることを予測させる重要な事実があり、かつ、この事実を紹介者は知っているが、顧客が知らない場合に限って、信義則上、顧客に対し当該事情を説明すべき義務を負うとしたこと、この事案では経営が破綻し、預託金が返還されなくなるおそれがある重要な事実を銀行の従業員が予測していなかったとし、説明義務を否定したことに特徴がある。この判決は、銀行が融資によるゴルフ会員権の購入を紹介する場合には、ゴ

ルフ場の経営会社の破綻等の特段の事情がある等のときに限って、紹介をした者に説明義務を負うとしたことは、前記の〔3—24〕東京地判平成19・1・18判時1979号85頁の提示した法理よりも合理的な法理を提示したものであるということができる。銀行等の金融機関が融資に関係してその取引先らに商品、サービスを紹介し、あるいは勧誘する場合には、融資契約に付随し、あるいは信義則上注意義務を負うこと（注意義務の内容は、個々の事案ごとに慎重な検討、判断が必要である）があるとの法理は、近年、最高裁の判例を含め、裁判例において相当に定着しているということができるであろう。今後は、金融機関に関するこの法理の要件を具体化し、注意義務の内容を合理化することが重要な課題である。

〔3—27〕信用金庫の融資拒絶につき契約締結上の過失が否定された事例［前橋地判平成24・4・25金判1404号48頁］

●事案の概要●

X有限会社は、事務所用の土地を探していたところ、土地の所有者Aと売買契約を締結し、手付金を支払うとともに、Y信用金庫（桐生信用金庫）に購入資金、建物の建築資金の融資の申込みをしたところ、Yの担当者から信用保証協会の保証のほか、保証人を立てることを求められる等し、Bが保証人になることとなり、自己資金として300万円を準備したが、YがBの資産を調査したところ、所有土地に抵当権が設定されていたことから、融資を拒絶したため、XがYに対して融資約束の成立、契約締結上の過失責任に基づき損害賠償を請求したものである。この判決は、融資の拒絶が信義則に反するものではない等とし、契約締結上の過失責任を否定し、請求を棄却した。

●判決内容

「イ　契約締結上の過失について
(ｱ)　契約締結上の過失について

原告は、被告が本件融資を拒否したことは、信義則に反し、被告において、契約締結上の過失がある旨主張する。
　そこで、いわゆる契約締結上の過失又は契約準備段階の過失が被告にあったか否か検討することとする。
　ところで、契約準備段階に入った者は、一般市民間における関係とは異なり、信義則が支配する緊密な関係に立つから、後に契約が締結されたか否かを問わず、相互に相手方の人格、信用及び財産等を害しないように配慮すべき信義則上の注意義務を負い、これに反して故意又は過失により、相手方に損害を及ぼした場合には、契約締結に至らなかったときにも、損害賠償義務を負うものと解される（最高裁判所昭和59年9月18日第三小法廷判決・判例タイムズ542号200頁参照）。
　確かに、本件融資の交渉においては、契約自由の原則がある以上、被告がどのような条件で融資するかは、原則として、被告が自由に判断することができるものである。しかし、融資契約締結交渉が進捗し、融資交渉における被告の言動等に照らして、原告において本件融資を受けることができると信頼するのもやむを得ないものであるにもかかわらず、被告が本件融資を拒否し、それが信義則に反すると評価される場合には、例外として、被告は原告に対し、契約締結上の過失又は契約準備段階の過失があるとして、本件融資を受けることができると信じた原告に生じた損害を賠償する責任を負うものと解される。
(ｲ)　本件融資交渉における被告の帰責性について
a　融資の内諾又は確約の有無について
　原告は、平成22年6月30日には内諾、遅くとも同年7月15日には確約があった旨主張し、原告代表者も、代表者本人尋問において、それに沿った供述をする。
　しかし、上記認定のとおり、平成22年6月30日の時点においては、原告が被告に対して本件融資を申し込んだにすぎず、その後において、被告から、具体的な融資条件が提示されているのであるから、上記時点においては、本件融資の内諾があったと認めることはできない。
　また、平成22年7月15日の時点においても、被告は、原告に対し、保証人所有の不動産に担保が設定されていないことが本件融資の条件である旨説明し、原告がその融資条件の成就に向けて努力していた段階であるから、本件融資を確約したとまでは認めることは困難である。
　他に本件融資の内諾又は確約があったと認めるに足りる証拠はない。
b　融資交渉の段階について
　前記認定によれば、平成22年7月13日には、所有不動産に担保が設定されていない保証人の有無を除いて、借入金額等の主要な内容は、ほぼ合意されていたことなどが認められるから、融資の条件が満たされる限り、融資契約が締結されることが予想される段階に至ったものというべきである。
c　融資交渉における被告の言動等について

前記認定によれば、平成22年7月2日には、被告は、原告に対し、原告代表者以外の一定の収入があり、一定の資産がある保証人を用意するように要求していた上に、保証人の所有財産に担保が設定されていないことという本件融資の条件も、同月13日には、被告が既に原告に提示していたものであり、同月15日になってはじめて提示されたものではない。
d　本件融資拒否の理由
　有効な担保設定又は担保消滅が必ずしも第三者には明らかではないことに照らすと、保証人の所有不動産に担保が設定されていないことについては、その旨の登記の有無によって判断することも、必ずしも不合理とはいえない。したがって、保証人所有の不動産に抵当権設定登記がされたままであることを理由に被告が本件融資を拒否したことについては、それなりの理由があったというべきである。
ウ　結論
　本件融資交渉の段階、本件融資交渉における被告の言動等及び被告の本件融資拒否の理由等に係る上記認定又は判断を総合すると、被告が本件融資を拒否したことは、必ずしも信義則に反するものとはいえない。他に被告の本件融資の拒否が信義則に反すると認めるに足りる証拠はない。
　したがって、被告は、原告に対し、本件融資を拒否したことについて、いわゆる契約締結上の過失（契約準備段階の過失）責任を負わないこととなる。」

●事案の特徴
　この事案は、会社が事務所用として土地の購入代金、建物の建築代金の融資を信用金庫に申し入れ、信用金庫の要求する準備を進めていたところ、融資が拒絶されたため、会社が信用金庫に対して契約締結上の過失責任等に基づき損害賠償を請求した事件である。この事案は、会社が不動産資金の融資を信用金庫に申し入れたこと、信用金庫が融資の条件として保証人等を要求されたこと、会社が保証人を依頼する等の準備をしたこと、信用金庫が融資を拒絶したことに特徴がある。

●判決の意義
　この判決は、契約準備段階に入った者は、一般市民間における関係とは異なり、信義則が支配する緊密な関係に立つから、後に契約が締結されたか否かを問わず、相互に相手方の人格、信用および財産等を害しないように配慮すべき信義則上の注意義務を負うとしたこと、故意または過失により、相手方に損害を及ぼした場合には、契約締結に至らなかったときにも、損害賠償

義務を負うとしたこと、融資契約の場合には、融資契約締結交渉が進捗し、融資交渉における被告の言動等に照らして、融資を受けることができると信頼するのもやむを得ないものであるにもかかわらず、金融機関が融資を拒否し、それが信義則に反すると評価される場合には、金融機関は、契約締結上の過失または契約準備段階の過失があるとし、融資を受けることができると信じた申込者に生じた損害を賠償する責任を負うとしたこと、この事案では、融資契約が締結されることが予想される段階に至ったとしたものの、保証人所有の不動産に抵当権が設定されていたことから、信用金庫が融資を拒絶したこと、この事案では、融資の拒絶が信義則に反するとはいえないとし、契約締結上の過失を否定したことに特徴があり、その旨の事例判断として参考になるものである。控訴審判決につき〔3―28〕参照。

(3―28) 前記(3―27)の控訴審判決であり、信用金庫の融資拒絶につき信義則上の注意義務違反が否定された事例［東京高判平成24・9・27金判1404号42頁］

●事案の概要●

前記の〔3―27〕前橋地判平成24・4・25金判1404号48頁の控訴審判決であり、Xが控訴したものである。この判決は、信義則上の注意義務違反を否定し、控訴を棄却した。

●判決内容

「(2) 上記(1)の認定によれば、被控訴人の担当者であった丁田と丙川は、控訴人代表者からの依頼を受けて、最終期限である平成22年7月15日までの間、控訴人に対する融資について控訴人代表者と条件面の交渉を行ったこと、交渉の中で、被控訴人は、控訴人が自己資金として300万円を用意し、控訴人代表者以外の保証人を付けるという条件で土地購入資金2150万円を融資する方向で検討を行うことになり、控訴人はこの条件を了承して本件申込書を被控訴人に提出したこと、この融資申込みについては稟議に上げられたが、被控訴人の本部の指示で、同月14日、被控訴人から保証人が所有する不動産に担保が設定されていないことが融資の条件として示されたこと、しかるに、控訴人側において保証人として予定されていた春彦が所有す

る不動産(春彦所有地)に設定された本件抵当権設定登記(相続税債務等を被担保債権とするもの)が上記期限までに抹消できなかったことから、融資が実行されなかったことが認められる。

　こうした交渉の経過からすれば、上記期限までの間に被控訴人の担当者らが控訴人に対する融資が実行できるように調整等を進めていたことは認められるものの、控訴人が主張するように、被控訴人の担当者が控訴人代表者に対して融資を内諾したとか、これを確約したと認めることはできない。また、被控訴人が、控訴人に対し、保証人が所有する不動産に担保が設定されていないことが融資の条件となる旨を伝えたのは上記期限の前日であったが、もともと融資の依頼を受けてから最終期限までの間が半月程度しかなく、しかもこの間、被控訴人が示す融資の条件について控訴人が条件を満たせず被控訴人に再検討を求めるというやりとりが繰り返される過程で、上記の保証人の不動産に関する条件が示されたものであり、この融資の条件自体格別不合理なものとはいえないのであって、こうした事情を考え併せれば、被控訴人において、融資の実現に向けて控訴人を害しないように配慮すべき信義則上の注意義務に違反したということはできない。」

●事案の特徴

　この事案は、会社が事務所用として土地の購入代金、建物の建築代金の融資を信用金庫に申し入れ、信用金庫の要求する準備を進めていたところ、融資が拒絶されたため、会社が信用金庫に対して契約締結上の過失責任等に基づき損害賠償を請求した控訴審の事件である。第一審判決である前記の〔3—27〕前橋地判平成24・4・25金判1404号48頁は、この事案の事情の下では、融資の拒絶が信義則に反しないとしたものである。

●判決の意義

　この判決は、信用金庫が提示した融資の条件が格別不合理なものとはいえないとしたうえ、この事案の事情の下では、信用金庫において融資の実現に向けて融資の申込者を害しないように配慮すべき信義則上の注意義務に違反したということはできないとしたことに特徴があり、第一審判決である前記の〔3—27〕前橋地判平成24・4・25金判1404号48頁と同様に、その旨の事例判断として参考になる。

第4章

銀行等の取引と一般法理をめぐる裁判例

第4章　銀行等の取引と一般法理をめぐる裁判例

1　銀行等の取引と一般法理の適用

　銀行等の金融機関と貸付取引、預金取引等の取引を行い、銀行等が権利を行使し、義務を履行すべき場合、取引に係る契約の内容に従うことは当然であるが（契約の内容は、一般的にいえば、社会常識としては、銀行等に有利な内容になっていると受け取られている）、そのほかにも、信義誠実の原則（民法1条2項。信義則）、権利の濫用（同条3項）の一般法理の適用を受ける。信義則の法理、権利の濫用の法理は、一般的には補充的に適用されるものであり、権利の行使、義務の履行を通常に行っている限りは、その適用の可能性は相当に低いものであるが（可能性が低いとはいっても、実際に適用されるかどうかは別として、主張される事例は少なくない）、従来の法律の規定、判例をそのまま適用すると、社会通念に照らして不正義、不公正な結果を招く場合には、信義則の法理、権利の濫用の法理を適用し、権利の全部または一部の行使を制限し、義務の全部または一部の履行を制限する結果を導くような例外的な法理を認めることがある。信義則の法理、権利の濫用の法理が特に強く意識されるのは、時代の変わり目といった時期であり、社会通念、取引通念が大きく動揺しているような時代の状況である。しかも、銀行等は、企業、個人という取引の相手方にとっては有利な地位、優遇された地位にあると考えられ、その公共性の要請（破綻のおそれがあった銀行等の金融機関に多額の公的資金が投入された目的、経緯を振り返れば、よく理解できる）にも照らすと、信義則の法理、権利の濫用の法理が主張されやすいということができる（なお、銀行法1条は、銀行の業務の公共性に鑑み、信用を維持し、預金者等の保護を確保するとともに金融の円滑を図るため、銀行の業務の健全かつ適切な運営を期し、もって国民経済の健全な発展に資することを目的とすることを明記している）。

　従来、法律実務において話題になりつつ、日本では十分に法理として形成されているわけではない貸し手責任の法理は、信義則の法理、権利の濫用の

法理に根拠を置くものであるが、仮に貸し手責任の法理が明示的に使用されていない場合であっても、銀行等との関係で信義則の法理、権利の濫用の法理が主張されている場合には、実質的に貸し手責任の法理が主張されていると考えることも不合理ではなかろう。

2 銀行等の取引の実態

　銀行等との取引においては、一応、企業、個人であっても、取引を行う顧客は、自己の判断と責任によって取引を行うということができるが、実際には銀行等の役員、従業員が顧客の断りきれない立場、顧客の置かれた状況を利用してさまざまな勧誘、紹介を行い、融資、投資商品等の取引を勧誘し、紹介することがある。すでに紹介した銀行等の損害賠償責任が問われた取引においても、その断片が窺われたところであるが、同様な事情は、銀行等の取引に信義則の法理、権利の濫用の法理が主張される事件においても窺われるのである。特にバブル経済の膨張の時期においては、銀行等にとっての重要な商品である貸付を積極的に勧誘する等したことから、後日、不良債権の膨張に苦慮することになった（現在では、多数の銀行等の破綻の重大な原因になったことが明らかになっている）。現代社会においては、多様な投資商品がますます重要な商品になっているところであり、銀行等が投資商品を積極的に勧誘する事例が広くみられるようになっているが、すでに元本割れの多数の投資商品をめぐるトラブルが報道される等していることから、今後の投資商品をめぐるトラブルの動向も注目されるようになっている。

　もっとも、銀行等が投資商品を直接または間接に勧誘してきた事例は、最近に始まったものではなく、バブル経済の崩壊の前であっても、銀行法が改正される前であっても、銀行等が変額保険、不動産投資商品等の投資商品の取引に関与し、顧客が損失を被ったことにより、訴訟に発展したものがあることも記憶に新しいであろう。それとも、この記憶も、現在はすでに劣化しているのであろうか。

295

3 裁判例の紹介

本章では、金融機関の取引につき信義則の法理、権利の濫用の法理等の一般法理、事件によっては貸し手責任の法理が問題になった裁判例を紹介したい。

〔4－1〕銀行の貸金返還請求につき貸し手責任を理由とする権利の濫用が否定された事例［札幌地判平成9・5・26判夕961号185頁］

●事案の概要●

銀行業を営むX株式会社（株式会社北海道拓殖銀行）は、不動産開発を業とするY_1株式会社の事業を推進するため、メインバンクになり、継続的に巨額の融資を行ってきたが、Y_1が経営危機に陥ったため、融資を打ち切り、Y_1に対して貸金の返済、Y_1の代表者Y_2に対して保証債務の履行を請求したものである。この判決は、Y_1らによる貸し手責任を理由とする権利の濫用の主張を排斥して、請求を認容した。

●判決内容

「2 権利濫用（貸し手責任）の成否

以上で認定したように、原告は、被告カブトデコムを育成を図るべき成長性のある企業ととらえて、仮装増資との指摘を受けるおそれを意識しつつも被告カブトデコムの発行する新株の払込資金を融資し、企業規模の拡大とともに被告カブトデコムに問題行動が生じてきたとの認識はあったが巨額の融資をして支援を継続し、リゾート開発事業には原告自らも被告カブトデコムとの共同プロジェクトと位置づけざるをえないと評価するほど深く関与してきた。

しかし、被告らの主張する『一金融機関とその融資先としての取引関係を超えた一心同体ともいうべき特殊な共生関係』とはどのような関係をいうのか判然とせず、本件における原告と被告カブトデコムとの関係が特殊な共生関係に当たるのかどうかは明らかでない。いずれにせよ、金融機関と融資先企業との関係において、原告と被告カブトデコムとの間に、被告らのいう『信認関係上の受託者の義務』あるいは『LRAの原則』といった法的効果が生じるものと認めるべき事情を見いだすこと

はできない。
　金融機関の企業に対する金融支援が、金融機関においてその企業を育成すべき対象としている場合であっても、親が子をはぐくむように無条件で行われることはありえない。金融機関においては、金融支援に値する企業かどうか、金融支援すべき状況にあるのかどうか、どのような内容の金融支援をするのが効果的かなどの点について、変化する経済情勢の中で適時、的確な経営判断をすることが当然に要求されるのであるから、金融支援の意思表示がされたことをもって、具体的な諾成的消費貸借契約や消費貸借の予約が成立したものと認めることはできない。本件の金融支援も、業績が悪化し倒産も懸念されるようになった被告カブトデコムについて、そのメインバンクとしての原告が、当面必要な措置をとろうとしたものと理解することができるのであって、このような金融支援の意思表示によって、被告らが『貸し手責任』として主張する原告の融資義務、弁済期の猶予、訴求しない特約などの法的効果が生じるということはできず、本件請求を権利濫用ということはできない。』

●事案の特徴
　この事案は、メインバンクである銀行が継続的に企業に対して多額の融資を行っていたところ、融資を拒絶し、企業に対して貸金の返還、企業の代表者に対して保証債務の履行を請求したのに対し、企業らから貸し手責任の主張として、権利の濫用が主張された事件である。この事案は、メインバンクである銀行による継続的で多額の融資がされたこと、融資を受けた企業が北海道で有望な企業として融資の対象とされたこと、銀行が新規の融資を拒絶し、融資の回収を図ったこと、融資を受けた企業が抗弁として貸し手責任の法理を主張したこと、貸し手責任として権利の濫用が主張されたことに特徴がある。この事案は、バブル経済の崩壊時期の一つの事件であり、銀行の経営破綻の一つの原因になった融資先に関係したものであり、銀行がこの融資先に積極的に融資を継続し、多額の不良債権が発生したものである。

●判決の意義
　この判決は、貸し手責任として主張されている抗弁の内容が明らかではなく、法的な効果が生じると認めるべき事情が見出せないとし、貸し手責任、権利の濫用の主張を排斥したものであり、貸し手責任を否定した事例判断を提供するものである。この事案における貸し手責任の具体的な内容が法的な

構成として裁判所を納得することができる十分な内容ではなかったようであるが、事案ごとに信義則の法理、権利の濫用の法理を具体化して主張することが重要であり、一律に貸金の返還請求に対して信義則の法理等の一般法理が実際的ではないということはできない。実際にも、融資に限らず金融機関の業務につき信義則の法理等の一般法理の適用が問題になった裁判例は珍しくないものであり、金融機関が業務を遂行するに当たっては、これらの一般法理の遵守にも配慮することが重要である。

〔4－2〕農協の名義貸人に対する貸金返還請求につき信義則違反、権利の濫用が肯定された事例［仙台高判平成9・12・12判時1656号95頁、判タ997号209頁］

●事案の概要●

X農業協同組合（会津本郷農業協同組合）は、Xの代表者Aの依頼を受けて、組合員Yが融資枠の名義をBに貸すことを承諾したが、Bに融資を行い、その後、何度か書換えをした後、準消費貸借契約を締結していたところ、XがYに対して貸金の返還を請求したものである。第一審判決（後記の福島地会津若松支判平成7・8・29判タ997号213頁）が請求を認容したため、Yが控訴したものである。この判決は、名義上の借主に対する貸金の返還請求が権利の濫用、信義則違反に当たるとし、原判決を取り消し、請求を棄却した。

●判決内容

「本件当初契約は、前示の経過、背景によって締結されたものであって、被控訴人と野中の思わくが結び付き、両者の利益につながるものとして、野中への800万円の資金の融通が意図され、その手段として、本来許されない控訴人の貸付枠の流用がもくろまれたこと、これについて、控訴人自身は、被控訴人側の強い説得を受けてやむなく貸付枠の流用に応じたものであり、何らかの利益を受けたところは全くなく、言わば、控訴人が被控訴人らの思わくに一方的に利用された立場にあることは明らかである。

このことを前提とすると、たとえ、その後において、前示のとおり、控訴人に債務負担の意思が生じたとしても、当然に、被控訴人が控訴人に対し、貸付金の請求をし得る立場に立つとはいえない。むしろ、基本的な関係人間の状況に特段の変化がないにもかかわらず、控訴人のあきらめの気持ち等からの債務負担の容認の言動に乗じて、被控訴人が借用関係の書面を根拠に、本件のような請求に及ぶことは、もともと権利の濫用ないし信義則違反の要素が伴うことを否定し難い。
　……

1　被控訴人は、本件当初契約により、実質的に金銭の供与を受け、その返済の責めを負うのが野中であることは、十分認識していた。にもかかわらず、その後の野中に対する被控訴人の債権回収に向けての対応は、極めて不十分なものであった。すなわち、被控訴人は、控訴人に対し、名義貸しの期限のめどとして言及していた昭和57年秋ごろを過ぎても、何ら野中に対する表立った請求をせず、そのまま約10年間にわたり放置し、平成3年に至り、控訴人からの苦情により、ようやく、担当職員が野中と交渉した結果、同年10月から11月にかけて、野中から、約束手形10通（額面合計1080万円、満期平成3年10月ないし平成6年8月）を振り出せた。しかし、これらの手形は、うち3通（額面合計180万円、平成4年2月満期分まで）が決済されたにとどまり、その余の約束手形は不渡りとなった。被控訴人は、その後も、野中に対しては、何ら有効な債権回収ないし債権確保の手段を講じないまま現在に至っている。

2　他方、被控訴人は、控訴人との関係では、前示三の事実からもうかがわれるように、控訴人側が相当の譲歩の姿勢を示していたのであるから、控訴人との任意の話合いにより問題を解決する機会は、調停や訴訟上の和解の場を含めて、少なからず存したというべきである。それにもかかわらず、被控訴人は、少なくとも、元金の確保にこだわり続け、控訴人から任意の支払を受ける機会を自ら遠ざける結果になっている。

3　その他、本件当初契約の締結後において、控訴人が何らかの新たな利益を受けたとは認められない。他方、本件当初契約を基とする借入金の額は、その後野中から一部返済による減額があったものの、全体としては、順次、利息が元本に組み入れられたことにより増加し、本訴における請求元金は910万円となっている。

　以上のとおり、本件の経過を全体としてみると、被控訴人は、本来の実質的な債務者である野中への対応は極めて甘く、反面、控訴人に対しては、控訴人の気弱さ、立場の弱さに乗じて、次第に強硬に支払を求めるようになり、その間、何ら譲歩の姿勢も見せず、本訴請求に至ったものであり、被控訴人が本来、各組合員に対し、公正・公平な態度で臨むべき公的な性格の強い組織であること、被控訴人の当時の代表者自らが野中、薄との関係を了知しつつ、控訴人を執ように説得して本件当初契約に至らせた経過があることなどの事情も併せ考慮すると、被控訴人の本訴請求は、社会通念上許容し難い、権利の濫用ないし信義則違反として許されないものと

第4章　銀行等の取引と一般法理をめぐる裁判例

いわざるを得ない。」

●**事案の特徴**

この事案は、農業協同組合（農協）の代表者の依頼に応じて組合員が融資枠の名義貸しを承諾したところ、農協が融資枠を利用して名義借人に融資を行い、名義貸人に対して貸金の返還を請求した控訴審の事件である（第一審判決は名義貸人に対する貸金の返還請求を認容している）。この事案は、農協の代表者が組合員に融資枠の名義貸しを依頼したこと、依頼は強い説得によってされたこと、組合員が名義貸しを承諾したこと、農協が名義借人に融資を行ったこと、農協が名義貸人に対して貸金の返済を請求したこと、名義貸人が抗弁として信義則違反、権利の濫用を主張したことに特徴がある。

●**判決の意義**

この判決は、農協の名義借人との対応が甘かったこと、名義貸人との対応は名義貸人の気弱さ、立場の弱さに乗じて、次第に強硬に支払を求め、何ら譲歩の姿勢もみせず、訴訟を提起したこと、農協が本来各組合員に対して公正・公平な態度で臨むべき公的な性格の強い組織であること等の事情から、農協の貸金の返還請求が社会通念上許容し難い、権利の濫用ないし信義則違反として許されないとしたことに特徴がある。

この判決は、金融機関である農協の貸金の返還請求が権利の濫用、信義則違反として許されないとした事例判断として参考になるものである。この判決は、見方を変えると、実質的には、融資の経緯、返済の事情を考慮し、農協の貸金返還請求の場面で貸し手責任の法理を適用した事例として評価することも可能であろう。

この判決の第一審判決である福島地会津若松支判平成7・8・29判タ997号213頁は、「以上から、被告は野中に又貸しするために、原告から借り入れをしたと認める」と判示し、又貸しを認め、名義貸しを否定する判断を示している。

3 裁判例の紹介

（4－3）銀行の根抵当権設定契約につき意思能力欠如による無効が認められた事例［東京地判平成10・7・30金法1539号79頁］

●事案の概要●

　高齢者Xは、平成4年8月、多発性脳梗塞で入院し、高度の老人性痴呆症状が出るようになっていたところ、同年9月、銀行業を営むY株式会社（株式会社あさひ銀行）の従業員がX所有不動産につき根抵当権を設定してもらうため、Xの自宅に赴き、根抵当権設定契約書に署名を得、Xの同居人Bがその余の記載事項を代筆して契約書を作成し、登記を経由したものの、平成9年、XがYに対して根抵当権設定登記の抹消登記手続を請求したものである。この判決は、Xが契約当時意思能力を欠いていたことを認め、請求を認容した。

●判決内容

「3　鑑定の結果によれば、鑑定人加澤鉄士は、原告の平成4年9月30日当時の意思能力について、原告の病歴、診察結果及び考察に基き、多発性脳梗塞の結果、かなり高度の痴呆症状があり、財産管理処分能力はなかったものと推測されると鑑定したこと、及び、右鑑定意見には簡単な日常会話の中では痴呆症状に気づかれなかった可能性も考えられると付記されたことが認められる。
4　以上によれば、原告は、本件根抵当権設定契約当時、意思能力を欠いていたものというのが相当である。」

●事案の特徴

　この事案は、痴呆症状が出るようになっていた高齢者が銀行と根抵当権設定契約を締結した後、意思能力の欠如を理由に根抵当権設定登記の抹消登記手続を請求した事件である。この事案は、銀行と高齢者との間の担保取引が問題になったこと、高齢者が銀行のために根抵当権を設定したこと、取引当時、高齢者は痴呆症状が出ていたこと、意思能力の欠如の有無が問題になったこと、意思能力の欠如による契約の無効が問題になったことに特徴がある。

●判決の意義

　この判決は、根抵当権設定当時、設定者である高齢者が高度の痴呆症状が

あり、財産管理処分能力がなかったと推測し、意思能力を欠いていることを認めたものであり、意思能力の欠如を理由に根抵当権設定契約を無効とした事例判断を提供するものである。この事案では、銀行の従業員が高齢者と面談し、高齢者の署名を得たものであり、相当程度の注意を払っていれば、高齢者の意思能力に相当の疑問を抱くことができたということができ、銀行の従業員の契約締結への対応に問題があったものである。

高齢社会は、現在、急激に進行中であり、金融機関にとって高齢者を取引の相手方とする取引は今後さらに増加することになるが、高齢者との取引には意思能力の確認の観点からも相当に慎重な配慮が必要になることが多いであろう。

〔4-4〕銀行の割引債の担保による継続的で多額の融資につき信義則違反、不法行為責任が否定された事例［大阪地判平成11・3・4判時1705号100頁、判タ1025号209頁］

●事案の概要●

料亭の経営者であるAは、銀行業を営むY_1株式会社（株式会社日本興業銀行）とY_2株式会社（興銀ファイナンス株式会社）から、Y_1が発行する割引債を担保として融資を受ける取引を継続的に行っていたところ、融資の利息が割引債の利息を上回っていたため、損失を受けたことから、Aが破産宣告を受け、破産管財人に選任されたXがYに対して不法行為に基づき損害賠償等を請求したものである。この判決は、取引が全く合理性がないとはいえないとし、不法行為を否定する等して、請求を棄却した。

●判決内容

「1 融資の必要性・合理性については、第一次的には、借主が自ら判断すべきであり、また、それが可能であるのが通常であることに加え、借主は、客観的には融資を受ける必要性・合理性がないことを知りながら、あえてそのような行動に出る

自由をも有しているのであるから、当該融資が、客観的見地からは借主にとって必要性・合理性を有しないものであったとしても、当該融資に至る過程において、貸主が借主の自己決定権を実質的に侵害し、それが融資取引関係における信義則に反すると認められるような特段の事情がない限り、貸主がこれについて不法行為責任を負うことはないというべきである。そして、右特段の事情としては、貸主が、当該融資が借主に何らの経済的利益をもたらさない不合理なものであることを知りながら、自らが不当な利益を得る目的で融資をしたというだけでは足りず、さらに、貸主が、借主の経済的合理性に関する判断を誤らせるような行為を積極的にし、借主に対する取引上の優越的地位に乗じて、借主が融資を拒絶することを著しく困難にし、又は、借主が経済的合理性に関する正常な判断能力を有しないことを知りながら、これに乗じたなどの事情が存在する場合でなければならない。

　原告が指摘するように、貸金業法には、『貸金業者は、資金需要者である顧客又は保証人となろうとする者の資力又は信用、借入れの状況、返済計画等について調査し、その者の返済能力を超えると認められる貸付けの契約を締結してはならない。』（13条）との規定があるが、貸金業法は、貸金業者が、顧客等に対する経済的優位性を利用して、主として高金利での貸付け等により、自らが過大な利益を追求する一方で、顧客等の経済的破たんを招く事例が少なくなかった状況にかんがみ、貸金業者の事業に対し必要な規制を行うことによって、資金需要者等の利益の保護を図るとともに、国民経済の適切な運営に資することを目的とする（同法1条参照）いわゆる行政法規に属し、右13条違反の行為に対する罰則はなく、一定の高金利による融資について『出資の受入れ、預り金及び金利等の取締りに関する法律』に定める罰則の適用があるにすぎないことにかんがみると、右13条はいわゆる訓示規定であって、右13条に反する融資が、直ちに私法上も違法と評価され、顧客等に対する不法行為を構成すると即断することはできず、前記特段の事情に当たるような場合に限って、不法行為を構成することがあり得るというべきである。
　……

(2)　ワリコーを担保にした融資が長期間継続する場合に限ってみると、通常は、借主に逆ざや相当分の損失が生じるものであり（金利情勢が急激に変化したような場合には、一定の局面で逆ざやを生じないことも考えられるが、破産者と被告興銀との取引の全期間を通じて、そのような局面が生じたことはない。）、その金利の面だけからいえば、経済的な合理性が肯定しにくい性質の取引であるといえる。

　しかし、破産者が、自らは格別の生産手段を持たないにもかかわらず、多額の資産を形成した過程は、株価の上昇局面において、極めて高額の借入れとそれによって得た資金に基づく株式投資等によって形成されたものであり、破産者の一存で、極めて多額の取引が即座に成立することを外部に示すことで、破産者の資金力についての虚像が膨らみ、さらに取引額の増加が容易になるという関係があったといえる。破産者が、数百億円単位の資金を自由に操っていたのは、破産者の取引総額が

303

数千億円にも上るというスケールメリットがあったためであると考えられる。そのようなスケールメリットを発揮するためには、それに見合った信用力がなければならないが、被告興銀と極めて高額の取引実績を有することは、破産者の信用力についての虚像を作出する上で、重要な意味合いを持っていた。また、破産者は、鈴木が、破産者の資金需要に即座に応じてくれることで、鈴木及び被告興銀に頼るようになったとも供述するが、鈴木が破産者の資金需要に即座に応じていたのは、破産者が被告興銀と多額の取引をする顧客であったからにほかならない。破産者は、鈴木の勧めるような取引を継続することによって、いざというときには被告興銀が、破産者の資金需要に即座に応じてくれるという安心感を抱くことができたのであり、破産者にとっては、そのような安心感を抱くこと自体が利益であったともいえる。

　被告興銀との取引において、融資利息とワリコーの利息との間に多少の逆ざやが生じたとしても、破産者が極めて高額のワリコーを所持し続けることには、右のような重要な意味があったのであり、経済行動としては合理性がないとはいえない。

　これらの点からすると、本件融資が、破産者にとって、全く経済的合理性がなかったわけではないというべきである。

　……

　このような経過に照らすと、被告興銀の担当者らが、当初の取引規模の拡大時期においては、ワリコー購入等の働き掛けをした事実はあったと思われるが、その場合にも、それが破産者の自由意思を侵害するような態様で行われたと認めるべき証拠はない。そして、被告興銀が、取引額の縮小を望むようになって以後は、被告興銀から融資の増額を働き掛けるようなことはなく、せいぜい従前の融資を借換えにより継続することが行われていたにすぎないと認められる。

　このような点からすると、被告興銀からのワリコー担保の融資取引は、破産者自身の判断の結果であったということができ、被告興銀ないしその担当者らには、自らの利益の享受から安易に取引額を拡大していった点について非難すべき面がうかがえるとしても、破産者の自己決定権を侵害するなど取引上の信義則に反する特段の事情が存在するとは認められない。

(4)　以上によれば、被告興銀の破産者に対するワリコーを担保とした融資は、破産者に対する不法行為には当たらないというべきである。」

　判例評釈として、伊藤由紀子・判タ1065号106頁がある。

●事案の特徴

　この事案は、料亭を経営する個人が銀行、銀行の関連会社であるノンバンクから銀行の割引債を担保として提供し、継続的に多額の融資を受けていたところ、融資の利息が割引債の利息を上回っていたため、個人が破産宣告を受けた後、破産管財人が銀行等に対して信義則に反する等と主張し、不法行

為に基づき損害賠償を請求した事件である（背景となる事件は、マスコミで報道された著名な事件である）。この事案は、顧客の破産管財人が銀行等の不法行為責任の根拠として信義則違反を主張したことに特徴がある。なお、この事案は、銀行等の貸付に付随する義務（第3章）にも関係するものである。

● 判決の意義

　この判決は、借主は、融資が客観的見地からは借主にとって必要性・合理性を有しないものであったとしても、当該融資に至る過程において、貸主が借主の自己決定権を実質的に侵害し、融資取引関係における信義則に反すると認められる特段の事情がない限り、貸主が不法行為責任を負わないとしたこと、特段の事情としては、貸主が、当該融資が借主に何らの経済的利益をもたらさない不合理なものであることを知りながら、自らが不当な利益を得る目的で融資をしたというだけでは足りず、貸主が、借主の経済的合理性に関する判断を誤らせるような行為を積極的にし、借主に対する取引上の優越的地位に乗じて、借主が融資を拒絶することを著しく困難にし、または、借主が経済的合理性に関する正常な判断能力を有しないことを知りながら、これに乗じたなどの事情が存在する場合でなければならないとしたこと、この事案では銀行等の信義則違反を否定したことに特徴があり、銀行等の融資につき信義則違反を否定した事例判断を提供するものである。この判決は、この事案では銀行の不法行為を否定したものであるが、理論的に、銀行が融資の顧客の自己決定権を侵害し、融資取引関係における信義則に反すると認められる特段の事情がある場合には、不法行為責任を負うことがあるとしたものであり（この判決の提示する特段の事情については、今後の議論が必要であろう）、融資に関する銀行の信義則違反による不法行為責任を認めるものである。

〔4－5〕銀行の貸金返還請求につき物的有限責任の抗弁が排斥された事例
［東京地判平成12・4・28金判1103号32頁］

●事案の概要●

　Aの相続人Yらは、銀行業を営むB株式会社（株式会社富士銀行）から相続税の支払等のために6億円余の融資を受け、当時の時価約16億円の不動産に根抵当権を設定したが、バブル経済の崩壊により不動産価格が下落し、融資額を下回るようになり、不動産を任意売却したところ、融資額が残り、Bが未払貸金債権をX機構（共同債権買取機構）に譲渡し、XがYらに対して貸金の返還を請求したものである。この判決は、Yらの物的有限責任の主張を排斥し、請求を認容した。

●判決内容

「1　抗弁1（物的有限責任）について
　被告らは、本件物件の限度で責任を負担すれば足りると主張する。確かに、……によれば、（一）被告らは、乙川一郎死亡による相続税等を支払うために、富士銀行から本件貸付（6億円）を受けたこと、（二）本件貸付金の支払を担保するため、富士銀行のために、本件物件に根抵当権を設定したことが認められる。
　しかし、前記争いのない事実等に……及び弁論の全趣旨を併せ考慮すると、（一）被告らは、本件貸付金の支払を担保するために、本件物件に根抵当権を設定するだけでなく、個人保証までしていること、（二）富士銀行は、平成5年7月以降、本件物件の担保価値が本件貸付金額を下回るや、被告らに対し、追加担保として箱根の旅館用地を提供するように要求したこと、（三）右要求に対し、被告寛、同泰は、富士銀行に対し、自分の持分については提供する意思があることを明らかにしたこと、（四）被告らは、本件物件を売却して一部弁済した後である、平成9年6月19日に51万2388円、同年8月6日に17万円を本件貸付金に対する弁済の一部として支払っていること、（五）被告らの主張を証する書類は作成されていないことが認められる。
　以上の認定事実、殊に、富士銀行、被告らは、いずれも、本件物件売却後も、本件貸付金の残債権が存在することを前提に、その支払を巡って各種の交渉を重ねていることに鑑みると、抗弁1は到底認められず、右判断を左右するに足りる証拠は存在しない。」

●事案の特徴

　この事案は、個人らが相続税の支払のため、銀行から不動産を担保として

多額の融資を受けたところ、バブル経済の崩壊に伴う不動産価格の下落により、不動産の担保価値が融資額を下回るようになり、不動産を任意売却し、融資を返済したものの、融資額が残り、銀行から融資債権の譲渡を受けた機構が融資の返還を請求したのに対し、個人らが抗弁として物的有限責任を主張した事件である。この事案は、不動産を担保として銀行から融資を受けたこと、不動産価格の下落により不動産の担保価値が融資額を下回ったこと、不動産を任意売却し、融資の返済に充てたものの、融資額が残ったこと、融資の返済請求に対し、物的有限責任を抗弁として主張したことに特徴がある。融資に当たって特定の物件、事業を担保とし、その範囲でのみ融資の返済を求める合意は、契約自由の原則に従って有効に成立するものであり、実際に利用されていることがあるが（ノンリコースローン）、この事案では、これを意識した主張がされたものと推測される。

●判決の意義

　この判決は、物的有限責任の抗弁について、主張自体理由がないものとはせず、事実関係を認定し、実体の判断をし、物的有限責任の抗弁を排斥したものであり、事例判断を提供するものである。

〔4－6〕銀行の従業員による高齢の顧客の預金の無断払戻しにつき銀行の使用者責任、不法行為責任が肯定された事例［東京地判平成13・7・12判時1766号55頁］

　　　　　　　　　　　●事案の概要●

　明治42年生まれで独居生活をしていた高齢者Aは、子供もなく、昭和60年5月に公正証書遺言をし、Xが遺言執行者に指定されたところ（なお、Aは、昭和62年6月、Xに病気の治療等に関する一切の権限、財産の維持・管理に関する一切の権限を委任する委任状を作成した）、Bは、銀行業を営むY株式会社（株式会社東京三菱銀行）の本店個人課の課長代理であった昭和58年4月頃、Aの担当となり、その後、支店の副支店長等を経たが、そのままAの担当を引き継ぎ、Aが歩行困難であり、Y

の本支店の窓口に出掛けて預金の預入れ、払戻し等の手続ができなかったことから、Ａの預金口座の預金通帳、印鑑を預かり、預金の預入れ等の手続を代行して行っていたところ（なお、Ｂの異動に伴って、Ａの預金がＢの異動先の支店に移管された）、Ｂは、Ｃ支店の副支店長であった平成元年５月、遺言により千葉市に寄付されことになっていたＡ所有の土地を、Ａから依頼されたと称して、Ｄに８億8716万円で売却し、Ｃ支店のＡの預金口座に預け入れた後（ほかにも多額の預金があった）、平成元年５月から平成２年４月までの間に、40回にわたり合計約11億786万円の払戻しを受け、本件が発覚した後、Ｙは、Ｂ個人の起こした問題であり、Ｙは、関係がないとの態度をとってきたところ、Ａが、平成３年３月死亡し、Ｘが遺言執行者に就任し、払戻しされた預金のうち約２億7072万円が使途が不明確であったため、一部請求として、Ｙに対して、消費寄託の終了に基づき１億7800万円の払戻しを、使用者責任に基づき同額の損害賠償を請求したものである。この判決は、Ａ名義の預金の払戻しがＡの預金通帳、印鑑を用いてされたことからすれば、Ａの委任に基づくものとして取り扱ったとしても、直ちに無効な行為ではないとし、預金の払戻請求を棄却したが、土地の売却、預金の払戻しがＡの真意に基づく承諾なしにされたものであり、Ｂの不法行為は明らかであるとしたうえ、Ｙの使用者責任の成否について、ＡとＹの取引の経過等の事情を総合すると、ＢによるＡの預金口座からの払戻しはＹの事業の執行についてされたことは明らかであり、むしろＢの行為を看過、黙認したＹ自身につき不法行為が成立するとし、Ｘの請求を認容した。

●**判決内容**

「四(1)　他方、乙山によってなされた本件土地の売却及び上記預金の払戻は、いずれも甲野の真意に基づく承諾なくしてなされたものであるから、これが、不法行為を構成するものであることは明らかである。

3 裁判例の紹介

(2) そこで、このことを前提として、被告の使用者責任について判断する。

前記一及び二の認定事実、……によれば、もともと、被告において、歩行が困難で、被告の本支店の窓口に出掛けることができなかった甲野のために、預金通帳及び印鑑を預かり、預金の受入及び払戻等の手続をしていたことは、被告の銀行としてのサービスの一環としてなされたものであり、しかも、甲野は、乙山個人というよりは、大銀行である被告を信じたが故に、これら預金通帳及び印鑑を預けていたものである。

加えて、上記の各証拠によれば、本来、被告の内規上、印鑑は絶対に預かってはならず、通帳も長期の保管は許されないのであり、乙山自身も、このことを認識していたこと、他方、被告においても、乙山が被告の本店、津田沼支店及び阿佐ヶ谷支店を通じて引き続き甲野を専属的に担当し、甲野からの依頼で預金を払い戻し、これを自宅に届けたりする扱いを承認していたこと、さらに、同阿佐ヶ谷支店においては、標準手続と呼ばれている分掌規定が定められ、このような事務は、通常は取引先第一課で行うべき事務で、むしろ、それを乙山が副支店長として監督する立場にあったもので、副支店長である乙山がこのような事務を行うのは、それ自体業務規定に違反する異例なものであった。また、甲野のように一人暮らしの老人等、店頭まで来て預金の払い戻しができないような場合には、被告においては、現金等届取扱い規定に基づいて、未完処理票を起票し、その分の現金を届け、同時に、預金者から払戻請求書に署名捺印して貰い、その場合、本人の署名捺印を求めることが大原則であり、それを持ち帰って正式処理をする取り扱いになっていた。ところが、本件において、乙山は、その預かっていた通帳を用い、かつ、自ら甲野の署名捺印をして、引き出すとの取扱いをしていたものであり、しかも、その筆跡からしても、乙山が引き下ろしの手続をしていることは容易に判明し得るところであるにもかかわらず、被告において、このような取扱いを看過、黙認していたと認めざるを得ない。

これらの事情を総合すれば、乙山による甲野の預金通帳及び印鑑を用いての本件預金口座からの払戻は、被告の事業の執行についてなされたことは明らかというべきであり、むしろ、このような乙山の重大な内規違反の行為を看過、黙認していた被告自身についても、不法行為が成立するというべきである。」

●**事案の特徴**

この事案は、独居生活をしていた高齢者と取引をしていた銀行の従業員が高齢者の預金通帳、印鑑を保管し（この従業員とこの高齢者との取引関係は、継続的で複雑な関係があるが、異常な取引であり、その概要については判決文参照）、高齢者の承諾なく預金の払戻しをし、高齢者の死亡後、遺言執行者が銀行に対して使用者責任に基づき損害賠償を請求する等した事件である。こ

の事案は、多額の資産を有する高齢者と銀行の取引が問題になったこと、銀行の担当従業員が高齢者の預金通帳、印鑑を保管していたこと、銀行の担当従業員が支店を異動した後も長年にわたってこの高齢者を担当したこと、銀行の担当従業員が高齢者の承諾なく多額の預金の払戻しを受けたこと、多額の使途不明金が生じたこと、高齢者が死亡し、遺言執行者が銀行に対して使用者責任等を追及したことに特徴がある。この事案は銀行の取引としては不可解なものであるとともに、長年このような取引が放置されてきたことも不思議である。

●**判決の意義**

　この判決は、銀行の従業員の不法行為責任を認めたうえ、銀行の使用者責任を認めただけでなく、従業員の不法行為を看過、黙認していた銀行自身についても、不法行為が成立するとし、銀行自体の不法行為も認めたものであり、重要な事例判断として参考になるものである。

　この判決は、銀行の従業員の高齢者に対する不法行為を看過、黙認した銀行の事業の遂行を厳しく糾弾したものであるが、高齢者との取引に伴う銀行のコンプライアンス違反の重大性を考慮すると、当然の判断というべきであろう。

　この事案のような悪質な事件が発生する可能性は一応低いということができるが、発生の可能性が残っており、高齢社会の進行状況、高齢者の資産の保有状況、銀行における従業員に対するさまざまなノルマの実情を考慮すると、高齢者との取引に伴って不正取引、不当取引の事案発生のリスクは相当にあるというべきであろう。資産を有する高齢者が銀行との取引に伴って悪質な従業員の犠牲になったというのが、この事案の本質であるが、銀行のリスク管理の実態の甘さも指摘されるものである。

〔4－7〕 銀行の外国人による住宅ローンの申込み拒絶につき不法行為責任が否定された事例［東京地判平成13・11・12判時1789号96頁、判タ1087号109頁、金判1134号40頁］

●事案の概要●

　米国籍のジャーナリストXは、平成2年以降、報道を在留資格として日本に滞在し、日本人と結婚したことから、国内でマンションを購入することとし、銀行業を営むY株式会社（株式会社あさひ銀行）に住宅ローンを申し込んだところ、Yが永住資格を有しないことから申込みを拒絶したため、XがYに対して不法行為に基づき損害賠償を請求したものである。この判決は、申込みの拒絶に合理的理由があるとし、請求を棄却した。

●判決内容

　「(1)　原告は、被告の前記行為が憲法14条1項の規定に違反するので、不法行為に当たる旨主張するところ、法の下における平等の原則を定めた憲法14条1項の趣旨は、特段の事情の認められない限り、外国人に対しても類推されるべきものと解すべきであるが（最高裁昭和37年(あ)第927号同39年11月18日大法廷判決・刑集18巻9号579頁参照）、憲法14条1項の規定は、国又は公共団体の統治行動に対して個人の平等を保障することを目的とするものであり、もっぱら国又は公共団体と個人との関係を規律するものであって、私人相互の関係を直接規律することを予定するものではないから、私人相互の関係に適用又は類推適用されるものではなく、その趣旨は、私的自治の原則との調和を図りつつ、民法709条など個別の実体法規の解釈適用を通じて実現されるべきである。そして、憲法は、14条1項において法の下の平等を保障すると同時に、他方、22条、29条等において、財産権の行使などの経済活動の自由をも基本的人権として保障しており、企業者である銀行も、その経済活動の一環として契約締結の自由を有し、自己の営業のためにローン契約を締結するに当たり、いかなる者と、いかなる条件の下にこれを締結するか否かについて、法律その他の特別の制限がない限り、原則として自由にこれを決定することができるのであって、被告が、特定の者とローン契約を締結することを拒否したとしても、それを当然に違法とすることはできないと解すべきである（最高裁昭和43年(オ)第932号同48年12月12日大法廷判決・民集27巻11号1536頁参照）。

　しかし、被告の前記行為が、このような契約締結の自由を有することを考慮して

も、なお、憲法14条1項の規定の趣旨に照らし、合理的理由を欠き、社会的に許容し得る範囲を超えて、原告の法的利益を侵害すると認められる場合には、民法上の不法行為に当たると解すべきであるので、被告の前記行為に合理的理由があるか否かを検討する。

入管法は、永住資格以外の在留資格に伴う在留期間は、3年を超えることはできないものと定め（2条の2第3項）、その在留期間の更新は、在留期間の更新を適当と認めるに足りる相当の理由があるときに限り許可され（21条3項）、在留期間の更新又は変更を受けないで本邦に残留する外国人については、退去を強制することができる（24条4号ロ）旨定めているのであるから、永住資格のない外国人は、最長3年間の在留期間の経過後については、本邦に残留することができるか否か不確実な法的地位にあるといえる。

そして、住宅ローンは、前判示のように、その性質上、弁済期間が、通常、前記の在留期間を相当大幅に超える長期間にわたらざるを得ないところ、仮に、弁済期間中債務完済前に貸付対象者が本邦を退去せざるを得なくなるとすれば、本邦内に物的担保及び人的担保があるとしても、その債権管理及び債権回収に要する費用、時間、労力が、貸付対象者が本邦内に在留する場合よりも多大なものにならざるを得ない。そのうえ、前判示のように、住宅ローンが、企業向け貸付に比較して、貸付金額が少額である反面、他の消費者金融より利率を低く抑え、返済期間を長期間に設定するため、被告が私企業としてこれにより十分な利益を上げ、採算を取るためには、契約事務費、債権管理及び債権回収に要する費用、経費、労力をできるだけ低額に抑えるとともに、大量の住宅ローンを取り扱う必要があって、そのためには、融資の条件を定型化する必要性の高いことが認められる。

そして、これらの点は、貸付対象者が前記の期間経過後本邦に在住するか否か不確実な地位にありさえすれば、必ずしも日本国籍を有するか否かで異なるものではなく、被告は、永住資格のある外国人については、住宅ローンの申込みを認める反面、融資申込者が日本人であっても、日本国内に永続的に居住する予定のない場合には住宅ローン融資を拒絶しており、ローン事務取扱を定めた規定において、申込者が外国人であることを唯一の理由としてローンの申込みを拒絶してはならないと定め、融資申込者が日本人であっても、海外転勤等で外国に勤務している者に対しては、原則として、ローン貸出の取扱いをしない旨定めていたことは前判示のとおりである。

以上判示の点に、永住資格の有無は基準として客観的かつ明白で、その適用に恣意の作用する余地はなく、被告が私企業として住宅ローンにより十分な利益を上げ、採算を取る目的を達成する方法として合理性に欠けるものでないことを考え併せれば、被告が原告に永住資格がないことを理由として住宅ローンの申込みを受け付けなかったことには、合理的理由があるものと認められ、住宅金融公庫を除く他の複数の金融機関において、永住資格を住宅ローンの申込みの要件とはしていないこと

(……) も、この認定判断を左右するに足りるものではない。
　したがって、被告の前記行為が憲法14条1項に違反し、不法行為に当たる旨の原告の主張は、採用することができない。」

● 事案の特徴
　この事案は、銀行が永住資格を有しない外国人の住宅ローンの申込みを拒絶し、外国人が銀行に対して不法行為に基づき損害賠償を請求した事件である。この事案は、外国人と銀行との貸付取引が問題になったこと、銀行が永住資格のない外国人との住宅ローン契約の締結を拒否したこと、銀行において永住資格を有しない外国人に関するローン取扱規定を定めていたこと、銀行による外国人に対する差別取扱い（憲法14条1項参照）が問題になったこと、銀行の不法行為責任が問題になったことに特徴がある。

● 判決の意義
　この判決は、法の下における平等の原則を定めた憲法14条1項の趣旨は、特段の事情の認められない限り、外国人に対しても類推されるとしたこと、憲法14条1項の規定は、私人相互の関係を直接規律することを予定するものではなく、私人相互の関係に適用または類推適用されるものではなく、その趣旨は、私的自治の原則との調和を図りつつ、民法709条など個別の実体法規の解釈適用を通じて実現されるべきであるとしたこと、企業者である銀行も、経済活動の一環として契約締結の自由を有し、自己の営業のためにローン契約を締結するに当たり、いかなる者と、いかなる条件の下にこれを締結するか否かについて、法律その他の特別の制限がない限り、原則として自由にこれを決定することができ、特定の者とローン契約を締結することを拒否したとしても、それを当然に違法とすることはできないとしたこと、契約締結の自由を有することを考慮しても、憲法14条1項の規定の趣旨に照らし、合理的理由を欠き、社会的に許容し得る範囲を超えて、外国人の法的利益を侵害すると認められる場合には、民法上の不法行為に当たると解すべきであるとしたこと、この事案では住宅ローンの内容等を考慮し、住宅ローン契約の締結を拒否することに合理的理由があるとし、銀行の不法行為を否定した

ことに特徴がある。この判決は、まず、憲法14条1項と私人間の法律関係につき判例に従った判断を示し、住宅ローン契約の締結について、契約自由の原則を踏まえ、例外的に合理的な理由を欠く契約締結の拒否が不法行為を構成するとの法理を提示したものであり、議論はあるが、先例の少ない分野の法律問題につき一つの見解を示したものとして参考になる。

　日本社会は、国際化が急激に進行しているところであり、金融機関にとっても、他の企業にとっても、外国人との取引が不可欠になり、取引数も激増している状況にあり、この事案のような問題は多発するものと予想され、この判決はこの事案を前提としつつも、一つの見解を提示したものとして参考になる。また、この判決は、永住資格のない外国人との住宅ローン契約の締結の銀行における基準の内容、住宅ローンの内容・特質を考慮し、永住資格のない外国人との住宅ローン契約の締結を拒否したとしても、外国人であることのみを理由とするものではなく、合理的理由があるとし、銀行の不法行為を否定したものであり、事例判断として参考になるものである。

　なお、この判決が引用している最大判昭和48・12・12民集27巻11号1536頁、判時724号18頁、判タ302号112頁は、憲法14条等と私人間の法律関係等が問題になった事案について、

「(一) しかしながら、憲法の右各規定は、同法第三章のその他の自由権的基本権の保障規定と同じく、国または公共団体の統治行動に対して個人の基本的な自由と平等を保障する目的に出たもので、もっぱら国または公共団体と個人との関係を規律するものであり、私人相互の関係を直接規律することを予定するものではない。このことは、基本的人権なる観念の成立および発展の歴史的沿革に徴し、かつ、憲法における基本権規定の形式、内容にかんがみても明らかである。のみならず、これらの規定の定める個人の自由や平等は、国や公共団体の統治行動に対する関係においてこそ、侵されることのない権利として保障されるべき性質のものであるけれども、私人間の関係においては、各人の有する自由と平等の権利自体が具体的場合に相互に矛盾、対立する可能性があり、このような場合におけるその対立の調整は、近代自由社会においては、原則として私的自治に委ねられ、ただ、一方の他方に対する侵害の態様、程度が社会的に許容しうる一定の限界を超える場合にのみ、法がこれに介入しその間の調整をはかるという建前がとられているのであつて、この点において国または公共団体と個人との関係の場合とは

おのずから別個の観点からの考慮を必要とし、後者についての憲法上の基本権保障規定をそのまま私人相互間の関係についても適用ないしは類推適用すべきものとすることは、決して当をえた解釈ということはできないのである。
(二) もつとも、私人間の関係においても、相互の社会的力関係の相違から、一方が他方に優越し、事実上後者が前者の意思に服従せざるをえない場合があり、このような場合に私的自治の名の下に優位者の支配力を無制限に認めるときは、劣位者の自由や平等を著しく侵害または制限することとなるおそれがあることは否み難いが、そのためにこのような場合に限り憲法の基本権保障規定の適用ないしは類推適用を認めるべきであるとする見解もまた、採用することはできない。何となれば右のような事実上の支配関係なるものは、その支配力の態様、程度、規模等においてさまざまであり、どのような場合にこれを国または公共団体の支配と同視すべきかの判定が困難であるばかりでなく、一方が権力の法的独占の上に立つて行なわれるものであるのに対し、他方はこのような裏付けないしは基礎を欠く単なる社会的事実としての力の優劣の関係にすぎず、その間に画然たる性質上の区別が存するからである。すなわち、私的支配関係においては、個人の基本的な自由や平等に対する具体的な侵害またはそのおそれがあり、その態様、程度が社会的に許容しうる限度を超えるときは、これに対する立法措置によつてその是正を図ることが可能であるし、また、場合によつては、私的自治に対する一般的制限規定である民法1条、90条や不法行為に関する諸規定等の適切な運用によつて、一面で私的自治の原則を尊重しながら、他面で社会的許容性の限度を超える侵害に対し基本的な自由や平等の利益を保護し、その間の適切な調整を図る方途も存するのである。そしてこの場合、個人の基本的な自由や平等を極めて重要な法益として尊重すべきことは当然であるが、これを絶対視することも許されず、統治行動の場合と同一の基準や観念によつてこれを律することができないことは、論をまたないところである。
(三) ところで、憲法は、思想、信条の自由や法の下の平等を保障すると同時に、他方、22条、29条等において、財産権の行使、営業その他広く経済活動の自由をも基本的人権として保障している。それゆえ、企業者は、かような経済活動の一環としてする契約締結の自由を有し、自己の営業のために労働者を雇傭するにあたり、いかなる者を雇い入れるか、いかなる条件でこれを雇うかについて、法律その他による特別の制限がない限り、原則として自由にこれを決定することができるのであつて、企業者が特定の思想、信条を有する者をそのゆえをもつて雇い入れることを拒んでも、それを当然に違法とすることはできないのである。憲法14条の規定が私人のこのような行為を直接禁止するものでないことは前記のとおりであり、また、労働基準法3条は労働者の信条によつて賃金その他の労働条件につき差別することを禁じているが、これは、雇入れ後における労働条件についての制限であつて、雇入れそのものを制約する規定ではない。また、思想、信条

を理由とする雇入れの拒否を直ちに民法上の不法行為とすることができないことは明らかであり、その他これを公序良俗違反と解すべき根拠も見出すことはできない。」
などと判示しているところであり（判例評釈として、阿部照哉・民商71巻5号927頁、判時724号6頁、秋田英夫・判時724号3頁、田口精一・判時724号9頁、川井健・判時724号12頁、佐藤昭夫・判時724号15頁、川添利幸ほか・判評181号2頁、山口浩一郎・判夕306号11頁等がある）、今後、この判例が引用される機会が増加するものと予想される。

（4-8）銀行のカードローンにつき貸し手責任、説明義務違反、権利の濫用が否定された事例［東京地判平成14・9・6金法1682号174頁］

●事案の概要●

　Yは、視力障害者（第1級）であるが、平成3年12月、銀行業を営むA株式会社（株式会社茨城銀行）と貸越極度額30万円とするカードローン契約を締結し、X株式会社に保証委託し、Xが保証をしていたところ、Yの妻BがYのカードを利用して金銭を借り入れ、完済されたことがあり、平成11年11月、カードの喪失届出をし、新たなカード（本件カード）の交付を受け、暗証番号も変更したところ、Bが本件カードを利用して多数回にわたって金銭を借り受けたため、XがAに代位弁済し、Yに対して求償金の支払を請求したものである（YとBは、その後離婚した）。この判決は、YとBが同行して本件カードの交付手続をしたことから、Yに責任がないとはいえないとし、Yが重度の視力障害者であることを考慮しても、Aに貸し手責任、説明義務違反があったとは認められず、権利の濫用も認められないとし、請求を認容した。

●判決内容

　「すなわち、前記の事実経過からみれば、甲田花子は平成11年11月2日に被告と同道して訴外銀行旭支店に赴き、カード喪失届や暗証届の作成に立ち会ったと認められる。そして、被告は、視力障害者であるから、書類作成などに甲田花子の助けが

必要で、この過程で甲田花子が新しいカードの暗証番号を知ったものと推認される。しかし、新番号による新カードは被告宛に書留で送られているのであるから、管理責任は被告自身にあり、被告が本件カードローン契約を締結し、平成11年11月2日に自ら訴外銀行旭支店に赴き、喪失届や暗証届の書類を作成提出している以上、その後甲田花子が新カードを被告の了承なく持ち出して借入を行ったとしても、それは被告のカード管理責任の範囲内というべきであって、被告が重度の視力障害者であることを考慮しても、被告に責任がないとはいえない。

なお、被告が秋山弁護士にあてた手紙（……）によると、被告は多数回にわたって甲田花子から暴行を受けたり、金を無断で持ち出されたりした事実が認められるところ、そのような甲田花子の行動傾向、カードを無断使用された場合の危険性を考えれば、被告が視力障害1級の障害を有していたとしても、被告自身としてカードや通帳類を銀行又は信頼できる人物に預けるなどして防御策を講ずべきであったし、それが特に困難であったとの事情は本件証拠上窺うことはできない。

(3) 要するに、本件では、被告自身が甲田花子が新カードによる借入ができる状況を作り出しているのであり、全くの他人がカードを盗んで用いたり、詐欺又は強迫により本人からカードの暗証番号を聞き出し、そのカードを利用して本人名義で借入を行ったというようなケースとは事案の趣を異にするものである。

そうすると、平成11年11月以降の借入は被告に責任が及ばないとの被告の主張は採用することができない。

3 被告主張にかかる、訴外銀行の貸手責任（権利濫用）の主張について

被告の上記主張は認めることができない。仮に、本件カードローン契約締結に際し、訴外銀行側が強く働きかけた事実があったとしても結局のところ、被告が任意に契約締結を決定していると認められる以上、そのことから当然に、訴外銀行が契約締結を被告に押しつけたと認めることはできないし、ローン極度額変更に関し訴外銀行に説明義務違反があったとも認めるに足りない。

また、被告は平成11年11月2日に訴外銀行に行ったことはないと主張するが、その理由のないことは前記認定のとおりであり、その他の平成11年11月以降の借入金額、借入態様、その借入態様がそれ以前の取引実績とはかなり様相を異にしていること、被告が重度の視力障害者であること等を考慮しても、訴外銀行に貸手責任、説明義務違反があったとは認められず、原告の本訴請求が権利の濫用を相当とするような事情は本件証拠上認めることはできない。」

● 事案の特徴

この事案は、重度の視力障害者が銀行とカードローン契約を締結し、保証会社に保証委託をし、連帯保証がされ、カードの交付を受けたところ、妻がカードを無断使用し、借入を繰り返し、保証会社が銀行に代位弁済をした

後、個人に対して求償を請求し、個人が貸し手責任、権利の濫用、説明義務違反を抗弁として主張した事件である（なお、この事案では、貸し手責任の主張は、実質的には権利の濫用として主張されている）。この事案では、銀行が重度の視力障害者との間でカードローン契約を締結し、カードを交付したこと、視力障害者の妻がカードを無断使用したこと、保証会社が銀行に代位弁済し、視力障害者に対して求償権を行使したこと、視力障害者が貸し手責任、権利の濫用、説明義務違反を抗弁として主張したことに特徴がある。

●判決の意義

この判決は、貸し手責任、権利の濫用、説明義務違反の抗弁を排斥したものであり、事例判断を提供するものであるが、視力障害の程度によっては、銀行がカードローン契約を締結し、カードを交付すること自体が問題になり得るものである。この判決は、視力障害者との取引一般に適用されるべきではなく、個々の顧客の視力障害の程度を審査し、取引に応じるべきかどうか、取引事故が発生したときのリスクは銀行が負うべきかを検討することが必要であろう。

（4－9）銀行等の違法な取引を行う業者に関する調査義務違反による不法行為責任が否定された事例［大阪地判平成16・1・19判時1847号44頁］

●事案の概要●

Xらが高金利の金融業者Aらから借入をし、弁済のために振り出した小切手等につき不渡り処分を免れるため、異議申立預託金の預託を行うことを余儀なくされたと主張し、Aらが預金口座を開設していた銀行業を営むY₁株式会社、Y₂株式会社ら（株式会社ユーエフジェイ銀行、株式会社りそな銀行、株式会社東京三菱銀行、株式会社近畿大阪銀行、株式会社みなと銀行、旭川信用金庫）において違法な取引を行う業者の調査をし、口座凍結等の適切な措置を講ずるべきであったとし、Y₁らに対して不法行為に基づき損害賠償を請求したものである。この判決は、Y₁らにおいて口座名義人の取立委任が疑わしい取引に該当するかどうかを

調査すべき義務を負うとは認められない等とし、請求を棄却した。

● 判決内容

「(2) 被告らにおける前記一般的処理は、小切手等の迅速、正確な決済を目的とするものであるところ、本件において、被告らは、本件口座名義人に関し特定の口座管理担当者を置くことなく、前記の一般的な処理手順に従って本件小切手等の取立手続を行っていたものと認められる。さらに、前記前提となる事実によれば、原告らは、被告らに対し、本件口座名義人の調査や取立委任支払委託を受けることの拒否を要請するなどしたことはなく、平成14年3月当時において、本件口座名義人は、被告らとの関係では、無数に存在する一般口座名義人ないし手形等取立委任者の一人にすぎないものであって、仮に被告らにおいて、取立委任事務が違法な取立行為に利用される可能性があることを認識し得たとしても、それは全く具体性のない一般的抽象的可能性を認識し得たにすぎないというべきである。そして、このような事情の下において、被告らに本件小切手等及び本件口座名義人の特徴を調査、検討する義務を負わせることは、結局、被告らに対し、小切手等の取立委任を受けるすべての場合において、小切手等及び本件口座名義人の特徴等実質的事項の調査義務を課すことにほかならず、小切手等の迅速、正確な決済という金融機関の本来的業務を著しく阻害するものであり相当でないというべきである。

(3) 原告らは、組織的犯罪処罰法の趣旨等に照らし、被告らは、本件口座名義人の取立委任が疑わしい取引に該当するか否かについて調査する義務を負っていた旨主張する。

たしかに、組織的犯罪処罰法54条1項は、金融機関に対し、業務上収受した財産が犯罪収益等の疑いがある場合（疑わしい取引である場合）には、速やかに、政令で定める事項を主務大臣に届け出なければならない旨規定しており、また、……によれば、平成14年3月当時、手形等の決済制度を利用した違法金融業者が世間に存在することそれ自体は、一般に認知された事実であったことが認められるのであって、同条の趣旨にかんがみると、高い公共的性格を有する金融機関においては、本件当時において、組織的犯罪の取締り、資金洗浄の防止等、犯罪行為の防止、摘発等に関し、一定の社会的役割を果たすことが要請されていたと認められる。

しかしながら、他方において、小切手等は様々な経済活動の決済手段として社会一般に広く使用されており、小切手等の決済に関する金融機関の本来的業務が、社会経済活動の円滑に資するべく、このような大量の小切手等の迅速かつ正確な処理にあることは論を待たないところであり、組織的犯罪処罰法54条1項も、金融機関に対し、小切手等の迅速かつ正確な決済とは別個独立に、疑わしい取引であるか否かの調査義務を課するものではないと解される。

したがって、組織的犯罪処罰法等の趣旨によっても、被告らに、原告ら主張の小

切手等の形式的記載事項以外について調査すべき義務が当然に発生するものではなく、関係者からの要請があった場合や取引の過程において異常を察知した場合などの特段の事情が認められる場合において、疑わしい取引であるかどうか等につき判断を行うべく、当該小切手等の実質的な事項について調査すべき義務を生じるものというべきである。しかるところ、本件において、後記のとおり、被告りそなを除くその余の被告らについては、原告主張の調査を実施すべき特段の事情は、これを認める余地がないのであるから、原告主張の調査義務は認めらる(ママ)ことはできないというべきである。」

●事案の特徴

この事案は、高利の金融業者らから小切手等を交付して金銭を借り受けた者らが不渡り処分を回避するため、異議申立預託金を預託したため、銀行等に対して口座凍結等の適切な措置を講ずる義務、調査義務の違反を主張し、不法行為に基づき損害賠償を請求した事件である。この事案は、銀行等と小切手等の決済取引が問題になったこと、小切手等を振り出した債務者らが銀行が違法な取立等を調査すべき義務等を主張したこと、借主らが銀行の調査義務の根拠として組織的な犯罪の処罰及び犯罪収益の規制等に関する法律（組織的犯罪処罰法）54条1項を主張したこと、銀行の不法行為責任が問題になったことに特徴がある。この事案では、借主らの主張する損失を回避するには、借主らが高利の金融業者との取引を拒絶するか、小切手等の振出し、交付を拒絶するかをすれば足りるものであり、決済手段として利用されている当座口座取引に関する調査等は、不正な取引の防止には実効的ではないし、そのための膨大な負担が強いられるものである。

●判決の意義

この判決は、銀行に小切手等、口座名義人の特徴を調査、検討する義務を負わせることは、小切手等の迅速、正確な決済という金融機関の本来的業務を著しく阻害するものであり相当でないとしたこと、組織的犯罪処罰法54条1項は、金融機関に対して、小切手等の迅速かつ正確な決済とは別個独立に、疑わしい取引であるか否かの調査義務を課するものではないとしたことに特徴があり、理論的に当然の判断を示したものである。

金融機関の提供するさまざまなサービスが不正な取引に利用される事例が増加しているが（おれおれ詐欺、振り込め詐欺などは金融機関の預金口座が不正に利用される典型的な不正取引であり、数年前からその防止策が積極的に講じられているにもかかわらず、その増減を繰り返し、防止策の効果が一時的なものになっているようである）、このような場合について金融機関が法的な義務、さらに法的な義務違反による不法行為責任が認められるかという重要な問題が生じている。現在の法理においては、金融機関の不法行為上の法的な義務を認めるべき根拠は見出すことは困難であるが、社会通念、取引通念、法律の制定・改正の内容等の事情によっては法的な義務が認められるところがある。なお、この判決は、

「高い公益的性格を有する金融機関においては、本件当時において、組織的犯罪の取締り、資金洗浄の防止等、犯罪行為の防止、摘発等に関し、一定の社会的役割を果たすことが要請されていたと認められる」

などと指摘し、法的な義務ではなく、社会的な要請があることを判示しているが、金融機関にとってはこのような指摘にも配慮することが望まれるところであり、取引につきさまざまな要請を満たすことが求められ（このような要請の中には、相互に矛盾する要請もある）、取引がますます複雑になっている時代を迎えているということができる。

（4－10）信用金庫の預金者本人の確認義務違反による不法行為責任が肯定された事例　[甲府地判平成18・2・28金法1776号36頁]

●事案の概要●

　Aは、Xの交際相手の兄であるところ、Xの実兄Bが交通事故で死亡した際、Xに代わって損害保険業を営むC株式会社との交渉を事実上行い、Xに無断でY信用金庫（甲府信用金庫）のD支店にX名義の預金口座を開設し、Cから保険金4850万円を本件口座に振り込ませ、本件口座からX名義で払戻しを受け、自己のために費消したため、XがYに対して不法行為に基づき損害賠償を請求したものである。この判

決は、払戻請求者が口座名義人と同一であるかどうかにつき確認書類を求めるなどして確認すべき注意義務があったところ、印鑑照合を行ったのみで払戻しに応じた過失があるとし、不法行為を認め、請求を認容した。

● **判決内容**

「(イ) 思うに、信用金庫を含む金融機関において行われる金融業務の性質が公共性を有することは明らかであるものの、口座開設や大口現金取引等の具体的取引において、口座を利用した第三者の不法行為等によって、直接には契約関係を有しない者に財産的損害が生じるのを防ぐため、それらの者との間においても、一般的に本人確認義務を尽くすべき注意義務を負うとすることは、大量かつ迅速な金融取引や金融事務への負担の点に照らし、これを認めるのは相当とはいえない。また、原告がその主張の根拠としているマネー・ローンダリングの防止に関する通達や事務連絡における本人確認の要請は、いわゆる麻薬二法の制定を背景に、麻薬等の違法薬物の不正取引撲滅のため、不正な薬物取引により得られた収益の資金洗浄等を防止することを目的として金融機関に行政上課されたものであって、取引の適正を期し、契約関係を有しない者に対しても財産的損害が生じないようにすることを目的とするものではない。一方、近年においては、預金口座等が反社会的活動に悪用されることが増え、大きな社会問題となっていることにかんがみ、当座預金のみでなく普通預金においても預金口座の利用を本人に限定することを求める運用を行うなど、金融機関における顧客管理体制の整備の促進を図るとともに、『金融機関等による顧客等の本人確認等に関する法律』（平成14年法32号）が制定されるなどの法整備が図られ、また、平成16年には、同法に預金口座等の不正な利用の防止する目的を明確に盛り込むなどの法改正が行われてもいる（平成16年法164号）。これらの経過や社会的な背景事情を比較すると、平成9年当時における上記の通達や事務連絡は違法薬物を巡る不正な取引規制を目的とした行政的な指導であったのに対し、近年は、広く預金口座の不正利用自体を防止する目的で立法措置が講じられているのであり、自ずからその目的や金融機関が負うこととなる責任にも差異が生じることになると思われる。そうしてみれば、平成9年当時のマネー・ローンダリング防止に関する通達や事務連絡自体を根拠として、被告に対し、直ちに私法的責任を問うことはできないというほかなく、本件口座開設、預金払戻時において、金融機関が広く一般的に本人確認等の注意義務を負っていたものと解することは相当でない。
ウ　しかしながら、他方、信用金庫法等に謳われた金融機関の公共性や信用の維持と預金者等の保護に向けられた社会的要請は、近年におけると、平成9年当時におけるとで大きく変わることはないとみられる。そして、少なくとも平成4年には、

上記のとおり、違法薬物等に係る不正取引の防止をすべく、金融機関に対し通達や事務連絡が出され、不正取引防止のための諸策として、口座開設や大口現金取引等の具体的取引において一般的に本人確認の徹底を図り、これに関して一定の報告義務を負うなどの行政上の責任が課されていたのであり、金融機関においても上記通達等に則った金融実務を行うことが要請されていたというべきである。これらに加えて、金融業務の有する公共性及び金融機関を利用する様々な利害関係人が存在することにかんがみれば、直接の契約関係を有しない利害関係人との間において、金融機関がいかなる場合にも法的責任を負わないと解することもやはり相当でないというべきである。

 そして、金融機関が契約関係のない利害関係人に対して果たすべき注意義務については、当時の通達等による行政指導の内容に加え、当該金融機関が行った具体的取引の内容、預金口座等が不正利用された状況や不正利用者の行為の内容及び金融機関において確認を尽くした事項といった個別的事情だけでなく、当該取引のなされた時代的背景や社会情勢などを総合考慮し、金融機関として最低限度果たすべき注意義務に違反したと認められるような特段の事情が認められる場合には、金融機関の行為に過失あるいは違法性が認められ、直接の契約関係がない利害関係人に対しても不法行為責任を負うことになるものと解すべきである。

 ……

 しかしながら、本件口座は、口座開設時に1000円の入金がされただけでその後何ら取引はなされておらず、2週間くらい後になって、富士火災海上を振込人として、保険金とみられる4850万円の多額の振り込み入金があっただけである。そして、入金のあった日の午前11時ころには、預金の総額に近い4800万円の払戻請求をする者が窓口に現れ、担当者がこれに応じた経緯が認められる。4800万円の払戻請求は、平成9年当時の通達等に照らしても、本人確認を要請された大口現金取引に当たるが、被告B支店において、一般的に本人確認書類の提示を求めたり、本人確認書を作成することは行われておらず、本件についても、担当者のB_3や役席者のB_4が印鑑照合のほかに、払戻請求者と口座名義人との一致を確認した経過は一切認められない。被告B支店において、本件口座開設時に用いられた本人確認書は、払戻時にも対応する書式であり、取引の種類欄には『4．大口現金取引』との項目が設けられ、本人確認方法としても、『確認書類等』を記載する欄が設けられていたものであるが、本件預金払戻時には本人確認書が作成された経過すら認められない。これに加えて、口座開設時に提出された申込票と払戻請求書の『おなまえ』欄等の筆跡は明らかに異なっているほか、申込票の太線枠内に空欄が残されたまま本人確認が行われた経緯があることも明らかであるところ、口座開設時に多数認識された不審事由が、払戻請求時には全く問題視されなかったというのも不合理である。

 この点、被告は、預金払戻に際しては印鑑照合で確認を行っていること、本件口座に振り込み入金された4850万円は、保険会社から入金された保険金であることが

明らかであり、マネー・ローンダリングとは無関係であるなどとして、過失がなかった旨主張しているが、当時の通達等は、麻薬等の薬物の不正取引を防止することを目的としながらも、金融機関が不正取引に利用されることのないよう、一定の具体的取引を明示して、広く金融機関に対して本人確認の徹底を求める行政指導であったと解されるから、保険会社からの振り込み入金であるからといって、本人確認をしないことの理由とはなり得ない。また、本件において、富士火災海上は、原告を名宛人として、原告名義の本件口座への振込入金の方法で保険金の支払いを行っているものであり、この保険金につき、真に権利を有するのは、口座名義人である原告であったことは明らかであるから、この事実は、むしろ、払戻時に本人確認をすべきであるという方向に働くともいい得るのである。

㈡　確かに、大量性、迅速性の要請がより強く求められる普通預金口座取引の性質や金融実務に照らし、金融機関において、普通預金口座における真の預金債権者が誰であるか、真の債権者の意思に基づく預金の払戻しであるか、などを一般的に確認する義務を負うものとは解されない。

しかし、本件のように、取引の種類が、当時の通達等によっても本人確認が要請されていた大口の預金払戻請求であり、かつ、口座名義人に宛てた保険金の支払いであることが明らかな場面において、払戻請求者が、保険会社は名宛人とした口座名義人と同一であるのかどうかについて、本人確認書類等の提示を求めて確認するという意味における本人確認を実施することはさほど困難なものとは認められないし、上記確認をしていれば、金融機関を利用した不法行為を容易に防止できたといえる。上記程度の確認を行うべき注意義務は、金融機関の公共性に照らし、社会的に要請されていた最低限のものというべきである。

㈥　上記のとおり、本件口座の開設から預金払戻しにおける一連の事情を総合的に検討すれば、本件において現金4800万円の預金払戻しを行うに際して、被告には、少なくとも、払戻請求書が口座名義人と同一であるかどうかにつき、確認書類を求めるなどしてその同一性を確認すべき注意義務があったにもかかわらず、これを怠り、印鑑照合を行ったのみで本件払戻しに応じたため、Ａによる不法行為に加担したという過失があったというほかなく、上記注意義務違反について、被告は、原告に対して不法行為責任を負うというべきである。」

● **事案の特徴**

この事案は、実兄が交通事故で死亡したことから、遺族の知人が遺族に代わって保険会社と示談交渉をし、遺族名義で信用金庫に預金口座を開設し、保険金を預金口座に振り込ませ、遺族に無断で預金を払い戻し、自己のために費消したため、遺族（預金口座の名義人）が信用金庫に対して不法行為に基づき損害賠償を請求した事件である。この事案は、交通事故の損害賠償の

保険金の示談が行われたこと、被害者の遺族の知人が示談を行ったこと、信用金庫の預金口座が名義人（示談交渉の依頼者）に無断で開設されたこと、名義人の知らない間に保険金が預金口座に振り込まれたこと、名義人の知らない間に前記知人（示談を行った者）が預金の払戻しを受けたこと、前記知人が払戻しを受け、自己のための費消したこと、信用金庫の預金口座が示談を行った者によって不正に利用されたこと、預金口座の名義人が本人確認義務違反を主張し、不法行為に基づく信用金庫の損害賠償責任を追及したことに特徴がある。

●**判決の意義**

　この判決は、金融機関の預金口座を利用した第三者の不法行為等について、一般的に本人確認義務を尽くすべき注意義務を負うとすることは相当ではないとしたこと、少なくとも平成4年には、金融機関に対する通達、事務連絡により、不正取引防止のための諸策として、口座開設や大口現金取引等の具体的取引において一般的に本人確認の徹底を図り、一定の報告義務を負うなどの行政上の責任が課されていたこと、金融業務の有する公共性および金融機関を利用するさまざまな利害関係人が存在することに鑑み、直接の契約関係を有しない利害関係人との間において、金融機関がいかなる場合にも法的責任を負わないと解することも相当でないとしたこと、この事案では信用金庫が本人確認をしていれば、不法行為を防止することが可能であったこと、通達等によって本人確認が要請されていた取引について、金融機関の公共性に鑑み、本人確認を行う注意義務を負うことは社会的に要請されていた最低限のものであるしたこと、この事案では、信用金庫は、少なくとも、払戻請求書が口座名義人と同一であるかどうかにつき確認書類を求めるなどしてその同一性を確認すべき注意義務があったにもかかわらず、これを怠り、印鑑照合を行ったのみで払戻しに応じたものであり、注意義務違反の不法行為があるとしたことに特徴がある。

　この判決は、前記の預金の払戻しに関する本人確認の注意義務を認めたうえ、この事案につき注意義務違反を認めたものであるが、注意義務の法的な

第4章 銀行等の取引と一般法理をめぐる裁判例

根拠が薄弱であるだけでなく、論理の飛躍がみられるものであり、疑問がある。この判決は、結局、信用金庫の本人確認を確実に実施していれば、この事案の不法行為を防止することができたとの認識の下、前記の注意義務を想定し、その根拠としてあれこれの事情を附加したと評価することができるものである。

〔4－11〕銀行の警察の要請による預金凍結につき不法行為責任が否定された事例［東京地判平成19・2・14金法1806号58頁］

●事案の概要●

Xは、銀行業を営むY₁株式会社（株式会社三井住友銀行）のA支店に預金口座を有していたところ（普通預金規定には、預金が法令や公序良俗に反する行為に利用され、またはそのおそれがあると認められるときは、預金者に通知することにより、預金取引を停止し、またはこの預金口座を解約することができる旨の条項が設けられていた）、平成17年6月、A支店は、警視庁B警察署から電話で本件預金口座の凍結検討依頼を受け、ファクシミリによっても同様な依頼を受け、本件規定に該当するものと判断し、本件預金口座を凍結したため、XがY₁、A支店の支店長Y₂に対して主位的に不法行為に基づき損害賠償、予備的に預金の払戻しを請求したものである。この判決は、本件預金口座の出入金状況により貸金業の規制等に関する法律3条違反等の疑いがあるとし、停止措置が不法行為に当たらない等とし、請求を棄却した。

●判決内容

「ア　前記（第2、1(3)、(4)、第3、1(1)から(4)）のとおり、被告銀行永山支店は、多摩中央警察署生活安全課から、文書によって本件凍結検討依頼を受け、また、これに先立ち、電話によって、事案の概要等について説明を受け、本件規定に該当するものと判断して本件取引停止措置を採ったものであって、その後、原告からの問い合わせに対し、来店を求め、来店した原告に対し、警察からの依頼により凍結したことなどを伝えているのであるから、被告銀行永山支店が、本件規定に該当する

ものと判断して本件取引停止措置を採ったことにつき、特に違法と評価される点は認められず、また、この停止措置が普通預金規定に反するものということもできない。
　イ　原告は、本件取引停止措置の継続も違法であり、また、普通預金規定に反するものと主張する。
　確かに、その後、原告が、本件預金口座の預金債権について、原告を債務者とし、本件預金口座の入出金に関わる事実を被保全権利又は請求債権とする仮差押決定及び差押決定を受けていないことが認められ（前記第３、１(5)）、本件取引停止措置が開始されてから１年半余りが経過して、この間、本件預金口座に係る普通預金の払戻しができない状態が続き、原告において不利益が生じていることがうかがわれるものの、預金取引停止措置が果たしている社会的機能及び前記（第３、１(2)から(4)）の被疑事実と解される罪名及び罰条並びに本件預金口座の入出金の状況等に照らせば、現時点においても、なお本件取引停止措置の必要性を否定することはできない。
　ウ　したがって、本件取引停止措置及びその継続が違法と認めることはできず、また、この停止措置及びその継続が普通預金規定に反するものということもできないから、原告の主張は採用できない。」

● **事案の特徴**

　この事案は、預金が法令や公序良俗に反する行為に利用され、またはそのおそれがあると認められるときは、預金者に通知することにより、預金取引を停止し、またはこの預金口座を解約することができる旨の条項のある普通預金規定が適用される銀行の預金者の預金口座につき、銀行が警察当局から預金凍結の依頼を受け、凍結（取引停止措置）したため、預金者が銀行に対して不法行為に基づき損害賠償を請求した事件である。この事案は、銀行が警察当局から預金者の預金口座の凍結の依頼を受けたこと、貸金業法違反が疑われていたこと、銀行が依頼に応じて、普通預金規定に基づき凍結措置を講じたこと、預金者が銀行に対して不法行為に基づく損害賠償責任を追及したことに特徴がある。

● **判決の意義**

　この判決は、この事案で警察当局の依頼に応じて、銀行が普通預金規定に基づき預金の取引停止措置をとり、継続したことは違法ではないとし、銀行の不法行為を否定したものであるが、重要な事例判断として参考になる。
　金融機関は、不正な取引の防止のために法令上さまざまな措置をとること

が求められ、これを受けて取引上の特約を締結し、法令の規定の遵守を図ることが求められているが、法令の規定の適用、特約の適用は、これを誤ると、一方では法令違反を問われ、他方では預金者から法的な責任を問われるおそれがあり、業務の遂行がますます困難になっている。金融機関がこのような困難な事態に陥る場合には、短時間でその判断をすることが迫られるだけでなく、支店の現場で判断が求められることもあり、業務の遂行の適法性、合理性を的確に確保することもますます困難になっている。この事案は、比較的容易に判断することができたものであるが、今後は判断がより困難な事例も裁判例上登場する可能性があるから、日頃から法令、特約の適用に関する経験の蓄積が必要になっている。

（4－12）銀行の警察の要請による預金凍結につき不法行為責任が否定された事例 ［東京地判平成20・11・12判時2040号51頁、判タ1305号117頁］

●事案の概要●

　Y_1 が旅行等のサービスを提供するクラブを運営する X 株式会社と会員契約を締結し、クラブの会員であったところ、X は、未納会費10カ月分合計 3 万1500円の支払を求める Y_1 宛ての請求書（振込先として銀行業を営む Y_3 株式会社（株式会社東京スター銀行）の A 支店の普通預金口座が指定されていた）を Y_1 の父 Y_2 に郵送し、Y_2 は、Y_1 に尋ねたところ、Y_1 が身に覚えがないと回答したため、振り込め詐欺であると疑い、同月 9 日、Y_4 県 B 警察署の交番に相談したが、Y_1 が X に未納会費を支払い、クラブを脱退したのに、B 警察署は、本件請求書が振り込め詐欺であると判断し、Y_3 に本件口座が振り込め詐欺に使用されている疑いがあるため、今後の被害拡大を防止するため、取引停止（凍結）を検討していただきたく依頼する旨の文書を送付したことから、Y_3 は、本件口座の取引を停止（凍結）し（普通預金規定には、預金取引を停止することができる場合として、「預金が法令や公序良俗に反する行為に利用され、またはそのおそれがあると認められる場合」が定められている）、本件口座の凍結

を知ったXは、B警察署に抗議をし、資料を送付する等し、B警察署が振り込め詐欺でないことを確認し、Y₃にその旨を伝え、本件口座の凍結が解除されたものの、Xが本件口座の凍結により信用を失墜した等と主張し、Y₁、Y₂に対して不法行為、Y₃に対して債務不履行、不法行為、Y₄に対して国家賠償法1条に基づき損害賠償を請求したものである。この判決は、Y₁については、本件口座の凍結を予見可能であったとはいえないとし、Y₂については、本件口座の凍結を警察が依頼することを予見可能であったとはいえない等とし、Y₃については、捜査機関である警察から依頼文書が送付された以上、振り込め詐欺の疑いにつきさらに調査する義務があるとはいえないとし、それぞれの責任を否定し、請求を棄却し、Y₄については、Y₃に本件口座の凍結の依頼をする前に、Y₁の事情聴取を行い、その結果により再度Xからも事情聴取を行うべきであり、双方の真偽を確認すべき義務があったのにこれを怠ったとし、本件口座の凍結の依頼が違法であったとし、請求を認容した。

● **判決内容**

「五 被告銀行の責任
　原告は、本件依頼文書は、指示命令ではなかったから、被告銀行としては、竹田警察署に、本件口座が振り込め詐欺に利用されている口座と疑われている理由を問い合わせるべきであり、さらに、警察が把握している情報と、それまでの原告との取引経過などを総合的に検討する義務があったと主張する。そして、一で認定したとおり、被告銀行の預金規定は、預金取引の停止（凍結）できる場合として、預金が法令や公序良俗に反する行為に利用され、またはそのおそれがあると認められる場合を挙げている。
　しかしながら、捜査機関である警察から前記認定のような内容の本件依頼文書が送付された以上、被告銀行としては、同文書に記載された振り込め詐欺の疑いについて、更に調査する義務があったとはいえないし、被告銀行に、原告が主張するような問い合わせや調査検討を行う義務があったということもできない。
　原告は、被告銀行としては、原告との長年の取引経過から、原告が本件口座を振り込め詐欺に使用してきたことがないことを十分知っていたと主張し、証拠（甲6、証人丙山一郎）によれば、原告と被告銀行の取引は、被告銀行の執行役員であった

岩橋某の紹介に始まり、原告代表者も被告銀行の出身者であったこと、本件口座は、以前に、原告の社員の給与の振り込みに使っていたこともあったことが認められる。

　しかし、このような事実を考慮しても、竹田警察署長から本件依頼文書が送付された状況において、被告銀行において、本件口座が振り込め詐欺に使用されている疑いを否定すべきであったとはいえないし、更に調査検討を行う義務があったということもできない。

　以上のとおり、被告銀行には、原告に対する不法行為があったとはいえないし、預金契約の債務不履行があったともいえない。」

● 事案の特徴

　この事案は、個人の娘宛てに請求書が送付され、個人（父親）が振り込め詐欺を疑い、警察署に相談し、警察署が振り込め詐欺と判断し、振込先の預金口座のある銀行に預金口座の凍結を依頼し、銀行が凍結措置をとったため、請求書を送付した者が娘、個人、警察を所管する県に対して損害賠償を請求するとともに、銀行に対して債務不履行、不法行為に基づき損害賠償を請求した事件である。この事案は、警察当局が振り込め詐欺を疑った預金口座につき銀行に凍結の依頼をしたこと、警察当局が請求書を送付された者から相談を受け、振り込め詐欺を疑ったこと、銀行の普通預金規定には、預金が法令や公序良俗に反する行為に利用され、またはそのおそれがあると認められる場合には、預金取引を停止することができる旨の特約があったこと、実際には振り込め詐欺ではなかったこと、預金口座を凍結された預金者が銀行らに対して損害賠償責任を追及したことに特徴がある。

● 判決の意義

　この判決は、銀行の損害賠償責任については、捜査機関である警察から預金口座の凍結の依頼文書が送付された以上、銀行としては、同文書に記載された振り込め詐欺の疑いについて、さらに調査する義務があったとはいえないとしたこと、銀行の損害賠償責任を否定したことに特徴がある（なお、この判決は、警察の依頼が違法であるとし、県の損害賠償責任を肯定している）。この事案では、銀行の振り込め詐欺であるとの判断が誤ったわけであるが（具体的には、前記の普通預金規定の取引停止措置の要件の該当性の判断の当否が問

題になり、結果的には銀行の判断が誤っていたものである)、この誤判断は、警察の依頼、その前提となる判断が誤っていたことに由来するものであったものである。このような場合、警察当局の依頼を受けた銀行の不法行為、債務不履行に基づく損害賠償責任が認められるかは、警察当局の依頼の内容、方法にもよるが、特段の事情がない限り、警察当局の判断を信頼することが許されるというべきであり、この依頼の内容が特約に該当し、あるいは法令の要件に該当すると認められる場合には、損害賠償責任を負わないと解することができる。この判決は、警察当局の依頼に応じて普通預金規定の特約の該当性を判断した事案について、銀行の損害賠償責任を否定した重要な事例判断として参考になるものである。

第5章

銀行等の投資取引をめぐる裁判例

第5章　銀行等の投資取引をめぐる裁判例

1　投資の時代と投資取引

　現代社会は、投資の時代である。企業も、個人も過去とは全く異なる投資の時代に直面している。
　企業はいうまでもなく、一人ひとりの個人にとっても、自らの判断と責任によって投資を行うことが推奨されている（国の政策として推奨されているだけでなく、経済環境、社会環境、法制度等によって直接的、間接的に推奨されている）。個人にとっては、老後の年金も、自らの判断と責任に基づく投資取引によって確保することが余儀なくされる時代が到来している。従来は、個人にとっては高金利の銀行の定期預金等が重要な投資であり、相当に安全で安心することができる投資であった。銀行の定期預金等によって老後の生活設計を図っていた個人は多かったし、このような老後の生活設計は通常の事柄であり、生活上の常識であった。また、資金に余裕がある個人は、不動産投資を行い（不動産を購入し、賃貸住宅として投資をするか、あるいは値上がりによる投資を目論むか等の投資が行われていた）、さらに山気のある個人は、積極的に株式投資を行っていた。従来は、投資商品の品揃えも少なかったが、比較的予想しやすい投資環境であり、比較的安定した投資を行うことができた時代であった。預金への投資も、不動産への投資も他人任せの投資であったが、他人任せの投資であってもほとんど問題が生じなかったのである。年金も、公的な年金、私的な年金（企業年金、団体年金、個人年金等）を問わず、信頼感のある投資であると考えられてきた。
　しかし、投資環境は一変した。現在は、投資家の自己責任が強調され、徹底される時代が到来する中、預金も、不動産も従来型の投資商品とは大きく様変わりしただけでなく、投資商品が多様化し、投資取引のリスクが高くなり、投資商品の選択が困難になっている。個人は、一人ひとりが自ら老後の生活設計を含めて投資商品を選択し、資産を形成し、生活の経済的な基盤を作り上げることが必要になっているが、投資商品の選択が困難になっている

だけでなく、経済環境の変化、社会制度の変革等の予想し難い状況が生じ、生活の経済的な基盤を形成すること自体が相当に困難になっている。しかも、政治環境がますます悪化しているため、年金を含めた投資の予想が一層困難になっている。他方、企業にとっては、投資環境、経済環境はもっと重大な状況にある。

企業は、国内、国際的な激しい競争に曝される中、経済環境の変化、為替相場の変動、需給の変化、自然災害の発生等の大きな変化に対応しながら、投資を行うことが必要になっているため、安定した経営、予測できる経営が著しく困難になっているのである（高度成長の時代におけるような右肩上がりの経営など期待できない状況である）。

2 投資取引の変貌

本格的な投資の時代において、銀行等の金融機関が本格的に投資取引に参入しているところであるが、銀行等と投資取引との関係は、銀行等が利益を得るため自ら投資取引を行う場合と顧客に対して投資取引を勧誘し、投資商品を販売する場合がある。前者の投資取引は、たとえば、リーマンショックの事態の中で銀行等の投資取引の実情の断片が明らかにされる等しているが、本書のテーマで関心があるのは、後者の投資取引であり、銀行等が顧客との間で投資取引をめぐる紛争が発生した事件の裁判例である。本書は、金融機関の損害賠償責任等の法的な責任が問題になった裁判例を紹介するものであるが、この類型の裁判例は、バブル経済の崩壊後に公表されることが多くなり、法律雑誌に取り上げられている。裁判例として登場した当初は、銀行等の法的な責任を否定するものが多いが、暫くすると、銀行等の法的な責任を肯定するものが目立つようになっている。銀行等が投資取引をめぐって顧客と紛争が発生し、訴訟に至った事例として近年目立ったものは、相続税対策等を動機とした変額保険取引、不動産取引があるが、実際にはこのような投資取引にとどまっているわけではない。

第5章　銀行等の投資取引をめぐる裁判例

　投資取引の勧誘、販売は、銀行等の金融機関だけでなく、証券業者、保険業者、不動産業者等、さまざまな事業者が関与し、厳しい競争が展開されているところ、銀行等は、社会的な信用、取引上の優位性を背景にして投資取引の事業を比較的有利に展開することができるが、このような信用、取引上の優位性は、顧客が損失を被った場合には、顧客が銀行等に対する法的な責任を追及する際の動機、法的な根拠として機能することがある。従来、銀行等が顧客に対して投資取引を勧誘し、投資商品を販売し、顧客との間で紛争が発生し、訴訟に至った事例は、証券業者等の事例と比較すると、少ないが、これは、取り扱った事例が少なかったこと等の事情があるだけであり、今後は、裁判例として公表される事例が増加することが予想される。日本においても、国際的にも、経済環境、投資環境はますます変動する可能性が高くなり、予測がますます困難な時代に入っているが（将来は、ますます不透明になっている）、銀行等が関与した投資取引によって顧客が損失を被る可能性もそれだけ高くなっているため、銀行等が顧客から法的な責任が追及されるリスクもそれだけ高くなっている。

❸　投資取引をめぐる訴訟の実情

　投資取引は、投資金額を元手に利益を得るために行われるわけであるが、取引の結果、希望した利益が得られず、また希望を下回る利益も得られないだけでなく、損失を被る可能性が常にある取引である。損失の発生の可能性がリスクと呼ばれるが、さまざまな投資取引によって、取引の内容、仕組みが異なるうえ、取引の相手方も異なるし、リスクの内容、態様、規模、限度、リスクの回避方法も異なる（なお、現代社会のような国際化された社会においては、投資取引をめぐる紛争が発生した場合にも、どの国で、どのような法律が適用され、どのような救済を受けることができるかは必ずしも明らかではないことがあるし、実際に法的には救済の可能性があったとしても、外国である等の事情によって法的な手続によって救済を受けることが事実上できないこともあ

る)。投資取引は、契約の内容、投資の仕組みを理解したうえ、自己の投資判断と自己責任によって取引を行うかどうかを決めることが必要であり、取引開始後も自己の投資判断と自己責任によって投資取引の継続、投資取引の中止を決めることが必要であるところ、投資取引を勧誘するさまざまな事業者、投資取引に関与するさまざまな事業者は、それぞれの立場から投資に関する情報を提供することが主要な役割である（投資取引の機会を提供し、投資取引に係る契約の締結を仲介等することが役割であることもある）。投資に関する情報は、これらの事業者によって投資取引の内容、投資の仕組みだけでなく、投資の対象、個々の投資の時期、利益獲得の可能性、損失発生の可能性等の幅広い情報が提供されており、投資取引を行う者は、これらの情報を自己の投資判断に当たって参考として利用し、自己責任によって投資を行うはずのものである。

　しかし、実際、投資取引をめぐる紛争が発生し、訴訟に発展したような事例をみると、投資取引を行った者が説明を受けたことも、理解したことも否定したり、理解できなかった等の旨の供述をすることが多いし（投資取引の時期から数年を経ても、自己の責任を否定する方向の記憶が鮮明であったり、供述が具体的であったりすることも少なくないが、記憶とか、供述の一般的な経験則に反するものである)、説明書面等の文書の受領、署名押印を示されても同様な供述をすることがあるうえ、裁判所の中には、投資取引の種類、事業者等の事情によっては、投資取引を行った者本人のそのような信用性の乏しいか、信用性のない供述を信用し、他の客観的な証拠を無視ないし軽視する事実認定、判断をするものも珍しくない（このような事実認定、判断は、経験則に反し、自由心証主義に反するものであることはいうまでもない)。逆に、裁判所の中には、投資取引を仲介する等した事業者の担当者の信用性の乏しい等の供述を根拠なく信用し、事実認定、判断をするものもある。投資取引であれ、他の取引であれ、他の類型の事件であれ、訴訟においては、裁判官が提出された証拠の信用性を適切に判断し、経験則、論理則に従った的確な事実認定をし、争点につき妥当で合理的な判断をすることが求められるが、裁判

官によっては、これらの判断過程の全部または一部に問題のある事実認定、判断をするものをみかけるのも訴訟の実情である（同等の能力、経験を有する裁判官であっても、事実認定、判断がまちまちになるが、これは、事件、当事者、証拠に対する偏見、無理解によるものと推測されるところ、能力、経験の異なる裁判官にあっては事実認定、判断の格差が一層ひどくなることは否定できない）。本書で紹介する裁判例を概観したでけでも、同一事件の地裁、高裁で事実認定、判断が異なったり、類似の事件の裁判所で事実認定、判断が相当に大きく異なったりするのは、事案の違いよりも、裁判官の事件に対する基本的な判断姿勢、事件の種類、当事者の属性、取引の内容等に対する基本的な見方が重要な影響を与えているものというべきであろう。投資取引が問題になった裁判例を概観してみると、たとえば、投資取引がハイリスクであるとか、取引内容が複雑であるとか、事業者の説明が尽くされていないとか、顧客が十分に理解していなかったなどの判断、説示が示されることがあるが、ハイリスク、複雑性、説明を尽くしたこと、十分に理解したこと等は、抽象的、概括的な判断にすぎないものであり（換言すれば、大雑把な判断にすぎないということができるところ、本来は、取引の当事者の属性に照らして、具体的にどのようにハイリスクであるかとか、どのように複雑であるか等が認定、判断されるべきである）、裁判例としての説得力は乏しいものである。投資取引等において裁判例がこのような判断によって結論を導き出していることは、訴訟における当事者にとっては、裁判官の判断によるリスクが相当に大きいことを示していることになる（訴訟の当事者にとっての裁判官の判断によるリスクは、投資取引をめぐる訴訟以外の類型の訴訟においても、内容、程度の差はあっても、指摘することができる）。投資取引をめぐるリスクは、取引そのもののリスクのほか、訴訟によるリスクも無視できないのである。

4 投資取引における紛争の不可避性

　近年、年金資金の投資業者の助言によって年金基金が多額の損失を被った

4 投資取引における紛争の不可避性

事件が発覚し、国会で参考人聴取がされ、監督官庁の調査、捜査機関の捜査が行われる等し、年金投資をめぐる深刻な問題点が浮き彫りにされている。この事件では、最終的には、年金基金の損失が問題になり、厚生年金全体の負担になるのではないか等の指摘もされ、今後の推移も多くの関心を集めていたが、この数年間にわたって政府が行ってきた説明に対して国民の不信感が相まって、投資取引も社会の関心の的になっている。この事件の解説等がさまざまな立場から行われているが、年金基金の担当者が投資の経験等のない素人が多いなどといった指摘がされ、素人が担当したこと自体に今日の問題に至った要因の一つがあるとの分析も行われている。投資の知識、経験のない者が投資取引に直接、あるいは責任者として関与することは相当に無謀であるが、仮に投資取引の知識、経験があったとしても、投資取引で利益を得ることは相当に困難であるし、仮に投資の専門家であっても（専門家の種類、程度、実績も多様であるところ、専門性の乏しい「専門家」もいる）、投資取引で利益を得ることは困難であるのが実情である（専門家が行った投資取引で巨額の損失が生じた事例は珍しくないし、巨額でない損失が生じた事例は多いというだけでなく、通常の事態であるというべきであろう）。投資の専門家の助言、情報を得て損失を被る事態は、投資取引の分野ではあちこちにみかけるところであるが、投資取引を行おうとする者は、誰でも投資取引によって利益が得られるものと想定し、あるいは予定している。しかし、現実には投資取引で損失が生じることは通常の事態であり、事情によっては重大な損失を被ることもあるし、自分に損失が生じた理由に納得できないことが多いであろう。投資取引で損失を被った者にとっては、損失という経済的な不利益を被ることだけでなく、損失の発生自体、心理的に受け容れることができない事態である（企業等の法人の投資担当にとっては、自分の責任問題をめぐる心理的負担もある）。また、損失の発生を心理的に受け容れることができないと、自分が納得することができる理由を探すことになるが、投資取引を勧誘した者、助言をした者の言動に原因を求めることはありがちな現象である（自分の判断、言動に原因があると認めたくないことは心理的にありがちである）。

投資取引は、企業等の法人にとっても、個人にとっても、現代社会においては、必要な取引になっているが、その構造上、損失の発生に伴う紛争の発生が不可避な取引であり、仮に投資取引に関与する者が専門家であっても、紛争の内容と程度は異なるものの、紛争の発生は不可避である。投資取引を行おうとする者は、取引の検討の時点から損失の発生、紛争の発生を前提として諸事情を考慮し、判断することがますます重要になっている。儲け話には気をつけることは、古来からの教訓であるが、投資取引には一層この教訓が妥当するものである。

5 投資取引のリスクへの対応

　国民の老後の生活を確保する極めて重要な制度である年金制度がその目的を達成するためには、年金制度の担当者、運用者等の投資取引の運用に依存しているが、担当者、運用者等の運用の能力、知識、経験、ノウハウの蓄積と発揮、投資取引の適切な実行が何よりも求められる。投資取引は、個々の企業、個々の銀行等の金融機関、個々の個人の資産運用等の場面のみならず、国の諸政策の遂行の場面でも重要な役割を担っている。個々の個人にとっては、自己の資産運用等のために投資取引の能力、知識等を向上させる必要があるだけでなく、所属する企業活動を担当するのためにも、国の政策を適切に監視するためにも、投資取引の能力、経験、ノウハウ等を活かす必要がある。振り返れば、少なくとも日本社会が近代化した時期から投資取引が重要な役割をもっていたということができるが、近年は特に投資取引が関係する範囲が拡大し（個々の個人にとっては、生活の基盤そのものが投資取引に関係しているということができる）、投資取引が複雑になり、投資取引のリスクが高くなっているものであり、この意味で投資取引の時代が到来しているということができる。投資取引の時代を迎え、一部の個人はすでに投資取引の能力を磨いているとしても、大半の個人はその能力、知識、経験、ノウハウも十分でないだけでなく、投資取引に立ち向かう心構えもないのが実情であ

ろう。投資取引とどう立ち向かうかは、個人にとって喫緊の課題になっている。

　銀行等の金融機関が個人の相手方として投資取引を行ったり、個人に投資取引を勧誘する場合には、株式会社等の企業、一般社団法人等の団体を相手方とする場合と比べると、相当に慎重に投資取引を行ったり、勧誘を行うことが重要である。個人が相手方になる投資取引は、個人の投資取引に関する能力、知識、経験等が一般的には低いうえ、投資取引を行う個人の動機、目的、資産が投資取引に適しているかをより検討する必要が高いし、紛争が発生しやすいということができる。個人を相手方とする投資取引のうち、特に高齢者を相手方とする投資取引は、個人を相手方とする投資取引に関する前記の特徴のほか（前記の特徴がより強いということができる）、高齢者が保有する資産は主として老後の生活のために確保されているものであり、一旦失われた場合には、自己の努力でこの回復を図ることは事実上不可能であるうえ、投資取引をめぐる紛争が発生した場合には、事実関係を裏づける証拠の収集が相当に困難であるということができる。

　現代の日本社会においては、国全体の過去の成長のための努力、蓄積がさほど評価されていないのであろうか、高齢者にとっても、壮年の世代の者にとっても、若者にとっても老後の生活不安が最大の関心事のようである（このことが相まって国全体の消費マインドを低下させ、デフレーションを悪化させる一因になっていた）。老後の生活不安が年金問題に対しても、定年問題に対しても強い不満と関心を抱く状況が国民全体に生じている。年金問題等が現実化し、深刻化することなどは、人口推計等によって相当前から容易に予想することができたものであり、実際にもそのような指摘がされてきたのであるが、現実に年金問題等に直面し、老後の生活不安が全く払拭されないのは、多くは年金等をめぐる政治、行政の責任に帰すべきことはいうまでもない。ところが、このような老後の生活不安が強まる状況は、高齢者の投資取引を誘引することにもなるのであって、政府等に対する信頼が薄れるにつれ、実際に投資取引に対する関心も高まることがある（高齢者を対象とした

投資セミナーなどが盛んに実施されている)。高齢者が投資取引を行うことは、高齢者の資産の運用、生活の安定のために必要である反面、投資資金が主として老後の生活のための蓄積されたものであること、財産が一旦失われるとその回復が事実上不可能であること、投資取引が多様化、複雑化し、容易には理解し難いものになっていること、高齢者が保有する資産が投資取引に関係する事業者にとって魅力的であり、高齢者が投資取引の勧誘の対象になっていること、投資判断が迅速かつ的確に行われる必要があるところ、高齢者はその経験、判断能力に乏しいこと、生活全体が他人依存の傾向になっているところ、一旦信用すると他人の投資判断を信用することがあること、投資取引をめぐる紛争が発生した後、紛争解決のために必要な記憶力、判断能力、精神力等が加齢のために低下し、事情によっては著しく低下すること等の事情がみられ、高齢者の投資取引をめぐる紛争を迅速、適切、的確に解決することは相当に困難である。高齢者は、銀行等との間に長年にわたる取引を通じて、比較的銀行等を信頼しているところがあり、他の投資取引に関係する事業者よりも安心して投資取引に踏み切ることが多いが、このことは、銀行等が高齢者との投資取引によるリスクを抱えることが多いことにもなる。

6 裁判例の紹介

　銀行等が顧客に投資商品を勧誘し、顧客が投資商品を購入する等し、損失を被り、訴訟に至った事例のうち、法律雑誌に掲載された裁判例は、次に紹介するように少なくない。

(5－1) 銀行のインパクト・ローン融資の勧誘につき説明義務違反が肯定された事例［大阪地判昭和62・1・29判時1238号105頁、判タ630号156頁、金法1149号44頁、金判765号19頁］

●事案の概要●

　染色機械の販売を業とするX株式会社は、銀行業を営むY株式会社（株式会社三和銀行）に融資を申し込んだところ、Yの担当課長Aから米国のドル建てで借りることを勧められ、インパクト・ローン（外国為替公認銀行が居住者に対して行う使途制限のない外貨貸付）による融資を受けところ、円相場が急落し、為替差損が生じたため、XがYに対して説明義務違反等を主張し、債務不履行に基づき損害賠償を請求したものである。この判決は、インパクト・ローンの仕組み、市場金利、相場性、為替予約等につき十分に説明して理解を得るべき信義則上の義務に違反したとし、請求を認容した。

●判決内容

　「原告は、先ず、被告がインパクト・ローンによる貸付をなすにつき、原則として貸借時に当然先物予約を併用すべき信義上の義務があると主張する。しかしながら、先物（為替）予約は、本来インパクト・ローンとは別個、独立の取引であつて、それに基づく手数料等新たな負担を顧客に強いるものであるから顧客から申出のない限り、被告において当然先物予約を併用すべき義務を負担させるのは当を得ない。
　しかしながら、前記認定のとおり、先物予約を併用しないインパクト・ローンは債権債務が外貨建であるところから、国内の公定歩合を基準とした円貨建貸付と異なり、為替相場の変動リスクを顧客が直接的に負担するほか、為替相場に変動のない場合、例えば米ドル建による場合は米国の高金利をそのまま負担し、更に変動金利方式（原告の場合3か月ごとの見直し）によれば金利負担の予測さえもつきにくいという専門的、技術的要素に富み危険性をはらむ融資方法であるから、これに対し十全の対処策をとらねば顧客が不測の損害を被りかねず、例えば顧客が外貨建債権を有しその為替相場の変動によるリスクを回避する目的（リスクヘッジ）でなすとか、右相場の変動による投機目的でなす等この種取引に精通するような場合を除き、インパクト・ローンの利用を勧誘する銀行は、その仕組、市場金利、相場性、為替相場の変動による危険性、その対処策として先物予約を併用する方法のあること等を十分に説明してその理解を得るべき信義則上の義務を負担するというべきで

ある。

　これを本件についてみるに、前記認定のとおり、原告は専ら国内取引を業務としてドル貨建債権を有するものではないし、過去に一度台湾に直接輸出したことがあるものの外国為替に関する知識経験がなく全く素人に等しいと言つて過言ではなく、しかも、元来が、被告に対し、国内取引のため円貨建融資を依頼し、インパクト・ローンを利用する必然性はまつたくなかつた。しかるに、被告担当者は、被告に対し絶対的な信頼を置いている原告に対し、突然インパクト・ローンによる借入を勧めながら右義務に違背し、いわば御座成りの説明でインパクト・ローンが円貨建借入と実質異ならないかのごとき認識を与えて本件貸借をなさしめ、もつて損害を与えたのであるから、被告は本件貸借により原告の被つた損害を賠償する責任がある。」

●**事案の特徴**

　この事案は、会社が銀行に融資を申し込んだのに、銀行が米国のドル建ての融資(インパクト・ローン)を勧誘し、会社がこれを承諾して融資を受けたところ、円相場が急落し、為替差損が生じたため、会社が銀行に対して債務不履行に基づき損害賠償を請求した事件である。この事案は、銀行が融資を申し込んだ会社に外貨建ての融資を勧誘したこと(為替の変動を考慮すると、外貨建ての融資は購入を希望した会社にとって実質的には投資取引に当たる)、会社にとって外貨建ての融資は無意味のものであったこと、円相場が急落し、会社に為替差損が生じたこと、銀行の債務不履行責任が問題になったことに特徴がある。

●**判決の意義**

　この判決は、米国ドル建てのインパクト・ローンの内容、リスクを説示したうえ、インパクト・ローンの利用を勧誘する銀行は、その仕組み、市場金利、相場性、為替相場の変動による危険性、その対処策として先物予約を併用する方法のあること等を十分に説明してその理解を得るべき信義則上の義務を負担するというべきであるとし、この事案につきこの信義則上の義務違反を認め、債務不履行を肯定したものである。この判決は、銀行が取引先である会社に対するインパクト・ローンのリスク等につき説明し、理解を得るべき信義則上の義務違反を認めた重要な事例判断として参考になるものであ

る（なお、この判決の提示する説明義務は、説明の範囲だけでなく、説明の程度について、議論があるものの、顧客の理解を得ることが信義則上の義務であるとするものである）。この判決が銀行の説明義務違反による債務不履行を認めたのは、融資を希望した会社にインパクト・ローンを勧誘する必要性、相当性がなかったこと、会社が外国為替につき知識経験がなかったこと、会社が銀行に対して高い信頼を置いていたことによるものであると推測される。この判決が考慮した事情のうち、銀行と取引先である企業が継続的に貸付取引関係がある場合には、取引先が銀行を信頼をし、継続的な取引関係から銀行の紹介、勧誘を断りにくいという事情は、銀行との取引全般にみられる重要な事情であるが、銀行との投資取引等をめぐる銀行の法的な責任が問題になる事案においてこれが重視されることは、特段の事情のない限り、合理的な見方であるということができる。

（5-2）銀行の外国為替先物取引の勧誘につき不法行為責任、債務不履行責任が否定された事例［東京地判平成2・10・9金法1271号46頁］

●事案の概要●

鉄鋼原料の輸出入、販売等を業とするX株式会社は、銀行業を営むY株式会社（株式会社富士銀行）等の銀行と継続的に融資等の取引を行っていたところ、外国為替先物取引につき実需原則が撤廃されたことを契機として、YがXにつき為替先物取引の与信枠を設定し、Xが数回の為替先物取引を行い、損失を被り、先物予約期日の延長申入れも拒絶されたため、XがYに対して不法行為、債務不履行に基づき損害賠償を請求したものである。この判決は、いずれの責任も否定し、請求を棄却した。

●判決内容

「しかして、右認定にかかる事実を総合考慮すれば、被告の社員柳澤らにおいて原告に対し、ある程度の執拗さをもって本件先物取引を開始するよう勧めた形跡が窺

えないわけではないが、そのために原告に対し、先物取引により必ず利益を得られるなどと虚言を弄し、または、被告の勧めに応じて本件先物取引を行わなければ原告と被告とのその余の銀行取引に好ましくない影響を及ぼすかのような言動を弄し、執拗かつ強制的にこれをなすよう要求したとまでは到底言い得ないばかりか、かえつて、原告が行つた本件先物取引を含む被告との先物取引の規模、回数等に鑑みるとき、原告は、先物取引により為替差益を得るため、柳澤の勧めを契機として自ら積極的に本件先物取引を行つたものと認めるのが相当である。

四　また、原告は本訴請求原因3（二）(2)の予約期日延長拒絶行為をもって不法行為を主張しているので、次いで、この点について判断する。

……によれば、そもそも外国為替先物取引における予約期日は、売買契約の履行期日に相当するものであるから、顧客が期日の延期の申し入れをすれば、被告において承諾する義務を負うような性質のものでなく、むしろ、顧客及び被告は、期日には先物取引の履行をする義務を相互に負っているものであることが認められる。もつとも、原告代表者尋問の結果中には、原告において東京銀行、三井銀行、日本銀行等に問い合わせ、調査したところ、銀行が延期を認めないというような決まりはなかつたとか、東京銀行との外国為替先物取引においては原告が履行を強要されたことがないという部分があり、原本の存在及びその成立に争いのない甲第17号証中には、昭和59年4月の実需原則撤廃以来、企業の為替変動対策も機動的に行えるようになり、予約の先送りも自由になつた旨の記述が認められ、原告代表者尋問の結果により成立の認められる甲第18、19号証によれば、三井銀行及び太陽神戸銀行において期日変更の手数料を定めた事実が認められる。しかし、……によれば、右各事実及び証拠は、銀行と顧客が同意のうえ期日を延期するのは自由であることを意味することにとどまることが明らかであるから、前記認定を左右するものではない。

そうすると、被告が原告による期日の延長の申し入れを拒絶し、原告に対し期日に履行するよう要求することは、その手段方法が社会的相当性を逸脱するような特段の事情がないかぎり、許容されると解するのが相当であるところ、本件全証拠によつても右のような事情は認められない。」

●事案の特徴

この事案は、国際的な取引を行っていた会社が銀行の従業員の勧誘により外国為替先物取引の与信枠を設定し、多数回の外国為替先物取引を行い、損失を被ったため、会社が銀行に対して不法行為、債務不履行に基づき損害賠償を請求した事件である。この事案は、会社が銀行の勧誘により外国為替先物取引を行ったこと、会社が国際的な取引を行っており、外国為替の知識、

取引経験があったこと、会社が損失を被ったこと、銀行の不法行為、債務不履行に基づく損害賠償責任が問題になったことに特徴がある。

●判決の意義

この判決は、会社が銀行の担当従業員の勧誘を契機とし、積極的に外国為替先物取引を行ったこと等から、銀行の不法行為、債務不履行を否定したものであり、事例判断を提供するものである。

（5－3）銀行のインパクト・ローンの勧誘につき不法行為責任が否定された事例［東京地判平成4・6・26判時1469号113頁、金法1333号43頁、金判903号18頁］

●事案の概要●

不動産業者であるX株式会社は、銀行業を営むY株式会社（株式会社三和銀行）の支店長等の勧誘により、為替相場の変動を利用し、銀行からの借入れを実質的に低利で円資金を利用することができるパッケージローンタイムリー予約型の金融商品につき契約を締結し、インパクト・ローンにより借り入れたが、為替相場が円安に推移したため、為替差損を被り、XがYに対して不法行為に基づき損害賠償を請求したものである。この判決は、Yによる金融商品の勧誘、説明に違法性がなかったとし、請求を棄却した。

●判決内容

「2　右認定の事実によれば、菅野及び岡崎支店長（以下、『菅野ら』という。）は、本件契約につき、行使期日までに円相場が目標相場を超える円高にならず、かつ、行使期日にも円相場が契約価格より円安となった場合には、ドルの市場調達価格と契約価格との差額につき原告に為替差損を生じ、これが全部原告の負担となること、また、行使期日までに円高がいかに進行しても、本件契約により原告が受ける利益は実質年利5.4パーセントの金利を確保するにとどまることを、右契約の締結時までに刈谷に対し、書面及び口頭で十分説明していたものというべきである。

原告は、菅野らから原告のリスクに限度がない旨の説明がなかったので、刈谷においては、円安の場合でも原告は1330万円の限度で為替差損を負担するに止まると

考えていた旨主張する。

　しかし、刈谷は、原告代表者尋問中で、右主張に沿う供述をする一方、本件契約による金利の逓減効果が1パーセント程度であるから、リスクも同程度であろうと考えた旨、右と異なる供述もしていること、同人が右1330万円の根拠として述べる数字は何ら合理性のないこと、損害の限度額が定められているかどうかは原告にとって極めて重要であり、右の限度額が定められていると考えたのであれば、あらかじめこれを菅野らに確認するはずであるのに、刈谷はそれをせず、同人がこれを口にしたのは行使期日後が初めてであること、刈谷は前記認定のとおり被告に念書を差し入れているが、右書面には為替差損の額に限度がある旨の記載はなく、差損が全部原告の負担であることが明らかにされていること等の事実に照らすと、刈谷が、円安の場合でも1330万円を限度として為替差損を負担するに止まると考えていたとは認め難い。

　また、原告は、菅野らが円高見通しの資料のみを刈谷に示して円高基調にあることを強調し、本件契約を締結するよう積極的に刈谷を勧誘した旨主張する。

　しかし、菅野らが殊更に円高基調を強調することで、刈谷に対し、本件契約の締結を積極的に勧誘したと認めるべき証拠はない。

　また、原告は、原告が本件契約により年5.4パーセントの実質金利を達成できることを菅野らにおいて暗黙裡に保証した旨主張するが、これを認めるべき証拠もない。

二　争点2（紹介、説明行為の違法性の有無）について

　被告の担当者である菅野らが刈谷に対してした前記の本件契約の紹介、説明行為は、銀行員が本件契約締結のため顧客に対してするものとしては、相当であり、社会通念上何ら違法性を有するものではないというべきである。

　……

　しかし、本件契約の説明としては、原告の権利義務の内容とそれを基礎付ける条件に関わる前記第三、一1（二）及び（四）に認定の事実程度の説明をもって十分というべきであり、これ以上に、被告が原告から取得した権利を市場で売却することや、円高の場合にも金利が年5.4パーセントに固定してしまう理由等の本件契約の仕組みの詳細についてまで具体的に説明する義務があるとは、にわかに認めることはできない。」

●事案の特徴

　この事案は、不動産会社が銀行の支店長等から勧誘され、外国為替相場の変動を利用し、銀行からの借入れを実質的に低利で円資金を利用することができるパッケージローンタイムリー予約型の金融商品の契約を締結し、インパクト・ローンにより借り入れたところ、外国為替相場が円安になり、為替差損を被ったため、会社が銀行に対して不法行為に基づき損害賠償を請求し

た事件である。この事案は、銀行が会社に外国為替を利用したパッケージローンタイムリー予約型の金融商品の取引を勧誘したこと、会社が前記契約を締結してインパクト・ローンにより融資を受けたこと、外国為替相場が円安になり、会社が為替差損を被ったこと、銀行が会社にとってメインバンクであったこと、銀行の説明義務違反が問題になったこと、銀行の不法行為責任が問題になったことに特徴がある。

●判決の意義

この判決は、会社が銀行の担当従業員によりパッケージローンタイムリー予約型の金融商品の契約を勧誘され、契約を締結する等したことについて、相当であり、社会通念上何ら違法性を有するものではないとし、説明義務違反を否定し、不法行為を否定したものである。この判決は、金利が年5.4パーセントに固定してしまう理由等の前記契約の仕組みの詳細についてまで具体的に説明する義務はない等と説示しているものであるが、この事情、前記契約の仕組みにつき説明義務を負うかどうかは、重要な問題であり、この事案の投資商品のリスクの内容、程度に照らすと、この説明義務を認めることも不合理ではないというべきであろう。この事案の外国為替に影響される取引を行った会社は、外国との取引の十分な知識、経験がないと推測されるし、外国為替に影響される取引のリスクの理解、必要性、相当性に疑問が残るほか、銀行が会社のメインバンクであったという事情があり、このことも銀行の説明義務違反の判断に重要な事情として考慮されるべきである。

この判決は、銀行の説明義務違反を否定した事例判断を提供するものであるが、投資取引の内容、会社と銀行との関係等を考慮すると、説明義務の範囲、説明義務違反の評価に疑問が残るものである。控訴審判決につき〔5－4〕参照。

(5－4) 前記〔5－3〕の控訴審判決であり、銀行のインパクト・ローンの勧誘につき不法行為責任が否定された事例〔東京高判平成4・12・21金法1362号39頁〕

●事案の概要●

前記の〔5－3〕東京地判平成4・6・26判時1469号113頁、金法1333号43頁、金判903号18頁の控訴審判決であり、Xが控訴したものである。この判決は、説明義務違反を否定し、控訴を棄却した。

●判決内容

「原判決第三の一1で認定したとおり、控訴人は昭和60年12月18日の設立以来、不動産取引業を行い、被控訴人を唯一の取引銀行として、被控訴人から経営資金として約20億円を借り入れていたが、平成元年に従前5.7パーセントであった長期プライム・レートが数回に亘り引き上げられた結果、同年11月6.2パーセントに上昇したのに伴い、被控訴人から貸付金利の引き上げを要求されたため（証人菅野三男の証言）、控訴人の代表取締役刈谷正明はその対策として、金利負担の低減を図るために、将来の円高を予想して、ドル建て貸付とドル先物売買予約を組み合わせることにより、ドル金利は年9.0625パーセントだが、円の実質調達金利は年5.40パーセントと極めて有利になる本件商品につき同年12月21日本件契約を締結したものであり、かつ、刈谷は契約直後の同月26日被控訴人に対し、本件契約による為替差損のリスクは一切控訴人代表者刈谷の責任に帰属する旨の念書（……）を自筆で作成している。その他、控訴人の業務内容、経営規模、経営期間等を考慮すると、銀行から継続して多額の金員を借り入れていた控訴人は、将来の為替変動の危険を了解した上で、自らの判断に基き自らの危険で、本件契約を締結したものと認められ、被控訴人の担当者菅野の説明に不十分な点があったとは認められず、為替変動の危険性を告知した旨の岡崎支店長の証言内容も、刈谷が当時、前記念書（……）を作成している事実からみても、充分に信用することができ、……の新聞記事も以上の認定を左右するものではない。」

●判決の意義

この判決は、

「控訴人の業務内容、経営規模、経営期間等を考慮すると、銀行から継続して多額の金員を借り入れていた控訴人」

であると認定し、この事案の投資取引は会社の自己判断、自己責任に基づき

行われ、銀行の担当者の説明義務違反がないとしたものであり、第一審判決である前記の〔5－3〕東京地判平成4・6・26判時1469号113頁、金法1333号43頁、金判903号18頁と同様な判断を示したものであり、同様な意義をもつものであるが、同様な疑問が残るものである。

〔5－5〕外国銀行の節税対策の助言を受けて外国証券を購入したことにつき説明義務が否定された事例［東京地判平成7・10・16判タ912号209頁］

●事案の概要●

　米国在住のXは、資産家である祖母Aの養子であったところ、相続税対策を銀行業を営むY₁会社（シティバンク・エヌ・エイ）の従業員Bに相談し、BがAにおいて投資目的で米国財務省証券を取得し、その存命中に米国居住者であるXに生前贈与すれば、日米両国で課税されず、将来の相続財産を圧縮できる、満期が183日未満の短期証券を何回かにわたって投資を継続することがよい旨を説明したことから、XがAを代理し、信託銀行業を営むY₂株式会社（シティトラスト信託銀行株式会社）との間で投資顧問契約を締結し、Y₁らのグループ会社が短期証券を購入したところ、AがXに贈与する前に死亡し、米国の連邦遺産税は183日を超える満期の証券だけが免税の対象になり、Aの購入した証券には課税されることになり、相続税の支払を余儀なくされたため、XがY₁らに対して不法行為等に基づき損害賠償を請求したものである。この判決は、贈与前にAが死亡したときは節税対策が功を奏さないことを説明し、相続税については専門家の助言を受けるよう指示したものであり、生前贈与を前提とする節税対策の説明の限度で説明を承諾したものである等とし、説明義務を否定し、不法行為等を否定し、請求を棄却した。

第5章　銀行等の投資取引をめぐる裁判例

●判決内容

「1　争点1（被告シティバンクの不法行為責任）について
（一）　説明義務違反について
　　当初原告が関口らに対し申入れをしたのは故ハズヱの相続税対策の相談であったこと、関口、船山らは同女が高齢で健康状態が悪かったこと及び原告が故ハズヱの孫であったことを聞いていたことはいずれも前認定のとおりであるが、他方で、前認定の事実によれば、被告シティバンクの従業員である関口及び船山は、同被告の行っている節税対策が米国居住者と非居住者間の米国財務省証券の贈与を目的とする節税対策であることを説明したものであり、その際に同人らは、贈与前に故ハズヱが死亡した場合には右節税対策が功を奏さないことを説明し、併せて、相続税に関しては専門家の助言を受けるよう指示したものであって、被告シティバンク及びその従業員関口、船山らが、原告の右申入れを受けて承諾したのは、生前贈与を前提とする本件節税対策の説明の限度にとどまるものと認められる。
　　したがって、原告主張の信義則等を考慮しても、同被告の説明義務は生前贈与を前提とする事項についてのみ生じると解さざるを得ず、贈与前に相続が発生した場合の相続税対策まで依頼を受けたものとは認められない以上、贈与前に相続が発生した場合をも想定して米国連邦遺産税やGST税に関する説明までなす注意義務を負っていたものと認めることはできないから、右の義務があることを前提とする原告の被告シティバンクに対する説明義務違反の主張は、その使用者責任の主張を含め、いずれも理由がない。
（二）　銀行法違反について
　　原告は、関口が被告シティトラストの窓口となって投資顧問業の代行業務をした被告シティバンクの行為が銀行法10条2項に違反する旨主張する。
　　しかし、前認定の事実によれば、関口が被告シティトラストの窓口として行った本件投資顧問契約に基づく行為は、本件証券の取得及び贈与に伴う米国内における手続を故ハズヱに代わって実施するという証券の取得及び管理等に対する代理事務の提供を目的とするものであったものと認められ、投資顧問業法に規定する投資顧問業としてなした行為とはいえないから、原告の右主張は前提を欠き失当である。
　　また、原告は、関口が訴外シティコープを代行して本件証券の売買の取次をなしたとして、かかる被告シティバンクの行為が銀行法10条2項に違反すると主張するが、前記争いのない事実によれば、本件証券の売買の取次をなしたのは被告シティバンクではなく被告シティトラストであるから、右主張も採用することができない。
2　争点2（被告シティトラストの債務不履行ないし不法行為責任）について
　　右にみたとおりの認定事実によれば、本件投資顧問契約は、本件証券の取得及び贈与に伴う米国内における手続を故ハズヱに代わって実施するという証券の取得及び管理等に対する代理事務の提供を目的とするものであって、前記のとおり原告は、

関口らから本件節税対策の説明を受けた後に、本件投資顧問契約を締結していることをも考慮すると、同契約は、原告主張のようなタックスアドバイザー契約又はこれを含むものとは認められないうえ、投資顧問業法上の投資顧問契約とも認められないものであるから、以上を前提とする原告の被告シティトラストに対する債務不履行又は不法行為責任の主張は、主位的及び予備的主張1ないし3のいずれも失当であって採用することができない。」

●事案の特徴

　この事案は、高齢の資産家の養子（実の孫で米国在住）が養母の相続につき日米両国で課税されず、将来の相続財産を圧縮できる相続税対策を検討していたところ、外国銀行の助言を受けて米国証券を購入したところ、養母が死亡後、課税の対象となることが判明し、相続税の支払を余儀なくされたため、相続人である養子（養母の代理人）が銀行らに対して不法行為、債務不履行に基づき損害賠償を請求した事件である。この事案は、高齢の資産家の養子（実の孫で米国在住）は、養母の相続につき日米両国で課税されず、将来の相続財産を圧縮できる相続税対策を検討したこと、米国の銀行に節税対策を相談したこと、養子が代理人として節税対策として米国債券を購入したこと、養母が死亡後、購入した債券が非課税の要件を満たさず、相続税の課税があったこと、相続人である養子が銀行らに対して損害賠償責任を追及したこと、銀行の説明義務違反が問題になったことに特徴がある。

●判決の意義

　この判決は、銀行は節税対策が功を奏さない内容を説明し、相続税については専門家の助言を受けるよう指示したものであり、生前贈与を前提とする節税対策の説明の限度で説明を承諾したものであるとしたこと、銀行には贈与前に相続が発生した場合の相続税対策まで依頼を受けたものではないとしたこと、贈与前に相続が発生した場合をも想定した説明をする注意義務を負っていたものと認められないとしたことに特徴がある。この事案は、日米両国における課税、相続税が問題になる状況において、米国の銀行に節税対策を相談し、米国の債券を購入したところ、相続税の課税が生じたものであるところ、この判決は、具体的な節税対策の相談の内容、回答の内容を認定

第5章　銀行等の投資取引をめぐる裁判例

し、相続税対策は説明の範囲外であったとし、説明義務を否定したものであり、この意味の事例判断として参考になるものである。

(5－6) 銀行の顧客との外国為替等のスワップ取引につき顧客の銀行に対する損害賠償責任が否定された事例［東京地判平成7・11・6金法1455号49頁、金判1032号35頁］

●事案の概要●

　銀行業を営むX株式会社（株式会社あさひ銀行）は、顧客Yとの間で、日本円とスペイン・ペセタとのスワップ取引（クーポン・スワップ）を行ったところ、外国為替がペセタ安に変動したため、Yが決済金を支払うべき義務を負っていたが、その支払を拒絶したことから、Xが取引を解除し、XがYに対して第三者との間で締結したカバー取引の解約金の損害賠償を請求したものである。この判決は、取引の解除を肯定したが、損害賠償の範囲について、カバー取引の解約金が含まれないとし、請求を棄却した。

●判決内容

「3　しかしながら、本件契約が解除されたときにおいて、その解除に伴い原告が被った損害として、どれだけの金額を被告が原告に支払わなければならないかは、右2と別個の問題である。
　本件契約によれば、契約が解除された場合、被告は、解除によって原告に生じる損害を直ちに賠償しなければならないものとされている。しかし、解除によって原告がどのような損害を被るのかについては、本件契約には何ら具体的に規定されていないから、契約解釈によって、これを決する他はないが、まず、契約解釈として、ここにいう損害とは、解除と相当因果関係のあるものをいうと解すべきである。
4　原告は、当初、この損害を、この契約に伴って発生する為替リスクを回避するために行っていた取引を解除するに要した費用であると主張していた。
　……によれば、原告は、本件契約に際し、そこから発生する為替リスクを回避するためアメリカ合衆国ニューヨーク州のAIGフィナンシャル・プロダクツ・コーポレーション（以下『AIG』という。）と、将来の三つの時点における固定金利26.5パーセントによるESPの金利を、同時点における固定金利25パーセントによる日本円

の金利で交換する内容の金利及び通貨交換取引契約を締結し、本件契約が解除されたことに伴い、原告がこの金利及び通貨交換取引契約を解除したことにより、解約支払金額として、3813万8811円をAIGに支払う義務が発生して、これを支払ったことが認められる。この解約支払金額は、まさに原告が、本件契約に伴って発生する為替リスクを回避するために行っていた取引を解除するに要した費用であるというべきである。しかしながら、丙川証人が証言するように、原告とAIGとのこの契約は、原告側が為替リスクを回避するという必要に基づいて、本件契約と関係なく原告が締結したものであるから、この解約支払金額を、原告が本件契約解除によって被った損害であるとして、原告に賠償を求めることはできない筋合いである。

5 原告は、次に、この損害を次のようなものであるとして説明するようになり、証人丙川もその説明に沿って証言をした。すなわち、被告は、本件契約の解除によって、既に同契約上確定している残存期間にわたる円の支払義務を完了させる義務を負うこととなる。その完了する方法は、将来2月と8月に支払うという形で決まっている価値を契約解除の時点で一括清算するため、残存期間のESPを日本円の解除時の先物為替レートによって円換算し、その円価額を解除時点に引き直して原告の支払うべき額を確定し、次に残存期間の円価額を解除時点に引き直して被告の支払うべき額を確定して、その差額を清算するということとなるとする。

しかし、本件のような固定金利のクーポン・スワップ契約を解除する場合において、取引契約を締結した者が必ず残存期間にわたる円の支払義務を完了させなければならないこととなるとは必ずしもいえない。為替先物の予約を取り消す場合には、その取消時点における為替先物相場による価格で反対取引をしなければならないとするのは、或いは原告のような金融機関相互においては、慣習ともいえる事柄であるかも知れないが、被告は、一般消費者である。このような者に対しては、特別に契約上合意しなければそのような金融機関相互間の慣習の類を押しつけることはできないことは当然である。

民法上一般に、将来における履行義務を負った双務契約が有効に解除されれば、契約当事者は、少なくとも将来における履行の義務そのものは免れ、解除によって一方当事者が損害（相当因果関係のある損害）を被れば、その解除について帰責事由のある者がその賠償責任を負うこととなるに過ぎない。この場合、その損害は、将来履行する義務を負う事項を解除時点において履行したとした場合に生ずると想定される損害であるとは限らないことはいうまでもない。」

● 事案の特徴

この事案は、銀行が顧客との間で、日本円とスペイン・ペセタとのスワップ取引（クーポン・スワップ）を行い、外国為替がペセタ安に変動したものの、顧客が決済金を支払拒絶したたため、銀行が顧客に対して取引を解除

し、顧客に対して第三者との間で行っていたカバー取引の解約金の損害賠償を請求した事件である。この事案は、銀行が顧客との間で外国為替取引を行っていたこと、銀行が顧客に対して損害賠償を請求したこと、損害として銀行が第三者との間で行っていたカバー取引の解約金が主張されたことに特徴がある。なお、この事案は銀行の顧客に対する損害賠償責任そのものが問題になったものではなく、その逆の事件であるが、関連する興味深いものであることから紹介するものである

●判決の意義

この判決は、損害賠償の範囲について、カバー取引の解約金が含まれないとし、顧客の損害賠償責任を否定したことに特徴があり、銀行の行った顧客との間の投資取引につき銀行の主張を排斥し、顧客の法的な責任を否定した事例判断として参考になる。控訴審判決につき〔5―10〕参照。

〔5-7〕銀行の金利スワップ取引につき説明義務違反による不法行為責任が否定された事例［仙台地判平成7・11・28金法1444号64頁］

●事案の概要●

不動産の賃貸を業とするX株式会社は、銀行業を営むY株式会社（株式会社東京三菱銀行）から変動金利で5億円を借り入れていたが、金利が7.6％であり、その負担を感じるようになり、Yの支店担当者から金利スワップを紹介され、ユーロ円を期間5年、年8.751％の固定金利、半年ごとの利払い、オーストラリア・ドル固定金利と円固定金利を交換する旨の契約を締結したが（利息の支払期日にオーストラリア・ドルと円の交換レートが103.64円より円安になった場合には、Xが負担する実質金利が8.751％より軽減される）、円高となり、Xが損失を被ったため、XがYに対して説明義務違反を理由とする不法行為に基づき損害賠償を請求したものである。この判決は、商品の概要、危険性につき説明義務に違反するとまではいえないとし、請求を棄却した。

●判決内容

「2　説明義務の有無
　本件商品は、以上のような危険性を有するものと認められるところ、本件商品は一般になじみの薄い金融商品であり、その危険性が一般に周知のものであったとも、原告代表者が本件商品の危険性に予め精通していたとも認められないから、被告は、原告に対し、原告が本件商品についての契約をするか否かを判断するに当たり、信義則上、本件商品の概要及び本件商品が有する危険性について適切な説明をすべき説明義務を負っていたものというべきである。
四　被告の説明義務の範囲・程度
1　前記認定のとおり、原告は、被告からの従前の変動金利による借入金の金利の支払を負担に感じ、金利負担を軽減することを意図していたのであるから、本件商品は、短期的にみれば、原告の当面の必要（ニーズ）に合致していたものとはいえるが、本件商品の前記のような危険性からすれば、客観的にみれば、これを導入することは原告にとって慎重な判断を要するものであったものと考えられる。したがって、被告は、原告に対し、原告が自らの責任で本件商品を導入するかどうかを判断するのに必要な、本件商品の概要及び本件商品が有する危険性についての適切な説明をすべきであったというべきである。
2　本件商品は、こうした金融商品についての特別な知識を有しない者にとっては、その仕組みがわかりにくいものであるが、顧客にとっては、本件商品を導入するか否かを判断するに当たっては、必ずしもその仕組みを完全に理解するまでの必要はなく、必要不可欠なのは本件商品を導入して契約を締結した場合に具体的に実質金利がどのような危険性があるのかということであるから、被告は、原告に対し、本件商品が為替相場の変動により顧客の負担する実質金利が左右されるものであり、円高が進めば実質金利が上昇するという危険性もあること、豪ドルと円の交換レートがいくらになれば顧客の負担する実質金利がいくらになるのかということ、先物予約をすることによりその時点以降の為替リスクを回避する方法があることについて説明することを要し、かつ、それで足りるものというべきである。
　原告は、被告は原告に対し、豪ドルの特性、値動きの予測や範囲について説明すべき義務があったと主張するが、為替相場の推移を正確に予測することは、被告のような銀行にとっても相当困難であることは公知の事実であるから、そのような事柄について顧客に説明をすることが被告の法的義務となるとまではいえない。
五　被告の説明義務違反の有無
1　被告が原告にした本件商品の説明
　……
2　検討
　以上認定の事実関係によれば、仲川は、原告代表者に対し、本件商品は為替相場の

推移によっては実質金利が上昇する危険性があること、豪ドルと円の交換レートがいくらになれば顧客の負担する金利がいくらになるのかについて、原告代表者が具体的に理解することが可能な程度の説明がされていたものというべきであり、また、先物予約をすることによって為替リスクを回避する方法があることについても、一応の説明がされていたものというべきであり、原告代表者としては、仲川の説明により本件契約の危険性は認識しえた以上、その危険性が現実のものとなることを回避するための方法についての説明が理解できなければ、仲川あるいは他の被告従業員に対して更に説明を求めるべきであったから、原告に対する説明義務違反が成立するとはいえない。

したがって、被告が原告に対し本件契約について説明義務を負っていた事項について仲川が行った説明は、被告の原告に対する説明義務に違反するものとまではいえない。」

●**事案の特徴**

この事案は、不動産会社が銀行から融資を受けていたところ、高金利の負担を感じるようになり、銀行の担当従業員から豪ドルの金利スワップを紹介され、金利スワップ契約を締結したが、円高となり、会社が損失を被ったため、会社が銀行に対して説明義務違反を理由とする不法行為に基づき損害賠償を請求した事件である。この事案は、会社が銀行から融資を受けており、その金利負担の軽減を図ろうとしたこと、銀行が外国為替を利用した金利スワップ取引を紹介したこと、円が豪ドルに対して円高となり、会社が損失を被ったこと、銀行の不法行為責任が追及されたことに特徴がある。この事案では、顧客である会社は銀行から多額の融資を受け、取引が継続しており、銀行が優越的な地位にあったうえ、会社、その代表者が外国との取引、外国為替に関する知識、経験が乏しかったものであり、銀行の紹介、勧誘、説明を信頼していたことも背景事情として無視できないところである。

●**判決の意義**

この判決は、銀行が会社に対して、会社が金利スワップ取引につき契約をするか否かを判断するに当たり、信義則上、取引の概要、危険性につき適切な説明をすべき説明義務を負っていたとしたこと、銀行は、この事案の商品が外国為替相場の変動により顧客の負担する実質金利が左右されるものであ

り、円高が進めば実質金利が上昇するという危険性もあること、豪ドルと円の交換レートがいくらになれば顧客の負担する実質金利がいくらになるのかということ、先物予約をすることによりその時点以降の為替リスクを回避する方法があることにつき説明することを要し、かつ、それで足りるとしたこと、この事案では、銀行の担当者がリスク、負担の概要を説明し、回避方法につき一応の説明がされていたとし、銀行の説明義務違反を否定し、不法行為を否定したことを判示したものである。

この判決は、銀行の金利スワップ取引の紹介、勧誘につき信義則上の説明義務を認めたうえ、説明義務違反を否定した事例判断を提供するものであるが、銀行と顧客である会社との間の関係、金利スワップ取引の内容、リスク、説明内容の一部が十分でなかったことを考慮すると、説明義務違反を肯定することも不合理ではなかったと評価されるものである。

この判決については、少なくとも銀行の説明が十分ではなかったというべきであり、この判決の認定、判断が今後どの程度参考になるかは相当に慎重であることが必要であろう。控訴審判決につき〔5－8〕参照。

(5－8) 前記（5－7）の控訴審判決であり、銀行の説明義務違反、アフターケア義務違反による不法行為責任が否定された事例［仙台高判平成9・2・28金法1481号57頁、金判1021号20頁］

●事案の概要●

前記の〔5－7〕仙台地判平成7・11・28金法1444号64頁の控訴審判決であり、Xが控訴したものである。この判決は、適合性原則の違反、説明義務違反、アフターケア義務違反を否定し、控訴を棄却した。

●判決内容

「2 説明義務とその違反について
(一) 本件商品は、原判決認定のとおりの内容のものであり、豪ドル／円の交換レートの変動により、損益分岐レートを境に、実質金利の増大あるいは軽減という効

果をもたらすというもので、銀行等の金融機関にとってさえ為替相場の推移を正確に予測することが困難であることも併せ考えると、顧客にとって、予想外の損失を被る可能性を内包するものである。

　したがって、被控訴人は、金利の負担が軽減することを期待している控訴人に対し、少なくとも次の事項について説明することを要するものと解すべきである。
(1)　本件商品が実質金利の低下をもたらすことがある反面、円高が進むことによって実質金利が上昇する危険もあること。
(2)　予定している契約内容を前提にした場合、豪ドルと円との交換レートの額と、これによって帰結される控訴人の負担すべき実質金利の額（率）
(3)　円高の進行によって損失を被る危険と、これを回避する方法の有無とその内容

　控訴人は、右の点についてるる主張するが、右義務の具体的内容、すなわち具体的にいかなる説明をどのような方法ですべきであるかについて、あらかじめこれを列挙することは相当ではなく、右の三点について、具体的に認定することのできる事実を前提として、その適否を検討することにする。

（二）　被控訴人は、控訴人に対し、本件契約に先立ち、『A＄／円コンビネーションローンのご案内』と題する書面……と、『A＄／円コンビネーションローンご確認書』と題する書面……を交付し、仲川がこれに基づいて口頭で説明をしたが、これらの書面の内容及び仲川の説明内容は、原判決認定のとおりである。これによれば、少なくとも本件商品がユーロ円と豪ドル／円スワップをその内容とし、為替相場の変動により、控訴人の負担すべき実質金利の多寡が左右されること、具体的には、豪ドル／円の交換レートが103.64円／豪ドルの場合が損益分岐点となり、このときに控訴人が負担する実質金利は、控訴人が借り受けるユーロ円ローンの金利とほぼ等しくなり、これより円安が進むと実質金利は低下し、円高が進むと実質金利は上昇すること、本件契約当時の交換レートは113.60円であり、この場合に控訴人が負担する実質金利は年6.45パーセントになること、さらにこれらの各場合について、具体的数字を挙げてシミュレーション化した表が明記されていること、円高に伴う実質金利の上昇という危険を回避するためには、控訴人が被控訴人から受け取る豪ドルについて先物予約をし、被控訴人から支払を受ける豪ドルの交換レートを確定することにより、負担すべき実質金利を固定することができること、以上の内容が明らかにされていることも原判決認定のとおりである。

（三）　右によれば、被控訴人は、前記の程度に経済取引の経験を有する控訴人において理解が可能な程度に、前掲（一）の(1)ないし(3)の三点について、十分な説明をしたものということができ、被控訴人において要求されるべき説明義務を果たしたものと解するのが相当である。

　そして、被控訴人の右説明に対し、当時、控訴人がそれを明らかに理解していないとか誤解をしているといった状況にあったことを認めることはできないから、被控訴人には、これ以上の確認や念押しまでもすべき法的義務はない（銀行のサービ

ス上の心構えとしてどこまでするのがよかったかは別問題である。)。」

●事案の特徴

この事案は、第一審判決である前記の〔5－7〕仙台地判平成7・11・28金法1444号64頁の控訴審の事件であり、すでに紹介した特徴をもつものである。

●判決の意義

この判決は、銀行の金利スワップ取引の紹介、勧誘につき信義則上の説明義務を認めたうえ、説明義務の内容につき具体的に説示し（本件商品が実質金利の低下をもたらすことがある反面、円高が進むことによって実質金利が上昇する危険もあること、予定している契約内容を前提にした場合、豪ドルと円との交換レートの額と、これによって帰結される控訴人の負担すべき実質金利の額、円高の進行によって損失を被る危険と、これを回避する方法の有無とその内容）、この事案では説明義務が果たされたとし、説明義務違反を否定し、さらにアフターケア義務違反を否定し、銀行の不法行為責任を否定したことを判示したものである。

この判決は、第一審判決である前記の〔5－7〕仙台地判平成7・11・28金法1444号64頁と比較すると、説明義務の内容をより具体的に説示したところに新味があるが、前記の第一審判決の認定、判断と同様な疑問を差し挟む余地があるということができる。

（5－9）銀行の融資の利息に関する外国為替先物取引につき利息制限法違反が否定された事例［東京地判平成9・4・2判夕966号235頁］

●事案の概要●

X株式会社は、銀行業を営むY株式会社（株式会社第一勧業銀行）から、半年ごとに9回利息を支払い、最終の10回目に全期間の利息を豪ドル先物取引を組み入れてオージーバルーン方式で清算する旨の特約を締結して金銭を借り受けたところ、予想を超えた円高になり、最終回の支払が大幅に増加したため、当初利率を超えた支払分につき不当利得の返

還を請求したのに対し、Yが約定どおりの利息の支払を請求したものである。この判決は、利息制限法違反を否定し、Xの請求を棄却し、Yの請求を認容した。

●**判決内容**

「二　……によれば、請求原因2の貸付の方式は、オージーバルーン方式といわれているものであること、バルーン方式においては、最終回の利息を除く各回の利息の利率は顧客の資金調達事情に応じて定められること、バルーン方式の利息を通算した利率は、一般の貸付の利率に後払コストを加えた利率となること、オージーバルーン方式とは、バルーン方式に豪ドルの先物取引的技術を組み入れ、5年先の最終回支払利息の軽減を期待するためのものであり、被告の第一事件答弁書第三の二の2掲記の計算式により最終回支払利息額を計算することができること、オージーバルーン方式は、バルーン方式の最終回ふくらみ部分の利率軽減を意図するものであるが、為替相場の変動を利用するものであるので、その時点の為替相場によっては、逆に為替差損を生じ、利息額の増加を招くことも起こりうること、本件においては、契約当初の予想を超えた円高をめぐる為替事情から、最終部分の利息軽減期待が逆に増加をきたすという結果を生じたものであることが認められる。

三　原告は、最終回の利息に関する金銭消費貸借契約の内容は原告に理解されていなかったものであるから、その部分につき合意がなく、利息の定めはなかったものというべきである旨主張する。

しかし、……によれば、原告と被告の間には、乙第3号証の契約書が調印され、原告に写しが交付されていること、原告は資本金6250万円の会社であり、経理部長が右契約に直接関与していたこと、オージーバルーン方式の計算式の詳細は一般人には理解しにくいものであるが、その方式自体は、要は、最終回の利息を除く各回の利息の利率は、顧客の資金調達事情に応じて定めることができるという利点がある反面、最終回の利息の負担は大きくなるものであり、その負担を軽減することを意図して、豪ドルの先物取引的技術を組み入れたものであるというのであり、この内容を理解することは、会社の借入れその他の経理を担当する者にとっては、必ずしも困難であるとはいえないこと、原告はオージーバルーン方式に為替リスクがあることについて、本件金銭消費貸借契約締結当時、そのことを理解している旨の念書を被告に差し入れていることが認められる。

右認定事実によれば、原告が最終回の利息に関する金銭消費貸借契約の内容を理解していなかったものということはできない。

……

五　原告は、仮に最終回の利息に関する合意が有効に存在し、原告に最終回の利息

金の支払義務があるとしても、原告は被告に対して利息制限法に基づく最大限の金員の支払をしており、これによって原告の債務は消滅していると主張する（第二次請求）。

　しかし、前記三認定の事実及び弁論の全趣旨によれば、本件金銭消費貸借契約は、オージーバルーン方式といわれているものであること、バルーン方式においては、最終回の利息を除く各回の利息の利率は、顧客の資金調達事情に応じて定められること、バルーン方式の利息を通算した利率は、一般の貸付の利率に後払コストを加えた利率となること、オージーバルーン方式とは、バルーン方式に豪ドルの先物取引的技術を組み入れ、5年先の最終回支払利息の軽減を期待するためのものであり、被告の第一事件答弁書第三の二の2掲記の計算式により最終回支払利息額を計算するものであること、オージーバルーン方式は、バルーン方式の最終回のふくらみ部分の利率軽減を意図するものであるが、為替相場の変動を利用するものであるので、その時点の為替相場によっては、逆に為替差損を生じ、利息額の増加を招くことも起こりうること、本件においては、契約当初の予想を超えた円高をめぐる為替事情から、最終部分の利息軽減期待が逆に増加をきたすという結果を生じたものであること、このような事態が生じうることについては念書の徴求が行われており、原告も理屈の上ではこれを理解していたものといえることが認められる。

　右認定事実によれば、本件金銭消費貸借契約において用いられているオージーバルーン方式とは、顧客の資金調達事情に合わせて、最終回以外の支払利息の利率を顧客の選択に委ねるとともに、最終回の利息の支払の際に、貸借の全期間中の利息の精算をする方式であり、顧客が選択する一定率以上の利率の利息を後払いとする方式といえる。これに豪ドルの先物取引的技術を組み入れたオージーバルーン方式も、最終回の支払利息の額が変動するという点以外は、バルーン方式と異なるところはないものである。このような利息の支払方法にかんがみると、バルーン方式ないしオージーバルーン方式について利息制限法を適用する場合には、金銭貸付けの全期間の利息総額が利息制限法上の制限利率による利息総額の範囲内であれば、利息制限法の範囲内の利息であるということができるのであり、最終回の利息のみを取り上げて利息制限法の適用を論ずるのは相当でない。この観点から見てみると、本件金銭消費貸借契約の全期間における利息総額が右全期間内の利息制限法上の制限利率による利息総額の範囲内であることは明らかである。したがって、最終回の利息のみについて利息制限法の制限を論ずる原告の右主張は理由がない。」

●**事案の特徴**

　この事案は、会社が銀行から融資を受けるに当たって利息の軽減を図るため、銀行から勧誘された豪ドル先物取引を組み入れてオージーバルーン方式で清算する旨の特約を締結したところ、外国為替が円高となり、最終回の利

息の支払が大幅に増加したため、会社が銀行に対して当初利率を超えた支払分につき不当利得の返還を請求する等した事件である。この事案は、融資の利息について豪ドル先物取引を組み入れた特約を締結したこと、外国為替が円高になったこと、最終回の利息が予想外に大幅に増加したこと、会社が利息制限法違反を主張したことに特徴がある。

●判決の意義

この判決は、会社が為替リスクのあることを理解していたとしたうえ、最終回の利息のみにつき利息制限法違反を問題にすることは相当でないとし、利息制限法違反の主張を排斥したものであり、その旨の事例判断を提供するものである。なお、この判決の説示を前提とすると、銀行の説明義務違反もなかったということができる。

（5-10）前記（5-6）の控訴審判決であり、銀行の顧客との外国為替等のスワップ取引につき、顧客の銀行に対する損害賠償責任が肯定された事例［東京高判平成9・5・28判夕982号166頁、金法1499号32頁、金判1032号28頁］

●事案の概要●

前記の〔5-6〕東京地判平成7・11・6金法1455号49頁、金判1032号35頁の控訴審判決であり、Xが控訴したものである。この判決は、原判決を取り消し、請求を認容した。

●判決内容

「『この点につき、控訴人は、本件契約の解除によって生じた得べかりし利益の喪失による損害として、第3回決済日及び第4回決済日における各決済金が右にいう本件契約の解除と相当因果関係のある損害であると主張する。

前記認定のとおり、本件契約は、契約期間を平成2年8月29日から平成4年8月31日までとし、この間に、平成3年2月28日を第1回目の決済日とし、以降毎年2月28日と8月29日の合計4回を決済日として、控訴人は被控訴人に対して右各決済日におけるESPの想定元本金額ESP 6億6150万6913に対する年26.5パーセントの

金利を、被控訴人は控訴人に対して右各決済日における日本円の想定元本金額10億円に対する年25.5パーセントの金利を相互に支払うことを内容とする一個の契約であり、控訴人は、本件契約において、合計4回の各決済日に、被控訴人から、右日本円の想定元本金額に対する右約定の金利の支払を受けるとともに、被控訴人に対し、ESPの想定元本金額に対する右約定の金利を支払うべき地位にあると認められる。そして、本件契約が被控訴人の債務不履行により解除されると、控訴人は、解除後に到来する各決済日において右日本円とESPの金利の交換を受ける地位を失い、右金利の交換に伴う利益を受けることができないことになるが、このような本件契約の解除後に到来する各決済日における日本円とESPの金利の交換により控訴人が受け得る利益は、本件契約の履行によって控訴人が将来得べかりし利益にほかならないから、被控訴人の債務不履行によって本件契約が解除されたことに伴って控訴人が被る将来の得べかりし利益の喪失による損害は、右債務不履行に伴う通常の損害であって、特別の損害ということはできない。したがって、被控訴人は、本件契約の解除によって控訴人に生じた得べかりし利益の喪失による損害を賠償すべき義務がある。

　ところで、……によると、本件解除告知がされた平成3年9月26日の前日である同月25日における日本円とESPとのスポット・レートは1ESP＝1.2581円、右同日における解約基準日である同月30日から第3回決済日である平成4年2月28日までの日数（151日）に最も近い5か月物の日本円の金利は年6.375パーセント、6か月物のESPの金利は年12.177パーセントであるから、解約基準日における第三回決済日を引渡日とする日本円とESPとの先物為替レートはおよそ1ESP＝1.2290円となり、また、同じく本件解約告知がされた日の前日である平成3年9月25日における解約基準日である同月30日から第4回決済日である平成4年8月29日までの日数（336日）に最も近い11か月物の日本円の金利は6.125パーセント、12か月物のESPの金利は年12.132パーセントであるから、解約基準日における第四回決済日を引渡日とする日本円とESPとの先物為替レートはおおよそ1ESP＝1.1947円となることが認められる。そして、これらの数値は、いずれも、金利、為替及び株式等の情報提供会社であるブルームバーグ及び共同通信社が公開しているもの並びにそれに基づいて算出したものであるから、客観的で信頼性が高いものと認められ、これらの数値に基づいて本件契約の解除によって控訴人の被る得べかりし利益の喪失による損害を算出することは、合理性があるというべきである。そして、右各先物為替レートに基づいて右各決済日における日本円の現在価値及びESPの円換算現在価値をそれぞれ算出し、決済金を計算すると、別紙記載(2)の『差額（円換算）』欄のとおり第3回決済金は1931万6240円、第4回決済金は2184万8084円、その合計額は4116万4325円となり、これが、本件契約が被控訴人の債務不履行により解除されなければ、控訴人が第3回決済日及び第4回決済日に得ることができたはずの決済金の現在価値である。控訴人は、本件契約が被控訴人の債務不履行によって解除された

365

第5章　銀行等の投資取引をめぐる裁判例

ことによって右決済金を得ることができず、右同額の損害を被ったことになる。」

●事案の特徴

　この事案は、銀行が顧客との間で、日本円とスペイン・ペセタとのスワップ取引を行い、外国為替がペセタ安に変動したものの、顧客が決済金の支払を拒絶したため、銀行が顧客に対して取引を解除し、顧客に対して第三者との間で行っていたカバー取引の解約金の損害賠償を請求した控訴審の事件である（第一審判決である前記の〔5─6〕東京地判平成7・11・6金法1455頁49頁、金判1032号35頁は、カバー取引の解約金が損害賠償の範囲外であるとした）。

●判決の意義

　この判決は、第一審判決である前記の〔5─6〕東京地判平成7・11・6金法1455号49頁、金判1032号35頁と異なり、カバー取引の解約金が特別損害に当たらず、通常損害に当たるとし、顧客の損害賠償責任を肯定したものであり、その旨の事例判断として参考になる。なお、第一審判決とこの判決の内容を比較対照すると、その当否は別として、判決の予測が相当に困難であるとともに、微妙な違いによって結論が変わることを示している。

〔5─11〕銀行の通貨スワップ取引の説明義務違反等が否定された事例［東京地判平成9・10・31判時1650号103頁、金法1515号49頁］

●事案の概要●

　株式会社の代表者であるXは、銀行業を営むY株式会社（株式会社東京三菱銀行）の従業員の勧誘により、通貨交換の予約レートに従って一定期間にわたり特定の期日ごとに円ローンの借主である顧客が貸主である銀行から豪ドルを受け取り、銀行が顧客から円を受け取り、同時に円ローンの支払が行われて清算する通貨スワップ契約と、そのための3億円を借り受ける金銭消費貸借契約を締結したが、当初は為替差益を得たものの、その後に為替差損を生じたため、XがYに対して説明義務違反、アフターフォロー義務違反等を理由とする不法行為、債務不履行に基づき損害賠償を請求したものである。この判決は、Yの従業員が

一応説明を行ったとし、請求を棄却した。

● 判決内容
「二　説明義務違反について
1　(一)　銀行等が、顧客に対し、取引に伴う損失の危険性が大きい金融商品を提供する場合には、銀行等は、予め右商品の概要を知っている顧客に対する場合を除き、信義則上、顧客が自己の受け得べき利益ないし損失を検討した上で契約を締結するか否かを判断し得るだけの説明を行うべき義務を負うというべきである。
(二)　本件スワップ契約においては、前記のとおり、通貨交換日における為替相場によって、原告の取得する円（被告から受け取る豪ドルを改めて円に交換したもの）の価額が変動するのであり、本件スワップ契約における予約レートよりも円安になれば利益が生じ、円高になれば損失が生ずることになる。しかも、通貨交換に供する金額も高額な上、為替変動は極めて予測のつけにくいものである。この意味で、本件ローンはリスクの高い金融商品であるといえる。他方、原告本人尋問の結果等によれば、原告は、本件契約以前には本件ローンのような為替変動によって左右される金融取引を行った経験がなく、被告に勧められるまで本件ローンの内容については知らなかったことが認められる。
　したがって、以上のような本件ローンの特質及び被告の経験、知識等にかんがみると、本件契約を締結するにあたり、被告は、原告に対し、本件ローンの概要及びその危険性について適切な説明をすべき義務を負っていたというべきであり、具体的には、
①　本件ローンの実質金利が為替の変動によって左右されること
②　為替レートごとに本件ローンの実質金利は具体的にいくらになるかということ
③　損益分岐点となる為替レートの数値と、損害を回避する方法の有無及びその内容
を説明すべきものと解する（原告は、流動性リスクについてまで説明すべきである旨主張するが妥当ではない。）。
　そして、その具体的な説明の程度ないし説明義務の有無の判断は、顧客である原告の知識、職業、投資経験、年齢等に基づく理解力に即し、かつ、勧誘方法・態様に照らして具体的に判断すべきものである。
2　(一)　これを本件についてみるに、前記一の認定事実によれば、増子や猪野は、原告に対し、本件ローンの概要を記載した『ご案内』を示しながら、本件ローンが豪ドルと円とを交換することによって借入金の実質金利を引き下げることが可能であること、ただし、円安期待型の商品であり、円高になると実質金利の引き下げはできないこと、したがって、為替相場に左右されるものであること、本件スワップ契約における予約レートが損益分岐点であること及び為替レートの変動によって本

件ローンの実質金利の額（率）がいくらになるかということ、先物為替予約という方法によって本件ローンの借入レートを固定できることなどを説明したこと、また、本件ローンの勧誘を始めてから本件契約締結までの約3か月の間に、少なくとも2回にわたって『ご案内』を原告に交付したことが認められる。してみると、被告は、前記1（二）①、②の説明を一とおり行ったというべきで、また、前記1（二）③の説明も一応なされているものと認められる。

　これに対し、原告は、増子や猪野の説明を聞いたり、『ご案内』を見ても、本件ローンの仕組みはよくわからなかった旨供述する。確かに、本件ローンは一般的にはなじみのない商品であり、複雑な仕組みの詳細までは理解し難い面がある。しかしながら、原告は、『ご案内』の右下にある本件ローンの実質金利（借入レート）を為替レートごとに表わしたシュミレーション表の意味を理解したのであり、したがって、また、為替レートの変動によって本件ローンの実質金利が増減すること自体は了解していたこと、被告の社員が行った説明を『ご案内』に書き込んでいること、実際に、第一回及び第二回の通貨交換に備えて先物為替予約をしたことが認められる。以上の点に加え、原告自身が長年ガソリンスタンドを経営する企業の代表者であったことから銀行金利についての知識は当然有していたことをも勘案すると、原告は、本件ローンの基本的な仕組み並びに為替変動リスク、損益分岐点、先物為替予約の意味を十分に理解したものというべきである。

　　……

三　アフターフォロー義務違反について

　前記二のとおり、被告においては、本件ローンの概要及びその危険性について説明をなしているのであるから、損益分岐点を超えて円高が進んだ際に、原告の申し出がないにもかかわらず被告の側から進んで本件契約を解約するようにアドバイスすべき法的義務までは認められない。」

●事案の特徴

　この事案は、顧客が銀行から豪ドルを受け取り、銀行が顧客から円を受け取り、同時に円ローンの支払が行われて清算する通貨スワップ契約と、そのための3億円を借り受ける金銭消費貸借契約を締結し、投資取引を行ったところ、為替差損を生じたため、顧客が銀行に対して損害賠償を請求した事件である。この事案は、銀行が会社の経営者を勧誘し、日本円と豪ドルの通貨スワップ取引を行ったこと、顧客が当初利益を得たこと、その後為替差損が生じたこと、顧客が銀行に対して損害賠償責任を追及したこと、説明義務違反、アフターフォロー義務（アドバイス義務）違反が問題になったことに特

徴がある。

●判決の意義

　この判決は、銀行等が顧客に取引に伴う損失の危険性が大きい金融商品を提供する場合には、銀行等は、あらかじめ商品の概要を知っている顧客に対する場合を除き、信義則上、顧客が自己の受け得べき利益ないし損失を検討したうえで契約を締結するか否かを判断し得るだけの説明を行うべき義務を負うとしたこと、具体的には、銀行等は、この事案のローンの実質金利が為替の変動によって左右されること、為替レートごとにローンの実質金利は具体的にいくらになるかということ、損益分岐点となる為替レートの数値と、損害を回避する方法の有無およびその内容を説明すべきであるとしたこと（流動性リスクについてまで説明すべきであるといえないとしたこと）、この事案では顧客が銀行の従業員の説明等により前記事項を理解したとし、説明義務違反を否定したこと、円高が進んだ場合に契約を解約するようアドバイスする法的な義務（アフターフォロー義務）を否定したことに特徴があり、説明義務における説明の範囲を比較的具体化し、説明義務違反、アフターフォロー義務を否定した事例判断として参考になるものである。

〔5−12〕銀行の通貨スワップ取引につき公序良俗違反、錯誤、説明義務違反が否定された事例［東京地判平成10・7・17判時1666号76頁、判タ997号235頁］

●事案の概要●

　X株式会社は、銀行業を営むY株式会社（株式会社東京三菱銀行）の従業員の勧誘により、5回にわたって通貨スワップ契約を締結したが、損失を被ったため、Yに対して公序良俗違反、錯誤による原状回復、債務不履行、不法行為に基づき損害賠償を請求したものである。この判決は、通貨スワップ取引につき公序良俗違反を否定し、説明義務違反、断定的判断の提供がなかった等とし、請求を棄却した。

●判決内容

　「通貨スワップ取引の仕組みは前提事実の2のとおりであり、為替相場の変動により契約当事者の利益及び損失が大幅に増減する可能性のある取引であるから、為替相場の変動による差益自体を目的とした投機の対象となり得るものである。そして、本件契約（一）は、他の取引について外貨による決済を行う際の為替変動に伴う危険を回避するためにされたものではなく、通貨スワップ取引による収益自体を目的とした取引である。

　しかし通貨スワップ取引は、基本的には為替予約の機能を持ち、実需に応じた外貨による決済を行う際の為替変動に伴う危険を回避するために有用なものであり、市場における取引全体の円滑な運用のためには、取引の当事者として、右のような目的で取引をする者だけでなく、投機目的で取引をする者も必要となるから、投機目的での取引の対象となることのみをもって、通貨スワップ取引自体を公序良俗に違反するものとはいえない。

　他方、本件契約（一）についてみると、前記一1で認定のとおり、本件契約（一）については、ECU高による差益が生じることも期待されたものの、基本的には、ECUとDMが比較的安定した通貨であるとの認識の下に、両者の固定金利の差により原告が利益を上げることを目的としたものであって、為替変動による差益の獲得自体を目的としたものではない。また、本件契約（一）について原告の相手方となった被告は、金融機関として、為替変動に伴う危険を回避するため、本件契約（一）のみならず、スワップ取引一般について、常に反対方向の取引（カバー取引）を行っており、為替変動により利益を得たり、損失を受けたりすることはない……。

　以上の諸点を総合すると、本件契約（一）を、投機性、射幸性が著しく高く、賭博に類するものとして、公序良俗に違反するということはできない。

　……

2　説明義務違反

　通貨スワップ契約が、前提事実2に認定のとおり、為替相場の変動により顧客の収益あるいは損失が大幅に増減する可能性のある取引であり、為替の相場の推移の正確な予想が銀行等の金融機関にとっても困難であることにかんがみると、通貨スワップ契約を勧誘する者は、取引の相手方に応じて、当該取引の仕組みや危険性について必要な説明をすべきであると考えられる。しかしながら、右の観点からしても、前記一の本件各契約締結の経緯に認定のとおり、佐藤は、口頭及び書面で通貨スワップ契約の仕組み、損益分岐点の意味、欧州通貨制度の仕組み、ECUの構成、その比率などについて説明していたのであるから、被告の説明は、原告が、通貨スワップ取引契約の基本的な仕組みやその危険性を理解するのに十分なものであったというべきであり、現に、原告会社の原が、原告会社の通貨スワップ契約の仕組みや損益分岐点の意味、その危険性を十分に理解していたと認められることは、前記

三のとおりである。
　また、被告が、原告に対し、虚偽の情報を提供したり、将来の利益について断定的な判断を提供したことが認められないことは、前記一の本件各契約締結の経緯に説示のとおりである。もっとも、『ECU（欧州通貨単位）について』と題する書面の４枚目には『比較的低リスクで』との記載があり、右記載のみを取り上げれば、通貨スワップ取引の有する危険性を無視した記載であるともいえなくもないが、佐藤は、通貨スワップ取引には為替変動の危険が伴うことを明確に説明しており（一１（三）参照）、しかも、右当時において、過去三年におけるECUとDMの交換レートは比較的安定しており、損益分岐点を割り込むこともなかった……のであって、本件契約（一）締結後のECUに対するDMの高騰は、大多数の者が予測し得なかった、いわゆるベルリンの壁の崩壊等によるものである……ことからすれば、前記の記載をもって、被告が本件契約（一）について、積極的に虚偽の説明をしたということはできない。」

●事案の特徴
　この事案は、会社が銀行の従業員の勧誘により、５回にわたって通貨スワップ取引を行い、損失を被ったため、会社が銀行に対して公序良俗違反、錯誤による原状回復、債務不履行、不法行為に基づく損害賠償を請求した事件である。この事案は、会社が銀行の勧誘により通貨スワップ取引を行ったこと、会社が取引によって損失を被ったこと、会社が銀行に対して損害賠償責任等を追及したこと、公序良俗違反、錯誤、説明義務違反が問題になったことに特徴がある。

●判決の意義
　この判決は、この事案の通貨スワップ取引は他の取引について外貨による決済を行う際の為替変動に伴う危険を回避するためにされたものではなく、通貨スワップ取引による収益自体を目的とした取引であるとしたうえ、通貨スワップ取引は、基本的には為替予約の機能をもち、実需に応じた外貨による決済を行う際の為替変動に伴う危険を回避するために有用なものであり、市場における取引全体の円滑な運用のためには、取引の当事者として、収益自体の獲得の目的で取引をする者も必要となるから、投機目的での取引の対象となることのみをもって、通貨スワップ取引自体を公序良俗に違反するものとはいえないとしたこと、通貨スワップ契約を勧誘する者は、取引の相手

方に応じて、取引の仕組みや危険性について必要な説明をすべきであるとしたこと、この事案では銀行の説明は、会社が通貨スワップ取引契約の基本的な仕組みやその危険性を理解するのに十分なものであり、会社の担当者が通貨スワップ契約の仕組みや損益分岐点の意味、その危険性を十分に理解していたと認められるとし、説明義務違反を否定したこと、断定的判断の提供を否定したことに特徴があり、通貨スワップ取引につき公序良俗違反、銀行の説明義務違反を否定した事例判断を提供するものである。

(5-13) 信託銀行の金銭信託の勧誘につき誤信を与えない注意義務違反が否定された事例［東京地判平成11・3・29金法1565号92頁］

●事案の概要●

Xは、外資系銀行の金融商品の購入に関心をもっていたが、信託銀行業を営むY$_1$株式会社（シティトラスト信託銀行株式会社）に電話をして、Y$_1$の店舗でY$_1$の従業員から実績配当型金銭信託の説明を受ける等し、2500万円を支払って金銭信託を購入したところ、Xは、期待した配当金を受け取ることができなかったとして、主位的に為替リスクの虚偽の説明を主張して不法行為に基づきY$_1$とY$_1$の親会社であるY$_2$銀行（シティバンク）に対して、予備的に債務不履行に基づきY$_2$に対して損害賠償を請求したものである。この判決は、顧客に誤信を与えるような説明が行われなかったとし、請求を棄却した。

●判決内容

「そして、原告は、原告本人尋問において、外貨建預金に為替リスクがあることは常識であると供述しており、一3項のとおり原告にはアメリカ合衆国への留学の経験があることからすれば、原告が、本件金銭信託が外貨建資産にも投資することを認識していたということは、為替差損を回避、言い換えれば為替リスクをヘッジするかは格別、本件金銭信託には為替差損、為替リスクの問題があることを認識していたものと認められる。したがって、本件においては、被告信託会社が、原告に、為替リスクがあることを伝えたかどうかは問題にはならず、問題となるのは、被告

信託会社の新聞広告……、パンフレット……あるいは訴外三橋の説明が、原告に本件金銭信託は為替リスクのヘッジがなされることに因り、結果的に為替リスクがなくなるものと誤信させるおそれがあるものかとの点である。本件金銭信託につき、実際は、投資した外貨建資産の一部につき為替リスクをヘッジするが、外貨建資産のすべてにつき為替リスクのヘッジをしないのに、すべてにつき為替リスクのヘッジをするかのような誤信を顧客に与えないようにすべき注意義務が被告信託会社にあるのは当然である。

……

したがって、訴外三橋の原告に対する本件金銭信託の説明につき、本件金銭信託は為替リスクにつき基本としてはヘッジするとの話はしたとしても、外貨建資産のすべてにつき為替リスクのヘッジをするとか、為替リスクの心配はヘッジをするのでないと断定的に説明したとまでは認めるに足りず、訴外三橋の説明が、本件金銭信託につき、実際は、投資した外貨建資産の一部につき為替リスクのヘッジをしても外貨建資産のすべてにつき為替リスクのヘッジをしないのに、外貨建資産のすべてにつき為替リスクのヘッジをするかのような誤信を原告に与えるものであったとは、にわかには認めるに足りない。」

● **事案の特徴**

この事案は、顧客が外資系銀行の金融商品の購入に関心をもっていたところ、外資系の信託銀行の従業員から実績配当型金銭信託の説明を受ける等し、金銭信託を購入し、期待した配当金を受け取ることができなかったため、顧客が信託銀行らに対して損害賠償を請求した事件である。この事案は、顧客が外資系銀行の金融商品に関心をもち、取引をしようとしていたこと、顧客が金銭信託に外国為替リスクがあることを理解していたこと、外資系の信託銀行と金銭信託取引を行ったこと、顧客が期待した配当金を受け取ることができなかったこと、顧客が信託銀行、その親会社である銀行の損害賠償責任を追及したこと、誤信を与える説明が問題になったことに特徴がある。

● **判決の意義**

この判決は、顧客が外国為替リスクがあることを理解し、積極的に金銭信託取引を行ったこと等を認めたうえ、信託銀行の従業員による金銭信託の説明について、この事案の金銭信託が為替リスクにつき基本としてはヘッジす

るとの話はしたとしても、外貨建資産のすべてにつき為替リスクのヘッジをするとか、為替リスクの心配はヘッジをするのでないと断定的に説明したとまでは認めることができないとし、誤信を与える説明を否定したものであり、その旨の事例判断を提供するものである。

〔5-14〕銀行のオプション取引、インパクト・ローン取引につき説明義務違反等による不法行為責任が否定された事例［東京地判平成11・5・31判タ1017号173頁］

●事案の概要●

銀行業を営むX株式会社（当時株式会社東京銀行、その後株式会社東京三菱銀行）は、Y_1株式会社、Y_2株式会社と、米ドルのコールオプションをXから購入し、米ドル建の貸付（インパクト・ローン）をし、豪ドルをXから購入し、Y_3株式会社がY_1ら（Y_3が親会社）のために連帯保証をしていたところ、Y_1らが為替相場の変動によって為替差損が生じたが、Y_1らが買受債務を履行しなかったことから、XがY_1らに対して債務不履行に基づき損害賠償、保証債務の履行を請求したのに対し、Y_1らが反訴として公序良俗違反、詐欺による取消し、説明義務違反、適合性の原則違反、損失拡大防止義務違反等を理由とする損害賠償等を請求したものである。この判決は、Xの説明義務違反等を否定し、Xの本訴請求を認容し、Y_1らの反訴請求を棄却した。

●判決内容

「4　説明義務違反の違法行為の有無
(一)　説明義務違反について
(1)　右1ないし3で判示したとおり、本件各取引のような通貨オプション取引やインパクトローン取引はいずれも為替相場の変動によるリスクを伴う取引であることから、これらの取引を勧誘する金融機関においては、顧客がそのような為替リスクにより不測の損失を被ることがないよう、顧客に対して、当該取引の構造や仕組み、取引に伴う為替リスクの存在、そのようなリスクの回避手段等について説明すべき

法的義務が信義則上要求されているというべきである。

ただし、顧客においても取引の締結が強制されているというわけではないのであるから、そこに自己責任の原則が働くのは当然であって、具体的な説明義務の範囲・程度に関しては、取引の性質、取引の仕組みの複雑さ、取引に伴う危険性の程度、取引の勧誘の態様、顧客の知識や理解力、顧客の取引経験、顧客の取引目的等を総合考慮して個々具体的に決定されるべきである。

(2) そこで本件についてみるに、まず、本件各取引当時日拓グループは年間売上高500億円、従業員約800名もの規模の大企業であったこと、そして本件各取引締結以前から日拓グループにはハワイのレストラン買収など海外取引の経験があったことに照らせば、被告らにおいて為替取引についての知識及び理解力が一般の場合より不足しているということはなく、むしろ為替取引一般について十分な知識及び理解力を備えていたものと推認することができる。

そして、前記2で示したように、本件インパクトローンにおける損益発生の仕組み自体は、貸付日の相場と比較して貸付日以降対米ドルの為替相場が円高傾向となれば、被告主債務者らに円高の幅に応じて一定の利益が生じ、逆に円安傾向になれば被告主債務者らに円安の幅に応じて一定の損失が生じるという比較的単純なものに過ぎないのであって、為替相場の動きの予測自体は難しいものであっても、取引における損益発生の仕組みや発生する損益の額の大小については容易に理解可能であり、また計算できるものであって、それほど複雑なものではない。

また、前記1で示したように、本件米ドルオプション取引及び本件豪ドルオプション取引の仕組みは、本件インパクトローンよりは多少複雑な面があるものの、やはり日常的に規模の大きい様々な経済取引行為に携わっていると思われるような大企業であって、実際に海外取引の経験もある被告らが有していたであろう為替取引に対する知識及び理解力の程度を前提とすれば、それほど複雑難解な仕組みの取引とはいえない。

すなわち、被告らが有していた経済的取引能力及び商品の仕組みの複雑さの程度に照らせば、本件各取引のいずれの取引においても、被告らにおいて、取引額や為替レートの数値、更に決済期日等についての具体的な契約内容から、その為替取引により生じる損益の額、損益の分岐点等につきシミュレーション等を行って判断資料とした上で、本件各取引をするかどうかの意思決定をすることは比較的容易なことと思われるのであって（また、一定規模以上の企業においては、通常、そのような方法で契約締結の意思決定を行っているはずである。）、そうであれば、本件各取引の勧誘にあたり当時東京銀行が負っていた説明義務の程度は、例えば普通の個人顧客等に対して本件各取引を勧誘する場合と比べて、かなり低い水準のものであったというべきである。

なお、前記一2認定のとおり、被告ら日拓グループはそもそも資金調達手段や為替リスク回避の手段として本件各取引の為替取引を締結していたのではなく、将来

の為替相場の動向を一定方向に予測した上で、為替差益を得る目的又は既に生じた為替差損を減縮させる目的、すなわち為替相場の変動を利用した投機の目的で本件各取引を締結していたのであるから、例えばインパクトローン取引における為替予約の併用による為替リスクの回避手段等については、本件の場合には東京銀行においてこの点を詳細に説明すべき義務はなかったというべきである。

(3) 以上を前提として東京銀行の説明義務違反の有無につき検討するに、本件米ドルオプション取引の締結に際して、山田は、最初に右取引を提案してから日拓グループに多数回の訪問を重ね、会社の財務関係を扱う経理部門の統括責任者である菊地らに対して、商品説明パンフレット等の書面を用いて右取引の仕組みや為替リスクの存在についての説明を繰り返ししていたこと、そして山田が右取引を提案してから実際に右取引が実行されるまで、その間被告ら日拓グループには約1か月の考慮、検討の期間があったこと、山田は、本件インパクトローン及び本件豪ドルオプション取引締結の際にも、被告らを多数回訪問し、小野沢らに対して取引の仕組み等について繰り返し説明を行っていたことに照らせば、東京銀行における本件各取引の勧誘、説明の態様には何ら問題はないとうべきであり、更に、山田が直接財務担当役員らに対して取引の内容を説明したり、本件各取引開始にあたり被告エンタープライズが東京銀行に対し被告主債務者らの債務につき連帯保証することについて承認する旨の記載がある同社の取締役会議事録を提出したりするなど、一連の本件各取引は財務担当の役員である伝専務及び西村専務、更には西村社長の直接の関与の下で行われていたものであることからすれば、本件各オプション取引や本件インパクトローンの仕組み及びこれらの取引に伴う為替リスクの存在等について東京銀行側から十分な説明がなされた後、これに対して被告ら日拓グループが十分に検討を加えた上で、被告主債務者らと東京銀行との間で一連の本件各取引が締結されていたことが推認できる。

(4)ア 被告らは、本件米ドルオプション取引及び本件豪ドルオプション取引において当事者双方が負うリスクにつき、東京銀行は支払オプション料に限定されている一方で被告主債務者らは無限の損失を被るおそれがあったのに、東京銀行はそのような事実を隠して被告主債務者らにそのような取引を締結させた旨の主張をする。

確かに、通貨オプション取引は、オプション料を支払う方の為替相場の変動に伴うリスクはオプション料に限定される一方で、オプション料を受け取る方の為替相場の変動に伴うリスクは限定されていないという特徴のある取引ではあるけれども、だからといって、オプション料の額、オプションの行使価格、行使期日の設定如何によっては、決して取引当事者間において不公平な取引となるものではないし（そもそもオプション取引そのものが取引当事者間において構造的に不公平な商品であるとすれば、かかる取引はこの世に存続し得ないはずである。また、本件各取引においいて、オプション料、行使価格等の具体的な契約内容、条件は、東京銀行からの提案によるものであったかもしれないが、被告主債務者らとしては、契約の締結

が強制されていたわけではないのだから、具体的な契約内容、条件の設定が気に入らなければその契約の締結を拒めばよいだけの話である。そして、前述したように、被告らはかかる判断ないし意思決定をなし得る能力を有していたのである。）、本件においては東京銀行が自行のリスクが限定されていることをことさらに隠していたというような事実は認められないばかりか、そもそも東京銀行側のリスクが限定されていることなど、被告らにおいては契約内容を見れば容易に了解可能なことなのであるから、被告らの右主張はいずれにせよ理由がないものである。

イ　また、被告らは、為替取引を顧客に勧誘するにあたっては、相場見通しにつき告知すべき義務があり、東京銀行は本件各取引勧誘にあたり右義務に違反したなどと主張する。

　しかしながら、為替相場は、国際収支の動向、金利、物価、為替管理政策、経済政策、政治情勢等が複雑に絡み合って変動するものであり、将来における為替相場の動きを正確に予測することは例えその専門家であっても難しいものであるし、一般的にいって、顧客の商品内容についての理解を一定程度助けることに資する限りにおいて信義則上銀行等に説明義務が認められているものと解するのが相当であるから、そもそも為替取引を勧誘する銀行等において、被告の主張するような相場見通しについて告知すべき義務までは認められないというべきである（したがって、本件において山田が取引締結の際に被告らに対して述べた今後の為替相場の動向についての見通しや相場観の披瀝は、むしろ契約締結にあたっての参考意見として東京銀行が被告らに提供したものに過ぎないと解すべきであって、本件各取引につき東京銀行が負っていた説明義務の内容を構成するものではない。）。

ウ　被告らは、本件米ドルオプション取引をその決済期日に決済して終了しておけば、オプション料と通算して被告主債務者らに僅かでも利益が出ていたのに、東京銀行は本件インパクトローンの勧誘にあたりそのことを説明しなかった旨の主張をし、菊地はこれに沿う供述をする（菊地証人、乙52）。

　更に、菊地は、オプション料と通算して利益が出ていることを知っていれば、被告主債務者らにおいては、リスクを冒してまでわざわざ本件インパクトローンを導入する必要がなかった旨の供述をする（菊地証人、乙52）。

　しかしながら、前記一2（二）(3)のとおり、山田は小野沢に対して、被告主債務者らに差益が出ていることを説明しているし、仮に右菊地のいうとおりであったとしても、本件米ドルオプション取引を即日決済すればオプション料と通算して被告主債務者らに利益が出ていたことなど、被告主債務者らにおいて計算すれば容易にわかることであって、そもそも東京銀行において説明しなければならないこととはいえない。

　また、本件米ドルオプション取引を即日決済するとした場合、オプション料と通算すれば当時被告主債務者らにおいて利益が発生していたとはいっても、決済期日には被告主債務者らにとって現実に合計で千数百万円もの出捐が必要となるもので

あったところ（オプション料は決済期日の３か月前に既に東京銀行から被告主債務者らへと支払われてしまっている。）、そのような状況の中で、為替差損を現実化させず、更には為替差益を発生させることを狙いとして本件インパクトローンの導入を決断することは被告主債務者らにおいて十分に考えられる選択といえるのであり、そうであれば、当時被告主債務者らにおいてリスク、すなわち為替差損の発生、拡大の危険性を冒してまで本件インパクトローンを導入する必要がなかったわけではない。

　したがって、菊地の右供述はいずれも採用できない。
エ　なお、被告らは、東京銀行は本件豪ドルオプション取引に切り替えれば確実に利益を得られるなどと断定的に言い切って同取引を勧誘した等と主張する。
　しかしながら、山田が右取引の勧誘の際、被告らに対して『本件が最善策と思われます。』と述べたことは認められるものの（乙33、34、52）、右山田発言の表現をもって違法な断定的判断の提供ということはできないし、他に違法な断定的判断の提供があった事実を認めるに足りる証拠はないのであって、被告らの右主張は理由がない。
(5)　以上のとおり、本件各取引の勧誘に際し、東京銀行において説明義務違反の違法行為があったとは認められない。」

●事案の特徴

　この事案は、銀行が会社らと通貨オプション取引、インパクト・ローン取引を行い、顧客である会社らに為替差損が発生し、会社らに対して取引の履行等を請求する等し、会社らが銀行に対して説明義務違反、適合性の原則違反等を主張し、損害賠償を請求した事件である。この事案は、銀行と会社との間の通貨オプション取引、インパクト・ローン取引が問題になったこと、外国為替のリスクがあったこと、会社が損失を被ったこと、会社が公序良俗違反、詐欺による取消し、説明義務違反、適合性の原則違反、損失拡大防止義務違反等を主張したことに特徴がある。

●判決の意義

　この判決は、この事案の取引は為替相場の変動によるリスクを伴う取引であるから、取引を勧誘する金融機関は、顧客が為替リスクにより不測の損失を被ることがないよう、顧客に対して、取引の構造や仕組み、取引に伴う為替リスクの存在、リスクの回避手段等について説明すべき法的義務が信義則上要求されているとしたこと、顧客にも自己責任の原則が働くとしたこと、

説明義務の具体的な範囲・程度は、取引の性質、取引の仕組みの複雑さ、取引に伴う危険性の程度、取引の勧誘の態様、顧客の知識や理解力、顧客の取引経験、顧客の取引目的等を総合して個々具体的に決定されるべきであるとしたこと、この事案では、取引の仕組み、外国為替リスクの内容、会社らの理解度、会社が為替相場の変動を利用した投機の目的で取引を締結していたこと等の事情から銀行が負っていた説明義務の程度は、たとえば普通の個人顧客等と比べて、かなり低い水準のものであったとしたうえ、説明義務違反を否定したこと、損失拡大防止義務違反、適合性の原則違反、断定的判断の提供を否定したことに特徴がある。

　この事案のような外国為替の変動を含む投資取引をめぐる銀行の説明義務違反が問題になる場合には、説明義務による説明の範囲がどの事項に及ぶのか、説明の程度がどのような説明をする必要があるのかが重要な問題になるから、個別具体的な事項を指摘し、争点とすることが必要であるところ、この判決における主張、判断はこの意味でも事例として参考になる。この判決の提示する説明義務の考え方、説明義務の具体的な範囲・程度の考え方は比較的丁寧に説示したものであり、外国為替のリスクを伴う投資取引における説明義務の考え方として参考になるものであるとともに、説明義務違反を否定した判断は事例として参考になるものである。

（5－15）銀行の外国為替を利用する融資等につき説明義務違反が肯定された事例［東京地判平成13・2・7判時1757号104頁、判タ1099号233頁、金判1110号11頁］

●事案の概要●

　Aは、相続税対策のためにかねてから取引のあった銀行業を営むY₁株式会社（株式会社東京三菱銀行）の担当者Bから勧誘され、平成3年3月、Y₁から34億円の融資を受けて、信託銀行業を営むY₂株式会社（日本信託銀行株式会社）の仲介により、Y₃株式会社から不動産を購入し、Y₄株式会社に対して賃貸し、5年間内にY₄が不動産を買い戻し、

賃料と売買代金で融資を一括返済することとしたところ、Bは、その際に融資が期間5年間のユーロ円を利用する利息後払のナイスバルーンと呼ばれる商品であり、5年後の返済額が元金34億円とこれに対する年7.6%の5年分の利息になる旨を説明したが、Aの買戻しの要求にもかかわらず、Y₄が買戻しに応ぜず、Bの説明も5年後の返済額が51億円を超えるものであったりしたため、AがY₁らに対して約33億円の損害賠償を請求し、Aの死亡に伴い、Xが訴訟を承継したものである。この判決は、Y₁の融資の金利についての説明義務違反を肯定し、請求を認容し（過失相殺を3割認め、約19億円の損害賠償を認めた）、その余のY₂らに対する請求を棄却した。

●判決内容

「1　原告は、被告東京三菱が、太郎の財務顧問として、本件を含む太郎の相続税対策について主導的な役割を担っていたことを前提に、被告東京三菱に説明義務違反及び注意義務違反があった旨の主張をする。しかしながら、前記認定事実1記載のとおり、植草が、太郎の所有する不動産の管理についての事務手続を手伝っていたなどの経緯はあるものの、それらは単に銀行側の顧客に対するサービスの範囲を超えるものではなく、太郎は、被告東京三菱との間で、格別相続税対策についての委任契約等を締結していたわけではない。太郎には、顧問税理士もいたこと、前記前提事実2（二）記載のとおり、太郎は、過去にも相続税対策を目的として戊田を設立した経験もあることなどから、被告東京三菱が、太郎の財務顧問であるとまではいうことができない。したがって、被告東京三菱に説明義務違反等の責任が認められるか否かについては、太郎に対し、本件不動産の購入と購入資金を借り入れることによる相続税対策の勧誘を行った者として、信義則上要求される説明義務違反等があったか否かという観点から検討するべきである。

2（一）　前記認定によれば、本件各契約による相続税対策は、太郎が、被告東京三菱から購入資金の全額を借り入れて、本件不動産を購入し、5年後に本件不動産の賃料収入と被告マックホームズに対する売買代金を主な財源として右借入金を一括返済するというものであり、5年後借入金を返済することができるか否か、すなわち5年後の元利合計の債務額と返済財源額がおおむね均衡がとれているかが、実行の可否を判断する大きな要因である。したがって、本件借入の利率（ナイスバルーンによる貸付の利率）が重要な要素となることはいうまでもない。

しかるに、植草は、当時のナイスバルーンの貸出金利が年10.35パーセントないし

10.45パーセントであるのに、これを秘して、年7.6パーセントであるとの虚偽の説明をし、これに基づいて返済可能であると説明したのであるから、この点は重大な説明義務違反に当たるというべきである。
(二) なお、証人植草（第二回）は、当時ナイスバルーンの貸付金利を知らず、長期プライムレートと同程度と誤信したと証言するが、銀行員が5年間固定金利で利息後払の貸付にプライムレートで貸出ができると誤信することは経験則上あり得ないことであって、右供述は到底信用できない。したがって、植草は故意に虚偽の説明をしたというべきであり、右説明は詐欺と評価されてもやむを得ないものである。
(三) これに対し、被告東京三菱は、植草は、太郎に対し、借入利率は借入の時点において決まる旨の説明をしていたと主張するが、そうだとしても、将来の借入利率の想定は説明時点の客観的な利率を基に行われるものであり、右客観的な利率の説明が虚偽であれば、将来の借入利率の想定も虚偽であることに変わりはない。
　また、被告東京三菱は、植草が本件の相続税対策を提案した時点においては、その後の状況によって貸付方法の変更もあり得たが、結局のところ、太郎が、自らナイスバルーン方式による貸付方法を選択し、本件借入契約の時点において、利率（9.75パーセント）についても了解したのであるから、同被告に説明義務違反はないと主張する。
　しかしながら、前記認定事実によれば、植草は、太郎に本件の相続税対策を勧めるにあたって、税務対策上有利な貸付方法としてナイスバルーンを提案し、それ以外の貸付方法を利用することは当初から想定していなかった（太郎にも選択の余地はなかった。）と認められるし、その後、他の貸付方法が検討されたこともない。そして、本件借入契約実行の時点においては、太郎は、前記植草による虚偽の利率の説明によって、本件不動産の賃料や買戻代金によって貸付元利金の返済が可能であると誤信していたのであるから、太郎が本件借入契約を締結したことが、被告東京三菱に説明義務違反があるとの結論を左右するものではない。」

● 事案の特徴

　この事案は、銀行の顧客である個人の資産家が相続税対策を検討し、銀行の従業員に相続税対策を相談していたところ、銀行の従業員らが相続税対策として個人の顧客に外国為替取引を内容とする多額の融資と不動産投資を提案し、顧客が融資契約、不動産の売買契約等を締結する等したが、多額の利息負担を負うこととなったため、顧客が銀行に対して説明義務違反等を主張し、損害賠償を請求した事件である。この事案は、銀行の資産家である個人顧客が相続税対策を相談していたこと、銀行が相続税対策として勧誘して融資取引等が問題になったこと、取引が多額の融資、不動産売買等であったこ

と、外国為替のリスクがあったこと、銀行と顧客の取引は融資契約であり、他に信託銀行、不動産業者が関与したこと、融資が期間5年間のユーロ円を利用する利息後払いのナイスバルーンと呼ばれる商品であり、銀行の従業員は5年後の返済額が元金34億円とこれに対する年7.6%の5年分の利息になる旨を説明したものの、実際には年10.35%ないし10.45%であったこと、銀行の従業員の説明義務違反等が問題になったことに特徴がある。

●判決の意義

この判決は、この事案の銀行の説明義務違反は、顧客に対し、不動産の購入と購入資金を借り入れることによる相続税対策の勧誘を行った者として、信義則上要求される説明義務違反等があったか否かという観点から検討するべきであるとしたこと、この事案では、銀行の担当従業員が融資当時のナイスバルーンの貸出金利が年10.35%ないし10.45%であるのに、これを秘して、年7.6%であるとの虚偽の説明をし、これに基づいて返済可能であると説明したこと、この説明は重大な説明義務違反に当たるとしたことに大きな特徴がある。

この判決は、理論的に、銀行の従業員が相続税対策として不動産の購入、購入資金の融資を勧誘するに当たって信義則上説明義務を認めたという重要な意義をもつものであり、注目される。また、この判決は、取引の経過を詳細に認定したうえ、前記の説明義務違反を認めたものであるが、事例判断としても重要な意義をもつものである。この判決のこのような判断の背景には、相続税対策として銀行の従業員が顧客に個人顧客としては著しく多額の融資等を勧誘し、その融資等の取引の内容が前記対策として疑問なものであったという事情があろう。この判決の射程範囲も問題になり得るが、少なくとも銀行等の金融機関の従業員が相続税対策として融資等の取引を積極的に勧誘するに当たっては、理論的にその勧誘の範囲の取引の内容、仕組みにつき説明義務を負うことを示すものであるということができよう。

〔5－16〕信託銀行の不動産投資取引の勧誘につき説明義務違反による不法行為責任が肯定された事例［東京地判平成14・1・30金法1663号89頁］

●事案の概要●

　X株式会社の元代表取締役Aは、信託銀行業を営むY株式会社（三菱信託銀行株式会社）の従業員Bから、Yが販売していたC不動産会社からビルの一部の共有持分権を買い受けるとともに、これをYに信託する商品の購入を勧誘され（この商品は、「共有持分権方式」と「信託方法」を合わせた商品であり、信託した持分権の賃料収入とこの処分による値上がり分を利用として取得するものである）、Aは、Bからパンフレット等によって商品の内容を説明され、Yから1億円の融資を受け、Cに売買代金を支払って売買契約を締結するとともに、Yと購入した共有持分権につき信託契約を締結したところ、賃料収入が低下したため、Aが、Bに信託契約の解除を求め、あるいは商品の譲渡を希望したものの、信託契約上、途中解除が認められない内容であったこと等から、Yの承諾を得て、一旦信託契約を解除するとともに、融資を全額返済し、XがYから6000万円の融資を受け、前記共有持分権をAから譲渡を受け、Yとの間で信託契約を締結し、その後、この商品の価格が下落したため、XとYとの間で本件商品の買取りの交渉が行われたが、Xが前記共有持分権を2810万円で売却し、Bが本件信託契約を途中解除することができない内容であったこと等に関する説明義務違反を主張し、XがYに対して不法行為に基づき損害賠償を請求したものである。この判決は、不動産を対象とした金融商品を販売する場合には、売主は、その商品の内容につき、購入者が自己の受け得べき利益、損失を検討したうえで、契約を締結するか否かを判断し得るだけの説明を十分に行うべき義務を負っていたところ、信託契約が解除できないとの規定を含め、リスクの説明も十分に行われなかったとし、請求を認容した。

●判決内容

「(1) 説明義務違反について

ア　一般に、本件のような不動産を対象とした金融商品を販売する場合においては、売主は、その商品の内容について、購入者が自己の受け得べき利益のみならず、その損失をも検討した上で、契約を締結するか否かを判断し得るだけの説明を十分に行うべき義務を負う。殊に、本件においては、不動産会社からビルの区分所有権の共有持分権を買い受けること及びこれを被告に信託することによる『共有持分権方式』と『信託方法』を合わせた新しい不動産運用システムであるところ、当時、信託制度そのものが一般にはなじみがうすく、かつ、信託法57条は、『委託者が信託利益の全部を享受する場合に於いて委託者又は其の相続人は何時にても信託を解除することを得此の場合に於いては民法651条2項の規定を準用す』とし、その民法651条2項は、『当事者の一方が相手方の為めに不利なる時期に於いて委任を解除したるときは其損害賠償を賠償することを要す但已むことを得ざる事由ありたるときは此限に在らず』として、信託契約においては、委託者からの解除が許されるのが原則であるとされていること、さらには、単なる不動産の共有持分権の売買であれば、その処分は、いつ、いかなる場合に行おうとも権利者の自由であることからすれば、本件信託契約16条1項の『この信託契約は、契約期間中は解除できない。』との規定は、異例なものというべきであり、したがって、被告は、このことをも含め、本件各契約による利益面だけではなく、リスク面に対する説明をも十分に行うべき義務があったというべきである。

イ　そして、これを、上記の認定事実に基づいて検討する。

(ア)　本件商品が販売された平成元年当時は、いわゆるバブルの時期に当たり、被告は、本件パンフレット等によって、本件持分権を所有することが、世界経済の中枢として注目を集める東京の中央に位置する銀座三丁目のビルのオーナーになるものであることを強調し、『長期にわたる安定収入、インフレにも強く、将来の資産価値が期待できる不動産投資。このような不動産投資の特性を十二分に活かし、安全性と手軽さを実現させたシステム』であるとし、『安定した配当と節税効果。さらには信託期間終了後の資産価値も魅力です。』として本件商品を売り出していたものである。また、被告担当者乙山においても、一郎に対し、本件商品について、『不動産の取得ですから、価格の値上り値下がりはありますが、銀座の物件というのは売り物も少ないので稀少価値は有ると思いますす。（ママ）』等として、そのメリットについての説明に終始し、リスクについての説明は何らなされなかった。

(イ)　これらを受けて、一郎は、本件商品は、運用次第で、値上りによる利益と値下がりの危険もある一般の不動産投資と同様の認識の下で、本件各契約の締結に至ったものであり、その間、乙山からは、上記のように本件商品のメリットについての説明はあったものの、本件信託契約16条1項の解除制限の規定を含めリスクについ

ての十分な説明はなく、一郎は、信託期間の11年については、これを単なる満期であるとの認識で、その満期時には、必ず売却利益が出るとの期待を有していたものと認められる。
(ウ) この点について、被告は、上記本件信託契約16条1項の解除制限の規定については十分な説明をした旨主張し、証人乙山も、これに沿う。
　しかし、上記のとおり、本件パンフレット等においては、本件商品のメリットのみを強調する内容となっている一方、事務的な資料としての体裁の本件案内文書には、『信託不動産の一体的処分と処分に至るまでの管理の目的で信託していただきます。信託期間は11年といたします。』との記載はあるものの、解除制限についての記載はなく、さらに、顧客の勧誘に際し、よりその注目を惹くために作成されたと認められる本件パンフレットには、このような信託期間に関する記載すらなされていない。このような点からしても、乙山が一郎に対し、上記解除制限の規定について十分説明したとの証言は、信用し難いものというべきである。
　……
(カ) 以上によれば、本件商品の顧客にとって、上記解除制限の規定自体、合理性を欠くものである上、本件において、被告担当者乙山は、この点についての十分な説明を行わなかったものであり、被告は、民法709条、715条により責任がある。」

● 事案の特徴

　この事案は、経緯はやや複雑であるが、会社が信託銀行から融資を受け、不動産の共有持分権の売買、信託等を内容とする不動産投資商品を購入する等したものの、商品の価格が下落したため、会社が信託銀行に対して損害賠償を請求した事件である（なお、この事件の発生は、会社の元経営者が信託銀行の従業員から勧誘され、融資を受け、前記不動産投資商品を購入する等したことがきっかけになっている）。この事案は、信託銀行と会社との間の投資取引が問題になったこと（前記のとおり、もともとは会社の元経営者が行った投資取引であった）、投資商品が不動産の共有持分権、信託を利用したものであったこと（不動産投資商品が問題になった）、不動産の価格の下落、賃料収入の低下のリスクがあったこと、信託銀行の説明義務違反が問題になったことに特徴がある。

● 判決の意義

　この判決は、不動産を対象とした金融商品を販売する場合、売主は、商品の内容につき、購入者が自己の受け得べき利益のみならず、その損失をも検

討したうえで、契約を締結するか否かを判断し得るだけの説明を十分に行うべき義務を負うとしたこと、この事案では、信託銀行が不動産の共有持分権の売買につき途中解除をすることができないこととこのリスク面に対する説明をも十分に行うべき義務があったとしたこと、この事案では、途中解除を制限する規定自体、合理性を欠くものであるうえ、信託銀行の従業員がこの点についての十分な説明を行わなかったとし、説明義務違反を認めたことに特徴がある。この判決は、信託銀行が不動産投資商品を販売した事案について説明義務違反を認めた事例判断を提供するものである。

〔5－17〕信託銀行の不動産小口化商品の販売につき説明義務違反が肯定・否定され、平等義務違反が肯定された事例［東京地判平成14・7・26 判タ1212号145頁］

●事案の概要●

　信託銀行業を営むY株式会社（住友信託銀行株式会社）は、不動産業者であるA株式会社、B株式会社がそれぞれ所有する事業用不動産を共有持分として小口化商品として販売するに当たり代理人として販売していたところ、X_1の被相続人C、X_2ないしX_6がYから融資を受け、不動産小口化商品を購入するとともに、Yとの間で信託契約を締結したが、不動産市況が低迷し、信託期間満了時に損失を被ったため、X_1らがYに対して説明義務違反、平等義務違反等を主張し、債務不履行、不法行為等に基づき損害賠償を請求したものである。この判決は、元本保証がないこと、信託期間終了時に地価が下落する可能性がないこと等につき説明義務を負わないし、不動産市況が低迷したときに顧客の損害拡大を防止する義務は負わないとしたものの、X_2につき説明義務違反を認め、また、委託者兼受益者を平等に扱う義務を負うところ、受益権の中途解約を認め、買主を紹介するようになって以降は、すべての者に受益権の譲渡の機会を与えるべき義務違反があったとし、X_3との関係で平等義務違反を認め、X_2、X_3の請求を一部認容し、その余のXらの

請求を棄却した。

● 判決内容
「2　被告の一般的な説明義務違反について
　原告らは、被告は、金融の専門家であり、サミットは投資商品であるから、原告らに対し、信義則上サミットの危険性について説明すべき義務があり、①サミットには元本保証がなく、危険性のある商品であること、②顧客において、信託期間中は危険性が回避できないこと、③信託期間終了時に最終損益の分岐点となる信託不動産の売却価格、④契約を締結した平成元年当時、地価上昇率が鈍化し、地価が下落に向かう可能性があったことなどについて説明すべき義務があったのに、被告は、これを怠り、サミットが元本保証のない投資商品であることを明確に説明しなかったばかりか、サミットが安全性の高い商品であると説明してサミットの勧誘を行ったものであって、被告には説明義務違反があると主張するので、まず、被告が顧客に対しサミットを勧誘するために作成したパンフレットなどの記載から、一般的に説明義務違反があったか否かを検討することにする。
(1)　被告は、都心の事業用建物について、所有権を分割化して共有持分権としたサミットという名称の不動産小口化商品を開発し、被告の提携ローンを使用してサミットを購入することを勧誘した者として、原告ら顧客に対し、信義則上サミットの内容及び原告ら顧客が締結する売買契約及び信託契約等の内容について正しく説明する義務を負っているというべきであるが、被告が説明すべき具体的内容については、サミット商品の特性を考慮すべきはもちろんのこと、サミットを購入した顧客である原告らがどのような学歴及び地位を有し、また、資産及び経済的取引の経験を有していたかという原告らの状況をも考慮する必要がある。
　　……
　これらのサミットのパンフレットの記載によれば、被告は、サミットの購入が不動産投資に当たり、貸付信託とは異なるものであることを説明していたと認められるし、前記(2)に認定した原告らの状況を考えると、原告において、サミットの購入が、貸付信託とは異なる不動産投資であることを十分理解していたと認められ、これに反する原告らの主張は認められない。
(イ)　次に、被告において、サミットには元本保証がなく、危険性のある商品であることを説明する義務があったか否かを検討するに、不動産への投資が、不動産市況の変動によって売却利益を得ることができたり、損失を被ったりすることは当然であって、不動産への投資に元本保証がないことは一般人であれば理解できる事柄であるというべきであるし、前記(2)に認定した原告らの状況を考えると、原告らにおいて、このことを十分理解していたと認められるから、被告において、サミットに元本保証がないことまで殊更説明する義務はないといわなければならない。

第5章　銀行等の投資取引をめぐる裁判例

……
(オ)　信託終了時に、損益分岐点となる信託不動産の売却価格について説明する必要があるかについて検討する。

　前記1(3)アイのとおり、サミットの購入は、不動産投資にあるのであるから、信託期間中の信託配当による利回りと信託終了時の売却価格による信託配当により委託者兼受益者の受領する金員が定まってくることは明白である。また、前記1(3)エのとおり、サミットを借入金で購入した場合、最終収支が黒字となるか否かは、借入金の金額、借入金の利率、信託期間中の信託配当額、課税所得額、信託不動産の処分価格などの諸条件によって決まるが、最終収支が黒字となるためには、信託終了時に信託期間中の損失を上回るほどに信託不動産の売却によってキャピタルゲインを得ることが必要になる。

　ところで、顧客それぞれの借入金の金額、所得金額などの個別事情によって定まる具体的金額はともあれ、上記の仕組みは、サミットの本質が不動産投資であること、信託期間中の賃料収益から信託配当を受け、信託終了時には売却価格による信託配当を受けることを説明していれば、顧客において、借入金によってサミットを購入した場合、借入金について利息の支払義務があることは当然知悉している事柄であり、上記の仕組みを理解することは容易であると考えられ、被告において、個々の顧客の借入金、課税所得額などに応じて、損益分岐点となる信託不動産の売却価格ついてまで説明する義務があったと認めることはできない。

……
(イ)　ところで、原告乙川は、被告が亡乙川七郎及び庚村に対し、本件乙川売買契約を締結する過程において、リンクについて、相続発生時に、売主である国都建設において、購入価格である1億円で買い取る制度がある旨を説明したことが説明義務違反に当たると主張する。

(ウ)　前記1(4)ウに判示したとおり、買取り制度については、被告が、売主に対し、購入価格である1億円で買い取らせる義務を負っていたものであると解することができず、また、被告において、地価の上昇を予想して、買主の相続又は破産という事情を考慮して時価ではなく購入価格である1億円で売主に買い取らせる制度を設けたものにすぎないのであるが、証拠（甲17、18）によれば、被告横浜支店従業員が亡乙川七郎に交付したリンク報告書には、『やむを得ない場合に限り購入価格（1億円）にて国都建設が買戻しをします。』と断定的記載がされており、サミット内部資料においても、『買取保証付の投資用不動産については相続財産の評価の際、購入価格で評価されることになり、相続メリットが享受できない場合もおこりえます。』とあり、買取保証という表現が用いられていること、リンク報告書の末尾には、亡乙川七郎が被告の説明内容について、税法上、買取り制度は、文章化できないが、受託者と国都建設との間で文章で確認されていること、やむを得ない場合には、国都建設が元本1億円で買い戻すことを被告の説明で確認したとの記載がされている

ことが認められ、かかる事実からすると、被告の担当者が、亡乙川七郎に対し、本件乙川売買契約に当たり、相続が発生した場合には、国都建設が本件共有持分権を購入価格である1億円で買い取るとの断定的説明をしたと推認される。
　さらに、買取り制度は、被告において、地価の上昇を念頭に置いて、本件共有持分権の時価が上昇している場合であっても、時価ではなく購入価格である1億円でデベロッパーに買い取らせる制度として設けたものにすぎないとしても、前記2(3)ア(ｳ)fに判示したとおり、昭和63年及び平成元年当時、被告を始め多くの国民において、地価は将来にわたっても上昇を続けると予想しており、地価が将来下落に至ることは予想し得なかったという当時の状況を考えると、被告において、買取り制度が本件共有持分権の時価が低下した場合には適用されない制度であると説明したとは到底考えられない。
(ｴ)　そうすると、被告は、亡乙川七郎に対し、本来買取り制度は、被告において買取り義務を発生させるものではないのに、相続が発生した場合、国都建設に対し1億円で買い取らせることを断定的に説明し、本件共有持分権が購入価格を下回ったときには買取り制度が適用されないのにそれを正しく説明しなかったことにおいて、被告の説明義務違反が認められる。そして、前記ア(ｱ)(ｳ)のとおり、相続が発生した場合の相続税の負担を不安に思っていた亡乙川七郎は、被告の上記説明が動機になってリンクを購入し、前記ア(ｶ)のとおり、庚村は、亡乙川七郎が死亡した後、被告に対し、購入価格1億円で信託不動産を買い取ることを求めたが、被告はそのような約束は存在しないとして買取りに応じなかったのであるから、被告は、説明義務違反に基づき、原告乙川が被った損害を賠償する責任がある。
　　……
(2)　次に、原告らは、被告が、本件各信託契約を締結したすべての委託者兼受益者を平等に扱う義務を負うところ、一部の委託者兼受益者についてのみ、信託期間の中途での受益権の譲渡を認めて損切りをさせ、原告らに対し、その事実を告知せず、中途売却の機会を喪失させたのは、平等義務に反すると主張し、一方、被告は、それぞれ別個の契約である被告と委託者兼受益者の信託契約に基づき、被告において、委託者兼受益者相互間を平等に取り扱う義務はないと主張するので、この点について検討する。
　　……
イ　そして、前記1(4)イのとおり、複数の委託者兼受益者を前提とする本件信託契約において、委託者兼受益者の受益権の処分を制限し、被告において信託不動産を一体的に管理及び処分することにしたのは、複数の委託者兼受益者全体の利益を保護するという観点から合理性が認められるが、一方、各委託者兼受益者との間の本件各信託契約は同一の内容であり、本件各信託契約において、委託者兼受益者の受益権の処分を制限した受託者としては、委託者兼受益者相互を平等に取り扱う義務を負うと解するのが相当であり、被告は、別個の委託者兼受益者との間に信託契約

を締結したことを理由に、委託者兼受益者を平等に取り扱う義務はないとの被告の主張は採用できない。
　……
エ　前記ウの事実によれば、委託者兼受益者が、被告に対し、受益権の譲渡又は信託契約の解約を求めてきた場合に、委託者兼受益者によって、特定の委託者兼受益者についてのみ、受益権の譲渡を認め、他の委託者兼受益者については、受益権の譲渡を認めないという恣意的な対応を取ったり、同一時期に受益権の譲渡を求めてきた顧客について、特定の委託者兼受益者については、受益権の譲渡先の紹介を行うが、他の委託者兼受益者については、受益権の譲渡先の紹介を行わないという恣意的な対応を取ることは、平等義務に反すると解される。また、前記のとおり、サミットは、相続や破産の発生などやむを得ない事情がある場合にだけ、被告から許可を受けて信託期間中に受益権を譲渡するできる商品であったから、被告において、相続や破産の発生などのやむを得ない事情がある場合でなくても、委託者兼受益者が、不動産投資の適格を持つ投資家に対し、信託不動産の共有持分権を譲渡し、譲受人が被告との間に、新たに本件信託契約を結ぶ場合には、被告と委託者兼受益者との間で本件信託契約を解除することを認めることとしたのであるから、この取扱いの変更について、委託者兼受益者に知らせることなく、委託者兼受益者に受益権の譲渡を行う機会を奪った場合には、平等義務に違反するというべきである。
オ　もっとも、委託者兼受益者が、受益権の譲渡を求めてきた時期によっては、経済情勢の変動が原因となって、受益権の譲渡先を紹介できなかったり、また、紹介できたとしてもその買取り価格が異なるのはやむを得ないことであって、このように対応が異なった場合に平等義務に反しているということはできないし、また、受益権の譲渡先を紹介した後、委託者兼受益者と譲渡先の間で、買取り価格等の条件が折り合わず、結局受益権の譲渡にまで至らなかったりしても、平等義務に反しているということはできない。また、被告が、委託者兼受益者に対し、従前の取扱いを変更して受益権の譲渡が可能になったことを通知する方法は、被告の裁量によるものと考えられるのであり、被告が取扱いの変更を文書で連絡しなかったことをもって違法とすることはできない。
　……
ウ　そして、原告丙田が同年2月の時点において、中途売却を申し入れなかったのは、本件共有持分権の評価額に不満があったからであり、原告丙田に対する被告の対応に平等義務に違反する行為があったと認めることはできない。
　しかしながら、前記ア㈡のとおり、原告丙田は、平成9年10月ころ、Ｊに対し、本件共有持分権の中途売却を申し入れたが、被告から買手の紹介はなかった。
　Ｊは、被告において、買手探しに着手したが経済環境の激変もあり買手との話し合いがまとまらなかったと陳述する（乙91、107）が、前記第2、1⑻ないし⑽によれば、渋谷国都ビル第1期については、平成9年10月22日に宮澤俊造が八重洲振興に

受益権を譲渡し、渋谷国都ビル第2期については、同月17日千綿秀麿が、同月28日に山縣有徳が、平成10年2月19日に有限会社越山コンタクトサービスが、それぞれ八重洲振興に受益権を譲渡し、FT日本橋久松町ビルについては平成9年10月16日に原エステート株式会社が、同年11月4日に片岡かつ及び片岡一之が、同月19日に林有厚が、同月25日に乙津次郎が、それぞれ八重洲振興に受益権を譲渡し、平成10年1月8日に井上辰雄が神田エステート株式会社に受益権を譲渡していることが認められ、これに加えて、前記4(2)ウに認定した被告と八重洲振興との関係、平成9年10月以前においても八重洲振興に対し多数の受益権の譲渡が行われていることを考えると、八重洲振興に対する受益権の譲渡は被告のあっせんによって行われたと推認されるから、平成9年10月以降の経済環境の激変によって、原告丙田の中途売却の申出については、買手との話合いがまとまらなかったとするJの前記陳述は採用し難い。

そうすると、被告において、原告丙田以外の委託者兼受益者については、平成9年10月以降も八重洲振興に対する受益権譲渡を認めている事例が多数存在するのに、平成9年10月に、原告丙田から本件共有持分権の中途売却の申出を受けながら、同被告に対し、買主を紹介しなかったのは、被告において、Jが前記陳述書でその理由を述べているほかには、何ら合理的理由を明らかにしていない以上、平等義務に違反する行為であるといわなければならない。」

●事案の特徴

この事案は、事業用不動産を共有持分の売買、融資、信託を利用した不動産小口化商品につき、顧客らが信託銀行から融資を受け、信託銀行が販売代理人として販売したところ、不動産市況が低迷し、顧客らが信託期間満了時に損失を被り、信託銀行に対して説明義務違反、平等義務違反等を主張し、損害賠償を請求した事件である。この事案は、信託銀行が融資を提供し、顧客に不動産小口化商品を販売したこと、信託銀行による不動産小口化商品の販売が問題になったこと、不動産不況が生じたこと、顧客が損失を被ったこと、説明義務違反、平等義務違反等による信託銀行の損害賠償責任が問題になったことに特徴がある。

●判決の意義

この判決は、信託期間終了時に地価が下落する可能性がないこと等に関する一般的な説明義務を負わないとし、一般的な説明義務違反を否定したこと、一部の顧客につき買取制度があることに関する説明義務違反を肯定した

こと、損害拡大防止義務を否定したこと、平等義務については、信託銀行は、委託者兼受益者の受益権の処分を制限した受託者として、委託者兼受益者相互を平等に取り扱う義務を負うとしたこと、信託銀行は、受益権の譲渡または信託契約の解約を求めてきた場合に、委託者兼受益者によって、特定の委託者兼受益者についてのみ受益権の譲渡を認め、他の委託者兼受益者については、受益権の譲渡を認めないという恣意的な対応をとったり、同一時期に受益権の譲渡を求めてきた顧客について、特定の委託者兼受益者については、受益権の譲渡先の紹介を行うが、他の委託者兼受益者については、受益権の譲渡先の紹介を行わないという恣意的な対応をとることは、平等義務に反するとしたこと、信託銀行は受益権の中途解約を認め、買主を紹介するようになって以降は、すべての者に受益権の譲渡の機会を与えるべき義務違反があるとし、一部の顧客との関係で平等義務違反（不法行為）を肯定したことに特徴があり、それぞれの判断につき事例として参考になるものである。

　信託銀行は、顧客の資産の信託を受け、管理、運用等を業としており、高齢者の資産管理の手法である成年後見の分野においても、年金運用の分野においても積極的に事業を展開しているが、いずれの分野も顧客、その関係者の関心が極めて強いものであるため、それだけでも紛争の発生の可能性が高まりつつあるということができる。信託銀行による投資商品の販売、顧客の資産の管理、運用は、信託銀行の信用、信頼を背景としているものであり、顧客に安心感を与えがちであるが、信託銀行との取引、信託銀行の管理、運用であるからといって顧客が損失を被らないなどということは、投資の性質上あり得ない。また、投資取引において信託の仕組みが盛り込まれている場合には、個人の顧客にとってはその全容を理解することが容易ではないことから、信託銀行の信用、信頼性を重視して投資取引を行うことが多く、信託銀行の信用、信頼性に依存しがちになることも否定できない。取引の際の安心感は、取引の経緯、結果によっては、取引の終了の際の不満に容易に結び付くものであり、信託銀行にとっては、顧客との対応が今後一段と重要にな

るものと予想されるところ、この判決は、同種の取引の事務処理上、事務処理の内容を変更した場合において信託銀行の損害賠償責任のリスクが現実化することを示す事例として参考になるものである。

(5-18) 信託銀行の不動産小口化商品の信託につき説明義務違反等が否定された事例 [東京地判平成16・8・27判時1890号64頁]

●事案の概要●

　Xらは、昭和62年10月頃から昭和63年5月頃までの間、Y₁株式会社から東京都千代田区所在のオフィスビルの共有持分権（不動産小口化商品、1口1億円）を1口ないし数口購入し、信託銀行業を営むY₂株式会社（中央三井信託銀行株式会社）に信託し、年2回の収益の交付を受ける契約を締結し、配当金を受領していたところ、平成12年12月、信託期間が終了し、Y₂が共有持分権を売却し、最終配当金を受け取ったが、ビルの価格の下落によって損失を被ったため、XらがY₁に対しては信託法26条、不法行為に基づき、Y₂に対しては信託契約上の説明義務違反、公平義務違反、善管注意義務違反、忠実義務違反を主張して債務不履行、不法行為に基づき損害賠償を請求したものである。この判決は、Y₁の不法行為等、Y₂の債務不履行等を否定し、請求を棄却した。

●判決内容

　「(2) 原告らは、被告中央三井が、6件の受益権譲渡について、本件信託契約と異なる取扱いを行ったのであるから、被告中央三井において、そのことをすべての受益者に対して説明すべき義務があったにもかかわらず、これに違反したと主張するので、かかる義務の有無及び義務違反の有無について検討する。
ア　本件商品の購入は、いわゆる不動産投資の一環であるから、かかる商品の売主である被告中央三井は、本件商品及び本件信託契約の内容について、信義則上、正確に説明すべき義務を負うものと解される。また、本件信託契約は、委託者ごとに個別に契約を締結するものであるから、ある委託者との関係で生じた事情について、直ちに他の委託者に対して説明すべき義務が生じるものとは解されないが、本件商品及び本件信託契約が、同一の不動産の各戸別持分を一体的に管理、処分すること

を目的とする内容のものであることからすれば、被告中央三井が、本件商品又は本件信託契約の内容について、従前とは異なる取扱いを行うこととした場合、その取扱いの変更の程度により他の委託者の権利行使に相当な影響を及ぼすときには、上記信義則上の義務の一環として、その取扱いの変更を説明すべき義務を負うことがあり得るものと解される。

　そして、受益権の譲渡については、本件信託契約上、譲渡制限条項が設けられているから、被告中央三井において、譲渡制限条項を廃止したとか、譲渡制限条項の内容を変更したというような事情がある場合には、それを説明すべき義務が生じることもあり得るものというべきであるが、単に個別の受益権の譲渡について譲渡制限条項に反する譲渡を行った場合にまで、それらを説明すべき義務が生じるものではなく、当該譲渡の効力の問題として処理すれば足りるものというべきである。

イ　そこで、譲渡制限条項に関する取扱いの変更の有無について見るに、上記認定のとおり、譲渡制限条項は、所管庁の行政指導に従って設定されたというのであり、この条項が設定された経緯に照らせば、やむを得ない事情については、受益権を譲渡する必要性と受益権譲渡を認めることによって生じうる不利益を対比して判断することになるものと解される。そして、6件の受益権譲渡のうち、訴外乙川については、同人の経営する会社の経営が悪化し、10億円以上の負債を抱えて債務超過に陥っていたという事情が、甲山については、同人の経営する会社の株式上場に向けて、幹事証券会社から個人名義の投資活動の自粛を求められたという事情が、その余の3名の受益者については、いずれも債務超過等経済状況の窮状や相続発生に伴う納税のための換金の必要性を被告三井不販に訴えていたという事情が、更に、三井不動産ファイナンスについては受益権譲渡後に解散しているという事情がそれぞれ存在したというのであるから、6件の受益権譲渡については、いずれもやむを得ない事情がなかったとはいえず、したがって、被告中央三井において、譲渡制限条項を廃止したとか、譲渡制限条項の内容を変更したというような事情が認められないのはもちろん、やむを得ない事情がないにもかかわらず、譲渡を承認するなど、譲渡制限条項について、他の委託者の権利行使に相当な影響を及ぼすような取扱いの変更を行ったというような事情も認められない。

ウ　次に、上記イ以外の点に関する取扱いの変更の有無を見るに、6件の受益権譲渡のうち、訴外乙川に係るものを除いては、譲渡価格も明らかではないが、少なくとも訴外乙川に係る受益権譲渡の価格は、当時の地価の下落を勘案して算定されていることが認められることからすると、その余の受益権譲渡の価格についても、地価の下落を勘案して算定されていたであろうことが推認されるし、6件の受益権譲渡のうち5件については、被告三井不販又はその関連会社による買取りが行われているところ、譲渡制限条項によれば、被告三井不販に受益権の優先購入権があり、仮に優先購入権を行使しない場合、被告三井不販において受益権の譲渡先をあっせんすることが予定されているものであって、上記の買取りは、いずれも譲渡制限条

項に予定された範囲外の取扱いであるとは認められない。そうすると、6件の受益権譲渡については、上記イ以外の点についても、他の委託者の権利行使に相当な影響を及ぼすような取扱いの変更を行ったというような事情は認められない。
(3) したがって、被告中央三井が本件信託契約上の説明義務に違反したとの原告らの主張は採用できない。
　　……
(1) 原告らは、受託者には、複数の同種の受益者がある場合には、これらの受益者を公平に扱わなければならない公平義務が課せられているにもかかわらず、被告中央三井は、6件の受益権譲渡について、本件信託契約と異なる取扱いを行い、上記公平義務に違反したと主張するので、かかる義務の有無及び義務違反の有無について検討する。
ア　信託法上の公平義務とは、一つの信託に関して複数の受益者が存在する場合に、受託者は、信託財産の投資、管理、配分につき、各受益者を公平に扱わなければならないという義務をいい、信託法上これを直接的に規定する条文は存在しないが、解釈論としては忠実義務の一形態として認められている。
　また、複数かつ同種の委託者兼受益者の存在を前提とする信託契約においては、ある委託者兼受益者との関係で信託契約とは異なる取扱いを行ったとしても、直ちに他の委託者兼受益者との関係でも同様の取扱いを行うべき義務は生じないものの、受託者が、複数かつ同種の信託契約について、同一の内容を定め、又は同一の取扱いを行っていた場合には、すべての委託者兼受益者との関係で、信義則上、統一した対応を取るべきものと解され、ある委託者兼受益者のみを特別有利に取り扱うことは、信義則上の義務に違反することがあり得るものと解される。
　　……
イ　そこで、6件の受益権譲渡について見るに、前記一に説示のとおり、6件の受益権譲渡については、当初、被告三井不販に対して受益権譲渡の申し入れがなされており、被告三井不販による優先購入権行使若しくは譲受人のあっせん又は自らによる譲受人の選定を経て、いずれについても、譲渡先を特定した上で、最終的に被告中央三井に対して、受益権譲渡の承諾を求めていたものであって、譲渡制限条項についても、それ以外の点についても、他の委託者の権利行使に相当な影響を及ぼすような取扱いの変更を行ったというような事情までは認められない。また、原告らについては、本件全証拠をもってしても、やむを得ない事情に関して具体的な申告があり、やむを得ない事情が認められるはずであったにもかかわらず、これを認められないものとして取り扱ったというような事情は認められない。そうすると、被告中央三井において、上記の信義則上の義務に違反したとまでは認められない。
(2) したがって、被告中央三井が信託法上の公平義務その他の信義則上の義務に違反したとの原告らの主張は採用できない。
　　……

(2) 受託者は、信託の本旨に従い善良なる管理者の注意をもって信託事務を処理するという善管注意義務（信託法20条）及び専ら受益者の利益のために行動すべきであるという忠実義務（信託法22条参照）を負うところ、信託法4条によれば、受託者は、信託行為の定めるところに従い信託財産の管理、処分を行う義務を負うとされるから、受託者である被告中央三井としては、信託行為によって定められた内容に従って信託財産を管理処分にするについて、善管注意義務及び忠実義務を負うものと解するのが相当である。

　これを本件について見るに、上記認定のとおり、本件信託契約の目的は、原告らの共有する各個別持分を、信託された他の個別持分と一括して、受益者のために管理、運用及び処分することにあったものと認められるから、原告らにおいて、本件商品の購入に際し、節税効果及びキャピタルゲインの取得という経済的動機があったとしても、被告中央三井における善管注意義務ないし忠実義務の具体的内容は、あくまで各個別持分の一体的管理、運用及び信託期間満了時における一体的処分という本件信託契約の目的の範囲で決すべきものであり、不動産の地価の下落や税制の改正があったとしても、これにより直ちに本件信託契約の目的が達成できず、信託財産の管理方法が受益者の利益に適さなくなったということはできないから、信託財産の管理方法の変更を裁判所に請求し、受益者の損害をできるだけ軽減する方策を講ずる義務まで負っていたものとは認めることができない。

　そして、上記認定のとおり、被告中央三井は、各個別持分を一体的に賃貸し、不動産信託決算報告書等を作成して原告らに報告し、中間配当を実施するとともに、信託期間満了時における本件不動産の一体的売却と最終配当を実施していたものであって、これらの行為により、被告中央三井が負う本件信託契約上の善管注意義務及び忠実義務は履行されたものと認められる。

(3) したがって、被告中央三井が本件信託契約上の善管注意義務及び忠実義務に違反したとの原告らの主張は採用できない。

　　……

(2) 上記認定事実に基づき、被告らの説明義務違反について検討するに、原告戊田は、税制改正によって所得税の節税効果がなくなったこと、借入金の利払いがかさんでいることなどを理由として受益権の譲渡を申し出ているところ、やむを得ない事情については、前記一に説示のとおり、受益権を譲渡する必要性と受益権譲渡を認めることによって生じうる不利益とを対比して判断するものと解され、税制改正によって節税効果が減殺し、借入金の利払いがかさんでいるという事情は、やむを得ない事情の考慮要素の一つではあるものの、かかる事情のみで直ちにやむを得ない事情があるとは解されないし、やむを得ない事情に該当するか否かの判断に当たっては、更に、原告戊田の経済的事情等も考慮されるべきであるが、原告戊田は、自己の経済的事情についてやむを得ない事情が存在することを説明して具体的に譲渡を申し出たり、譲渡先を特定して譲渡の承諾を申し出たことはなかったというの

であるから、塚本が原告戊田に対し、税制改正はやむを得ない事情に当たらないと回答したとしても、被告らが説明義務に違反したとまでは認められない。
　また、塚本は、同族会社の法人に対する名義変更であれば認められる場合があること、当時の受益権の評価が8000万円程度であるから市況の回復を待つ方がよいのではないかということを述べているが、かかる説明は、当時の市況に基づく塚本の感想にすぎず、市況の回復を待つことを強く勧めて売却を断念させたという類のものとまでは認められないし、平成4年当時の周辺地価の公示価格が、昭和62年を100とすると、94.1であり、前年比12.5ポイントの下落となっていたが、当時の状況下では、そのまま地価が下落し続けるという見解のほかに、一定の幅で下げ止まり、再び回復するという見解も見られたことは公知の事実であり、塚本において後者の見解に立った感想を述べたとしても、被告らが説明義務に違反したとまでは認められない。
(3) したがって、被告らが、原告戊田との関係で、受益権譲渡に関する説明義務に違反したものとは認められない。」

●事案の特徴
　この事案は、ビルの共有持分権を小口化した不動産小口化商品が販売され、購入した顧客ら（会社、個人が顧客であった）が信託銀行に信託し、配当金を受領することが予定されていたところ、ビルの価格の下落により、信託期間が満了した際、損失を被ったため（ビルを売却し、最終配当金が支払われた）、顧客が信託銀行らに対して信託契約上の説明義務違反、公平義務違反、善管注意義務違反、忠実義務違反を主張し、損害賠償を請求した事件である。この事案では、不動産小口化商品が販売され、顧客らがこれを購入したこと、不動産小口化商品は信託銀行に信託され、配当がされることになっていたこと、信託銀行が受託した不動産小口化商品の取引が問題になったこと、顧客が会社、個人であったこと、信託銀行らの損害賠償責任が問題になったこと、信託銀行の信託契約上の説明義務違反、公平義務違反、善管注意義務違反、忠実義務違反が追及されたことに特徴がある。

●判決の意義
　この判決は、信託銀行はこの事案の商品または信託契約の内容について、従前と異なる取扱いを行うこととした場合、その取扱いの変更の程度により他の委託者の権利行使に相当な影響を及ぼすときには、信義則の義務の一環

として、その取扱いの変更を説明すべき義務があり得るとしたこと、この事案では、この意味の説明義務違反が認められないとしたこと、公平義務は、一つの信託に関して複数の受益者が存在する場合に、受託者は、信託財産の性質、管理、配分につき、各受益者を公平に扱わなければならないという義務であり、信託法上これを直接的に規定する条文は存在しないものの、忠実義務の一形態として認めらるとしたこと、受託者である信託銀行は、複数かつ同種の信託契約について、同一の内容を定め、または同一の取扱いを行っていた場合には、すべての委託者兼受益者との関係で、信義則上、統一した対応をとるべきものと解され、ある委託者兼受益者のみを特別有利に取り扱うことは、信義則上の義務に違反することがあり得るとしたこと、この事案では、この意味の公平義務違反が認められないとしたこと、信託銀行は信託行為によって定められた内容に従って信託財産を管理処分にするにつき善管注意義務および忠実義務を負うとしたこと、この事案では、各個別持分を一体的に賃貸し、不動産信託決算報告書等を作成して顧客らに報告し、中間配当を実施し、信託期間満了時における一体的売却と最終配当を実施していたとし、信託銀行は信託契約上の善管注意義務および忠実義務を履行したことを認め、信託銀行の善管注意義務違反、忠実義務違反を否定したこと、信託銀行は信託財産の管理方法の変更をする等し、受益者の損害をできるだけ軽減する方策を講ずる義務まで負っていないとしたこと、受益権譲渡に関する信託銀行の説明義務違反を否定したことに特徴があり、信託銀行の説明義務違反、公平義務違反、善管注意義務違反、忠実義務違反、説明義務違反等を否定した事例判断として参考になるものである。なお、この判決は、理論的に、信託銀行が不動産投資商品の信託財産につき説明義務、公平義務、忠実義務、善管注意義務を認めるものであるから、事案によってはこれらの法的な義務違反が認められる可能性があることにも注意が必要である。

（5－19）銀行の不動産小口化商品の販売の勧誘につき適合性の原則違反、説明義務違反が否定された事例［東京地判平成16・11・2判時1896号119頁］

●事案の概要●

　会社の経営者であるX（当時、74歳）は、相続税対策として、平成2年4月、銀行業を営むY_1株式会社（株式会社日本興業銀行）の従業員らの勧誘、説明により、不動産小口化商品を購入するため、Y_1から、Y_2株式会社の保証を得て9000万円を借り受け、Y_4株式会社を介して、不動産業を営むY_3株式会社から不動産の共有持分を代金1億109万円余で購入し、Y_5が理事長に就任する任意組合に共有持分を出資し、定期的に配当を得ることにしたところ、その後、運用が悪化し、損失を被ったため、XがY_1、Y_2に対して貸金債務等の不存在の確認、Y_1、Y_2、Y_3らに対して適合性原則違反、説明義務違反による債務不履行、不法行為に基づき損害賠償を請求したものである。この判決は、適合性の原則違反、説明義務違反を否定する等し、請求を棄却した。

●判決内容

　「二　争点(1)（適合性原則違反）について
　　……
(2)　適合性の原則とは、業者が顧客の知識、経験、資力、投資目的等に適合した勧誘・販売を行わなければならないというものであり、言い換えれば、知識、経験、資力、投資目的に適合しない顧客に対して勧誘・販売をしてはならないことを意味する。
(3)　原告は、平成元年、乙山本舗の社長を長男に譲り、代表取締役会長となった。原告は、平成2年4月当時74歳で、健康上特に問題があった事情は窺われない。
(4)　本件商品の前記のような特徴に照らせば、永年の会社経営の経験のある原告にとって、投資についての知識、経験に不足するということはないし、節税を含めた投資目的にも合致するというべきである。資力的に不適切であるとの主張は原告からはない。したがって、本件商品を原告に勧誘したことが適合性原則に違反するとは言えない。
　三　争点(2)（説明義務違反）について

……

(2) 原告は、金利の負担が重いことの危険性の説明が必要であった旨主張する。しかし、契約当初の年8.1パーセントの金利は当時としては通常の金利であり、前記の説明資料中のシミュレーションにおいて、金利負担の位置づけが明確にされていることからしても、十分な説明があったということができる。そもそも、会社経営者である原告が金利負担の意味合いが理解できないはずはない。

(3) 原告は、不動産価格が将来下落する可能性があること、あるいは賃料収入が減少することの可能性があることの説明が必要であった旨主張する。しかし、不動産投資であることが本質である本件商品の性格上、不動産価格の変動は当然のことである。契約当初の平成2年4月当時、不動産投資が加熱していた状況であった。わが国において、不動産価格が上昇を続けてきた経緯に照らしても、バブル崩壊に伴う爾後の不動産価格の下落を予見した者があったとは思われない。本件商品を原告に勧誘した興銀の担当者等が不動産価格の下落を予見していたといった事情が認められるのであればともかく、本件において不動産価格の下落の可能性を説明しなかったことが説明義務に違反するとは言えない。

(4) 原告は、本件商品が原則として15年間処分できないものであることの説明が必要である旨主張する。本件商品が節税対策も目的としたもので長期間の投資であることは商品の性格上明らかである。しかし、予定した投資資金の回収時期以前に投資資金の回収ができるか否か、その回収手段について説明をすることが、投資商品については望ましい。本件組合の組合契約の規定がそれを表しているが、一読して理解が容易であるとまでは言い難い。ところで、本件では、不動産価格の下落に伴い、興銀あるいは被告長谷工等が組合持分の時価での買取に応ずることとし、原告に対しても二度にわたり、時価での買取の検討の機会があったことは前記認定のとおりであり、この事情を斟酌すると、投資資金の回収方法について説明が十分でなかったことを違法事由とすることはできない。

(5) 原告は、税制の改正により本件商品のセールスポイントである節税効果がなくなる可能性があることの説明が必要である旨主張する。しかし、税制改正が会社経営上影響を受けることは原告においても経験してきたところであろうし、乙B三（説明資料二枚目）には、『本表は1990年4月現在の運営予想、税法に基づき試算したもので、法改正等により実際と異なる場合があります。』と記載されており、原告においてもこの点は十分認識していたものと推認できる。

(6) 原告は、元本保証がないことのリスクを説明すべきである旨主張するが、本件商品が本質的に不動産投資であり、元本保証がないことは事柄の性質上当然のことであり、会社経営者である原告に対して説明するまでもないことである。興銀の担当者において元本保証があるとの誤った説明をしたことがないことは前記認定のとおりである。

(7) 証人丙川の証言中には、信用のある興銀が作った商品であり、元本割れは想像

だにしなかった旨の証言があるが、不動産価格が下落しても損が生じない商品ということ自体がありえないことであり、不動産価格の下落という事態を想像していなかったということに尽きる。また、原告は、不動産鑑定評価書により、本件商品の販売時点で、本件不動産持分の価格が4750万円相当であることを立証しようとするが、本件商品の販売された平成2年4月当時は、国土利用計画法による不動産取引価格の規制が行われており、時価と著しく乖離した高額での不動産取引ができない状態であったので、本件商品の販売価格が時価から大きく乖離していたことはなかったというべきであり、同鑑定評価書は採用の限りでない。

(8) 以上検討したところによれば、興銀（被告銀行）を含め、被告ら（被告ギャランテイを除く）には説明義務違反があったとは認められない。」

● **事案の特徴**

この事案は、高齢者（会社の元経営者）が、相続税対策として、不動産小口化商品につき銀行から融資を受け、不動産の共有持分を購入し、任意組合に出資したところ、運用が悪化し、損失を被ったことから、銀行らに対して損害賠償を請求する等した事件である。この事案では、高齢者が相続税対策として銀行の融資を受け、不動産投資取引をしたこと、銀行が融資をした不動産小口化商品の取引が問題になったこと、顧客が高齢者であったこと、顧客が相続税対策として不動産小口化商品（組合を利用した商品である）を購入したこと、顧客が不動産の運用の悪化により損失を被ったこと、銀行らの損害賠償責任が問題になったこと、適合性の原則違反、説明義務違反が問題になったことに特徴がある。

● **判決の意義**

この判決は、高齢者の銀行らとの間の相続税対策としての融資取引、不動産投資取引につき適合性の原則違反、説明義務違反をいずれも否定したものであり、この意味の事例判断として参考になるものである。

(5－20) 信託銀行の不動産小口化商品の販売につき断定的判断の提供、管理義務違反、公平義務違反、善管注意義務違反等が否定された事例
[大阪地判平成17・7・21判時1912号75頁、判夕1192号265頁]

●事案の概要●

　A株式会社は、11階建てビルを建築し、その持分を170分の1に小口化し、信託銀行業を営むY株式会社（三菱信託銀行株式会社）を介して共有持分権を販売し、Yと信託契約を締結し、Yが本件ビルを一括してAに賃貸し、Yが共有持分権を購入した者に配当する事業を行っていたところ、X株式会社、B有限会社は、Aから共有持分権を購入し、Yとの間で信託契約を締結したが（Xは、その後、Bを吸収合併した）、不動産価格が下落し、信託が終了したときに損失を被ったため（本件商品を購入した顧客らの中には信託期間中に売却した者が多数いた）、XがYに対して断定的判断の提供、元本保証、管理義務違反等を主張し、債務不履行、不法行為に基づき損害賠償を請求したものである。この判決は、断定的判断の提供、管理義務違反、公平義務違反等を否定し、請求を棄却した。

●判決内容

「〔二　争点2（被告の管理義務違反・公平義務違反その一）について〕
1　この点、本件システムの内容からいって、本件信託契約の本質は、受託者である被告が、原告ら受益者に対して配当を行う点にあると解され、飛栄産業を一括賃借人とすることは、本件システムを運用するための管理処分に当たっての便宜にあるにすぎないものと認められる。そうすると、飛栄産業を介在しておくことが本件システムの運用に当たって、有害となる場合や飛栄産業を一括賃借人の地位から外しても管理処分が達成できるのであれば特に飛栄産業を一括賃借人の地位においておかなければ義務違反になるとは認め難い。
2　そして、本件では、特に飛栄産業が一括賃借人の地位から離脱したことによって本件ビルの管理が杜撰になったという事実を認めるに足る証拠は存在しない。また、……によれば、被告は、原告に対して、平成3年4月から平成15年3月13日までの間に別紙飛栄大阪ビル収支表の差引配当金欄記載の金額を支払った事実が認められ、そうすると、原告が、飛栄産業が離脱したと主張する平成4年4月26日以前

と以降とで収益に大きな変化はなく（平成4年は合計138万3553円の収益であるのに対し、平成5年は137万4751円の収益となっている。）、飛栄産業を離脱させても管理処分は達成できていたと認められる。また、飛栄産業が平成12年8月21日に特別清算に入ったことからすると、破綻によって賃料の回収が困難になることや管理等の遅滞という事態が生じる前に飛栄産業を一括賃借人の地位から離脱させることは、むしろ、本件信託契約の履行という点からいって有益なものとさえ見ることができる。

そうすると、被告が、飛栄産業の一括賃借人の地位からの離脱を認めたことは義務違反に当たるとは認め難い。

3 また、原告は、被告の処分義務の根拠として、12年間安定した賃料収入を受け取れるとの説明を行ったことを挙げるが、実際に本件商品の説明に用いられた本件案内書（甲6）や本件ビデオテープ（甲33）では、前記のとおり、安定した賃料収入が期待できる等とされているだけあって、その余の証拠からも被告の担当者が、それを超えて確実に安定した賃料を取得できると説明したとは認め難いし、また、本件案内書では、信託期間満了時に物件を一括処分するとの記載があるが、これはあくまでも期間満了時に処分するとしているにすぎず、原告が主張するような有利な時期に処分するとの説明を行っているわけではない。したがって、被告の説明から、原告にとって有利な時期に本件信託財産を処分しなければならないという義務が被告に発生するとは認められない。

4 そして、本件信託契約の信託期間は12年間とされており、それ以前に処分する場合には、処分額を低廉としないためにも信託不動産全体（本件では本件ビル全体）を処分することが必要になるものと考えられる。そして、そのためには受益者の意思に反した処分とならないためにも、受益者全員の同意が必要となるが、現実は、信託契約では、多数の受益者が存在しており、しかも、信託契約を締結した理由は様々であって、相続税対策のために信託契約を締結した者は価値が下がったとしても持分を処分することを承諾しないことも考えられ、そのような多種多様な受益者全員の同意を得て処分しなければならないとするとこれは受託者に対して不可能を強いる結果となってしまう。また、一旦、信託財産の価値が下がったとしてもその後、価格が、反騰することも考えられるのであって、それにもかかわらず、一定の時点で処分しなければならないとすると、その後、反騰した場合には、受託者が受益者から得べかりし利益を失ったとして損害賠償請求をされることも考えられ、受益者の利益に比して受託者に生じる負担が余りに大きくなってしまう。

このような点からも、被告について、原告が主張するような価値を保全するために本件信託財産を処分すべきであるとの義務を認めることはできないし、原告の持分を処分しなかった被告の行為が善管注意義務に違反するということにもならない。」

●事案の特徴

　この事案は、ビルの共有持分権の売買、信託等を内容とする不動産小口化商品を販売した信託銀行の損害賠償責任が問題になったものであり、不動産小口化商品を購入した株式会社、有限会社が不動産価格の下落によって損失を被ったため、信託銀行に対して損害賠償を請求した事件である。この事案では、信託銀行が販売し、信託を受けた不動産小口化商品（ビルの170分の1の共有持分等）の取引が問題になったこと、信託銀行が会社に不動産投資商品の購入を勧誘したこと、不動産価格がその後、下落し、会社が損失を被ったこと、信託銀行の管理義務（一括賃借人を管理業務から離脱させないようにする等の義務）違反、公平義務（受益者を公平に取り扱う義務）違反、善管注意義務違反等が問題になったことに特徴がある。

●判決の意義

　この判決は、会社が信託銀行から勧誘され、購入した不動産投資商品につき信託銀行の断定的判断の提供、元本保証、管理義務違反、公平義務違反、善管注意義務違反を否定したものであり、これらの意味をもつ事例判断を提供するものである。

(5－21) 銀行の金利スワップ取引につき優越的地位の濫用、公序良俗違反が否定された事例［東京地判平成18・8・2金法1795号60頁］

●事案の概要

　Y株式会社は、他の金融機関をメインバンクとしていたところ、銀行業を営むX株式会社（株式会社りそな銀行）から短期融資を受けたのが最初の取引となり、その後、長期の貸付を期待し、Xとの間で円金利スワップ契約を締結していたところ、長期の貸付を受けることができず、金利差額の支払を拒否したため、XがYに対して期限前解約をし、損害金の支払を請求したものである。この判決は、優越的地位の悪用、公序良俗違反を否定し、請求を認容した。

● **判決内容**

「3 被告の主張(2)（公序良俗違反）について判断する。

被告は、原告側がその優越的地位を悪用して本契約を締結させた旨主張し、……（甲田太郎の陳述書）にも同旨の記載がある。証拠（……）によれば、株式会社三井住友銀行、取引先の中小企業に金利スワップを購入させた等として、平成17年12月26日に公正取引委員会から排除措置を受け、平成18年4月27日に金融庁から業務停止命令を受けた事実が認められる。

しかしながら、証拠（……）によれば、①被告は、平成13年6月頃までは茨城県信など他の金融機関をメインバンクとしており、同月あさひ銀行から短期融資を受けたのが同行との初回取引であって、複数の金融機関を選択でき、あさひ銀行への依存度は高くなかったこと、②あさひ銀行は、金融情勢の変わる中で収益性のある本契約を提案し、被告担当者の側も、同行と良好な関係を築くことで後の長期貸付を期待した節が窺われるものの、その時点では本取引の諾否と長期貸し付けとの結び付きは不明確であったことが認められる。これらの事情に照らせば、本取引の締結は、原告による優越的な地位の不正利用によるものと認めるには足りず、独禁法や公序良俗に違反するとは評価できない。前記の三井住友銀行の例は、取引上の力関係や融資との関連性等において、本件とは事案を異にしており、本訴の結論に影響を及ぼすものではない。」

● **事案の特徴**

この事案は、会社がメインバンク以外の銀行から短期の融資を受けていたところ、長期の融資を期待して金利スワップ取引を行い、損失（金利差額の損失）を被り、銀行が会社に対して金利差額の支払を請求した事件である。この事案は、銀行との金利スワップ取引が問題になったこと、会社に損失が生じたこと、会社の主張に係る銀行の優越的地位の濫用、公序良俗違反が問題になったことに特徴がある。

● **判決の意義**

この判決は、銀行の優越的地位の濫用、公序良俗違反を否定したものであり、これらの意味の事例判断を提供するものである。

(5-22) 銀行の金利スワップ取引につき説明義務違反が否定された事例[福岡地大牟田支判平成20・6・24判タ1364号170頁、金判1369号38頁]

●事案の概要●

　パチンコ店の経営等を業とするX株式会社は、銀行業を営むY株式会社（株式会社三井住友銀行）らから変動金利で融資を受けていたところ、Yの従業員の勧誘により、変動金利のリスクヘッジのために変動金利を受け取って固定金利を支払う旨の金利スワップ契約を締結したが、固定金利と変動金利の差額を支払うに至ったため、XがYに対して説明義務違反等を主張し、金融商品の販売等に関する法律（金融商品販売法）4条、債務不履行、不法行為に基づき損害賠償を請求したものである。この判決は、説明義務違反等を否定し、請求を棄却した。

●判決内容

　「2　被告従業員の説明義務違反の有無について
(1)　前記認定事実によれば、被告従業員C及びDは、平成16年1月19日に原告の事務所を訪問し、Aに対し、提案書を示しながら、金利スワップ取引の仕組みを説明して、同取引を勧誘したこと、Aは、本件商品が初めて見る金融商品であったことから、提案書をじっくりと見て検討したいと述べ、顧問税理士同席の上で、改めて説明するよう要請したこと、同月28日、CとDは、改めて原告を訪問し、再度、スポットスタートの提案書と先スタートの提案書を示しながら、E税理士も同席の上で、Aに対し、金利スワップ取引について説明したこと、Aは、原告の専務及び顧問税理士と相談して決めると回答して、判断を留保したこと、同年3月初めころ、Cが、Aに対し、電話で検討状況を確認したところ、Aは、1年先スタートの金利スワップ取引を導入すると回答したこと、そこで、Cは、同月3日、1年先スタートの金利スワップ取引の提案書を持参して、改めてAと面談したこと、その際、Aは、同提案書の『★必ずお読み下さい』と記載されたページの下にある『当社は、本取引（金利スワップ取引）の申込に際し貴行より説明を受け、その取引内容及びリスク等を理解していることを確認します。また、当社は、本取引（金利スワップ取引）について貴行で口頭で合意した時点で契約が成立し、法的に拘束されることを確認します。』と記載された欄に、原告の社印と代表者印を押印したこと、前記提案書には、『取引開始後に変動金利がどのように推移するかによって金利スワップの

損益はプラスにもマイナスにもなります。』との記載があり、金利スワップ取引のメリットとして、『本金利スワップ取引を約定することにより、貴社の将来の調達コストを実質的に確定させることができます。スワップ取引開始日以降は短期プライムレートが上昇しても貴社の調達コストは実質的に一定となり金利上昇リスクをヘッジすることができます。』、同じくデメリットとして、『現時点での将来の調達コストを実質的に確定させるため、約定時以降にスワップ金利が低下した場合、結果として割高になる可能性があります。スワップ取引開始日以降は短期プライムレートが低下しても貴社の調達コストは実質的に一定となり金利低下メリットを享受することができません。よって金利スワップを約定しなかった場合と比べて実質調達コストが結果として割高になる可能性があります。』と記載されているほか、『損益シミュレーション』として、3か月TIBORが0.000から3.500まで、0.25パーセント刻みで変動した場合のスワップ損益の一覧表が掲載されていること、さらに、『★必ずお読み下さい』と記載されたページには、『本取引の適用金利等の条件は市場情勢により変化します。』、『本取引のご契約後の中途解約は原則できません。やむを得ない事情により弊行の承諾を得て中途解約をされる場合は、解約時の市場実勢を基準として弊行所定の方法により算出した金額を弊行にお支払い頂く可能性があります。』との記載があること、翌4日、CがAに対し、原告の支払金利が年2.445％となる旨を告げたところ、Aはこれを了承したことがそれぞれ認められ、提案書に記載された内容は、『3か月TIBOR』、『スプレッド水準』等の文言の意味を正確に理解していなかったとしても、固定金利と変動金利についての基本的理解があれば、さほど難解なものとは言えず、原告の金融機関からの借入金の金利を提案書の『お借入金利』欄に代入すれば、実質的な調達コストについても十分に判断できるだけの情報は与えられていたというべきであるし、提案書に記載された適用金利はあくまで取引例であり、契約締結時における適用金利は市場情勢により変化することや、原則として、中途解約できない契約であることの説明もなされていたというべきであるから、金利スワップ取引のリスク等についての説明も含めて、被告従業員に説明義務違反があったと認めることはできない。」

● **事案の特徴**

　この事案は、会社が銀行から変動金利で融資を受けていたところ、銀行の従業員の勧誘により、金利スワップ契約を締結し、損失を被ったため、会社が銀行に対して説明義務違反等を主張し、金融商品販売法4条、債務不履行、不法行為に基づき損害賠償を請求した事件である。この事案は、銀行と会社との金利スワップ取引が問題になったこと、銀行の従業員の勧誘が問題になったこと、銀行の説明義務違反等が問題になったこと、銀行の金融商品

販売法4条所定の責任、債務不履行責任、不法行為責任が問われたことに特徴がある。

●判決の意義

　この判決は、銀行の従業員が会社の担当者に、顧問税理士が同席するところで書面も利用して金利スワップ取引の説明を行ったこと等から、説明義務違反を否定する等し、銀行の損害賠償責任を否定したものであり、説明義務違反等による損害賠償責任を否定した事例判断として参考になるものである。この判決は、この事案の金利スワップ取引によるリスクは固定金利と変動金利についての基本的理解があれば、さほど難解なものではなく、借入金の金利を提案書の記載を参照すれば実質的な調達コストについても十分に判断できるだけの情報は与えられていたとし、説明義務違反を否定したものであるが、この判断過程も参考になるところである。控訴審判決につき〔5－25〕参照。

〔5－23〕銀行の投資信託の勧誘につき適合性の原則違反、説明義務違反が肯定された事例［大阪地判平成22・8・26判時2106号69頁、判タ1345号181頁、金法1907号101頁、金判1350号14頁］

●事案の概要●

　X（当時、79歳で、独り暮らし）は、銀行業を営むY株式会社（株式会社池田泉州銀行）の従業員の勧誘により、A株式会社を委託者、信託銀行等を営むB株式会社（みずほ信託銀行株式会社）を受託者とする投資信託を4回にわたってYを代理人として購入し、一部の分配金を受領し、一部償還されたが、損失を被ったため、XがYに対して主位的に売買契約の不成立、錯誤無効を主張し、不当利得の返還、予備的に適合性の原則違反、説明義務違反、断定的判断の提供等を主張し、不法行為に基づき損害賠償を請求したものである。この判決は、主位的請求を棄却したが、適合性の原則違反、説明義務違反を認め、予備的請求を認容

した。

● **判決内容**

「三　勧誘行為の違法性の有無（争点二）について
(1)　適合性の原則（争点二(1)）
　証券会社の担当者が、顧客の意向と実情に反して、明らかに過大な危険を伴う取引を積極的に勧誘するなど、適合性の原則から著しく逸脱した証券取引の勧誘をしてこれを行わせたときは、当該行為は不法行為法上も違法となると解するのが相当である（最高裁平成17年7月14日第一小法廷判決・民集59巻6号1323頁参照）ところ、みずほ投信からの委任により本件投資信託を販売する被告の担当者においても、同様であると解される。
　そして、担当者による取引の勧誘が適合性の原則から著しく逸脱していることを理由とする不法行為の成否に関し、顧客の適合性を判断するに当たっては、具体的な商品特性をふまえ、これとの相関関係において、顧客の投資経験、証券取引の知識、投資意向、財産状態等の諸要素を総合的に考慮する必要がある。
……
オ　被告内部の基準の適用
　被告内部の基準（前記一(3)エ、(5)エ）によれば、本件各売買契約時に、原告は79歳であったから、被告からの勧誘により、本件各投資信託を販売することはできなかった。
　そして、前記一(3)から(6)によれば、本件各売買契約は、原告の定期預金の満期あるいは保険の解約金の振り込みの時期に合わせて、乙山が原告の自宅を訪問し、原告からの商品紹介の要請もない段階で、原告に対して本件各投資信託を紹介し、締結に至ったのであるから、被告からの勧誘があったというべきであり、被告内部の基準に従えば販売することができないにもかかわらず、乙山及び丙川は、原告からの申出として処理することにより、販売が可能としたと認められる。
　また、丙川は、原告に対して本件各投資信託を販売するためには家族の同席、同意が必要とされており、原告に対する意思確認で処理で可能であるのは、同意確認が困難である場合の例外的な措置とされているにもかかわらず、一人暮らしの原告が『娘には言いたくない』と答えたことをいいことに、家族の同意を不要として処理し、しかも、夏子が大阪府内に住んでいることを知りながら、面談記録カードには『長女が居るが横浜のため同意確認できなかった』との理由を記載し、家族の同意確認を怠った。
カ　小括
　以上によれば、乙山及び丙川は、投資経験及び知識がほとんどなく、慎重な投資意向を有する79歳という高齢で一人暮らしの原告に対し、相当のリスクがあり、理

解が困難な本件各投資信託の購入を勧誘し、定期預金、普通預金や個人年金という安定した資産を同種のリスク内容の投資信託に集中して投資させたものであり、原告の意向と実情に反し、過大な危険を伴う取引を勧誘したものである上、乙山及び丙川が、被告の内部基準を形骸化するような運用をして本件各売買契約を成立させたものであるから、適合性の原則から著しく逸脱した投資信託の勧誘といえる。

したがって、乙山及び丙川による本件各投資信託の勧誘行為は、原告に対する適合性原則違反の不法行為を構成する。

(2) 説明義務違反（争点二(2)）について

ア　金融商品取引業者又はその販売委託を受けた金融機関と一般投資家との間には、知識、経験、情報収集能力、分析能力等に格段の差があることからすれば、金融商品取引業者等は、信義則上、一般投資家である顧客を証券取引に勧誘するに当たり、自己責任による投資判断の前提として、当該商品の仕組みや危険性等について、当該顧客がそれらを具体的に理解することができる程度の説明を、当該顧客の投資経験、知識、理解力等に応じて行う義務を有すると解するのが相当であり、この義務の違反は、顧客に対する不法行為を構成する。

イ　前記一(3)から(6)のとおり、乙山は、本件各投資信託を購入するに当たって、本件各投資信託が預金ではなく投資信託であることや、販売用資料のグラフを示しながらワンタッチ水準についての説明をし、販売用資料、説明書、目録見書を交付していることから、本件各投資信託について一応の説明はしたものと認められる。

しかし、前記(1)のとおり、原告は、79歳という高齢であり、これまでの投資経験、知識も乏しく、元本を重視する慎重な投資意向であったところ、本件各投資信託は、その内容を理解することは容易ではなく、将来の株価の予測というおよそ困難な判断が要求され、また、元本割れのリスクも相当程度存在するにもかかわらず、条件付きの元本保証、という商品の特性により元本の安全性が印象づけられることから、当該条件については特に慎重に説明する必要があったというべきである。

しかるに、丙川や乙山は、本件各投資信託の投資対象や運用益についての知識は持ち合わせてはおらず、被告においてその研修もされていないというのであるから、そもそも、販売を勧誘する側に知識不足があったというべきであり、そのような者が一般顧客に商品の内容やリスクを、十分に説明することができるかどうか、疑わしい。

そして、乙山らの説明を受けた原告は、本件各投資信託について、特段の不安も述べず、本件各売買契約につき、いずれも、乙山の訪問、勧誘を受け、その場で直ちに購入を決めているのであり、これらの経緯に照らせば、原告は、本件各投資信託の内容を具体的に理解できず、また、そのリスクを現実味を帯びたものとして理解できていなかったものと認められる。

また、乙山及び丙川は、原告が元本保証を重視していることを知っているにもかかわらず、過去の株価の変動状況や、今後の株価予測の参考となる情報を提供しな

いで、ワンタッチ水準となる価格を示したのみであった（前記一(3)）。したがって、乙山は、本件各投資信託の危険性を具体的に理解することができる程度の説明をしたとは認められない。

そして、乙山が、原告に対する説明の中で、日経平均株価の説明のためにあえて『日本のいい会社の株式の平均の株価』や、『新聞やテレビのニュースで言っているやつ』などといった表現を用いたこと（前記一(3)）に照らせば、乙山及び丙川は、原告が取引経験がなく、知識も乏しいことを認識していたというべきであって、販売用資料に沿った一応の説明では原告が本件各投資信託の危険性を具体的に理解することができないことを容易に認識できたといえる。

したがって、乙山及び丙川の本件各投資信託の勧誘行為には、説明義務違反があり、原告に対する不法行為を構成する。」

● 事案の特徴

この事案は、高齢者（79歳。独り暮らし）が銀行の従業員の勧誘により投資信託を購入し、損失を被り、主位的に不当利得の返還、予備的に不法行為に基づき損害賠償を請求した事件である。この事案は、銀行の投資信託の勧誘が問題になったこと、顧客が高齢者であったこと、売買契約の不成立、錯誤無効、適合性の原則違反、説明義務違反、断定的判断の提供等が主張されたこと、銀行の不法行為責任等が問題になったことに特徴があるが、特に79歳という高齢者の顧客に投資信託を勧誘したことに大きな特徴がある。

● 判決の意義

この判決は、適合性の原則につき、証券会社の担当者が、顧客の意向と実情に反して、明らかに過大な危険を伴う取引を積極的に勧誘するなど、適合性の原則から著しく逸脱した証券取引の勧誘をしてこれを行わせたときは、当該行為は不法行為法上も違法となると解するのが相当であり（最一小判平成17・7・14民集59巻6号1323頁、判時1909号30頁、判タ1189号163頁、金法1762号41頁、金判1222号29頁を引用）、銀行の場合も同様であるとし、顧客の適合性を判断するに当たっては、具体的な商品特性をふまえ、これとの相関関係において、顧客の投資経験、証券取引の知識、投資意向、財産状態等の諸要素を総合的に考慮する必要があるとしたうえ、この事案につき、独り暮らしで、79歳の高齢者であること、銀行の内部基準に違反していたこと等の事情

を考慮し、適合性の原則違反を認めたこと、金融商品取引業者またはその販売委託を受けた金融機関と一般投資家との間には、知識、経験、情報収集能力、分析能力等に格段の差があり、金融商品取引業者等は、信義則上、一般投資家である顧客を証券取引に勧誘するに当たり、自己責任による投資判断の前提として、当該商品の仕組みや危険性等について、当該顧客がそれらを具体的に理解することができる程度の説明を、当該顧客の投資経験、知識、理解力等に応じて行う義務を有すると解するのが相当であり、この説明義務違反は不法行為を構成するとし、この事案の諸事情を考慮し、投資信託の危険性を具体的に理解することができる程度の説明をしたとは認められないとして説明義務違反を認めたことに特徴がある。この事案の銀行の従業員の高齢者である顧客に対する勧誘は、不適切であることが明白なものであり、適合性の原則違反、説明義務違反が認められた事例判断として参考になるだけでなく、銀行の従業員が内部基準に明白に違反する勧誘を行ったうえ、

「丙川や乙山は、本件各投資信託の投資対象や運用益についての知識は持ち合わせてはおらず、被告においてその研修もされていないというのであるから、そもそも、販売を勧誘する側に知識不足があったというべきであり、そのような者が一般顧客に商品の内容やリスクを、十分に説明することができるかどうか、疑わしい。」

などと認定されるほど杜撰な勧誘を行った事例としても参考になるものである。投資取引の勧誘を担当する金融機関等の事業者の従業員の中には、投資取引の仕組み、リスク等の知識が十分でない者もみかけるし、定型的な事項の説明はできても、より詳細な事項の説明、より掘り下げた事項の説明が困難な事態も見かけるところである（実際上、どの程度具体的に、正確に投資取引の仕組み、リスク等を理解しているかが疑われる者もいるほどである）。

　なお、この判決が引用する前記の最一小判平成17・7・14民集59巻6号1323頁、判時1909号30頁、判タ1189号163頁、金法1762号41頁、金判1222号29頁は、適合性の原則違反が問題になった事案について、

「(1)　平成10年法律第107号による改正前の証券取引法54条1項1号、2号及び証券会社の健全性の準則等に関する省令（昭和40年大蔵省令第60号）8条5号は、業務停止命令等の行政処分の前提要件としてではあるが、証券会社が、顧客の知識、経

験及び財産の状況に照らして不適当と認められる勧誘を行って投資者の保護に欠けることとならないように業務を営まなければならないとの趣旨を規定し、もって適合性の原則を定める（現行法の43条1号参照）。また、平成4年法律第73号による改正前の証券取引法の施行されていた当時にあっては、適合性の原則を定める明文の規定はなかったものの、大蔵省証券局長通達や証券業協会の公正慣習規則等において、これと同趣旨の原則が要請されていたところである。これらは、直接には、公法上の業務規制、行政指導又は自主規制機関の定める自主規制という位置付けのものではあるが、証券会社の担当者が、顧客の意向と実情に反して、明らかに過大な危険を伴う取引を積極的に勧誘するなど、適合性の原則から著しく逸脱した証券取引の勧誘をしてこれを行わせたときは、当該行為は不法行為法上も違法となると解するのが相当である。

　そして、証券会社の担当者によるオプションの売り取引の勧誘が適合性の原則から著しく逸脱していることを理由とする不法行為の成否に関し、顧客の適合性を判断するに当たっては、単にオプションの売り取引という取引類型における一般的抽象的なリスクのみを考慮するのではなく、当該オプションの基礎商品が何か、当該オプションは上場商品とされているかどうかなどの具体的な商品特性を踏まえて、これとの相関関係において、顧客の投資経験、証券取引の知識、投資意向、財産状態等の諸要素を総合的に考慮する必要があるというべきである。」

と判示し、重要な先例になっている。

(5-24) 銀行の債券取引の勧誘につき適合性原則違反、説明義務違反が肯定された事例［東京地判平成22・9・30金法1939号114頁、金判1369号44頁］

●事案の概要●

　X（当時、70歳）は、銀行業を営むY1株式会社（株式会社三井住友銀行）の従業員から勧誘され、証券業を営むY2株式会社が販売するA会社の発行に係るノックインフォワード型日経平均リンク債券を1億円で購入したところ、リーマンショック等があり、日経平均株価が約定のノックイン価格を下回る等し、満期償還期日における本件債券の償還金額が5577万円余になって損失を被ったため、XがY1、Y2に対して適合性の原則違反、説明義務違反等を主張し、損害賠償を請求したものである。この判決は、Y1の従業員の勧誘が適合性の原則を著しく逸脱した

> ものであり、説明義務にも違反したものであるとし、Y_1に対する請求を認容し、Y_2の従業員は勧誘時に同席したことがないとし、Y_2に対する請求を棄却した。

● 判決内容

「3　争点2（被告三井住友銀行につき、適合性原則違反・説明義務違反の不法行為成立の有無）について
(1)　適合性違反
ア　証券仲介業者は、顧客の知識、経験及び財産の状況に照らして不適当と認められる勧誘を行って投資者の保護に欠けることにならないように業務を営まなければならず、証券仲介業者の担当者が、顧客の意向と実情に反して、明らかに過大な危険を伴う取引を積極的に勧誘するなど、適合性の原則から著しく逸脱した証券等投資商品の取引の勧誘をしてこれを行わせたときは、当該仲介行為は不法行為上も違法となると解するのが相当である。そして、顧客の適合性を判断するにあたっては、当該投資商品の取引類型における一般的抽象的なリスクのみを考慮するのではなく、具体的な商品特性を踏まえて、これとの相関関係において、顧客の投資経験、証券等投資商品の取引の知識、投資意向、財産状態等の諸要素を総合的に考慮する必要がある（参照　最高裁平成17年7月14日第一小法廷判決　民集59巻6号1323頁）。
　……
ウ　以上の点を総合的に考慮すれば、乙山らの原告に対する本件債券の勧誘は、これまで投資経験がほとんどなかった原告が数億円の現金を含む相続をした後、投資についての知識をほとんど持たず積極的な投資意向もない原告に対し、原告の投資経験についての慎重な調査をせず、また、原告の投資意向に反し、堅実な投資であれば行ってもよいという程度の意向しか有していなかった原告に対して、明らかに過大な危険を伴う取引を積極的かつ軽率に誘導したものであり、適合性の原則から著しく逸脱した証券取引勧誘であるといわざるを得ない。
　原告が相続により現金のみでも4億5000万円を越える資産を有していたことや、本件売買より約半年前に三菱東京UFJ銀行から投資信託商品を合計1億円購入していたことがあったとしても、上記投資信託商品が本件債券のような高度な専門知識や主体的積極的な投資判断を要するとまではいえないことからすればやはり、乙山らには、原告の投資経験についての慎重な調査をせず、また、原告の投資意向に反して明らかに過大な危険を伴う取引を積極的かつ軽率に誘導したものであったといわざるを得ない。
(2)　説明義務違反について
ア　証券仲介会社は、信義則上、一般投資家である顧客を証券取引に勧誘するにあ

たり、投資の適否について的確に判断し、自己責任で取引を行うために必要な情報である当該投資商品の仕組みや危険性等について、当該顧客がそれらを具体的に理解できる程度の説明を当該顧客の投資経験、知識、理解力等に応じて行うべき義務を負う。

イ　前記のとおり、本件債券は、その仕組みが複雑でありまた、購入すべきかどうかを判断するにあたり、高度な専門知識と主体的積極的な投資判断を要するものであるが、原告は、半年前に投資信託を購入した経験はあるものの、株式やデリバティブ等の取引経験はなく、知識も有していなかった。

　平成18年4月25日午前、乙山や丁田代理は、原告に対し、商品概要説明書を示しながら、『日経平均リンク債券（ユーロ円建・ノックインフォワード型）』の一般的な内容の説明をし、過去数ヶ月分の株価のQUICKチャート等を示しなが株価の動向につき説明をしているが、それに要した時間は挨拶も含めて約30分超程度であり、また、同日午後、乙山が本件債券提案書を示して具体的に本件債券の内容を説明しているがそれに要した時間は16分程度であったが（ただし、その時間の中には、原告が本件債券買付申込書に必要事項を記載する時間も含まれているので、実際の説明時間はごく短いものであったといえる。）、本件債券の複雑さや購入を判断するためには高度な専門知識等を要することからすると、原告のような投資に関する知識がほとんどない顧客に対して説明する時間としてはあまりに短いものであり、原告がその内容を理解できたとはおよそ考えにくい。

　なお、乙山は、その証人尋問において、原告が理解しているかどうかを確認しながら説明を進めたとの証言をしているが、原告は、乙山から具体的債券について勧誘された4月25日の午後に、ほぼ即決に近い状況で本件債券の買付の申込をし、代金1億円の送金手続をしているのであり、かかる事実は、原告が本件債券の複雑さやリスクをほとんど理解していなかったことを示唆するものであり、原告が乙山らの説明し、またリスクを理解していたとは認めがたい。

　そうすると、乙山らには、原告に対する説明義務違反もあったといわざるを得ず、この点についても乙山らの勧誘行為は不法行為を構成する。」

● 事案の特徴

　この事案は、高齢の顧客（当時、70歳）が銀行の従業員から勧誘され、証券業者が販売するノックインフォワード型日経平均リンク債券を購入し、日経平均株価が約定のノックイン価格を下回る等し、損失を被ったため、銀行、証券業者に対して適合性の原則違反、説明義務違反等を主張し、損害賠償を請求した事件である。この事案は、銀行が個人顧客に対する債券取引の勧誘が問題になったこと、顧客が高齢者であったこと、顧客の有する資産は

夫の死亡に伴って取得した遺産であったこと、債券取引がノックインフォワード型日経平均リンク債券の購入であり、投資取引の経験の乏しい者にとってはリスクが複雑であり、高かったこと、高額の取引であったこと、適合性の原則違反、説明義務違反等が問題になったことに特徴がある。

●**判決の意義**

　この判決は、適合性の原則違反につき、銀行を含む証券仲介業者は、顧客の知識、経験および財産の状況に照らして不適当と認められる勧誘を行って投資者の保護に欠けることにならないように業務を営まなければならず、証券仲介業者の担当者が、顧客の意向と実情に反して、明らかに過大な危険を伴う取引を積極的に勧誘するなど、適合性の原則から著しく逸脱した証券等投資商品の取引の勧誘をしてこれを行わせたときは、当該仲介行為は不法行為法上も違法となる等としたうえ、この事案につき顧客の投資経験についての慎重な調査をせず、顧客の投資意向に反したこと等を考慮し、明らかに過大な危険を伴う取引を積極的かつ軽率に誘導したものであるとして適合性の原則違反を認めたこと、証券仲介業者は、信義則上、一般投資家である顧客を証券取引に勧誘するに当たり、投資の適否について的確に判断し、自己責任で取引を行うために必要な情報である当該投資商品の仕組みや危険性等について、当該顧客がそれらを具体的に理解できる程度の説明を当該顧客の投資経験、知識、理解力等に応じて行うべき義務を負うとしたうえ、この事案につき短時間の取引であったこと等から顧客が債券の複雑さやリスクをほとんど理解していなかったことを示唆する等とし、銀行の説明義務違反を認めたことに特徴がある。この判決は、銀行の高齢の顧客に対するノックインフォワード型日経平均リンク債券の販売の勧誘における適合性の原則違反、説明義務違反を肯定した事例判断として参考になるものである。控訴審判決につき〔5—27〕参照。

(5-25) 前記(5-22)の控訴審判決であり、銀行の金利スワップ取引につき説明義務違反等による不法行為が肯定された事例［福岡高判平成23・4・27判時2136号58頁、判夕1364号158頁、金判1369号25頁］

●事案の概要●

　前記の〔5-22〕福岡地大牟田支判平成20・6・24判タ1364号170頁、金判1369号38頁の控訴審判決であり、Xが控訴したものである。この判決は、金利スワップ取引につき説明が不十分であり、契約内容も正当ないし合理性を有するものではなかった等とし、Yの不法行為を認め（過失相殺を4割認めた）、原判決を変更し、請求を認容した。

●判決内容

　「3(1)　銀行の一般顧客市場での金利スワップ取引の契約は、金融関係の取引所を通さず当事者間で直接の取引がされる相対取引により行われるため、その取引条件（想定元本額、取引期間、基準金利の種類、利率、利払時期等）については、当事者間の合意によって定められる。本件金利スワップ契約の締結も、被控訴人銀行の金融商品としての金利スワップ契約の提案を控訴人会社が検討した上で締結されたものである。
(2)　しかしながら、契約当事者の一方にのみ専門的な情報ないし知識等が存する場合は、特殊ないし専門的内容の契約等（以下『専門的性質の契約等』という。）においては、他方当事者は専門知識を有する当事者側から、その契約内容についての適切な説明を受けない限り、同契約を締結すべきか否か自体についてさえ、合理的に判断することはできないのが通常である。特に、その契約の主たる内容が知識を有する当事者からの一方的な提案である場合は、その契約の内容が社会経済上の観点において客観的に正当で、合理的判断下においても同旨の契約がなされたであろうと認められるものでない限り、それによって成立した契約は、社会経済的に不公正であるばかりでなく、法的にも不公正である。
　したがって、専門的性質の契約等においては、その知識を有する当事者には、しからざる他方当事者に対する契約に付随する義務として、個々の相手方当事者の事例に見合った当該契約の性質に副った相当な程度の法的な説明義務があるとされるものである。
(3)　本件金利スワップ契約も専門的性質の契約であることは明らかであるので、被控訴人銀行は、金利スワップ契約を金融商品としてその専門的知識がない、ないしは乏しい、控訴人会社に対する提案（勧誘ないし売り込み）をするについては、そ

れ相応の説明義務を果たす必要があった。しかし、本件銀行説明においては、前記認定の事実関係からすると、契約締結の是非の判断を左右する可能性のある、中途解約時における必要とされるかも知れない精算金につき、また、先スタート型とスポットスタート型の利害等につき、さらには契約締結の目的である狭義の変動金利リスクヘッジ機能の効果の判断に必須な、変動金利の基準金利がTIBORとされる場合の固定金利水準について、これがスワップ対象の金利同士の価値的均衡の観点からの妥当な範囲にあること等の説明がされなかったことからすると、同説明は、全体としては極めて不十分であったと言わざるを得ない。

　また、本件金利スワップ契約の固定金利は、契約締結当時に金融界で予想されていた金利水準の上昇に相応しない高利率であったばかりでなく、控訴人会社の信用リスクに特段の事情も認められないのに、本件訴訟で控訴人会社が例示した他の金利スワップ契約のそれよりもかなり高いもので、前記金利スワップ契約のスワップ対象の各金利同士の水準が価値的均衡を著しく欠くため、通常ではあり得ない極端な変動金利の上昇がない限り、変動金利リスクヘッジに対する実際上の効果が出ないものであったことは明らかである。

　したがって、本件金利スワップ契約は、被控訴人銀行に一方的に有利で、控訴人会社に事実上一方的に不利益をもたらすものであって、到底、その契約内容が社会経済上の観点において客観的に正当ないし合理性を有するものとは言えない。

　なお、被控訴人銀行は、控訴人会社は、被控訴人銀行の提示する金利水準等の契約条件に対して合意するか否かの自由はあった。その条件に同意して本件金利スワップ契約を締結した旨主張して、控訴人会社の自己決定ないし選択による責任を主張するが、本件金利スワップ取引及びその契約内容は被控訴人銀行が積極的に提案したものであり、本件金利スワップ契約における金利水準、特に固定金利の具体的利率自体についての協議・交渉はされたことがなく、控訴人会社においては、契約を締結しようとするときには、被控訴人銀行による提案をそのまま受け容れざるを得なかったものであることは弁論の全趣旨から明らかである。したがって、本件金利スワップ契約は、講学上の附合契約ないしその側面を持つもので、その観点から控訴人会社の上記責任が全面的に問われるべきものではない。

(4)　被控訴人銀行において、本件金利スワップ契約の締結に当たって、契約に付随する控訴人会社に対する説明が必要にして十分行われたときは、控訴人会社においては、目的とした変動金利リスクヘッジの可能性の不合理な低さ等から、本件金利スワップ契約は締結しなかったことは明らかで、その説明義務違反は重大であるため、本件金利スワップ契約は契約締結に際しての信義則に違反するものとして無効であり、また、その説明義務違反は、被控訴人銀行の不法行為を構成すると解さざるを得ない。」

● 事案の特徴

　この事案は、会社が銀行から変動金利で融資を受けていたところ、銀行の従業員の勧誘により、金利スワップ契約を締結し、損失を被ったため、会社が銀行に対して説明義務違反等を主張し、金融商品販売法4条、債務不履行、不法行為に基づき損害賠償を請求した控訴審の事件である（第一審判決である前記の〔5―22〕福岡地大牟田支判平成20・6・24判タ1364号170頁、金判1369号38頁は請求を棄却したものである）。この事案は、銀行と会社との金利スワップ取引が問題になったこと、銀行の従業員の勧誘が問題になったこと、銀行の説明義務違反等が問題になったこと、銀行の金融商品販売法4条所定の責任、債務不履行責任、不法行為責任が問われたことに特徴がある。

● 判決の意義

　この判決は、専門的性質の契約等においては、その知識を有する当事者は、知識を有しないか、乏しい他方当事者に対する契約に付随する義務として、個々の相手方当事者の事例に見合った当該契約の性質に副った相当な程度の法的な説明義務があるとしたこと、この事案では銀行の従業員の変動金利と固定金利の関係等に関する説明が全体として極めて不十分であるとしたこと、この事案の金利スワップ契約は、銀行に一方的に有利で、会社に事実上一方的に不利益をもたらすものであり、到底、その契約内容が社会経済上の観点において客観的に正当ないし合理性を有するものとはいえないとしたこと、銀行の説明義務違反は重大であり、説明義務違反の不法行為が認められるとしたこと、過失相殺を4割認めたことに特徴がある。第一審判決である前記の〔5―22〕福岡地大牟田支判平成20・6・24判タ1364号170頁、金判1369号38頁と控訴審判決であるこの判決の事実関係の認定、判断を比較対照すると、結論の当否は議論があるが、この判決は説示の勢いが余り、情緒的、断定的であるのに対し、第一審判決が論理的、説得的であるとの印象を抱くことは否定できないところである。この判決の提示する説明義務の内容は必ずしも説得的であるとはいえないし、説明義務違反の判断も独断によるところがあるというべきであろう。

なお、この判決は、その後、最一小判平成25・3・7判時2185号64頁、判タ1389号95頁、金法1973号94頁、金判1419号10頁によって破棄されている。

〔5－26〕信託銀行の投資信託の勧誘につき適合性の原則違反、説明義務違反が否定された事例［広島地判平成23・7・14金法1970号136頁、金判1398号43頁］

●事案の概要●

A（当時、69歳）は、信託銀行業を営むY株式会社（中央三井信託銀行株式会社）に定期預金を有していたが、満期になり、Yの支店に赴き、Yの従業員から勧誘され、投資信託を購入したところ、満期償還日が到来し、損失が発生したため、Aの死後、Aの相続人であるXがYに対して適合性の原則違反、説明義務違反を主張し、損害賠償を請求したものである。この判決は、適合性の原則違反、説明義務違反を否定し、請求を棄却した。

●判決内容

「3 争点(2)（被告担当者に説明義務違反の不法行為があるか否か）について

原告は、被告担当者は、本件ファンドの難解性、夏男の能力等を踏まえて、夏男に対し、本件ファンドの元本欠損のリスクについて、十分説明して理解させる義務があったにもかかわらず、これを怠り、夏男に元本欠損の直接的表示のない資料を示すなどして、夏男が上記リスクを理解できる程度に夏男に十分な説明を尽くさなかったものであり、被告担当者の上記行為は、説明義務に違反する違法行為にあたる旨主張する。

しかしながら、上記1(1)の認定事実によれば、乙山は、平成19年1月26日、本件ファンドを勧めるに先立ち、夏男に対し、被告が預かっている夏男名義の定期預金の性格、保有資産の有無・額、年収、職業、投資経験の有無等を確認した上で、本件資料を示しながら、本件ファンドがユーロ円債に投資するものであること、信託期間が最長3年であるが、株価の値動きによっては同期間（償還期限）が変更するものであること、すなわち、1年目以降の株価判定日に日経平均株価がスタート株価より上がっている場合は、早期償還となること、その場合は、元本が確保され分配金も得られること、スタート株価よりも償還時に株価が下落しても30％以内であ

れば、元本が確保されること、しかし、日経平均株価がスタート株価より30％以上下落した場合は、エンド株価がスタート株価よりも上がっていれば元本が確保されるが、エンド株価がスタート株価未満の場合は、元本が確保されず、スタート株価とエンド株価の関係によって決定される価額（1万口当たり1万円を上回らない。）程度での償還となること等を説明し、特に、元本が確保されない場合があることについては、夏男に対し、リスクが現実化するときのことをしっかり理解してもらうため、手許にある日本経済新聞の直近の日経平均株価をもとに、30％下落した場合の価格を電卓をたたいて具体的に示すなどした上、本件資料に記載のある昭和58年から平成18年までの日経平均株価の推移を示して、その間に30パーセント以上下落した場面が過去4回あったことに触れるなどして、夏男に抵抗があるかどうか確認しつつ、声のトーンを普通より上げ、かつ、ゆっくりと説明していること、その上で、乙山は、夏男に対し、全体にわたって質問がないかどうか尋ねたが、乙山の説明について夏男の理解が十分でないとか、夏男が誤解していると感じたことはなかったこと、そして、乙山は、上記のとおり、『投信募集・買入注文依頼書』（乙6）裏面にある『投資信託ご購入に際しての重要事項等確認書』の説明項目（そこには預金等と異なり元本の保証及び利回りの保証がないこと、投資信託に組み入れた資産の値動きにより基準価額が下落して損失を被ることがあること等が記載されている。）につき説明を受け確認し了承したとする欄に夏男の署名押印を得ていること、以上の諸事情が認められる。

　これらの諸事情を総合すると、夏男が本件契約当時、69歳の無職で、これまで国債を購入したことがあったものの投資経験はなかったことや本件ファンドの商品特性（上記2(2)）等を考慮しても、被告の担当者である乙山において、本件ファンドに係る取引を勧誘するに当たって説明義務に違反する行為があったとまでは認めることはできず、他にこれを認めるに足りる的確かつ十分な証拠はない。この点に関する原告の主張も理由がない。」

● 事案の特徴

　この事案は、高齢者が信託銀行に定期預金を有していたところ、定期預金の満期の際、信託銀行の従業員から勧誘され、投資信託を購入し、損失を被ったため、高齢者の相続人が信託銀行に対して損害賠償を請求した事件である。この事案は、高齢者が信託銀行に定期預金を有していたこと、定期預金が満期になったこと、信託銀行の従業員が定期預金の払戻金による投資信託の購入を勧誘したこと、高齢者が投資信託を購入したものの、損失が生じたこと、高齢者の死亡後、相続人が信託銀行に対して損害賠償責任を追及したこと、適合性の原則違反、説明義務違反が主張されたことに特徴がある。

●**判決の意義**

　この判決は、信託銀行の従業員の説明状況等から説明義務違反を否定する等し、信託銀行の損害賠償責任を否定したものであり、その旨の事例判断を提供するものである。

　信託銀行を含む金融機関は、顧客の預金、退職金等の資産状況を十分に把握しており、定期的に、あるいは随時資産を有する顧客に投資取引をさまざまな方法、内容によって勧誘するものであり、従来と比較すると、近年は、勧誘がより頻度が増加し、勧誘方法も巧みになっている。この事案は、定期預金を有していた高齢者につき、定期預金の満期の際に投資信託を勧誘したものであり、投資取引を勧誘しやすい状況にあり、勧誘に乗った高齢者が損失を被ったものであるが、この判決は、高齢者の自己判断と自己責任を強調した内容のものである。控訴審判決につき〔5－28〕参照。

（5－27）前記（5－24）の控訴審判決であり、銀行の債券取引の勧誘につき適合性の原則違反、説明義務違反が否定された事例［東京高判平成23・11・9判時2136号38頁、判タ1368号171頁、金法1939号106頁、金判1383号34頁］

　　　　　　　　　　●事案の概要●

　前記の〔5－24〕東京地判平成22・9・30金法1939号114頁、金判1369号44頁の控訴審判決であり、Y_1が控訴したものである（Y_2との関係は、Xが控訴しなかったため、原判決が確定した）。この判決は、Xの属性を考慮し、適合性の原則違反を否定し、説明義務違反も否定し、原判決を取り消し、Xの請求を棄却した。

●**判決内容**

　「ウ　被控訴人は、控訴人が元本割れのリスク、特にノックイン事由の発生について具体的かつ詳細な説明をせず、説明義務違反があると主張する。

　そこで判断するに、平成18年4月25日午前中、乙野が被控訴人に対する説明をし

た際に示した商品概要説明書（乙ロ3）の一頁には、『例：ノックイン価格が50％の時のイメージ図』及び『・株価の動き―②（観測期間中にノックインした場合）→観測期間最終日の日経平均株価に連動』という見出しの下、ノックインした場合、観測期間最終日に日経平均株価が当初価格を下回る場合と上回る場合があることが図で示されており、これと並んで、観測期間最終日の日経平均株価と償還金額の関係についてグラフが記載されている。乙野は、同日午前11時から12時までのうち30分以上かけて、被控訴人に対し、商品概要説明書（乙ロ3）の記載に沿って逐次説明を行った（乙ロ20、27、28の2、証人丙山、証人乙野）。また、同日午後、丙山は、被控訴人に対し、ノックインしたときに発生し得る損害を1億円が5000万円になるという実例で説明し、被控訴人は、ノックイン事由発生のリスクについて、同日午前中同様、日経平均株価が1万円を割ることはないのではないか、日経平均株価が50％になれば日本経済がおかしくなるのではないかという認識を示した（証人丙山）。以上によれば、控訴人の担当者らは、被控訴人に対し、本件債券について元本割れのリスク、ノックイン事由発生の可能性、元本割れの可能性について基本的な説明を具体的にしているものと認めることができる。

　この点について、被控訴人は、平成18年4月25日午後、丙山から1億円が5000万円になるリスクがあると聞かされていれば、日経平均株価が1万円を割ることはないのではないか等述べて人ごとのような反応を示すはずはなく、丙山の上記証言は信用できないと主張する。そこで判断するに、1億円が5000万円になるリスクがあるという丙山の説明は、ノックイン事由が発生した場合についてのものであるところ、日経平均株価が1万円を割ることはないのではないか、日経平均株価が50％になれば日本経済がおかしくなるのではないかという被控訴人の認識は、要するに、観測期間中にノックイン事由が発生することはないというものである。したがって、ノックイン事由が発生することはないと認識している被控訴人が、ノックイン事由が発生した場合には1億円が5000万円になる可能性もあるという丙山の説明に動揺しなかったとしても不自然とはいえない。むしろ、このことは、被控訴人が元本割れのリスク、特にノックインについての乙野や丙山の説明を理解していたことを示すものということができる。

　以上のとおり、控訴人について、上記主張の説明義務違反があったと認めることはできない。」

● **事案の特徴**

　この事案は、高齢の顧客（当時、70歳）が銀行の従業員から証券業者の販売に係るノックインフォワード型日経平均リンク債券を購入し、日経平均株価が約定のノックイン価格を下回る等し、損失を被り、銀行、証券業者に対して適合性の原則違反、説明義務違反等を主張し、損害賠償を請求した控訴

審の事件である（第一審判決である前記の〔5—24〕東京地判平成22・9・30金法1939号114頁、金判1369号44頁は銀行に対する請求を認容したものである）。この事案は、銀行が個人顧客に対する債券取引の勧誘が問題になったこと、顧客が高齢者であったこと、顧客の有する資産は夫の死亡に伴って取得した遺産であったこと、債券取引がノックインフォワード型日経平均リンク債券の購入であり、投資取引の経験の乏しい者にとってはリスクが複雑であり、高かったこと、高額の取引であったこと、銀行の適合性の原則違反、説明義務違反等が問題になったことに特徴がある。

●**判決の意義**

この判決は、銀行の担当者らは、顧客に対し、元本割れのリスク、ノックイン事由発生の可能性、元本割れの可能性について基本的な説明を具体的にしたとしたこと、顧客が元本割れのリスク、特にノックインについての説明を理解していたとしたこと、適合性の原則違反、説明義務違反を否定したことに特徴がある。この判決は、高齢者である顧客と銀行との債券取引が問題になった事案について、銀行の説明義務違反等の不法行為を否定した事例判断を提供するものであるが、第一審判決である前記の〔5—24〕東京地判平成22・9・30金法1939号114頁、金判1369号44頁と比較対照すると、微妙な判断であるということができる。この事案のような事案では、銀行の説明の内容、投資取引の内容、高齢者の理解度等の事情に関する認定、評価によって結論が異なることになるが、この判決と第一審判決は、裁判官の判断の前提となる事実関係の認定の仕方、姿勢が大きく影響を与えることも示すものとして参考になる。

(5-28) 前記〔5-26〕の控訴審判決であり、信託銀行の投資信託の勧誘につき適合性の原則違反、説明義務違反が否定された事例［広島高判平成24・6・14判タ1387号230頁、金法1970号126頁、金判1398号32頁］

●事案の概要●

前記の〔5-26〕広島地判平成23・7・14金法1970号136頁、金判1398号43頁の控訴審判決であり、Xが控訴したものである。この判決は、適合性の原則違反、説明義務違反を否定し、控訴を棄却した。

●判決内容

「4 説明義務違反の主張について
(1) 控訴人は、被控訴人が亡夏男に対し本件ファンドの仕組みや極めて高いリスクの存在を理解できる程度に説明しなかったから、説明義務に違反するものであったと主張する。
(2) しかし、上記3のとおり、本件ファンドや本件商品の損益発生の仕組みは比較的単純に定められているものであり、一般通常人であれば、理解することができるものというべきである上、本件商品がリスクの高い極めて危険な商品とまではいえないところ、乙山は、亡夏男（その判断能力に疑問となる点は存在しない。）に対して、ポートフォリオ読本（乙2）や本件資料（乙3）などを示しながら、本件商品は、元本毀損のリスクはあるものの、株価が一定の条件に収まっていれば元本が確保され、定期預金で運用するよりも収益性に優れているなどと説明したのである。そして、亡夏男に交付された本件資料や『投資信託説明書（交付目録見書）』には、本件ファンドの仕組み及び本件商品から生ずる損益について詳細に記載され、ノックインした場合の元本償還額の計算方法や日経平均株価の推移などについても具体的に記載されていたのである。

亡夏男は、乙山の上記説明を受けた結果、本件商品を購入することを決め、『投資信託口座設定申込書』（乙4）に署名、押印したが、これには、これまで投資経験がなく、年収は100万円を超え500万円以内であること、金融資産が1000万円を超え3000万円以内であること、リスク資産が100万円以上500万円以内であること、主たる資産が余裕資金であること、投資目的が投資型であることの各項目にチェックが入れられた（その内容に照らし、亡夏男の申告に基づきチェックが入れられたものとうかがわれる。）上、元本の保証及び利回りの保証がないこと、元本割れリスク等を負うことの説明を受け、了承した旨が印刷されていたのである。また、亡夏男は、

『投信募集・買入注文依頼書』（乙6）の裏面の重要事項確認書欄（乙15）において、目録見書等により投資基本方針及び本件ファンドの特色の説明を受けたこと、預金等と異なり元本の保証及び利回りの保証がないこと、投資信託に組み入れた資産の値動により基準価額が下落して損失を被ることがあること、当面使う予定のない余裕資金を原資に行うものであること、信用の供与の条件として被控訴人に強要されて行うものではないことの説明を受け確認し了承した旨の欄にも署名押印をしているのである。

亡夏男は、本件契約を締結し、被控訴人に対し、331万8250円を支払い、その後、被控訴人から一定期間ごとに亡夏男に対し取引残高報告書が送付されていたが、本件紛争が発生するまでは、被控訴人に対し、本件商品の購入について異議を述べたことはなかったのである。また、亡夏男は、本件ファンドがノックインした旨の電話連絡に対し、解約するつもりはなく償還まで待つ予定である旨返答し、被控訴人担当者の丙川から、電話で、本件ファンドが元本ベースで40％くらい、分配金込みで34％くらいマイナスであることの説明を受けた際も、償還乗換優遇枠が利用できることに興味を示し、そのうち来店する旨返事し、被控訴人広島支店において、乙山から、本件ファンドがノックインした状況の説明を受けた際も、本件商品の購入時に説明を聞いていないとか、違う説明を受けたなどと述べたことはなかったのである。

(3) 以上によれば、亡夏男は、乙山の説明及び交付された資料により、本件ファンドの仕組みや本件商品から生ずる損益を認識していたものと認めるのが相当であって、控訴人の上記(1)の主張は、採用することができない。」

●事案の特徴

この事案は、高齢者が信託銀行に定期預金を有していたところ、定期預金の満期の際、信託銀行の従業員から勧誘され、投資信託を購入し、損失を被ったため、高齢者の相続人が信託銀行に対して損害賠償を請求した控訴審の事件である（第一審判決である前記の〔5—26〕広島地判平成23・7・14金法1970号136頁、金判1398号43頁は請求を棄却した）。

●判決の意義

この判決は、信託銀行の従業員の説明状況等から説明義務違反を否定する等し、信託銀行の損害賠償責任を否定したものであり、第一審判決である前記の〔5—26〕広島地判平成23・7・14金法1970号136頁、金判1398号43頁と同様に、事例判断を提供するものである。

6 裁判例の紹介

　最後に、まとめて、信託銀行が年金資金を受託し、運用していたところ、損失が発生し、委託した基金が信託銀行に対して損害賠償責任を追及した裁判例を紹介しておきたい。日本の社会全体における年金運用に対する関心は高まる一方であり、年金運用者に対して厳しい視線を送っているものであるため、今後、紛争の可能性が高まると予想される分野である。

　年金の運用が予定、あるいは予想どおりにいかない事態が生じ、国民全体の年金に対する関心が強まり、年金資金の委託者、その運用担当者の責任が問われる可能性が高まっている等の事情がみられるため、信託銀行の年金資金の受託をめぐる紛争が増加し、信託銀行の信託に伴うさまざまな法的な義務の内容、義務違反が争点として取り上げられることが予想される。

〔5-29〕信託銀行の年金信託の運用につき合同運用義務違反、アセットミックスに関する指示違反が肯定された事例〔神戸地判平成15・3・12判時1818号149頁、判タ1218号244頁、金判1167号20頁〕

●事案の概要●

　X年金基金は、昭和45年、信託銀行業を営むA株式会社（日本信託銀行株式会社）らを共同受託者として年金信託契約を締結し、資産30億円の運用を委託していたところ、Aが、平成12年2月、受託財産の中から5億円を年金投資基金信託に投資し、IT関連企業の株式に集中的に投資したため、株式の値下がりによる損失を被ったため、XがAに対して他の基金と合同運用する義務違反、運用先につき構成比率（アセットミックス）の割合につきXの指示を尊重する義務違反等を主張し、Aに対して債務不履行に基づき損害賠償を請求したものである（Y株式会社（三菱信託銀行株式会社）が合併によりAの訴訟を承継した）。この判決は、全資産の合同運用を求める趣旨を了承していたところ、単独の資金で年金投資信託を設立し、投資したことが合同運用義務違反に当たるとし、アセットミックスに関する指示にも違反したものである等とし、請

> 求を認容した。

●判決内容

「1　合同運用義務の点
(1)　平成11年11月24日における森脇と荒井の受け答えが、日経リンク債を解消した後の原告の資産全額についての運用を決めるという局面でなされたものであること、そして、森脇と荒井が、それぞれ投資担当者あるいは投資の専門家という立場において、厚生年金基金から信託されている資産のほとんどが他の基金からの信託金と合同されて多数の銘柄に分散投資されて運用されていることを熟知していたことが推認されること等を考慮すると、上記のやりとりにおいて、森脇が全資産の合同運用を求める趣旨で資産運用についてバランス型運用を求めるとの提示を行い、荒井もこれを十分理解しつつ了承したことは、荒井が合同運用することに対する異議ないし協議を求めた等特段の事情が本件で窺われないこと、その後も19ファンドへの投資に至るまでは承継前被告において原告の全ての資産が合同運用されてきたこと、19ファンド投入後しばらくは（平成12年7月、8月になされた承継前被告の回答においては）承継前被告は合同運用義務自体は否定していなかったと窺われること等からも推認される。
　そうであるとすれば、遅くとも平成11年11月24日の時点で、承継前被告には原告から受託した財産を合同運用方式で運用する義務が発生していたと認められる。
(2)　もっとも、被告が本件で指摘し、当裁判所も事実に相違ないと認定した事情、すなわち、①原告が3年で24パーセントという高い利回りを承継前被告に求め、現に、平成11年度第3四半期報告会の席上でも、承継前被告の運用成績が良くないことを具体的に指摘して更なるハイリターンを要求していたこと、そして、②原告は高いリターンを目的としてそれまでにも日経リンク債への投資を承継前被告に求めたことがあったこと等の事情を考慮すると、原告が安定的運用であると理解されている合同運用方式での運用のみを絶対的に承継前被告に要求していたとは考えにくい。
　そして、第3四半期の運用報告会における原告の対応、すなわち、プレゼンテーション次第ではリスクをとることもある旨の原告側の発言などを斟酌すると、承継前被告から原告に対しては、事前の説明があれば単独投資による方法を原告が許容する場合がある旨の黙示的な意思表示がなされていた事実も窺われるところであるし、加えて、そもそも原告が個別に了承するのであれば、当然、承継前被告も合同運用方式によらない方式での運用を行うことができたであろうことも併せ考えると、当事者間においては原告による個別の証人に基づく単独投資の方法をとることも前項の合同運用義務と矛盾することなく可能であったと解することができ、承継前被告が合同運用義務に拘束されない場合もありえたものと考えられる。

しかしながら、そうであっても、本件においては19ファンド投入についての事前の説明や原告の個別の承諾があったと認めるに足る証拠はないから、合同運用義務に違反しない旨の被告の主張にはもとより理由がない。
(3)　また、上記認定に反して被告は、原告との間の年金信託契約書第5条2項等を指摘し、同契約は財産運用方法として単独運用の場合と合同運用する場合と両方が予定されているので承継前被告に合同運用義務はないと主張する。しかし、そもそも被告の主張する第5条はその1項において、運用方針についての基本的な指示を委託者によってなしうることを前提としているものと解するのが相当であるから、同条1項の提示によって合同運用が義務とされた以上、同条2項で列挙された単独運用も否定されるものと解されるところであって、同条2項を根拠とする被告の主張には理由がない。
(4)　したがって、承継前被告には原告から受託した財産の全額を合同運用する義務があり、19ファンドへの投資を行った平成12年2月15日の時点においても、承継前被告はその義務を負っていたものというべきである。
(5)　なお、本件では、森脇と荒井のやりとりのみによって承継前被告の合同運用義務を認めることができるから、その他の成立根拠の当否の点、すなわち、バランス型運用が合同運用を意味するものか否か、黙示の意思表示により合同運用義務が発生したか否か、約款により合同運用義務が生ずるか否かについては判断する必要がないので、判断しない。
2　合同運用の具体的内容
(1)　上記合同運用義務が現に他の基金の参加を必要とすることまでを承継前被告に課したものであるか否かについては、具体的な合意が当事者間でなされていたとは認められず、合同運用義務を一般的に承継前被告に課した森脇と荒井の意思表示の内容を合理的に解釈して判断する他ないものであるが、将来他の基金が参加することが可能であれば合同運用義務果たされたことになるとの被告の主張は、形式的には全ての委託財産を単独で運用することを可能とするものにほかならず、かくては合同運用を義務として承継前被告に課した趣旨を実質的に没却するものとして原告の了承するところでなかったことは容易に推認できるから理由がないものである。むしろ、承継前被告が原告の資産を単独で運用する場合には個別に原告の了承を得ることが当事者間で予定されていたというべきであって、実質的に単独運用と同様の投資結果となる運用を承継前被告独自の判断でなしうる結果となるような解釈を到底採用することはできない。
(2)　したがって、本件合同運用義務においては、現に他の基金からの資金の一部が参加していることも具体的に要求されていたのであるから、原告からの単独の資金のみで19ファンドを設立し、投資した承継前被告の行為は、合同運用義務違反行為に該当するというべきである。
3　アセットミックス尊重義務違反

第5章　銀行等の投資取引をめぐる裁判例

(1) 原告と承継前被告との本件年金信託契約第5条1項によると、委託者には運用方針に関する提示権があること、平成11年11月24日に森脇から荒井に対してアセットミックスの割合について提示されたこと、荒井からアセットミックスについての特別協議を求めたような事情が窺われないこと等を総合すると、同日、承継前被告には原告から指示された割合に積極的に反する投資を行ってはならない義務が生じたものと認められる。

(2) もっとも、付言するに、信託契約に基づく投資運用活動は、受託者における迅速柔軟な投資判断において行われ、当事者の指示に完全に拘束されていては成り立たない性質のものであることも明らかであるから、受託者においてある程度の裁量が認められることも信託契約の性質自体から明らかというべきであって（現に、アセットミックスの提示に際しても、原告からそれぞれの上限、下限が幅をもって示されている。）この場合の債務不履行責任は、受託者の合理的裁量の範囲を逸脱したことが明らかな場合にのみ問題とされるというべきである。

そして、与えられた裁量に反しない旨の主張は、提示された割合に反したことに基づく責任を免れるための主張であり、同時に、受託者の判断内容についての主張でもあるから、被告において主張立証責任を負うものと考える。

(3) 本件につきこれをみると、19ファンドへの投資は国内株式の指示割合を大幅に超える結果となるものであり、このことは承継前被告においても容易に認識しえたものであるから、アセットミックスの割合に積極的に違反する投資であったことが明らかである一方、アセットミックスに反する結果となる投資判断につき、裁量の範囲内であると考えられる事情は見あたらない。

(4) したがって、承継前被告は本件19ファンドへの投資行為につき、アセットミックス尊重義務違反に基づく債務不履行責任を負うというべきである。」

●判決の意義

この判決は、年金基金から年金信託を受けた信託銀行につき単独の資金で年金投資信託を設立し、投資したことが合同運用義務違反、アセットミックスに関する指示違反を認めたものである。控訴審判決につき〔5―30〕参照。

(5―30) 前記(5―29)の控訴審判決であり、合同運用義務違反、アセットミックスに関する指示違反を否定した事例［大阪高判平成17・3・30判時1901号48頁、金判1215号12頁］

●事案の概要●

前記の〔5―29〕神戸地判平成15・3・12判時1818号149頁、判タ

1218号244頁、金判1167号20頁の控訴審判決であり、Yが控訴し、Xが附帯控訴したものである。この判決は、Yの義務を否定し、原判決を取り消し、請求を棄却し、附帯控訴により拡張した請求を棄却した。

● **判決内容**

「(2) 黙示の合意による合同運用義務違反について
　被控訴人は、年金信託契約では合同運用を行うのが慣行であり、バランス型アセットミックスを選択したことにより合同運用の方法で運用する旨の黙示の合意が成立した旨主張する。
　しかしながら、前記1で認定した事実によると、①年金信託契約に基づき信託された財産を単独運用と合同運用のいずれの方法で運用するかについては、法的規制はなく、年金信託契約上の定めや運用ガイドラインによる指示がない限り、受託者である信託会社の裁量に任されていること、②本件年金信託契約においては、投資先として単独運用である株式、国債、貸付金等と合同運用である年金投資基金信託受益権（株式口）、年金投資基金信託受益権（貸付金口）等とが並列的に列挙されているだけで、単独運用の制限や合同運用を原則とする旨等を定めた規定は存在しないこと、③一般的には、信託額が少額である場合には、合同運用の割合が高くなる傾向にあるものの、信託額が少額であっても、単独運用が行われることもあること、④現に、被控訴人自身、平成9年12月から約2年間、承継前控訴人に信託した財産をほぼ全額日経平均リンク債で単独運用してきたのみならず、東洋信託銀行に信託した財産の一部についても、国内株式による単独運用を行ってきたこと等を指摘することができるのであって、これらの諸点にかんがみると、年金信託契約では合同運用を行う旨の慣行が存在するとは到底認め難い。また、承継前控訴人が被控訴人に対して提案したバランス型アセットミックスは、信託財産の投資先を国内債権、国内株式、外国債券、外国株式及び短期資金等に分散するというものであって、単独運用と合同運用のいずれの方法で運用するかに言及したものではなかったことは、前記1、2(1)で認定、説示したとおりであるから、被控訴人がバランス型アセットミックスを選択したからといって、合同運用の方法で運用する旨の黙示の合意が成立したものということはできない。したがって、被控訴人の上記主張を採用することはできない。
　……
(2)　バランス型アセットミックスを前提としたアセットミックス遵守義務違反の有無について
　また、本件通知の存否を暫く措くとしても、前記1で認定した事実によると、承継前控訴人は、被控訴人から、提案した3種類の基本アセットミックスのうちのバ

ランス型アセットミックスを選択する旨の電話連絡を受けたというのであるから、バランス型アセットミックス遵守義務違反の有無が問題になる余地がある。

そこで、この点について検討するに、前記1で認定した事実によると、①平成12年2月9日に開催された第3四半期の報告会では、同年1月末におけるバランス型アセットミックスへの移行状況や資産構成割合の報告が行われたところ、当時の被控訴人の信託財産の資産構成割合は、バランス型アセットミックスと比較すると、国内債権及び外国株式の割合が低く、短期資金等（貸付金等）の割合が高い状態であり、とりあえず貸付金等で運用されていた5億5180万9358円の運用先が問題になっていたこと、②上記報告会の際、被控訴人は、承継前控訴人に対し、当時の運用実績（単年度利回り14％超）を超える運用利回りの達成を強く求めたこと、③これを受けて、承継前控訴人がIT関連の株式銘柄に集中投資する年金投資基金信託（株式口）を運用先に組み入れることを提案したのに対し、被控訴人は異議を述べず、資産構成割合について質問や意見を述べることもなかったこと、④貸付金等で運用されていた上記5億5180万9358円のうち5億円が19ファンドに投入された結果、平成12年2月末における被控訴人の資産構成割合は、国内債権6.8％、国内株式58.5％、外国債券17.4％、外国株式15.9％、貸付金等1.5％となり、国内株式の割合が高まったが、被控訴人は、資産構成割合を問題にすることはなく、本件訴訟提起後1年以上経過した後に初めて本件通知によりバランス型アセットミックスの修正を指示したとしてアセットミックス遵守義務違反を主張するに至ったこと等を指摘することができる。これらの諸点に照らすと、被控訴人は、バランス型アセットミックスにおける国内株式の割合を超える事態が生ずることを認識した上で、当時の運用実績を超える運用利回りを達成するため、とりあえず貸付金等で運用されていた5億5180万9358円を国内株式で運用することを了解していたものと認めるのが相当である。

さらに、前記1で認定した事実によると、①資産の種類によって時価の変動状況が異なる上、市場の急激な変動等が生ずることもあるため、信託財産の資産構成割合が指示された資産構成割合の許容範囲を超えることは珍しくないこと、②この場合の対処方法には、定期的な是正、許容範囲の上下限値までの是正、許容範囲の中心値への是正、相場の流れ次第等といった手法があるところ、これらの対処方法の選択は信託会社に一任されることが多く、現に、被控訴人と承継前控訴人との間でも、対処方法の取り決めは存在しなかったこと、③5億円が19ファンドに投入された平成12年2月時点の国内株式の割合は、バランス型アセットミックスにおける国内株式の上限値を6.5％上回ったものの、翌月以降、国内株式の割合は低下し続け、本件年金信託契約解除の意思表示がされた同年7月末には、バランス型アセットミックスにおける国内株式の上限値である52％を下回る50.8％となっていたこと等を指摘することができるのであって、これらの諸点に照らすと、平成12年2月時点における国内株式の割合がバランス型アセットミックスにおける国内株式の上限値を

上回ったからといって、直ちに承継前控訴人がバランス型アセットミックスを遵守すべき義務を怠ったものと断ずることはできない。そうすると、いずれにしても承継前控訴人に上記義務違反があるものということはできない。」

●判決の意義

この判決は、信託銀行の合同運用義務違反、バランス型アセットミックス遵守義務違反等を否定し、第一審判決である前記の〔5−29〕神戸地判平成15・3・12判時1818号149頁、判タ1218号244頁、金判1167号20頁を取り消したものである。

(5−31) 信託銀行の年金事務信託につき助言義務違反、善管注意義務違反が否定された事例［大阪地判平成18・1・19判時1939号72頁］

●事案の概要●

退職教職員を加入者とする互助年金事業を行うX財団法人は、昭和53年3月、信託銀行業を営むY株式会社（三菱UFJ信託銀行株式会社）との間で年金事務信託契約を締結していたところ、平成4年には剰余金があったのに、平成5年には総資産額が責任準備金額を下回る状況になったことから、XがYに対して助言義務違反を主張し、債務不履行、不法行為に基づき損害賠償を請求したものである。この判決は、事務委託契約上助言義務を認めることはできないし、信義則上の助言義務違反も認められないとし、請求を棄却した。

●判決内容

「二 争点一（被告の助言義務の存否）について
(1) 原告は、本件事務委託契約の解釈上認められるべき付随義務、あるいは本件事務委託契約上の善管注意義務として、被告の原告に対する助言義務が認められると主張するので、この点につき検討する。
(2) 上記一(2)で認定したとおり、本件事務委託契約に基づき被告が原告から委託を受けた事務は、給付金の支払いに関する事務、決算に関する事務（各財務諸表の作成）、年金数理に関する事務（責任準備金及び年金財政の計算）、月計表の作成、諸資料の作成事務と、いずれも裁量と伴わずに実行する事務作業にすぎない。これら

の事務以外にも、『その他原告が必要とし、被告が同意した事務』についても委託の範囲に含まれるものの、この同意した事務として想定されているのは他の事務に準ずるものと解するのが当事者の合理的意思解釈として相当であり（裁量を伴わない事務作業を前提として事務委託料等の他の約定が定められていると考えられる。）、他の事務と大きく性質を異にする助言義務までが含まれると考え難いし、そもそも被告が同意したと認められる証拠はない。

　また、本件事務委託契約に基づき付随的な義務が認められるとしても、本来的な債務である事務に必要な範囲にとどまると解されるところ、助言義務のような、専門的な知見が必要な義務は、裁量は伴わない事務を遂行するに当たって必要であるとは到底いえないから、本件事務委託契約に基づく付随義務として、原告が主張する助言義務が認められるともいえない。

　無論、被告は本件事務委託契約上、善管注意義務を負っているが、これは被告が本件事務委託契約に基づき事務を行うに当たって払うべき注意義務であるにすぎず、やはり助言義務の根拠とはならない。」

●**判決の意義**

　この判決は、年金事務を受託した信託銀行の助言義務違反、善管注意義務違反を否定したものである。

第6章

銀行等の変額保険取引をめぐる裁判例

第6章　銀行等の変額保険取引をめぐる裁判例

1　変額保険取引をめぐる紛争

　バブル経済の崩壊後、銀行等の関与した投資取引のうち、銀行等の損害賠償責任等をめぐる裁判例が注目すべき傾向を示し、一時期、訴訟の実務、裁判例を賑わした変額保険をめぐる裁判例を紹介したい。

　変額保険をめぐる紛争は、変額保険を勧誘した生命保険会社の損害賠償責任等が主として問題になったものであるが、銀行等の融資を利用した場合には、銀行等の損害賠償責任、錯誤等による融資契約の効力が問題になったり、変額保険の勧誘、助言を行った者がいた場合には、これらの者の損害賠償責任が問題になることもあった。法律雑誌に公刊された裁判例を概観すると、顧客の中には、個人のほか、会社もあるが、個人が顧客になった事例がほとんどであったし、個人の顧客の中では高齢者が多かったものである。顧客が高齢者である場合には、相続税対策を明示または黙示の動機、目的とすることが比較的多かったということもできる。本章では、変額保険をめぐる裁判例のうち、銀行等の損害賠償責任等が問題になったものを紹介するものである。

　銀行等の金融機関と変額保険取引、その顧客とのかかわりは個々の事案ごとにさまざまであり、変額保険取引の保険料を顧客に融資する融資取引が主要なものであるが、このほかに、銀行等の顧客を生命保険会社に紹介するもの、顧客の相談に応じて変額保険を紹介するもの、顧客の特定の要望に応じて税金等の対策も立てて変額保険を紹介するもの、生命保険会社の従業員等が顧客を勧誘する場所に銀行等の従業員等も同席するもの、生命保険会社の従業員等とともに銀行等の従業員等も顧客を勧誘するもの等がある（なお、これらのほか、銀行等と生命保険会社が変額保険取引と融資取引を行うにつき業務提携しているかどうかも問題になり得る）。

　銀行等の変額保険取引をめぐる紛争は、実際の裁判例を概観すると、銀行等が顧客に変額保険の保険料の融資を行った場合がほとんどであるが、前記

1 変額保険取引をめぐる紛争

のとおり、銀行等の関与の内容、程度によっては銀行等との間で融資取引が成立しなかった場合にも紛争が生じ得るものである。銀行等の変額保険取引をめぐる紛争は、その類型をみると、銀行等との融資契約につき錯誤、公序良俗違反による無効、詐欺による取消しが問題になる場合（これによって原状回復請求が問題になるほか、これとともに保証契約、保証委託契約、不動産の抵当権設定契約の効力も問題になることがある）、融資契約に付随する信義則上の義務違反等による損害賠償が問題になる場合がある。後者の場合には、銀行等の従業員等の変額保険取引への関与の内容、程度によって損害賠償責任の法的な根拠が異なるものであり、銀行等の従業員等が変額保険取引を勧誘した場合には、その勧誘の法的な根拠の有無、説明義務違反等が問題になるし、銀行等の有する顧客情報を開示して使用させる等した場合には、その開示の法的な根拠の有無、守秘義務違反等が問題になるし、変額保険取引の相談、助言等をした場合には、相談等に伴う注意義務違反が問題になるし、さらにこれらの事情が認められない場合であっても、融資契約に付随する融資金を変額保険取引という投資取引に使用することについて信義則上の注意義務違反が問題になる。変額保険をめぐる裁判例のうち、銀行等が訴訟の当事者となった裁判例は、このような興味深い法律問題を取り扱ったものであるが、これらの裁判例は、変額保険取引以外の投資取引に銀行等が関与した場合にも参考になる。

　生命保険会社、銀行等が関与した変額保険取引は、客観的にも、取引上も元本保証のないリスクのある取引であったが、変額保険取引が開始され、盛んに勧誘された時期においては、長年銀行等との取引に慣れ親しんでいた高齢者にとっては、変額保険と定額保険の区分、取引の仕組み等が十分に理解されていなかったことから、主観的には安心できる取引であると誤解されていたところがあったことも否定できない。

　変額保険取引は、生命保険会社等の担当者の説明の内容、仕方、高齢者の判断能力、取引経験等の事情によるが、高齢者の中には理解度が十分でなかった者がいたことも否定できない。変額保険取引は、企業、高齢者以外の者

が利用した事例もあるが、高齢者が利用した事例もあり、裁判例として登場する事例の中には高齢者が取引の当事者であった事例が多数を数えていることも特徴的である。また、変額保険取引が紛争になった時期においては、高齢者が変額保険取引をリスクのある取引であることを十分に理解していなかったことがあること、土地の価格の高騰という社会情勢を反映して、相続税対策に対する高齢者、その家族の関心が高かったことの事情がみられたものであり（相続税対策としての変額保険取引、融資取引は、数億円の取引であり、顧客にとって極めて高額な取引であるという特徴もある）、時代の特徴を色濃く反映した取引であり、紛争であるということができる。

2 変額保険取引と銀行等の法的責任の根拠

　生命保険会社、銀行等が変額保険取引につき顧客である高齢者等に対する損害賠償責任を追及される法的な根拠としては、説明義務が主張される事例が多いが（生命保険会社と銀行等では、顧客との取引の内容が異なるから、説明義務が問題にされる場合、説明の内容、範囲、程度が異なることはいうまでもない）、説明義務の根拠、損害賠償責任の性質、説明の内容、範囲、程度、説明義務違反の判断基準等が問題になる。銀行等の説明義務の根拠としては、信義則が援用されることが多いが、変額保険取引に関連する融資取引、担保取引につき、これらの取引に内在する義務であるのか、これに付随する義務であるのか、信義則を根拠として認められる義務であるか等が問題になり得る（説明義務違反による銀行等の損害賠償責任は、従来は、債務不履行責任であるか、不法行為責任であるかといった問題があるが、現在では、不法行為責任と解するのが多数であろう。なお、最二小判平成23・4・22民集65巻3号1405頁、判時2116号53頁、判タ1348号87頁、金法1928号106頁、金判1372号30頁は不法行為責任と解している。生命保険会社の場合には、保険業法（平成7年法律第105号）の施行によって廃止されるまでは、保険募集の取締に関する法律（昭和23年法律第171号。募取法と呼ばれることがある）16条（締結又は募集に関する禁止行為）

も援用されることが少なくなかった)。銀行等に変額保険取引に関連する融資取引等の取引につき説明義務が認められる場合、その説明の内容、範囲、程度を明らかにすることは重要であるが、これらの事項を信義則のみを根拠にして明らかにすることは相当に困難であるだけでなく、事案ごとに判断するだけでは予測可能性、法的な安定性を損なうおそれがある(銀行等の担当者が顧客に勧誘した際の勧誘の内容、方法、顧客の反応、交渉の内容等の個々の事案によって判断することが必要であるものの、これらの特性を捨象して説明義務の内容を明らかにするよう努めることが重要であろう)。説明義務の法理は、現在の法律実務においては援用されることが多く、いわば流行になっているということができるが、その反面、その義務の内容、義務違反の判断基準、義務違反の判断が比較的安易に行われがちであるという弊害もみられるのである。特に説明義務の法理の内容として、裁判例によっては「十分な説明が必要である」とか、「十分な理解が得られるよう説明が必要である」とか、「説明を尽くす必要がある」などの説示がされることがあるが、これらの説明義務の内容、説明義務違反の判断基準は余りにも広すぎるという疑問がある。

3 裁判例の諸相

　変額保険をめぐる紛争、特に訴訟は、裁判例が判例時報等の法律雑誌に公刊されるにつれ、銀行を被告とするものが増加してきたが、それとともに銀行の責任を認める裁判例も散見されるようになった(生命保険会社の責任のほかにも、税理士等の責任も問題にされることがあり、税理士等の責任を肯定する裁判例もみられるようになった)。従来、裁判所に変額保険をめぐる訴訟が何件提起され(これらのうち個人が契約者である訴訟が何件提起されたかも興味深い事柄である)、提起されたうち銀行の責任が問題になった訴訟が何件あり、銀行の責任が全部または一部肯定された裁判例が何件あるかは明らかになっていない。しかし、多数の個人の顧客が融資を利用した変額保険取引により損失を被り、生命保険会社等に対して訴訟を提起したものであり、相当

数の顧客が全部または一部勝訴の判決を得たものと推測されるが、変額保険取引をめぐる紛争の発生、訴訟の提起、判決の確定等の過程において多くの銀行の優良な顧客が不要な紛争に巻き込まれ、不当に損なわれていったことは否定できない。変額保険取引を利用した個人顧客の多くが銀行にとっては優良な顧客であったと推測されるが、紛争となった変額保険取引の終了時には、仮に勝訴判決を得た場合であるとしても、相当の経済的負担を強いられる結果になったものと推測されるのである。変額保険取引をめぐる紛争に巻き込まれた個人顧客が、その家族ともども、紛争解決のために経済的、時間的、精神的な負担を強いられ、事情によっては人生そのものへの悪影響を受ける事態に陥ったことが少なくないと推測される。

　投資取引は、個人にとっても、企業にとっても関与せざるを得ない取引であり、事情によっては積極的に取り組む必要のある取引であるが、投資取引によって損失が発生することは一般的には不可避であり、一旦損失が発生し、紛争に発展したような場合には、さらにさまざまな負担を強いられるが、このような実情が社会的に十分に認識されることが必要である。変額保険取引は、バブル経済の膨張の時期に販売が開始され、バブル経済の崩壊後、多くの紛争が発生した投資取引であり、多くの裁判例が公表されているが（法律雑誌に公刊されていない裁判例からみれば、氷山の一角である）、このような時代の特徴を的確に示す類型の事件として紹介に値するだけでなく、今後の同種事件の回避を図るための重要な情報、教訓として受け止めることが重要である。

4　高齢者と変額保険取引

　個人が顧客である変額保険取引、特に高齢者が顧客である変額保険取引の特徴は、相当程度の資産を有する個人が相続税対策のために取引を行ったこと（特にバブル経済の時期においては、不動産価格の高騰等によって相続税対策が関心を呼んでいた）、個人が銀行等の金融機関の優良な顧客であることが多

かったこと、顧客が銀行等、その従業員を信頼（信用）していたこと、銀行等の従業員が相続税対策の相談を受けたり、積極的に紹介したこと、銀行等の従業員が税理士等を紹介することもあったこと、銀行等の従業員が自ら、あるいは生命保険会社の従業員とともに変額保険の勧誘をしたこと、銀行等の融資と生命保険会社の変額保険が提携していることが多かったこと（融資を利用して変額保険の保険料を支払うことが前提となっていたこと）、1億円前後から数億円、事案によっては10億円を超える高額の融資が行われたこと（融資に当たっては顧客の所有不動産に抵当権が設定される等した）、銀行等は高額な融資によって多額の利息を取得するという営業利益を得ることができたこと、顧客は変額保険の運用による利益で融資の利息をまかなうことが困難であることが多かったことなどである。銀行等が関与した変額保険取引は、不動産価格の高騰、相続税対策への高い関心が重要な背景事情として誘引されたという側面があり、銀行等の顧客情報の利用、銀行等の信頼・信用の利用、銀行等の融資取引の拡大、他の事業者との提携取引の推進といった側面も重要であったということができるが、後者の側面は、現在も銀行等の事業の遂行、拡大にとって重要な事情である。特に近年は、株式を組み込んだ投資取引等の取引が低迷し、証券業者等への信頼が向上していないため、依然として相対的には銀行等の投資取引に対する信頼があるため、銀行等の投資取引をめぐる紛争が発生する可能性が相当にあるということができる。

5 裁判例の動向と背景事情

　銀行等が関与した変額保険取引をめぐる裁判例を概観していると、変額保険取引をめぐる裁判例のうちでも、高齢者が当事者になり、相続税対策を取引の目的、動機として締結され、融資と一体となって勧誘された変額保険取引については、取引の時期、勧誘の内容等の事情によって、生命保険会社だけでなく、銀行等の法的な責任（主として不法行為・使用者責任を根拠とする損害賠償責任である）を肯定する裁判例が、時代を経るにつれ、増えてきた

441

ことが窺われる。このような傾向は、損害賠償責任等の法的責任に関する肯定・否定のそれぞれの裁判例の事案が異なることによるのか、事案の内容を捨象しても、裁判例の考え方に変化が生じたことによるのか、なかなか興味深い事柄である。裁判例の事案の内容と判決の内容を比較する限り、裁判例が採用する法理、判断基準、判断の姿勢の各観点からみると、裁判例の考え方に変化が生じたことによるとみるのが穏当であろう。変額保険取引が訴訟上問題になり始めた当初の頃は、裁判所の判断は、生命保険会社、銀行等に対して比較的緩やかな目で事実を認定し、評価し、その法的な責任を判断していたものと推測される。しかし、多数の変額保険取引をめぐる紛争につき訴訟が提起され、銀行等の変額保険取引への積極的な関与の実態が明らかにされたり、実際に銀行等の法的な責任を肯定する裁判例が登場したり、銀行等の法的な責任を肯定する法理が試みられたりするにつれ、銀行等に対して比較的厳しい目で事実を認定し、評価し、その法的な責任を判断してきたものと推測される。このような裁判例の変化の時期においては、実際、多数の銀行等が経営破綻したり、不良債権の処理に当たって困難な状況に陥ったり（訴訟だけでなく、不動産競売等の裁判手続を介してこれらの事件の中には裁判所に事件が持ち込まれるものも多数に及んだ）、公的資金の提供等を通じて国民の負担が生じたり、銀行等の経営、取引をめぐる不祥事がマスメディア等によって公表されたりしたため、銀行等の関与した取引に対して裁判所が疑いの目をもって対応したことも、背景事情として指摘することができる。

　現在、日本においては、高齢化が著しい勢いで進行しているが（すでに高齢化率は、23％を超えている）、他方、高齢者が保有する金融資産等の資産の保有割合も増加しているため、高齢者の保有する資産が国、地方自治体、家族、金融機関、投資関係業者、他の事業者等によって、それぞれの観点から狙われていることは、すでに指摘しているところである（拙著『高齢者を悩ませる法律問題』（判例時報社））。国、地方自治体は、公租公課の名目で、家族は、介護、相続等を介して、銀行等、投資関係業者は、投資取引を介して、他の事業者は、さまざまな取引の名目で高齢者の保有する資産を当てに

しているものである。今後、もっともらしいさまざまな理由を取り上げてこのような傾向が強まることはあっても、弱まることはないというべきである。昭和60年頃以降、今回紹介した変額保険取引だけでなく、投資信託取引、不動産投資取引等の投資取引を通じて、多くの高齢者が取引による損失を被ってきたが、このような経験、教訓が十分に蓄積されているとはいい難いものであり、資産を保有する高齢者にとっては、気を休めることができない時代が続いている。

6 裁判例の紹介

変額保険取引をめぐる銀行等の責任については、以上のような特徴をもつものであるが、これらの裁判例を紹介していきたい。

〔6－1〕銀行の変額保険に係る融資につき詐欺、錯誤、公序良俗違反が否定された事例 ［東京地判平成5・2・10判夕816号214頁、金法1356号46頁］

●事案の概要●

　A株式会社は、生命保険業を営むB相互会社（第百生命保険相互会社）の従業員が勧誘した変額保険に加入するため、平成元年12月、銀行業を営むX株式会社（株式会社三菱銀行）から3億円の融資を受け、Aの代表者Yが連帯保証をしたところ、融資金の返済が滞ったため、XがYに対して保証債務の履行を請求したところ、Yが詐欺、錯誤、公序良俗違反を主張したものである。この判決は、銀行の担当者が変額保険のリスクにつき説明すべき義務がないとし、詐欺、錯誤等を否定して、請求を棄却した。

●判決内容

「3　右に認定したところによれば、本件金銭消費貸借契約の話は、そもそも訴外

清水物産側が原告側に持ちかけたもので、原告が本件融資の可否を検討し始めた時には、被告を含む訴外清水物産側は、融資を受けた資金を本件変額保険の一時支払保険料として運用することを既に決定していたことが認められるものであって、原告が訴外第百生命と共謀して訴外清水物産を本件変額保険に加入させ本件保証契約を締結させたり、被告に本件保証契約を締結させたものではないこと、しかも、被告や訴外渋谷は、それぞれ訴外清水物産の社長や副社長として、それまでに様々な経済活動に従事した経験を有する者で、年令的にも社会的にも、その判断能力は一般の人に優ることはあっても劣ることはないと考えられること、また、当時、一般的に、このような変額保険に加入して資金を運用することも有利な投資方法の一つであると考えられていたものの、株価の値動き次第では払込保険料に見合う利益が得られないなどリスクが伴なうものであることは広く世間に知られていたことが認められるから、このような本件の事実関係の下では、原告（その担当者）が訴外清水物産や被告に対して同人らが融資を受けた資金を投資しようとしている変額保険の内在的リスクについてまで改めて説明すべき法的義務を負うことはないというべきであり、原告が訴外第百生命と一体となって被告を欺罔したということもできないから、この点に関する被告の主張は理由がない。」

●事案の特徴

　この事案は、会社が銀行から融資を受け（会社の代表者が連帯保証をした）、生命保険会社と変額保険契約を締結し、会社が融資の返済を怠ったことから、銀行が代表者に対して保証債務の履行を請求した事件である。この事案は、会社が積極的に変額保険取引、融資取引を決めたこと、会社の代表者が融資の連帯保証をしたこと、連帯保証人が保証債務の履行を請求されたこと、融資契約の詐欺、錯誤等が問題になったことに特徴がある。

●判決の意義

　この判決は、この事案の事実関係の下では、銀行が会社、代表者に対して融資を受けた資金を投資しようとしている変額保険の内在的リスクについてまであらためて説明すべき法的義務を負うことはないとしたこと、銀行が生命保険会社と一体となって保証人を欺罔したことはできないとしたこと、詐欺、錯誤等を否定したことに特徴があり、それぞれの意味をもつ事例判断を提供するものである。この判決は、変額保険取引をめぐる裁判例のうち早い時期のものであるが、会社が積極的に変額保険取引、融資取引を行った事案

について、前記の判断を示したことに特徴がある。

(6-2) 変額保険契約の解約返戻金につき銀行の債権者代位が肯定された事例 [東京地判平成6・2・28判時1521号82頁、判タ856号223頁、金法1395号56頁、金判973号34頁]

●事案の概要●

銀行業を営むＸ株式会社（株式会社富士銀行）は、Ａ株式会社がその代表者Ｂを被保険者とする一時払変額保険契約を生命保険業を営むＹ株式会社（ニコス生命保険株式会社）との間で締結する際、保険料の資金を融資し、その担保として生命保険契約に基づく保険金請求権、解約返戻金請求権につき質権を設定していたところ、Ａが無資力になったため、解約権を代位行使して、ＸがＹに対して解約返戻金を請求したものである。この判決は、生命保険契約の解約権が一身専属権に属しないとし、債権者代位の対象になるとして、請求を認容した。

●判決内容

「民法423条1項ただし書に規定する債務者の一身に専属する権利とは、その権利を行使するかどうかを債務者の意思に任せるべき権利をいうものと解すべきであり、本件保険契約の解約権が甲野社の一身専属権に該当するか否かは、本件保険契約の種類、内容及びその締結の経緯等の諸事情を考慮して検討すべきである。

そこで本件保険契約について検討するに、本件保険契約は、前記争いのない事実等3及び右一の1のように、甲野社を保険契約者及び死亡保険金受取人、乙山を被保険者、保険金（給付金）を二口合計1億8600万円とする一時払変額保険であり、甲野社は本件保険契約締結に当たり、原告から利息年7.9パーセントの約定で借り入れた金1億0388万6580円を、被告に対して二口分の保険料として一括して支払っているものであるから、甲野社が本件保険契約を締結した目的は、甲野社の代表者である乙山の死亡により甲野社が事業活動に支障をきたす事態に備えて、右損失を専ら経済的に補填することにあると考えられ、さらに原告から利子付きで借り入れた資金を一括して保険料支払に充てた変額保険であることを考慮すると、節税及び資産運用目的であると推認される。また本件保険契約締結の経緯についても、前記争いのない事実等4のとおり、原告と甲野社との間では本件貸付けの日である平成2

年8月8日に既に、本件貸金を被担保債権として将来契約すべき本件保険契約に基づく保険金支払請求権及び解約返戻金支払請求権に質権を設定する合意がなされているのであり、甲野社が本件保険に加入するためには原告から支払保険料の融資を受け、本件保険契約から生ずる権利に原告のため質権を設定することが必須の前提であったことは明らかであるから、甲野社が原告に対して本件貸金の返済を怠る場合には、本件保険契約に基づく甲野社の受ける利益は右請求権に対する原告の質権に劣後するものであることを当初から甲野社も十分承知していたというべきである。

右のような本件保険契約の種類、内容及びその締結の経緯に照らすと、契約権の行使を甲野社のみの意思に委ねるべき事情は認められず、右解約権の行使は、債権者代位の対象とならない一身専属に属すると解することはできず、この点に関する被告の主張は理由がない。」

判例評釈として、中西正明・判評442号44頁、相澤哲・判夕882号62頁、田澤元章・ジュリ1117号199頁がある。

●事案の特徴

この事案は、銀行が株式会社に融資をし、会社がこれを保険料として支払って生命保険会社と変額保険契約を締結した際、融資債権の担保として生命保険契約に基づく保険金請求権、解約返戻金請求権につき質権を設定していたところ、会社が無資力になったため、解約権を代位行使して、解約返戻金を請求した事件である。この事案は、銀行が変額保険取引に関係したといっても、融資債権に基づき生命保険契約に基づく解約権等の代位行使の可否が問題になったものである（民法423条1項但書参照）。

●判決の意義

この判決は、民法423条1項但書所定の債務者の一身に専属する権利は、その権利を行使するかどうかを債務者の意思に任せるべき権利をいうとしたこと、生命保険契約に基づく解約権は一身専属権に該当しないとしたことに特徴があり、事例判断として参考になるものである。

〔6－3〕 銀行の変額保険に係る融資につき錯誤、公序良俗違反等が否定された事例［東京地判平成6・3・15判夕854号78頁、金法1383号42頁］

●事案の概要●

　高齢者X_1（当時、74歳。保険会社に勤務した経験を有するものである）と妻X_2は、相続税対策として、銀行業を営むY_1株式会社（株式会社三菱銀行）の従業員から勧誘され、A生命保険会社の変額保険に加入することになり、Y_1から、X_1が1億4500万円、X_2が9500万円を借り受け、X_1所有の不動産に根抵当権を設定し、信用保証業を営むY_2株式会社がこれを連帯保証して、変額保険に加入したところ、X_1らは、解約返戻金が払込保険料を下回る見込みになったため、融資等につき錯誤、公序良俗、詐欺を主張して、Y_1らに対して債務不存在の確認、根抵当権設定登記の抹消を請求したものである。この判決は、Y_1の従業員から融資等の説明を受けたとして、請求を棄却した。

●判決内容

「1　錯誤無効の主張について
　前記二認定のとおり、請求原因3の（四）及び（五）の事実を認める証拠はなく、また、被告銀行が、変額保険の運用実績を原告夫婦に保証したことを認めるに足る証拠はないから、右事実を前提にする原告らの錯誤無効の主張は理由がない。
2　詐欺を理由にする意思表示の取消について
（一）　前記二認定のとおり、請求原因4の（一）及び（二）の事実を認める証拠はない。変額保険の具体的説明をしたのは牧であり、ほとんど被告銀行員が同行していないときに牧から原告夫婦に説明がなされていたものであり、被告銀行が虚偽の事実を告げて保険加入を名目として融資を行ったとは認められない。
（二）　請求原因4の（三）については、前記二認定のとおり、本件金銭消費貸借契約は、原告夫婦の収入では被告銀行の融資する金銭の利息も返済できないため、被告銀行は利息を返済するための利息相当分も融資したものであり、原告夫婦も右融資を受けた利息相当分も含めた金銭を返済しなければならないことを知っていたものであるから、右事実は欺罔行為と評価できるものではない。
（三）　請求原因4の（五）については、右（一）及び（二）で認定のとおりであり、利息を支払う必要があることを原告夫婦は承知していたし、前記二認定のとおり、利息を支払うための融資金は原告蓮児の預金通帳に入金されそこから支払われてい

たこと、原告夫婦は、毎年、被告銀行から送られてくる本件金銭消費貸借契約に所づく融資金の返済内容を記載した書面を受け取っていたものであり、返済内容を理解できる状況にあったものであるから、被告銀行が利息支払の実感を隠蔽するために利息返済資金を貸し付けたと認めることもできない。

(四) 以上によれば、詐欺を理由にする意思表示の取消の主張はその余の点について判断するまでもなく理由がない。」

● **事案の特徴**

　この事案は、高齢者夫婦が相続税対策として銀行から勧誘され、融資を受け（不動産に根抵当権を設定し、信用保証会社が委託を受けて連帯保証をした）、変額保険に加入したところ、解約返戻金が払込保険料を下回る見込みになったため、銀行等に対して錯誤、公序良俗、詐欺を主張して、債務不存在の確認等を請求した事件である。この事案は、顧客が高齢者夫婦であったこと、顧客が相続税対策として銀行から融資による変額保険取引を勧誘されたこと、顧客が銀行から高額の融資を受け、所有不動産に根抵当権を設定し、信用保証会社に保証を委託したこと、顧客が融資金を使用して保険料を支払い、生命保険契約を締結したこと、解約返戻金が払込保険料を下回る見込みになったこと、融資等につき錯誤、公序良俗違反、詐欺が問題になったことに特徴がある。

● **判決の意義**

　この判決は、融資等の錯誤、公序良俗違反、詐欺を否定したものであり、高齢者夫婦が融資を受けて相続税対策として変額保険に加入した事案につき錯誤等を否定した事例判断を提供するものである。

(6-4) 銀行の変額保険に係る融資につき錯誤が否定された事例［東京地判平成7・2・20金法1417号61頁］

――● **事案の概要** ●――

　不動産業を営むY株式会社は、役員、従業員を被保険者とする変額保険契約を生命保険業を営むA会社（アメリカン・ライフ・インシュアランス・カンパニー）と締結したが（Yの担当従業員は生命保険会社での勤務

経験があった)、その資金2億円を銀行業を営むX株式会社(株式会社三和銀行)から借り入れたものの、Yがその支払をしなくなったため、XがYに対して貸金の返還を請求し、Yは、元本割れになることがないと誤信して変額保険契約を締結したものであり、錯誤に当たると主張したものである。この判決は、Xの従業員等がYの経理部次長に変額保険の内容を説明し、元本割れの具体的なおそれを説明しなかったとしても、抽象的なおそれを理解し、認識したとし、錯誤に当たらないとして、請求を認容した。

●判決内容

「以上によれば、被告が本件保険契約及び本件消費貸借契約を締結したのは、変額保険の運用実績が9パーセントないしそれに近いレベルを続けていくものと考えてのことであったと認められる。そして、田中、髙橋が右のように高い運用実績を期待することができるとの説明をしたことが、被告がそのように判断した一因となっていることは否めない。
三 しかしながら、前記一で認定した事実に照らせば、田中及び髙橋の説明により被告の経理部次長柴葉は、変額保険について、具体的なおそれがあると考えなかったにしても、運用実績によっては解約返戻金が減少し、元本割れする抽象的なおそれがあることは理解し、認識したものと認められる。
……
そして、被告は、個人と実体の異ならない零細企業ではなく、当時、役員と従業員を合わせて153名、二十数支店を有し、年間純利益約3億円の中堅不動産取引業者である株式会社であって……、経済見通しについては、自ら判断し得る力を十分備えていたというべきである。
そうすると、被告が、理論上はリスクがあることを少なくとも経理部次長において認識していた以上、元本割れする事態はないとの田中らの予想に同調して本件消費貸借契約等の締結に及んだとしても、それは被告自身の判断による経済予測が外れたというにとどまり、その予測が表示されており、田中がそれを知っていたとしても、要素の錯誤として契約を無効にする事由になるとは到底いえない。」

●事案の特徴

この事案は、会社が銀行から融資を受け、保険料を支払って変額保険契約を締結したところ、支払を怠ったため、銀行が貸金の返還を請求した事件で

ある。この事案は、顧客が不動産業を営む株式会社であったこと、銀行が変額保険の保険料の融資をしたこと、会社が融資の返済をしなかったこと、融資契約の錯誤が問題になったことに特徴がある。

●判決の意義

この判決は、会社の担当者が具体的なおそれがあると考えなかったにしても、運用実績によっては解約返戻金が減少し、元本割れする抽象的なおそれがあることは理解し、認識した等とし、融資契約の錯誤を否定したものであるが、その旨の事例判断として参考になる。

(6-5) 銀行の変額保険に係る融資につき説明義務が否定された事例［東京地判平成7・3・24判時1559号70頁、判タ894号207頁、金法1430号72頁］

●事案の概要●

X（当時、63歳）は、生命保険業を営むY_1相互会社（朝日生命保険相互会社）の従業員Y_2から変額保険の運用成績が9％を下回ることはない等と説明され、銀行業を営むY_3株式会社（株式会社富士銀行）から融資を受けて、変額保険に加入したが、損失を被ったため、Y_1らに対して不法行為に基づき損害賠償を請求したものである。この判決は、Y_3の説明義務を否定し、不法行為を否定したが、Y_1、Y_2の責任については、説明が違法であったとして、不法行為を認め、請求を認容した（過失相殺を8割認めた）。

●判決内容

「一で認定した変額保険の内容、特質及び右に述べたところから、変額保険募集の際の生命保険募集人の加入者に対する説明義務の内容について検討する。募取法自体は取締法規であり、その違反が直ちに私法上の無効あるいは債務不履行、不法行為の違法との評価に結び付くものではないし、まして、大蔵省の通達あるいは業界の自主規制についてそれに違反することが直ちに違法との評価を受けることがないことはいうまでもないところである。しかしながら、募取法15条2項、16条1項1

号、4号の趣旨が前述したように保険契約者の利益の保護をも直接の目的としていると解せられること、従来、我が国においては生命保険としては定額保険のみが存在しており、従って国民も生命保険が安全性のある商品であることに信頼をおいてきたこと、それゆえにこそ変額保険の販売開始に際して右のような大蔵省の行政指導及び保険業界の自主規則が行われたという事実を考えると、変額保険を募集する生命保険募集人は変額保険の契約に加入しようとする者に対して、資産の運用の結果により保険金額、解約返戻金額が変動するものであり、終身保険の場合の基本保険金額を除いては最低保証されているものはないという変額保険の本質的要素を説明する法的義務が信義則上要求されており、これに違反してなした募集行為は、当該変額保険契約の結ばれた経緯、保険契約者の職業、年齢、財産状態、知識経験等の具体的状況の如何にもよるところであるが、原則として私法上も違法の評価を受けるというべきである。
　……
(四)　(三)で述べたことを前提に乙山説明について検討すると、本件における勧誘の対象が変額保険という従来我が国ではなじみがなかった商品であること、生命保険が安全性のある商品であるという点に国民の信頼が寄せられていたこと、三で認定した本件変額保険当時及びその前後の株価の動向並びに変額保険の運用実績に照らすと乙山説明は平成2年6月又は7月の時点における予測として合理性を有しているとはいえないと評価していること（三で前述したように右平成2年6月又は7月の時点でバブル経済の崩壊を予測することが可能であったということでは勿論ないが、従来の右肩上がりの株価の上昇が今後も続くと断定的に予測できる状況ではなかったということはいえよう。）等の諸事実に照らすと、本件の乙山説明に含まれる断定的判断の提供あるいはその疑いの強い行為は私法上も違法の評価を受けるべきものと考える。
　……
(五)　また、原告は、被告丙川が原告に対して本件変額保険に加入すると融資が切れるころ現金が原告に入るなど虚偽の説明をして被告乙山と一体となって本件変額保険の勧誘をした旨主張する。
　しかし二（ことにその11）で認定したとおりの本件の事実関係の下では、原告主張の右事実は認められない。
2　（争点2について）
　変額保険は、一で述べたように、インフレによる保険金額の実質的目減りを避けること等を本来の目的とし、大蔵省の認可を受けて販売されているものであり、それ自体が反社会的であるということは到底できない。また、被告銀行に原告主張のような融資を断念すべき義務あるいは変額保険の危険性について原告に説明すべき義務を認める法律上の根拠はないことはいうまでもないので原告の主張は失当である。もっとも、原告の所有する不動産の担保価値のみを結局は重視したとしかいえ

451

第6章　銀行等の変額保険取引をめぐる裁判例

ないような変額保険の一括払込保険料に対する融資が銀行の健全な融資の姿勢によるものといえるかは甚だ疑問というしかないが、そのことと被告銀行の法的責任の問題は別であるというほかない。」

●事案の特徴

　この事案は、顧客が生命保険会社の従業員から変額保険を勧誘され、銀行の融資を受けて保険料を支払い、保変額保険に加入したところ、損失を被り、銀行等に対して不法行為に基づき損害賠償を請求した事件である。この事案は、顧客が個人であったこと、顧客が生命保険会社の従業員から勧誘されたこと、銀行の融資を受け、変額保険に加入したこと、銀行等の説明義務違反等による不法行為が問題になったことに特徴がある。

●判決の意義

　この判決は、生命保険会社の従業員の説明が違法であるとしたこと、銀行には融資を断念すべき義務あるいは変額保険の危険性について顧客に説明すべき義務を認める法律上の根拠はないとし、説明義務等を否定したことを判示したものであり、銀行が変額保険の保険料を融資する場合について、変額保険の危険性につき説明義務を理論的に否定したところに特徴がある。銀行が変額保険取引に融資をする等した場合、顧客に対して説明義務が理論的に否定することができるかは、銀行の関与の内容、程度等の事情によるものであり、この意味では、この判決は事例判断を提供するものである。控訴審判決につき〔6―11〕、上告審判決につき〔6―18〕参照。

〔6―6〕銀行の変額保険に係る融資につき説明義務違反が否定された事例
　　　　［東京地判平成7・3・24判時1579号89頁、判タ894号202頁］

――――●事案の概要●――――

　X（当時、67歳）は、相続税対策として、銀行業を営むY₁株式会社（株式会社住友銀行）から7000万円の融資を受け、生命保険業を営むY₂相互会社（日本生命保険相互会社）の変額保険に加入し、その後、解約したが、損失を被ったため、Y₁らに対して不法行為等に基づき損害賠

452

> 償を請求したものである。この判決は、保険の設計書、パンフレット、口頭で説明義務を尽くしたとして、請求を棄却した。

●**判決内容**

「一で認定した変額保険の内容、特質及び右に述べたところから、変額保険募集の際の生命保険募集人の加入者に対する説明義務の内容について検討する。募取法自体は取締法規であり、その違反が直ちに私法上の無効あるいは債務不履行、不法行為の違法との評価に結び付くものではないし、まして、大蔵省の通達あるいは業界の自主規制についてそれに違反することが直ちに違法との評価を受けることがないことは言うまでもないところである。しかしながら、募取法15条2項、16条1項1号、4号の趣旨が前述したように保険契約者の利益の保護をも直接の目的としていると解せられること、従来、我が国においては生命保険としては定額保険のみが存在しており、従って国民も生命保険が安全性のある商品であるということに信頼をおいてきたこと、それゆえにこそ変額保険の販売開始に際して前記のような大蔵省の行政指導及び保険業界の自主規制が行われたという事実を考え合わせると、変額保険を募集する生命保険募集人は変額保険の契約に加入しようとする者に対して、資産の運用の結果により保険金額、解約返戻金額が変動するものであり、終身保険の場合の基本保険金額を除いては最低保証されているものはないという変額保険の本質的要素を説明する法的義務が信義則上要求されており、これに違反してなした募集行為は、当該変額保険契約の結ばれた経緯、保険契約者の職業、年齢、財産状態、知識経験等の具体的状況の如何にもよるところであるが、原則として私法上も違法の評価を受けるというべきである。本件においては、前記二の2で認定したところによると、生命保険募集人である小泉は保険契約者である原告及び被保険者である弘正に対して本件変額保険の概要の記載がある設計書やパンフレットを交付したうえ口頭でも変額保険の内容を説明しているところであり、右の書面及び口頭の説明は前記の変額保険の本質的要素の説明を含んでいるから、小泉は被告生命の募集人として前記の説明義務を尽くしているということができる（この場合、被告銀行について説明義務を重ねて要求する必要がないことはいうまでもない。）。なお、原告は、被保険者を契約者の家族とする家族型の変額保険の締結にあたっては、被告銀行と被告生命は相続税対策の具体的内容について原告に分かりやすく説明する信義則上の義務があると主張する。しかしながら、ある特定の手段を取ることが特定人にとって相続税対策になるかどうかの正確な判断は、その者の資産の詳細、家族構成について把握した上、税務に関する正確な知識に基づいて初めてなしうる専門的判断であり、しかも、真に相続税対策として有効であったか否かは、その後の不動産評価の推移（これは不動産価格の動向と税評価の政策の変化の両面にかかわ

るものである。)、金利の動向、本件の場合でいえば変額保険の特別勘定の運用実績等のいずれも容易に予測しがたい事項にもかかるものである。自らの相続税対策をどう立てて行くかは自らの責任において（税理士等に相談し、あるいは各種の税務相談を利用すること等を含めて）調査、判断すべきものである。本件の場合、原告は被告銀行あるいは被告生命との間で自己の資産運用についての助言、企画を依頼する委任契約を結んでいたわけではない。以上の点からいうと、本件の場合、原告の主張するような説明義務は認められないというほかはない。（なお被告銀行又は被告生命が相続への対処について虚偽の説明あるいは明白に誤った説明をして原告に損害を与えたという場合には単なる説明義務違反を超えた問題が生ずるが、本件ではそのような事実を認めることはできない。)」

判例評釈として、山下典孝・金判1003号44頁がある。

●**事案の特徴**

この事案は、高齢者である顧客が相続税対策として、生命保険会社の従業員から勧誘され、銀行から融資を受け、保険料を支払って生命保険会社と変額保険契約を締結したところ、損失を被ったため、契約を解約し、銀行等に対して説明義務違反等を主張し、不法行為等に基づき損害賠償を請求した事件である。この事案は、顧客が高齢者であったこと、顧客が相続税対策として銀行から融資を受けて変額保険に加入したこと、銀行等の説明義務違反等が問題になったことに特徴がある。

●**判決の意義**

この判決は、変額保険を募集する生命保険募集人は変額保険の契約に加入しようとする者に対して、資産の運用の結果により保険金額、解約返戻金額が変動するものであり、終身保険の場合の基本保険金額を除いては最低保証されているものはないという変額保険の本質的要素を説明する法的義務が信義則上要求されているとしたこと、この説明義務に違反してなした募集行為は、変額保険契約の結ばれた経緯、保険契約者の職業、年齢、財産状態、知識経験等の具体的状況の如何にもよるが、原則として私法上も違法の評価を受けるとしたこと、相続税対策になるかどうかの正確な判断は、資産の詳細、家族構成について把握したうえ、税務に関する正確な知識に基づいて初めてなしうる専門的判断である等とし、税理士等に相談し、あるいは各種の

税務相談を利用すること等を含め、自らの責任で調査、判断すべきであるとしたこと、この事案では、変額保険の概要の記載のある設計書やパンフレットを交付したうえ、口頭の説明がされたとし、説明が尽くされたとして説明義務違反を否定したことを判示している。この判決は、その後の下級審の裁判例の動向に照らすと、金融機関の変額保険をめぐる裁判例の中では金融機関の信義則上の説明義務等の法的な義務を狭く理解し、顧客の自己判断と自己責任を強調した裁判例として特徴的である。控訴審判決につき〔6－9〕参照。

(6－7) 銀行の変額保険に係る融資につき説明義務違反が肯定された事例
[大阪地堺支判平成7・9・8判時1559号77頁、金法1432号35頁、金判978号35頁]

●事案の概要●

　X有限会社は、生命保険業を営むY₁会社（アメリカン・ライフ・インシュアランス・カンパニー）と銀行業を営むY₂株式会社（株式会社紀陽銀行）の従業員らから変額保険を勧誘され、Y₂から融資を受けて、変額保険に加入したが、解約したところ、損失を被ったため、Y₁らに対して不法行為に基づき損害賠償を請求したものである。この判決は、Y₁の責任について、説明が十分ではなかったとして、請求を認容するとともに、Y₂の責任については、消極的な説明義務違反があったとして、請求を認容した（過失相殺を5割認めた）。

●判決内容

「(二)　倉本の説明義務違反
(1)　一般に、銀行の顧客が保険への投資をするために、銀行に融資を申し込み、銀行がそれに応じる場合、保険契約と融資契約は法律上別個であり、保取法9条で銀行は保険の募集をすることは行政取締法上できないから、銀行が顧客に保険の説明をする義務は原則としてなく、保険会社の説明義務だけが生じうる。ただし、すべての場合に右原則を貫くことはできず、保険勧誘への銀行のかかわり方等によって

は、特段の事情がある場合、保取法9条の趣旨に反しない限度で、銀行にも保険の説明ないしそれに類似した行為をとる義務が生じうるとするのが信義則にかなうであろう。
(2) これを本件についてみるに、前記1(2)(3)(5)(6)(9)の各認定事実によると、倉本は、自ら変額保険を電話及び訪問により原告方に持ち込み、『損はしない、儲かりますよ。』などと勧誘し、その後乙山を同行し、同席の上説明させ、保険料計算をなした上、後日の健康診断にも被告銀行の車で運転をして同行し、被告アリコの審査後、乙山から直接連絡を受けて本件融資に関する書類作成のために原告事務所に赴いている。また、前記1(1)(5)(10)の認定事実によると、倉本は、原告の取引銀行である被告銀行の原告担当者であり、その倉本が持ち込みを勧めたことも動機となり、甲野が本件変額保険に加入したのであり、前後の状況からして、倉本には右動機を容易に認識できたと推測される。

右のような本件変額保険に対する倉本の深い関与の外、原告と被告銀行の関係、甲野の本件変額保険加入動機とその認識可能性からすると、本件は特段の事情が認められる場合であり、倉本には、被告銀行の一員として、変額保険の内容について積極的な説明をする義務はないものの、少なくとも、乙山の説明によって、甲野が変額保険の内容について誤解している時は、誤解を解くための説明を自らするか、乙山に再度の正確な説明を促すべきであるという消極的な説明義務が生じるというべきである。

そして、このような消極的な義務は、変額保険の加入を必ずしも促すとはいえないから（誤解は、通常、変額保険を実態以上に期待する場合に問題になるであろうから、誤解を解くことは、変額保険の加入を抑制する方向に働く。）、生命保険募集人等以外の保険勧誘を禁じた保取法9条の趣旨に反しない。

しかるに、前記1(3)の認定事実によると、甲野は、途中解約の場合、解約返戻金が元本を割る可能性があることを具体的に認識できず、変額保険では利益が上がるだけで損失は生じないものだとの誤解をすることとなったのに、倉本は誤解を解くための説明を自らしたり、乙山に再度の正確な説明を促したりしていないことが明らかであるから、消極的な説明義務違反として違法であり、過失もあるといわざるをえない。もっとも、前記1(2)の認定事実によると、倉本は、変額保険について一応の概要を知っていただけで、正確には理解していなかったようであるが、自ら本件変額保険を持ち込み、以後深い関与をした以上、正確に理解しておくべきものであって、倉本の理解不足は、右消極的説明義務違反の存否の判断を左右しない。
(3) 被告銀行は、変額保険について、説明義務を負わないことを縷々主張するが、右(2)のとおりであって、特段の事情のある場合は消極的説明義務を認めることが信義則にかなうのであるから、その主張は採用できない。」

判例評釈として、後藤巻則・ジュリ1087号142頁、黒沼悦郎・商事法務

1514号86頁がある。

● **事案の特徴**

この事案は、会社が生命保険会社、銀行の従業員等から変額保険を勧誘され、銀行から融資を受けて、変額保険に加入し、解約したところ、損失を被ったため、銀行等に対して不法行為に基づき損害賠償を請求した事件である。この事案は、顧客が有限会社であったこと、生命保険会社、銀行の従業員等から変額保険を勧誘されたこと、銀行から融資を受け、変額保険に加入したこと、銀行の説明義務違反等が問題になったことに特徴がある。

● **判決の意義**

この判決は、銀行の顧客が保険への投資をするため、銀行に融資を申し込み、銀行がそれに応じる場合、保険契約と融資契約は法律上別個であり、銀行が顧客に保険の説明をする義務は原則としてなく、保険会社の説明義務だけが生じうるとしたこと、例外的に、保険勧誘への銀行のかかわり方等によっては、特段の事情がある場合、信義則上、銀行にも保険の説明ないしそれに類似した行為をとる義務が生じうるとしたこと、銀行が会社の取引銀行であり、銀行の従業員が変額保険を紹介したこと、銀行には変額保険の内容について積極的な説明をする義務はないものの、少なくとも、生命保険会社の従業員の説明によって、顧客が変額保険の内容について誤解している場合には、誤解を解くための説明を自らするか、生命保険会社の従業員に再度の正確な説明を促すべきであるという消極的な説明義務が生じるとしたこと、この事案では、前記の特段の事情が認められるとし、消極的な説明義務が問題になるとしたこと、この事案では、顧客が途中解約の場合、解約返戻金が元本を割る可能性があることを具体的に認識できず、変額保険では利益が上がるだけで損失は生じないものだとの誤解をしたのに、銀行の従業員に消極的な説明義務違反があったとしたことに特徴がある。この判決は、銀行の説明義務違反による不法行為を肯定した事例判断を提供するものであり、この判決が言い渡された時期においては、銀行の不法行為責任を認めた事例として関心を呼んだものであるが、その説明義務の内容、性質、根拠につき説得的

な説示をしていないものであり（その前提として、事実関係の認定、判決の論理の整合性も説得的ではない）、議論を投げかけたものとして特徴的である。

〔6－8〕銀行の変額保険に係る融資につき説明義務違反等が否定された事例
[東京地判平成7・9・25判時1572号62頁、判夕925号233頁]

●事案の概要●

高齢者X（当時、79歳）は、生命保険業を営むY$_1$株式会社（ニコス生命保険株式会社）の従業員の勧誘により、相続税対策として変額保険の加入を勧誘し、所有不動産に根抵当権を設定し、銀行業を営むY$_2$株式会社（株式会社富士銀行）から3億500万円の融資を受けて一時払変額保険に加入したが、Y$_1$らに対して主位的に公序良俗違反、錯誤等を主張し、債務不存在の確認等、予備的に説明義務違反を主張し、債務不履行、不法行為に基づき損害賠償を請求したものである。この判決は、Xが概括的な説明を受けたにすぎないとしたものの、相当の理解をしていた等とし、違法ではない等として、請求を棄却した。

●判決内容

「変額保険の募集及びその契約の締結に当たり、募集人を含めた生命保険会社に対し、各種の規制が設けられていることは前記のとおりであり、これらの規制の目的は、従来我が国においては生命保険としては定額保険のみが存在し、したがって国民の間に生命保険は安全性の高い商品であるとの認識が広まっていたとの実情にかんがみ、新たに変額保険を販売するに当たって保険契約者の利益を保護することにあると考えられる。これら規制の趣旨からすれば、生命保険会社は、変額保険の募集から締結に至るまで、変額保険契約に加入しようとする者又は契約締結者に対して、取締法規上の義務又は生命保険協会に対してその要求する遵守事項に従うべき義務があるものの、これらの義務を生命保険会社において契約締結上の義務又は契約に内在する義務として負うものではない。したがって、生命保険会社が右規制に違反したときに、行政上の制裁又は生命保険協会若しくは業界による制裁を受けることはあっても、右規制に違反して締結された契約の私法上の効果が、その違反をもって直ちに否定されるものではない。ただし、このことは生命保険会社が右の義務を疎かにしてよいというものではないこと当然であって、変額保険の前記のよう

な特性にかんがみれば、生命保険会社において、右の各種規制を遵守することはもとより、募集・勧誘に際して、変額保険契約に加入しようとする者に対して、有効な意思の合致に向けて、当該者の年齢、契約に関する知識の程度等に応じて、よりきめ細かな説明を尽くす必要があるといわなければならず、このような観点から、契約の締結における個別具体的事情に照らして、当該契約が信義則に違背することがありうることはいうまでもない。また、生命保険会社が当該契約の内容について説明しないことにより、又は不適切な説明をしたことにより、相手方との間で、当該契約における意思表示の合致をみないときに私法上の効果の生じないことがありうることも別論である。

　この理は、銀行の融資契約を締結しようとする者に対する当該融資契約に係る責務についても妥当する。融資契約を有効に成立させるため、銀行において有効な意思の合致に向けて、相手方の年齢、知識の程度等に応じて、当該融資契約の要素について説明する必要がある場合はあるが、もとより説明すべき私法上の義務を負うものではない。また、相続税対策として変額保険契約及び融資契約が併せて締結されるとしても、両契約は別個独立の契約であって、相続税の節税効果があることをその契約内容としているものではないことからすると、銀行が融資契約を締結する場合において、変額保険の仕組みのみならず、いかなる場合に相続税対策として効果が生じうるか等融資契約の要素を超える範囲について説明する義務もないといわなければならない。

　なお、銀行又は生命保険会社が、その公共性及びは社会的信用性にかんがみ、誠実に顧客に対応すべき責務を負うこともまた当然である。

　……

4　不法行為又は債務不履行について
(一)　まず、被告らに本件各契約を締結する上において原告の主張するような契約締結上の義務又は契約に内在し若しくは付随する義務があるか否かについては、前記のとおりである。
(二)　本件各契約の締結に至る事情について、まず、被告らが変額保険の仕組み及びその解約返戻金の変動のリスクについての説明を怠ったか否かについてみると、被告銀行又は訴外第一生命が、御簾納税理士又は下小瀬営業主任を通じて、説明書あるいは設計書を示してその説明をし、原告らにおいて、変額保険における保険料の一部が株式等に投資運用され、その成果によって解約返戻金等が変動するということについて理解していたことは前認定のとおりである。また、被告保険会社が、原告らに対して変額保険について概括的説明をしたにすぎないことも前認定のとおりであるが、この点に関しては、春子は、すでに訴外第一生命の下小瀬営業主任から変額保険の仕組み・内容について詳しい説明を受けており、被告銀行からも相続税対策となるか否かについての観点から銀行借入一時払変額保険について3回にわたって説明を受け、春子において変額保険についてすでに相当の理解を示していた

459

ものと認められる事情を踏まえれば、被告保険会社の担当者小林外務員の行為をもって違法と評価するには至らない。さらに、被告保険会社に関して、生命保険会社が変更することとなったことに伴い、その運用実績等についてあらためて説明しなかったことについては、前記のとおり、違法性があると評価することは出来ないと考えられる。

　次に、被告銀行が原告において本件変額保険に加入した場合の節税効果について運用実績を9パーセントとして具体的金額を示してその節税効果を説明した上、下小瀬営業主任が今後の運用実績についても9パーセント以上であると説明したことは前認定のとおりであり、このような説明に、解約返戻金が変動したとしてもその運用実績が9パーセント以上であって、本件銀行借入一時払変額保険が相続税対策として奏功すると安易に信じさせうる側面のあることは否定できないが、被告らにおいて、変額保険に内包する解約返戻金の変動のリスクをあえて隠したり、現在の運用実績について虚偽の事実を告知するなどの事情が認められないことはもとより、前記のような前後の事情からすると、被告銀行らの右の説明の態様は、変額保険契約又は融資契約を勧誘する上におけるいわゆるセールストークとして商品の利点を強調したものであるということができ、違法性を有する行為とまではいえないと考えられる。また、被告銀行は、変額保険については変額保険販売資格を有する下小瀬営業主任に説明を委ねており、自らは、前記のとおり、自行から融資を受けて変額保険に加入した場合における節税効果について説明したのみであり、原告らに示したシュミレーションもかかる節税効果を内容とするものであるから、何ら募取法違反の行為に該当しないと認められる。

　そのほか、被告らの行為に違法性を窺わせるものはなく、本件全証拠によっても、被告らが違法な行為をしたものと認めるには至らない。」

● 事案の特徴

　この事案は、高齢者である顧客が生命保険会社の従業員の勧誘により、相続税対策として、銀行から融資を受け（銀行の従業員は節税効果等につき説明し、勧誘した）、保険料を支払って変額保険に加入した後、顧客が各契約につき公序良俗違反、錯誤等を主張し、債務不存在の確認等、説明義務違反による損害賠償を請求した事件である。この事案は、高齢者の変額保険取引が問題になったこと、相続税対策として変額保険取引が勧誘されたこと、生命保険会社の従業員が勧誘したこと、銀行の従業員が節税効果等を説明したこと、顧客が銀行との間で不動産担保を設定し、多額の融資を受けたこと、銀行との間の融資取引等の公序良俗違反、錯誤が問題になったこと、銀行の説

明義務違反が問題になったことに特徴がある。

●**判決の意義**

　この判決は、日本では生命保険としては定額保険のみが存在し、国民の間に生命保険は安全性の高い商品であるとの認識が広まっていたとの実情があったとしたこと、生命保険会社は取締法規上の義務または生命保険協会の遵守事項に従うべき義務があるものの、これらの義務を契約締結上の義務または契約に内在する義務として負うものではないとしたこと、この規制に違反して締結された契約の私法上の効果が直ちに否定されるものではないとしたこと、生命保険会社が契約の内容につき説明せず、または不適切な説明をしたことにより、意思表示の合致をみないときに私法上の効果の生じないことがありうるとしたこと、この理は、変額保険に関連する融資を行った銀行にも妥当するとしたこと、相続税対策として変額保険契約および融資契約が併せて締結される場合、両契約は別個独立の契約であり、相続税の節税効果があることをその契約内容としているものではないから、銀行が融資契約を締結するに当たって、変額保険の仕組み、いかなる場合に相続税対策として効果が生じうるか等融資契約の要素を超える範囲について説明する義務はないとしたこと、この事案では、銀行の従業員の説明の態様は、変額保険契約または融資契約を勧誘するうえにおけるいわゆるセールストークとして商品の利点を強調したものであるということができ、違法性を有する行為とまではいえないとしたこと、融資取引の公序良俗違反、錯誤等を否定したこと、銀行の説明義務違反を否定したことを判示している。この判例は、銀行の変額保険、その融資に関する説明義務違反の事例判断を提供するものであるが、この判決の説示する、銀行の従業員が相続税対策として節税効果を説明し、その説明が商品（融資を利用した変額保険）の利点を強調したものであっても、セールストークであり、違法性がないとして説明義務違反を否定した判断は、現時点においては議論がある。

461

〔6-9〕前記〔6-6〕の控訴審判決であり、銀行の変額保険に係る融資につき説明義務違反が否定された事例［東京高判平成7・10・25判時1579号86頁］

●事案の概要●

　前記の〔6-6〕東京地判平成7・3・24判時1579号89頁、判タ894号202頁の控訴審判決であり、Xが控訴したものである。この判決は、原判決を引用し、Xが変額保険の特質、仕組み等を理解し得たとして、控訴を棄却した。

●判決内容

　「そして、前記認定の控訴人の経歴、資産形成能力、これらからうかがえる知的能力等からすれば、控訴人は、右設計書等を通読し、小泉の説明を聞くことにより、詳細はともかく、変額保険の前記のような特質及び基本的仕組みを理解し得たものというべきである。」

●事案の特徴

　この事案は、高齢者である顧客が相続税対策として、生命保険会社の従業員から勧誘され、銀行から融資を受け、保険料を支払って生命保険会社と変額保険契約を締結したところ、損失を被ったため、契約を解約し、銀行等に対して説明義務違反等を主張し、不法行為等に基づき損害賠償を請求した控訴審の事件である。この事案は、顧客が高齢者であったこと、顧客が相続税対策として銀行から融資を受けて変額保険に加入したこと、銀行等の説明義務違反等が問題になったことに特徴がある。

●判決の意義

　この判決は、顧客の経歴、資産形成能力、知的能力等から変額保険の特質、基本的仕組みを理解し得たとしたこと、他の認定、判断は第一審判決である前記の〔6-6〕東京地判平成7・3・24判時1579号89頁、判タ894号202頁を引用したことを判示している。この判決は、第一審判決と同様に、その後の下級審の裁判例の動向に照らすと、銀行等の変額保険をめぐる裁判

例の中では銀行等の信義則上の説明義務等の法的な義務を狭く理解し、顧客の自己判断と自己責任を強調した裁判例として特徴的である。

(6-10) 銀行の変額保険に係る融資につき説明義務違反、適合性の原則違反、断定的判断の提供等が否定された事例［東京地判平成7・12・13判タ921号259頁］

●事案の概要●

X_1（当時、67歳）は、相続税対策のために、生命保険業を営む Y_1 会社（アメリカン・ライフ・インシュアランス・カンパニー）の従業員の勧誘により、銀行業を営む Y_2 株式会社（株式会社三菱銀行）から融資を受けて変額保険に加入し、信用保証業を営む Y_3 株式会社の求償権のために X_1 の長男 X_2 が不動産に根抵当権を設定したが、X_1 らが Y_1、Y_2 に対しては公序良俗違反、説明義務違反等を理由として不当利得の返還、損害賠償を、Y_3 に対しては根抵当権設定登記の抹消を請求したものである。この判決は、X_1 が X_2、税理士にも相談していた等として、説明義務違反、適合性の原則違反、断定的判断の提供を否定する等し、請求を棄却した。

●判決内容

「5 原告らは、本件保険契約と本件融資契約は『ペイ・フリー型相続対策』の名の下に一体のものとして原告らに対し勧誘・説明がされ、銀行員和泉の右説明に対する信頼を基礎として原告らが契約締結に至ったという事情の下では、本件保険契約及び本件融資契約は相続税対策として一体のものととらえるべきであり、被告アリコには、相続税対策としての本件保険契約と本件融資契約の有効性や特に借入金によって加入された変額保険は借入金利を支払って余りある運用成績がないとマイナスになるという点で自己資金で加入する変額保険より一層危険性が高いから、保険契約締結に際しては融資一体型特有の危険性の説明が必要である旨主張する。

また、原告らは、被告三菱には、相続税対策としての融資一体型変額保険の融資契約を行う者として、被告アリコと同様の融資一体型特有の危険性の説明義務を負い、そこまで至らずとも、被告三菱には、変額保険の説明に立ち合い保険料の融資

を行う者として、原告のぶ子が加入しようとしている変額保険の運用成績として示されている9、12パーセントの数値が予想数値であり、元本割れになることも現実にあることを説明し、その場合にどうする借入金を返済するのか注意を促すべき義務がある旨主張する。

しかし、前示二1のとおり、被告アリコと被告三菱が借入金により変額保険に加入する顧客の相続税対策について業務提携をしていた等の事実を認めることはできず、本件保険契約と本件融資契約を原告らの主張のように相続税対策として一体のものと評価することはできないから、契約当事者を異にする別個の契約について、融資一体型特有の危険性の説明義務なるものが被告アリコと被告三菱の双方にあるとする原告らの主張は前提を欠く。

そして、変額保険の保険料が株式等で運用され、解約返戻金が株価に連動し、株価の動きによっては解約返戻金が払込保険料を下回ることもあるということが説明されれば、借入金により保険料を支払って変額保険契約を締結する場合には、当然右借入金に利息が発生し、相続発生の際債務超過を生じないためには右借入金の金利より高い運用成績で保険料が運用されることが必要であること、右運用成績によっては、相続発生時には死亡保険金又は解約返戻金と借入残高の高低によって元本割れの可能性が生じ得ること、その結果借入金の担保である抵当権が実行されたりする場合もあり得るということは現実的な可能性として予測できるし、原告勝己においてかかるリスクを全く考えなかったとは考えにくいことである。

確かに、借入金で変額保険に加入する場合には、解約返戻金や死亡保険金の額の増減率は運用成績の数字と全く同じではないことから運用成績と借入利率を単純に比較して運用成績から借入利率を差し引いたものが契約者にとっての実質の利回りであるとは言えないなど、契約者にとってリスクが具体的に分かりにくい面が存在する。しかし、右の点を含めて、不動産を含む資産を所有している者及びその家族がどのような方策を採れば、将来どのような相続税節約の効果が得られるかということは、税法の知識はもとより、所有不動産の内容を始めとする相続財産の構成内容、家族構成、将来の地価や株価や金利等の見通し等を総合的視野に入れた高度に専門的な判断を要する事柄である。これらは、原告らが、税理士等専門家に相談するなどして、自己の危険において判断すべきことであり、原告らと被告アリコ又は被告三菱との間に原告らの総合的な相続税対策についての委託契約等があれば格別、変額保険の募集者や融資契約の担当者が契約者に対し説明義務を負うべきことではない。」

●事案の特徴

この事案は、高齢者である顧客が生命保険会社の従業員により、相続税対策として変額保険の加入が勧誘され、銀行から融資を受け、変額保険に加入

した後、生命保険会社、銀行に対して公序良俗違反、説明義務違反等を主張し、不当利得の返還、損害賠償を請求する等した事件である。この事案は、高齢者の変額保険取引が問題になったこと、相続税対策として変額保険取引が勧誘されたこと、生命保険会社の従業員、銀行の従業員が勧誘したこと、顧客の長男が銀行との間で不動産担保を設定し、多額の融資を受けたこと、銀行と生命保険会社の相続税対策として一体型の取引であり、業務提携がされている旨の主張がされたこと、銀行との間の融資取引等の公序良俗違反が問題になったこと、銀行の説明義務違反、適合性の原則違反、断定的判断の提供が問題になったことに特徴がある。

●**判決の意義**

　この判決は、銀行との間の融資取引の公序良俗違反を否定したこと、銀行と生命保険会社の融資と変額保険に関する業務提携を否定したこと、銀行の適合性の原則違反、断定的判断の提供を否定したこと、銀行の説明義務については、変額保険の保険料が株式等で運用され、解約返戻金が払込保険料を下回ることもあるということが説明されれば、元本割れの可能性が生じ得ることを予測できるとしたこと、相続税対策は顧客が税理士等専門家に相談するなどして、自己の危険において判断すべきことであり、銀行との間で総合的な相続税対策についての委託契約等があれば格別、融資契約の担当者が契約者に対し説明義務を負うべきことではないとしたことに特徴があり、説明義務違反等を否定した事例判断を提供するものである。この判決の銀行の相続税対策等に関する説明義務の認定、判断は、一つの考え方であるが、この考え方が妥当する事件もあれば、妥当しない事件もあろう。銀行の従業員が相続税対策であることを勧誘の重要な事情として強調する等したという特段の事情が認められる場合には、勧誘を受けた顧客としては、銀行の従業員の信頼性、勧誘の内容の具体性・信頼性等の事情を考慮して変額保険の保険料の融資取引に踏み切ることは十分に想定することができ、誤った情報の提供につき銀行の従業員の説明義務違反を問い得る余地が生じるということができる。なお、この事案では、銀行の融資取引につき、証券取引と同様な法理

第6章　銀行等の変額保険取引をめぐる裁判例

（適合性の原則、断定的判断の提供）が主張されていることも注目される。

〔6－11〕前記〔6－5〕の控訴審判決であり、銀行の変額保険に係る融資につき説明義務が否定された事例［東京高判平成8・1・30判時1580号111頁、判タ921号247頁、金法1469号52頁、金判995号21頁］

●事案の概要●

前記の〔6－5〕東京地判平成7・3・24判時1559号70頁、判タ894号207頁、金法1430号72頁の控訴審判決であり、X、Y_1が控訴したものである。この判決は、Y_1の説明義務違反を認め、Y_3の義務違反を否定し、原判決を変更して、請求を認容し、Y_3に対する控訴を棄却した。

●判決内容

「1　前記の変額保険の性質、変額保険の発売の経緯等に照らし、募集人は、変額保険募集に当たり、顧客に対し、変額保険に対する誤解から来る損害発生を防止するため、変額保険が定額保険とは著しく性格を異にし、高収益性を追求する危険性の高い運用をするものであり、かつ、保険契約者がその投資リスクを負い、自己責任の原則が働くことを説明すべき法的義務が信義則上要求されているものというべきであり、客観的にみて、この点を理解させるに十分な説明がなされていなければ、変額保険募集時に要請される説明義務を尽くしていないものというべきである。しかるに、一審被告大里は、パンフレットに基づいて変額保険の仕組みにつき、一時払いで入金し、その保険料を会社が運用し、運用実績によって解約返戻金と保険金額が上下する旨の通り一遍の説明をしたものの、実際の資産運用の面では、一審被告生命の運用実績が9パーセントを下回ることがないことを強調し、死亡保険金が相続税の支払いの原資になる旨を述べたのであるから、これらの説明全体の趣旨に照らせば、顧客たる一審原告に対し、常に9パーセントを超える運用実績を望むことはできない旨を説明した程度にすぎず、運用実績が負になることは実際上起こりえない旨を述べたものというべきであって、変額保険のもつ投機性、危険性、保険契約者の自己責任の原則について正しく理解に導く説明でないことは明らかといわなければならず、一審被告大里には変額保険募集時になすべき説明義務を履行しなかった違法があるものというべきである。もっとも、一審被告大里本人の原審供述中には、とし子が、テレビ報道を鵜呑みにして、簡単に融資が受けられて高額の保険に入れるいい保険があると思いこみ、変額保険の詳しい内容について質問がなかったので通り一遍の説明しかしなかった旨の部分も存するけれども、仮にとし子が

466

そのような思い込みをし、変額保険の持つ投資リスク等について十分な認識を欠いていたのであればなおさらのこと、変額保険の持つ投資リスク、保険契約者の自己責任の原則について説明すべきであり、かかる場合にパンフレットの記載内容を概観しただけの通り一遍の説明をしただけでは、説明義務を果たしたとは到底いえない。

……

五　一審被告銀行の責任について

1　一審原告は、一審被告瀬間において一審原告に対し一審被告大里とともに虚偽の説明をして、本件変額保険の勧誘をした旨主張し、前記甲第34、第35号証、原審証人柴とし子の証言、原審における一審原告本人尋問の結果中にはこれに沿う趣旨の記載及び供述部分があるけれども、原審における一審被告瀬間本人尋問の結果に照らし採用しがたく、他にこれを認めるに足る証拠はない。

2　一審原告のその他の主張について検討するに、変額保険と定額保険はそれぞれ一長一短があり、変額保険そのものが反社会的性格を有するものではないから、変額保険の保険料支払資金を融資すること自体が違法行為となるものではない。また、融資金の使途が変額保険の保険料払いにあることを知ったからといって、貸主が、借主保護のための法律上の注意義務として、当該変額保険の内容等を調査して、借主の返済計画、返済能力を検討すべき義務及びその検討結果如何にとっては融資を断念すべき義務があると解すべき根拠は見当たらない。確かに、一審原告が所得が少なく、年齢も63歳であり、担保不動産の価値のみを重視したとしか考えられないような本件融資が銀行の健全な姿勢といえるかどうかは甚だ疑問であるほか、本件変額保険加入時の一審原告の年齢、平均余命を考えれば、例えば変額保険ではなく、定額保険の死亡保険金でもって元利金の一括返済に充てるような融資の申込みであった場合に、一審被告銀行がこれに応じたかどうか疑問があり、一審被告銀行においても、変額保険の資産運用について安易な見通しを持っていたとの疑いはある。しかしながら、一審被告銀行は、変額保険契約の当事者ではなく、その危険性について説明すべき義務があるとはいえず、借主の返済計画、返済能力は本来借主の責任領域に属する事項というべきであるから、一審被告銀行の本件融資あるいはこれに関連して、一審被告銀行及び同瀬間において、違法に一審原告の権利を侵害する行為があったというに足りない。」

● 事案の特徴

　この事案は、顧客が生命保険会社の従業員から変額保険を勧誘され、銀行の融資を受けて保険料を支払い、変額保険に加入したところ、損失を被り、銀行等に対して不法行為に基づき損害賠償を請求した控訴審の事件である（第一審判決である前記の〔6－5〕東京地判平成7・3・24判時1559号70頁、判

第6章　銀行等の変額保険取引をめぐる裁判例

タ894号207頁、金法1430号72頁は、銀行の説明義務を否定する等し、銀行の不法行為を否定したものである)。この事案は、顧客が個人であったこと、顧客が生命保険会社の従業員から勧誘されたこと、銀行の融資を受け、変額保険に加入したこと、銀行等の説明義務違反等による不法行為が問題になったことに特徴がある。

●判決の意義

この判決は、銀行の従業員が生命保険会社の従業員と共に勧誘したことを否定したこと、銀行が変額保険契約の当事者ではなく、その危険性につき説明すべき義務があるとはいえないとしたこと、銀行の顧客の権利侵害を否定したことを判示したものであり、第一審判決である前記の〔6―5〕東京地判平成7・3・24判時1559号63頁、判タ894号207頁、金法1430号72頁と同様に、銀行の説明義務、不法行為を否定した事例判断を提供するものである。上告審判決につき〔6―18〕参照。

〔6―12〕銀行の変額保険に係る融資につき錯誤、説明義務違反が否定された事例［東京地判平成8・3・25判時1572号75頁、判タ920号208頁］

●事案の概要●

高齢者X（当時、72歳で、年金生活者）は、生命保険会業を営むY$_1$相互会社（日本生命保険相互会社）の従業員から相続税対策として変額保険の勧誘を受け、銀行業を営むY$_2$株式会社（株式会社三菱銀行）から融資を受け、保険料として支払い、所有不動産に根抵当権を設定し、信用保証業を営むY$_3$株式会社から信用保証を得て、変額保険に加入したが、すでにマイナス運用になっていたため、Y$_1$らに対して錯誤による無効等を理由として、保険料の返還等を、Y$_1$、Y$_2$に対して慰謝料の支払を請求したものである。この判決は、変額保険契約の錯誤を肯定し、保険料の返還請求を認容したが、融資契約の錯誤を否定し、Y$_2$の説明義務違反を否定する等し、Y$_2$、Y$_3$に対する請求は棄却した。

●判決内容

「1　前記一、3の認定のとおり、原告が、銀行から保険料を借り入れて変額保険に加入したのは、原告死亡時には、銀行からの借入で相続財産を圧縮し、相続税を減らすとともに、勧誘当時の変額保険の運用実績は一桁台はあり、それが銀行の借入利息を上回っているのだから、将来も変額保険の運用実績は銀行の借入利息よりも上回る見込みが強く、変額保険の運用益で本件融資契約の借入利息の支払ができると認識したためであると認められる。

しかし、右の本件変額保険契約締結の当時、実際には、被告日生の変額保険の運用実績（契約締結後1年経過時におけるもの）は、既に平成2年9月ころからマイナス運用が続いており、銀行の借入利息を下回るにとどまらず、特別勘定の運用資産が減少し、将来の予測としても、変額保険の運用益がプラスに転じ、かつ、本件融資契約の借入利息の支払を上回ることを見込むことは著しく困難な状況にあったことが認められる。

そして、本件変額保険契約及び本件融資契約の目的が、原告の相続税対策としては、負債を増やすことにも意義があったとはいえ、証人小泉が、長期的に見て運用実績が銀行利息より上回っていることが必要であると考えていたと証言するとおり、将来にわたり、借入期間が長引けば長引くほど負債が年々増大し、かつ、複利で拡大していくことになり、変額保険の保険金が支払われても埋めきれない多額の負債が残る結果となるのであれば、原告が、変額保険に加入する意味がなくなることは、勧誘した小泉及び原告の共通の認識であったと認められる。このように、原告が、小泉から『変額保険の運用益で銀行の借入利息が賄える』という説明を受けて、変額保険の運用益で銀行の借入利息を支払うことができるとの認識をもって本件変額保険契約を締結した経緯と小泉及び原告の右のような共通の認識から判断すると、原告は、小泉に対し、原告が本件変額保険契約を締結するのは、変額保険の運用益で銀行の借入利息を支払うことができると考えたからであるとのその契約締結の重要な動機を表示したものであり、かつ、小泉もかかる原告の動機の表示を認識して契約締結手続を進めたものと認めるのが相当であり、そうすると、本件変額保険契約の当時、被告日生の変額保険の運用実績が前記認定のようなマイナス運用が続いており銀行借入利息の利率を上回ることを見込むことが著しく困難な状況にあった以上、原告には、本件変額保険契約の要素について錯誤があったといわなければならない。

……

四　被告三菱及び被告ダイヤモンド保証に対する請求について
1　原告は、被告日生と被告三菱が、変額保険を共同して販売したと主張するが、本件全証拠によっても、右主張のような共同関係を認めるには至らない。
2　このように、被告日生と被告三菱の共同関係が認められないことに加え、前記

一、4のとおり、小松が原告と会ったのは、原告が小泉等の勧誘によって変額保険に加入することを決めた後であるから、小松には、融資契約の締結に当たり、変額保険の危険性を原告に説明すべき義務又は原告らが変額保険の危険性を認識しているか否かを確認すべき義務を負っていたとは到底認められない。

　また、前記のとおり、原告は、小松から、本件変額保険契約と本件融資契約が連結していない旨の説明を受け、本件融資契約の内容の説明を受けた上でその契約を締結しているのであるから、原告に、本件融資契約の要素について錯誤があったとも認められないし、被告三菱が原告を欺罔したとも認められない。被告三菱に債務不履行又は不法行為の責任を生ぜしめるべき信義則上の説明義務の違反事実も認められない。」

●事案の特徴

　この事案は、高齢者が生命保険会社の従業員から変額保険の勧誘を受け、銀行から融資を受ける等し、変額保険に加入したところ、運用がマイナスになったことから、銀行に対して錯誤無効等を主張し、債務の不存在の確認、慰謝料の支払いを請求する等した事件である。この事案は、高齢者の変額保険取引、融資取引等が問題になったこと、高齢者が変額保険に加入することを決めた後、銀行と融資の交渉をしたこと、融資契約の錯誤無効が問題になったこと、銀行の説明義務違反が問題になったことに特徴がある。

●判決の意義

　この判決は、変額保険契約の締結当時、変額保険の運用実績がマイナス運用が続いていたこと等から、変額保険契約の錯誤無効を認めたこと、銀行との関係では、融資契約の錯誤無効を否定したこと、高齢者が変額保険に加入することを決めた後、銀行と融資の交渉をしたことから、銀行の信義則上の説明義務違反を否定したことに特徴があり、銀行の説明義務違反を否定した事例判断を提供するものである。

〔6－13〕銀行の変額保険取引の関与につき不法行為が否定された事例〔東京地判平成8・3・26判時1576号77頁、判タ922号236頁〕

●事案の概要●

　X（当時、61歳であり、無職の女性）は、銀行業を営むY₁株式会社（株

式会社三菱銀行）から紹介された税理士 Y_2 に相続税対策を相談したところ、変額保険を勧められ、Y_1 から融資を受け、生命保険業を営む Y_3 相互会社（日本生命保険相互会社）の変額保険に加入し、信用保証業を営む Y_4 株式会社に対して所有不動産に根抵当権を設定し、債務保証契約を締結したが、その後、解約し、損失を被ったため、詐欺、錯誤、契約締結上の過失を理由として、Y_1 に対して債務不存在の確認等、Y_2、Y_3 に対して損害賠償、Y_4 に対して根抵当権設定登記の抹消登記手続等を請求したものである。この判決は、Y_2、Y_3 の説明義務違反を認め、Y_2、Y_3 に対する損害賠償請求を認容し（過失相殺を2割認めた）、その余の請求を棄却した。

●判決内容

「1　被告乙山について

　前記一認定の事実に基づいて考えると、被告乙山は、原告の夫を被相続人とする相続税申告手続を担当した税理士であるから、原告が相続した資産の内容及び原告の収入の概略を十分把握していたというべきである。右のような立場にあった被告乙山は、原告の資産関係及び原告の収入の内容を具体的に踏まえた相続税対策を施すことができたはずであるが、前記一で認定した被告乙山の行った相続税対策としての本件変額保険の説明及び勧誘は、税理士が報酬請求をした事務内容であるにもかかわらず、依頼者である原告の具体的な資産関係及び収入の内容を踏まえることのない不十分なものであって、原告が相続税対策として変額保険に加入するかどうかを決する際に正しい判断材料を与えたとはいえない。本件の場合、被告乙山は、報酬請求をしたことに照らせば、原告の資産及び収入を踏まえた上、本件保険契約の運用率が低下した場合の問題点についても具体的に助言すべきであったところ、むしろ本件保険契約の特別勘定の運用率が将来にわたって9パーセントないしその前後の高率で維持されるかのような誤った判断をもたらす説明を行ったものといわざるをえない。右のような説明は、税理士がその職務として行った税務上の助言としては不十分なもので、税理士が顧客に対して負っている職務上の説明義務に違反するというべきであり、被告乙山の行為は原告に対する不法行為に該当する。
2　被告保険会社について

　前記一認定の事実によれば、被告乙山が説明に用いた本件シミュレーションは、松本が作成したものである。そして、松本は、被告乙山に交付した本件シミュレーション等の説明資料を原告乙山が原告に交付するものと認識していたものであり、

現に被告乙山は本件シミュレーションを用いて原告に説明を行っている。これに加えて、松本自身も本件保険契約について原告に勧誘・説明を行っているが、本件保険契約当時61歳の無職の女性に保険料約1億3000万円の保険を保険料一時払、右保険料全額銀行借入れの方式により販売しようとしていたのであるから、前記一で認定した勧誘・説明によっては顧客である原告が適切な判断を下せるだけの説明を尽くしたとはいえない。本件保険契約勧誘には税理士である被告乙山が介在しているが、被告乙山の説明は前記1認定のとおり、税理士の右不適切な助言に松本が関わっていたことが認められるのであるから、松本の本件保険契約についての勧誘行為は、被告乙山の勧誘とあいまって原告に対する不法行為に該当するのであって、被告保険会社は、原告に対し、松本の行為につき募取法第11条に基づく責任を負う。
3　被告銀行及び被告保証会社について
　前記一認定の事実を前提に考えると、黒木は、原告及び被告乙山の求めに応じ、松本を紹介したにとどまり、本件保険契約締結に際し、保険外交員を紹介する以上の関与をしたことを認めるに足りる証拠はない。また、被告銀行及び被告保証会社が、原告の本件保険契約締結に際し、積極的に原告に忠告・助言をすべき立場にあったことを認めるに足りる証拠もない。したがって、被告銀行及び被告保証会社の行為は不法行為に該当せず、他に被告銀行及び被告保証会社の不法行為責任を基礎づけるような事実関係を認めるに足りる証拠はない。」

●**事案の特徴**

　この事案は、個人が銀行の従業員から紹介された税理士に相続税対策を相談したところ、変額保険を勧められ、銀行から融資を受け、生命保険会社の変額保険に加入する等し、解約し、損失を被ったため、銀行、税理士、生命保険会社等に対して損害賠償を請求する等した事件である。この事案は、個人顧客が銀行から相続税対策のため税理士を紹介されたこと、税理士が相続税対策のため変額保険を勧めたこと、個人顧客から保険料の支払のため高額の融資を受けたこと、銀行の不法行為責任等が問題になったことに特徴がある。

●**判決の意義**

　この判決は、税理士、生命保険会社の各説明義務違反による不法行為を認めたこと、銀行の不法行為責任については、銀行の従業員が税理士の紹介、生命保険会社の保険外交員の紹介にとどまるとし、不法行為を基礎付ける事実関係が認められないとし、この責任を否定したことに特徴がある。この判

決は、相続税対策のために融資を実行した銀行につき変額保険取引に関する不法行為責任を否定した事例判断を提供するものである。なお、この判決が変額保険取引事件において税理士の不法行為責任を認めたことは、説明義務違反の事例判断として参考になる。控訴審判決につき〔6−22〕参照。

(6−14) 銀行の変額保険取引の説明、勧誘につき不法行為責任が肯定された事例〔富山地判平成8・6・19判時1576号87頁、金法1465号110頁〕

●事案の概要●

X株式会社は、生命保険業を営むY₁相互会社（第一生命保険相互会社）の従業員の勧誘により、銀行業を営むY₂株式会社（株式会社北陸銀行）から融資を受け、保険料を一括して支払って変額保険に加入したが（Y₂の従業員が勧誘したかどうかは争いがある）、損失が生じたことから、解約しないまま、Y₁、Y₂に対して損害賠償等を請求したものである。この判決は、Y₂の従業員が無資格者であり、説明をしていたし、Y₁の従業員は共同不法行為に当たるとして、損害賠償請求を認容した（過失相殺を6割認めた）。

●判決内容

「前記一で判示した変額保険の特殊性並にこれに対する法的、行政的及び自主的規制に照らせば、変額保険を募集しようとする生命保険会社（本件では、被告第一生命）には、変額保険勧誘について資格のある生命保険募集人により、変額保険の特殊性、そのリスク等を十分説明する義務があるというべきである。しかるに本件では、金田は、自ら乙山に対して変額保険について何ら説明しておらず、専ら無資格者である前多が説明するのに任せていた。よって、被告第一生命は、原告に対して有資格者による変額保険の説明をしていないから、右義務に違反したというべきである。

これに対し、被告第一生命は、前多が乙山に対して変額保険について十分説明したから、右義務違反はないと主張するが、かかる主張は、現実に説明がなされていれば、その説明をしたものが有資格者か無資格者かは問わないと言うに等しく、通常の生命保険についてさえ募集人の資格を限定し、違反に対し刑罰をもって臨んでいる募取法の趣旨に照らし、到底採用できない。

……

六 争点3、5について

1 前記一及び二で判示したところからすれば、無資格者である前多が、本件保険契約の説明、勧誘を行い、金田は、原告に対して、自ら有資格者による説明、募集、勧誘を行わず、前多の右説明を前提に本件保険契約を締結したものである。よって、前多の行為も金田の行為も、募取法及び自主規制に違反することは明らかである。

2 そして、募取法は、通常の生命保険でさえ無資格者による募集を刑罰をもって禁止していること及び変額保険募集における募集人に要求される知識量に鑑みると、生命保険会社が有資格者により変額保険の募集・勧誘を行わないこと及び無資格者が変額保険の募集・勧誘を行うことは、いずれも不法行為を構成する違法性を具備するものというべきである。

3 したがって、無資格者である前多が原告に対して本件保険契約を説明、勧誘した行為及び金田が自ら説明せず前多が説明、勧誘するのに任せて本件保険契約を締結した行為は、原告に対する不法行為を構成し、両者は共同して本件保険契約の募集、勧誘を行い、本件保険契約を締結したと評価できるので共同不法行為にあたる。よって、被告第一生命及び被告北陸銀行は使用者責任を負い、これによる損害賠償責任は、不真正連帯債務の関係にあるものというべきである。

4 これに対して、被告第一生命は、金田は経済変動(いわゆるバブル経済の崩壊)を予測できず、故意又は過失がないと主張するが、本件における故意又は過失は、有資格者により変額保険の説明を行わなかったことについて求められるものであり、被告第一生命の主張は理由がない。

また、被告北陸銀行は、前多の行為は変額保険の紹介に過ぎないと主張するが、前記のとおり、本件においては専ら前多が乙山に対して変額保険の内容を募集、説明し、勧誘したことが明らかであって、被告北陸銀行の主張は理由がない。」

●事案の特徴

この事案は、株式会社が生命保険会社の従業員の勧誘により(銀行の従業員の関与の内容、程度は争いがある)、銀行から融資を受け、変額保険に加入し、損失が生じたため(変額保険契約を解約していない)、銀行等に対して損害賠償を請求した事件である。この事案は、顧客が会社であったこと、銀行が変額保険の保険料の融資を実行したこと、銀行、生命保険会社の不法行為責任が問題になったことに特徴がある。

●判決の意義

この判決は、法令上、変額保険を募集しようとする生命保険会社は、変額

保険勧誘について資格のある生命保険募集人により、変額保険の特殊性、そのリスク等を十分説明する義務があるところ、この事案では、生命保険会社の従業員が勧誘をせず、銀行の従業員が勧誘をし、生命保険会社の従業員がこれに任せていた等の事情を認定し、無資格者の説明、勧誘が不法行為に当たるとし、銀行と生命保険会社の共同不法行為を認めたものであり、理論的にも、事例判断としても参考になるものである。

この判決は、変額保険の顧客が株式会社であるという特徴があるが、変額保険の勧誘、説明に関する違法性の判断は、この事案の事実関係を踏まえると、相当なものであり、同種事件に参考になるものである。もっとも、この事案では、変額保険契約が解約されていない状況にあるが、この状況の下では、顧客の損害が確定していないため、損害の発生という不法行為の要件を欠くことになる。

(6-15) 銀行の変額保険、相続税対策に係る説明義務が否定された事例 [東京地判平成8・7・10判時1576号95頁、判タ939号188頁]

●事案の概要●

X(当時、56歳)は、妻を代理人として、相続税対策のために生命保険業を営むY₁相互会社(千代田生命保険相互会社)の従業員の勧誘により、銀行業を営むY₂株式会社(株式会社あさひ銀行)から融資を受け、所有不動産に根抵当権を設定し、信用保証業を営むY₃株式会社の保証により、変額保険に加入したが、損失を被ったため、Y₁らに対して説明義務違反等を理由に損害賠償等を請求したものである。この判決は、変額保険につき要素の錯誤を認めたが、Xの重大な過失を肯定し(錯誤無効を否定した)、Y₁の従業員の説明義務違反を肯定し、Y₁に対する請求を認容したものの(過失相殺を7割認めた)、Y₂の変額保険、相続税対策に関する説明義務を否定する等し、他の不法行為を否定し、その余の請求を棄却した。

第6章　銀行等の変額保険取引をめぐる裁判例

●判決内容

「2　このように、変額保険が新しい保険で、定額保険と大きく異なっていること、かつ、変額保険自体及びこれを利用してする相続税対策の仕組みが一般にはなかなか理解しがたいものであると認められること、保険料額も多額であり、しかも、通常その保険料を調達するために、更に多額の銀行融資（利息分も借入が行われることが多い。）と組み合わせて利用されるものであることからすると、変額保険を勧誘する者には、信義則上、契約者に対し、変額保険の概要、仕組みを説明することはもとより、そのリスクについても、契約者の年齢、社会的地位、経済知識、投資経験、資力、理解程度等に応じて、具体的に説明すべき義務があるというべきであり、また、変額保険を特に相続税対策として勧誘する際には、どのような場合に相続税対策となり、どのような場合にならないかについても説明すべき義務がある。

　その場合の説明の方法、程度については、契約者がどのような者かにもよるが、十分な知識のない者に対しては、単にパンフレット類等を交付したり、抽象的一般的な説明をするだけでは足りず、資料等に基づき、相手が理解できる程度に、口頭での具体的な説明が行われる必要があるというべきである。

3　以上は、変額保険の勧誘に当たる保険会社の勧誘員の義務であるところ、右のように、変額保険は相続税対策として銀行からの融資を前提に締結される場合が多く、変額保険契約と保険料支払のための融資契約とは密接な関係があるというべきである。しかしながら、変額保険契約と融資契約では、契約当事者、契約の内容が各別であり、その契約自体の目的も異なるものであるから、銀行は、自らが積極的に変額保険の勧誘を行ったり、説明の主要な部分を担当したといった、その果たした役割、関与の程度が重要であるような特段の事情のない限り、一般的には融資についての説明をすれば足り、それ以上に変額保険についての具体的な説明をする義務はないものというべきである。この点は、保証会社についても同様である。

4　前認定の事実及び……によれば、花子及び原告は、株式の投資経験もなく、変額保険の仕組み等について十分な知識を有していなかったものと認められる。また、花子及び原告は、乙山の勧誘により、数多くの保険に入っているが、いずれも定額保険であって、変額保険のように運用実績次第で多くの利益も見込まれるが、反面リスクも高い保険についての加入は初めてであること、また、花子及び原告は、相続税対策のために変額保険に加入しようというものであったから、本件では変額保険の勧誘に当たった者は、変額保険のリスクの存在を抽象的に認識させるだけでは不十分であり、相手方の理解程度に応じて、右2で述べたような変額保険の内容、そのリスク、銀行融資との関係、相続税対策になる場合とならない場合のことなどについて、資料を示しながら口頭で具体的に説明をする義務があるというべきである。

……

そうすると、被告保険会社（その従業員）が変額保険について前記の説明義務を果たす程度に説明した事実は、結局認定できないものといわざるを得ない。
6　次に、被告銀行については、前認定のとおり、本件融資契約は、被告保険会社から飛び込みで持ち込まれた話であり、被告銀行自らが主導的に変額保険の勧誘をしたり、花子ないし原告の変額保険への加入の意思決定に積極的な役割を果たしたものとはいえない（この点、乙山は被告銀行の福岡の説明により花子が加入を決意したもののごとく供述するが、前記のとおり、福岡が変額保険について花子に説明をした事実は認めることができない。）から、被告銀行は、本件融資契約についての具体的条件等について説明すれば足り、変額保険について及びこれを利用した相続税対策についての説明義務を負うものではないというべきである。」

●事案の特徴

　この事案は、個人が相続税対策のために生命保険会社の従業員の勧誘により、銀行から融資を受け、変額保険に加入し、損失を被ったため、銀行等に対して説明義務違反等を主張し、損害賠償等を請求した事件である。この事案は、個人の顧客が相続税対策のために変額保険に加入したこと、生命保険会社の従業員から勧誘されたこと、銀行が保険料の融資を実行したこと、銀行等の説明義務違反が問題になったことに特徴がある。

●判決の意義

　この判決は、変額保険を勧誘する者は、信義則上、契約者に対し、変額保険の概要、仕組みを説明することはもとより、そのリスクについても、契約者の年齢、社会的地位、経済知識、投資経験、資力、理解程度等に応じて、具体的に説明すべき義務があるというべきであり、また、変額保険を特に相続税対策として勧誘する際には、どのような場合にならないかについても説明すべき義務があるとしたこと、保険料を融資する銀行は、自らが積極的に変額保険の勧誘を行ったり、説明の主要な部分を担当したといった、その果たした役割、関与の程度が重要であるような特段の事情のない限り、一般的には融資についての説明をすれば足り、それ以上に変額保険についての具体的な説明をする義務はないとしたこと、生命保険会社の説明義務違反については、この事案では相続税対策になることの説明義務が果たされていないとし、説明義務違反を肯定したこと、銀行の説明義務違反については、この事

案では生命保険会社からの飛び込みの取引であり、変額保険、相続税対策の説明義務がないとし、これを否定したことに特徴がある。この判決の判示する変額保険に関する生命保険会社の説明義務は、従来の裁判例と比較すると、その範囲が相続税対策につき拡大され、また、説明の程度が詳細なものを求めているものであり、理論的に注目される判断を示している。

　また、この判決は、変額保険の保険料を融資する銀行の説明義務については、自ら積極的に変額保険を勧誘したり、説明の主要な部分を担当する等の特段の事情がある場合は格別、融資に関する説明をすれば足り、変額保険に関する説明をする必要がないとする判断を示したものであり（特段の事情がある場合には、説明義務を負うことになる）、これも理論的に注目される判断である。この判決は、これらの説明義務の法理を前提とし、この事案につき生命保険会社の説明義務違反を肯定し、銀行の説明義務違反を否定したものであり、これらの判断は事例として参考になるものである。

〔6－16〕 銀行の変額保険に係る融資につき錯誤が肯定された事例〔東京地判平成8・7・30判時1576号103頁、判タ924号193頁、金法1465号90頁、金判1001号13頁〕

●事案の概要●

　高齢者X（当時、68歳）は、相続税対策のため、生命保険業を営むY$_1$相互会社（日本生命保険相互会社）、Y$_2$相互会社（三井生命保険相互会社）、Y$_3$株式会社（日本団体生命保険株式会社）の各従業員の勧誘により、所有不動産に根抵当権を設定し、銀行業を営むY$_4$株式会社（株式会社千葉銀行）から総額6億円の融資を受け（Y$_4$では、支店長が担当した）、保険料として支払い、変額保険に加入したが、変額保険契約、融資契約のそれぞれの詐欺、錯誤等を理由に、Y$_4$に対して根抵当権設定登記の抹消登記手続、その余のY$_1$に対して不当利得の返還等を請求したものである。この判決は、Y$_1$らの従業員らの説明が誤っていたとして、融資契

約等の動機の錯誤を認め、請求を認容した。

●判決内容

「1　前記認定のとおり、原告が本件融資契約を締結して被告銀行から保険料相当額を借り入れ、これを支払原資として本件各変額保険契約を締結したのは、原告が、白石の説明したとおり、原告死亡時には、保険料を借り入れていることでその分相続財産が減少して相続税が減額されるとともに、変額保険の保険料は我が国一流の大企業、専門家が運用するから運用益の9パーセントは保証されているに等しく、実際はそれよりも相当程度高く常に銀行金利を上回る運用益が見込まれるから、原告について相続が発生したときには変額保険を解約すれば被告銀行からの借入金を返済できるし、納税資金の準備もできるのであって、死亡保険金が支払われるのと同じ結果になり、借入額は大きいが被告銀行に対する返済は全く心配ないと認識していたためである。

2　しかし、変額保険とは、定額保険とは異なり、保険契約者が払い込んだ保険料のうち、一般勘定に繰り入れられる部分を除いた部分を特別勘定として独立に管理し、主に株式や債券で運用し、その運用実績により保険金額及び解約返戻金額が変動する生命保険であり、従来の定額保険においては安全性重視の運用を行い、一定額の保険金、解約返戻金を保証されており、資産運用の変動によるリスクを保険会社が負っているのに対し、変額保険は特別勘定の運用実績により高い収益が得られる場合もあるが、株価や為替などの変動によるリスクを加入者が負うことが特徴である（但し、死亡、高度障害保険金については、基本保険金という最低保証が設けられている。）。

変額保険は、本来、インフレによる保険金額の実質的な目減りを避けることができる点に利点があるが、我が国では保険料を銀行から借り入れて保険料を一括して払い込むことによって土地所有者の相続税対策とすることを目的として契約する例が多数見られ、その場合、被保険者を土地所有者本人とするタイプと、土地所有者の相続人とするタイプがある。被保険者を土地所有者とするタイプは、相続発生時に遺族に支払われる死亡保険金によって、借入金の元利合計を返済し、残額を相続税の支払に充てるというものである。被保険者を土地所有者の相続人とするタイプは、土地所有者死亡時に、借入金債務と生命保険契約上の権利が被相続人から相続人に移転し、一時払い生命保険の権利評価が相続税法上、一時払い保険料の額によるものとされているために（相続税法26条1項但書）、マイナス財産である借入金債務は利息によって大きく膨らんでいるのに対し、プラス財産である保険の権利評価額は一時払い保険料のまま一定である結果、その差額分だけ相続財産全体の評価が圧縮され、相続税が低減されるされるとの節税効果が生じるものであるが、相続人は借入金の元利合計の返済に保険契約の解約返戻金をもって当てることになるため、

この返済が可能かどうかは変額保険の運用次第ということになる。
　3　そして、原告が加入した本件各変額保険契約は被保険者を原告の子供らとするものであるから、前述のとおり相続財産の評価を下げるという効果はあるとしても、原告の相続時には、死亡保険金は支払われず、借入金の元利金の返済は、運用実績に大きく左右される解約返戻金によるしかないものである。
　前記1記載の原告の認識は、原告が変額保険に加入することを決意する直前に、効果は変わりはないからとの白石の安易な説明で被保険者を原告本人とするタイプから原告の子供らとするタイプに変更したことから、死亡保険金と解約返戻金とを同一視する面がないとはいえないが、その要点は、原告の死亡時に保険会社から支払われる解約返戻金は、変額保険の運用益が最低9パーセント保証されているので、借入金の元利合計を常に上回っており、銀行からの借入元利金を返済できないことはあり得ないというところである。
　ところが、実際は解約返戻金は運用実績によって額が左右されるものであり、何の保証も存在しないことは前記のとおりであり、実際にも、本件各変額保険契約の解約返戻金が払込保険料すら下回る事態が生じていることは、前記認定のとおりである。
　また、前記認定の契約締結に至る経過によれば、原告は、主として白石から変額保険の勧誘を受けたのであるが、金子も平成2年6月ころに白石と共に原告宅を訪れた際には、原告に相続税対策プランを見せながら、このプランが原告に有利であることを強調することに終始し、変額保険のリスクには全く言及しなかったことは前記認定のとおりである。のみならず、同年9月14日、白石が、相続税対策の効果には変わりがないことを理由に2回目の相続を考えて被保険者は子供らにしたほうがいいと原告を説得して、結局本件各変額保険契約締結当時39歳の長女乙山春子、39歳の養子甲野夏夫、37歳の次女甲野夏子及び35歳の長男甲野太郎（以上いずれも契約年齢）を被保険者として本件各変額保険契約が締結されるに至っており、白石が自分一人の考えでこのような保険契約の内容の根幹にかかわることを原告に提案したものではなく、これを構想したのは金子であり、これを受けて白石が被保険者を原告の子4名とすることで原告を説得したものであることも前記認定のとおりである。このように、金子は、白石が原告に勧めているのが原告の相続税対策のために全額銀行借入れによって保険料を賄って変額保険に加入するというプランであり、年数の経過とともに借入金の金利がかさんでいくことを熟知していながら、原告が既に68歳5箇月に達していて被保険者としての加入年齢を超えており、原告を被保険者とする変額保険契約を締結できず、また原告の妻は糖尿病で入院していて同人を被保険者とすることもできなかったために、実際の保険契約の内容として、既に高齢の域に達し相続対策が現実的な意味を有するといえる原告やその妻ではなく、数十年先でなければ相続という事態を想定することが困難な原告の子供らを被保険者とする本件各変額保険契約の締結を勧めているのであって、金子は、青山ファイ

ナンシャルステーションのプランを下地としつつこれを右のように改変した過程において、原告が死亡した際に原告の相続人らが本件各変額保険契約を解約して受ける解約返戻金をもって保険料支払のための借入金を弁済することになることを当然予期し、原告、次いで原告の妻について相続が発生するまでの間に相当高水準の運用実績が継続するとの見通しに立って右行為に及んだものと推認することができる。

　以上の各事実のほか、金子は、白石が原告に対して勧誘行為を行っていることを知悉し、白石から勧誘の状況を聞き知っていたと推認されるのはもちろん、白石による勧誘行為を自己の勧誘行為として援用ないし利用しようという意図があったものということができ、これらによれば、変額保険の運用益が最低9パーセントは保証されており、銀行からの借入元利金の返済ができなくなることはあり得ないと信じて本件各変額保険契約を締結するという原告の動機は、金子に対しても表示されていると解するのが相当である。

　……

　そして、原告は、変額保険の運用益が最低9パーセント保証されており、銀行からの借入金の返済ができなくなることはあり得ないと確信していなかったならば、本件各変額保険契約を締結することはあり得なかったから、原告の本件各変額保険契約締結には要素の錯誤があったといわざるを得ない。

　……

四　本件銀行契約の有効性について

1　前記認定のとおり、原告は、白石による勧誘の結果、本件各変額保険契約を締結するとともに、保険料を一括して支払うために借入れをし、右借入金に対する金利についても新たな借入金によって支払うため、本件銀行契約を締結したのであるが、右契約締結に当たり、実際には、変額保険の運用益については何の保証もなく、解約返戻金は株式や債券による運用実績によって額が左右され、払込保険料すら下回ることがあり、解約返戻金によって右借入元利金を弁済することができなくなる場合が生ずるにもかかわらず、変額保険においては運用益は最低9パーセントが保証されており、右借入元利金を返済するに足りる解約返戻金を受けることができるのであって、本件融資契約に係る借入元利金を返済できなくなることはあり得ないと誤信していたものである。

　そして、右のような原告の動機は、専ら白石が、運用益が9パーセント保証されており、借入元利金を返済できなくなることはあり得ないとの説明をして原告を勧誘したことによって形成されたものであり、白石は原告が右のような動機を有していることを十分認識しながら、本件銀行契約の締結を勧めたことは明らかである。そして、白石は、被告銀行勝田台支店の支店長の地位にあり、支店内の事務の総括責任者であって、勝田台支店扱いの案件については被告の営業に関する行為について代理権を有するから、右動機は白石に表示されることで、被告銀行に対して表示されているということができ、かつ、原告が右のような誤信をしていなかったなら

ば、本件銀行契約を締結していなかったことは明らかであるから、本件銀行契約を締結するについて原告には要素の錯誤があったといわざるを得ない。

また、右錯誤に当たり、原告に重大な過失がなかったことは前述したとおりであるから、本件銀行契約は要素の錯誤により無効というべきである。」

●事案の特徴

この事案は、高齢者が相続税対策のため、複数の生命保険会社の各従業員の勧誘により、所有不動産に根抵当権を設定し、銀行から融資を受け、保険料として支払って変額保険に加入し、詐欺、錯誤等を主張し、銀行に対して根抵当権設定登記の抹消、生命保険会社に対して不当利得の返還等を請求した事件である。この事案は、高齢者が相続税対策のため変額保険に加入したこと、生命保険会社の従業員の勧誘により変額保険に加入したこと、銀行から約6億円の融資を受けたこと、変額保険契約、融資契約の錯誤等が問題になったことに特徴がある。

●判決の意義

この判決は、変額保険の仕組みと相続税対策の効果を詳細に説示したうえ、この事案の変額保険、融資の勧誘の状況等の事実関係を認定し、変額保険契約、融資契約の動機の錯誤を認め、動機が表示されていた等とし、錯誤無効を肯定したものであり、変額保険に係る各契約の錯誤無効を肯定した事例判断として参考になるものである。

（6－17）銀行の変額保険の勧誘につき不法行為責任が肯定された事例［横浜地判平成8・9・4判時1587号91頁、判タ922号160頁、金法1465号56頁、金判1007号31頁］

―――――●事案の概要●―――――

高齢者 X_1 ら（68歳ないし78歳）、X_2 有限会社、X_3 有限会社は、銀行業を営む Y_1 株式会社（株式会社横浜銀行）の融資を得て、信用保証業を営む Y_2 株式会社のために所有不動産に根抵当権を設定し、保険代理店を営む Y_3 株式会社を介して生命保険業を営む Y_4 相互会社（明治生命保険

相互会社）の変額保険に加入したところ、運用が悪化したため、契約を解約し、錯誤、公序良俗、詐欺、債務不履行による解除を主張し、Y_1 に対して債務不存在確認、不当利得の返還の請求、Y_1 らに対して説明義務違反による損害賠償の請求、Y_2 に対して根抵当権設定登記の抹消を請求したものである。この判決は、変額保険契約の錯誤を肯定し、Y_4 に対する不当利得返還請求を認容し、Y_1 の説明義務違反を認め、Y_1、Y_2 に対する損害賠償請求を認容したが（過失相殺を25％ないし30％認めた）、その余の請求を棄却した。

● **判決内容**

「(三) また、遠藤は、政金ら被告横浜銀行小田原支店の行員が原告らに対して勧誘行為を行っていることを知悉し、政金らから勧誘の状況を聞き知っていたのはもちろん、政金らによる勧誘行為を前提としこれを利用して原告らに対する本件変額保険についての説明は極短時間のなおざりなもので済ませ、相続対策や変額保険加入によるメリットに力点を置いた説明をし、原告らの健康審査が通ると直ちに被告横浜銀行に対し保険料支払原資のための融資方を要請しているものであり、これらのことからすると、変額保険の運用益が最低9パーセントは保証されており、銀行からの借入元利金の返済ができなくなることはあり得ないと信じて原告らが本件各変額保険契約を締結したものであることを知っていたものというべきである。

そうすると、原告らは、いずれも、本件変額保険の運用益が最低9パーセント保証されており、被告横浜銀行からの借入金の返済ができなくなることはあり得ないと認識していなかったならば、本件変額保険契約を締結することはあり得なかったから、原告らの本件各変額保険契約の締結には要素の錯誤があったものといわざるを得ない。

……

五 被告明治生命、同代理社及び同横浜銀行の不法行為責任の有無について
1 被告明治生命及び同代理社について
(一) 前記一認定の変額保険の特性、変額保険の発売の経緯に照らし、生命保険募集人は、変額保険募集に当たり、顧客に対し、変額保険に対する誤解からくる損害発生を防止するため、変額保険が定額保険とは著しく性格を異にし、高収益性を追求する危険性の高い運用をするものであり、かつ、保険契約者がその投資リスクを負い、自己責任（ママ）の原則が働くことを説明すべき法的義務が信義則上要求されているものというべきであり、客観的にみて、この点を理解させるに十分な説明が

なされていなければ、変額保険募集時に要請される説明義務を尽くしていないものというべきである。

　具体的にいえば、最低限、前記一で認定した変額保険の基本的仕組み及びその危険性、生保業界が定めた自主規制ルールに記載されている顧客への確認事項は全ての顧客に対して確認していなければならない。そして、顧客の中には、交付された書面を一読すれば右の各事項を理解できる者もいれば、書面に加え口頭でも十分に説明しなければ理解できない者もおり、その確認方法は、説明を受ける顧客の学歴や経歴、職業、株式等の有価証券取引についての知識、経験の有無等の属性に応じた方法を取らなければ、変額保険募集時に要請される説明義務を尽くしたとはいえない。

　……

(三)　また、被告明治生命の特別勘定の運用実績が９％を下回ることがないことを強調した遠藤の行為は、前記の大蔵省通達の禁止する『将来の運用成績についての断定的判断の提供』にも該当し、説明自体が不正確な点は、募取法16条１項１号の事実の不告知に、私製資料を使用した点は、生保協会の自主規制に違反する（変額保険による資産は、保険会社の一般勘定とは別個に、分離独立したものとして構成され、その損益は変額保険契約者に直接還元される仕組みとなっているので、変額保険における特別勘定の運用成果を募取法15条の『利益の配当又は剰余金の分配』とすることは困難である。）ところ、これらに違反することが直ちに違法とされるわけではないが、本件における勧誘の対象が変額保険という我が国ではなじみのなかった商品であること、生命保険が安全性のある商品であるという点に国民の信頼が寄せられていたこと、右規制等の趣旨は保険契約者の利益保護にあると解されるところ、本件では複数の規制事項や自主ルールに反する勧誘が行われていること等の諸事情に照らすと、本件遠藤の説明に含まれる断定的判断の提供行為等は私法上も違法の評価を受けるべきものと考える。

(四)　以上によれば、遠藤には、本件各変額保険の加入を勧誘するに当たって説明義務違反の違法があったものというべきであり、右説明義務違反について同人に過失のあることは明らかであるうえ、原告らは、被告横浜銀行行員らの後記違法な勧誘行為に加え、事実上の提携関係に基づく遠藤の右違法な行為があったなればこそ、本件各変額保険の加入申込みも取り消されず、その各成約に至っているものであって、遠藤の右行為は民法719条１項の共同不法行為に該当し、被告代理社には民法715条に基づく使用者責任が、被告明治生命には募取法11条に基づく損害賠償責任がそれぞれ認められ、両被告には原告らが遠藤や政金らの違法な行為の結果被った後記損害を賠償すべき義務がある。

２　被告横浜銀行について

(一)　もともと変額保険の生命保険募集人に顧客を紹介する行為自体は、適法な行為であるから、政金らが遠藤をして変額保険の勧誘をさせるために原告らに遠藤を

紹介しただけであれば、そのこと自体は何ら違法なことではない。また、変額保険と定額保険には、それぞれ利点もあり、金融機関が高額の変額保険の保険料支払資金を融資すること自体が違法行為となるものでもない。

　しかしながら、前記二、三で認定のとおり、政金は、被告横浜銀行小田原支店の支店長代理主査であり、岡部らは、被告横浜銀行の集金担当者や渉外員であって、いずれも、銀行法上他業が禁止されており、当然ながら生命保険募集人の資格も変額保険販売資格も有していないにもかかわらず、岡部らは、主査である政金の指示の下、被告横浜銀行の旧来からの顧客や新規取引先の高齢者である原告らに対し、相続税対策と称して、被告横浜銀行からの融資契約と一体となった本件変額保険への加入を積極的かつ執拗に勧誘し、右勧誘の際は、生命保険募集人が使用を禁止されている雑誌記事や相続財産概要などの私製資料を用いて、不十分な知識に基づき、変額保険のハイリターンの側面のみを重視した勧誘行為を行っており、しかも、被告代理社に本件原告らを紹介した見返りとして、被告横浜銀行小田原支店は、手数料名目で、遠藤が受け取る１万円につき150円の割合の成約手数料のうち１万円につき40円の割合で朋栄を通じて受け取っており、これは、遠藤の手数料の約40％にも上るものであって、これらによれば、政金らの本件各変額保険加入の勧誘行為は、単なる保険紹介の域を遥かに超える、本来なすことのできない保険の募集行為それ自体に該当する行為を行っていることが明らかである。これらの諸事情及び前記生保協会における規制等の趣旨が顧客保護にあることに照らすと、本件政金らの原告らに対する勧誘行為は、それ自体原告らの権利を侵害する違法な行為と評価すべきものである。

(二)　以上によれば、政金らの原告らに対する本件変額保険加入の勧誘行為それ自体が違法なものであり、右違法な勧誘行為をなすについて政金らに少なくとも過失があったことは明らかであり、そして、これは、前記遠藤との共同不法行為として民法719条１項の不法行為に該当し、被告横浜銀行には民法715条に基づく使用者責任が認められ、同被告には、政金らの右共同不法行為の結果原告らが被った後記損害を賠償すべき義務がある。」

● 事案の特徴

　この事案は、高齢者ら、有限会社らは、銀行の融資を得て、生命保険会社の変額保険に加入したところ、運用が悪化したため、契約を解約し、錯誤、公序良俗、詐欺、債務不履行による解除を主張し、銀行らに対して説明義務違反等による損害賠償等を請求した事件である。この事案は、複数の高齢者、有限会社が変額保険に加入したこと、銀行の保険料の融資が実行されたこと、融資一体型の変額保険として問題になったこと、銀行、生命保険会社

の説明義務違反等が問題になったこと、銀行、生命保険会社の各従業員の勧誘の有無、内容が問題になったことに特徴がある。

●**判決の意義**

この判決は、生命保険会社の説明義務違反については、説明の状況、断定的判断の提供等を認定し、説明義務違反を肯定したこと、銀行の説明義務違反等の不法行為については、銀行の従業員が銀行法上他業種が禁止されており、生命保険募集人の資格も変額保険販売資格も有していないにもかかわらず、主査である従業員の指示の下、銀行の旧来からの顧客や新規取引先の高齢者らに対し、相続税対策と称して、銀行からの融資契約と一体となった変額保険への加入を積極的かつ執拗に勧誘し、この勧誘の際は、生命保険募集人が使用を禁止されている雑誌記事や相続財産概要などの私製資料を用いて、不十分な知識に基づき、変額保険のハイリターンの側面のみを重視した勧誘行為を行っており、保険代理店から顧客らを紹介した見返りとして、成約手数料を受け取っていること等の事実を認定し、この事案の銀行の従業員らの変額保険加入の勧誘行為は、単なる保険紹介の域を遥かに超える、本来なすことのできない保険の募集行為それ自体に該当する行為を行っていることが明らかであるとしたこと、銀行の従業員の勧誘行為自体が違法であり、不法行為であるとし、生命保険会社の従業員との共同不法行為を肯定したことに特徴がある。

この判決は、銀行の変額保険に関する融資の勧誘について、勧誘の実体を具体的に認定したうえ、相続税対策と称して、銀行からの融資契約と一体となった変額保険への加入を積極的かつ執拗に勧誘する等の勧誘行為が違法であるとし、銀行の不法行為（使用者責任）、生命保険会社との共同不法行為を肯定したものであり、事実認定としても、勧誘行為自体の不法行為を肯定した判断としても注目されるものである。

〔6-18〕前記〔6-11〕の上告審判決であり、銀行の説明義務が否定された事例［最二小判平成8・10・28金法1469号51頁］

●事案の概要●

前記の〔6-11〕東京高判平成8・1・30判時1580号111頁、判タ921号247頁、金法1469号52頁、金判995号21頁の上告審判決であり、Y$_1$、Y$_2$が上告したものである。この判決は、原判決を維持し、上告を棄却したものである。

●判決内容

「所論の点に関する原審の事実認定は、原判決挙示の証拠関係に照らして首肯するに足り、右事実関係の下においては、上告人らは違法な勧誘行為の結果上告人が被った被害を賠償すべき義務があるとした原審の判断は、正当として是認することができる。」

判例評釈として、山下丈・金判1034号56頁、瀬川信久・判タ933号73頁、道尻豊・判タ1178号75頁がある。

●事案の特徴

この事案は、顧客が生命保険会社の従業員から変額保険を勧誘され、銀行の融資を受けて保険料を支払い、保変額保険に加入したところ、損失を被り、銀行等に対して不法行為に基づき損害賠償を請求した上告審の事件である（第一審判決である前記の〔6-5〕東京地判平成7・3・24判時1559号70頁、判タ894号207頁、金法1430号72頁）、控訴審判決である前記の〔6-11〕東京高判平成8・1・30判時1580号111頁、判タ921号247頁、金法1469号52頁、金判995号21頁は、銀行の説明義務を否定する等し、銀行の不法行為を否定した）。この事案は、顧客が個人であったこと、顧客が生命保険会社の従業員から勧誘されたこと、銀行の融資を受け、変額保険に加入したこと、銀行等の説明義務違反等による不法行為が問題になったことに特徴があるが、上告審においては、銀行の不法行為の成否は審理の対象になっておらず、控訴審判決が確定している。

第6章　銀行等の変額保険取引をめぐる裁判例

●判決の意義

　この判決は、生命保険会社、その従業員の説明義務違反等による違法な勧誘を認めた控訴審判決を是認したものであり、その旨の事例判断として参考になる。

〔6-19〕銀行の変額保険に係る融資につき錯誤が肯定された事例［東京地判平成9・6・9判時1635号95頁、判夕972号236頁、金法1489号32頁、金判1038号38頁］

────●事案の概要●────

　A（明治41年生）の代理人である子Xらは、相続税の支払を心配していたところ、生命保険業を営むY$_1$相互会社（日本生命保険相互会社）の従業員、銀行業を営むY$_2$株式会社（株式会社三菱銀行）の従業員から自宅訪問を受ける等し、Y$_2$から融資を受けてY$_1$の変額保険に加入することの勧誘を受け、平成3年1月、Y$_2$に所有不動産につき根抵当権を設定し、1億1400万円の融資を受ける等し、Y$_1$の変額保険に加入したが、Aが平成3年12月に死亡し、変額保険による損失を被ったため、Xが変額保険契約、融資契約、根抵当権設定契約の公序良俗違反、錯誤無効等を主張し、Y$_1$に対して保険料の返還、Y$_2$に対して債務不存在の確認等を請求したものである。この判決は、各契約につき錯誤無効を認め、請求を認容した。

●判決内容

「2　錯誤無効
　前記認定を総合すれば、松太郎の代理人である原告及び花子は、被告日本生命の佐藤・黛及び被告銀行の皆川から、松太郎死亡の場合の本件土地の相続による相続税対策として、本件保険契約の勧誘、説明を受けたが、その際、皆川に本件土地の相続税額を相談したところ、被告銀行の税理士に相談したら6700万円位になる、小規模宅地の評価減の特例もないと計算書を示して説明され、何らの相続税対策を立てないと本件土地の相続税として6700万円を支払わなくてはならなくなると深刻な

488

不安に陥り、佐藤、黛及び皆川、主に皆川から、前記のとおり、短期対策として養老保険に、長期対策として変額保険に加入し、多額の保険料を銀行から借入れ、借入債務と保険の権利評価の差額により相続財産を減価し、他方、養老保険を相続時に解約して相続税資金に当て、保険料の運用実績が9パーセントから10パーセントであり、9パーセントはまず下ることがなく、下がっても銀行金利と同等かこれにより3パーセントも上回っている変額保険を原告が承継して、適当な時期に銀行借入債務に当てれば良いと言われ、年収400万円程度で、1億円以上という、原告や花子にとって途方もない金額を銀行から借り入れることに不安なため、繰り返し、変額保険の運用実績が銀行借入金の返済ができるような高利率で推移するのか確かめると、皆川から、被告銀行が融資するのだから心配いらない、被告日本生命がうまく運用するから心配いらない旨の説明を受け、本件建物建築の際に2100万円融資を受けた際の融資審査の厳しさと借入金額を比較し、被告日本生命及び被告銀行という超一流企業への信頼から、皆川の説明は間違えないと考え、佐藤も変額保険の運用実績が9パーセントから10パーセントであり、9パーセントはまず下ることがないと説明したことから、本件消費貸借契約を締結して、本件変額保険及び本件養老保険に加入したのである。

　ところが、前記のとおり、本件土地には小規模宅地の評価減の特例が一部適用になり（1階部分だけ居住家屋なので半分の面積しか適用にならないとしても、控除額が土地価格の30パーセント控除される）、本件変額保険契約当時、直近1年間の変額保険の運用実績はマイナスであり、かつ、運用実績の低迷傾向が顕著で、今後近年中に、9パーセント台を維持して行き、平均して銀行金利を数パーセント上回り、変額保険を解約し本件貸金債務を返済できる見通しが十分持てる運用状況ではなかった。

　実際、平成3年12月14日、松太郎が死亡し相続税申告をした際、本件土地は高騰していたけれども、本件貸金債務の資産評価額の減価がない場合で5000万円弱であって、本件貸金債務額と本件変額保険と本件養老保険の権利評価との差額は約2800万円であり、この分資産評価額を圧縮し、約750万円の相続税の節税となったが、他方、解約返戻金と本件貸金債務額との差額約3000万円の債務が存在することになり、相続税対策どころか、結局、本件消費貸借契約及び本件保証契約を締結したことから2250万円の債務を新たに負担したことになった。

　確かに、変額保険の運用実績が今後、銀行金利をかなり上回り推移する可能性はないわけではなく、その場合、変額保険の解約返戻金や保険金が本件貸金債務を返済しうるかも知れず、その限りでは、皆川は将来の見込みを説明したものであり、原告や花子に錯誤はないという一面はある。

　しかしながら、原告や花子が、1億円以上の本件貸金債務を負担して、本件消費貸借契約を締結したのは（しかも、相続財産たる本件土地のみならず原告所有の本件土地上の建物も本件貸金債務を被担保債務とする根抵当権を設定している）、抽象

489

的な仕組みの問題ではなく、本件消費貸借契約を締結するか否かを決するための具体的、現実的な、蓋然性の高い相続税対策の利点という事実関係と見るべきである。
　そうすると、原告や花子は、松太郎の代理人として（本件保証契約について原告は本人として）、相続税額と本件変額保険の運用実績の現実（前記の運用実態）について錯誤があり、これは、本件債務の返済に直結していることからすれば、変額保険の運用実績の現実は要素の錯誤に当たると考えられる。
　そして、これは被告銀行の担当者である皆川のみならず、前記のとおり、被告日本生命の担当者である佐藤及び黛も、原告や花子の右錯誤を認識していたものと認められる。
　したがって、本件変額保険契約、本件養老保険契約、本件消費貸借契約、本件保証契約及び本件根抵当権設定契約は、いずれも右錯誤がなければそもそも契約しなかったのであり、無効であると考える。」

●**事案の特徴**

　この事案は、高齢者の子らが相続税の支払を心配していたところ、生命保険会社、銀行の各従業員から自宅訪問を受ける等し、勧誘され、銀行から融資を受けて変額保険に加入したところ、高齢者が死亡し、損失を被ったため、相続人である子らが変額保険契約、融資契約、根抵当権設定契約の公序良俗違反、錯誤無効等を主張し、債務不存在の確認等を請求した事件である。この事案は、高齢者の子が高齢者のための相続税対策を心配していたこと、高齢者の子が生命保険会社、銀行の各従業員から融資を受けてする変額保険の勧誘を受けたこと、銀行から多額の融資を受け、保険料を支払ったこと、高齢者が死亡したこと、変額保険による損失が生じたこと、融資契約等の公序良俗違反、錯誤等が問題になったことに特徴がある。

●**判決の意義**

　この判決は、高齢者の代理人である子らが銀行の従業員らから保険料の運用実績が９％から10％であり、９％はまず下ることがないなどの説明を受けていたこと等の事実関係を詳細に認定したうえ、相続税額と変額保険の運用実績の現実について錯誤があり、これは、融資契約の債務の返済に直結していることからすれば、変額保険の運用実績の現実は要素の錯誤に当たると考えられ、生命保険会社、銀行の各従業員もこれを認識していた等とし、融資

契約、変額保険契約の関連する契約の錯誤無効を認めたものである。この判決は、相続税対策として融資契約、変額保険契約等の契約が締結されたことを前提とし、具体的な変額保険の運用実績の状況、説明等を重視し、融資の返済額等との関係で要素の錯誤を認めたものであり、錯誤の判断のあり方として参考になるとともに、実際に錯誤無効を認めた事例判断としても参考になるものである。

(6-20) 銀行の変額保険取引の関与につき不法行為責任が否定された事例
[東京地判平成10・5・15判時1651号97頁、判タ1015号185頁、金法1543号69頁]

●事案の概要●

X₁、X₂、X₃の兄弟は、A株式会社を経営し、相続税対策に苦慮しており、銀行業を営むY₁株式会社（株式会社東京三菱銀行）の従業員Bから紹介された会計事務所を営むY₄株式会社の代表者Cに相続税の対策の立案を依頼していたが、Cが変額保険の加入を助言し、平成2年5月、Bから勧誘され、生命保険業を営むY₂相互会社（明治生命保険相互会社）、Y₃相互会社（日本生命保険相互会社）を紹介され、各自Y₁から約5億円の融資を受け、変額保険に加入したところ、運用実績が悪化したため、解約返戻金を受け取ったところ、損失を被ったことから、X₁らがY₁らに対して不法行為に基づき損害賠償を請求したものである。この判決は、マイナス実績であったにもかかわらず、9％の実績を前提として勧誘したことが不法行為に当たるとし、Y₂、Y₃の責任を認め、その範囲で請求を認容したが、Y₁、Y₄の責任を否定し、請求を棄却した。

●判決内容

「2　被告明治生命
(一)　原告らは、被告明治生命の担当者による勧誘の違法をも主張すると解せられるところ、稲垣は、前記認定のとおり、平成2年6月及び11月、原告らに対する二

度にわたる勧誘の際、真実は、同被告における変額保険の運用実績が原告らが受ける融資の利率を下回り、さらには、負の実績であるにもかかわらず、その事実を告げず、9パーセントの運用実績が勧誘当時得られており、将来も得られるように説明して、原告らを誤解に導き、本件変額保険契約一の締結に至らせた。

(二) 稲垣の示した勧誘資料等に、変額保険の運用実績が9パーセントの場合だでなく、4．5及び0パーセントの場合もありうる旨の記載がされているだけでは、不実の説明を否定する理由にはならず、前記のとおり、融資利率を下回るばかりか、負の実績を示しているときは、稲垣において、右事実を告げ、それにもかかわらず、融資を受けて保険契約を締結してもメリットがある所以を説明して勧誘し、その上で契約の締結に導くのでなければ、不実の説明により、契約を締結させたことに帰する。被告明治生命は、その従業員のした行為について、原告らに対する不法行為責任を免れない。

……

4 被告銀行

前記認定によれば、藤田ら被告銀行担当者らは、原告らに対し、甲野金網において相続税対策の必要なこと及びおおよその方法を説明し、同社の株式の取扱い、本件土地及びその他の土地の相続税対策についても助言した上、事業承継に詳しい者として被告ザイタックを紹介し、甲野金網の資産を増加させるための2億円の融資手続をし、同被告の助言と同様、相続税の支払資金の不足に備えるため、変額保険契約の締結を勧め、被告明治生命の担当者稲垣を紹介し、稲垣が原告らに説明する際には同行し、変額保険の保険料の支払のために融資し、融資に対する利息分をも融資する旨を説明し、融資を受けることができることが原告らにおいて変額保険契約を締結する決意を裏で支えたのではないかと推察される。しかしながら、本件において、被告銀行担当者らが右認定の態様で原告らが変額保険契約を締結するのに関係したというだけでは、被告銀行に不法行為責任を負わせる根拠に欠けるという外ない。」

● 事案の特徴

この事案は、会社を経営する個人らが相続税対策に苦慮し、銀行の従業員から紹介された会計事務所の代表者から変額保険の加入を助言され、銀行の従業員から変額保険を勧誘され、生命保険会社を紹介され、銀行から各自約5億円の融資を受け、変額保険に加入したところ、運用実績が悪化し、解約返戻金を受け取り、損失を被ったため、銀行らに対して不法行為に基づき損害賠償を請求した事件である。この事件は、会社の経営者らが相続税対策のため銀行の従業員に相談したこと、銀行の従業員から紹介を受けた会計事務

所の代表者に相談したこと、会計事務所の代表者が相続税対策のため融資を受ける変額保険の加入を助言したこと、銀行の従業員が融資を受けての変額保険の加入を勧誘したこと、銀行の従業員が生命保険会社を紹介したこと、生命保険会社の従業員が変額保険を勧誘したこと、個人が高額の融資を受けたこと、銀行等の不法行為責任が問題になったことに特徴がある。

●判決の意義

　この判決は、生命保険会社の説明義務違反について、生命保険会社の従業員が変額保険の実際の運用実績と融資との関係により変額保険の加入にメリットがあることを説明すべき義務違反があったことを認めたこと、銀行の不法行為責任について、銀行の従業員が相続税対策に助言をし、変額保険を勧誘し、生命保険会社の従業員を紹介したこと等を認めたものの、この程度の態様で変額保険契約の締結に関係したというだけでは銀行の不法行為責任を負わせる根拠に欠けるとし、銀行の不法行為責任を否定したこと（なお、会計事務所の不法行為責任も否定した）に特徴がある。この事案における銀行の従業員は顧客の相続税対策の立案、実施に助言をする等、相当に深く関与しているうえ、融資を利用した変額保険の加入にも積極的に勧誘しているものであるため、その説明、勧誘の内容によっては説明義務違反の不法行為責任を肯定しても不合理ではない。

　この判決は、前記のとおり、必ずしも説得的でなく、曖昧な理由で銀行の不法行為責任を否定したものであるが、それ自体検討が必要であるとともに、他の裁判例に照らしても検討が必要なものである。なお、この判決は、変額保険の内容、仕組みの抽象的な説明義務違反が問題になったものではなく、具体的な変額保険の運用状況を踏まえた具体的なリスクの説明義務違反を問題にしているものであり、変額保険をめぐる裁判例の新たな傾向を示したものとして参考になる。

〔6－21〕銀行の変額保険に係る融資につき説明義務違反が否定された事例
［東京地判平成11・3・30判時1700号50頁］

●事案の概要●

　X_1、その妻X_2、X_1の経営に係るX_3株式会社は、相続税対策を心配し、銀行業を営むY_1株式会社（株式会社富士銀行）の従業員から、保険の募集を業とするA株式会社の従業員Y_2、税理士兼公認会計士Y_3の紹介を受け、Y_2、Y_3から相続税対策として変額保険の勧誘を受け、Y_1、銀行業を営むB株式会社（株式会社大和銀行）から融資を受け（Y_1だけでも、X_1に9億7155万円余、X_2に1億7726万円余、X_3に3億3610万円が融資された）、生命保険業を営むY_4相互会社ら（朝日生命保険相互会社、ニコス生命保険株式会社、千代田生命保険相互会社、三井生命保険相互会社、明治生命保険相互会社、住友生命保険相互会社）に保険料を支払って変額保険に加入したところ、損失を被り、保険契約を解約したため、X_1らがY_1らに対して説明義務違反等を主張し、損害賠償等を請求し、選択的に融資契約、変額保険契約等の錯誤無効を主張し、不当利得の返還等を請求したものである。この判決は、Y_1の従業員は主導的、積極的に変額保険を勧誘したものではないとし、変額保険を利用した相続税対策についてまで具体的な説明義務を負わないとし、Y_1の責任を否定したものの、Y_2が変額保険の勧誘をし、信義則上説明義務を負っていたところ、説明を尽くしていなかった等とし、Y_2らの責任を肯定し、Y_1に対する請求を棄却し、Y_2らに対する請求を認容した。

●判決内容●

「2　被告銀行について
(一)　原告らは、原告太郎は、被告乙山のほか、被告銀行の営業担当である菅井から、前記のように本件相続税対策をとることにつき絶対損をすることはないと説明勧誘されたからこそ本件融資契約及び本件変額保険契約を締結したものであり、菅井の行為には募取法、本件通達、銀行法違反ないし調査義務及び説明義務違反等の違法があると主張する。

（二）　菅井が本件に関与した経緯及びその具体的行為は、前記認定のとおりであって、原告ら主張のように菅井が原告太郎に対し、原告らは所有不動産を担保提供するだけで、保険料の支払やその後の利息の処理などは銀行からの融資で一切を賄えるので、原告らの手元から一銭も出す必要がないこの上ない相続税対策であるとの趣旨を説明して勧誘したとの事実を認めるに至らないことは既に説示したとおりである。

（三）　本件のように、銀行からの融資を前提として変額保険契約が締結される場合には、変額保険契約とその保険料支払いのための融資契約とは、事実上密接な関係があることは明らかであるが、元来、変額保険契約と融資契約では、契約当事者も契約の内容も別々であり、その契約自体の目的も異なるものであること、原則として、融資金の返済は借主の責任であり、銀行は資金の使途につき責任を負う立場にないこと等からすれば、銀行が自ら主導的、積極的に変額保険を利用した相続税対策の採用を提案、説明し、これを勧誘したというように、右相続税対策が採用されるにつき銀行の果たした役割がその関与の程度において特に重要であると認められる特段の事情がない限り、銀行の担当者としては、たとえ、融資金の使途が保険金の支払であることを認識していたとしても、一般的には融資の内容について適切な説明をすれば足り、それ以上に変額保険自体について、その仕組み等につき具体的な説明をするまでの義務は負わないものというべきである。

そして、本件における菅井の関与の程度は、前記のとおりであって、確かに、当初菅井が右の相続税対策を原告太郎に紹介したことはあるにしても、その後の前記行動は、基本的には原告太郎に専門家である被告乙山及び被告丙川を紹介し、変額保険についての具体的な説明及び勧誘は、同被告らに委ねていたということができ、菅井自らが彼らと共同して、あるいは主導的、積極的に変額保険の勧誘をしたということはできない。そうすると、前記の説示に照らし、菅井は、被告銀行の担当者として、本件融資契約についての具体的条件等について説明すれば足り、変額保険及びこれを利用した相続税対策についてまで具体的に説明義務を負うものではないというべきである。

以上によれば、菅井は、本件変額保険の募集をしたということはできないから、募取法違反及び銀行法違反をいう原告らの主張はその前提を欠く、また、変額保険及びこれを利用した相続税対策についてまで具体的な説明義務を負うものではないと解される以上、菅井に原告らの主張する内容の説明義務違反（その前提をなすと解される主張の調査義務違反を含む。）があるということもできない。

なお、原告らは、菅井が原告太郎に対して断定的判断の提供をしたとも主張するが、右事実を認めるに至らないことは前記説示のとおりである。

（四）　原告らは、更に、菅井には、融資銀行の担当者として、原告太郎の平均余命15年後まで本件融資金である14億8400万円を金利5.8パーセントで融資できる可能性、その場合における利息合計額、被告各社の変額保険の予定利率により算出され

る保険金及び解約返戻金の合計額、右合計額で本件融資元利金を回収できる見込を調査し、これを前提として、本件融資の元利金合計は、36億2628万円余となり、被告生保各社の予定利率による保険金及び解約返戻金では、右元利金を支払えなくなることを説明する義務があったと主張する。

しかし、前記のとおり、融資契約と変額保険契約とは本来別個の契約なのであるから、菅井としては、融資契約の内容についてのみ説明すれば足りるのであって、それに加えて、原告主張のような本件変額保険に関連した調査義務及び説明義務を負うものではないというべきであるから、原告らの主張は採用ではない。

(五) 以上によると、菅井には被告銀行の担当者としての義務違反があったと断定することはできないから、菅井の行為をもって、被告銀行が不法行為責任を負うとする原告らの主張は採用することができない(被告銀行が被告乙山に提供された手数料を実質的に取得した前記認定の経緯に不明朗なものがあることは、否定できないが、当初から被告生保各社から提供される手数料を被告銀行に分配するについての合意があったことを認めるに足りる具体的な証拠が見当たらない本件にあっては、右取得の事実があるからといって、被告銀行が本件に関し、主導的、積極的役割を果たしたものであり、後記の被告乙山等のした説明を被告銀行がしたと同視できると認めるまでには至らないというべきである。)。

……

(三) 被告乙山のした説明の相当性について
(1) 被告乙山が原告太郎に対して行った説明の内容は、前記認定のとおりである。
(2) 右によると、被告乙山は、税務関係につき専門的知識を有する者として、原告太郎に対し、被告生保各社らが作成した変額保険に関するパンフレット、設計書等の文書(これらは、被告丙川の手中に在ったものであるから、被告乙山が入手することも容易であったと推認される。)を用いることなく、平成元年九月五日より前の時点では口頭で、同日は、自らが作成した私製の本件提案書を用いて説明したものである。

そして、同日より前の口頭説明が同日の説明より詳細であったことを認めるべき証拠のないことは前記のとおりであるし、本件提案書には、前記した変額保険の仕組み、特徴、すなわち、変額保険は、払込保険料の一部を除いた部分が特別勘定として独立に管理され、これが主として株式等の有価証券に投資運用され、その運用実績に基づいて保険金額や解約返戻金が変動すること、これまでの定額保険と異なり、これらの運用実績による成果もリスクも契約者に帰属することに関する何らの記載もない。被告乙山が、口頭でこれに沿う説明を加えた形跡もない。
(3) また、本件提案書の記載及びこれについての被告乙山のしたコメントは、前記のとおりであって、変額保険を利用した相続税対策の有効性を強調し、変額保険の運用利回りを9パーセントとして経過年数ごとの累計利息等を記載した上、実質利益が常にプラスとされている試算表及び東証第一部の前銘柄の運用実績が14パーセ

ントであることを示すグラフ等を掲げ、9パーセントくらいの運用利回りは変額保険の運用として控えめの数値であり、解約返戻金の額は常に借入金額を上回っており、総じて、危険なものではないとの趣旨を強調する内容となっていることは明らかである（被告乙山がリスク説明をしたと主張して指摘する部分につきその主張のような説明がされたとはいえないことは、既に説示したとおりである。）。

(4) これらの事実を前記説示に照らして総合的にみると、被告乙山が原告太郎に対し、変額保険の概要、仕組みのほか、その有利性のみならずそのリスクについて信義則上要求される十分な説明をしたと認めることができず、かえって、同被告は右説明を行ったものと認めるべきである。

(5) 被告らは、原告太郎の経歴、投資経験等からみて、原告太郎には十分な知的能力があり、被告乙山らのする説明を十分に理解し、変額保険のリスクを認識した上で各変額保険に加入したとの趣旨の主張をしている。

　しかしながら、被告乙山による説明（なお、被告丙川及び被告生保各社の担当者による説明がされたと認められないことは後に説示するとおりである。）が、前記説示からみて客観的に不十分であり、かえって、同被告が前記説明義務を怠ったものである以上、被告らの義務違反の事実を否定することは許されない。

　もっとも、被告乙山らの不十分な説明にもかかわらず、原告太郎が現実に変額保険の前記のようなリスクを認識した上で本件各変額保険契約を締結したとすれば、結果的に被告らの不法行為責任は否定されることになるが、そのように認めることのできないことは、前記認定事実に照らし、明らかである。

　なお、被告らの主張に照らし、念のために付言すると、原告太郎の経歴、投資経験、資産状況等については、前記認定したとおりであり、原告らは、多額の資産を有し、原告太郎は、公務員生活を終えたのち、資産管理会社の代表取締役に就任し、また、所有土地にビルを建設する計画を立てたり、若干の金取引や転換社債取引を行ってもいたというのである。

　しかし、これらの経歴等は、原告太郎が一般人と比較して格別知的能力が高かったことを基礎付けるものとはいえない。すなわち、本件変額保険勧誘当時、原告太郎はすでに67歳に達していたし、法務省等での勤務経験といっても、一般人以上に特別高度の知識、経験を要求される職種であったとはいえず、また、金取引や、転換社債取引の経験があったとはいっても、これはことさら投資経験として特別視するほどのものではない。要するに、原告太郎は、一定の資産を有し、通常の知的能力に欠けるところはないけれど、ごく普通の通常人というべきで、一般人と比べて格別変額保険に対する理解能力に優れていたと認めることはできない。そして、このような原告太郎の変額保険に対する理解力からみて、前記のように被告乙山が変額保険について説明していた状況下において、原告太郎が、変額保険のリククを認識した上、本件各変額保険に加入したと認めることはできないのである。

　結局、被告らの主張は、採用することができない。

497

（四）　その後、被告乙山が原告太郎に対し、更に二社の変額保険に加入することを勧誘し、原告太郎がこれに応じて被告明治及び被告住友の変額保険に加入することになった経緯は、前記認定のとおりである。そして、その際、被告乙山が変額保険のリスクに関する説明を補充したことを認めるべき証拠はないから、結局、被告乙山としては、この二社の関係においても説明義務を怠ったものというべきである。」

●事案の特徴

　この事案は、株式会社の経営者夫妻、会社が銀行の従業員に相続税対策の相談をし、保険の募集を業とする会社の従業員、税理士兼公認会計士の紹介を受け、これらの者から融資を受けて変額保険に加入することの説明、勧誘を受け、変額保険に加入したところ、損失を被ったため、銀行らに対して不法行為に基づき損害賠償を請求する等した事件である。この事案は、会社の経営者夫妻が相続税対策を検討していたこと、銀行の従業員に相続税対策を相談したこと、銀行の従業員がそのために税理士兼公認会計士らを紹介したこと、税理士兼公認会計士らが相続税対策として融資を受けて変額保険に加入することを説明し、勧誘したこと、経営者夫妻らがそれぞれ高額の融資を受けたこと、経営者夫妻らが複数の生命保険会社の変額保険に加入したこと、銀行らの不法行為責任等が問題になったことに特徴がある。

●判決の意義

　この判決は、保険の募集を業とする会社の従業員、税理士兼公認会計士、各生命保険会社の説明義務違反による不法行為を認めたこと、銀行の不法行為については、銀行の従業員が相続税対策であるとの趣旨を説明して勧誘したとの事実が認められないとしたこと、変額保険契約と融資契約は、契約当事者も契約の内容も別々であり、契約自体の目的も異なり、原則として、融資金の返済は借主の責任であり、銀行は資金の使途につき責任を負う立場にないこと等からすれば、銀行が自ら主導的、積極的に変額保険を利用した相続税対策の採用を提案、説明し、これを勧誘したというように、相続税対策が採用されるにつき銀行の果たした役割がその関与の程度において特に重要であると認められる特段の事情がない限り、銀行の担当者としては、たとえ、融資金の使途が保険金の支払いであることを認識していたとしても、一

般的には融資の内容について適切な説明をすれば足り、それ以上に変額保険自体について、その仕組み等につき具体的な説明をするまでの義務は負わないとしたこと、この事案では、銀行の従業員が相続税対策を紹介したことがあるにしても、主導的、積極的に変額保険の勧誘をしたということはできない等とし、融資契約についての具体的条件等について説明すれば足り、変額保険およびこれを利用した相続税対策についてまで具体的に説明義務を負うものではないとし、銀行の説明義務違反を否定したことに特徴がある。この判決が提示する銀行の説明義務の範囲は、従来の裁判例と比較して、合理的なものであるということができるところ、この事案の銀行の従業員の関与の内容、程度は説明義務違反の観点からは微妙なところであるが、銀行の説明義務違反を否定した事例判断として参考になろう。

なお、この判決は、変額保険取引における税理士兼公認会計士の説明義務違反による不法行為を肯定した事例判断を付け加えるものである。

(6-22) 前記 (6-13) の控訴審判決であり、銀行の変額保険に係る融資につき説明義務違反が否定された事例 ［東京高判平成12・9・11判時1724号48頁、判タ1049号265頁］

●事案の概要●

前記の〔6-13〕東京地判平成8・3・26判時1576号77頁、判タ922号236頁の控訴審判決であり、X、Y$_2$、Y$_3$が控訴したものである。この判決は、Y$_2$が変額保険等の内容につき詳しい説明を行って変額保険の勧誘をした等とするには疑問があるとし、その責任を否定し、Y$_1$の不法行為を否定する等し、原判決中Y$_2$、Y$_3$に関する部分を変更し、Y$_2$に対する請求を棄却し、Y$_3$に対する請求を認容し、その余の控訴を棄却した。

●判決内容

「2 被告銀行及び被告保証会社について

(一) 本件保険契約は、前記のとおり、当時61歳であった原告が、相続人らが原告から相続することとなる不動産を手放すという自体に陥ることなく相続税を納付することができるようにするために資金面等での手当てを講じておくという相続税対策の目的から締結しようとするものであり、被告銀行から借り入れた１億7000万円もの資金によって保険料を一括払いし、この被告銀行からの長期にわたる借入れに係る元利金については、これを本件保険契約による死亡保険金等で一括して返済することが予定されていたものであり、前記認定のような事実関係からして、被告銀行の黒木においても、このような事情を十分承知していたことがうかがえるところである。この点からすると、原告が被告銀行からの右のような多額の資金の長期にわたる借入れによる元利金の累計額を右の死亡保険金等をもって返済することが困難になるという事態の発生することが十分に予測されるにもかかわらず、原告においてその点に関する的確な認識を欠いていることが危惧されるような場合には、被告銀行と原告とのそれまでの関係、右の被告銀行からの資金の借入れに関する両者の間での具体的な折衝の経緯等の事情のいかんによっては、被告銀行においても、原告に対し、その貸付金の累計額の推移の予測等に基づき、右のような事態が生ずるおそれのあることを説明することによって、原右が被告銀行との間での融資契約（本件融資契約（一）及び（二））を締結するについて、適切な判断を下すのに必要とされる情報を提供すべきことが、信義則上の義務として要求されるという場合があり得るものとも考えられるところである。

(二) 本件にあっては、被告銀行は、かねてから原告との間で、その所有するアパートの建築資金等を融資するなどの取引関係があり、原告の方でも、被告銀行に対しては強い信頼を寄せていたことがうかがえるところである。本件保険契約の締結についても、被告銀行の黒木が、平成元年11月14日に、被告保険会社の松本に原告を紹介しているのであり、しかも、その際、黒木は松本に対して、原告の資産額との関係で保険金額を３億円としてはどうかという具体的な指示まで行っていることは、前記認定のとおりである。また、前記のとおり、被告銀行から原告に対しては、本件保険契約の保険料の支払資金として、平成元年12月７日に、１億7000万円の金員が貸し付けられているのであるが、黒木の証言によれば、その１か月以上前には、原告から被告銀行に対して変額保険に加入するための資金の融資に関する話が出ていたというのであり、しかも、被告銀行から原告に対して所要の担保を設定させるなどして右の金員の正規の貸付け（本件融資契約（二）による貸付け）が行われた平成元年12月26日より約20日前の12月７日の時点で、何らの担保の提供をも伴わない手形貸付という異例ともみられる方法で、右の１億7000万円の資金が貸し付けられ、即日、これが本件保険契約の保険料として被告保険会社に振り込まれているのである。原告の側からすれば、本件保険契約の締結をこのような方法を採ってまで急いで行う理由は何ら見当たらないのであり、むしろこれは、被告銀行が被告保険会社と早い段階から協力して、被告保険会社等の利益のために、原告による本件保

険契約の締結を急いで実行させることとしたものと考えられるところである。これらの事実からすれば、原告の本件保険契約の締結については、被告銀行の黒木の方でも、その当初の段階から、かなり立ち入った形で密接な関与を行っていたことがうかがえるものというべきである。
　……
（四）　右にみたような事実経過等からすれば、被告銀行が原告との間で本件融資契約を締結するに当たっては、被告銀行の黒木らにおいては、この被告銀行からの借入れによる元利金の累計額を本件保険契約による死亡保険金等をもって返済することが困難になるという事態の発生する可能性もあることをあらかじめ告知した上で、原告に慎重な判断を求めるという配慮を行うことが望ましかったものというべきである。このような点に何ら配慮することなしに、専ら被告銀行あるいは被告保険会社の利益を図るという意図から、性急に原告との間での融資契約を締結しようとした黒木らの行動は、原告からも強い信頼を寄せられていた大銀行の担当者の対応としては配慮に欠けるところがあり、非難を免れないものといわなければならない。
　しかしながら、原告に対して前記のようなリスクを発生させる直接の原因となったのは、原告の本件保険契約への加入という事態であって、原告と被告銀行の間での本件各融資契約の内容それ自体は、特別のリスクを伴うといったものではなく、しかも、これは、あくまで原告が本件保険契約に加入するための手段として締結されたものにすぎないのである。さらに、原告に対する本件保険契約への加入の勧誘自体は、最終的には被告保険会社の担当者である松本がその責任と判断に基づいて行ったものであって、被告銀行あるいは黒木は、被告銀行らの主張するとおり、基本的には、原告を被告保険会社の松本に紹介し、また、原告の要望に応じて、本件保険契約に係る保険料の払込資金を融資したというにとどまるものというべきである。そうすると、このような立場にある被告銀行の黒木については、更に積極的に本件保険契約の内容等について被告保険会社の松本が行ったのと同様の説明を行い、原告に対して本件保険契約への加入を勧誘したといった事実が認められるという場合であればともかく、そこまでの事実を認めるに足りる証拠がなく、しかも、被告銀行の原告に対する本件各融資契約の内容それ自体に関しては、特段不当あるいは不適切とみられるような説明等を行ったという事実も認められない本件にあっては、前記のような原告に対する対応が、信義則上の説明義務等に違反するものとして、不法行為を構成するものとまですることは、困難なものといわざるを得ない。
（五）　なお、被告保証会社については、そもそも、その担当者等が、原告の本件保険契約への加入あるいは被告銀行と原告との間での右の融資契約の締結に関して、勧誘を行うなどの何らかの関与を行ったことを認めるに足りる証拠は見当たらない。したがって、本件保険契約や右の融資契約の締結に関して、被告保証会社の不法行為責任を認めることも困難なものというべきである。
3　被告乙山について

（一）　原告の本件保険契約への加入について、被告乙山が原告に対して、これが相続税対策になる旨の説明を行い、被告保険会社の松本を原告に紹介し、松本が原告宅を訪問して勧誘を行うための仲立ちをしたという事実があること、また、平成元年11月15日の日に、被告乙山が原告宅を訪問し、その際、原告に対し、松本が作成して被告乙山に交付していたと思われる保険契約の設計書等の資料を用いて、その内容についてある程度の説明を行ったという可能性が十分にあり得るものと考えられることは、前記のとおりである。

　しかし、他方で、被告乙山が変額保険についてどの程度の知識等を有していたかは疑問であり、原告から亡夫太郎の死亡に伴う相続税の申告手続等に関する事務を受任した税理士であるにすぎず、被告保険会社の関係者でもない被告乙山が、本件シミュレーションを用いて本件の変額保険について詳しい説明を行い、原告に対し保険契約に加入するための勧誘活動を行うというのも不自然な事態であり、したがって、そのような事実があったとすることに疑問があるものとせざるを得ないことも、前記認定のとおりである。

　そうすると、原告の本件保険契約への加入等に関して、被告乙山について、説明義務の違反等を理由とする不法行為責任を認めることは、困難なものといわざるを得ない。

（二）　また、被告乙山は、原告が本件保険契約に加入したことに関して、右の相続税の申告等に関する事務に対する報酬とは別に、10万円の報酬の支払を原告に対して請求し、原告からその支払を受けた事実があることは、前記のとおりである。しかし、これは、もともと右の太郎の死亡に伴う原告の相続税の申告に関する事務を被告乙山が受任したのは、被告銀行の黒木の紹介によるものであったところ、この事務処理に対する報酬の額を黒木からの要請もあって大幅に減額させられることとなったことから、原告が本件保険契約に加入した機会に、いくらかでもこれを補うという意味合いもあって、10万円の報酬を請求することとなったもののようにもうかがえるところであり、被告乙山が原告からこのような報酬を受け取っていることを理由に、原告が本件保険契約に加入することによって被った損害について、被告乙山にもその賠償責任があるものとまですることも、困難なものというべきである。」

●**事案の特徴**

　この事案は、個人が銀行の従業員から紹介された税理士に相続税対策を相談したところ、変額保険を勧められ、銀行から融資を受け、生命保険会社の変額保険に加入する等し、解約し、損失を被ったため、銀行、税理士、生命保険会社等に対して損害賠償を請求する等した控訴審の事件である（第一審判決である前記の〔6—13〕東京地判平成8・3・26判時1576号77頁、判タ922号

236頁は銀行の不法行為責任を否定したものである）。この事案は、個人顧客が銀行から相続税対策のため税理士を紹介されたこと、税理士が相続税対策のため変額保険を勧めたこと、個人顧客から保険料の支払のため多額の融資を受けたこと、銀行の不法行為責任等が問題になったことに特徴がある。

●判決の意義

この判決は、生命保険会社の説明義務違反による不法行為を認めたこと、税理士の説明義務違反を否定したこと、銀行の不法行為責任については、銀行の従業員が取引の当初の段階から相当に深く立ち入って関与していた等とし、

「専ら被告銀行あるいは被告保険会社の利益を図るという意図から、性急に原告との間での融資契約を締結しようとした黒木らの行動は、原告からも強い信頼を寄せられていた大銀行の担当者の対応としては配慮に欠けるところがあり、非難を免れない」

としたこと、顧客が融資により変額保険に加入することが、銀行からの多額の資金の長期にわたる借入による元利金の累計額を死亡保険金等をもって返済することが困難になるという事態の発生することが十分に予測されるにもかかわらず、顧客がこの点に関する的確な認識を欠いていることが危惧されるような場合には、顧客と銀行とのそれまでの関係、銀行からの資金の借入に関する具体的な折衝の経緯等の事情の如何によっては、銀行においても、顧客に対し、貸付金の累計額の推移の予測等に基づき、このような事態が生ずるおそれのあることを説明することによって、顧客が適切な判断を下すのに必要とされる情報を提供すべきことが信義則上の義務として要求されることがあり得るとしたこと、この事案では銀行の従業員の関与の程度から説明義務違反が認められないとしたことに特徴がある。この判決は、第一審判決である前記の〔6—13〕東京地判平成8・3・26判時1576号77頁、判タ922号236頁と同様に、相続税対策のために融資を実行した銀行につき変額保険取引に関する不法行為責任を否定した事例判断を提供するものである。なお、この判決が銀行の従業員の説明義務違反を否定した判断は、この従業員

503

の関与の評価によるものであり、微妙な判断であるということができる。

(6-23) 銀行の変額保険等の勧誘につき説明義務違反等が否定された事例
[東京地判平成14・2・27金判1197号55頁]

●事案の概要●

　A（大正6年生）は、銀行業を営むY$_1$株式会社（株式会社富士銀行）、生命保険業を営むY$_2$相互会社（日本生命保険相互会社）の従業員から相続税対策として変額保険を勧誘され、Y$_1$から7700万円を借り入れ、Y$_2$に保険料を支払って変額保険に加入したところ、変額保険の運用が悪化したため、平成9年1月、変額保険を解約し、解約返戻金等を貸金債務の弁済に充てたが、同年8月、死亡したため、X$_1$ないしX$_3$が相続し、錯誤、契約の欠陥、適合性の原則違反、説明義務違反、断定的判断の提供、誤った説明、取締法規違反等を主張し、Y$_1$に対して貸金債務の不存在の確認、Y$_1$らに対して不法行為、債務不履行に基づき損害賠償を請求したものである。この判決は、錯誤、説明義務違反等を否定し、請求を棄却した。

●判決内容

「3　被告らの不法行為の成否
(1) 契約自体の違法性について
　原告らは、融資契約と家族型変額保険契約との組合せは、相続税対策商品としては欠陥商品である旨主張する。
　しかし、そもそも本件融資契約と本件保険契約とは、それぞれの契約主体、内容等を異にする別個の契約であり、相互に格別の関連性は認められないから、必ず2つの契約を組み合わせて締結しなければならないというものではなく、一方の契約を締結して他方の契約を締結しないことも自由であり、2つの契約を組み合わせて締結すること自体によりこれらの各契約が当然に違法性を帯びるということはできない。
　また、融資契約と家族型変額保険契約との組合せが相続税対策として効果があるか否かは、相続の時期、被相続人の資産の内容、家族構成、将来における不動産価格、有価証券価格及び金利等の動向、相続税制のあり方等の諸要因によって左右さ

れるのであるから、単にこれらの各契約の組合せが相続税対策としての効果を発揮しないおそれ（原告らの主張によれば、相続税対策にならず相続財産を減少させるおそれ）があるとか、結果として相続対策としての効果を発揮しなかったというだけでは、直ちに両契約の組合せ自体に欠陥があるとすることはできず、被告らが亡A及び原告X_3に本件各契約を勧誘した平成2年5月ころから契約締結に至る同年9月までの時点において、上記組合せにより相続税対策を実現することがおよそ不可能であったとか、およそ効果を期待することができない状況にあったと認めるに足りる証拠はない。

そうすると、本件融資契約と本件保険契約とを組み合わせること自体によりこれらの各契約が当然に違法性を帯びることはなく、これらの各契約の組合せにより相続税対策を実現することがおよそ不可能であったとか、およそ効果を期待することができない状況にあったと認めることはできないから、これらの各契約の組合せ自体が欠陥である旨の原告らの主張は採用することができない。
　……
(3) 不作為の違法（説明義務違反、リスク告知義務違反）について

原告らは、被告らは亡Aに対し、この商品が相続対策になるどころか、相続財産を食いつぶしてしまうおそれもあることを説明すべき義務があったのにこれを怠ったと主張する。

しかしながら、前記認定事実及び弁論の全趣旨によれば、被告日本生命の担当者は、亡A及び原告X_3に対して、本件保険契約の仕組、内容、リスク等が明確に記載された本件パンフレット、本件設計書及び『ご契約のしおり』を交付して契約のリスクについて説明をしていること、将来における変額保険の特別勘定の運用実績や保険金及び解約返戻金の具体的取得金額はあくまで予測するほかなく、融資契約と家族型変額保険契約との組合せによる相続税対策が有効であるか否かについても、前記諸般の事情による影響を確実に予見することが困難であること、そのため被告日本生命は、種々の要因について将来にわたる一定の仮定と予測の下に、その効果が期待できるとして融資契約との組合せによる家族型変額保険契約の締結を顧客に勧めていたことがそれぞれ認められるのであって、変額保険の運用実績の変動ないし不確実性や融資契約と組み合わせることによる危険性については、亡A及び原告X_3においても本件パンフレット等の記載やSらの説明によりこれを理解することができたといわざるを得ない。

また、被告日本生命は、亡Aの相続税対策について対価を得て請け負ったわけではなく、いわば融資契約と家族型変額保険契約との組合せによる相続税対策上の効果をうたい文句として変額保険商品を勧誘するため、相続税対策上の効果を概括的に説明したにすぎず、その説明内容があくまでも種々の要因について将来にわたる一定の仮定と予測の下に行われるものであることは、将来の経済情勢、税制等についての不透明性等を考えれば容易に理解することができ、本件パンフレット等の記

第6章　銀行等の変額保険取引をめぐる裁判例

載からも変額保険の保険金及び解約返戻金の金額が将来の運用実績により変動することは理解することが容易であったのであるから、被告日本生命のいう相続税対策が多くの仮定と予測に基づくものとすぎないことは亡A及び原告X_3においても本件パンフレット等の記載やSらの説明によりこれを理解することができたといわざるを得ない。

さらに、被告日本生命の担当者が亡A及び原告X_3に本件の変額保険を勧めた平成2年5月ころから同年9月にかけては、バブル経済が破綻し始めていたとはいえ、まだ経済の活力が維持され将来に対する楽観的な展望がいまだ根強く残っていた時期であり、その時点で将来の経済の破綻を予想することは困難であったといえる。

以上の諸点を総合すると、被告日本生命の担当者について、原告らが主張するような説明をするまでの義務があったということはできないから、原告らの主張は理由がない。

(4)　作為の違法（誤った説明、断定的判断）について
①　原告らは、被告らの担当者が本件融資契約及び本件保険契約について、相続対策になるなどと断定的判断を伴う誤った説明を行い、また、特別勘定の運用益についても断定的判断を提供したと主張するが、被告ら担当者の説明があくまでも種々の要因について将来にわたる一定の仮定と予測の下に行われたことは前記判示のとおりであるから、これが断定的なものであったとする原告らの主張は失当である。甲20のシミュレーションについても、後に判断するように、相続税対策の説明をする便宜のために仮定の数値を記載して作成されたもので、亡Aの相続財産を具体的に試算して将来の予測をしたものではないと認めるのが相当である。
　　……
(5)　取締法規違反について
　原告らは、銀行員が保険商品を勧誘することは募取法違反であり、保険勧誘員が特別勘定の運用益についても断定的判断を提供することは『利益の配当又は剰余金の分配の予想』を禁止する同法の趣旨に反する旨主張するが、前記認定事実によれば、Q及びPは、被告日本生命担当者を紹介したのみであるから、保険商品を勧誘したとはいえないし、S及びRが断定的判断を提供していないことは前記説示のとおりであるから、原告らの主張は理由がない。」

●事案の特徴

　この事案は、高齢者が相続税対策として銀行、生命保険会社の従業員から勧誘され、銀行から融資を受け、保険料を支払い、変額保険に加入したところ、運用が悪化し、解約したため、高齢者の死亡後、相続人らが銀行らに対して錯誤、契約の欠陥、適合性の原則違反、説明義務違反、断定的判断の提供、誤った説明、取締法規違反等を主張し、不法行為、債務不履行に基づき

損害賠償等を請求した事件である。この事案は、高齢者が相続税対策として変額保険を勧誘されたこと、銀行、生命保険会社の従業員から勧誘されたこと（銀行の従業員は生命保険会社を紹介しただけであるかが争点になっている）、高齢者が銀行から融資を受け、保険料を支払ったこと、変額保険の運用が悪化し、解約したこと、契約の欠陥、適合性の原則違反、説明義務違反、断定的判断の提供、誤った説明、取締法規違反等が問題になったことに特徴がある。

●判決の意義

この判決は、契約の欠陥、適合性の原則違反、説明義務違反、リスク告知義務違反、断定的判断の提供、誤った説明、取締法規違反を否定し、銀行等の不法行為、債務不履行を否定したことに特徴がある。この判決は、この判決が言い渡された時期の変額保険に関する裁判例と比較すると、説明義務を厳格、限定的に解したものであることに特徴がある。控訴審判決につき〔6－26〕参照。

〔6－24〕銀行の変額保険の勧誘につき不法行為責任が肯定された事例［東京高判平成14・4・23判時1784号76頁、金判1142号7頁］

━━━●事案の概要●━━━

X_1（当時、65歳）と妻X_2は、生命保険業を営むY_1株式会社の従業員、資産運用のコンサルタント業を営むY_2株式会社の従業員から相続税対策として変額保険の加入を勧誘され、銀行業を営むY_3株式会社（株式会社三菱銀行）の従業員も加わって勧誘され、X_1が信用保証業を営むY_4株式会社に所有不動産につき根抵当権を設定し、X_2が連帯保証をし、Y_3から1億6000万円の融資を受け、Y_1の変額保険に加入したところ、損失を被り、変額保険契約を解約し、X_1は、Y_1ないしY_3に対して説明義務違反等を主張し、不法行為に基づき損害賠償、X_1、X_2は、Y_4に対して公序良俗違反等を主張し、債務不存在の確認、根抵当権設定登記の抹消登記手続を請求し、Y_4が反訴として求償金の支払を請求した

ものである。第一審判決(東京地判平成13・1・17(平成7年(ワ)第16044号等))が本訴請求を棄却し、反訴請求を認容したため、X_1らが控訴したものである。この判決は、Y_3の従業員がY_2の従業員の適切な判断を誤らせる行為に加担した等とし、原判決中、X_1のY_1ないしY_3に対する請求部分を変更し、本訴請求を認容し、X_2の控訴、X_1のY_4に対する控訴を棄却した。

● 判決内容

「1 不法行為責任
(一) ……によれば、変額保険とは、保険会社が定額保険とは別の特別勘定によって保険料を株式や債券等の有価証券に投資し、その運用実績に応じて保険金額や解約返戻金が変動する生命保険であり、従来の定額保険が安定性重視の運用を行い、仮に運用実績が予定利率を下回った場合でも給付が保障されるのに対し、変額保険は、評価益や売買差益を含めた利益を追求し、経済情勢や運用状況によっては高い収益が期待できる一方、変額保険契約を解約しない限り契約時に定められた一定額の保険金額(基本保険金額)は保障されるものの、株価や為替の変動による損失も生じる、いわゆるハイリスク・ハイリターンの生命保険であり、昭和61年10月に販売が開始されたものであること、解約返戻金は、基本保険金を前提として保険料払込年月数(一時払いの場合は払込後の経過年月数)に基づいて計算された金額と、特別勘定で管理された特別勘定資産のうち当該保険契約に関わる部分である積立金額から基本保険金を支払うために必要な金額を控除した金額との合計額(後者がマイナスであれば、前者の金額を下回ることになる。)が支給されることが認められるところ、高額な不動産等を所有し、将来多額の相続税が自己の相続人に課せられることを不安に感ずる者が、銀行等から保険料を借り入れ、一括して保険料を前払いする変額保険に加入した場合、借入れを増やすことによって資産から債務額を控除し、その結果、相続税を軽減させることができる上に、死亡保険金によって納税原資が得られることが期待できるという点において、理論上は相続税対策となり得るものであり、借入れによる土地購入等の相続税対策と比較すると即効性があり、直ちに相続が開始してもその効果が得られる可能性があると期待されるものであるが、こうした期待は、株式や債券等の市況が好況を続け、変額保険の運用率が借入金の金利を上回ることを前提とするものであり、昭和61年ころから平成元年ころまでの経済状況を前提とする限りにおいては、将来の相続税対策に資するものといえたものの、そのような前提がなければ、多額の借入金とその金利負担によって、相続税対策どころか相続財産そのものを失いかねない危険性を孕むものである。また、解

約返戻金は、死亡保険金と比較して定額にとどまるため、加入後一定期間、変額保険の運用率が借入金の金利を大きく上回ることがない限り、変額保険契約を解約して解約返戻金を受け取ることは予定されていないため、変額保険の被保険者の年齢によっては、相続開始によって死亡保険金が支払われるまでに極めて長期間に及ぶことがあるところ、こうした変額保険による相続税対策は、変額保険の運用利率、保険料支払のための借入金の金利、相続財産の価値の増減、税制度の変遷、相続開始時期といった不確定要素が複雑に絡み合い、将来予測が極めて困難なものというほかない。そもそも、将来、極めて多額の相続税が課せられることを危惧する者が相続税対策を行おうとする趣旨は、投機的な利殖を図ろうとするものではおよそなく、可能な限り確実に相続税の負担を軽減しようとするものであるから、上記のような投機的な危険性を孕み、予測が極めて困難な保険料の借入れを前提とする変額保険は、相続税対策とは相容れない不確実性という側面を有しているものといわざるを得ない。

　このような保険料の借入れを前提とする変額保険の相続税対策としての不確実性に鑑みると、変額保険の加入者の契約当時の年齢、加入する変額保険の規模、加入時期等によっては、相続税対策としては、商品としての適格性を欠くことになる場合もあるというべきであり、そのような場合において、生命保険会社及びその保険募集に当たる者が漫然と変額保険の有利性のみを加入者に強調して保険契約を締結させ、一般の顧客である加入者の変額保険への加入の可否に関する適切な判断を誤らせた場合には、違法と評価せざるを得ないというべきである。

(二)　これを本件についてみると、控訴人らは、将来課せられる相続税の負担を本件各変額保険によって可能な限り軽減しようと期待し、訴外丙川らに勧められるままに１億6000万円もの巨額の借入れをして、保険料額が合計１億円の本件各変額保険に加入したものであるところ、本件各変額保険契約当時、控訴人太郎は65歳、控訴人花子は55歳であって、一般的な平均余命によれば、同時点から控訴人太郎は約15年間、控訴人花子は約28年間生存する可能性が十分考えられ、控訴人太郎が死亡した時点において控訴人花子に係る本件変額保険２を解約したとしても、それまでの期間は、経済情勢の変動という見地から判断すると、予測が極めて困難なほど長く、その間、借入金の金利を上回る変額保険の運用率が約束されるという保障がないことは明らかというほかない。したがって、その借入金額及び保険料額に照らしても、本件各変額保険は、相続税対策を図ろうとした控訴人らの期待に沿うものとは言い難く、商品として適格性を欠いたものといわざるを得ないところ、前記認定事実によれば、訴外丙川らは、控訴人らに対し、保険料が株式や債券等の有価証券に投資されて運用される変額保険の仕組みを説明しており、控訴人らも、損失を被る可能性が全くないとはいえない程度の認識はあったものと推認されるが、訴外丙川らは、変額保険契約等の締結による相続税対策を資金拠出の必要性がないという意味のペイフリープランと名付け、相続税対策の必要性とペイフリープランの有利

性を一方的に強調したものであって、被控訴人ファイナンシャルの被用者である訴外丙川らの行為は、変額保険への加入の可否に関する控訴人らの適切な判断を誤らせたものであって、違法といわざるを得ず、被控訴人ファイナンシャルは、民法715条に基づいて控訴人太郎に生じた後記認定に係る損害を賠償する責任があるというべきである。

……

(四) 次に、被控訴人銀行の責任について検討するに、前記認定のとおり、被控訴人ファイナンシャルは、変額保険を相続税対策に有効であるとして、その顧客拡大に努めるとともに、被控訴人銀行等の金融機関に対しても説明会を開き、変額保険加入者に対する保険料支払資金の融資を働きかけ、これが不動産担保に基づいた融資の拡大を展開していた被控訴人銀行等の金融機関の利害にも一致し、被控訴人銀行の担当者も、被控訴人ファイナンシャルの担当者と連携して、融資を前提とする変額保険の勧誘を行っていたもので、本件においても、被控訴人銀行の被用者である訴外甲田は、被控訴人ファイナンシャルの担当者である訴外丙川と連携して控訴人らに対し本件各変額保険契約の締結を勧めたものと推認され、前記認定事実によれば、訴外甲田も、訴外丙川と同様、相続税対策の必要性とペイフリープランの有利性を一方的に強調し、変額保険への加入の可否に関する控訴人らの適切な判断を誤らせた訴外丙川らの行為に加担したものであることは明らかであって、これまた違法と評価せざるを得ず、被控訴人銀行は、民法715条に基づいて控訴人太郎に生じた後記認定に係る損害を賠償する責任があるというべきである。」

● **事案の特徴**

この事案は、高齢者が生命保険会社、資産運用業者、銀行の各従業員に相続税対策として変額保険を勧誘され、銀行から融資を受け（信用保証業者の連帯保証、根抵当権の設定等も行われた）、保険料を支払って変額保険に加入したところ、損失を被り、解約し、銀行、生命保険会社等に対して説明義務違反等を主張し、不法行為に基づき損害賠償等を請求した控訴審の事件である（第一審判決は銀行等の不法行為責任を否定したものである）。この事案は、高齢者が資産運用会社等の従業員の勧誘により相続税対策として変額保険に加入したこと、銀行の従業員も勧誘したこと、高齢者が銀行から融資を受け、保険料を支払って変額保険に加入したこと、変額保険により損失が生じ、解約したこと、銀行等の説明義務違反等による不法行為責任が問題になったことに特徴がある。

●判決の意義

　この判決は、融資を利用した変額保険を相続税対策として利用するに当たっては一定の経済事情等の前提が必要であること、この前提を欠くと、融資を利用した変額保険はハイリスクであること等を認めたうえ、保険料の借入を前提とする変額保険の相続税対策としての不確実性に鑑みると、変額保険の加入者の契約当時の年齢、加入する変額保険の規模、加入時期等によっては、相続税対策としては、商品としての適格性を欠くことになる場合もあるというべきであり、そのような場合において、生命保険会社およびその保険募集に当たる者が漫然と変額保険の有利性のみを加入者に強調して保険契約を締結させ、一般の顧客である加入者の変額保険への加入の可否に関する適切な判断を誤らせた場合には、違法と評価せざるを得ないとしたこと、この事案では、資産運用業者の従業員が積極的に相続税対策としての融資を利用した変額保険を勧誘し、銀行への働きかけを受け、銀行の従業員もこの勧誘に加担したものであるとし、この事案の時期の変額保険が相続税対策として適格性を欠いた商品であり、変額保険の仕組み等の説明がされたものの、資産運用業者が顧客の適切な判断を誤らせた違法な行為をし、銀行の従業員がこれに加担した不法行為があったとしたことに特徴がある。

　この判決は、銀行の説明義務違反を認めたものではなく、顧客に違法な勧誘をした資産運用業者の従業員に加担した不法行為を認めたものであり、説明義務違反の法理を拡張した不法行為を認めた事例判断を提供するものである。

　この判決は、銀行の融資を前提とし、相続税対策として利用された変額保険取引の構造、時代性を説示したうえ、一定の経済情勢等の事情を考慮し、顧客の適切な判断を誤らせた勧誘が違法になるとの判断基準を採用し、実際にその判断基準によって銀行の不法行為を認めた事例判断として参考になるものである。

(6-25) 銀行の変額保険の勧誘につき使用者責任が肯定された事例（消滅時効が肯定された事例）［東京高判平成15・12・10判時1863号41頁］

●事案の概要●

　X_1（大正4年生）は、平成元年当時、長男X_2とマンションに同居していたところ、銀行業を営むY_1株式会社（株式会社三和銀行）の従業員、生命保険業を営むY_2相互会社の従業員から相続税対策として、Y_1から融資を受け、変額保険に加入することを勧誘され、平成元年8月から10月にかけて、X_2が連帯保証し、Y_1から3億2800万円の融資を受け、Y_2の変額保険に3口加入し、保険料として1億9006万5000円の保険料を支払ったが、変額保険の運用が悪化したことから、X_1が変額保険を解約し、解約返戻金等によって貸金債務の一部を弁済する等したものの、約3億円の損失を被ったため、X_1がY_1、Y_2に対して説明義務違反等を主張し、不法行為に基づく損害賠償等を請求したのに対し、Y_1が反訴として貸金の返還、保証債務の履行を請求したものである。第一審判決（東京地判平成14・1・30（平成11年(ワ)第22286号等））は、X_1の本訴請求を棄却し、Y_1の反訴請求を認容したため、X_1、X_2が控訴したところ、X_1が死亡し、X_2がX_1の訴訟を承継したものである（本訴請求については、訴えが交換的に変更された）。この判決は、Y_2の従業員が変額保険の仕組みによって相続税を支払えるなどと説明し、何らハイリスクを伴うことを説明しなかったことは条理上の説明義務に違反するとし、Y_1の従業員がY_2の従業員に同席し、融資を受けて変額保険に加入して相続税対策を講じる必要性があると誤信させ、安易に融資を受け、弁済できるものと誤解させたものであり、社会的相当性を著しく逸脱したものであるとし、Y_1の使用者責任を認めたものの、消滅時効を肯定し、原判決を変更し、Y_1の反訴請求を一部認容する等し、X_2の請求を棄却した。

6 裁判例の紹介

●判決内容

「(1) 上記二の認定事実によれば、被控訴人銀行の乙山支店長、丙川代理、丁原推進役らは、青山通支店開設準備業務である同支店の顧客開拓の方法として、亡花子及び控訴人一郎に対し、次の行為、すなわち、

① 丙川代理においては、亡花子方への戸別訪問を重ねるまでして、亡花子の資産の保有状況に立ち入り、亡花子に対し、『先行き、相続の点でお困りになることがあり得ますね』と指摘し、このまま何もしなければ相続税が多額に上る旨述べ、亡花子をして後に残される子の控訴人一郎らの大きな負担となるべき相続税に対する不安を抱かせて、相続税対策としての資産運用と被控訴人銀行からの融資受け入れの方向に動機付けをし、

② 丁原推進役においては、被控訴人銀行の専門的な担当者の立場を示して信頼させた上、亡花子の相続税がその当時の価額ではその税額が多くても1億2000万円から1億3000万円であるのにもかかわらずこれが3億円近い税額になると過大な数字を出して説明し、亡花子及び控訴人一郎をして相続税対策を講じる大きな必要性があると誤信させ、

③ 丙川代理及び乙山支店長においては、かねて戊田部長から説明を受けていた戊田部長の融資一体型で本件変額保険に加入する方法による相続税対策について、戊田部長から要請を受けていたように戊田部長に亡花子を紹介することを通じて、戊田部長が自ら亡花子及び控訴人一郎に対し説明し勧誘する機会を設け、かつ、その戊田部長の説明と勧誘を介してその相続税対策の実行上不可欠な一時払いの保険料の払込資金及びその貸し増し利息の支払資金の調達につき亡花子及び控訴人一郎に被控訴人銀行から融資を受け入れさせようとし、戊田部長が、融資一体型で本件変額保険に加入する方法による相続税対策を講じるには自己資金を支払う必要がなく、自己資金0で運用益と銀行借入金との差額を取得することができる旨を説明した際には、これに同席し、被控訴人銀行が当座貸越契約という形態で億単位となると予想される枠を取って本件変額保険の一時払い保険料の払込資金及び貸し増し利息の支払資金を用立てすること及びそのための担保も亡花子の不動産で足りることを説明し、亡花子及び控訴人一郎をして一流銀行である被控訴人銀行が億単位の融資をすることを申し出ることによって被控訴人日本生命とともに融資一体型で本件変額保険に加入する方法による相続税対策を勧誘していると誤信させ、さらに、

④ 丙川代理及び乙山支店長においては、上記の当座貸越契約については、これが法人などの事業者に対する銀行取引の方法であり事業者ではない亡花子の場合にはこれを流用することになるのに、亡花子及び控訴人一郎に対しては、上記の用立てをすることの説明をした際には、亡花子及び控訴人一郎の融資一体型で本件変額保険に加入する方法による相続税対策を講じるかどうかの判断をするに不可欠な、その当座貸越契約により融資する一時払いの保険料の払込資金の貸付金の弁済期、利

息の利率、利息の支払資金の貸付金の弁済期、この貸付金についての利息の有無等の当該当座貸越契約による融資に係る弁済条件について何ら説明をしないで上記のような用立ての申し出をした。
などの行為をそれぞれしたものと認められるところ、乙山支店長らのこのような行為は、被控訴人銀行の銀行としての公共性及び金融機関としての専門性に照らすと、社会的相当性を逸脱する違法なものというべきである。

　この判断について補足すると、上記①及び②の行為が社会的相当性を欠くものであることは明らかであり、また、上記の③の行為についても、被控訴人銀行において亡花子及び控訴人一郎に紹介しようとする戌田部長の融資一体型で本件変額保険に加入する方法による相続税対策のハイリスク性（特に、銀行からの借入元利金を直ちに一括返済する自己資金の用意がないと銀行の担保権が実行されるのを防ぐことができず、所期の相続税対策が全く効果を収め得ないどころか相続税対策を講じてまで保全しようとした不動産を含めその資産をすべて失ってしまうという深刻な結果を招くハイリスクやいわゆるBプランの持つハイリスク）については、金融の専門機関としての被控訴人銀行においては容易にこれを認識し得るところであるのに被控訴人銀行の担当者らはこれに気付いていてもこれに対する警戒感を具体的には何ら表さず、亡花子及び控訴人一郎にそのハイリスク性について具体的に検討させるような片言の助言すら与えることもなく、戌田部長が亡花子及び控訴人一郎に対してその相続税対策の有効性を雄弁に説明する場にただ同席し、亡花子及び控訴人一郎が戌田部長の話を信じていくのをその傍らで見聞し、かえって、戌田部長の説明に呼応するかのごとく亡花子及び控訴人一郎に対し本件変額保険の一時払い保険料の多額の払込資金等を被控訴人銀行において用立てすること及び担保は亡花子の不動産で十分であることを説明し、これらを通じて、戌田部長の説明及び勧誘が亡花子及び控訴人一郎の判断を誤らせるのを助け、かつ、その誤った判断に基づき、亡花子及び控訴人一郎に融資一体型で本件変額保険に加入する方法による相続税対策を講じさせるのを推し進めたと評価することができるのであり、そうすると、これらが社会的相当性を著しく逸脱する行為といわざるを得ないのであり、さらに、上記の④の行為についても、公共性のある銀行として、かつ、金融の専門的機関として、被控訴人銀行においては、亡花子に対し、億単位の多額の一時払い保険料の払込資金及びその貸し増しの利息の支払資金に係る融資を、通常個人顧客に対しては用いることがない当座貸越契約による貸付で実行するというのであれば、その貸付金の弁済期が何時か（弁済期に係る期限の利益を喪失することがあるのかどうかを含む。）、その貸付金の利息の利率はいくらか、利息の支払資金の貸付金の弁済期は何時か、この貸付金が元本にどのように組み入れられるのか等の当該当座貸越契約による貸付に係る弁済条件につき、契約書面を示し、かつ、交付するなど、これに対して十分説明をし、亡花子及び控訴人一郎が融資一体型で本件変額保険に加入する方法による相続税対策のハイリスクに対する判断を誤ることがないように配慮

することが期待されるにもかかわらず、そのような配慮がされた跡がほとんどうかがわれず、上記のような用立ての申し出をして亡花子及び控訴人一郎らに安易に融資を受け得るものと理解させたことは、社会的相当性を逸脱する行為との評価を免れないところというべきである。

そして、乙山支店長らは、上記のような社会的相当性を逸脱する行為をすることを通して、意図したところではないとしても軽率に戊田部長の前記の説明義務違反の行為に加担し、亡花子及び控訴人一郎をして融資一体型で本件変額保険に加入する方法による相続税対策のハイリスクに対する判断を誤らせたものと認められるから、乙山支店長らの上記のような行為は、違法と評価せざるを得ず、これらが不法行為を構成するものといわなければならない、

(2) 乙山支店長、丙川代理、丁原推進役らの被控訴人銀行の担当者の上記の不法行為は、これらの担当者が被控訴人銀行の事業の執行につきなしたものであるから、被控訴人銀行は、これらの担当者の不法行為により亡花子及び控訴人一郎が被った損害について、民法715条に基づく使用者責任としてその賠償義務を負うものといわなければならない。」

●事案の特徴

　この事案は、高齢者が銀行、生命保険会社の従業員から相続税対策として、銀行から融資を受け、変額保険に加入することを勧誘され、銀行から融資を受け、保険料を支払って変額保険に加入し、運用が悪化し、解約し、銀行等に対して説明義務違反等を主張し、不法行為に基づく損害賠償等を請求した控訴審の事件である（第一審判決は銀行等の不法行為責任を否定したものである）。この事案は、高齢者が相続税対策として融資を利用した変額保険を勧誘されたこと、銀行の従業員等から勧誘されたこと、高額の融資を受けたこと、融資により保険料を支払って変額保険に加入したこと、変額保険の運用が悪化し、解約したこと、銀行等の説明義務違反等による不法行為責任が問題になったことに特徴がある。

●判決の意義

　この判決は、銀行の支店長を筆頭に従業員等が高齢者の顧客に対して資産状況を尋ね、積極的に変額保険の勧誘を行ったこと、銀行の信用を背景として勧誘を行ったこと（一流銀行である銀行が億単位の融資をすることを申し出ることによって生命保険会社とともに融資一体型で変額保険に加入する方法による

相続税対策を勧誘していると誤信させたこと等が認定されている）等の事実を認定したうえ、銀行の支店長等の行為が銀行としての公共性および金融機関としての専門性に照らすと、社会的相当性を逸脱する違法なものであるとし、銀行の不法行為責任（使用者責任）を認めたものである（もっとも、損害賠償請求権につき消滅時効による消滅を認めた）。

この判決は、説明義務違反を議論するまでもなく、銀行の支店長等の従業員等の高齢者に対する相続税対策としての融資を利用した変額保険の勧誘が社会的相当性を逸脱したものであり、違法な勧誘であるとし、不法行為責任を認めたものであるが、従来の変額保険に関する銀行の裁判例と比較すると、新たな類型の不法行為を肯定した事例判断として参考になるものである。

銀行の従業員が相続税対策として融資を利用した変額保険取引に関与した場合、関与の内容、態様、程度は多様であるところ、この判決は、銀行の支店が銀行の信用を背景に組織的に高齢者に誤解を与える社会的相当性を逸脱した勧誘を認定したものであり、事案としての特殊性があるが、前記の意味の事例判断として参考になる。

〔6－26〕前記〔6－23〕の控訴審判決であり、銀行の変額保険等の勧誘につき契約の錯誤、不法行為責任が肯定された事例［東京高判平成16・2・25金判1197号45頁］

●事案の概要●

前記の〔6－23〕東京地判平成14・2・27金判1197号55頁の控訴審判決であり、X₁らが控訴したものである。この判決は、相続税対策であることを誤信したことに要素の錯誤が認められるとしたうえ、融資元利金の累積に伴い損害が発生し、拡大する現実の可能性につき十分に説明しなかった説明義務違反がある等とし、原判決を取り消し、請求を認容した。

●判決内容

「(2) 被控訴人富士の責任について

前記二で認定の事実によると、被控訴人富士の担当者も、平成2年6月下旬における A らとの話し合いに加わり、被控訴人日本生命の担当者とともに、本件保険契約の運用に不安がない旨を述べ、A 及び控訴人 X_3 の誤信を強めたものというべきである。

特に、被控訴人日本生命担当者から A らに示された各シミュレーションにおける A の相続財産評価額『5億円』は、原審証人 R の証言によると、被控訴人富士側から R に伝えられたものであることが認められるが、原審証人 P の証言によると、P は、A に変額保険の話を持ちかけた当初から、本件土地建物の時価が2億円程度であると計算しており、相続税額も一応算出して、さほど高額なものでないことを知っていたことが認められるのであり、そうであれば、A らに示された上記相続財産の評価額及びそれに基づく本件保険契約についての説明は、被控訴人富士側から被控訴人日本生命側に対し、実際の金額とは別に、あえて過大な評価額が伝えられたことに基づくものである可能性が強い。

以上によるならば、被控訴人富士の担当者においても、被控訴人日本生命担当者と共同して、A 及び控訴人 X_3 に対し、本件保険契約及びそれと一体となるべき本件融資契約を締結させるに当たって、同契約による融資元利金の累積に伴い、損害が発生、拡大する現実の可能性について十分な説明を行わず、実際に損害が生じることはないものと誤信させたというべきであるから、不法行為責任を免れないものというべきである。

したがって、被控訴人富士においても、本件について民法第715条による責任を負うべきものと考えられる。」

●事案の特徴

この事案は、高齢者が相続税対策として銀行、生命保険会社の従業員から勧誘され、銀行から融資を受け、保険料を支払い、変額保険に加入したところ、運用が悪化し、解約したため、高齢者の死亡後、相続人らが銀行らに対して錯誤、契約の欠陥、適合性の原則違反、説明義務違反、断定的判断の提供、誤った説明、取締法規違反等を主張し、不法行為、債務不履行に基づき損害賠償等を請求した控訴審の事件である（第一審判決である前記の〔6－23〕東京地判平成14・2・27金判1197号55頁は、前記のとおり、銀行の損害賠償責任を否定したものである）。この事案は、高齢者が相続税対策として変額保険を勧誘されたこと、銀行、生命保険会社の従業員から勧誘されたこと（銀

第6章　銀行等の変額保険取引をめぐる裁判例

行の従業員は生命保険会社を紹介しただけであるかが争点になっている)、高齢者が銀行から融資を受け、保険料を支払ったこと、変額保険の運用が悪化し、解約したこと、契約の欠陥、適合性の原則違反、説明義務違反、断定的判断の提供、誤った説明、取締法規違反等が問題になったことに特徴がある。

●判決の意義

　この判決は、生命保険会社の説明義務違反を認めたこと、銀行の損害賠償責任については、銀行の従業員が生命保険会社の従業員とともに勧誘をし、変額保険に不安がないことの誤信を強めたこと等を認定し、変額保険契約およびこれと一体となるべき融資契約を締結させるに当たって、融資契約による融資元利金の累積に伴い、損害が発生、拡大する現実の可能性について十分な説明を行わず、実際に損害が生じることはないものと誤信させたから、不法行為責任を免れないとしたことに特徴がある。

　この判決は、第一審判決である前記〔6−23〕東京地判平成14・2・27金判1197号55頁が説明義務を厳格、限定的に解し、説明義務違反等を否定したのに対し、銀行の従業員の勧誘が変額保険契約と融資契約の締結によって損害の発生、拡大が予見される状況において、顧客に実際に損害が生じることはないと誤信させたとの事実を認定し、不法行為を認めたものであり、不法行為を認めた事例判断として参考になるものである。この判決は、融資契約と一体となって勧誘された変額保険契約の締結に当たって、生命保険会社の従業員の勧誘とともに銀行の従業員の勧誘を併せ考慮し、民法709条所定の不法行為の要件に該当することを肯定したものである。

〔6−27〕銀行の変額保険に係る融資につき錯誤が肯定された事例［横浜地判平成16・6・25金判1197号14頁］

――●事案の概要●――

　A（明治30年生）は、東京都内に不動産を有しており、銀行業を営むY₁株式会社（株式会社横浜銀行）、生命保険業を営むY₂相互会社（日本生命保険相互会社）の従業員の勧誘により相続税対策として融資を受け、

518

変額保険に加入することになり、Y_1から融資を受け、前記不動産、Aの長男X_1の所有する不動産等に根抵当権を設定し、平成元年12月から平成2年2月にかけて4口の変額保険に加入していたところ（保険料合計2億7123万5300円）、変額保険の運用が悪化し、平成7年12月、Aが死亡し、変額保険の運用によって損失が発生したため、X_1、その妻X_2がY_1らに対して主位的に融資契約、保険契約の錯誤無効等を主張し、債務不存在の確認、根抵当権設定登記の抹消、不当利得の返還、予備的に説明義務違反等を主張し、不法行為、債務不履行に基づく損害賠償を請求したものである（その後、X_1が死亡し、X_2、その子X_3が相続し、訴訟を承継した）。この判決は、本件商品は相続税対策の仕組みが全く機能せず、相続税対策商品としての物の性状に欠陥があったとし、要素の錯誤を認め、主位的請求を認容した。

● **判決内容**

「(2)本件各契約の錯誤

ア 本件変額保険契約を含む本件各契約の締結当事者は、契約毎にそれぞれ冬子であり、太郎夫婦であるが、実際には、冬子及び原告花子は、太郎の認識・判断するところに委ね、太郎の意思に従って本件各契約を締結したものと認められ、被告らも、この点を強いて争うものではないから、冬子ら3名の本件各契約における錯誤の有無は、これを主として太郎についてみるのが相当である。以下、主として太郎の認識・判断のもとに、本件における錯誤の成否を検討する（この点は、他の詐欺等の主張に対して判断する場合も同様である。）。

イ ところで、上記(1)イないしエに説示したところによれば、B型の融資一体型の一時払終身型変額保険である本件変額保険は、実際問題としては、Zら3名が本件勧誘において説明し、被告らが主張する相続税対策としての効果を殆ど期待することができず、その本来の目的である本件各土地の確保さえ危うく、更には本件貸金の残債務を負担し続けざるを得ないハイリスクを本件変額保険の保険契約者（ひいて、本件銀行取引約定及び本件変更登記契約の連帯保証人、根抵当権設定者である太郎夫婦）が専ら負担せざるを得ない危険性が極めて高いものであって、相続税対策商品としては、その適格性に疑問があるものといわざるを得ない。そうだとすれば、本件変額保険の加入当時の日生変額保険の運用実績の推移及び本件変額保険に存する上記各問題点を正しく理解していたとしたならば、一般通常人であれば、特

段の事情がない限り、本件変額保険に加入することを含めて多数存在するはずの相続税対策の中からあえて本件変額保険に加入する方法を選択するものと認めることは到底困難である。そこで、まず、本件変額保険契約の締結に当たり、冬子ら3名側（冬子ら3名及び原告春子ら孫3名）にあえてこれを選択すべき特段の事情があったと認められるか否かが検討されるべきである。
ウ　しかしながら、冬子ら3名が本件変額保険契約を含む本件各契約を締結するに至るその端緒は、被告銀行自由が丘支店のKが原告花子に対して相続税対策として変額保険への加入をそれなりに勧誘したことにある。Kからこれを知らされた原告花子からこれを伝え聞いた太郎は、かねてから、近い将来発生するであろう冬子の相続開始に伴い、極めて多額の相続税が課せられることを憂慮し、可能な限り確実に相続税の負担を軽減して本件各土地を確保しようと考えていたことから、知合いの被告会社の保険勧誘員であるSに相談し、さらに、Sがその上司であるZに報告し、そして、Zら3名は、その関与の度合いはそれぞれ異なるが、主として太郎に対し、共同して本件変額保険に加入すべく本件勧誘をしたものである。そして、太郎は、専ら、上記のような相続税対策のために、Zら3名による本件勧誘に乗り、冬子の相続税対策として、少なくともこれが有効なもの、即ち、相続税額の軽減を図り、本件解約返戻金によって本件貸金債務を返済し、なお、その余剰金をもって相続税額を納付（場合によりとりあえず用意して納付した同相当額の補填）することにより本件各土地の確保が可能となるものと認識・判断して本件変額保険契約を締結したものであり、太郎において、投機その他上記相続税対策以外の目的で本件変額保険に加入したものでないことは明らかであるから、冬子ら3名側に上記特段の事情の存在を認めることはできない。
エ　そして、本件勧誘に際し、Zら3名の誰からも、太郎に対し、刊行されている日経マネー（甲103―28―1）や被告会社の社内報である本件エクセレントニュース（甲103―36。被告会社にとって部外秘文書）などに基づき、日生変額保険の昭和61年10月の販売開始以降判明している昭和63年12月まででもその運用実績の具体的数値の推移及びこれが長期下降傾向にあることを説明した証拠はまったくないし、冬子の相続が開始されると、本件当然解約条項により、即時、本件銀行取引約定が当然に解約となって、本件変額保険契約を存続させておく意味が喪失し、その場合には本件変額保険の運用実績としてZら3名が説明した9％よりも遥かに高率の年14％の遅延損害金を付して本件貸金の残元利を即時返還せざるを得ず、そのため、実際問題として、本件変額保険の運用実績が本件貸金の金利を下回っていればこれが上昇好転するまでその解約を見合わせるなどという選択肢はなく、他に返済原資がないことから、結局、本件各土地を他に処分して手放し、又は場合により本件根抵当権が実行され、更には多額な本件貸金の残元利さえ負担し続けざるを得ないこともあり得ること、即ち、リスクについても何ら具体的な説明をしていないから、太郎において、本件変額保険加入当時、Zら3名が繰り返し説明するように本件変額

保険の運用実績がおおむね9％程度で推移し、冬子の相続開始後においても、本件変額保険契約と本件銀行取引約定がなおも併存し、それ以後、仮に本件変額保険の運用実績が本件貸金の金利と比較してこれを下回る場合にはこれを上回るまで解約を見合わせればよく、これにより、冬子の相続に関してそれなりに相続税対策が図られ、本件各土地が確保できるものと認識・判断して本件変額保険契約を含む本件各契約を締結することを決定したものと認められる。そうすると、冬子ら3名は、太郎の認識・判断に従い、当時の社会経済情勢と日生変額保険の運用実績の具体的な数値の推移、B型の融資一体型の一時払終身型変額保険一般に存する上記相続税対策商品としての適格性に関する疑問点及びこれと同型の変額保険である本件変額保険に存する個別的な問題点に存するそれぞれ基本的理解を欠いたまま、本件変額保険契約を含む本件各契約を締結したものと認めざるを得ない。

したがって、太郎、ひいて、冬子ら3（ママ）には、本件変額保険契約を含む本件各契約を締結するにつき、その性状（本件変額保険がB型の融資一体型の終身型変額保険としてのその本来の機能である上記相続税対策効果を発揮するものとして有効性を具備していること）について、錯誤があることは明らかである。」

●事案の特徴

この事案は、高齢者が銀行、生命保険会社の従業員の勧誘により相続税対策として融資を受け、変額保険に加入したところ、運用が悪化し、高齢者が死亡し、損失が発生したため、相続人らが銀行らに対して融資契約、保険契約の錯誤無効、不法行為、債務不履行等を主張し、損害賠償等を請求した事件である。この事案は、高齢者が相続税対策として変額保険に加入したこと、銀行の従業員らから融資による変額保険の加入を勧誘されたこと、高額な融資を受け、保険料が支払われたこと、錯誤無効、説明義務違反等が問題になったことに特徴がある。

●判決の意義

この判決は、融資を利用した変額保険は相続税対策としての効果をほとんど期待することができず、ハイリスクを変額保険の保険契約者、連帯保証人・根抵当権設定者が専ら負担せざるを得ない危険性が極めて高いものであり、相続税対策商品としての適格性に疑問があるとしたこと、この事案の変額保険の加入当時の運用実績の推移、変額保険に存する各問題点を正しく理解していたとしたならば、一般通常人であれば、特段の事情がない限り、変

第6章　銀行等の変額保険取引をめぐる裁判例

額保険に加入することを含めて多数存在するはずの相続税対策の中からあえて変額保険に加入する方法を選択するものと認めることは到底困難であるとしたこと、変額保険契約、融資契約等の契約を締結するにつき、その性状（変額保険が融資一体型の終身型変額保険としてのその本来の機能である相続税対策効果を発揮するものとして有効性を具備していること）につき錯誤があることは明らかであるとしたことを判示しているものであり、要素の錯誤を肯定した事例判断として参考になる。

　この判決は、融資を利用した変額保険取引が相続税対策としての効果がほとんど期待できなくなった状況において、高齢者、相続税対策、高額な融資、融資との一体型変額保険という特徴のある融資取引、変額保険取引等を錯誤により無効としたものであり、金融機関にとって重要な教訓となる内容である。

(6-28) 銀行の変額保険の勧誘につき説明義務違反が肯定された事例［東京地判平成17・10・31判時1954号84頁、金判1229号12頁］

●事案の概要●

　Aは、銀行業を営むY₆株式会社（株式会社東京三菱銀行）、生命保険業を営むY₁相互会社（明治安田生命保険相互会社）の各従業員から相続税対策として融資を受けて変額保険に加入することを勧誘され、Y₆から合計7億5600万円の融資を受け、Y₇株式会社に保証委託をし、Aとその養子Xは、所有不動産に求償債権のために根抵当権を設定し、平成2年10月以降、Y₁の変額保険に加入し、続いてY₂相互会社（日本生命保険相互会社）、Y₃相互会社（住友生命保険相互会社）、Y₄株式会社（エイアイジー・スター生命保険株式会社）、Y₅相互会社（第百生命保険相互会社）の変額保険に加入したところ、変額保険の運用が悪化し、Aが変額保険を解約し、損失を被ったため、Aの死亡後、Xが遺産分割によって変額保険の契約上の地位を承継し、Y₁ないしY₆に対して不法行為、債務不履行に基づき損害賠償等、Y₇に対して根抵当権設定登記の抹消

登記手続等を請求したものである。この判決は、Y_1 らの説明義務違反、Y_6 の説明義務違反を認め、Y_1 ないし Y_6 に対する請求を認容し、Y_7 に対する請求を棄却した。

●判決内容

「(3) 被告銀行の責任について
ア　いわゆる融資一体型変額保険における融資契約と変額保険契約の関係は、それぞれ前者が後者の手段、後者が前者の目的となるべきものではあるが、とりわけ、相続税対策を目的とする融資一体型変額保険においては、それにとどまらず、前記のとおり、利息を含む融資金額と一時払保険料の額との差額に減税効果を見いだすことを目的とするものである。したがって、融資契約の締結は、このような相続税対策のスキームの中に取り込まれ、それ自体自己目的化しており、その経済的な機能は、変額保険契約と一体不可分のものであって、融資をする側もこれに重大なかかわりを持っているというべきである。したがって、金融機関の担当者が、顧客に対し、顧客に融資する前提で、相続税対策として融資一体型変額保険を紹介し、また、その加入を勧誘するような場合には、生命保険会社の担当者と同様、顧客が融資一体型変額保険の仕組みやその危険性等について十分に理解することができるようにするため、その利害得失や変額保険の構造及び性質に加え、変額保険の解約返戻金等が株価や証券の価格の変動等により左右されるものであり、相続税対策として効果があるのはごく限られた場合にとどまるものであること及びそのゆえん等を具体的に自ら説明し、又は生命保険会社の担当者に説明させるべき義務があり、漫然と変額保険の有利性のみを強調する保険会社の担当者の説明を容認し、又はその説明するとおりに任せるなどして、一般の顧客において変額保険の加入の可否について適切な判断ができないまま契約締結に至らせた場合には、上記紹介や勧誘は違法というべきである。
イ　Rは、被告銀行元住吉支店の大口の取引先であった原告宅の訪問を重ねるうち、原告一家の資産状況を把握するに至ったことから、その相続税を試算しその結果を原告及び春子に告げた上、冬子死亡後の相続税対策に不安を抱く原告及び春子に対し、相続税対策として融資一体型の変額保険があることを教示し、Sを紹介したものであること前判示のとおりであるから、Rとしては、原告及び春子が融資一体型変額保険の仕組みやその危険性等について十分に理解ができるようにするため、その利害得失や変額保険の構造及び性質に加え、変額保険の解約金等が株価や証券の価格の変動等により左右されるものであり、相続税対策として効果があるのは典型的には限られた場合にとどまるものであること及びそのゆえん等を具体的に自ら説明し、又はSをして説明させるべき義務があったというべきである。

しかしながら、Rは、原告宅に同行したSが原告及び春子に対して変額保険について説明する場に同席し、本件セットプランや本件シミュレーション２等を示しながら、変額保険の有利性を強調するSの説明を見聞していたにもかかわらず、自らは、変額保険の上記危険性やその構造、更には、変額保険が危険であることのゆえん等について全く説明等をせず、Sの説明するがままに任せたこと前示のとおりであって、Rのこれら一連の行為は、上記説明義務ないし保険会社の担当者に説明させる義務に違反するものとして違法の評価を免れないものというべきである。
ウ　そして、Rの上記行為は、被告銀行の業務執行の過程においてなされたものであることが明らかであって、被告銀行は、民法715条1項に基づき、Rの上記説明義務違反の行為によって生じる原告の損害について賠償の責めを負うものというべきである。」

●**事案の特徴**

　この事案は、高齢者が銀行、生命保険会社の各従業員から相続税対策として融資を利用して変額保険に加入することを勧誘され、高額の融資を受け、複数の生命保険会社の変額保険に加入し、運用が悪化し、損失を被ったことから、死亡後、相続人らが銀行等に対して損害賠償等を請求した事件である。この事案は、高齢者が相続税対策として変額保険に加入したこと、銀行の従業員らから融資を受けて変額保険に加入することを勧誘されたこと、高額の融資を受けたこと、複数の生命保険会社の変額保険に加入したこと、銀行らの説明義務違反による債務不履行責任、不法行為責任等が問題になったことに特徴がある。

●**判決の意義**

　この判決は、金融機関の担当者が相続税対策として融資を利用した一体型変額保険を紹介し、勧誘するに当たっては、生命保険会社の担当者と同様に、この変額保険が相続税対策として効果があるのはごく限られた場合にとどまるものであり、そのことおよびそのゆえん等を具体的に自ら説明し、または生命保険会社の担当者に説明させるべき義務があるとしたこと、金融機関の担当者が漫然と変額保険の有利性のみを強調する保険会社の担当者の説明を容認し、またはその説明するとおりに任せるなどして、一般の顧客において変額保険の加入の可否について適切な判断ができないまま契約締結に至

らせた場合には、紹介や勧誘は違法であるとしたこと、この事案では、銀行の担当者が生命保険会社の担当者が変額保険の有利性のみを強調して説明したことを見聞しながら、変額保険の危険性、構造、危険であることのゆえん等を全く説明しなかったことにつき説明義務違反があり、違法であるとしたことを判示している。

　この判決は、従来の裁判例と比較すると、融資と一体型の変額保険取引について金融機関が変額保険を紹介した場合にも金融機関の説明義務を負うことがあるとし、説明の内容も変額保険の危険性のみならず、その理由等も説明すべきであるとして説明義務の範囲を拡大するとともに、実際にも生命保険会社の担当者が変額保険の有利性を強調した説明を見聞していた状況においてその説明に任せていたことが説明義務違反に当たるとしたものである。

　この判決も、融資を利用した変額保険取引が相続税対策としての効果がほとんど期待できなくなった状況において、高齢者、相続税対策、高額な融資、融資との一体型変額保険という特徴のある融資取引、変額保険取引等が問題になったという特徴があるが、この判決の理論、判断基準は検討が必要である。もっとも、金融機関にとっては、このような判決がされる可能性があるから、今後、高齢者を顧客とする投資取引を勧誘し、あるいは紹介する場合には、法的に重大なリスクの一つとして考慮する必要がある。

第7章

銀行等の付随業務をめぐる裁判例

1 銀行等の付随業務の位置付け

　銀行等の金融機関は、貸付取引、預金取引といったコアな業務のほか、法令上、限定された範囲で付随業務が認められている（すでに紹介した投資取引も主要な付随業務である）。銀行等が実際に行っている付随業務が法令の解釈上付随業務に該当するかは、原則として銀行法等の関連する法令違反の問題を生じるだけであり、取引の効力、債務不履行、不法行為に基づく損害賠償責任に直接に影響があるわけではない。実際、銀行等が資産を保有する顧客等にどのようなサービスを提供しているか等は興味深いところであるが、銀行等の付随業務は広く行われているものであり、これらの業務をめぐる紛争が生じることも当然に予想される。

　なお、本書では、信託銀行が当事者となった裁判例を取り上げることが少なくないが、信託銀行は、銀行法上の銀行であるところ、金融機関の信託業務の兼営等に関する法律（兼営法）によって信託業務を兼営することが認められている。信託銀行は、内閣総理大臣の認可を受けて、信託業法2条1項に規定する信託業のほか、政令で定めるものを除くほか、兼営法1条1項に列挙する業務を営むことができるとされている（信託業務）。信託銀行にとっては、信託業務もコアな業務の一部ということができるが、本書では、銀行等の金融機関一般のコアな業務である貸付取引、預金取引等の業務との関係で、付随業務の一部として検討を進めることにしている。

2 付随業務と保有資源の活用

　銀行等の金融機関が利益を上げようとすると、貸付業務のほかには、保有する経営資源、事業資源を活用することが考えられるが、保有する資源であれば何でも自由に活用できるわけではない。事業者が保有する経営資源、事業資源を活用しようとする場合、法令上の制限、契約上の制限、取引通念上

2 付随業務と保有資源の活用

の制限を受けることは当然であり、銀行等だけがその例外ではない。事業者が保有する経営資源、事業資源は、多種多様なものがあり、事業者の業種、事業の内容ごとに資源の内容、態様が異なる。経営資源、事業資源としては、たとえば、継続的な取引関係、役職員の事業経験、事業上のノウハウ等も重要な資源であるし、最近は、事業者の経営、事業、取引そのものがコンピュータによって処理され、管理されることが一般化し、情報として取得され、管理され、加工され、活用されることが通常であるため、経営、事業において情報の経営資源、事業資源としての価値が一段と高まっている。特に銀行等は、顧客との取引を通じて、顧客、その関係者等の資産、負債、信用、取引履歴、属性等の情報を取得し、保有するものであるが（この情報は、取引の相手方である顧客に限らず、顧客の関係者、顧客の取引先等の情報が含まれる）、このような情報が銀行等の主要な事業である貸付、預金等の取引以外の事業にも有用なものであり、これらの情報を経営、事業の新たな展開に活用しがちになることは自然の勢いであろう。しかも、銀行等が取得し、管理する顧客等の情報は、銀行等の取引だけでなく、他の業種の事業者にとっても有用であることが多く、これらの事業者に情報を提供したり、業務提携等によって情報の活用範囲を拡大しようとする誘惑に駆られることも容易に予想できよう。

　しかし、情報が個人から取得したものである場合には、個人情報の保護に関する法律（個人情報保護法）の制限を受けるものであるし、顧客の情報であれば、守秘義務違反の問題が生じ得るし、さらに信用毀損、業務妨害等の不法行為、銀行等の業務に関する法令違反の問題も生じうるものである。すでに紹介した銀行等の変額保険取引をめぐる裁判例の中にも、銀行等が顧客情報を利用して変額保険取引の勧誘、紹介に利用した事例が多く含まれているところであり、銀行等の顧客等の情報管理、利用についての問題の一端を明らかにしたということができる。高度情報化の社会が急速に進行し、社会全体が情報の取扱いにつき敏感になっているが、銀行等にとって顧客等の情報の取扱いの仕方によっては、新たな法律問題が生じうることが容易に予想

される。

3 付随業務の違法性の意義

　銀行等の付随業務は、銀行等の業務に対する銀行法等の銀行等に関する法令に基づく監督行政が問題になる場面における意義と取引の効力、銀行等の損害賠償責任等の私法が問題になる場面における意義とは必ずしも同じではないが、本来は、監督行政における付随業務の違法性・適法性を前提として私法における付随業務の適否を考慮すべきである。

　銀行等の付随業務に対する監督行政上の取扱いと私法上の裁判例を比較対照すると、裁判例のほうが銀行等の付随業務を緩やかに解し、その適法性を緩和しているようであるが、判決文を読む限り、銀行等の付随業務に関する規定を適切かつ合理的に解しているとはいい難いし、銀行法等の法令違反の有無・程度が直ちに私法に影響を与えないとの判断姿勢がみられることによるものと推測される。

　本書で取り上げているような銀行等の付随業務が銀行等の取引の効力、私法上の責任の有無の場面で問題になっている裁判例においては、銀行等の付随業務の適法性、適否の判断は、仮に適法であり、適切であると判断したものであっても、銀行法等の法令上適法であるとはいえないものである。

4 裁判例の紹介

　銀行等の付随業務は、今後ますます重要になっていくことが予想されるが、これをめぐる紛争も増加することになるところ、従前のこの分野の裁判例を紹介しておきたい。

(7－1) 信託銀行の守秘義務違反、プライバシー侵害による不法行為責任が否定された事例［東京地判平成3・3・28判時1382号98頁、判タ766号232頁、金法1295号68頁、金判880号31頁］

●事案の概要●

Xは、信託銀行業を営むY$_1$株式会社（東洋信託銀行株式会社）との間で貸付信託契約を締結し、貸付信託口座を開設していたところ、不動産業を営むY$_2$株式会社主催のアパート経営勉強会の案内状等が封入されたY$_2$名入りの封筒が郵送されたが、封筒にY$_1$におけるXのお客様番号が印字されていたため、XがY$_1$らに対して守秘義務違反、プライバシーの侵害を理由に損害賠償を請求したものである。この判決は、宛名ラベルの貼られた郵便物の投函を依頼したことが守秘義務の対象となる私的情報に当たらない等とし、債務不履行、不法行為を否定し、請求を棄却した。

●判決内容

「4 そして、前記2認定の事実よれば、本件勉強会への参加者は被告らがそれぞれ独自の基準で決め、互いにその名前を明らかにしていないこと、被告東洋信託は、本件勉強会の開催の案内状等の発送にあたっては、その従業員において顧客の宛名ラベルを封筒に貼り付け、案内状等を封入するなどの作業を行ったもので、被告積水ハウスに対しては、専らその投函行為だけを依頼し、本件封筒を含む調布支店の顧客宛の封筒を段ボール箱に入れたまま預けたに過ぎないこと、被告積水ハウスは、右段ボール箱を一晩保管した後、投函したものであり、右保管中に、同被告の従業員において、ことさら右段ボール箱の中身を見る必要もなく、見るような状況にもなかったことが認められる。

そうすると、右認定の本件事情の下においては、原告の主張するように、被告東洋信託が被告積水ハウスに対し、調布支店の顧客である原告に関する本件情報を提供した、すなわち、被告積水ハウスの事業目的のために同被告に利用させたということはできないから、その余の点について判断するまでもなく、右を理由とする被告らに対する損害賠償請求は失当である。

5 もっとも、右にみたように、本件封筒の表面に貼り付けられた本件宛名ラベルを見れば、原告が被告東洋信託と何らかの取引関係を有していることや原告の住所等を知りうる状況にあったから、被告東洋信託は、右投函依頼行為により、被告積

水ハウスに対し、原告の主張する本件情報を知る機会を生じさせたといえなくもない。

　そこで、右が原告の主張するプライバシー権を侵害する等被告東洋信託が負うとされる守秘義務に反するかどうかについて検討する。

（一）　憲法13条の定める個人の尊重の理念は、すべての国民が個人として尊重され、国家などの不当な干渉から自由であることによってはじめて自由や幸福追求に対する権利を享受できることを明らかにしているものであるが、その理念に照らすと、人が国家などにより他人に知られたくない個人の私的事柄をみだりに不特定または多数人に対して公表されることや、また他人に知られたくない個人の私的事柄をみだりに第三者に漏洩されることを許さないことが要請されるところである。そして、右の要請は、今日の情報の発達した社会においては、国民と国家との間の関係に止まらず私人相互間においても事情の許す限り妥当すると解すべきであり、その見地から右の要請は私法上の法律関係においても保護に価するものというべきである。

（二）　ところで、銀行と預金契約を結んだ者（以下『預金者』といい、これに対し、預金者が預金契約を結んだ銀行を、以下『取引銀行』という。）は、預金者の財産を管理するという銀行業務の性質上、預金の預入れ・払戻しの状況、残高のみならず、その資産状況、信用状態、身分関係、病気等の私生活上の事柄まで取引銀行に知られる場合があるが、右はいずれも一般には知られていない個人の私的事柄に属することであり、当該預金者が公開を欲しないであろうと認められるものであるから、当該預金者がこれらの情報をみだりに他人に知られないことは、前記説示からも法律上保護に価するものということができる。

　したがって、取引銀行は、銀行制度及びその業務の性質上、当然に預金者の預金の内容等の一定の私的な情報について秘密を守るべき義務を負うものであるから、取引銀行が職務上知り得た右の私的な情報を正当な理由なく右守秘義務に反して不特定または多数人に公表し、または第三者に漏泄した場合には、原則として、債務不履行あるいは不法行為責任を負うというべきである。そして、それは、取引銀行が右私的な情報を共同事業のために利用する際にもあてはまるから、取引銀行が共同事業の相手方にこれを正当な理由がなく漏泄した場合は、右同様の責任を負うというべきである。

（三）　これを本件についてみるに、前記認定の事実によれば、被告東洋信託が行ったことは、同被告の顧客の宛名ラベルの貼られた本件封筒を含む郵便物の投函を共同事業者である被告積水ハウスに依頼したに過ぎないのであり、その場合、本件封筒等の表面に受取人である原告らの住所、氏名、お客様番号が記載されていたが、被告積水ハウスは、その保有の目的などから本件封筒等の表面の記載には全く関心を有しておらず、その記載を子細に見ることもなかったといえる。

　そうすると、右によって、被告積水ハウスに対し、被告東洋信託と受取人である原告らとの間に何らかの取引関係があることを知る機会を生じさせたことは否定で

きないとしても、それが直ちに前記守秘義務の対象となる一定の私的情報に当たるとまではいえるかは疑問が残り、仮にこれに当たるとしても、右態様からみて、それは被告東洋信託において前記守秘義務に反して原告の主張する本件情報を被告積水ハウスに漏泄したというにはあたらないというべきである。

　また、原告は、プライバシー権を情報をコントロールする権利であるとして、取引銀行は、その保有する個人情報を漏洩すなわち第三者の認識可能な状態に置いてはならない守秘義務を負う旨主張する。そして、弁論の全趣旨によれば、確かに私人相互間においても、国民の私的な情報の管理が適切になされることが時代の要請の一つとなっていることが窺われ、それは取引銀行における預金者の情報管理の在り方、守秘義務の内容にも影響を及ぼすことは否定しえないとしても、現行法上、前記説示の守秘義務を超えて右主張のように解すべき明白な根拠もない。なお、前記認定の本件事情の下においては、右主張を前提としても、被告東洋信託の本件封筒等の投函依頼行為をもって当然に右主張の守秘義務違反に当たるとまでいえるかは、疑問の残るところである。

　そうすると、いずれにせよ、被告東洋信託に守秘義務に違反した債務不履行があるとか、プライバシー権侵害の不法行為があるということはできない。

（四）　なお、原告は、被告東洋信託の顧客用宛名ラベルを貼付した郵便物を、被告積水ハウス名義で送付すること自体、原告に精神的ショックを与えるもので、被告らの共同不法行為に当たる旨も主張する。

　前記認定のとおり、右の点について原告が不審を抱いたことは認められ、したがって、被告らに、少くともこの点についての配慮に欠けていたことは否定しえないが、前記認定のように、本件勉強会が被告らの共同事業であり、また、本件封筒の中には、協力被告東洋信託調布支店の記載がされていることをも考慮すると、右の点が直ちに違法であり、被告らの共同不法行為に当たるということもできない。」

　判例評釈として、飯塚和之・判タ778号48頁、松本崇・金法1295号2頁がある。

● 事案の特徴

　この事案は、個人が信託銀行と取引があったところ、不動産業者からアパート経営勉強会の案内状が送付され、封筒に信託銀行の顧客用の宛名等が貼付されていたことから、個人が信託銀行、不動産業者に対して守秘義務違反、プライバシーの侵害による不法行為等に基づく損害賠償を請求した事件である。この事案は、信託銀行と不動産業者が信託銀行の顧客等を対象としてアパート経営勉強会を開催したこと、勉強会への案内状は不動産業者名で

送付されたこと、信託銀行が顧客を不動産業者に勉強会のために紹介したこと、信託銀行が顧客の氏名、住所を開示したこと、信託銀行の守秘義務違反、プライバシーの侵害が問題になったこと、信託銀行の不法行為責任が問われたことに特徴がある。

●判決の意義

　この判決は、信託銀行の顧客用の宛名ラベルが封筒に貼付されていたものであり、不動産業者に顧客の情報を利用させたとはいえないとしたこと、銀行は、預金者の財産を管理するという銀行業務の性質上、預金の預入れ・払戻しの状況、残高のみならず、その資産状況、信用状態、身分関係、病気等の私生活上の事柄であり、預金者が公開を欲しないであろうと認められるから、これらの情報をみだりに他人に知られたくないことは法律上保護に価するとしたこと、銀行は、銀行制度およびその業務の性質上、当然に預金者の預金の内容等の一定の私的な情報について秘密を守るべき義務を負うとしたこと、銀行が職務上知り得た私的な情報を正当な理由なく守秘義務に反して不特定または多数人に公表し、または第三者に漏泄した場合には、原則として、債務不履行あるいは不法行為責任を負うとしたこと、この理は銀行が預金者の私的な情報を共同事業のために利用する際にも当てはまるとしたこと、この事案では、信託銀行の前記行為に照らし、守秘義務に違反して第三者に漏泄したとはいえないとしたこと、プライバシーの侵害にも当たらないとしたこと、信託銀行の不法行為を否定したことに特徴がある。

　この事案は、現在では、個人情報保護法の適用を受けるものであるが、当時は、同法は制定、施行されていなかったものである。この事案は、現時点においては、個人情報保護法の観点からの検討も必要であるが、この判決は、信託銀行の顧客情報について守秘義務違反、プライバシーの侵害を否定した事例判断として参考になるものである。控訴審判決につき〔7-2〕参照。

〔7-2〕前記〔7-1〕の控訴審判決であり、信託銀行の守秘義務違反、プライバシーの侵害による不法行為責任が否定された事例〔東京高判平成4・2・3金法1347号27頁、金判910号20頁〕

●事案の概要●

　前記の〔7-1〕東京地判平成3・3・28判時1382号98頁、判タ766号232頁、金法1295号68頁、金判880号31頁の控訴審判決であり、Xが控訴したものである。この判決は、郵便物の投函を依頼しても個人情報の提供、漏洩には当たらないとし、控訴を棄却した。

●判決内容

「当裁判所も、(1)本件勉強会が催されるに至った経緯、趣旨、態様などから、本件勉強会は被控訴人積水ハウスと被控訴人東洋信託の共催であったとみるのが相当であり、被控訴人東洋信託の用いた封筒が被控訴人積水ハウスの名入りのものであったこと、通信費用も含め本件勉強会の費用の大部分は被控訴人積水ハウスの負担で行われたとしても、そのことは直ちに本件勉強会が専ら被控訴人積水ハウスの業務の目的で行われ、被控訴人東洋信託の業務の目的外であったことにはならないと認められること、(2)また、被控訴人東洋信託が、被控訴人積水ハウスの用意した同社の名入りの封筒に、本件勉強会のリーフレット類を入れた上、被控訴人東洋信託の用意した顧客番号の入った顧客への宛名ラベルを貼付して、これを被控訴人積水ハウスに交付して投函を依頼した行為も、原審における証人町本尚、同松本隆二の各証言によれば、要するに、被控訴人東洋信託としては、自己の顧客に被控訴人積水ハウスと共催の不動産運用のための勉強会開催の案内をするにあたり、通信費用等の節減等の目的からそのような手順、過程を踏んだに過ぎず、被控訴人東洋信託と被控訴人積水ハウスとの間では、案内状を送付する各顧客の選定などは相互に独自に行い、それぞれの顧客に関する情報については互いに一切関知せず、融通し合うこともしないことが予定され、実際にも被控訴人積水ハウスにおいて、被控訴人東洋信託から本件の宛名書きの貼付された封筒を預かる過程で、その宛名の記載から、本件勉強会に関わる何らかの被控訴人東洋信託側の顧客情報を得たと認めるに足るような証拠は全く見出しがたいから、控訴人の主張するような本件の「お客様番号」等の情報が保護に値する個人情報に該当するか否かを論ずるまでもなく、本件においてはそのような個人情報の提供があったとは言い難いことは明らかであり、また、被控訴人東洋信託において、本件宛名カードが貼付された郵便物を被控訴人積水ハウスに投函のため預けるに至った前記経緯、被控訴人積水ハウスが保管していた時

間、場所などから考察して情報の漏洩があったとも認めがたく、したがって、控訴人の本訴各請求はいずれも理由がないから、棄却すべきである、と判断するものであるが、その理由は、次のとおり付加するほかは、原判決の理由説示と同一であるから、これを引用する。」

●判決の意義

　この判決は、基本的に第一審判決である前記の〔7－1〕東京地判平成3・3・28判時1382号98頁、判タ766号232頁、金法1295号68頁、金判880号31頁を引用するものであり、第一審判決と同様に、信託銀行の顧客情報について守秘義務違反、プライバシーの侵害を否定した事例判断として参考になるものである。

〔7－3〕信託銀行の不動産小口化商品の取引につき賃貸人の地位の承継、保証金の返還義務の承継が認められた事例［東京地判平成5・5・13判時1475号95頁、金法1367号139頁、金判924号17頁］

　　　　　　　　　　　●事案の概要●

　Aは、ビルを建築し、Bに売却するとともに、これを賃借し、その大部分をXに転貸し、明渡し時に20％を償却する旨の特約で保証金の交付を受けていたが、その後、AがBからビルを買い戻したうえ、Cら39名の者に共有持分を譲渡し、Cらは、信託銀行業を営むY株式会社（安田信託銀行株式会社）に各持分権を信託譲渡したところ、YがDにビルを賃貸し、DはAに転貸し、Aが破産宣告を受け、AとXとの間の賃貸部分の賃貸借契約が終了したため、XがYに対して償却相当分を控除した保証金の返還を請求したものである。この判決は、賃貸人たる地位が信託銀行に承継されたとして、請求を認容した。

●判決内容

「二　そこで、右の争点について検討すると、先ず、原告は、本件全体ビルの賃借人たる訴外アーバネットから一部の転借を受けたものであって、所有者から賃借したものではないのであるから、この場合において、所有者たる賃貸人がその後目的

不動産を他に譲渡したとしても、それによって原告に対する賃貸人たる地位に承継や異動の生じる余地がないことはもとより当然であるけれども、本件においては、賃借人であった訴外アーバネットが賃貸人の訴外日本都市から本件全体ビルを買い戻して、その所有権を取得したのであるから、これによって訴外日本都市と訴外アーバネットとの間の本件全体ビルの賃貸借契約は、その存立の基盤を失い、混同によって消滅することは明らかであり、したがって、その後における法律関係は、結局、本件全体ビルの持分が所有者たる賃貸人であった訴外アーバネットから持分権者らに売り渡され、さらに、持分権者らがこれを被告に信託譲渡した場合における原告に対する賃貸人の地位の承継ないし異動の有無として考えれば足りるところである。

そして、賃貸人が賃貸借の目的たる建物を第三者に売買するなどして譲渡したとき、右賃貸人と引渡しを受けた賃借人との間の賃貸借関係における貸主たる地位は、そのまま右第三取得者に当然に承継されるものであり、右第三取得者は、保証金が預託されていたことを知っていたかどうかなどにかかわらず、契約条件に従ってこれを賃借人に返還すべき義務を負うのであって、この場合において、賃貸人と第三取得者とが第三取得者において賃貸人たる地位を承継しない旨の合意をしても、それだけでは賃借人に対して効力を生じる余地はないものというべきである。

このことは、建物の売買その他の譲渡が先にみたようないわゆる『不動産小口化商品』としての取引形態の一環として行われた場合においても、別異に解すべき理由はない。本件においては、被告と訴外芙蓉総合リース株式会社との間及び訴外芙蓉総合リース株式会社と訴外アーバネットとの間において、それぞれ本件全体ビルについての転貸を使用目的とした賃貸借契約が締結されているけれども、これらの賃貸借契約は、先にみたとおり、被告が信託を受けた本件全体ビルについての新たなテナントの募集、管理等を訴外アーバネットに行わせるという目的に出たものであることが明らかであるし、これらの賃貸借契約と既に訴外アーバネットと原告との間において締結されていた本件賃貸借契約とが相俟って、訴外アーバネットを貸主とする新たな賃貸借契約が成立したものとみる余地もないものと解するのが相当である。そのように解するのでなければ、いったん所有者との間のものとして成立した賃貸借契約が、原告の意思にかかわりなく、転貸借関係に転化してしまうことになって、不当に原告の利益を害することになるおそれがあるからである。また、信託法上の信託にあっては、債務自体又は積極財産と消極財産とを含む包括財産を信託の目的とすることはできないけれども、保証金の返還債務等を含む賃貸借関係は、賃貸目的物の所有権と結合した一種の状態債務関係ということができるから、公租公課の負担を伴った財産権などと同様に、右のような賃貸借関係を伴った不動産を信託の目的とすることは許されるものと解することができる。

したがって、本件賃貸借契約における貸主たる地位は、訴外アーバネットが持分権者らに、持分権者らが被告に、それぞれ本件全体ビルを売買し又は信託譲渡した

ことによって、持分権者らを経て被告に当然に承継されたもの……である。」

●事案の特徴

　この事案は、ビルが賃貸され、保証金の交付を受けて転貸された後、ビルの共有持分権が多数の者に譲渡され、さらに信託銀行に信託譲渡される等したところ、転貸借契約が終了したため、転借人が信託譲渡を受けた信託銀行に対して保証金の返還を請求した事件である。この事案は、不動産（ビルの大部分）の小口化商品の共有持分が信託銀行に信託譲渡されたこと、不動産につき賃貸借契約、転貸借契約が締結され、転借人が保証金を交付していたこと、賃貸借契約、転貸借契約が終了したこと、信託譲渡を受けた信託銀行が賃貸人の地位を承継するか（賃貸借契約の混同による消滅等の経過があるが、詳細は判決文参照）、信託銀行が保証金の返還義務（実質的には、敷金の返還義務が問題になったものであり、この事案の保証金が敷金としての性質を有することが前提となっている）を負うかが問題になったことに特徴がある。

　信託銀行は不動産投資商品において不動産の信託譲渡を受ける等して取引に関与するが、この事案では、信託譲渡を受けた信託銀行が賃貸人の地位を承継することがあるか（判例、学説上、賃貸不動産の所有権が移転した場合には、当然に新所有者が賃貸人の地位を承継すると解されているが、信託譲渡の場合の取扱いが問題になったわけである）、仮に承継した場合、保証金（敷金）の返還義務を負うかが問題になった興味深い事件である。

●判決の意義

　この判決は、賃貸人が賃貸借の目的たる建物を第三者に売買するなどして譲渡したとき、賃貸人と引渡しを受けた賃借人との間の賃貸借契約における貸主たる地位は、そのまま第三取得者に当然に承継されること、第三取得者は、保証金が預託されていたことを知っていたかどうかなどにかかわらず、契約条件に従ってこれを賃借人に返還すべき義務を負うこと、この場合、賃貸人と第三取得者とが第三取得者において賃貸人たる地位を承継しない旨の合意をしても、それだけでは賃借人に対して効力を生じる余地はないこと、この理は、建物の売買その他の譲渡が不動産小口化商品としての取引形態の

一環として行われた場合でも別異に解すべき理由はないことを判示したものであり、理論的にも、事例判断としても参考になるものである。この判決は、賃貸不動産の譲渡と賃貸人の地位の承継に関する従来の判例を不動産小口化商品の取引にも適用したものであるところに大きな特徴があるが、信託銀行にとっては予定外の負担を負うものであるのに反し、転借人にとっては敷金（保証金）の返還義務の履行を確実にする意義があることになる。控訴審判決につき〔7－9〕、上告審判決につき〔7－13〕参照。

〔7－4〕信用組合の守秘義務違反による不法行為責任が否定された事例［大阪地判平成5・11・26金判966号28頁］

●事案の概要●

Xは、AがY₁信用組合（信用組合大阪商銀）に対して負う債務のために自己所有の不動産に根抵当権を設定したところ、その後、X、A、Y₁においてA、XがY₁に債務を負うことを確認し、その一部を即時支払、その余を分割支払する合意をし、A、Xがこれを完済したものの、Xの抹消登記の要求にもかかわらず、Y₁がこれをしないでいたところ、Y₁の代表理事Y₂が、新聞を発行するBに対して、A、Xに関する利息計算書を交付し、利息債権の支払がないので抹消登記手続をしない旨を述べ、BがこれをCにみせたところ、Cがこの不動産を担保にXに融資をすること等になっていたのに、この融資を中止したため、XがY₁、Y₂に対して守秘義務に違反したとか、虚偽の情報を伝えた等と主張し、不法行為に基づき損害賠償を請求したものである。この判決は、BがXの側に立ってY₁と交渉していたもので、利息計算書を交付してY₁の希望を述べたものである等とし、守秘義務違反を否定する等し、請求を棄却した。

●判決内容

「二、1　原告は、被告山喜が宮井に利息計算書を交付した行為が金融機関の守秘

義務に違反すると主張する。
　しかし、前項で認定したところによれば、宮井は、原告と親しい間柄にあることを示しながら、原告側の立場に立って被告組合と交渉を試みている。特に、平成4年1月4日、原告から事情を聞いて以後は、原告側の言い分を基に、被告組合の対応を非難し、根抵当権の抹消ないし利息債務の免除を被告組合に対して要求している。これに対して、被告山喜は、被告組合の帳簿上利息債権が残存していることを示して原告側と交渉するために、原告の代理人あるいは少なくとも原告の側の仲介者として行動している宮井に対して、利息計算書を手渡して被告組合の要望を述べたものであり、そのこと自体は、右交渉に当然伴うことであって、無関係の第三者に対する情報の開示にはあたらず、金融機関としての守秘義務に反するとはいえない。
　また、このとき、被告山喜が、原告との利息免除の約束の存在自体を否定し、虚偽の情報を流したと認めるに足る証拠はない。
　これに対して、原告本人は、根抵当権の抹消についての被告組合との交渉を、宮井にも他の誰に対しても委任していなかったと供述する。
　たしかに、本件証拠上、原告本人が宮井に代理権を与えて被告組合と交渉させたとか、宮井に対して積極的に被告組合との交渉を委任したとの事実までは認めるに足りない。しかしながら、原告は、柴橋商事から融資を受けるために早急に本件根抵当権の抹消を求める必要があったのに、平成4年6、7月になってこれを訴求するまで、自ら直接被告組合とこれを交渉した形跡はうかがわれず、かえって、この間、訴外北本明や、亜細亜同志会や、宮井らが被告組合との交渉を試みていることが認められ、他方、宮井は、1月4日には原告から被告組合との間の問題についての事情を聞き、原告はこれに対して元本の2分の1を支払えば根抵当権を抹消するとの約束になっていたのに抹消に応じてもらえない等と具体的な事情を説明しているのであるから、この時点で、原告としても、宮井が被告組合との間で原告側の言い分に基づいて仲介の労を取ることを期待し、あるいは、少なくともそのことを容認していることが明らかである。その結果、宮井はその翌々日に再度被告組合側と前記のような交渉に及んでいるのである。
　そうだとすれば、原告は、宮井が被告組合との交渉の過程で原告と被告組合との取引の経緯について被告組合側の言い分を聞き、事情の説明を受けることを容認しているというべきであり、そのことは、原告が積極的に宮井に交渉を委任したり、代理権を与えていなかったとしても変わりはない。
　被告山喜が前記計算書を宮井に対して交付したことが守秘義務の違反にあたらないことは、以上の点からも明らかである。」

●事案の特徴

　この事案は、やや複雑であるが、信用組合の代表理事が貸付債権の抵当権

設定者(不動産の所有者)の知人(不動産の所有者と親しい関係にある)に前記貸付債権に関する利息計算書を交付し、利息債権があるから抵当権の抹消に応じない旨を伝えたところ、その知人が不動産に担保を設定し、融資をしようとしていた者にその旨を告げたことから、融資が中止されたため、不動産の所有者が信用組合、代表理事に対して守秘義務違反を主張し、不法行為に基づき損害賠償を請求した事件である。この事案は、その内容自体が珍しいものであり、また、金融機関の代表理事の守秘義務違反が問題になったものであって、金融機関の取引実務上興味深いものである。

●判決の意義

この判決は、利息計算書の交付の経緯を検討し、利息計算書の交付を受けた者が抵当権設定者(不動産の所有者)と親しい間柄にあり、抵当権設定登記の抹消登記手続の交渉に関与していたこと、交渉の委任、代理権の授与はなかったこと等を認定したうえ、交付を受けた者と信用組合との交渉の過程で取引の経緯につき信用組合の言い分を聞き、事情の説明を受けることを容認しているとし、守秘義務違反を否定したことに特徴がある。この判決は、信用組合の守秘義務違反について秘密の主体の同意を認め、守秘義務違反を否定したものであるが、黙示の同意を認めた微妙な判断を示したものである。

なお、このような場合、金融機関としては、顧客の取引情報を顧客以外の者に開示するに当たっては、原則として明示の同意を得るべきであり、この判決の論理を広く適用すべきではないというべきである。控訴審判決につき〔7-8〕参照。

〔7-5〕信託銀行の不動産運用協定の解約につき債務不履行責任が否定された事例［東京地判平成6・4・21金法1401号33頁］

●事案の概要●

Xは、土地を所有していたが、信託銀行業を営むY株式会社(安田信託銀行株式会社)との間で、敷地権付区分所有建物の分譲販売を委託

し、建築資金を融資する等の内容の信託型不動産運用システム事業に関する業務提携基本協定（Xがオフィスビルを建築し、Yの仲介、代理によって投資家に小口化して販売し、Yが投資家らから信託を受け、Xに一括賃貸し、さらにテナントに賃貸することによって不動産の運用を図るために締結されたものである）を締結し、同日、建設業を営むA株式会社が加わって同様な内容の基本協定を締結していたところ、Yが協定を一方的に解約したため、Xが予定売却価格との差額、融資の金利に相当する損害を被ったとして、Yに対して債務不履行に基づき損害賠償を請求したものである。この判決は、本件協定上誠実に交渉する信義則上の義務があるとしたうえ、事業の実施が採算に合わなくなり、多額の債務超過のおそれが生じたこと等の事情の下では、一方的な解約も債務不履行に当たらないとして、請求を棄却した。

●判決内容

「本件協定は、前記のとおり、いずれも本件事業の概要を示したに止まり、今後の具体的な実施段階においては、販売委託等の個別契約を必要とすると考えられる。しかしながら、本件協定に至る経過及び……によれば、①本件協定において、締結以降も各々の場面における個別契約の締結が予定され、当然にそのための交渉の継続が予定されること、②本件協定の目的は、本件事業を原告と被告が相互協力して推進することにあり、両当事者は、誠意をもって右協定に定めるところに従い、本件事業の具体化に努める旨合意されていること、③原告及び被告は本件事業の推進のために最大限の努力をするものと合意されていること、④本件協定締結に至るまでには、原告被告間で数回の交渉が重ねられている上、右交渉過程においては、前述のとおり被告からは積極的な勧誘もあり、原告としては、本件事業の実施に少なからざる期待を抱いていたであろうこと、がそれぞれ認められるから、原告及び被告は、本件協定に向けての交渉過程において、互いに協力して本件事業を推進すべき一種の共同体的関係に立ち至ったものというべきであって、右関係により得た当事者の利益は法律上も保護すべく、したがって、原告及び被告は、本件事業の実施に向けて互いに相手方等と誠実に交渉するべき信義則上の義務を負うものというべきである。このように解しても、国土法23条の趣旨に反しないことは言うまでもない。

そうすると、原告及び被告は、正当の理由が存しないのに、一方的に本件協定を

解約することは許されないと言わざるを得ない。

三　争点2（本件協定の解約は有効か＝本件事業の遂行は著しく困難になったか）について

1　本件協定には、本件事業の遂行が著しく困難になったときは、協定を解約できる旨の定めがある……。ここに事業の遂行が著しく困難になったときとは、長期間にわたって継続的な関係が生じ、原告の信用及び資力が重要な要素となる本件協定の性質に鑑みると、本件事業の実施が採算に合わず、事業収支が多額な債務超過をもたらすことになることが判明したにもかかわらず、その解消の方策が示されないというような場合を含むことは明らかである。事の性質上、催告を要しないことは当然である。

……

（三）被告は、右に計上された損失を知り、本件土地に設定されている根抵当権設定登記を抹消することは不可能であり、本件事業により本件土地、建物を商品化することはできないと判断し、平成3年10月2日、原告に対し、口頭で本件協定の解約を申し入れた。

（四）なお、既述のとおり、原告の試算によると、本件建物の完成までに約54億円が不足することになることから、飛鳥建設の保証により、被告が右資金を融資する話が持ち上がったことがあるが、明確な合意がないまま本件協定に至ったものであって、最早右融資を期待することは困難な状況となった（被告が、本件協定の実施に向けて互いに誠実に交渉すべき信義則上の義務を負っているからといって、原告の資力に問題があって、返済計画、返済財源及び担保等の見通しが立たない以上、融資する義務がないことは多言を要しない。）。

……

4　右事実によれば、本件事業の実施が採算に合わず、事業の収支が多額な債務超過をもたらすことになるにもかかわらず、その解消の方策がないことは明らかであるから、被告主張のとおり、本件事業の遂行は著しく困難になったと認めるのが相当である。」

●**事案の特徴**

　この事案は、土地の所有者が信託銀行との間で敷地権付区分所有建物の分譲販売を委託し、建築資金を融資する等の内容の信託型不動産運用システム事業に関する協定を締結していたところ、信託銀行が協定を解約したため、土地の所有者が信託銀行に対して債務不履行に基づき損害賠償を請求した事件である。この事案は、信託銀行が土地の所有者、建設業者との間で信託型不動産運用システム事業に関する協定を締結したこと、土地の所有者がビル

を建築し、小口化商品として信託銀行が販売し、投資家から信託を受ける等の事業のための協定であったこと、土地の所有者の資金調達等に問題があり、事業の遂行が困難であると見込まれたため、信託銀行が協定を解約したこと、信託銀行の協定上の債務不履行責任が問題になったことに特徴がある。この事案は、土地の所有者がビルを建築し、小口化商品として販売、運用しようとしたが、協定の段階で頓挫したことから発生した紛争であるが、その内容に照らすと、契約締結上の過失責任が問題になった事件とみることができる。

●**判決の意義**

　この判決は、協定の内容を検討し、事業の実施に向けて互いに相手方等と誠実に交渉する信義則上の義務があるとしたこと、この事案では、事業の実施が採算に合わず、事業収支が多額な債務超過をもたらすことになることが判明したことは事業の遂行が著しく困難になったときとの協定上の解約事由に該当するとし、信託銀行による解約が債務不履行に当たらないとしたことに特徴がある。

　信託銀行が不動産の投資取引に関与することは日常的に行われているところであり、取引の中にはこの事案のような企画を立て、協定を締結し、さらに契約を締結する等して実施することもあるが、この計画が途中で頓挫した場合には、事情によっては、信託銀行の責任が問われる可能性がある。この判決は、不動産小口化商品に関する協定が締結された後、事業者の事業の遂行が困難であると見込まれた状況において、信託銀行が協定上の特約に基づき解約したことが債務不履行に当たらないとした事例判断として参考になる（実質的には、信託銀行の契約締結上の過失責任を否定した事例判断として評価することができる）。もっとも、信託銀行が関与する不動産の開発、企画について企業等と協定が締結される等して交渉が進行すると、協定の内容、交渉の進行状況、交渉の頓挫の理由等の事情によっては信託銀行が契約締結上の過失責任に基づき損害賠償責任（不法行為責任であると解される）を負う可能性があるものであり、この判決もこのような法的な枠組みによって判断してい

ることには留意すべきである。

（7－6）銀行の債務者に関する融資残高証明書の発行、交付による不法行為責任が否定された事例［東京地判平成6・7・19金法1430号82頁］

●事案の概要●

　金融業を目的とするＡ株式会社は、土木建築業を目的とするＢ株式会社から1億円の融資の申込みを受けたが、その際、Ｂが銀行業を営むＹ株式会社（株式会社神奈川銀行）に対する借入債務が約1億8000万円であり、Ｙに設定している4億9000万円の根抵当権の極度額が変更できると申し向け、Ｙの発行に係る約1億7754万円の融資残高証明書（融資のうち証書貸付の残額であった）を示したところ、Ａがこれを信じて1億円を融資したものの、Ｂが破産宣告を受けたことから、Ａが融資を回収することができず、Ａの破産宣告後、Ａの破産管財人ＸがＹに対して不法行為に基づき損害賠償を請求したものである。この判決は、残高証明書の記載のみを信じて融資をしたものではないとし、Ｙの過失を否定し、請求を棄却した。

●判決内容

　「3　この点に関し、原告は、本件残高証明書の記載自体からは記載の金額が特定の証書貸付けの残高に限る趣旨ではなく融資残高全額を記載したものと受け取るのが常識であるとして、文書となれば第三者がこれを見ることも当然予想できるのだから、銀行がこのような証明書を発行した以上、右証明書の金額を融資残高全額と信じて取引に入り損害を被った場合の責任は免れない旨主張する。
　確かに本件残高証明書の記載自体からは記載の金額が特定の証書貸付けの残高に限る趣旨は読み取れず、融資残高全額又は少なくとも証書貸付けの残高全額を記載したものと受け取るのが自然である。また、金融機関が発行する残高証明書は、債務者に対して通常発行されるものであるが、当該債務者が第三者に対して自己の債務の状態を示す手段として用いられることがあることは当裁判所に顕著である。
　しかし、一般論としてはそうであっても、本件において問題となるのは、原告主張の融資との関連において本件残高証明書を発行した被告の責任である。本件のように本件不動産に極度額4億9000万円の根抵当権が設定されその旨登記されている

545

場合において、その登記簿謄本と本件残高証明書を示された大吉が栗山の説明をそのまま信用したものと認め難いことは後述のとおりであり、常識的に考えても、極度額4億9000万円の根抵当権が公示され、三信工業が営業活動を行っている以上、1か月の間にその被担保債権額が変動することは当然に予想される。しかも、本件残高証明書が被告の三信工業に対する6月30日現在における融資残高全額を証明するものと受け取られるものとしても、本件根抵当権の設定登記をみて、なお三信工業に手形貸付け等の残高が全くないものと直ちに信用し、本件残高証明書の記載のみを信用の裏付けとして被告に何ら確認の手段を取らず、その後も本件根抵当権の被担保債権額に大きな変動がないと信じて1億円以上の融資をする金融業者があるということは、一般の金融機関には予測しえない事態といえる。

したがって、原告主張の融資との関連において、本件残高証明書を発行した被告に過失があるものと認めることはできない。」

●**事案の特徴**

この事案は、銀行が取引先の所有不動産に4億円余の根抵当権を設定し、当時1億円余の融資を実行していたところ、取引先から依頼され、証書貸付の残高証明書を交付したが、その取引先が金融業者から融資を受けるに際し、融資残高証明書を示し、銀行の有する極度額を変更できるなどと申し受け、融資を受けたことから、金融業者の破産後、その破産管財人が銀行に対して回収不能になった融資債権相当額につき不法行為に基づき損害賠償を請求した事件である。この事案は、銀行が取引先につき根抵当権を有し、その極度額の範囲内の債権を有していたこと（極度額に相当の余裕があったこと）、銀行が取引先の依頼に応じて証書貸付の融資残高証明書を交付したこと（融資残高全額ではなく、証書貸付の残高であった）、取引先がその残高証明書をも利用して金融業者から融資を受けたこと、取引先に対する債権が回収できなくなったこと、金融業者が破産したこと、破産管財人が銀行の不法行為責任を追及したことに特徴があり、銀行の取引先に対する残高証明書の交付（債務残高に関する情報提供である）による不法行為責任が問題になったものである。

●**判決の意義**

この判決は、金融機関が発行する融資残高証明書は、債務者に対して通常

発行されるものであり、当該債務者が第三者に対して自己の債務の状態を示す手段として用いられることがあること、金融業者が残高証明書をみて貸付等の残高が全くないものと直ちに信用し、残高証明書の記載のみを信用の裏付けとして金融機関に何ら確認の手段をとらず、その後も根抵当権の被担保債権額に大きな変動がないと信じて1億円以上の融資をする金融業者があるということは、一般の金融機関には予測し得ない事態であるとしたこと、この事案では銀行の過失を否定したことに特徴があり、融資残高証明書を交付した銀行の不法行為責任（過失）を否定した事例判断として参考になるものである。もっとも、この事案については、金融業者の融資と融資残高証明書の交付との間には因果関係がないとする判断も十分に可能であり、合理的であると考えられる。

〔7－7〕銀行の不動産業者との提携による不動産売却につき不法行為責任が肯定された事例［名古屋地判平成6・9・26判時1523号114頁、判タ881号196頁、金法1403号30頁］

●事案の概要●

　不動産業を営むA株式会社は、経営不振になり、その主力銀行であるY₁株式会社（株式会社岐阜銀行）が融資を行い、その再建を図ったものの、Aが手形不渡りを出して倒産し、破産宣告を受けたが、Y₁の有する根抵当権の実行も困難であったところ、Y₁やAの破産管財人らの協議を経て、従前Aの経理担当従業員らがAの倒産に備えて設立していた不動産業を営むY₂株式会社にA所有の不動産（別荘地）を譲渡し、Y₂がAの事業を引き継いで経営することになり、Y₁は、Y₂に対して融資を行い、不動産の売却に当たって提携ローン（ぎふぎんサント別荘地ローン）を提供し、Y₂は、さらにY₃株式会社を設立し、不動産をY₃に売却し、Y₃がXらに不動産を売却したところ、その際に、Y₃の従業員らが将来数倍に値上がりすることを強調し、時価の10倍を超える価格で販売したため、Xらが不法行為に基づきY₁らに対して損害賠償を請求

したものである。この判決は、Y_1の責任につき、被害の発生を防止すべき高度の注意義務があったところ、これに違反した等とし、Y_1らに対する請求を認容した。

●**判決内容**

「4　被告岐阜銀行の責任
(一)　前記認定事実によれば、本件各土地の違法な販売活動をしたのは、被告太陽ホームで、その黒幕となったのが被告サントであるところ、被告岐阜銀行の大三土地に対する主力銀行としての地位、被告サントに対する資金援助、提携ローン契約の締結の事実をもってしても、被告太陽ホームと被告サントの共謀に、被告岐阜銀行も参加していたと推認することは証拠上なお困難である。
　しかし、以下の点に鑑みれば、被告岐阜銀行は、重大な過失によって、被告サント、被告太陽ホームの違法な販売活動に結果的に加担したものといわなければならない。
(二)　これまでに認定したところ及び弁論の全趣旨によれば、以下の事実が認められる。
　被告岐阜銀行は、大三土地の主力銀行として、大三土地の経営が悪化した際、追加融資によって経営の建て直しに協力しており、大三土地が破産してからは、5億3512万9834円の破産債権、遅延損害金債権を有していたことから、大三土地の破産財団の情況について重大な関心を抱いており、特に荘川ビレッジの処理については古井戸管財人との協議を重ねていた。
　そして、被告岐阜銀行は、大三土地が採算性のない荘川ビレッジの開発計画によって破産したこと、被告サントが、大三土地の社員であった甲野太郎によって設立され、その後、大三土地の経営者であった金森史朗が経営に加わり、この二人が被告サントの経営の中心となっていたこと、被告サントが、大三土地の社員を引き継いでいることを知っていたものであり、また、荘川ビレッジの造成前の素地の時価を認識し、そのため荘川ビレッジに対して有していた抵当権の実行を見合わせることもしており、荘川ビレッジ開発計画が石油ショックにより挫折し、その後、別荘地の需要が回復することは容易に見込めない状況が続いていること、荘川ビレッジに資金を投入しても、容易に成果は上がらない状況にあることをも十分に認識していた。
　そうした状況下にありながら、被告岐阜銀行は、『ぎふぎんサント別荘地ローン』という使用目的が本件各土地を買うことに限定されているローンを用意し、本件各土地の担保提供を受けるにあたり、本件各土地の時価を知っていながら、不当に高額な評価をして、原告らにおいて本件各土地の価値の判断を誤る原因を作った。そ

して、いうまでもなく、『ぎふぎんサント別荘地ローン』契約の締結を通じて、被告太陽ホームが原告らに本件各土地を不当な高値で売却していることを知っていた。
（三）　以上の事実を総合すれば、被告岐阜銀行は、自己が債権回収に力を入れれば、原告らが損害を被ることを認識していたか又は容易にこれを認識しえたのであるから、同被告としては右結果の発生を防止すべき高度の注意義務を負っていたにもかかわらず、右義務に違反し、ぎふぎんサントローンの締結、杜撰な担保の評価等、原告らの本件各土地の購入に関しての判断を誤らせるような行為に出たものであり、右重大な過失により、原告らに後記損害を被らせたものといわなければならない。」

●事案の特徴

　この事案は、銀行が不動産業者に融資を行っていたところ、経営不振になり、融資を行い、再建を図ったものの、破産宣告を受け、破産管財人らとの協議を経て、不動産業者の関係不動産業者が別荘地を譲り受け、銀行が提携ローンを提供し、不動産の売却を行った不動産業者が時価の10倍を超える価格で売却したため、購入者らが銀行等に対して不法行為に基づき損害賠償を請求した事件である。この事案は、銀行が不動産業者のメインバンクであったこと、取引先の不動産業者が倒産（破産）したこと、銀行が不動産業者所有の不動産につき根抵当権を有していたこと、不動産の売却によって被担保債権の回収を図ったこと、不動産業者の関係者で不動産会社を設立し、前記不動産の譲渡を受け、売却を図ったこと、銀行が提携ローンを提供したこと、不動産業者が時価の10倍を超える価格で売却したこと、購入者らが銀行らに対して不法行為責任を追及したこと、銀行が不動産の時価等を知りながら売却に協力し、債権の回収という利益を図ったことが疑われたことに特徴がある。

●判決の意義

　この判決は、銀行の不動産業者らとの共謀による不法行為を否定したこと、銀行が提携ローンの提供等によって自己が債権回収に力を入れれば、不動産の購入者が損害を被ることを認識していたかまたは容易にこれを認識しえたとし、この結果の発生を防止すべき高度の注意義務を負っていたとしたこと、この事案でこの注意義務違反による不法行為を認めたことに特徴があ

る。この判決は、銀行が自己の債権の回収を図るため、不動産業者の不正な不動産取引に提携ローンを提供する等して関与したことについて、不動産の購入者らに対して損害の発生を防止すべき高度の注意義務を認めたものであるが、まず、この注意義務の根拠、その内容・程度について、議論が予想されるところ、理論的に注目されるものである。特にこの判決が損害発生の防止の注意義務を認めることはともかく、高度の注意義務を認めたことの妥当性、必要性は議論が予想される。この判決が銀行の不法行為責任を認めた判断は、事例判断として参考になるものであるが、前記の高度の注意義務を前提としなくても、同様な結論を導くことは可能であったと考えられる。

〔7−8〕前記〔7−4〕の控訴審判決であり、信用組合の守秘義務違反が否定されたものの、約定違反の債務不履行責任が肯定された事例［大阪高判平成6・12・21金判966号24頁］

●事案の概要●

前記の〔7−4〕大阪地判平成5・11・26金判966号28頁の控訴審判決であり、Xが控訴したものであり、予備的に、Y_1がY_2の指示により抹消登記手続に応じなかったため、Xは分割金を完済すれば直ちに抹消登記手続が受けられるとの期待を裏切られる等し、抹消登記手続請求訴訟の提起を余儀なくされた等と主張したものである。この判決は、守秘義務違反を否定する等の原判決の理由を引用し、主位的請求については控訴を棄却したものの、予備的請求のうち、登記抹消に関する合意違反による債務不履行を認め、Y_1に対する請求を認容し、その余の請求を棄却した。

●判決内容

「(2) 証人柴橋秀彦の証言及び控訴人本人尋問の結果並びに弁論の全趣旨によれば、控訴人は、前記債務を完済すれば、被控訴人組合によって直ちに約定どおり本件登記の抹消登記手続をしてくれるものと期待し、これを予定して柴橋から本件物

件を担保として5000万円の追加融資を受けることを計画し、同人の了解も得ていたこと、ところが、右債務を完済したのに、被控訴人組合が右約定に違反して本件登記の抹消登記手続をすることを拒否したため、控訴人の右期待は裏切られ、右資金計画も頓挫をきたし、柴橋の控訴人に対するそれまでの信頼も一部損なわれたことが認められる。

　控訴人は、右資金計画が頓挫し、柴橋の信頼も失われたことにより精神的苦痛を受けた旨主張するが、控訴人の右資金計画が頓挫し、柴橋の信頼が一部損なわれたことは、本件登記の抹消登記手続がなされなかったという債務不履行による特別損害というべきところ、被控訴人組合がその事情を予見し又は予見することがきたと認めるに足りる証拠はない。そうすると、控訴人は、これによる損害の賠償を請求することはできないというべきである。

　しかし、前記認定事実からすれば、控訴人が被控訴人組合の前記債務不履行によって、控訴人の被控訴人組合に対する前記期待が裏切られ、控訴人が本件登記の抹消登記手続がいつなされるのかとの憂慮、煩悶により、精神的苦痛を受けたであろうことは容易に推認しうるところであり、この損害は右債務不履行による通常損害というべく、被控訴人組合はその損害を賠償すべき責任があるというべきである。その損害の額は、本件に顕れた諸般の事情を考慮すると、40万円が相当である。

(3)　被控訴人組合が本件登記の抹消登記手続をすることを拒否し続けたため、控訴人がやむを得ず、平成4年6月18日、弁護士平山芳彦及び同平山忠に委任し、本件登記の抹消登記手続をすることを求める訴訟を提起したことは、当事者間に争いがない。

　弁論の全趣旨によれば、控訴人は、右訴訟提起のために弁護士費用として100万円の出費をし、同額の損害を被ったことが認められるが、同訴訟の事案の内容等諸般の事情を考慮すると、被控訴人組合の前記債務不履行と相当因果関係のある弁護士費用相当の損害額は、10万円と認めるのが相当である。」

●事案の特徴

　この事案は、やや複雑であるが、信用組合の代表理事が貸付金債権の抵当権設定者（不動産の所有者）の知人（不動産の所有者と親しい関係にある）に前記貸付債務に関する利息計算書を交付し、利息債権があるから抵当権の抹消登記手続に応じない旨を伝えたところ、その知人が不動産に担保を設定し、融資をしようとしていた者に告げたことから、融資が中止されたため、不動産の所有者が信用組合、代表理事に対して守秘義務違反を主張し、不法行為に基づき損害賠償を請求した控訴審の事件である。控訴審においては、分割金を完済すれば直ちに登記が抹消されるとの約定違反による債務不履行に関

●判決の意義

この判決は、第一審判決である前記の〔7－4〕大阪地判平成5・11・26金判966号28頁の信用組合の守秘義務違反が問題になった事案について、信用組合、その代表理事の守秘義務違反は、第一審判決を引用し、これを否定したこと、信用組合が約定どおりに分割金を完済したのに抵当権設定登記を抹消しなかった約定違反による債務不履行によって、抹消登記手続をしてくれるという期待が裏切られたことの精神的苦痛が生じたとしたこと、慰謝料として40万円の損害を認めたこと（そのほか、弁護士費用として10万円の損害を認めた）に特徴がある。この判決も、第一審判決と同様に、信用組合の守秘義務違反を否定した事例判断を提供するものであるが、抵当権設定登記の抹消登記手続の約定違反による慰謝料を認めた判断には、抵当権設定者の期待を介して認定しているものの、約定違反の性質、慰謝料の内容に照らして疑問が残るものである。

〔7－9〕前記〔7－3〕の控訴審判決であり、信託銀行の不動産小口化商品の取引につき賃貸人の地位の承継、保証金の返還義務の承継が認められた事例［東京高判平成7・4・27金法1434号43頁］

●事案の概要●

前記の〔7－3〕東京地判平成5・5・13判時1475号95頁、金法1367号139頁、金判924号17頁の控訴審判決であり、Yが控訴したものである。この判決は、保証金の返還義務の承継を肯定し、控訴を棄却した。

●判決内容

「自己の所有建物を他に賃貸している者が賃貸借契約継続中に第三者にその建物を譲渡した場合には、原則として賃貸人たる地位もこれに伴って右第三者に移転するものであるが、特段の事情が存する場合には、なお賃貸人たる地位は移転しないで建物の譲渡人にとどまるものと解される。そして、賃貸中の建物を譲渡するに際し、新旧所有者間において、従前からの賃貸借関係の賃貸人の地位を従前の所有者に留

保する旨の合意をすることは契約の自由の範囲内のことであるが、建物の賃借人が対抗力のある賃借権を有する場合には、その者は新所有者に対して賃借権を有することを主張し得る立場にあるものであって、その者が新所有者との間の賃貸借関係を主張する限り、賃貸借関係は新所有者との間に移行するものであるから、新旧所有者間に右の合意があるほか、賃借人においても賃貸人の地位が移転しないことを承認又は容認しているのでなければ、前記の特段の事情が存する場合に当たるとはいえないというべきである。

　本件において、本件全体ビルが訴外アーバネットから持分権者らに売却され、更に控訴人に信託譲渡されるに際し、訴外アーバネットと持分権者らとの間および持分権者らと控訴人との間において、従前からの賃借人である被控訴人との間の本件賃貸借契約上の賃貸人の地位は訴外アーバネットに留保することとして移転しない旨を合意しており、右売却及び信託譲渡と同時に右合意の趣旨に沿って本件契約連結の各契約が締結され、それ以後も訴外アーバネットは被控訴人に対して賃貸人としての行動をし、被控訴人も訴外アーバネットが破産するまで訴外アーバネットを賃貸人と認識して賃料を支払っていた。しかし、被控訴人は本件賃貸部分につき対抗力のある建物賃借権を有していた者であって、本件全体ビルの所有権が移転し、それに伴い本件契約連結の各契約が締結されたことを訴外アーバネットの破産宣告に至るまで全く知らず、しかも、本件契約連結が存在することを知った後は新所有者に賃貸人の地位が移転した旨主張しているのであるから、被控訴人において賃貸人の地位が移転しないということを承認ないし容認したものと認める余地は全くない。したがって、本件全体ビルの持分権者らへの売却及び控訴人への信託譲渡は前記特段の事情がある場合に当たるということはできず、本件賃貸借契約上の賃貸人たる地位は、本件全体ビルの所有権の移転に伴い訴外アーバネットから持分権者らに、更に受託者である控訴人に移転したものというべきである。

　……

五　……によれば、本件保証金は本件賃貸借契約による賃借人の債務を担保するものとされ、その額は本件賃貸借契約上の賃料及び管理共益費の合計額の20か月分に相当するが、契約の期間中賃借人が賃貸人に対する債務の履行を怠った場合には、賃貸人は何時でも本件保証金の一部又は全部をその弁済に充当することができ、その場合、賃借人はその旨の通知を受けてから5日以内にその不足額を填補しなければならないこと及び賃貸借契約が終了し賃借人が本件賃貸部分を明け渡した後本件保証金残額を返還することが約定されていることが認められ、右事実からすれば本件保証金は敷金の性質を有するものというべきである。本件保証金の額が右のように賃料等の20か月分に相当すること、返還に際して20パーセントの償却費を控除する約定となっていることは、本件保証金が敷金の性質を有するものと認めることの妨げとなるものではない。

　したがって、本件保証金に関する法律関係は、旧賃貸人に対する賃料の延滞のな

い限り、賃貸人たる地位の承継とともに、当然旧賃貸人から新賃貸人に移転し、本件返還債務も新賃貸人が承継するものというべきである。

もっとも、右のように賃貸人の地位が移転する場合においても、新旧賃貸人及び賃借人の三者間において、敷金に関する法律関係を新賃貸人が承継しないこととする旨の合意がされているときには、敷金に関する法律関係は新賃貸人に承継されないというべきであるが、本件において右のような三者間の合意が存しないことは明らかである。したがって、前記のとおり、持分権者ら及び控訴人は訴外アーバネットから本件保証金の交付を受けていないばかりでなく、訴外アーバネットと持分権者ら及び控訴人との間では本件保証金に関する法律関係は承継しない旨が合意されていたことがうかがわれるが、そのようなことがあるからといって新賃貸人が本件保証金に関する法律関係を承継しないとはいえないというべきである。

六　控訴人は、控訴人は本件全体ビルの信託譲渡を受けた者であり、債務は信託の対象にならないから、本件返還債務を追わない旨主張するので、この点について検討する。

信託法1条が信託の対象として規定する財産権は、積極財産を意味し、債務そのものは信託の対象とならないが、その積極財産が担保物権を負担していたり、財産権自体に付随する負担（例えば、公租公課）を伴うことは妨げないものである。そして、本件全体ビルのように従前からの賃借権が設定されている場合、目的物の所有権に伴う賃貸人たる地位は債権債務を含む包括的な地位であって、単なる負担とも異なるものであるから、賃貸借関係が存在すること自体は本件全体ビルを信託の対象とすることの妨げとなるものではないというべきである。信託法16条1項は信託財産につき信託前の原因によって生じた権利に基づく信託財産に対する強制執行を認めているが、賃貸借関係の存在する不動産を信託の対象とした場合、敷金に関する法律関係は賃貸借関係に随伴するものであるから、敷金返還請求権は信託財産につき信託前の原因によって生じた権利というべきである。

したがって、本件全体ビルの信託譲渡を受けた控訴人は本件賃貸部分の賃貸人たる地位を承継するとともに本件返還債務を負担するに至ったものというべきであり、控訴人が賃貸人たる地位を承継するとしても本件返還債務は承継しない旨の控訴人の主張は到底採用できない。」

●**事案の特徴**

この事案は、ビルが賃貸され、保証金の交付を受けて転貸された後、ビルの共有持分権が多数の者に譲渡され、さらに信託銀行に信託譲渡される等したところ、転貸借契約が終了したため、転借人が信託譲渡を受けた信託銀行に対して保証金の返還を請求した控訴審の事件である。この事案は、不動産（ビルの大部分）の小口化商品の共有持分が信託銀行に信託譲渡されたこと、

不動産につき賃貸借契約、転貸借契約が締結され、転借人が保証金を交付していたこと、賃貸借契約、転貸借契約が終了したこと、信託譲渡を受けた信託銀行が賃貸人の地位を承継するか、信託銀行が保証金の返還義務(実質的には、敷金の返還義務が問題になったものであり、この事案の保証金が敷金としての性質を有することが前提となっている)を負うかが問題になったことに特徴がある(第一審判決である前記の〔7－3〕東京地判平成5・5・13判時1475号95頁、金法1367号139頁、金判924号17頁は、信託銀行が保証金の返還義務を承継するとしたものである)。

●判決の意義

この判決は、自己の所有建物を他に賃貸している者が賃貸借契約継続中に第三者にその建物を譲渡した場合には、原則として賃貸人たる地位もこれに伴って第三者に移転するところ、特段の事情が存する場合には、賃貸人たる地位は移転しないで建物の譲渡人にとどまるとしたこと、この事案では特段の事情が認められないとしたこと、建物の譲渡が信託譲渡の場合であっても同様であるとしたこと、信託譲渡を受けた信託銀行が保証金の返還義務を承継するとしたことに特徴があり、理論的にも、結論的にも第一審判決である前記の〔7－3〕東京地判平成5・5・13判時1475号95頁、金法1367号139頁、金判924号17頁同様な判断を示したものであり、重要な先例を提供するものである。上告審判決につき〔7－13〕参照。

〔7－10〕銀行の融資先の仲介につき不法行為責任が否定された事例[東京高判平成7・7・19金法1462号75頁]

●事案の概要●

会社の経営者Xは、銀行業を営むY₁株式会社(株式会社さくら銀行)のA支店と取引があったところ、A支店のY₂支店長の仲介により、B株式会社に2億円余を融資したが、Bが手形不渡りを出して倒産したため、Xが不法行為に基づきY₁、Y₂に対して損害賠償を請求したものである。第一審判決(後記の東京地判平成6・10・31金法1462号77頁)がX

が通常の経済人として独自の判断と計算において融資をしたとし、不法行為を否定し、請求を棄却したため、Xが控訴したものである。この判決は、第一審判決を維持し、控訴を棄却した。

● **判決内容**

「二　控訴人は、被控訴人安江が、久喜朝日学園名義の定期預金を担保として手形貸付により被控訴人銀行から控訴人に金員を貸し付けさせ、これをサニーペットに融資させる方法自体が、不法行為を構成すると主張する。

　しかし、前記認定の限度において、控訴人のサニーペットに対する貸付けにつき主導的な役割を果たした被控訴人安江の本件における一連の行動は、被控訴人銀行の職務の執行として行われたものではないにせよ、銀行員の地位にある者の節度を超えているものとして、倫理的、道義的な非難を免れないのであるが、その行為が直ちに違法となり、不法行為を構成するものでないことは、既に判断したとおりである。控訴人の主張は、失当というほかない。

　また、控訴人は、被控訴人安江はサニーペットが資金繰りに窮しており、借入金の返済能力がないことを知りながら、同社に対する融資を控訴人に実行させたのであり、このことだけでも不法行為が成立すると主張するのであるが、前記認定（原判決『事実及び理由』欄の第三の一2（三））のとおり、控訴人が本件貸付けをした当時において、ある程度はサニーペットの経営状況が資金的にひっ迫していたことが認められるものの、借入金についての返済能力が失われている状況に達していたとまでは認められず、まして、被控訴人安江が同社の返済能力がないことを知りながら、控訴人に融資を実行させたとは認められない。控訴人の右主張も採用することができない。」

　なお、この判決の第一審判決（東京地判平成6・10・31金法1462号77頁）は、

「(三)　ところで、原告は、本件各貸付けについて、サニーペットは本件各貸付け当時経営状況が行き詰まっていたにもかかわらず、被告安江はこれを秘して原告に本件貸付けをさせ、そのため、サニーペットから貸付金の返済を受けられなかった旨主張する。

　確かに、……によれば、本件各貸付けのうち昭和63年3月31日貸付け分1900万円のうちの958万円については、その際に受領した約束手形……がその後決済されて弁済を受けていること、同年8月6日にサニーペットから原告に対し800万円が支払われていること、平成元年ころ、昭和63年10月14日に原告に交付されたサニーペット振出しに係る金額合計3億円の約束手形12通のうちの数通が支払場所の銀行に呈示され、そのうちの1通が最終的に決済されて原告に1000万円が支払われていること

が認められるほか、前認定のとおり、右3億円についての利息が4回にわたり各750万円支払われているが、それ以上に、本件各貸付けについて、原告に貸付金の返済がされたことを認めるに足りる証拠はない。

　しかしながら、原告が本件各貸付けについて右の限度にせよ貸付金の返済及び利息の支払を受けているのは事実であり、また、原告は、本件各貸付けにおいて、昭和63年3月31日から同年10月14日までの間、合計12回にわたり、右に認定した以上の元本の返済を受けることなく、貸付けを継続している。さらに、サニーペットが銀行取引停止処分を受けたのは、平成4年4月23日に至ってからのことであり（この点は、当事者間に争いがない。）、……によれば、同社は、少なくとも、その時点までは営業を継続していたことが認められる。そして、もともと、サニーペットが原告から月3分という高利で資金の借入れをするということ自体、サニーペットの経営状況が資金的にひっ迫していることを示すものであり、前認定のように経済人である原告にとっては、このことは容易に予測のつくことというべきである。

　右の諸点を併せ考えると、原告は、サニーペットの経営状況が資金的にある程度ひっ迫していることを当然予測した上で、経済人としての独自の判断と計算において本件各貸付けを継続したものと断じざるを得ない。

（四）　右（二）及び（三）で認定判断したところによれば、被告安江が本件各貸付けにおいて原告主張のような違法行為をしたとする原告本人の前記供述は、到底信用することができず、他に、これを認めるに足りる的確な証拠はない。

　そして、むしろ、本件各貸付けについては、前記1で認定判断したように被告安江が右各貸付けに積極的に関与し、右各貸付けにおいて主導的役割を果たしたことは否定できないものの、そのような中にあって、原告としても、単に被告安江に追随することなく、経済人としての独自の判断と計算において、久喜朝日学園が被告銀行から短期大学建設資金として貸付けを受けた5億円を積極的に活用して本件各貸付けをし、利得を図ったものといわざるを得ない。」

と判示している。

● **事案の特徴**

　この事案は、銀行の支店長が取引先に融資の仲介をしたところ（融資は高利のものである）、融資先が倒産したため、融資をした者が銀行、支店長に対して不法行為に基づき損害賠償を請求した第一審、控訴審の事件である。この事案は、銀行の支店長がその取引先に金融の仲介サービスを提供したこと、仲介を受けた者が高利の融資を実行したこと、融資が継続的に実行され、その一部は弁済されたこと、融資先が倒産し、融資債権の回収が不能になったこと、銀行の不法行為責任が問題になったこと、支店長個人の不法行

為責任も問題になったことに特徴がある。
●判決の意義
　第一審判決は、融資、弁済の過程等を認定し、高利の融資を実行したことから、融資を行った者が経済人としての独自の判断と計算において融資を継続したものであるとし、銀行の支店長の積極的な関与を認めつつも、その不法行為を否定したものであり、その旨の事例判断を提供するものである。
　控訴審判決も、基本的には第一審判決と同様な認定により、銀行の支店長の不法行為を否定したものであり、その旨の事例判断を提供するものである。もっとも、銀行の不法行為が否定されたものの、控訴審判決も指摘するように、
「銀行員の地位にある者の節度を超えているものとして、倫理的、道義的な非難を免れない」
というべきであり、銀行の支店長としては疑問の多い事業姿勢であり、銀行の取引先にさまざまな無形のサービスを提供するとしても、法令上、倫理上、取引通念上さまざまな制約があることは十分に留意すべきである。

〔7－11〕銀行の欠陥のあるマンションの売買の紹介につき支店長の不法行為責任、銀行の使用者責任が肯定された事例［東京地判平成10・5・13判時1666号85頁、判タ974号268頁、金法1525号59頁、金判1046号5頁］

　　　　　　　　　　　●事案の概要●
　Xは、会社の会長であり、相続税対策として、銀行業を営むY$_1$株式会社（株式会社富士銀行）の支店長Y$_2$の紹介により、Y$_1$の重要な顧客であるAが賃貸マンションを有しており、Y$_1$から融資を得てマンションを購入したところ（本件マンションには雨漏りのある重大な欠陥があったが、欠陥は告げられなかった）、購入後、たびたび雨漏りが発生し、修理をすることができなかったため、Y$_1$、Y$_2$らに対して損害賠償等を請求したものである（なお、Y$_1$も、反訴として貸金の返還を請求した）。この判

決は、Y₁らが欠陥を告知すべき義務を怠った等とし、請求を認容した（Y₁の反訴請求は棄却した）。

● 判決内容
「4　被告渡辺及び被告富士銀行の責任
(一)　第一売買契約締結前に夏見建物の雨漏りについて被告渡辺が得ていた情報
　証拠によれば、以下の事実を認めることができる。
(1)　夏見建物の雨漏りについては、被告渡辺は、昭和62年6月に岡田の後任の被告富士銀行船橋支店長として同支店に着任し、業務引継のために京葉都市を訪問したとき、前任の岡田が雨漏りについてよろしく頼むということを言っていたことから、被告清川ビル担当の横山に事情を聞いて初めて知った。横山は金子総業と連絡をとっており、実際に雨漏りの事実を確認に行っている。このときの横山の説明では、長雨や大雨のときに1階の端の部屋の押入に染みが出るという内容であった。
(2)　その後、被告渡辺は、京葉都市に夏見建物の雨漏りを修理して欲しいという申入れをして、修理してもらったことが2回あり、2回とも修理したという報告を受けている。
　1回目は、被告渡辺が最初に雨漏りの話を聞いた後に横山に経過を聞いたところ、漏っているようだというので、京葉都市の高橋に修理を依頼し、コーキング等の修理をしてもらった。
　2回目は、それから2、3か月して大雨が降ったときに横山から「まだ漏っている」との報告があったので、雨漏りの原因追究と修理を再度京葉都市の高橋に依頼した。
　いずれも昭和62年のことである。
(3)　昭和63年3月ころ、被告渡辺は、高橋に、かねてから金子総業からお願いしている夏見建物の雨漏りは直ったかと聞いた。高橋は、とりあえず応急手当はしているが今まで経験したことのない雨漏りの現象なので、夏見建物の雨漏りの原因と修理の仕方については調査検討中であり時間がかかる旨伝えた。その後、被告渡辺は京葉都市から雨漏りを修理したという報告を受けていない。
　なお、被告渡辺はこれを清川家への表敬訪問の後であり昭和63年4月ころのことと供述するが、表敬訪問の日付が昭和63年5月6日であると認められること（前記一6（一））から、右供述は採用できない。
(4)　第一売買契約締結の1か月前くらいに、被告上東野が被告渡辺を訪問し、前面土地に排水管等が埋設されていることを重要事項説明書に書かねばならないという話をした。被告渡辺が『それもそうだが、雨漏りのことを書くのか。』と聞くと、被告上東野は書かないつもりだと答えたので、被告渡辺は雨漏りのことの方が重要だ

から書くべきだと主張した。そのときに被告渡辺が京葉都市の方はどうなっているのかと聞くと、被告上東野の話は被告渡辺が高橋から聞いたのと同様だった。被告児島には話したのかと被告渡辺が聞くと、被告上東野は『話してある』と言っていた。この時点で被告上東野から夏見建物の雨漏りがまだ直っていないと聞き、被告渡辺は、被告上東野に、大至急直すように京葉都市にプッシュして欲しいと依頼した。

(5) 昭和63年5月20日に高橋が被告上東野を訪問し、夏見建物はきちんと調査して修理しなければ雨漏りが再発するという趣旨の話をしたことは第一売買の前に被告上東野から被告児島・被告渡辺にも話されている（前記3（一）(3)）。

(二) 被告渡辺及び被告富士銀行の責任についての判断

(1) 被告渡辺の認識

右（一）の各事実によれば、被告渡辺は、第一売買契約締結前に、①夏見建物が再三雨漏りし、修理を繰り返していること、②修理は応急手当であって根本原因を調査して対処するには時間がかかること、③昭和63年5月20日時点では未だ雨漏りの原因が判明しておらず、再発の危険があること、をそれぞれ認識していたということができる。

被告渡辺は、第一売買契約締結時の被告上東野による説明を聞くまでは雨漏りは十分直っていないだろうという認識だったが、説明を聞いて雨漏りは止まったと思ったと供述するが、このときの被告上東野の説明は『夏見建物は地震でクラックが入り過去に雨漏りがしたことがあるが、修理をして現在は止まっている。』という程度の簡単なものであって（前記一6（二））、雨漏りの根本原因や修理方法の具体的な内容には一切触れていないのであるから、これを聞いたからといって、雨漏りの原因が判明し的確な対処がされた（したがって再発の具体的危険はない）という認識に至ったとは考えられず、せいぜい現在は一時的に応急修理で止まっているという程度の認識にとどまるというべきである。

(2) 第一売買契約における被告渡辺の役割

前記一3及び4の事実によれば、被告渡辺は、第一売買契約の締結に当たって、被告清川ビルのために売買価格を調査検討して価格を引き上げたうえで買主側にこれを提示し、また被告上東野に契約の仲介業務を依頼するなど、事実上被告清川ビルに代わって売主側としての交渉をまとめていく役割を担っていたということができる。

これは、清川家が被告富士銀行船橋支店の重要顧客として格段の配慮を受けており、清川家の資産管理に関しては被告富士銀行船橋支店の支店長が直接相談に与り事務手続も被告富士銀行船橋支店内部の者が担当していたこと（前記一1（一）(3)）から、第一売買契約についても同様の対応がとられたということだといえる。

したがって、被告渡辺は、売主である被告清川ビルの側の仲介者兼財務コンサルタントとしての役割を果たしていた。

(3) 被告渡辺の不法行為

　前記(1)及び(2)によれば、被告渡辺は、売主側の仲介者兼財務コンサルタントとしての地位に鑑み、原告に対して、第一売買契約の締結に先立ち、自己の入手した前記(1)①から③のような重要な情報を告知すべき義務があるというべきであり、たまたま契約時点では一時的に雨漏りが止まっているという認識であったとしても、それによって右告知義務がなくなるわけではない。

　しかるに、被告渡辺は、第一売買契約締結の席上での被告上東野による極めて不十分な、むしろ原告をして夏見建物の雨漏りの状況について誤った認識を形成させるような説明を聞いていたにもかかわらず、これを正そうともしなかった（前記一6（二））。

　重要事項の説明は第一次的には当事者双方の仲介を担当する被告上東野の役割であるとしても、被告上東野による説明が不正確であり、むしろ事実に反する認識を原告に与えかねないものであった以上、被告渡辺が積極的にこれを正す説明をしなかったことは告知義務違反に当たるといわねばならない。

(4) 不法行為の態様

　①　のみならず、被告渡辺には単に注意を怠って告知しなかったという消極的な態様の過失があるにとどまらないのである。即ち、被告渡辺が右のような告知義務違反行為を行った背景には、重要顧客であり特別の配慮を要する清川家のために被告富士銀行船橋支店の肝煎りで建築した夏見建物が予想外の雨漏りを繰り返していたことから、これを清川家が問題にし、それによって清川家と被告富士銀行船橋支店との間の信頼関係が損なわれることを恐れて、夏見建物をいわば『厄介払い』しようとしたという事情があると考えられる。以下、この点について若干説明しておくこととする。

　②　前記一2（四）(2)のとおり、被告児島はかつて前面土地の購入を被告富士銀行船橋支店を通して被告清川ビルに申し入れたが、清川家にとって使用人である被告児島には売ることはできないとして断られたという経緯があった。したがって、被告富士銀行船橋支店としては、形式的には原告をいったん経由するとしても、実質的には被告児島に前面土地を取得させることになる第二売買契約を含んだ共同購入計画である第一売買契約の締結を推進することは、清川家の意向に反し、これに対する背信行為となりかねないのであって、本来はむしろこれに反対するのが当然であったということができる。

　被告渡辺は、この点について、第一売買契約締結前には第二売買契約の話は知らなかったと供述する。

　しかしながら、平成元年3月13日に被告児島宛に被告富士銀行船橋支店から作成送付された『ご返済予定表』は、第一融資契約のうち2億5000万円分を被告児島が負担していることを前提とした内容となっていることや、『融資条件の詰めで神田建物の新規テナントの入居予定等を聞きに被告児島の事務所を訪問したとき、被告児

第7章　銀行等の付随業務をめぐる裁判例

島から唐突に前面土地が欲しいという話があり、とっさにそれはまずいとたしなめた。被告渡辺には被告児島が相変わらず前面土地を欲しいようだと報告したが、これについて特に被告渡辺からの指示はなかった。』という飛田の証言に照らすと、『昭和63年4月14日、被告児島が前面土地を買うことはご存じですねと被告渡辺に確認すると、被告渡辺は無言だったが、同席していた被告児島が自分から「買います」と言ったから、被告渡辺が第二売買契約のことを事前に知らないはずはない。』という和行の証言がむしろ真実であるということができ、被告渡辺の右供述は信用できない。

③　また、被告富士銀行船橋支店における横山の後任として被告清川ビルを担当する山﨑が被告渡辺の指示の下に作成した稟議書では、神田建物の1・2階の賃料収入は月額525万円は固いとされ、これを前提にした返済計画の下に7億6000万円を原告に融資する計画であることが記されているが、被告富士銀行船橋支店から保証の依頼を受けた被告クレジット内部では、右賃料収入見込みは実際の賃料水準とは2倍近い大幅な乖離があって返済計画に問題があると判断しており、それにもかかわらず被告渡辺の強い要望により7億2000万円に減額の上で保証に応ずることとしたという経緯がある。なお、第一売買契約成立後に神田建物の賃借を申し入れていたファーストフード店（複数）の申し出た賃料水準も、月額260万円から300万円となっている。

したがって、このような経過から見ると、被告渡辺は、実際には第二売買契約による前面土地の売却代金を本件融資契約の貸金の弁済の一部に充てることを前提に本件融資契約を計画し、返済計画を立てていたにもかかわらず、それを部下である山﨑や保証会社である被告クレジットにも秘匿したまま、強引に融資を実行させたということができる。

神田建物の新規テナントから権利金を2億くらい取って内入弁済するという計算であったという被告渡辺の供述は、そのような計画の存在を示す客観的な証拠が何ら存在しないという点で、極めて不自然であり、到底信用できない。

④　右②及び③によれば、被告渡辺は、清川家に対する背信行為になることを認識しながら、あえて第二売買契約の計画を黙認し、それを社内的にも保証会社にも隠したまま本件融資を実行させたということができる。

被告渡辺がこのような極めて異例な行動に出たことについて合理的な理由を見つけるとすれば、それは、夏見建物の雨漏が清川家との間で問題になり、被告富士銀行船橋支店が清川家の不興を買うことになることを恐れて、いわば一見の客である原告に夏見建物を押し付けて当面の問題を回避しようとしたと理解する他はない。

被告富士銀行及び被告渡辺は、夏見建物の瑕疵を知っていればこれを担保にとって融資をすることはあり得ないと主張するが、第一売買契約締結時には夏見建物の雨漏りが修理不可能であるというところまでの事実は判明していなかったということができるから、神田建物をも（事実上）担保にとって万全を期したうえで、雨漏

りについては京葉都市においおい修理させて問題の解決を図るつもりであったとみれば、十分に理解できる行動である。
　また、被告渡辺が雨漏りについて重要事項説明書に記載するようにと被告上東野に申し入れていた点についても、雨漏りの情報を重視して現状を正確に記載することを要求していたというよりは、第一売買契約締結時に被告上東野が口頭で説明した程度の情報（過去に地震で雨漏りしたが、現在は修理されて止まっている）を記載させることで、後に問題が表面化したときの責任回避を図ろうとしたに過ぎないというべきである。さもなければ、被告上東野の不正確な説明を黙って見過ごすことはあり得なかったはずだからである。

(5)　結論
　被告渡辺が前記(1)①から③のような情報を原告に伝えていれば、前記1（二）のとおり、原告は第一売買契約を締結しなかったということができるから、被告渡辺は、これによって原告が被った損害を賠償する義務を負う。
　また、右のような被告渡辺の不法行為は、被告富士銀行船橋支店の重要顧客である被告清川ビルに対する顧客サービスの一環として被告渡辺が行った第一売買契約の交渉過程で行われたということができるから、被告富士銀行の事業の執行につき行われたものとして、被告富士銀行もまた損害賠償責任を負う。」

● 事案の特徴
　この事案は、銀行の重要な顧客が欠陥のある賃貸マンションを保有し（なお、再三雨漏りを繰り返していたことは重大な欠陥に当たる）、銀行の支店長が欠陥を知りながらマンションの売却を図り（判決によれば、支店長は、売主側の仲介者兼財務コンサルタントとしての役割を果たしていたと認定されている）、購入者に融資を実行し、所有者と売買契約を締結させたことから、購入後、たびたび雨漏りが発生し、修理をすることができなかったため、購入者が銀行、支店長に対して不法行為に基づき損害賠償を請求する等した事件である。この事案は、銀行の支店長が重要な顧客のために欠陥マンションの販売を積極的に図ったこと、銀行が欠陥マンションの販売のために融資を実行したこと、支店長がマンションの欠陥を知っていたこと（欠陥の前記内容に照らすと、重大な欠陥であることを知っていたか、少なくとも容易に知り得たこと）、支店長が欠陥を告げないままマンションの売却を図ったこと、支店長が顧客側の財務コンサルタントとしての役割を果たしていたこと、この背景事情として、マンションが銀行の肝煎りで建築されたものであったこと、銀

行、支店長の不法行為責任が問題になったことに特徴がある。

●判決の意義

この判決は、売買物件の重要事項の説明は、第一次的には仲介業者の役割であるところ、仲介業者の説明が不正確であり、事実に反する認識を買主に与えかねない場合には、仲介をした支店長が積極的にこれを正す説明をしなかったことは告知義務違反に当たるとしたこと、支店長には単に注意を怠って告知しなかったという消極的な態様の過失があるにとどまらないとしたこと、銀行にとって特別の顧客との信頼関係が損なわれることを恐れて、欠陥マンションの厄介払いをしようとしたこと、支店長の不法行為責任、銀行の使用者責任を認めたことに特徴がある。この判決は、前記内容の支店長の不法行為責任、銀行の使用者責任を肯定した事例判断として参考になるものであるが、支店長の取引通念を極めて逸脱した事業姿勢、これを認めた銀行の事業姿勢は、銀行、支店長もこのような悪質な取引を実行することがあるという事例としても参考になる。また、この判決では、銀行の支店長の法廷における重要な供述が真実でないものとして排斥されているが、支店長の供述の信用性が否定された事例としても訴訟実務上参考になるものである。

(7-12) 銀行の関連会社に関する念書の発行につき保証が否定された事例
[東京地判平成11・1・22判時1687号98頁、金判1078号44頁]

●事案の概要

X株式会社は、銀行業を営むY₁株式会社（株式会社兵庫銀行）が母体行であるノンバンクA株式会社に50億円を貸し付けたところ、弁済期が近づいてもAが弁済しないおそれが生じたが、Y₁がAの経営改善に万全の支援体制で臨む所存であり、債務履行には迷惑をかけないよう十分に配慮する旨の念書をXに交付したことから、Xが利息を減額し、分割弁済に応じたところ、再度、Aが分割弁済を怠ったため、XがY₁、Y₁から営業全部の譲渡を受けた銀行業を営むY₂株式会社（株式会社みどり銀行）に対して保証債務の履行を請求したものである。この

判決は、保証契約の成立を否定し、請求を棄却した。

● **判決内容**

「（一）　本件念書が交付されるまでの経緯は、2（一）のとおりであって、平成4年10月から行われた第一次金融支援要請の中で、兵銀ファクターは、被告兵庫銀行が本件債務を保証することはできない旨を明確に原告に告げており、被告兵庫銀行も、兵銀ファクターを通じて原告と本件念書の作成交渉をした際、被告兵庫銀行に法律的な責任が生じない文面となるよう検討して文案を作成している。他方、兵銀ファクターが示した最初の念書案に対して原告が作成した修正案において、被告兵庫銀行の義務に関する文言と目されるものは、『当社が（株）……に対し援助を講ずることにより（株）……が貴社に対し、ご迷惑をおかけしないよう十分配慮する』というものであり、被告兵庫銀行のなすべきことは、兵銀ファクターに対し援助を講ずることであって、原告に対する直接の支払とはされていない。しかも、右の『援助を講ずることにより』との文言も、被告兵庫銀行からの要請により更に修正され、結局、本件念書においては、被告兵庫銀行の義務に目される文言は、『兵銀ファクター株式会社の経営改善には万全の支援体制で臨む所存であり、貴社に対する債務履行にはご迷惑をおかけしないよう十分配慮する』というにとどまっているのである。

右の諸点に、本件念書の作成過程において、原告と被告兵庫銀行ないし兵銀ファクターとの間で、作成される文書の法的性質については全く検討も議論もされなかったことを併せ考慮すると、本件念書の文言のみならず、その作成過程を斟酌してもなお、被告兵庫銀行が本件念書により兵銀ファクターの本件債務を保証したものと認めることはできない。」

● **事案の特徴**

この事案は、事業者が銀行を母体行とするノンバンクに多額の融資をしたところ、ノンバンクに債務不履行のおそれが生じ、銀行がノンバンクの経営改善に万全の支援体制で臨む所存であり、債務履行には迷惑をかけないよう十分に配慮する旨の念書を交付したことから、利息を減額し、分割弁済に応じたところ、ノンバンクが債務不履行に陥ったため、前記の銀行（その後、経営破綻した）、この銀行から営業全部の譲渡を受けた銀行に対して保証債務の履行を請求した事件である。この事案は、銀行傘下のノンバンクの経営が悪化したこと（銀行がノンバンクの母体行として位置づけられていたこと）、銀

第7章　銀行等の付随業務をめぐる裁判例

行がノンバンクの多額の融資債権の債権者に念書を交付したこと、ノンバンクの経営がさらに悪化し、債務不履行の事態に陥ったこと、母体行である銀行が経営破綻し、他の銀行に営業全部を譲渡したこと、念書の交付を受けた債権者が念書によって保証契約の成立を主張したこと、2行の銀行の保証債務の成否が問題になったことに特徴がある。バブル経済の崩壊の時代には、この事案のような念書、あるいは経営指導念書などと呼ばれる念書が債務を抱え、経営が悪化した企業のためにさまざまな事情、背景から作成され（作成の主体は、経営が悪化した企業の親会社、グループ企業が多かったもののようであり、この事案のように銀行が作成した事例は珍しい）、後日、企業の経営がさらに悪化し、倒産する等した場合には、念書の効力、内容等をめぐる紛争が発生することがみられたところであり、この事案もそのような一例である。

●判決の意義

この判決は、この事案の念書の内容、作成経緯から、銀行がノンバンクの債務を保証したものとは認められないとし、念書による保証契約の成立を否定したものであり、その旨の事例判断として参考になるものである。

なお、この事案のような念書は、その内容が多様であり、念書であるからといって、一律に特定の結論を導くことは相当ではなく、念書の記載内容、作成経緯等の事情を考慮し、念書の内容を合理的に解釈することが必要であり、重要である。

〔7-13〕前記〔7-9〕の上告審判決であり、信託銀行の不動産小口化商品の取引につき賃貸人の地位の承継、保証金の返還義務の承継が認められた事例［最一小判平成11・3・25判時1674号61頁、判タ1001号77頁、金法1553号43頁、金判1069号10頁］

――――●事案の概要●――――

前記の〔7-9〕東京高判平成7・4・27金法1434号43頁の上告審判決であり、Yが上告したものである。この判決は、建物の所有権を第

三者に譲渡した場合には、特段の事情のない限り、賃貸人の地位もこれに伴って移転し、敷金関係も承継されるところ、新旧所有者間に従前からの賃貸借契約における賃貸人の地位を旧所有者に留保する旨の合意をしてもこれをもって直ちに特段の事情があるということはできないとし、上告を棄却した。

●判決内容

「自己の所有建物を他に賃貸して引き渡した者が右建物を第三者に譲渡して所有権を移転した場合には、特段の事情のない限り、賃貸人の地位もこれに伴って当然に右第三者に移転し、賃借人から交付されていた敷金に関する権利義務関係も右第三者に承継されると解すべきであり（最高裁昭和35年(オ)第596号同39年8月28日第二小法廷判決・民集18巻7号1354頁、最高裁昭和43年(オ)第483号同44年7月17日第一小法廷判決・民集23巻8号1610頁参照）、右の場合に、新旧所有者間において、従前からの賃貸借契約における賃貸人の地位を旧所有者に留保する旨を合意したとしても、これをもって直ちに前記特段の事情があるものということはできない。けだし、右の新旧所有者間の合意に従った法律関係が生ずることを認めると、賃借人は、建物所有者との間で賃貸借契約を締結したにもかかわらず、新旧所有者間の合意のみによって、建物所有権を有しない転貸人との間の転貸借契約における転借人と同様の地位に立たされることとなり、旧所有者がその責めに帰すべき事由によって右建物を使用管理する等の権原を失い、右建物を賃借人に賃貸することができなくなった場合には、その地位を失うに至ることもあり得るなど、不測の損害を被るおそれがあるからである。もっとも、新所有者のみが敷金返還債務を履行すべきものとすると、新所有者が、無資力となった場合などには、賃借人が不利益を被ることになりかねないが、右のような場合に旧所有者に対して敷金返還債務の履行を請求することができるかどうかは、右の賃貸人の地位の移転とは別に検討されるべき問題である。」

判例評釈として、磯村保・判評491号34頁、石田剛・判タ1016号42頁、小林正・判タ1036号90頁、金子敬明・ジュリ1209号151頁がある。

●事案の特徴

この事案は、ビルが賃貸され、保証金の交付を受けて転貸された後、ビルの共有持分権が多数の者に譲渡され、さらに信託銀行に信託譲渡される等したところ、転貸借契約が終了したため、転借人が信託譲渡を受けた信託銀行

に対して保証金の返還を請求した上告審の事件である。

●判決の意義

　この判決は、控訴審判決である前記の〔7－9〕東京高判平成7・4・27金法1434号43頁を維持したものであり、重要な先例を提供するものである。

〔7－14〕銀行の関連会社に関する念書の発行につき損害担保契約の成立が否定された事例［東京地判平成11・6・28判時1703号150頁、金判1083号49頁］

●事案の概要●

　X連合会（千葉県信用農業協同組合連合会）は、銀行業を営むY株式会社（株式会社日本債券信用銀行）の関連会社であるA株式会社に57億円の融資をしていたところ、20億円の融資の返済期限の延長を交渉した際に、Yが「弊行と致しましても会社の経営計画遂行には責任を持って臨んでおり、一切のご迷惑もおかけしないことを確約いたします。」旨の念書を交付したので、延長に応じたが、Aがその後倒産したため、Xが損害担保契約の成立を主張し、Yに対して損害賠償を請求したものである。この判決は、損害担保契約の成立を否定し、請求を棄却した。

●判決内容

「1　クラウンリーシング及び被告並びに原告との交渉経緯をみると、被告は、保証契約を締結すれば財務諸表規則に則り有価証券報告書等に記載しなければならなくなること、また実質的にも保証すれば他の金融機関との公平が保てないことなどから、経営責任、監督責任を認め、この決意を表明することはできるが、保証は実質的なものであっても受け入れられないという態度を一貫して執り続けていたことが明らかである。このことは、原告が合意が成立したとする平成7年10月13日後に、その合意に基づき作成されたはずの書面を、保証の趣旨に受け取ることができるから拒否するとしたことからも裏付けられている。

　このような事情からすれば、平成7年10月13日には、元貸付金を主債務として、文言はともかく保証をすることで合意し、その書面の作成は後日の調整に委ねると

する合意ができたとは認められず、また、その後10月24日までの間、双方が方針を転換させる事情が発生し、それにより債務を保証する趣旨の合意が成立するに至ったとするなどの特段の事情の認められない本件にあっては、平成7年10月24日ころ、損害担保契約が成立したとはいえず、他に以上の認定判断を覆すに足る証拠はない。」

● 事案の特徴

　この事案は、前記の〔7―12〕東京地判平成11・1・22判時1687号98頁、金判1078号44頁と同じ類型の事件であるが、信用農業協同組合連合会（県信連）が銀行の関連会社（グループ会社）に多額の融資をしていたところ、債務不履行のおそれが生じ、返済期限の延長交渉が行われた際、銀行が会社の経営計画遂行には責任をもって臨んでおり、一切の迷惑もかけないことを確約する旨の念書を交付し、延長に応じたものの、関連会社がその後倒産したため、県信連が銀行に対して損害担保契約の成立を主張し、損害賠償を請求した事件である。この事案は、銀行の関連会社の経営が悪化したこと、関連会社が県信連から多額の融資を受けたこと、関連会社が融資の返済に支障が生じ、返済期限の延長交渉が行われたこと、銀行が債権者である県信連に念書を交付したこと、県信連が返済期限の延長に応じたものの、関連会社が倒産したこと、県信連が念書によって損害担保契約の成立を主張したこと、銀行の念書に基づく損害担保責任が問題になったことに特徴がある。この事案も銀行が念書を交付したことによる法的な責任が問われたものである。

　なお、前記の〔7―12〕東京地判平成11・1・22判時1687号98頁、金判1078号44頁の事案では、保証契約の成立が主張され、この事案では、損害担保契約の成立が主張されたものであり、法的な形式は全く異なるもののようであるが、実質的な意義は同じであるということができる。

● 判決の意義

　この判決は、この事案の念書の記載内容、作成経緯等の事情から、この事案では債務を保証する趣旨の合意が成立するに至ったとするなどの特段の事情の認められないとし、損害担保契約の成立を否定したものであり、その旨の事例判断として参考になるものである。

(7－15) 信用組合の残高証明書の発行、交付につき不法行為責任が肯定された事例［大阪高判平成12・6・8判時1742号114頁、判タ1040号271頁、金法1589号50頁］

●事案の概要●

　Y株式会社（株式会社整理回収銀行。後に株式会社整理回収機構）は、A信用組合（木津信用組合）から営業譲渡を受けたが、その前、Aが顧客Bの所有土地に根抵当権を有し、貸付を行っていたところ、Bが貸金業者Xから土地を担保として金員を借り受けようとし、Yから債務のうち手形貸付の残高証明書の交付を受け、Xに対して債務がこれだけしかない旨を説明し、Xが土地の担保余力があるとし、二番抵当権を設定し、2500万円を貸し付けたものの、BにはAに対する他の債務があったことから、土地が任意売却された際に1100万円の弁済しか受けられなかったため、XがYに対して不法行為に基づき損害賠償を請求したものである。第一審判決（後記の大阪地判平成11・7・22金法1589号54頁）が請求を棄却したため、Xが控訴したものである。この判決は、取引の一項目の残高であることを明示しないまま残高証明書を発行したことにつき不法行為を認め、原判決を変更し、請求を一部認容した。

●判決内容

「1　金融機関が顧客に発行する取引残高証明書は、その顧客が他の取引予定者に示してその金融機関に対する債務全額が記載の額しかないことを明らかにし、顧客の信用力を立証するために用いられていることが多いことは、当裁判所に顕著である。他の取引予定者からすると、特定科目の債務よりも、金融機関に対する債務総額、または金融機関の有する抵当権の被担保債権額の総額を知ることに関心があると思われる。特定科目のみの残高証明書が発行されることが少ない（乙3、証人三谷和三）のも、このことによるものと考えられる。
2　本件残高証明書は、別紙のとおりの体裁のものである。これを見ると、本文において、『お取引残高は下記のとおりであることを証明いたします。』とあって、特定の科目のみについての取引残高の証明とは記載していない。特に被控訴人の取り扱いでは、被控訴人が一部の取引科目についての証明のつもりで発行したものでも、

全ての取引科目についての証明のつもりで発行したものと形式が同一であるから、これを見た者が、一部の取引科目だけの残高証明であることは理解できない。そして、このような残高証明書を見ることになる取引予定者の多くは顧客の一部の取引科目ではなく、全て（又は被担保債権となるものの全て）の債務（取引残高）に関心があるものであり、現実に一部の取引科目だけの残高証明書が発行されることも少ない。

　このことからすると、別紙のような残高証明書を見た取引予定者は、その顧客が金融機関に負っている債務（取引残高）の全ては、証明額しかないと理解するのが通常であると考えられるし、少なくともそのように理解される可能性の高いことは明白である。

3　そうすると、被控訴人としては、残高証明書を作成するにあたっては、一部の取引科目のみの証明であることが明らかになるような記載をすべき注意義務があったというべきである。被控訴人はこの義務を怠った点で過失がある。特に、本件では、取引予定者に見せるためのものであることを知らされ、尾形定夫は被控訴人に対する債務の弁済を滞っている状態であり、この証明書を利用して他から金融を得ることも予想されたのであるから、右の注意義務は更に大きかったといえる。

　……

8　以上のとおりであり、手形貸付取引だけの残高証明書であることを明らかにする証明書を発行せずに、本件残高証明書を発行した被控訴人職員には控訴人に損害を生じさせたことに過失がある。」

　判例評釈として、佐久間弘道・判タ1094号101頁、上野隆司・金法1616号4頁がある。

● 事案の特徴

　この事案は、信用組合が土地に根抵当権を設定し、融資を行っている債務者から依頼され、債務の残高証明書（債務総額ではなく、手形貸付の総額の証明書であった）を交付し、債務者がこの残高証明書を貸金業者に見せ、貸金業者が残高証明書の記載を考慮し、前記土地に二番抵当権を設定し、融資を実行したところ、信用組合が債務者に対して他の債務も有していたことから、前記土地が任意売却された際、一部の弁済を受けるにとどまったことから、貸金業者が信用組合の破綻後、債権債務を承継した銀行に対して不法行為に基づき損害賠償を請求した控訴審の事件である。この事案は、信用組合が債務者の所有土地に根抵当権を設定し、融資を行っていたこと、信用組合

が債務者の依頼によって残高証明書を交付したこと、残高証明書は、債務総額ではなく、手形貸付の債務残高であったこと、貸金業者が土地を担保に融資をしようとしたこと、貸金業者が残高証明書を見て、土地に二番抵当権を設定し、融資を実行したこと、土地が任意売却され、弁済が行われたが、貸金業者が一部の弁済を受けるにとどまったこと、信用組合の残高証明書の交付に係る不法行為責任が問題になったこと、第一審判決が信用組合の不法行為を否定したことに特徴がある。この事案は、残高証明書の作成、交付による金融機関の法的責任が問題になったものである。

●**判決の意義**

この判決は、金融機関が顧客に発行する取引残高証明書は、その顧客が他の取引予定者に示してその金融機関に対する債務全額が記載の額しかないことを明らかにし、顧客の信用力を立証するために用いられていることが多いとしたこと、他の取引予定者からすると、特定科目の債務よりも、金融機関に対する債務総額、または金融機関の有する抵当権の被担保債権額の総額を知ることに関心があるとしたこと、信用組合としては、残高証明書を作成するに当たって一部の取引科目のみの証明であることが明らかになるような記載をすべき注意義務があったとしたこと、この事案では、信用組合の担当者が債務者から取引予定者に見せるためのものであることを知らされる等、証明書を利用して他から金融を得ることも予想されたから、この注意義務はさらに大きかったとしたこと、この事案では、手形貸付取引だけの残高証明書であることを明らかにする証明書を発行せずに、残高証明書を発行した信用組合の担当者には貸金業者に損害を生じさせたことに過失があるとしたことに特徴がある。この事案では、信用組合は債務者所有の土地に根抵当権を設定し、融資を行っている状況において、債務の一部（手形貸付分）を記載した残高証明書を交付し、債務者が貸金業者から融資を受けるに際し、この証明書を見せ、貸金業者が前記土地に担保余力があると考え、二番抵当権を設定し、融資を実行したものの、前記土地が任意売却になり、一部の弁済しか受けられなかったことから、貸金業者が信用組合に対して弁済を受けられな

かった債権相当額につき不法行為責任を追及したものであるが、信用組合の有していた担保権が根抵当権であることに照らすと、前記内容の残高証明書の記載と、貸金業者の抵当権の設定と融資、回収困難な債権残額の発生との間の因果関係が存在するかがまず問われるべきであり、裁判所も証拠上因果関係が認められるかを適切に判断すべきであろう。

　金融機関が債務者の依頼に応じて作成する債務残高証明書の利用目的、利用範囲はさまざまであり、債務者の取引予定者に見せることが多いとはいい難いし、仮に取引予定者に見せる場合であるとしても、見せる場面、目的、意味も異なるし、一律に決め付けることはできない。この事案では、前記の因果関係の存在が証明されるかは明らかではないうえ、取引予定者に見せるとしても、具体的な利用目的、意味合いが明らかではないため、この判決のように、残高証明書を作成するに当たって一部の取引科目のみの証明であることが明らかになるような記載をすべき注意義務があったと判断することには疑問が残るし、この義務違反を認めるにはさらに慎重な検討、判断が必要であると考えられる。

　なお、この判決の第一審判決（大阪地判平成11・7・22金法1589号54頁）は、
「1　金融機関が発行する残高証明書は、債務者に対して発行されるものであり、一般に当該債務者が第三者に対して自己の債務の状態を示す手段として用いられるものであるというべきところ、原告は、本件残高証明書のような一部債権者のみを表示し、かつ一部であることを明記していない証明書を発行すれば、尾形がこれを利用して、第三者に何らかの損害を与えることは、被告において、当然予見できたと主張する。

　なるほど、本件残高証明書は、その記載形式からして、その掲示を受けた第三者をして尾形に対する貸付残高全額を記載したものであるとの誤解を生ぜしめる可能性は否定できないというべきであり、そして、前記一2、3のとおり、尾形が、本件残高証明書の発行を依頼した際、新しい取引先に提示する旨述べていたのであるから、被告において、本件残高証明書が、尾形が取引を予定している第三者に対して、自己の債務の状態を証明する手段として用いられることを認識していたというべきである。
2　しかしながら、本件不動産には、極度額を3億円、被担保債権の範囲を信用組合取引、手形債権、小切手債権とする本件根抵当権の登記がなされていること、三

谷は、これまで顧客の要望により特定の科目の残高証明書を発行したことがあり、そのことで問題が生じたことはなかったこと、また、債務者が新たに取引を始めるに際し、金融機関との短期的な与信取引の状況を明らかにするため、手形貸付残高を取引相手に示すこともあり得ること、加えて、原告は、貸金業登録をした貸金業者であり、金融について専門的知識を有していると考えられ、本件不動産の登記簿謄本から、本件根抵当権の極度額はもとより、その被担保債権には、手形債権、小切手債権だけでなく、長期の与信取引である信用組合取引が含まれていることを認識していたと推認されること、したがって、たとえ本件根抵当権の元本が確定していたとしても、本件残高証明書をもって、その被担保債権が手形貸付によるものだけであり、しかもその残高総額が5055万7410円にすぎないと判断することは考え難く、通常であれば、被告に対し、尾形に対する貸付残高を確認したり、本件残高証明書の記載の趣旨や記載内容の問合せをすると考えられること、債務者と同行するなどして、被告に貸金残高総額の照会をすれば、照会に応じたと考えられるところ、原告は、本件根抵当権の被担保債権の残高確認の必要があると考えたにもかかわらず、被告に残高確認をしても、回答が得られないとの独自の判断により、残高確認はもとより、本件残高証明書の記載の趣旨や記載内容の問合せもしなかったことなどの諸事実を併せて考えると、被告が本件残高証明書を発行した時点において、仮に本件残高証明書が、尾形に対する貸付残高全額を記載したものであると受け取られるとしても、尾形が本件残高証明書を提示し、被告との取引関係について、虚偽の事実を述べて、金融業者に借入の申込みをし、当該金融業者が、何ら被告に問合せをすることなく、本件残高証明書の記載のみによって、本件根抵当権の被担保債権が右証明書記載のとおりであると信じ、貸付を実行することまでは、被告において予見できなかったというべきである。

3　この点に関し、原告は、本件根抵当権の被担保債権の残高確認をしょうと思っ(ママ)たが、被告に対し、残高確認をしても回答してくれないことが分かっていたので、本件残高証明書と登記簿謄本の内容を再検討する以外の確認方法はなかったというが、前判示のとおり、被告において、債務者と同行するなどして、債務者をして貸金残高総額の照会をすれば、その照会に応じたものであるから、残高確認の必要性を認識しながら、右のような方法の照会はもとより、本件残高証明書が貸付残高総額を記載したものか否かといった記載の趣旨についての問合せ等の確認手段をとらないまま、本件根抵当権の被担保債権が右証明書記載のとおりであると信じて2500万円もの貸付を行うような貸金業者があることは、一般の金融機関において予見できないことというほかない。

4　したがって、原告の尾形に対する本件貸付に関して、被告において、本件残高証明書を発行したことにつき過失を認めることはできないというべきである。」

と判示している。

(7-16) 銀行の会社合併に係る株式譲渡の斡旋等の義務違反が認められた事例 [大阪地判平成12・12・21判時1774号75頁、判タ1072号159頁、金判1115号22頁]

●事案の概要●

　コンサルタントを業とするY₁株式会社（Y₂が代表取締役、Y₃が取締役）は、銀行業を営むY₄株式会社（株式会社住友銀行）の依頼によって、A株式会社がB株式会社を吸収合併するに際して、合併比率の算出、評価を行い、Y₄がBの大株主Xらとの委任によって吸収合併を進め、XらがAの株式を取得したが（Xらの一人は、訴訟提起後死亡したため、その一人が承継した）、合併後、Aの株価が下落し、売却することができなかったこと等から、Xらが株価の評価がAを不当に高く、Bを不当に低く評価した等と主張し、Y₁に対して不法行為、Y₂、Y₃に対して商法266条の3等、Y₄に対して株式の譲渡、売却先を斡旋すべき義務違反等があったと主張して、債務不履行、不法行為に基づき損害賠償を請求したものである。この判決は、Y₁の評価が客観的価値を厳密に算出することを目的としたものではなかった等とし、Y₁ないしY₃の不法行為等を否定し、Y₁ないしY₃に対する請求を棄却したが、Y₄の斡旋等の義務違反を肯定し、Y₄に対する請求を認容した（過失相殺を3割認めた）。

●判決内容

「三　争点二1（被告銀行の債務不履行責任又は不法行為責任）について
1　合併比率決定上の注意義務違反について
(一)　前記一の認定事実によれば、被告銀行は、甲野サッシのみならず、原告らからも依頼を受けており、原告らに対し、本件合併に関して適切な助言を行う義務を負担していたということができるから、甲野サッシが不当に低い合併比率で合併を行い、甲野サッシの大株主である原告らが不当な不利益を被らないよう注意する義務を負っていたと解されるが、他方、本件合併は、契約に基づいて行われたのであるから、合併比率も甲野サッシと東洋シヤッターの合意に基づいて決せられたものである限り、右合意が原告らの錯誤に基づくものであり、被告銀行においてその錯

誤を知り又は知り得たにもかかわらず、そのまま合意に至らしめた等の特段の事情がない場合には、合併比率が必ずしも両社の客観的価値と一致しなくとも、被告銀行が合併比率決定上の右注意義務に違反したということはできない。
(二) しかるところ、前示のとおり、本件合併条件は、甲野サッシと東洋シャッターが相互に希望する条件を出し合い、両社の交渉によって決せられたものであり、太郎は、第2レポートが企業の客観的価値を表すものとしては必ずしも正確でないことに気がついていたほか、交渉過程において合併条件や東洋シャッターの株価の値下がりについて不満を持ちながらも、第2レポートをたたき台とした上で合併条件を検討し、乙田や甲田とも相談しながら、最終的には合併条件を承諾した上で、本件覚書に署名捺印し、平成3年12月30日には本件合併契約を締結しているから、右合併条件は、本件合併契約の当事者である甲野サッシと東洋シャッターの合意に基づくものということができるし、右合意が原告らの錯誤に基づきなされたものと認めることもできない。
(三) したがって、被告銀行に原告らに対する合併比率決定上の注意義務違反があったとは認められないから、右の点に関する原告らの主張は理由がない。
2 合併中止申出の不当拒絶について
　前記一認定の事実経過に照らすと、太郎は、本件合併契約における合併条件を承諾した上、本件合併契約を締結したものと認められ、被告銀行が甲野サッシや原告らの合併中止の申出を不当に拒絶したことを認めるに足りる証拠はないから、右の点に関する原告らの主張は理由がない。
3 換金義務違反について
(一) 前記一の認定事実によれば、本件合併は、被告銀行が、太郎らに後継者がなく、同人らが営む甲野サッシが都市部に含み益の大きい広大な工場用地を持つことに着目し、太郎らに接待攻勢をかけるなどして、当時力を入れていたM&A業務を推進するために同社の会社売却を働きかけたことに端を発し、太郎らが老後の高額な生活資金が入手できる上に同社の事業が継続されると考え、これに応じたことによって、正式案件となり、その後、100億円もの買収資金を現金で用意できる企業が見つからなかったことから、甲野サッシの会社資産を現金化するための前提として、東洋シャッターと合併するとの構想が固まってきたものであって、原告らが甲野サッシを東洋シャッターと合併させる目的はあくまで甲野サッシの会社資産を換金することにあったものであり、同社を解散して清算する方法によった場合でも、税引き後の手取額が20数億円と見積もられていたため、原告らとしては、株式譲渡若しくは合併のいずれの方法によるにせよ、あくまで右金額を上廻る現金を取得することを目的としていたもので、右目的の下で被告銀行に対し東洋シャッターとの合併交渉の斡旋等を依頼していたものと認められ、被告銀行もこれを十分に承知していたものということができる。
　これに対し、証人戊山梅男及び同丙川冬夫は、合併交渉当時、太郎らが甲野サッ

シの事業継続を第1に考えており、合併後の東洋シャッター株式の換金については それほど興味を懐いていなかった旨証言するが、前記一認定のとおり、太郎らは、 合併交渉の際に合併比率やその後の東洋シャッターの株価下落に深い関心を抱き、 株価下落を理由として合併比率の見直しや損失補償を何度も求めていたことに照ら すと、太郎らが同社株式の資産価値や換金性を念頭に置いて交渉に当たっていたこ とは明らかであるから、右各証言は採用しない。

（二）　したがって、被告銀行は、本件依頼書に記載されているとおり、甲野サッシ の会社資産を換金したいとの同社及び同社の株主である原告らの意向を十分に理解 した上で、原告らに東洋シャッターとの合併の適否及び合併条件について提案を行 い、交渉を行うべきところ、前記一認定のとおり、被告銀行の担当者である戊山ら は、東洋シャッター株式は上場株式であるものの、いわゆる小型株であり、合併に よって原告らが取得する大量の株式を短期間に市場で売却することが事実上不可 能であることを認識していたにもかかわらず、太郎らには、東洋シャッターは比較 的値動きの安定した株式であるとの説明をしたほか、右合併案件を成立させ、実績 を上げることを望むあまり、太郎らが大量の同社株式を市場で短期間に換金するこ とが事実上不可能であるとの説明は行わず、合併した場合の換金の困難性について は一般的な説明をしたにとどまり、かえって、被告銀行が同社株式の譲渡先を積極 的に斡旋するかのごとき言動をしたため、太郎らは、右戊山らの説明により、被告 銀行の協力によって合併により取得する東洋シャッター株式全部を短期間で容易に 換金できるものと考え、同社株式の換金について特に不安を感じることもなく、上 場会社との合併は換金の際に税金面で有利であるとの認識で合併方式による譲渡を 承諾したものであり、その時点で、原告らが合併によって取得する東洋シャッター 株式の譲渡先について具体的な協議を求めなかったのは、合併条件や合併時期が定 まらなければ譲渡先との交渉ができないほか、インサイダー取引規制があったため であるにすぎず、本件依頼書徴求に係るこれらの事実経過に照らすと、被告銀行は、 本件依頼書に基づく依頼者である原告らに対し、契約上、関連会社や取引先を介す るなどして、原告らが本件合併によって取得した東洋シャッター株式を合併に伴う 原告らへの新株発行後の合理的期間内に、時価を参考とした価格（全株式を右合理 的期間内に、一括売却・分割売却を問わず、売却することのできる価格）で売却す ることができる譲渡先の斡旋等を行い、右株式を換金する義務を負うと認めるのが 相当である。

　また、前記認定の東洋シャッターの会社規模、資本の額、発行済株式数、同社株 式の流通状況及び原告らが交付を受けた同社株式の数等に照らすと、当事者の合理 的意思解釈としては、右義務における合理的期間及び時価を参考とした価格（前示 のような売却可能価格）とは、具体的には、合併に伴う原告らへの新株発行後の1 年内であり、当時の時価の2分の1を下らない価格であるとそれぞれ解するのが相 当である。」

判例評釈として、小宮靖毅・金判1122号62頁がある。

●**事案の特徴**

この事案は、銀行が企業買収につき被買収会社の大株主らから依頼され、買収を進め、吸収合併の方式を採用することになり、合併比率の算出、評価を行うことをコンサルティング会社に依頼し、株主が存続会社の株式を取得したところ、その株価が値下がりしたため、株主がコンサルティング会社、その取締役らに対して損害賠償を請求するとともに、銀行に対しても債務不履行、不法行為に基づき損害賠償を請求した事件である。この事案は、銀行が企業買収の被買収会社の大株主らから企業買収等を依頼され、企業買収の仲介にかかわったこと、銀行が被買収会社、その大株主らから企業買収の仲介を依頼されたこと、企業買収の方法として吸収合併が選択されたこと、銀行がコンサルティング会社に合併比率の算出等を依頼したこと、前記株主らが存続会社の株式を取得したこと、株主らの取得した株式の価格が値下がりし、他に売却することもできなかったこと、銀行の株式の譲渡、売却先を斡旋すべき義務違反等による債務不履行、不法行為が問題になったことに特徴がある。

●**判決の意義**

この判決は、コンサルティング会社らの損害賠償責任を否定したのに対し、銀行の責任については、合併比率決定上の注意義務違反を否定したものの、株主は、株式譲渡もしくは合併のいずれの方法によるにせよ、あくまで会社の売却金額を上回る現金を取得することを目的としていたものであり、その目的の下で銀行に対して合併交渉の斡旋等を依頼し、銀行もこれを十分に承知していたとしたことから、契約上、関連会社や取引先を介するなどして、株主らが合併によって取得した株式を合併に伴う新株発行後の合理的期間内に、時価を参考とした価格で売却することができる譲渡先の斡旋等を行い、株式を換金する義務を負うとしたこと、この事案では銀行が株式の換金義務違反を認めたことに特徴がある。

この判決については、理論的に、契約上この判決が提示するような斡旋義

務、換金義務が認められるかは疑問が残るものであるが、銀行がこの事案の企業買収に積極的に関与した、その仲介の内容、経過に照らすと、銀行の被買収会社の大株主に存続会社の株式を取得させるとしても、株式数からその現金化が困難である状況を知りながら、企業買収を進めたものであり、この判決がこのような法的な義務を認めた判断姿勢も理解できないではない。銀行が企業買収等の専門部署を設置し、積極的に取り組んでいた様子もこの判決文上窺われるが、同時に、企業買収にかかわる諸事項につき知識不足、経験不足、ノウハウ不足も窺われるものである。控訴審判決につき〔7―17〕参照。

〔7―17〕前記（7―16）の控訴審判決であり、銀行の株式譲渡斡旋義務違反が否定された事例［大阪高判平成14・3・5金判1145号16頁］

●事案の概要●

前記の〔7―16〕大阪地判平成12・12・21判時1774号75頁、判タ1072号159頁、金判1115号22頁の控訴審判決であり、Y_4が控訴したものである。この判決は、合併を仲介した銀行が株式の譲渡先の斡旋義務を契約上負わないし、信義則上負うことがあるとしても、信義則上の義務違反がない等とし、原判決を取り消し、請求を棄却した。

●判決内容

「イ　被控訴人らは、控訴人に対して本件斡旋義務違反を理由に損害賠償を求めているのであるから、被控訴人ら主張の前記合意（本件斡旋契約）は、控訴人において、証券会社や控訴人が知り得た譲渡先を1審原告らに紹介するだけにとどまらず、少なくとも東洋シヤッター株式の譲渡契約の成立に尽力すべき義務を負う媒介をなすものであったと主張しているとみられる。しかし、銀行がこのように有価証券の売買の媒介をすることは、銀行法12条により許されず、証券取引法65条1項により禁止されており、後者の違反については刑事罰が科される可能性があり（平成9年法律第117号による改正前の199条）、控訴人においてわざわざ証券取引法に違反するような合意をするとは考え難い。
株価は、絶えず変動し、しかも短期間のうちに大きく変動する可能性があり、必

579

ずしも合理的な要因で価格が形成されるわけでもないことから、価格の予想も容易ではなく、特に東洋シヤッター株式のようにいわゆる小型株の場合には譲渡自体によって大きく価格が下落する可能性もあるから、本件合併の期日前から同社株式の価格下落に不満を持っていた１審原告らの希望する価格での譲受希望者を見出すこと自体容易であったとはいえず、そもそも、控訴人においてそのような１審原告ら取得株式の売買成約に向けて尽力することが容易ではない媒介をするような約束をするとは考え難いところである。まして、本件斡旋により１審原告ら取得株式の譲渡による換価が実現できなければ、東洋シヤッター株式の価格を基準として算出される額の損害賠償責任を負うことを前提とするような合意を締結するとは到底考え難い。
　……

(4)　１審原告らと控訴人との間で本件斡旋に関する合意があったとはいえないにしても、甲野サッシだけでなく１審原告らも控訴人に対する本件合併に関する依頼者である旨本件依頼書に明示されたこと、１審原告ら取得株式の譲渡が検討事項として挙げられていたこと、１審原告らの本件合併の目的が現金取得であることを控訴人において認識していたこと（証人丙川冬夫は、太郎において事業が円滑に継承されることを重視していたと供述するが、東洋シヤッター株式の株価下落や甲野サッシの評価に不満を表明していた太郎の態度からすると、現金取得が主たる目的であったといわざるを得ない。）、１審原告らが大量の東洋シヤッター株式を自力で売却することは困難であったとみられること（１審原告ら取得株式が金融機関からの借入れの際に担保に提供されて売却処分されたことは前記認定のとおりであり、参加人や金融機関が東洋シヤッター株式を譲渡したことが……から認められるが、いずれも譲渡先、売却の経緯、仲介業者の有無などは明らかではなく、このような売却をもって１審原告らにおいて１審原告ら取得株式を容易に処分ができたということはできない。）、前記のとおり理由はともかくとして平成４年３月に１審原告らから本件斡旋の要求のあったこと、M&Aの仲介業務を行う銀行において上場企業がオーナー企業を合併する場合にオーナーの取得する株式の譲渡に全く関与しないのが一般的な実態であるとまで断定することはできず、証券取引法によって株式取引の媒介を禁止されていても証券会社に１審原告らを紹介して当該証券会社に配慮を事実上求めたり、成約に尽力するのではなく単に情報収集をして縁故的に買受人を紹介することまで証券取引法上禁じられているとはみられないことからすると、本件合併に関する仲介委託契約に付随する義務として、証券会社への紹介、買受先の情報を収集して縁故的に紹介するなどの作業を行う信義則上の義務が控訴人に生じると解する余地がある。

　しかし、本件においては、前記認定のとおり甲野サッシの評価に関する不満に端を発して合併条件について繰り返し要求のあったこと、被控訴人夫婦の取締役選任、退職慰労金の支払要求などに対して、控訴人が対応に負われていたこと、被控訴人

花子が斡旋要求をしたとはいえ、その後斡旋について継続した要求はなく、かえって被控訴人花子が株主名簿閲覧請求など１審原告ら取得株式の保有の係属を前提とする行動を取っていたこと、未解決の問題はないかとの控訴人からの問いかけに対して１審原告らにおいて全く返答をしなかったこと、被控訴人花子が価格を指定して買取りを控訴人に要求しても、想定される当時の東洋シヤッターの株価から考えて、その価格で買取りに応ずる譲受人がいるとは考えにくいことにかんがみると、本件合併期日（平成４年４月１日）以後において１審原告らから東洋シヤッター株式の現金化に関して特段の要求・要望がないのに譲受人を紹介するなどの作業を控訴人が行うことは、１審原告らと控訴人、ひいては譲受人との間で無用の紛争を起こす可能性もあったみられ、控訴人において譲渡先の紹介の作業に入らなかったことをもって、前記の信義則上の義務に反し、損害賠償責任を負うとは認められないというべきである。」

●判決の意義

　この判決は、第一審判決である前記の〔７—16〕大阪地判平成12・12・21判時1774号75頁、判タ1072号159頁、金判1115号22頁が銀行の株式譲渡に関する斡旋・換金義務違反を認め、銀行に対する請求を一部認容したのに対し、銀行が株主の主張するように有価証券の売買の媒介をすることは、銀行法12条により許されず、証券取引法65条１項により禁止されており、後者の違反については刑事罰が科される可能性があり、銀行がわざわざ証券取引法に違反するような合意をするとは直ちに考え難いとしたこと、銀行が株主らの取得株式の売買成約に向けて尽力することが容易ではない媒介をするような約束をするとは考え難いとしたこと、銀行が合併に関する仲介委託契約に付随する義務として、証券会社への紹介、買受先の情報を収集して縁故的に紹介するなどの作業を行う信義則上の義務が生じると解する余地があるとしたこと、この事案では信義則上の義務違反がないとしたこと、銀行の損害賠償責任を否定したことを判示している。第一審判決が提示した銀行の法的な義務については、前記のとおり、疑問が残るものであるが、この判決の説示する判断には結論だけが先走っていて、説得力に乏しいという疑問が残るものである。

　この事案では、銀行の従業員が企業買収の仲介に相当に積極的に深く関与

していたものであり、企業買収の方法として選択した吸収合併に伴う被買収会社の大株主の取得する株式の取扱いが検討課題になっており、実際に助言をしているところであるが、この判決は、銀行業法等の法令に違反する助言をしないことをあっさりと否定し、信義則上の義務違反もこれを否定に関する事情を列挙するだけのものであり、この事案の結論の当否は別として、第一審判決の内容と比較対照すると、控訴審判決としての十分な説得力が窺われないものである。いずれにせよ、これらの判決は、銀行が企業買収に関与する場合には、関与の内容、態様、関係者との関係によっては損害賠償責任、業法違反等の法的な責任が追及される可能性があることをあらためて示すものである。

（7-18）銀行の増資募集につき説明義務違反が肯定された事例［静岡地判平成15・11・26金判1187号50頁］

●事案の概要●

　主婦Xは、パート仲間の親戚である銀行業を営むY株式会社（株式会社中部銀行）の従業員Aから勧誘され、平成11年9月、Yにおける定期預金を解約し、Yが発行する無額面優先株式（非上場）6000株を引き受けたところ、平成14年3月、Yが経営破綻し、平成15年3月、解散したため、XがYに対して不法行為に基づき損害賠償を請求したものである。この判決は、転売が困難であることの説明義務違反を認め、不法行為を肯定し、請求を認容した。

●判決内容

「ところで、当該株式が短い期間で転売して換金できるかどうかは、株式の性質上からしても購入者にとって非常に重要な事実であるから、株式の発行側が株式の引受けを勧誘する場合には、信義則上、その転売の可能性等について、相手方の学歴、年齢、知識、経験等に応じ十分な説明をする義務を負っているというべきである。

　上記認定のとおり、Aは、本件勧誘に際し、被告の株式が非上場であり、換金することが困難であることを説明せず、かえって、自己の誤解に基づき、原告に対し

1回配当が出た後あるいは短い期間で換金できるなどと断定的に述べているのである。これは、株式取引が初めてであり、その知識がなかった原告の判断を誤らせるものであり、Aがした本件勧誘は上記説明義務を怠った違法なものである。

　なお、原告は株式取引が初めてではあるけれども、株式が当該会社の決算内容により元本割れすることがある危険性を有していることは周知の事実であり、Aは原告に直近の配当意向は決算次第である趣旨の言辞を述べていることに加え、原告の学歴、年齢を併せ考慮すると、Aが本件勧誘に際し、本件株式が元本保証がなく、無配当の可能性があることまで明確に説明する義務があったということはできない。

　上記認定事実、上記説示によれば、Aは、原告に対し、故意または過失により、違法な本件勧誘をし、その結果、1回配当が出た後あるいは短い期間で換金できると誤信した原告が本件株式を購入し、前記争いのない事実等(7)等によれば、遅くとも平成15年6月24日には本件株式を転売することが不可能であり、本件株式が無価値となったことが確定し、本件株式の購入代金である300万円から前記配当金3万7500円を控除した296万2500円相当額が損害として確定したということができる。

　すると、Aには不法行為が成立し、同人の本件勧誘は、被告の事業を行うためのものであるから、民法715条により、被告は、原告に対し、上記損害を賠償する責任がある。」

● 事案の特徴

　この事案は、非上場の銀行が増資をした際、銀行の従業員が親戚のパート仲間（主婦）に新株の引受を勧誘し、新株を引き受けたところ、3年余の後、銀行が経営破綻し、解散したため、新株を引き受けた者が銀行に対して損害賠償を請求した事件である。この事案は、銀行の経営が悪化する状況において増資を行ったこと、銀行の従業員が親戚の知人（主婦）に新株の引受を勧誘したこと、主婦が新株を引き受けたこと、数年を経て銀行が経営破綻したこと、銀行の不法行為が問題になったことに特徴がある。

● 判決の意義

　この判決は、銀行が無配当の可能性があることの説明義務違反を否定したこと、銀行が株式の引受を勧誘する場合には、信義則上、その転売の可能性等につき、相手方の学歴、年齢、知識、経験等に応じ十分な説明をする義務を負うとしたこと、この事案では、この意味の説明義務違反を認めたことに特徴がある。

　この事案の銀行は、バブルの崩壊時期に多額の不良債権を抱え、経営が悪

化していたところ、増資を実施し、平成12年には、経営者が交代し、多額の特別損失が発生する等した後、平成13年には、金融庁の検査の結果、早期是正措置発動を受ける等し、平成14年3月、預金保険法74条5項の規定による申出がされ、経営破綻に至ったものである。金融機関の経営が相当に悪化した後、増資を実施することがバブル経済の崩壊時期にしばしばみられたが、増資を引き受けた株主の金融機関、あるいはその経営者らに対して損害賠償を請求する事件が発生してきたところであり（なお、筆者の実体験によっても、銀行の経営破綻の直前といってよい時期に、銀行との密接な取引関係があり、銀行の役職員から増資の引受を勧誘され、断りきれなくなり、増資に応じた顧客が多数いたが、多くの顧客は恨みを抱きつつ、法的な責任の追及に踏み切らなかったようである）、この事案は、銀行の増資であったこと、増資から経営破綻まで数年の経過があったこと、銀行の非上場会社であったことの特徴があるものである。この判決は、銀行の前記の意味の説明義務違反を肯定したものであり、事例判断を提供するものであるが、無配当の可能性の説明義務違反を否定したことは、微妙な判断である。

(7-19) 信用組合の出資募集につき不法行為責任が肯定された事例 [東京地判平成16・7・2判時1868号75頁]

●事案の概要●

Y_1信用組合（東京都教育信用組合）は、平成10年2月から3月まで出資金の増強キャンペーンを行い、出資を募集し、Xらがこれに応じて出資したところ、平成11年6月、大幅な債務超過に陥り、同年12月、事業全部をA信用組合（東京都職員信用組合）に譲渡し、解散したため、XらがY_1、その理事長Y_2、理事Y_3に対して不法行為等に基づき損害賠償を請求したものである。この判決は、出資募集時にはすでに大幅な債務超過にあった等とし、Y_1、Y_2の不法行為責任（Y_1については、民法44条に基づく責任）を肯定し、その範囲で請求を認容したが、Y_3については、理事会の日程調整等を担当していたにすぎず、Y_2の不法行為を

阻止することを期待することはできなかった等とし、Y_3 に対する請求を棄却した。

● **判決内容**
「4 被告丙川の一般不法行為法上の注意義務
(一) 以上の前提の下で検討するに、前記のとおり、①本件各出資募集の当時、被告信用組合が、金融機関であるにもかかわらず、実質的には大幅な債務超過に陥っていたこと、②そして、保有株式等の一部を原価法により評価し、その含み損を営業利益等をもって段階的に償却する方法により、金融機関としての信用を維持することができなくなっており、近い将来、実質的には大幅な債務超過に陥っていることが明らかになって、破たんするおそれがあったこと、③被告信用組合が、短期間のうちに、財務内容の健全化を達成することのできる営業利益を確保することができたとは認め難いことに加えて、④被告信用組合は、比較的小規模な信用協同組合であり、被告丙川は、理事長として、被告信用組合の経営方針等に関する意思決定を行っていたこと、⑤原告らは、学校の教員、事務職員、栄養士又はその退職者であって、金融機関の財務内容の判断や、金融機関への出資、金融機関の破たん処理等について、格別の知識及び経験を有していなかったこと、⑥さらに、……によれば、本件各出資募集は、被告信用組合が自らの業務利益のみをもって保有株式等の含み損を償却しつつ自己資本比率4パーセントを達成することができないことから組合員等に対して救済を求めるために行われたものであると認めることができることを総合すると、被告丙川は、どうしても本件各出資募集を実施するというのであれば、募集の相手方に対する一般不法行為法上の注意義務として、実際に募集に当たる被告信用組合の職員に被告信用組合の財務内容に関する正確な情報を与え、被告信用組合の職員が募集の相手方に被告信用組合が保有株式等に多額の含み損を抱え、実質的には大幅な債務超過に陥っており、破たんするおそれがあることを説明した上で、これを救済するため募集に応ずるか否かの意思決定をさせるように指示する義務を負っていたというべきである。
……
6 被告信用組合及び被告丙川の責任
(一) このように、被告丙川は、被告信用組合の職員に被告信用組合の財務内容に関する正確な情報を与え、被告信用組合の職員が募集の相手方に対して被告信用組合が保有株式等に多額の含み損を抱え、実質的には大幅な債務超過に陥っており、破たんするおそれがあることを説明した上で、これを救済するため募集に応ずるか否かの意思決定をさせるように指示する義務を怠り、原告らに対し、出資金相当額の出捐をさせたのであり、過失により原告らの財産権を侵害したというべきである

から、原告らは、被告丙川に対し、民法709条に基づき、その損害を賠償するように請求することができるというべきである。
　また、被告丙川は、被告信用組合の理事長の職務を行うにつき、原告らに対し、損害を与えたというべきであるから、原告らは、被告信用組合に対し、民法44条1項に基づき、その損害を賠償するように請求することができるというべきである。
(二)　これに対し、被告らは、原告らの主張に係る損害は、被告信用組合が損害を被ったことにより原告らが間接的に被った損害であるから、被告丙川は、原告らに対し、不法行為に基づく損害賠償責任を負わないなどと主張する。
　しかし、原告らの主張に係る損害は、出資に係る出捐をしたことそのものを理由とするいわゆる直接損害と解すべきであるから、被告らの上記主張は、前提を欠くものというべきであり、採用することができない。
(三)　また、被告らは、被告丙川は、多額の業務利益を確保し、これを保有株式等の含み損の償却に充てるなどすることにより被告信用組合の資産を健全化してきたのであり、本件各出資募集は、このような状況下において、自己資本を増強し、更なる資産の健全化を図るためにされたものであるから、被告丙川の経営判断につき、不合理、不適切なものということはできない旨主張する。
　しかし、仮に経営判断として合理的であるとしても、他の者に対する第三者に対する注意義務違反が認められ、不法行為が認められる場合には、その責任を阻却ないし軽減する理由はないのであるから、被告らの上記主張は、採用することができない。」

●**事案の特徴**

　この事案は、信用組合が経営悪化し、出資金の増強を図り、出資を募集し、多数の者がこれに応じたところ、信用組合が経営破綻したため、出資者が信用組合のほか、理事長、理事に対して損害賠償を請求した事件である。この事案は、小規模な信用組合が経営悪化した状況において自己資本比率を強化するため出資を募集したこと、当時、実質的に債務超過の状況にあったこと、近い将来に経営破綻のおそれがあったこと、信用組合の経営状況につき十分な情報開示がされることなく、出資の募集が行われたこと、信用組合の損害賠償責任のほか、理事長、理事の損害賠償責任も問題になったことに特徴がある。
　金融機関の取締役、理事らの経営者は、金融機関の経営が悪化した場合、将来の経営の動向をどのような根拠で、どのように予測するかは、金融機関

の経営のために重要であるだけでなく、経営者自身にとっても重大な検討、判断である。特に問題になるのは、金融機関の経営者にとっては、金融機関の経営の現状と将来の経営破綻の可能性・蓋然性の認識、判断が重要であるが、いずれも明確な基準、客観的な基準、具体的な基準が必ずしも確立していないため、損害賠償責任のリスクを遮断できないわけである（経営判断の法理は株式会社の取締役を中心にして議論がされ、裁判例において相当程度形成された法理になっているが、その内容は抽象的なものであり、具体的な事案の個々の事情によって左右され、また、裁判官ごとの区々な判断であることが否定できないため、経営判断の当時、適切な検討、判断を行ったとしても損害賠償責任のリスクを遮断できないものである）。金融機関が経営の悪化した状況、特に経営破綻の可能性があるような状況において出資を募集する場合、経営の内容を具体的に開示し、経営破綻の可能性を指摘すれば、出資に応ずる者が必要な数集まるかは疑問であり（その結果、必要な出資を得ることができず、経営破綻に至ることもあろう）、他方、楽観的な見込みを伝えれば、後日経営破綻した場合には、損害賠償責任を問われる可能性が増加することになる。増資等を検討し、判断する金融機関の経営者にとっては、相当に自分自身の損害賠償責任につき危険な状態に陥ることになる。

なお、この事案は、銀行等の役員の損害賠償責任をめぐる裁判例〔8―28〕と同一である。

●**判決の意義**

この判決は、理事長の責任について、実際に募集に当たる信用組合の職員に信用組合の財務内容に関する正確な情報を与え、信用組合の職員が募集の相手方に信用組合が保有株式等に多額の含み損を抱え、実質的には大幅な債務超過に陥っており、破綻するおそれがあることを説明したうえで、これを救済するため募集に応ずるか否かの意思決定をさせるように指示する義務を負っていたとしたこと、この事案では信用組合が債務超過であり、多額の含み損を抱えていた等とし、この義務を怠ったとし、理事長の不法行為責任を肯定したこと、信用組合の不法行為責任を肯定したこと、理事の責任につい

587

ては、監視義務違反が問われたところ、理事会の日程調整等の庶務を担当していたにすぎず、理事長に対して意見を具申することができる立場にはなかったとし、その責任を否定したことに特徴がある。

この判決は、信用組合の理事長の出資の募集についての説明指示義務違反を認めた事例判断として参考になるものであるが、理事の責任については、議論を呼ぶものである。この事案の理事は、監視義務違反が問われたものであるが、この判決が指摘するような日程調整等だけの業務を担当していることから、監視義務違反を否定することは相当ではないであろう。もっとも、この理事が監視を行っていたか、あるいは理事が理事長に対して意見を具申しても監視の実効性が期待することができない事情が認められる場合には、監視義務違反を否定することが相当であるが、この判決は、後者の観点から監視義務違反を否定した事例として評価することもできよう。

(7-20) 銀行の個人信用情報の登録につき不法行為責任等が否定された事例
[大阪高判平成17・2・3金判1221号51頁]

―●事案の概要●―

Xは、銀行業を営むY株式会社（株式会社ユーエフジェイ銀行）と普通預金の口座を開設し、50万円を限度とする当座貸越契約を締結し、契約内にカードローンに基づき発生した客観的な取引事実に基づく個人信用情報を銀行協会が運営する個人信用情報センター等に登録されることに同意する旨の条項が含まれていたところ、Xが自動車ローンの支払を怠ったことが全国個人信用情報センターに登録されていることを知り、Yに苦情を申し立て、事故情報の抹消を求めたのに、これが拒否されたため、XがYに対して債務不履行、不法行為に基づき損害賠償を請求したものである。第一審判決（大阪地堺支判平成16・3・24（平成15年(ワ)第62号））が個人信用情報の登録に関する合意の成立を認め、事故情報の抹消に関する合意の成立を否定する等し、請求を棄却したため、Xが控訴したものである。この判決は、Yの債務不履行、不法行為を

否定し、控訴を棄却した。

● 判決内容
「2 不法行為の成否
　上記のとおり、被控訴人は、本件当座貸越契約を締結することにより、本件同意条項についても合意したものと認定すべきである（なお、同条項の内容は一定の合理性が認められ、規定自体の有効性に問題があるとはいい難い。）。そして、控訴人は、上記条項に基づいて、本件事故情報を提供しその登録がなされたものであるから、被控訴人が控訴人主張の違法行為を行ったとはいえない。
　なお、控訴人は、個人の信用情報の登録についての同意不同意は、当該個人の意思にかかるものであるからそもそも代理にはなじまないとして、控訴人の妻による契約締結で控訴人の同意があったとはいえないと主張する。しかしながら、個人の思想信条等内面的自由にかかわる情報であればともかく、本件で登録された情報は専ら個人の取引行為といった経済的なものに限定されている。したがって、本件事故情報の登録合意が代理になじまないものであるとはいい難いから、仮に合意が控訴人の妻の代理によってなされたものであるとしても、効力に差はなく、控訴人の主張は採用できない。
　また、控訴人は、被控訴人は、本件事故情報の登録に際し、控訴人に対し、直接、本件事故情報にかかる債務の請求や事情の確認をしたり、あらためて情報登録について同意を得るべき義務を負っていたにもかかわらずこれを怠ったとも主張する。しかしながら、金融機関が当座貸越契約が本人の意思に基づかないものであることや登録対象の事故情報が虚偽である可能性をうかがわせるような事情を認識し、あるいはこれを認識すべきであったといいうる特段の事情があればともかく、そうでない限り、控訴人主張の上記義務を被控訴人が負っていたと解することはできない。そして、上記特段の事情を認め得る的確な証拠はない。
　かえって、前記認定に照らせば、本件当座貸越契約の成立に問題はなく、本件事故情報が虚偽であったともいい難い。
　したがって、被控訴人が本件事故情報を登録する際に、上記の控訴人主張のような義務違反があったとはいえない。
　以上によれば、被控訴人が控訴人主張の不法行為を行ったとは認め難いから、不法行為に基づく損害賠償請求及び民法723条の準用ないし類推適用による本件事故情報の抹消請求にはいずれも理由がないというべきである。
　なお、登録された事故情報が虚偽であると立証されれば、被控訴人は、信用情報センターに登録された事故情報の抹消手続きを行うべき信義則上の義務を本件当座貸越契約に基づいて負うと解する余地もあろう。しかしながら、本件では、本件事故情報が虚偽のものであることが立証されたとは到底いえないから、上記の点につ

いては検討するまでもない。」

●事案の特徴

この事案は、銀行と当座貸越契約を締結した顧客がローンの支払を怠った事実が信用情報センターに登録され、この情報の抹消を求めたものの、拒否されたため、債務不履行、不法行為に基づき損害賠償を請求した控訴審の事件である（第一審判決は銀行の責任を否定した）。この事案は、銀行との取引を行い、取引事故が信用情報を取り扱う団体に登録されたこと、取引に当たっては、カードローンに基づき発生した客観的な取引事実に基づく個人信用情報を銀行協会が運営する個人信用情報センター等に登録されることに同意する旨の条項が含まれる書面を交付したこと、顧客が登録につき同意をしていないと主張したこと、銀行の債務不履行、不法行為が問題になったことに特徴がある。

●判決の意義

この判決は、信用情報の登録につき顧客が同意したことを認め、銀行の債務不履行、不法行為を否定したものであり、その意味の事例判断を提供するものである。

〔7-21〕信用金庫の会員の信用情報につき適正管理義務（守秘義務）違反が肯定された事例〔横浜地判平成19・1・26判時1970号75頁〕

●事案の概要●

X_1株式会社（代表者は、X_2）は、平成4年9月、Y信用金庫（横浜信用金庫）との間で信用金庫約定を締結し、平成9年8月から平成15年6月までの間、4回にわたり金銭を借り受けたところ、支払を怠り、期限の利益を失い、信用保証協会が代位弁済をしたが、Yが代位弁済後にも1万円の残債務があるとして、平成17年5月、X_1に対して定款15条（会員が貸付金の弁済、貸付金の利子の支払または手形債務の履行を怠り、期限後6ヵ月以内にその義務を履行しないときは、総会の議決によって除名することができ、この場合においては、その総会の10日前までに、その会員に

対しその旨を通知し、かつ、総会において弁明する機会を与えなければならない旨の条項）に基づき除名予告通知をしようとし、誤ってX_1を含む除名予定の者79名に対して電子内容証明サービスによって除名予告通知を発送したため、X_1、X_2は、Yに対して業務上知った会員の信用等に関する情報につき守秘義務に違反した等と主張し、債務不履行、不法行為に基づき損害賠償を請求したものである。この判決は、業務等に関連して知り得た情報に関して、第三者の情報を含む場合には、その取扱いに留意すべき義務（適正管理義務、守秘義務）があるところ、Yがこの義務に違反したとし、債務不履行ないし不法行為を認め（X_1につき損害として10万円、弁護士費用として1万円を認めた）、X_1の請求を一部認容し、X_2の請求を棄却した。

● **判決内容**

「二　争点(1)（債務不履行ないし不法行為の成否）について
(1)　義務違反の有無について
ア　被告は、信用金庫法に基づいて設立された信用金庫であって、出資して会員となった者について、被告の業務等に関連して知り得た情報を正当な理由なく他に漏らしてはならない義務及び情報について適正に管理すべき義務を有し、また、同様の不法行為上の注意義務を負担しているということができる。のみならず、契約当事者ではなくとも、被告が業務等に関連して知り得た情報に関して、第三者の情報を含む場合には、その取扱いに留意すべき義務があるというべきである。
　したがって、上記義務に反して、会員等の名誉、信用を害した場合には、債務不履行責任ないし不法行為責任を免れないことになる。
イ(ｱ)　上記争いのない事実等のとおり、本件にあって、被告は、平成17年5月19日付けで、原告会社以外の被告の会員78名に対しても、原告会社の名称及び所在地、代表者名を宛名リストに記載した本件除名予告書を発送したことが認められる。そこで、被告の当該行為が情報を漏洩させたといい得るか、すなわち情報の適正な管理を怠った義務違反があったかについて、以下検討する。
(ｲ)　まず、当該行為による情報が、原告らの名誉ないし信用等の社会的評価を低下させるべきものかについてみると、前記争いのない事実等のとおり、本件除名予告書は、除名の理由として、定款15条1項を挙げていること、なお、定款15条は、被告の会員が被告による貸付金について弁済を怠った場合（同条1号）又は被告の会

591

員が、法令、定款に違反し、被告の事業を妨げるなどの行為等をした場合（同条2号）に被告が所定の手続を経て当該会員を除名することができるとの規定であることが認められる。これによると、本件除名予告書を見た第三者は、除名予告を受けた者には経済状況に関して不安があるなどの印象を受けるのが通常であると認められ、したがって、本件除名予告書の記載は、除名予告を受けた原告会社の社会的評価を低下させる内容であると認めるのが相当である。そうすると、原告会社との関係で被告に上記内容の義務違反があったことは、これを認めることができる。

(ウ) もっとも、本件除名予告書が原告会社の社会的評価を低下させるものであったとしても、原告会社の代表取締役である原告乙山の社会的評価までも当然に低下させるものであるとまではいえず、他にこれを認めるに足りる証拠もない。そうすると、原告乙山については、被告の義務違反を判断しなければならないような損害を認めることができないというべきである。」

●事案の特徴

この事案は、信用金庫に出資した組合員が信用金庫取引約定を締結し、融資を受けていたところ、返済を怠り、信用保証協会が代位弁済し、信用金庫が除名理由があるとし、除名予告通知を電子内容証明サービスを利用して発送した際、誤って多数の者に発送したため、除名予告を受けた者らが信用金庫に対して名誉・信用毀損を主張し、不法行為等に基づき損害賠償を請求した事件である。この事案では、信用金庫の信用情報の管理過誤、電子メディアによる信用情報の管理過誤が問題になったわけである。

●判決の意義

この判決は、信用金庫はその業務等に関連して知り得た情報を正当な理由なく他に漏らしてはならない義務および情報について適正に管理すべき義務を負うとしたこと、信用金庫は契約当事者でなくとも、その業務等に関連して知り得た情報に関して、第三者の情報を含む場合には、その取扱いに留意すべき義務があるとしたこと、信用金庫がこの義務に反して、他人の名誉、信用を害した場合には、債務不履行責任ないし不法行為責任を免れないとしたこと、この事案では組合員の情報の適正な管理義務違反を認めたこと、信用毀損の損害として10万円を認めたことに特徴がある。この判決は、信用毀損の損害額については再考すべき余地があるものの、金融機関としての信用

金庫が負う業務上の情報の適正管理義務（守秘義務）違反を認めたことは、事例判断として参考になるものであり、顧客情報、組合員情報等の業務上知り得た情報管理の重要性を示すものである。控訴審判決につき〔7－22〕参照。

〔7－22〕前記〔7－21〕の控訴審判決であり、信用金庫の会員の信用情報につき適正管理義務違反が肯定された事例［東京高判平成19・6・6判タ1255号271頁］

●事案の概要●

前記の〔7－21〕横浜地判平成19・1・26判時1970号75頁の控訴審判決であり、X₁らが控訴し、Yが附帯控訴したものである。この判決は、概ね第一審判決を引用し、控訴、附帯控訴を棄却した。

●判決内容

「(1) 被控訴人の行為の違法性について

被控訴人が、その業務等に関連して知り得た情報を適正に管理し、正当な理由なく他に漏らしてはならない注意義務を負うものと解されることは、既に説示したところである。しかるに、被控訴人は、控訴会社以外の被控訴人の会員78名に対し、本文と添付された宛名リストを対照することにより、控訴会社が被控訴人から除名予告を受けたとの事実を読み取ることができる本件除名予告書を発送し、これがそのうち、44名に到達したというのであるから、本件除名予告書を控訴会社以外の上記の44名の会員に送付した被控訴人の行為は、上記注意義務に違反し、控訴会社の名誉及び信用を毀損するものとして、違法と言わざるを得ない。」

●判決の意義

この判決は、前記の内容の事案について、信用金庫は業務等に関連して知り得た情報を適正に管理し、正当な理由なく他に漏らしてはならない注意義務を負うとしたこと、この事案では信用金庫がこの義務に違反したことを認めたこと、組合員の名誉・信用毀損を認めたことに特徴があり、事例判断として参考になるものである。この判決も、第一審判決である前記の〔7－21〕横浜地判平成19・1・26判時1970号75頁と同様な意義を有するものであ

る。

(7-23) 信託銀行の賃貸施設である複合施設のテナントに対する収支予測に重大な影響を与える事実の説明・告知義務違反が肯定された事例
[大阪地判平成20・3・18判時2015号73頁]

──●事案の概要●──

　Y_1市は、電車車庫跡地の有効利用等のため、信託銀行業を営むA株式会社（三井信託銀行株式会社）、B株式会社（日本信託銀行株式会社）、C株式会社（東洋信託銀行株式会社）、Y_2株式会社（三菱信託銀行株式会社。その後、三菱UFJ信託銀行株式会社）、Y_3株式会社（中央信託銀行株式会社。その後、中央三井信託銀行株式会社）との間で都市型立体遊園複合施設を運用するための信託契約を締結し、平成9年7月、本件施設が開業し、X株式会社は、Aらとの間で建物の一部につき賃貸借契約を締結し、飲食店を営業したが、来場者が激減し、平成13年、Y_2らが信託受託者辞任の許可を裁判所に申請をする等し、調停を経て本件信託契約を合意解除し、Y_1が本件施設を引き継いだところ、Xが賃借建物部分の一部を合意解除したものの、営業が改善しなかったため、XがY_1らに対して遊戯施設の更新等の営業努力を怠ったなどと主張し、説明・告知義務違反等による損害賠償を請求したものである。この判決は、Y_1の責任を否定したものの、Y_2らの責任については、信義則上互いに相手方に不測の損害を生ぜしめることのないように配慮すべき義務を負い、賃貸人が知っていたか、容易に知り得た事実については賃借人に対して説明・告知義務を負っていたところ、この義務に違反したとし、Y_1に対する請求を棄却し、Y_2らに対する請求を認容した。

●判決内容

「ア　説明・告知義務の有無について
(ｱ)a　契約関係には入ろうとする者は、信義則上、互いに相手方に不測の損害を生

ぜしめることのないように配慮すべき義務を負い、賃貸借契約に際しては、賃貸人になろうとするものは、賃借人になろうとする者が当該物件を賃借するか否かを判断する上で重要な考慮要素であって、賃貸人になろうとする者が知っていたか、又は容易に知り得た事実については、賃借人になろうとする者に対し説明・告知すべき義務を負うと解するのが相当である。

　本件のような商業ビルの賃貸借契約において、賃借希望者の最大の関心は、賃借物件における営業によりどの程度の収益を得ることができるかという点にあり、賃貸人の事業との相乗効果を期待するのが通常であるといえるから、契約締結の際、賃貸人が賃借希望者に対して提供する事業内容等に関する情報は、賃借希望者が契約を締結するか否かを判断するための重要な情報の一つというべきである。特に、本件施設は、上記1(1)のとおり、単なる事務所ビルや商業ビルとは異なり、遊戯施設を乗客の核とし、そのシャワー効果で物販店及び飲食店舗が潤うという構造の複合的商業ビルであることからすれば、遊戯設備と物販店や飲食店が有機的に一体として設計されており、賃借人は、本件施設全体の収益活動の一部として活動することが予定されているということができる。

　また、本件賃貸借契約書及び本件営業管理規則によれば、賃借人は、営業日・営業時間を変更することができず(本件営業管理規則8条4項)、本件施設建物内及びその敷地の指定する箇所、場所、方法以外に商号、店名、その他の表示、広告・案内板を設置したり、事前の承認なしに本件施設内で行事・催事及びフェスティバルゲートの名称を使用する広告を行ったりすることができない一方で(本件賃貸借契約書16条6項、本件営業管理規則9条、11条2項)、運営管理会社や本件施設が行う共同の行事・催事・広告については、運営管理会社の決定に従い、必ず参加しなければならない上に(本件営業管理規則11条)、開業協力金や販売促進費用を支払わなければならないこと(本件賃貸借契約書10条)になっていることが認められることからすると、賃借人は、独自の営業活動を制限されるため、本件施設の集客力に依存せざるを得ないばかりか、一方的に本件施設の事業に協力する義務までも負っているのであり、各賃借人の収益は本件施設の運営及び集客力による影響を避けられない関係にあるということができる。

　このように、本件のような複合型遊戯施設においては、賃借人にとって、遊戯施設全体の集客力及び収益性が自らの営業活動に直結するにもかかわらず、こうした情報は賃貸人側に集中している点や、遊戯施設全体の収益性は賃貸人の事業内容や営業努力等により容易かつ大きく左右される点に特殊性があり、賃貸人が十分な情報を提供しなかった場合には、出店の可否に関する経営判断について賃借人に全責任を負わせることは当事者間の公平を著しく害するものといわざるを得ない。

　b　さらに、本件施設の敷地が被告大阪市が信託した市有地であって、本件施設の事業目的が被告大阪市の交通事業の経営の安定に資することなどにあることからすれば、条理上、受託銀行らには、本件施設を経済的合理性に基づき運営することが期

待され、そのような期待を前提に本件施設の賃借を希望する者に対し、本件事業の概要や実績等本件事業の収支に関連する事項について十分に説明することが要請される。
c　このような、本件施設の目的や性質、構造、運営実態、当事者の能力の格差等に照らせば、受託銀行らには、出店希望者に対し、本件事業の計画や実績など受託銀行らが有する情報であって、出店者の収支予測に重大な影響を与えるものを十分に説明・告知し、出店希望者が出店の可否の判断を誤ることのないように配慮すべき信義則上の義務があるというべきである。
　……
c　以上のとおり、本件施設は、開業前から、計画どおりの賃料収入が見込めないばかりか、Bゾーンの売却利益も当初の予想を大幅に下回っていた一方で、収入計画を上回る多額の警備費の支出が予想されていたのであって、これらの事情に鑑みれば、受託銀行らは、本件施設内の賃貸区画を賃借しようとする者に対し、本件施設の収支予測に関する重大な事項としてこれらの事情を説明・告知すべき義務を負っていたということができるところ、そのような説明・告知がなされた事実を認めるに足りる証拠はない。
d　かえって、受託銀行らは、本件各賃貸借契約締結の際、原告に対し、本件施設のパンフレットを交付したところ、同書面には、『遊ぶことに慣れ親しんだ都会人にも、新鮮さと驚きで注目されることは間違いありません』、『訪れるものを飽きさせない、面白さと楽しさ、目新しさが充満したアーバンリゾートとして〈フェスティバルゲート〉がこれからの都市の遊びの中心になります。』などと、本件施設開業後においても適宜新たな遊戯施設を導入したりして来場者を飽きさせない工夫を施し、本件施設の集客力が十分であるかのような表現がなされたり、『目を引く催し物やパフォーマンスが、盛りだくさん。』、『ライブエンターテイメントとして、年間を通じてさまざまなパフォーマンスも計画。アミューズメント施設に並んで順番を待つお客様の前で繰り広げられ、待ち時間も退屈させることなく過ごしていただけます。』などと、ハード面及びソフト面の両面からの充実が図られることが謳われており、本件事業が将来性や継続性のある魅力的な事業であることを強調するのみであって、過大な警備員の負担や当初計画とは乖離した実態でスタートすることなど根本的な問題点には何ら触れられてはいなかった。
e　以上を総合すると、受託銀行らには、本件各賃貸借契約締結の際に、詐欺的勧誘があったとまではいえないにしても、契約を締結するか否かの重要な判断材料に関し、説明・告知義務違反があったということができる。」

● 事案の特徴

　この事案は、信託銀行らが地方自治体と都市型立体遊園複合施設を運用するための信託契約を締結し、テナントを募集し、テナントを入れて施設を運

用したところ、来場者が激減し、テナントの売上げも減少したことから、テナントの一つである飲食店を経営する会社が信託銀行らに対して損害賠償を請求した事件である。この事案は、地方自治体が大規模な空き地の有効利用として都市型立体遊園複合施設の営業を企画したこと、多数の信託銀行がこの施設の運用を受託したこと、テナントが入って施設の運用が始まったものの、短期間のうちに施設の来場者が激減したこと、テナントの売上げも減少し、経営が悪化したこと、テナントの一つである飲食店を経営する会社が信託銀行らの損害賠償責任を追及したこと、信託銀行らの告知・説明義務違反等が問題になったことに特徴がある。

● 判決の意義

この判決は、契約関係には入ろうとする者は、信義則上、互いに相手方に不測の損害を生ぜしめることのないように配慮すべき義務を負っているとしたこと、賃貸借契約に際しては、賃貸人になろうとする者は、賃借人になろうとする者が賃貸物件を賃借するか否かを判断するうえで重要な考慮要素であって、賃貸人になろうとする者が知っていたか、または容易に知り得た事実については、説明・告知すべき義務を負うとしたこと、この事案の施設の目的や性質、構造、運営実態、当事者の能力の格差等に照らせば、信託銀行らは、出店希望者に対し、事業の計画や実績など信託銀行らが有する情報であって、出店者の収支予測に重大な影響を与えるものを十分に説明・告知し、出店希望者が出店の可否の判断を誤ることのないように配慮すべき信義則上の義務があるとしたこと、この事案では、信託銀行らにつき告知・説明義務違反が認められるとしたことに特徴がある。

現在、日本全国において、さまざまな規模、内容の商業上の複合施設が開設され、運用されているが、これらの施設においては多数の店舗、施設が複合して運用されることによって（魅力のあるテナント、集客力のあるテナント、著名なテナント等の参加も重要な要素である）、多数の入場者を呼び込み、施設全体の事業の発展を図ることが予定されているところである。この事案は、地方自治体の大規模な空き地を利用して建設された都市型立体遊園複合施設

の運営を多数の信託銀行が受託したものの、短期間のうちに来場者が激減したことから、信託銀行らの損害賠償責任が問われた事例であり、信託銀行らの責任をめぐる興味深い問題を提起したものである。この判決は、施設の運用を受託した信託銀行らの損害賠償責任を比較的厳格に理解したものであり、重要な意義を有する裁判例であり、今後の同種事件の動向が注目される。

(7-24) 銀行の支援要請に係る取引先の経営状態に関する情報提供義務、説明義務が否定された事例 [東京地判平成22・5・25判時2086号65頁]

●事案の概要●

X_1株式会社、X_2株式会社は、建設資材の販売等を業とするA株式会社に継続的に管材等を販売していたところ、Aが、平成16年12月、民事再生手続開始決定を受けたことから、X_1らがAのメインバンクであったY株式会社（株式会社八十二銀行）が支援する旨を説明していたことから、Yに対してAの経営状態につき正確な情報を提供する義務、説明義務違反を主張し、不法行為に基づき損害賠償を請求したものである。この判決は、YはAのメインバンクであったが、信義則上、Aの主要な取引先であるX_1らにAに関する財務状況につき正確な情報を提供し、説明すべき義務を負わない等とし、請求を棄却した。

●判決内容

「三　争点(2)（被告が原告らに対して情報提供に関する注意義務又は説明義務を負い、その義務に違反したか）について
(1)　原告らは、被告が、原告らに対し、甲野機材に対する支援を要請していた以上、信義則上、甲野機材の財政状況等について、正確な情報を原告らに提供すべき注意義務又は説明義務を負っていたにもかかわらず、前記のとおり甲野機材の財務状況等につき客観的事実に反する虚偽の説明をして上記の注意義務又は説明義務を怠ったと主張するので、以下検討する。
ア　原告らは、甲野機材に対して継続的に管財等を供給していた甲野機材の主要な取引先であり、被告は、甲野機材のメインバンクであったから、原告ら及び被告は、

甲野機材の経営動向について共通の利害関係を有していたということはできるけれども、それぞれが甲野機材との間に債権債務を有していたにすぎず、被告が甲野機材の経営について指導等をしていたメインバンクであったからといって、信義則上、甲野機材の主要な取引先である原告らに対し、当然に甲野機材の財務状況について正確な情報を提供すべき注意義務又は説明義務を負うものではないことは明らかである。

イ また、前記認定のとおり、平成16年3月25日の面談において、丙川部長が原告クボタに対して甲野機材に対する支援を要請したことは認められるものの、そのことから、直ちに、信義則上、被告が原告クボタに対して甲野機材の財務状況について正確な情報を提供すべき注意義務又は説明義務を負うということも困難である。

(2) したがって、信義則上、被告が原告らに対して甲野機材の財務状況について正確な情報を提供すべき注意義務又は説明義務を負うものと認めることができない以上、原告らの上記主張は、その前提を欠くものといわざるを得ないから、その余の点について判断するまでもなく、採用することはできない。」

●事案の特徴

この事案は、メインバンクである銀行が取引先を支援する旨を表明していたところ、その取引先の取引先が取引を行っていたものの、取引先につき民事再生手続が開始されたことから、取引先の取引先が経営状態につき正確な情報を提供する義務、説明義務違反を主張し、銀行に対して不法行為に基づき損害賠償を請求した事件である。この事案は、メインバンクである銀行が関与したこと、銀行の取引先の経営が悪化していた状況にあったこと、銀行が経営が悪化した取引先につき支援を表明したこと（その旨の情報を提供したこと）、支援要請のあった取引先の取引先が取引を続けたこと、取引先につき民事再生手続開始決定がされ、倒産したこと、経営が悪化した取引先の取引先が銀行の表明（情報提供）を信用、信頼したと主張したこと（これによって取引を継続したこと）、銀行の表明に係る不法行為責任が問題になったことに特徴がある。

銀行等の金融機関の取引先の経営が悪化する事態は珍しくなく、このような事態に直面すると、その取引先の取引先は、金融機関が従来の取引を継続するか、さらに支援するか、または逆に債権の回収を図るか等の銀行の動向、意向、判断に重大な関心を抱くことが通常である（これらの取引先が事

態を知らないことも少なくないが、この場合には、取引先が銀行等の金融機関の動向等に関心を抱くことはない)。銀行等の金融機関は、多くの利害関係者の関心と注目の中で判断をすることになるが(利害関係者としては、経営が悪化した当該取引先、その従業員、その取引先等多数に及ぶことが少なくない)、利害関係者は、通常は期待をもって金融機関の動向、意向、判断を理解しようとする傾向がみられることも否定できないところである。金融機関は、経営が悪化した取引先の取引先に対して支援を希望し、あるいは要請することもあるが、このような場合には、取引先が金融機関の支援により期待感を抱くこともある。金融機関が提供する情報の解釈をめぐって紛争が発生する可能性があるところ、金融機関が曖昧な情報を提供すればそれだけ紛争が発生する可能性が高まるものである。

●判決の意義

　この判決は、銀行が経営の悪化した取引先の指導等をしていたメインバンクであったからといって、信義則上、取引先の主要な取引先に対し、当然に経営が悪化した取引先の財務状況について正確な情報を提供すべき注意義務または説明義務を負うものではないとしたこと、銀行の担当部長が前記の主要な取引先支援を要請したことがあっても、そのことから、直ちに、信義則上、銀行が当該の主要な取引先に前記の財務状況について正確な情報を提供すべき注意義務または説明義務を負うことは困難であるとしたこと、この事案につき銀行の不法行為責任を否定したことに特徴があり、この意味の事例判断として参考になるものである。

（7－25）銀行の法律に基づく貯金口座の取引停止措置につき不法行為責任が否定された事例［東京地判平成23・6・1判タ1375号158頁］

●事案の概要●

　X株式会社は、銀行業を営むY₁株式会社（株式会社ゆうちょ銀行）のA郵便局に貯金口座を開設、貯金取引を行っていたところ、B弁護士会に所属するC弁護士が犯罪利用預金口座等に係る資金による被害回復分配金の支払等に関する法律に基づき取引の停止等を要請したことから、Y₁は、同法3条1項に基づき本件口座につき取引停止措置を講じるとともに、預金保険機構に本件口座が犯罪利用預金口座であるとの報告をし、同機構がこれを公告したため、XがY₁、当時のY₁のA郵便局の局長Y₂に対して風評損害が発生した等と主張し、不法行為に基づき損害賠償を請求したものである。この判決は、前記法律の「捜査機関等」の中には被害者の迅速な被害救済に当たる者をいい、弁護士も含まれるとし、弁護士名で日本弁護士連合会の統一書式を用いた預金口座等の不正な利用に関する情報の提供がある場合には、当該弁護士が実在することを確認すれば、特段の事情のない限り、犯罪利用預金口座等である疑いがあると認め、取引停止等の措置を適切に講じることができ、別途捜査当局に確認することを要しない等とし、銀行等の不法行為を否定し、請求を棄却した。

●判決内容

「(2) 本件法律3条1項は、『金融機関は、当該金融機関の預金口座等について、捜査機関等から当該預金口座等の不正な利用に関する情報の提供があることその他の事情を勘案して犯罪利用預金口座等である疑いがあると認めるときは、当該預金口座等に係る取引の停止等の措置を適切に講ずるものとする。』と規定している。本件法律は、預金口座等への振込みを利用して行われた詐欺等の犯罪行為により被害を受けた者に対する被害回復分配金の支払等のため、預金等に係る債権の消滅手続及び被害回復分配金の支払手続等を定め、もって当該犯罪行為により被害を受けた者の財産的被害の迅速な回復等に資することを目的とするもので（1条）、このような目的を達成するため、振り込め詐欺等の被害者を可及的速やかに救済し、また、

被害の拡大を防止すべく、その3条1項で、犯罪利用預金口座等であることが真実であることを要件とせず、その疑いがあると認められれば取引停止等の措置を講ずることにしたものと解される。

　本件法律3条1項の以上のような文言及び趣旨に照らせば、同項の『捜査機関等』中の『等』とは、捜査機関以外で、振り込め詐欺等の被害者の迅速な被害回復に当たる者を指し、具体的には弁護士会、金融庁及び消費生活センターなどの公的機関や、振り込め詐欺等の被害者代理人となる資格を有する弁護士及び認定司法書士が含まれると解される。

　また、同項の文言及び趣旨に照らせば、金融機関は、『当該金融機関の預金口座等について、捜査機関等から当該預金口座等の不正な利用に関する情報の提供がある』場合には、当該金融機関において、提供された当該情報自体から明らかに犯罪利用預金口座等でないと認められるとか、本件口座が犯罪利用預金口座等でないことを知っていたなどの特段の事情がない限り、提供された情報に相当の理由があるかどうかを別途調査することなく犯罪利用預金口座等である疑いがあると認めて、当該預金口座等に係る取引停止等の措置を適切に講ずることができるものと解される。

　以上のとおりであるから、金融機関は、弁護士名で日弁連の統一書式を用いた当該預金口座等の不正な利用に関する情報の提供がある場合には、当該弁護士が実在することを確認すれば、特段の事情のない限り、犯罪利用預金口座等である疑いがあると認めて、当該預金口座等に係る取引停止等の措置を適切に講ずることができ、金融機関において捜査機関等に問い合わせるなどして、提供された情報に相当の理由があるかどうかを別途調査することを要しないと解される。

(3)　本件において、丙川弁護士は、本件法律3条1項に基づき、平成22年4月23日付けで統一書式を用いて作成した本件要請書とその関係書類を被告銀行に送付して、振り込め詐欺等不正請求口座情報提供及び本件口座の取引停止を要請した（本件要請）ことは前記1認定のとおりである。そうすると、被告銀行が丙川弁護士から本件口座について本件要請を受けたことは、本件法律3条1項にいう『当該金融機関の預金口座等について、捜査機関等から当該預金口座等の不正な利用に関する情報の提供があること』に当たる。

　被告銀行（大阪貯金事務センター）は、丙川弁護士からの本件要請を受け、丙川弁護士が実在の弁護士であることを確認し、本件口座が本件法律3条1項にいう『犯罪利用預金口座等である疑いがあると認めるとき』に該当するとして、同項に基づき本件取引停止措置を講じたことは前記1認定のとおりである。本件において被告銀行が本件口座につき上記の疑いがないことを知っていたこと等の上記特段の事情を基礎付ける事実の主張及び立証はない。

　以上のとおり、被告銀行が講じた本件取引停止措置は本件法律3条1項の要件に適合するもので適法であるから、本件口座の顧客である原告との関係でも合理的な理由なしに取引停止措置を講じない義務に違反するものではない。したがって、原

告の上記主張は採用することができない。」

●事案の特徴

　この事案は、会社が銀行に貯金口座を開設し、取引を行っていたところ、弁護士が犯罪利用預金口座等に係る資金による被害回復分配金の支払等に関する法律に基づき会社の貯金口座につき取引の停止等を要請し、銀行が貯金口座につき取引停止措置を講じ、預金保険機構に本件口座が犯罪利用預金口座であるとの報告をする等したため、会社が銀行らに対して不法行為に基づき損害賠償を請求した事件である。この事案は、会社が銀行に貯金口座を開設していたこと、弁護士が犯罪利用預金口座等である疑いがあるとし、犯罪利用預金口座等に係る資金による被害回復分配金の支払等に関する法律に基づき取引の停止等を要請したこと、銀行が会社の貯金口座につき取引の停止の措置を講じたこと、同法律に従った措置がとられたこと、会社がこれらの措置によって風評損害が発生したと主張したこと、会社が銀行らに対して不法行為責任を追及したことに特徴がある。

●判決の意義

　この判決は、この事案の貯金口座の取引停止の措置が犯罪利用預金口座等に係る資金による被害回復分配金の支払等に関する法律3条1項の要件を満たすものであるとし、銀行らの不法行為を否定したものであり、その旨の事例判断として参考になるものである。

　犯罪利用預金口座等に係る資金による被害回復分配金の支払等に関する法律の趣旨、要件は、この判決に紹介されているが、犯罪利用預金口座等であることが真実であることを要件とせず、その疑いがあると認められれば取引停止等の措置を講ずることができるものである。この法律に従った取引停止等の措置を講ずることは、銀行等にとってはこの法律に基づく新たな業務であるが、この法律に違反した場合には、銀行等が犯罪被害者から損害賠償責任が追及される可能性があるとともに、この法律の要件に該当しないのに、取引停止等の措置をとった場合には、預金者から損害賠償責任を追及される可能性があり、この事案は後者の事例になる。預金者にとっては、犯罪に利

603

用された預金口座であると疑われ、この法律に従った取引停止等の措置をとられた場合には、真実でないことが判明したときであっても、名誉・信用毀損、営業上の損害を被る蓋然性があるということができ、軽視できない問題が生じる。この判決は、比較的取引停止の措置を講じた銀行の負担を軽減する判断を示したものであるが、犯罪に利用されたものでないにもかかわらず、実際に前記の損害を被った預金者の損害救済の必要性も軽視できないところである（事案によっては、前記の措置を要請した者等の不法行為責任を追及することができる可能性がある）。

〔7-26〕銀行のATM相互利用に関する契約解約につき不法行為責任等が否定された事例［東京地判平成23・7・28判時2143号128頁、判タ1383号284頁、金法1928号122頁、金判1373号25頁］

●事案の概要●

第二地方銀行であるX株式会社（株式会社東京スター銀行）とメガバンクであるY株式会社（株式会社三菱東京UFJ銀行）は、平成2年、他の銀行とともにオンライン現金自動支払機の相互利用に関する基本契約を締結し、MICS運営機構を通じて相互に他行の保有するATMによる現金の払戻し等の業務を行い、相手方行発行のキャッシュカードを利用して自行のATMによる現金の払戻しが行われた場合には相手方から1件当たり100円の銀行間利用料を徴収することとしていたところ、平成16年5月、Xがコンビニ業者と提携して自行のATMの設置を推進する等し、XのATMを利用する顧客が増加し、Yが支払う利用料が増加したことから、Yが利用料の引下げを求め、交渉が行われたものの、合意が成立せず、Yが委託契約を解約したため、XがYに対して解約が無効である等と主張し、基本契約等に基づく債務の履行、応答拒否の差止め、債務不履行、不法行為に基づき損害賠償を請求したものである。この判決は、XとYとの間にはオンライン提携業務に関する準委任契約が成立し、これが継続的契約の性質を有するとしたうえ、契

604

約の解約につき契約を継続し難い重大な事由、やむを得ない事由が必要であるとされないとし、3カ月強の予告期間を置いた解約が有効であり、不当な取引制限もない等とし、請求を棄却した。

●判決内容
　「これら諸点に照らすと、本件基本合意等は、MICS運営機構を通じてCDオンライン提携を行っている都市銀行の業態に属する複数の銀行と、第二地方銀行の業態に属する複数の銀行との間におけるCDオンライン提携に関する基本的な枠組みを取り決めた契約であって、これによって直ちに個々の締結行間で提携業務を行うべき具体的な債権債務関係を発生させるものではなく、別途、本件基本合意等を締結した各行の間において、銀行間利用料について合意することによって初めて、本件基本合意等で定められた上記枠組みを取り込んだ内容のCDオンライン提携業務に関する準委任契約が成立し、これに基づき、双方に具体的な債権債務関係が生ずることになると解するのが相当である。そして、上述のとおり、原告と被告は、本件基本合意等の締結後、相互に相手方の発行したCDカードを使用して自行のATM等による現金の払出しが行われた場合に相手方から徴収する銀行間利用料の額を定め、本件振込基本契約の締結後は、同様に、他行カード振込業務を行った場合の銀行間利用料を相互に定めた上、本件提携業務を行ってきたというのであるから、これらによって、被告が原告に対して相手方の保有するATM等による現金の払出し、残高照会、振込み及びこれらに付随する業務を行うことを委託するという準委任契約としての性質を有する本件委託契約が成立するとともに、原告が被告に対しても上記業務を委託する同様の性質の委託契約が成立したことになるというべきである。
　そうすると、本件基本合意等によって直ちに本件提携業務を行うべき債権債務関係が発生するということはできないし、以上のような本件基本合意等の趣旨や内容等に加え、前記1で認定した我が国におけるCDオンライン提携の経緯等の諸事情、殊に、①MICS運営機構の加盟行が全て相互にCDオンライン提携を行っているわけではなく、その中には、一部の加盟行との間でのみCDオンライン提携を行うにとどまるものもあることや、②本件解約後、本件応答拒否によってMICS運営機構やその加盟行等のCDオンライン提携業務に格別支障や混乱は生じていないこと等をも併せ考慮すると、本件委託契約がMICS運営機構の加盟行間で締結された本件基本合意等を前提として締結されたものであるからといって、そのことによって直ちに本件委託契約を解約することが妨げられるものではないというべきである。
　したがって、原告の上記主張は、いずれにしても採用することができない。
(2)　次に、原告は、仮に原告と被告との間に本件委託契約という個別の法律関係が

存在するとしても、本件委託業務の処理は受託者である原告の利益も目的とするものであり、本件基本合意等には期間の定めや解約に関する規定が存在しないから、被告は本件委託契約についての解除権を放棄した旨主張する。

しかしながら、前記1、2(1)で認定、説示したところによると、①本件委託契約は、被告が自行の顧客のために原告の保有するATM等による現金の払出し、残高照会、振込み及びこれらに付随する業務を行うことを原告に委託する準委任契約であり、②原告は、本件委託業務を遂行することによって、被告の顧客から顧客手数料を徴収するとともに、被告から銀行間利用料の支払いを受けることができるが、③これらの支払いを受けるのは、便宜供与として原告の設置したATM等を被告の顧客に利用させることに伴う費用を回収するという趣旨からのものであるというのである。これに加えて、前記1で認定した我が国におけるCDオンライン提携の経緯や趣旨、目的等を併せ考慮すると、本件委託契約が受託者である原告に対して一定の利益を確保しようとする目的に出たものであるということはできないから、委託者である被告は、民法651条により本件委託契約を解除することができるものというべきである。

また、この点をしばらく措くとしても、本件委託業務は、被告の顧客（預金者）が他行のATM等を利用して現金の払出し等を行う際に必要とされる業務であり、これを原告に委託するかどうかは、委託者である被告の顧客戦略に密接に関わるものである。これに加えて、本件委託契約の前提となる本件基本合意等には、解除権の放棄やその行使の制約等を定めた規定は見当たらない上、MICS運営機構の加盟行が全て相互にCDオンライン提携を行っているわけでもないことは前記1、2(1)で認定、説示したとおりであるから、本件においては、被告が解除権自体を放棄したものとは介されない事情があるというべきである。

この点について、原告は、被告による解除権放棄の根拠として、本件基本合意等に期間の定めや解約に関する規定が存在しないことを指摘するけれども、準委任契約が当事者間の信頼関係を基礎とする契約であることに照らすと、期間の定めや解約に関する規定がないからといって、それのみで直ちに解除権が放棄されたとみることはできない。

したがって、原告の上記主張は、採用することができない。

(3) また、原告は、本件委託契約は継続的契約に当たるから、契約を継続しがたい重大な事由又はやむを得ない事由のない限り、これを解約することは許されない旨主張する。

確かに、前記1、2(1)で認定、説示したところによると、本件委託契約は、被告が原告に対して原告の設置したATM等による現金の払出し、残高照会、振込み及びこれらに付随する業務の委託を目的とするものであり、その性質上、ある程度の期間、受託業務を継続して行うことが予定されており、現に、原告は、長年、被告から、上記業務を受託してきたものであるから、本件委託契約が継続的契約として

の性質を有するものであることは否定し難い。
　しかしながら、他方、前記1、2(1)で認定、説示したところによると、①原告と被告は、いずれも銀行であり、相互に相手方の保有するATM等による現金の払出し、残高照会、振込み及びこれらに付随する業務を委託する旨の準委託契約を締結し合ってきたものであって、②これらの契約は、MICS運営機構の加盟行の間で締結された本件基本合意等の内容がそのまま取り込まれたものであったというのである。このような本件委託契約の内容や締結の経緯等に照らすと、原告と被告は、いずれも自らの経営判断に基づいて対等な立場で契約関係に入った独立した事業者であり、その間に、本件提携業務の委託に関する契約関係をめぐる情報の非対称性があるわけではなく、原告の事業が本件委託契約に基づく取引に全面的に依存しているといった関係が存するわけでもないというべきである。そうすると、本件委託契約が期間の定めのない継続的契約であるからといって、これを解約するのに、契約を継続し難い重大な事由ややむを得ない事由が必要とされる理由はないといわざるを得ない。
　もっとも、本件委託契約が継続的契約として当事者間の信頼関係を基礎とするものであることに鑑みると、これを解約することが信義誠実の原則に違背する場合には、その効力が否定されることはいうまでもない。
　そこで、このような見地に立って本件についてみるに、前記1で認定した事実によると、①原告及び被告を含むMICS運営機構の加盟行の間では便宜供与として他行の設置したATM等を利用させてもらうことに伴う費用の負担という趣旨から、自らの顧客（預金者）が他行のATM等を利用した場合には、当該他行（ATM等設置行）において顧客手数料を徴収することを認めるとともに、当該他行に対して銀行間利用料が支払われる仕組みがとられていたものであり、加盟行が他行から支払われる銀行間利用料で収益を上げるようなことはおよそ想定されていなかったこと、②ところが、原告は、上記のような費用体系を利用し、他行から支払われる銀行間利用料でATM等の委託費用を賄うことを前提として設置提携先のコンビニ店舗等に無償でATMを設置させてもらい、他行顧客の顧客手数料を無料にして他行顧客を自行のATM等に誘引するゼロバンキング事業を始めたこと、③その結果、原告のATM等を利用する被告の顧客が増加したため、それまでは原告の支払額とほぼ拮抗していた被告の原告に対する銀行間利用料の支払額は、増加の一途をたどり、本件解約時点では、交渉開始当初の4倍以上、年間約6億円もの水準に達するという想定外の事態が生じ、そのまま本件委託契約関係を継続した場合には、被告のみが一方的に多大な支出の累積を甘受しなければならない状況に陥ったこと、④このため、被告は、平成18年6月20日、原告に対し、銀行間利用料の引下げを求めて交渉に入ったが、原告側において、顧客手数料有料化の方針を伝える一方、銀行間利用料の引下げ幅の縮小を求めるなど、基本的な姿勢が定まらず、2年以上にわたって協議が続けられたものの、結局、銀行間利用料の引下額をめぐって折り合い

がつかず、合意に達しなかったことから、本件解約に及んだものであること、⑤本件委託契約には、期間の定めはなかったが、被告は本件解約に当たり、なお原告に契約終了に向けた準備のため猶予を与えるため、3か月強の予告期間を設け、その満了によって初めて本件解約の効力を発生さえることにしたこと等を指摘することができる。

これらを諸点に照らすと、本件委託契約が継続的な契約関係であることを十分考慮してみても、本件解約が信義誠実の原則に違背するものでないことは明らかというべきである。

……

4 争点四（債務不履行又は不法行為の成否）について
(1) 原告は、本件応答拒否は、本件基本合意等又は本件委託契約に基づく債務の不履行に該当し、原告の上記契約上の権利を侵害するとともに、独占禁止法19条にも違反する行為として不法行為を構成する旨主張する。
(2) しかしながら、被告には本件基本合意等又は本件委託契約に基づき本件電文送信を行う義務が存しないことは、前記2で認定、説示したとおりであり、また、本件応答拒否が独占禁止法19条に違反するものでないことは、前記3で認定、説示したとおりであるから、原告の上記主張は、採用することができない。」

● 事案の特徴

この事案は、銀行間でオンライン現金自動支払機の相互利用をめぐる紛争が訴訟に発展した事例であり、内容自体、興味深い事件である。この事案は、銀行らがオンライン現金自動支払機の相互利用に関する基本契約を締結し、運営機構を通じて相互に他行の保有するATMによる現金の払戻し等の業務を行い、利用料を支払う等の内容の個別の契約を締結し、システムを利用していたところ、第二地方銀行とメガバンクとの間で利用料の引下げをめぐる交渉が行われ、決裂し、メガバンクが契約を解約したため、第二地方銀行が解約が無効である等と主張し、基本契約等に基づく債務の履行、応答拒否の差止め、債務不履行、不法行為に基づく損害賠償を請求した事件である。この事案では、解約の効力が重要な争点になったが、メガバンクの債務不履行責任、不法行為責任も問題になったものである。

● 判決の意義

この判決は、基本契約によって具体的な債権債務関係が生じるものではないとしたこと、基本契約のほか、オンライン提携業務に関する委託契約（準

委任契約）が成立したとしたこと、委託契約は、性質上、ある程度の期間、受託業務を継続して行うことが予定されており、継続的契約としての性質を有することは否定し難いとしたこと、委託契約の双方の当事者は、いずれも自らの経営判断に基づいて対等な立場で契約関係に入った独立した事業者であること、委託契約が期間の定めのない継続的契約であるからといって、これを解約するのに、契約を継続し難い重大な事由や、やむを得ない事由が必要とされる理由はないとしたこと、委託契約が継続的契約として当事者間の信頼関係を基礎とするものであることに鑑みると、これを解約することが信義誠実の原則に違背する場合には、その効力が否定されるとしたこと、この事案では3カ月強の猶予期間をおいて契約が解約されたものであること等を考慮すると、前記の解約が信義側に反しないことは明らかであるとしたこと、前記の解約が有効であるとしたこと、メガバンクの私的独占の禁止及び公正取引の確保に関する法律違反を否定したこと、メガバンクの債務不履行、不法行為を否定したことに特徴がある。この判決は、銀行間のオンライン提携業務に関する契約をめぐる紛争につき、契約を解約した銀行の債務不履行、不法行為を否定した事例判断として参考になるものである。

(7-27) 銀行の法律に基づく預金口座の取引停止措置につき適法であるとされた事例［東京地判平成24・10・5判夕1389号208頁、金法1971号124頁、金判1403号124頁］

●事案の概要●

X株式会社は、銀行業を営むY株式会社のA支店に普通預金口座を開設していたところ、B弁護士会に所属するC弁護士が本件口座が競馬攻略法詐欺に利用されているとの情報を提供し、犯罪利用預金口座等に係る資金による被害回復分配金の支払等に関する法律に基づき取引の停止等を要請したことから、Yは、同法3条1項に基づき本件口座につき取引停止措置を講じ、Xの払戻しの請求に応じなかったため、XがYに対して本件停止措置は要件を満たさず無効である等と主張し、

預金の払戻しを請求したものである。この判決は、本件停止措置は同法3条1項、全国銀行協会のガイドライン、日本弁護士連合会の作成に係る統一書式に沿ったものであり、適法であるとし、他の弁護士からも本件口座が犯罪預金口座等であるとの情報提供がされる等しており、本件停止措置はいまだ有効であるとし、請求を棄却した。

● **判決内容**

「イ　日本弁護士連合会においては、本件ガイドラインを受けて、上記統一書式を作成し、全会員に対し、これを周知するとともに、犯罪被害の事実を適切に確認し、同書式の注意事項にしたがって、積極的にこれを利用することを促している。そして、同フォームの注意事項には、『全国銀行協会では、被害者代理人弁護士が日弁連の統一書式を利用して預金口座等の取引停止等の措置を求めた場合には、当該預金口座等が犯罪利用預金口座等である疑いがあるものと迅速に認定し、適切な措置を講じる取扱いとしています。』、『金融機関は、弁護士の判断を信用して当該預金口座について取引停止等の措置を講ずる立場であり、当該口座名義人からクレームがあった場合の対応まではできません。したがって、その場合のクレームは弁護士の責任において処理することを理解した上で本要請書をご利用下さい。』との記載がされている。

(3)　上記に認定の振り込め詐欺被害者救済法の立法過程並びにこれをふまえた本件ガイドライン及び日弁連の統一書式の作成・周知の経過に加え、弁護士が基本的人権を擁護し、社会正義を実現することを使命とするものであり（弁護士法1条）、かつ高度の法的知識を有する専門家であることを併せ考慮すると、弁護士が、合理的な根拠や裏付け資料もないままに、日弁連の統一書式を使用して口座凍結等の要請を行うことはおよそ想定されていないというべきであり、弁護士の統一書式を使用した情報提供等は、極めて信用性の高い情報と評価されてしかるべきである。そして、前記のとおり、振り込め詐欺被害者救済法の立法過程において、被害者救済の実効性を確保する一方、口座名義人に対して債務不履行責任を負うリスクを金融機関に負わせないようにしなければならないとの基本的な考え方が示されていることからすると、弁護士から日弁連の統一書式を使用した情報提供等を受けた金融機関が、上記記載内容が真実であるかどうかについて、当該弁護士に問い合わせて調査等をすることまでは期待されていないというべきである。

(4)　以上からすると、弁護士からの日弁連の統一書式により情報提供等がされた場合には、それのみで口座凍結等の措置を執るとする本件ガイドラインは、当該情報提供が明らかな客観的事実と齟齬しているなど、その内容が虚偽であることが一見

して明らかであるような特段の事情がない限り、振り込め詐欺被害者救済法3条1項に従った適法なものというべきである。
　そして、証拠（乙1の2、2の2）及び弁論の全趣旨によれば、本件情報提供等は、日弁連の統一書式を使用したものと認められ、その内容が一見して虚偽である等の事情を認めるに足りる証拠はない。」

●事案の特徴
　この事案は、会社が銀行に預金口座を開設し、預金をしていたところ、弁護士が犯罪利用預金口座等に係る資金による被害回復分配金の支払等に関する法律に基づき会社の預金口座につき取引の停止等を要請し、銀行が預金口座につき取引停止措置を講じたため、会社が銀行に対して預金の払戻しを請求した事件である。この事案は、前記の〔7－25〕東京地判平成23・6・1判タ1375号158頁と類似の事件であり、弁護士の要請により前記法律に基づき預金の取引停止措置がとられたものであるが、前記の判決の事案と異なり、預金者である会社が預金の払戻しを請求したことが、この事案の特徴である。

●判決の意義
　この判決は、この事案において銀行がとった措置は全国銀行協会のガイドラインに沿って、弁護士が日本弁護士連合会の統一書式により情報提供等がされたものであり、当該情報提供が明らかな客観的事実と齟齬しているなど、その内容が虚偽であることが一見して明らかであるような特段の事情がない限り、犯罪利用預金口座等に係る資金による被害回復分配金の支払等に関する法律3条1項に従った適法なものというべきであるとしたものであり、事例判断として参考になる。
　なお、この判決と同様な事案の裁判例として、東京地判平成22・7・23金法1907号121頁がある。

第 8 章

銀行等の役員の損害賠償責任をめぐる裁判例

第8章　銀行等の役員の損害賠償責任をめぐる裁判例

1　銀行等の役員の責任

　銀行等の金融機関の役員が金融機関が行う貸付取引等の取引に当たって直接の担当者、あるいは決裁者、監督者として関与することは、日常的にみられる取引の風景である。銀行等が行うこれらの貸付取引等につき債権の回収が不能、困難になったり、これらの貸付取引等につき自己または第三者の利益を図るために行われたりした場合、役員の損害賠償責任が理論的に問題になる。銀行等が平穏な状況、環境の下で経営が行われている場合には、これらの役員の責任は、辞任、降格等によって処理されたり、不問のうちに忘れられたりすることもあったと推測される。しかし、バブル経済の崩壊の時期においては、銀行等が経営破綻し、その役員の法的な責任が一挙に問題視されたり、公的資金を投入し、公的な犠牲が強いられる反面、役員の法的な責任を追及する社会的な要請が強まったり、株主らが責任を追及する訴訟を提起したりして、銀行等の役員の法的な責任を追及する事例が著しく増加し、これらの事例の中には訴訟に発展するものも出てきたのである。

　本書で紹介する裁判例の多くは、バブル経済の膨張、崩壊の過程において銀行等の役員の貸付取引等の取引につきその善管注意義務違反、忠実義務違反に基づく損害賠償責任の有無が問題になったものであるが、裁判例の中には極めて杜撰な貸付取引の判断を認めたものもあり、銀行等の役員の貸付取引等の検討、判断、実行につき重要な先例を提供するものもみられる。銀行等の役員は、貸付取引等の取引に当たって原則として経営判断の原則が認められるものであり、銀行等の行う取引の性質上、相当な裁量権が認められるところであるが（経営判断の原則は、銀行等の金融機関の役員の場合については、他の企業の役員の場合と比較して同じであるか、異なるものであるか、異なるとしてどのように異なるかが理論的にも、事例判断としても注目されている）、事案によっては法令違反の貸付取引を判断、実行する等し、そもそも経営判断の原則が適用される余地のないものもみかけるところである（後者のよう

な事案では、銀行等の役員に対する監督、監視が全く行われていなかったり、乏しかったような事情がある）。

なお、銀行等の金融機関の役員（取締役、監査役、理事、監事）の損害賠償責任が問題になる訴訟としては、金融機関自身が役員の責任を追及する場合、株主・組合員が役員の責任を追及する場合、第三者が役員の責任を追及する場合がある。バブル経済の崩壊後に提起された訴訟としては、最初の類型の訴訟がほとんどであるが（金融機関以外の株式会社、協同組合の場合も同様な法的な枠組みが採用されているが、実際に役員の責任が問題になる事例としては、後二者の場合が多い）、役員の法的な責任をめぐる裁判例の中では特徴的な現象である。

2 裁判例の紹介

銀行等の役員の損害賠償責任をめぐる裁判例としては次のようなものがあるが、紙数の関係上、その概要のみを紹介することとしたい。

〔8−1〕農業協同組合の理事が業務の一切を参事、専務理事に一任していたことにつき理事らの監視義務違反が肯定された事例〔仙台高判昭和53・4・21高民集31巻3号467頁、金判584号32頁〕

●事案の概要●

A農業協同組合（浄法寺町農業協同組合）は、経営不振になり、B県から再建整備組合の指定を受ける等したが、再建後の事業を行うにつきC共済農業協同組合連合会からDを推薦され、DはAの参事に選任され、Aの理事会の理事Yらは業務を専務理事Eに一任し、Eは業務執行をDに任せていたところ、EがF株式会社らに対してA振出名義の融通手形を発行する等し、多額の損失が生じたものの、Yらは噂を聞いたが、何らの手を打たず、緊急理事会において不祥事等を知らされ、再建ができない状態になったため、Fらから手形の割引の依頼を受けて

取得したＸ株式会社がＡに対して手形金の支払を請求する訴訟を提起し、勝訴判決を受けたものの、回収ができなかったため、ＸがＹらに対して農業協同組合法31条の２第３項に基づき損害賠償を請求したものである。第一審判決（盛岡地判昭和50・１・27高民集31巻３号475頁）はＹらの責任を否定し、請求を棄却したため（本件では、理事以外の責任も問題になっているが、理事以外の責任については紹介を省略している）、Ｘが控訴したものである。この判決は、Ｙらには参事の業務執行を監視すべき義務があり、業務の一切を参事と専務理事に任せきりにしていたことは職務を行うにつき重大な過失があるとし、原判決を変更し、請求を認容した。

（８－２）信用組合の理事長が借主の返済能力を十分に調査せず、貸付を行ったことにつき理事長の任務懈怠が肯定された事例［東京地判昭和60・８・30判時1198号120頁、金法1137号34頁、金判745号16頁］

●事案の概要●

Ｘ信用組合（日和信用組合）の理事長Ｙは、借主の返済能力等を十分に調査しないで金銭を貸し付け、投機的取引を行い、自分が関係する会社に架空の手数料を支払い、約４億円の損害を与えたため、ＸがＹに対してそのうち１億円の損害賠償を請求したものである。この判決は、任務懈怠を肯定し、請求を認容した。

〔8－3〕銀行が融資を実行し、融資先が倒産し、融資債権の一部が回収不能となったことにつき取締役らの注意義務違反が否定された事例〔名古屋地判平成9・1・20判時1600号144頁、判タ946号108頁、金法1475号114頁、金判1012号14頁〕

━━━●事案の概要●━━━

　銀行業を営むA株式会社（株式会社中京銀行）は、平成元年から平成2年にかけて、取引関係のあったB株式会社が米国におけるホテルの取得等のために融資を実行する等したところ、平成3年7月、Bが会社整理の申立てをして倒産し、融資債権の一部が回収不能になったため、Aの株主Xが株主代表訴訟を提起し、Aの取締役Y_1、Y_2らに対して損害賠償を請求したものである。この判決は、融資に担保割れ等があったとしても、融資等の当時のBの業績等により取締役としての注意義務違反はないとし、請求を棄却した（判例評釈として、石山卓磨・判タ948号86頁、神崎克郎・金法1492号76頁、黒田清彦・金判1016号48頁がある）。

〔8－4〕銀行が融資を実行し、融資先が倒産し、融資債権が回収不能となったことにつき取締役らの善管注意義務違反、忠実義務違反が否定された事例〔松山地判平成11・4・28判タ1046号232頁〕

━━━●事案の概要●━━━

　銀行業を営むA株式会社（株式会社伊予銀行）は、平成2年から平成5年にかけて、土地開発事業を行ったB株式会社に合計約58億円の融資を実行し、その後融資を打ち切る等したところ、Bが平成6年7月に倒産し、融資債権が回収不能になったため、Aの株主Xが株主代表訴訟を提起し、Aの取締役Y_1、Y_2らに対して損害賠償を請求したものである。この判決は、融資実行等の経営判断に誤りはなかったとし、善管注意義務違反、忠実義務違反を否定し、請求を棄却したものである。

(8－5) 協同組合が準組合員に最高限度額を超えて融資を繰り返し、融資債権が回収不能となったことにつき理事ら、監事らの忠実義務違反、監督義務違反が肯定された事例［札幌地浦河支判平成11・8・27判タ1039号243頁］

●事案の概要●

　水産業漁業協同組合法に基づき設立されたＸ協同組合（えりも町漁業協同組合）は、1組合員当たりの貸付最高限度額が平成3年4月1日までは8000万円、以後は1億円であったところ、Ｘの準組合員であるＡ有限会社、Ｂ有限会社に最高限度額を超える融資を繰り返し、結局、Ａにつき4億円余、Ｂにつき3億円余が回収不能になったため、ＸがＸの理事、監事であったＹら（合計12名）に対して忠実義務違反、監督義務違反等を主張し、損害賠償を請求したものである。この判決は、理事、監事の義務違反を認め、不正融資を認識し得た時期等の諸事情を考慮し、民事訴訟法248条を適用し、8000万円、7000万円、5000万円の範囲で請求を認容した。

(8－6) 信用組合が無担保で多額の融資をし、融資先が倒産し、融資債権が回収不能となったことにつき理事らの善管注意義務違反が肯定された事例［大阪地判平成12・5・24判時1734号127頁、金判1097号21頁］

●事案の概要●

　Ａ信用組合（三福信用組合）は、昭和62年から平成4年にかけて、Ｂ有限会社に無担保で多額の株式投資資金を融資したところ、Ｂが事実上倒産し、Ａが経営破綻し、平成9年3月、X_1株式会社（株式会社整理回収銀行）に事業譲渡した後、X_1がＡの理事Y_1、Y_2らに対して損害賠償を請求し、その後、X_1がX_2株式会社（株式会社整理回収機構）が訴訟を承継したものである。この判決は、理事らの善管注意義務違反を認め、

請求を認容した(判例評釈として、岩原紳作・ジュリ1220号130頁がある)。

(8-7) 信用組合が融資をし、融資先が倒産し、融資債権が回収不能となったことにつき理事らの善管注意義務違反が肯定された事例〔大阪地判平成12・9・8判時1756号151頁〕

●事案の概要●

A信用組合(三福信用組合)は、平成6年から平成8年にかけて、B有限会社(前記の〔8-6〕大阪地判平成12・5・24判時1734号127頁、金判1097号21頁と同一の会社)に不動産取引の資金として融資をしたところ、Bが事実上倒産し、Aが経営破綻し、平成9年3月、X_1株式会社(株式会社整理回収銀行)に事業譲渡した後、X_1がAの理事Y_1、Y_2らに対して損害賠償を請求し、その後、X_1がX_2株式会社(株式会社整理回収機構)が訴訟を承継したものである。この判決は、理事らの善管注意義務違反を認め、請求を認容した。

(8-8) 信用組合が債務超過の状況にあった会社に融資をし、融資債権が回収不能となったことにつき理事らの善管注意義務違反が肯定された事例〔大阪地判平成13・3・30判タ1072号242頁〕

●事案の概要●

A信用組合(田辺信用組合)は、平成5年から平成7年にかけて、債務超過の状況にあったB株式会社、C株式会社、D株式会社に融資を実行したところ、融資債権が回収不能になり、Aが経営破綻し、平成10年4月に解散し、E株式会社(株式会社整理回収銀行)が損害賠償請求権の譲渡を受け、X株式会社(株式会社整理回収機構)がEから譲渡を受けたことから、Aの理事の相続人であるY_1ら、理事Y_2らに対して損害賠償を請求したものである。この判決は、理事らの善管注意義務違

反を認め、請求を認容した。

〔8-9〕信用組合が融資をし、融資債権の回収が困難となったことにつき理事らの善管注意義務違反が肯定された事例［大阪地判平成13・5・28判時1768号121頁、判タ1088号246頁、金判1125号30頁］

●事案の概要●

A信用組合（大阪大和信用組合）は、平成5年から平成7年にかけて、B株式会社とそのグループ会社に不動産の開発資金として融資を実行したところ、融資債権の回収が困難になり、Aが経営破綻し、X株式会社（株式会社整理回収機構）に損害賠償請求権を譲渡し、Aの理事Y_1、Y_2に対して損害賠償を請求したものである。この判決は、理事らの融資決定が杜撰である等とし、善管注意義務違反を認め、請求を認容した（判例評釈として、岩原紳作・ジュリ1283号228頁がある）。控訴審判決につき〔8-13〕参照。

〔8-10〕信用組合が融資をし、融資先の担保不足等により融資債権が回収不能となったことにつき理事らの忠実義務違反が肯定された事例［東京地判平成13・5・31民集57巻6号655頁、判時1759号131頁］

●事案の概要●

X_2信用組合（東京商銀信用組合）は、A株式会社、そのグループ会社に対して総額157億円の融資を実行したところ、平成4年4月、Aが経営破綻し、担保不足もあり、約70億円の融資債権が回収不能になったが、X_2の組合員X_1らが代表訴訟を提起し、X_2の理事Y_1、Y_2に対して損害賠償を請求した後、平成12年12月、X_2が金融機能の再生のための緊急措置に関する法律所定の金融整理管財人が選任され、X_2、組合員X_3が参加を申し立てたものである。この判決は、Y_1らの忠実義務違反

を認め、X_1らの訴えを却下し、X_3の参加の申立てを却下し、X_2の請求を認容した（判例評釈として、山田恒久・ジュリ1224号322頁がある）。

〔8－11〕信用組合が融資をし、融資先が経営破綻し、融資債権が回収不能となったことにつき理事長の職務を誠実に遂行すべき義務、忠実義務違反が肯定された事例［津地判平成13・10・3判時1781号156頁、判タ1207号255頁］

●事案の概要●

X_1信用組合（三重県信用組合）は、平成9年7月、Aに1億7000万円を融資し、平成10年9月、支店用地として適しない土地を支店用地として購入したところ、経営破綻し、平成11年5月、金融整理管財人が選任される等し、X_1が理事長Yに対して損害賠償を請求し、その後、X_2株式会社（株式会社整理回収機構）が損害賠償請求権の譲渡を受け、訴訟を引受承継したものである。この判決は、Yが職務を著しく怠ったとし、職務を誠実に遂行すべき義務ないし忠実義務に違反したとし、請求を認容したものである。

〔8－12〕銀行が融資をし、融資債権の回収が困難となったことにつき取締役の善管注意義務違反、忠実義務違反が肯定された事例［大阪地判平成14・3・27判タ1119号194頁］

●事案の概要●

銀行業を営むA株式会社（株式会社なにわ銀行）は、平成5年、系列のノンバンクであるB有限会社、C株式会社らに合計約12億円の融資を実行したところ、その後回収困難になり、平成10年10月、C株式会社と特定合併し、X_1株式会社（株式会社なみはや銀行）が設立され、X_1がAの取締役Yに対して損害賠償を請求した後、X_1がX_2株式会社に損害

賠償請求権を譲渡し、X_2 が訴訟を引き受けたものである。この判決は、代表取締役の監視すべき善管注意義務違反、忠実義務違反を認め、請求を認容した。

〔8-13〕前記〔8-9〕の控訴審判決であり、理事らの善管注意義務違反が肯定された事例［大阪高判平成14・3・29金判1143号16頁］

●事案の概要●

前記の〔8-9〕大阪地判平成13・5・28判時1768号121頁、判タ1088号246頁、金判1125号30頁の控訴審判決であり、X、Y_1 らが控訴したものである。この判決は、大口融資規制に反する融資を決裁した場合には、特段の事情のない限り、理事の任務に反したものである等とし、理事の善管注意義務違反を認め、Xの控訴に基づき、原判決中、Xの敗訴部分を取り消し、Xの請求を認容し、Y_1 らの控訴を棄却した。

〔8-14〕銀行が融資をし、融資先が倒産し、融資債権が回収不能となったことにつき取締役の善管注意義務違反が肯定された事例［東京地判平成14・4・25判時1793号140頁、判タ1098号84頁］

●事案の概要●

銀行業を営む X_1 株式会社（株式会社日本長期信用銀行）は、平成4年から平成5年にかけて、A株式会社に大型リゾート施設の建設資金の追加融資として合計約74億円を実行したが、Aが会社更生手続開始の申立てをして倒産したため、平成10年10月、X_1 が経営破綻した後、X_1 が取締役Yに対して追加融資につき善管注意義務違反を主張し、損害賠償を請求し、X_2 株式会社（株式会社整理回収機構）が損害賠償請求権の譲渡を受け、訴訟を承継したものである。この判決は、取締役の善管

注意義務違反を認め、請求を認容した。

〔8-15〕銀行が融資をし、融資債権が回収不能となったことにつき取締役らの善管注意義務違反が否定された事例〔東京地判平成14・7・18判時1794号131頁、判タ1105号194頁、金判1155号27頁〕

●事案の概要●

銀行業を営むX₁株式会社（株式会社日本長期信用銀行）は、海外の大型プロジェクト事業を推進するA株式会社、その関連会社に融資を行い、平成2年4月、Aに60億円の融資を実行し、同年7月、弁済期を延期する等したところ、融資債権の回収が不能になったため、X₁がその取締役Y₁、Y₂に対して損害賠償を請求した後、X₂株式会社（株式会社整理回収機構）が損害賠償請求権の譲渡を受け、訴訟を承継したものである。この判決は、取締役の善管注意義務違反を否定し、請求を棄却した（判例評釈として、山田剛志・金判1161号61頁、清水忠之・ジュリ1289号224頁がある）。

〔8-16〕銀行が追加融資をし、融資債権が回収不能となったことにつき取締役らの善管注意義務違反が肯定された事例〔札幌地判平成14・7・25判タ1131号232頁〕

●事案の概要●

銀行業を営むA株式会社（株式会社北海道拓殖銀行）は、B支店の副支店長が取引関係のあったCの要請に応じて、D株式会社の振出しに係る小切手につき当日他券過振りの処理をし、払戻金がDの口座に振り込まれ、C、Dの仕手戦の株式購入資金等のために使用され、約48億円の過振り金額が発生していたことから、Aの取締役Y₁、Y₂がDの代表者に担保提供を求めたのに対し、追加融資を求められ、担保提供を

623

受けて追加融資を実行したところ、融資債権が回収不能になったため、Aが平成9年11月に経営破綻し、X株式会社（株式会社整理回収機構）が損害賠償請求権の譲渡を受け、Y₁、Y₂に対して損害賠償を請求したものである。この判決は、追加融資につき取締役の善管注意義務違反を認め、請求を認容した。上告審判決につき〔8－38〕参照。

〔8－17〕銀行が融資し、融資先が経営破綻し、融資債権が回収不能となったことにつき取締役らの善管注意義務違反が肯定された事例［札幌地判平成14・9・3判時1801号119頁、判タ1133号194頁］

●事案の概要●

銀行業を営むA株式会社（株式会社北海道拓殖銀行）は、B株式会社にB商品相場の投資資金を融資していたところ、平成4年4月、Bが経営破綻し、融資債権の回収が不能になった後、Aが平成9年11月に経営破綻し、X株式会社（株式会社整理回収機構）が損害賠償請求権の譲渡を受け、Aの取締役Y₁、Y₂らに対して損害賠償を請求したものである。この判決は、取締役の善管注意義務違反を認め、請求を認容した（判例評釈として、松井智予・ジュリ1286号120頁がある）。控訴審判決につき〔8－32〕、上告審判決につき〔8－40〕参照。

〔8－18〕銀行が融資をし、融資先が倒産し、融資債権の回収が困難となったことにつき取締役らの善管注意義務違反、忠実義務違反が肯定された事例［大阪地判平成14・10・16判タ1134号248頁］

●事案の概要●

銀行業を営むA株式会社（株式会社福徳銀行）は、平成4年から平成5年にかけて、B株式会社に合計約8億円の融資を実行する等したところ、その後Bが会社更生手続開始の申立てをして倒産し、融資債権の

回収が困難になり、平成10年10月、C株式会社と特定合併し、X₁株式会社（株式会社なみはや銀行）が設立され、X₁がAの取締役Y₁、Y₂に対して損害賠償を請求した後、X₁がX₂株式会社に損害賠償請求権を譲渡し、X₂が訴訟を引き受けたものである。この判決は、取締役の善管注意義務違反、忠実義務違反を認め、請求を認容した。

〔8－19〕信用組合が担保不適格であるにもかかわらず融資を実行し、融資債権が回収不能になったことにつき理事長の任務懈怠が肯定された事例［大阪地判平成14・10・30判タ1163号304頁］

●事案の概要●

A信用組合（信用組合大阪弘容）は、Bに農地（農地転用の見込みがなかった）を担保として8億円を融資したが、その際、Aの理事長Yが強引に融資をさせ、回収不能になったため、Aの破綻後、Aから損害賠償請求権の譲渡を受けたX株式会社（株式会社整理回収機構）がYに対して中小企業等協同組合法38条の2第1項、42条に基づき損害賠償を請求したものである。この判決は、Yが本件農地が担保不適格であることを知りながら融資を決済したとし、任務懈怠を認め、請求を認容した。

〔8－20〕銀行が実質無審査、無担保等で融資を実行し、融資債権が回収不能となったことにつき取締役らの善管注意義務違反が肯定された事例［東京地判平成14・10・31判時1810号110頁、判タ1115号211頁］

●事案の概要●

銀行業を営むA株式会社（株式会社国民銀行）は、平成4年2月以降、取締役であったY₁、Y₂らがB株式会社、C株式会社らに対する融資を行うことを判断し、融資を実行したところ、実現可能性の乏しい事業に対する融資であったり、実質無審査であったり、無担保の融資であ

ったり等し、回収不能になったが、Aが平成11年4月に破綻し、金融整理管財人が選任され、AがY₁らに対して善管注意義務違反を主張し、損害賠償を請求した後、債権がX株式会社（株式会社整理回収機構）に譲渡され、訴訟を承継したものである。この判決は、Aの取締役としての善管注意義務違反を認め、請求を認容した。

〔8-21〕銀行が融資をし、融資債権が回収不能となったことにつき取締役の善管注意義務違反、忠実義務違反が否定された事例［水戸地下妻支判平成15・2・5判時1816号141頁］

●事案の概要●

　銀行業を営むA株式会社（株式会社つくば銀行）は、B株式会社、C株式会社らに対して融資を実行したところ、回収不能になったため、株主XがAの実力者取締役Y（専務、会長を歴任した）に対して株主代表訴訟により、善管注意義務違反、忠実義務違反を主張し、損害賠償を請求したものである。この判決は、Yに係る融資につき非難されるべき行為はない等とし、請求を棄却した（判例評釈として、小林俊明・ジュリ1314号148頁がある）。

〔8-22〕銀行が融資をし、融資先が経営破綻し、融資債権が回収不能となったことにつき取締役らの善管注意義務違反、忠実義務違反が否定された事例［札幌地判平成15・9・16判時1842号130頁］

●事案の概要●

　銀行業を営むA株式会社（株式会社北海道拓殖銀行）は、リース業を営むB株式会社に運転資金等として147億円余、旅館業を営むC株式会社に肩代わり資金として39億円を融資したところ、経営破綻により回収不能になったため、Aが平成9年11月に経営破綻し、損害賠償請求権

がX株式会社（株式会社整理回収機構）に譲渡され、XがAの代表取締役Y_1、Y_2らに対して善管注意義務違反、忠実義務違反を主張し、損害賠償を請求したものである。この判決は、Y_1らの融資の判断は当時入手できる情報に照らして前提事実に著しい誤りがあり、意思決定の過程、結果が著しく不合理であったとはいえないし、C関係の損害賠償債権が消滅時効により消滅した等とし、請求を棄却した。控訴審判決につき〔8―33〕参照。

〔8―23〕子会社の銀行の取締役らに不祥事があり、親会社の取締役が株主代表訴訟を提起しなかったことにつき取締役ら、監査役らの任務懈怠が否定された事例［大阪地判平成15・9・24判時1848号134頁、判タ1144号252頁、金判1177号31頁］

●事案の概要●

A株式会社は、銀行業を営むB株式会社（株式会社大和銀行）、C株式会社（株式会社あさひ銀行）の完全親会社であり、Xらはその株主であるところ、Xは、Bのニューヨーク支店における不祥事等につきBの取締役であったDらに任務懈怠があり、Cのニューヨーク支店における不祥事等につきCの取締役であったEらに任務懈怠がある等から、株主代表訴訟を提起すべきであるにもかかわらず、これを怠ったと主張し、Aの取締役、監査役であるY_1、Y_2らに対して株主代表訴訟を提起し、損害賠償を請求したものである。この判決は、個々の案件につきB、Cの取締役らにつき任務懈怠が認められない等とし、Y_1らがB、Cの取締役の責任を追及しなくても、任務懈怠があったとはいえないとし、請求を棄却した（判例評釈として、関根澄子・判タ1154号156頁、新谷勝・金判1189号59頁、土田亮・ジュリ1322号166頁がある）。

〔8−24〕銀行が融資をし、融資債権が回収不能となったことにつき取締役らの善管注意義務違反が肯定された事例［東京地判平成16・3・25判時1851号21頁、判タ1149号120頁］

●事案の概要●

　銀行業を営むA株式会社（株式会社日本長期信用銀行）は、系列ノンバンクであるB株式会社の不良債権の受皿になる会社に買取資金として約470億円を融資し、不良債権の肩代わりのために受皿になる会社に195億円を融資し、C株式会社の不稼働不動産の受皿になる会社に買取資金として約5億円を融資し、金融資金繰りの支援として560億円の融資を行う等したところ、回収不能になったため、Aの取締役Y_1、Y_2らに対して善管義務違反等を主張し、損害賠償を請求したが、Aが経営破綻し、X株式会社（株式会社整理回収機構）が損害賠償請求権の譲渡を受け、訴訟を引き受けたものである。この判決は、Bに対する金融支援が取締役会の決議も経ておらず、当初から償還の可能性がなかった等とし、善管注意義務違反を認め、その余の融資につき善管注意義務違反を否定し、請求を一部認容した（判例評釈として、青竹正一・判評552号30頁、稲庭恒一・判タ1208号57頁がある）。

〔8−25〕銀行がゴルフ場開発のために融資をしたが、計画が頓挫し、融資債権が回収不能となったことにつき取締役らの善管注意義務違反が肯定された事例［東京地判平成16・3・26判時1863号128頁］

●事案の概要●

　銀行業を営むA株式会社（株式会社日本債券信用銀行）は、関連のノンバンクであるB株式会社を介して、C株式会社がゴルフ場を開発するために融資を実行したところ、計画が頓挫し、大半の融資の回収が不能になり、Aが平成10年12月に経営破綻したため、損害賠償請求権をX株式会社（株式会社整理回収機構）に譲渡し、XがAの代表取締役Y_1、

取締役Y₂に対して善管注意義務違反等を主張し、損害賠償を請求したものである。この判決は、本件ゴルフ場開発計画への融資に当たっては客観的な資料に基づき確実であることを確認する等すべきであったのに、これを怠った善管注意義務違反があるとし、請求を認容した。

〔8−26〕銀行が融資をし、融資債権が回収不能となったことにつき取締役らの善管注意義務違反が肯定された事例［札幌地判平成16・3・26判タ1158号196頁］

●事案の概要●

　銀行業を営むA株式会社（株式会社北海道拓殖銀行）は、平成3年から平成5年にかけてリゾート施設を開発するB株式会社とそのグループ会社に合計約123億円の融資を実行し、平成6年から平成8年にかけて既存融資の回収不能額を極小化するために約29億円の追加融資を実行したところ、融資債権が回収不能になったため、Aが平成9年11月に経営破綻し、損害賠償請求権をX株式会社（株式会社整理回収機構）に譲渡し、XがAの代表取締役Y₁、Y₂らに対して善管注意義務違反、忠実義務違反を主張し、損害賠償を請求したものである。この判決は、取締役の善管注意義務違反を認め、請求を認容した。

〔8−27〕銀行が融資をし、融資債権が回収不能となったことにつき取締役らの善管注意義務違反が肯定された事例［東京地判平成16・5・25判タ1177号267頁、金判1195号37頁］

●事案の概要●

　銀行業を営むA株式会社（株式会社日本債券信用銀行）は、平成4年から平成6年にかけて、系列のノンバンクであるB株式会社、C株式会社、D株式会社らに支援のために総額約1000億円の融資を実行したと

ころ、融資債権が回収不能になったため、Aが平成10年12月に経営破綻したため、損害賠償請求権をX株式会社（株式会社整理回収機構）に譲渡し、XがAの取締役Y_1、Y_2らに対して善管注意義務違反等を主張し、損害賠償を請求したものである。この判決は、取締役の善管注意義務違反を認め、請求を認容した。

〔8－28〕信用組合の出資募集につき、信用組合、理事長の不法行為責任が肯定された事例［東京地判平成16・7・2判時1868号75頁］

──●事案の概要●──

Y_1信用組合（東京都教育信用組合）は、平成10年2月から3月まで出資金の増強キャンペーンを行い、出資を募集し、Xらがこれに応じて出資したところ、平成11年6月、大幅な債務超過に陥り、同年12月、事業全部をA信用組合（東京都職員信用組合）に譲渡し、解散したため、XらがY_1、その理事長Y_2、理事Y_3に対して不法行為等に基づき損害賠償を請求したものである。この判決は、出資募集時にはすでに大幅な債務超過にあった等とし、Y_1、Y_2の不法行為責任（Y_1については、民法44条に基づく責任）を肯定し、その範囲で請求を認容したが、Y_3については、理事会の日程調整等を担当していたにすぎず、Y_2の不法行為を阻止することを期待することはできなかった等とし、Y_3に対する請求を棄却した。

〔8－29〕銀行が融資をし、融資債権が回収不能となったことにつき取締役らの善管注意義務違反、忠実義務違反が肯定された事例［大阪地判平成16・7・28判タ1167号208頁］

──●事案の概要●──

銀行業を営むA株式会社（株式会社幸福銀行）は、平成7年、系列の

不動産会社であるB株式会社に25億円の融資を実行し、平成9年から平成11年にかけて、系列の不動産会社であるC株式会社に合計約106億円の融資を実行したところ、融資債権が回収不能になり、Aが平成11年5月に経営破綻し、損害賠償請求権をX株式会社（株式会社整理回収機構）に譲渡し、XがAの代表取締役Y₁、Y₂に対して損害賠償を請求したものである。この判決は、代表取締役の善管注意義務違反、忠実義務違反を認め、請求を認容した。

〔8－30〕銀行が融資先が大幅な債務超過の状況で追加融資を実行し、融資先が倒産し、融資債権が回収不能となったことにつき取締役らの善管注意義務違反が肯定された事例［札幌高判平成17・3・25判夕1261号258頁］

●事案の概要●

銀行業を営むA株式会社（株式会社北海道拓殖銀行）は、不動産開発事業等を行うB株式会社に積極的に融資を実行していたところ、Bが第三者割当増資を計画し、関連会社に対する引受代金相当額の融資を実行したり、Bが大幅な債務超過になっている状況の下、延命させるために追加融資を実行したりしたが、Bが倒産し、融資債権が回収不能になったため、Aが平成9年11月に経営破綻し、X株式会社（株式会社整理回収機構）が損害賠償請求権の譲渡を受け、Aの取締役Y₁、Y₂らに対して損害賠償を請求したものである。第一審判決（札幌地判平成14・12・25（平成10年(ワ)第3160号））が請求を認容したため、Y₁らが控訴したものである。この判決は、一部の融資につき取締役の注意義務違反を認め、原判決を変更し、請求を一部認容した。上告審判決につき〔8－39〕参照。

第8章　銀行等の役員の損害賠償責任をめぐる裁判例

〔8—31〕銀行が中間配当、決算配当を実施したことにつき取締役らの違法配当が否定された事例［東京地判平成17・5・19判時1900号3頁、判タ1183号129頁］

──●事案の概要●──

　銀行業を営むX₁株式会社（株式会社日本長期信用銀行）は、平成9年9月期に中間配当を実施し、平成10年3月期に決算配当を実施したところ、平成10年10月、経営破綻し、特別公的管理の開始決定を受けた後、前記各配当が配当可能利益がないにもかかわらず実施された違法なものであると主張し、X₁の取締役Y₁、Y₂らに対して損害賠償を請求し、その後、X₂が損害賠償請求権の譲渡を受け、訴訟を承継したものである。この判決は、公正なる会計慣行に照らして関連ノンバンク等に対する貸出金の償却・引当の額を算定すると、配当可能利益が存在しないとはいえない等とし、違法な配当を否定し、請求を棄却した。控訴審判決につき〔8—35〕参照。

〔8—32〕前記〔8—17〕の控訴審判決であり、取締役らの善管注意義務違反が肯定された事例［札幌高判平成18・3・2判タ1257号239頁］

──●事案の概要●──

　前記の〔8—17〕札幌地判平成14・9・3判時1801号119頁、判タ1133号194頁の控訴審判決であり、X、Y₁らの双方が控訴したものである。この判決は、Y₁らの善管注意義務を肯定したが、損益相殺の判断を変更し、原判決を変更し、請求を認容した。上告審判決につき〔8—40〕参照。

〔8-33〕前記〔8-22〕の控訴審判決であり、取締役らの善管注意義務違反が肯定された事例［札幌高判平成18・3・2判時1946号128頁］

●事案の概要●

前記の〔8-22〕札幌地判平成15・9・16判時1842号130頁の控訴審判決であり、Xが控訴したものである。この判決は、Y₁らの注意義務違反を認め、原判決を変更し、請求を認容した。

〔8-34〕信用組合が融資をし、融資先が手形不渡りを出し、融資債権が回収不能となったことにつき理事の善管注意義務違反、忠実義務違反が肯定された事例［東京地判平成18・7・6判時1949号154頁、判タ1235号286頁、金法1811号68頁］

●事案の概要●

A信用組合（東京信用組合）は、平成5年8月、10月にB有限会社（代表者はC）に融資を実行し、その後、同年12月、Cに融資を実行したが、Bが同年12月、平成6年1月に手形不渡りを出し、融資債権の回収が不能になり、平成13年6月、Bが経営破綻し、X株式会社（株式会社整理回収機構）が損害賠償請求権の譲渡を受け、Aの理事Yに対して損害賠償を請求したものである。この判決は、理事の善管注意義務違反、忠実義務違反を認め、請求を認容した。

〔8-35〕前記〔8-31〕の控訴審判決であり、取締役らの違法配当が否定された事例［東京高判平成18・11・29判タ1275号245頁］

●事案の概要●

前記の〔8-31〕東京地判平成17・5・19判時1900号3頁、判タ1183号129頁の控訴審判決であり、X₂が控訴したものである。この判決は、

配当手続に違法はないとし、控訴を棄却した。

(8-36) 信用組合が融資をし、融資債権が回収不能となったことにつき常務理事の善管注意義務違反、忠実義務違反が肯定された事例［東京地判平成18・12・21判時1959号152頁、判タ1246号288頁］

───●事案の概要●───

A信用組合（永代信用組合）は、リゾート開発を行っていた不動産業者であるB株式会社に19億円を融資したものの、回収不能になったところ、経営破綻をし、X株式会社（株式会社整理回収機構）が損害賠償請求権の譲渡を受け、Aの常務理事Yに対して善管注意義務違反、忠実義務違反を主張し、損害賠償を請求したものである。この判決は、開発事業が実現する見込みがなく、本件融資の担保物件は大幅な担保不足であった等とし、融資を承認すべきではなく、善管注意義務違反、忠実義務違反を肯定し、請求を認容した。

(8-37) 農業協同組合が融資をし、融資債権が回収不能となったことにつき理事らの善管注意義務違反、忠実義務違反が肯定された事例［盛岡地判平成19・7・27判タ1294号264頁、金判1276号37頁］

───●事案の概要●───

X_1農業協同組合（和賀中央農業協同組合。代表者はY_1）は、理事Y_2の親族、知人Aが経営するB株式会社らに総額12億円を超える融資を実行し、融資債権が回収不能になり、Y_1、Y_2に対して損害賠償を請求した後、X_2農業協同組合がX_1を吸収合併し、訴訟を承継したものである。この判決は、理事らの善管注意義務違反、忠実義務違反を認め、請求を認容した。

〔8-38〕前記〔8-16〕の上告審判決であり、銀行が追加融資をし、融資債権が回収不能となったことにつき取締役らの善管注意義務違反、忠実義務違反が肯定された事例［最二小判平成20・1・28判時1997号143頁、判タ1262号63頁、金法1838号48頁、金判1291号32頁］

●事案の概要●

前記の〔8-16〕札幌地判平成14・7・25判タ1131号232頁の上告審判決であり、Y₁らが控訴したところ、控訴審判決（札幌高判平成17・3・25資料版商事法務255号205頁）が原判決を取り消し、請求を棄却したため、Xが上告受理を申し立てたものである。この判決は、取締役の善管注意義務違反、忠実義務違反を認め、原判決の一部を破棄し、Y₁らの控訴を棄却した。

〔8-39〕前記〔8-30〕の上告審判決であり、取締役らの忠実義務違反、善管注意義務違反が肯定された事例［最二小判平成20・1・28判時1997号148頁、判タ1262号69頁、金法1838号55頁、金判1291号38頁］

●事案の概要●

前記の〔8-30〕札幌高判平成17・3・25判タ1261号258頁の上告審判決であり、Xが上告受理を申し立てたものである。この判決は、取締役の忠実義務違反、善管注意義務違反を認め、原判決を破棄し、控訴を棄却した。

〔8―40〕前記〔8―32〕の上告審判決であり、債権の消滅時効に民法167条を適用した事例［最二小判平成20・1・28民集62巻1号128頁、判時1995号151頁、判タ1262号56頁、金法1838号46頁、金判1291号24頁］

●事案の概要●

前記の〔8―32〕札幌高判平成18・3・2判タ1257号239頁の上告審判決であり、第一審判決が請求を棄却し、Xが控訴したところ、控訴審判決が原判決が変更し、請求を認容したため、Y₁が上告受理を申し立てたものである。本件では、善管注意義務違反については受理決定で排除されたため、消滅時効の適用条文が問題になったものである。この判決は、会社の取締役に対する損害賠償請求権の消滅時効については商法522条の適用はなく、民法167条により10年であるとし、上告を棄却した。

〔8―41〕銀行が融資先の経営破綻、倒産の可能性が高い状況で追加融資をし、融資債権の回収が困難となったことにつき取締役らの善管注意義務違反が肯定された事例［最二小判平成21・11・27判時2063号138頁、判タ1313号119頁、金法1891号52頁、金判1335号20頁］

●事案の概要●

銀行業を営むA株式会社（株式会社四国銀行）は、B県の公金の収納または支払いの事務を取り扱う金融機関であったところ、BかBが再建資金の融資を計画しているC株式会社へのつなぎ融資を要請され、つなぎ融資を実行した後、さらに追加融資を実行し、融資債権の回収が困難になったため、Aの株主Xが株主代表訴訟を提起し、Aの取締役Y₁、Y₂らに対して損害賠償を請求したものである。第一審判決（高知地判平成17・6・10資料版商事法務260号194頁）が取締役の善管注意義務違反を否定する等し、請求を棄却したところ、Xが控訴したが、控訴

審判決(高松高判平成19・3・16資料版商事法務310号260頁)も同様な判断を示し、控訴を棄却したため、Xが上告受理を申し立てたものである。この判決は、融資先の破綻、倒産の可能性が高い状況で追加融資が行われ、追加融資の一部につきこれを決定した取締役に善管注意義務違反があるとし、原判決中一部を破棄し、本件を高松高裁に差し戻した。

(8-42) 信用金庫が融資をし、融資債権が回収不能となったことにつき経営判断の範囲を超えるものであるとして理事らの善管注意義務違反が肯定された事例 [宮崎地判平成23・3・4判時2115号118頁]

●事案の概要●

A信用金庫(掲載された判決上、信用金庫名は不明)においては、融資の決定権限は理事長にあったが、常務会における審査会を経て行われることになっていたところ、常務会の理事であったY_1ないしY_6は、B株式会社、C株式会社、D株式会社に対する各融資を実行し、回収ができなくなったため、Aの会員X_1が会員代表訴訟を提起し、Y_1らに対して善管注意義務違反、忠実義務違反を主張し、損害賠償を請求し、会員X_2が参加したものである。この判決は、一部の融資につき確実な回収保全が図られていない状況で融資を行い、経営判断の範囲を超えたものであるとし、善管注意義務違反を認め、請求を認容した。

(8-43) 銀行が融資先に追加融資をし、融資債権の回収が困難となったことにつき取締役らの善管注意義務違反が肯定された事例 [前橋地判平成23・7・20判時2127号105頁]

●事案の概要●

銀行業を営むX株式会社(株式会社東和銀行)は、平成15年、従来から融資を行っていたA株式会社に追加融資を実行したところ、追加融

資につき回収が困難であったため、Xが代表取締役 Y_1、取締役 Y_2 に対して善管注意義務違反等を主張し、損害賠償を請求したものである（なお、本件では、Y_1 が財産を贈与したことから、詐害行為取消請求訴訟も提起されているが、省略する）。この判決は、回収不能が予見できた等とし、善管注意義務違反を認め、請求を認容した。

【判例索引】（年月日順）

（注）ゴシックの判例は、本書で項目を立てて解説を施しているものである。

最一小判昭和40・4・22判時410号23頁、判タ176号107頁 ……………………192・193
東京高判昭和40・10・6判タ185号138頁 ……………………………………………37
最大判昭和48・12・12民集27巻11号1536頁、判時724号18頁、判タ302号112頁…314
盛岡地判昭和50・1・27高民集31巻3号475頁 ………………………………………616
最二小判昭和52・8・9民集31巻4号742頁、判時865号46頁、判タ353号205
　頁、金法836号29頁、金判532号6頁 …………………………………………………86
東京地判昭和53・3・29下民集29巻1～4号153頁、判時909号68頁、判タ369
　号239頁 …………………………………………………………………………………38
横浜地判昭和53・4・10（昭和48年(ワ)第971号） ……………………………………161
仙台高判昭和53・4・21高民集31巻3号467頁、金法584号32頁 …………………615
最一小判昭和54・9・6民集33巻5号630頁、判時943号105頁、判タ399号119
　頁、金法920号32頁、金判583号3頁 …………………………………………………57
東京高判昭和55・11・18判タ435号109頁、金法957号36頁 ………………………161
東京地判昭和57・1・21判時1053号169頁 ……………………………………………163
京都地判昭和57・6・24判時1059号143頁、金法1047号47頁 ………………………165
仙台地大河原支判昭和57・11・16金判704号5頁 ………………………………………40
京都地判昭和58・5・27判時1096号139頁、判タ502号190頁 ………………………167
京都地判昭和58・7・18判時1096号142頁、金法1047号47頁 ……………169・171
福岡地判昭和59・2・28判タ528号244頁 ……………………………………………209
大阪高判昭和59・3・29金法1086号34頁 ……………………………………………171
仙台高判昭和59・4・20金法1078号118頁、金判704号3頁 ……………………40・41
最三小判昭和60・7・16金法1103号47頁 ………………………………………………41
東京地判昭和60・8・7判時1194号123頁 ……………………………………………171
東京地判昭和60・8・30判時1198号120頁、金法1137号34頁、金判745号16頁 …616
大阪地判昭和62・1・29判時1238号105頁、判タ630号156頁、金法1149号44
　頁、金判765号19頁 ……………………………………………………………………343
最二小判昭和62・7・3民集41巻5号1068頁、判時1252号41頁、判タ647号113
　頁、金法1171号29頁、金判780号3頁 ………………………………………………202
静岡地判昭和62・7・28金判826号28頁 …………………………………………216・219

639

大阪地判昭和62・8・7判タ669号164頁……………………………………………42
浦和地川越支判昭和63・3・24（昭和54年(ワ)第151号）……………………………45
東京地判昭和63・5・26金判823号27頁……………………………………………211
福島地郡山支判昭和63・6・29（昭和61年(ワ)第211号）…………………………51
宮崎地都城支判平成元・1・20判タ733号118頁……………………………………214
東京地判平成元・1・31判時1310号105頁、判タ698号277頁、金法1213号34
　頁、金判812号10頁……………………………………………………………………10
東京高判平成元・3・29金法1243号29頁……………………………………………44
東京高判平成元・4・13金法1236号29頁、金判826号20頁………………………216
横浜地判平成元・7・13判時1337号81頁………………………………48・53・54
東京高判平成元・7・19判時1321号129頁、金法1229号64頁、金判1944号37頁…10
神戸地姫路支判平成元・9・26（昭和61年(ワ)第487号）………………………55
仙台高判平成元・9・28判時1345号81頁……………………………………………50
静岡地判平成元・9・28金法1254号37頁……………………………………………220
京都簡判平成元・9・29判タ719号173頁、金判838号23頁………………………10
東京高判平成2・3・8金法1261号30頁……………………………………………53
東京地判平成2・3・27判タ748号225頁、金判866号38頁………………………10
大阪高判平成2・6・12判時1369号105頁、判タ729号168頁、金法1260号26
　頁、金判853号24頁……………………………………………………………………10
大阪高判平成2・6・21判時1366号53頁、判タ732号240頁、金法1262号66頁、
　金判880号9頁…………………………………………………………………………55
東京地判平成2・10・9金法1271号46頁……………………………………………345
津地松阪支判平成2・12・27金判869号25頁………………………………………173
東京地判平成3・2・18判タ767号174頁、金法1293号30頁、金判877号25頁……58
東京高判平成3・3・20判時1388号50頁、金法1287号26頁、金判867号22頁……10
東京地判平成3・3・28判時1382号98頁、判タ766号232頁、金法1295号68頁、
　金判880号31頁……………………………………………………531・535・536
東京地判平成4・1・27判時1437号113頁、判タ793号207頁、金法1325号38
　頁、金判902号3頁……………………………………………………222・227・231
東京高判平成4・2・3金法1347号27頁、金判910号20頁………………………535
名古屋地判平成4・3・18判時1442号133頁、判タ791号190頁、金判900号17頁…10
東京地判平成4・6・26判時1469号113頁、金法1333号43頁、金判903号18頁
　…………………………………………………………………………347・350・351
東京地判平成4・11・4判時1495号113頁、判タ832号140頁、金法1358号60頁…225

静岡地判平成 4・12・ 4 判時1483号130頁、判夕809号220頁……………………175
東京高判平成 4・12・21金法1362号39頁……………………………………350
東京地判平成 5・ 1・29判夕838号243頁………………………………………10
東京地判平成 5・ 2・10判夕816号214頁、金法1356号46頁 ………………443
東京地判平成 5・ 5・13判時1475号95頁、金法1367号139頁、金判924号17頁
……………………………………………………………………536・552・555
最二小判平成 5・ 7・19判時1489号111頁、判夕842号117頁、金法1369号 6
頁、金判944号33頁 …………………………………………………………10
福岡高判平成 5・10・27判時1495号101頁、判夕857号173頁、金法1376号28頁 …11
大阪地判平成 5・11・26金判966号28頁……………………………539・550・552
福岡地判平成 5・12・ 6 判夕859号264頁………………………………………178
東京高判平成 6・ 2・ 1 判時1490号87頁、金法1390号32頁、金判945号25頁……227
大分地判平成 6・ 2・25判夕857号183頁…………………………………………11
東京地判平成 6・ 2・28判時1521号82頁、判夕856号223頁、金法1395号56頁、
金判973号34頁…………………………………………………………445
東京地判平成 6・ 3・15判夕854号78頁、金法1383号42頁…………………447
神戸地判平成 6・ 4・19（平成 5 年(ワ)第142号）……………………………106
東京地判平成 6・ 4・21金法1401号33頁 ……………………………………541
新潟地判平成 6・ 5・27（平成 4 年(ワ)第112号等）……………………………72
最三小判平成 6・ 6・ 7 金法1422号32頁…………………………………………11
東京地判平成 6・ 6・15判時1527号110頁、判夕878号222頁、金判954号24頁……11
東京地判平成 6・ 7・19金法1430号82頁………………………………………545
京都地判平成 6・ 8・26判夕895号195頁…………………………………………59
東京地判平成 6・ 9・21判時1537号134頁、判夕883号210頁、金法1403号44頁 …11
名古屋地判平成 6・ 9・26判時1523号114頁、判夕881号196頁、金法1403号30
頁 ……………………………………………………………………………547
東京地判平成 6・10・31金法1462号77頁…………………………………555・556
名古屋高判平成 6・11・30金法1436号32頁……………………………………63・70
大阪高判平成 6・12・21金判966号24頁…………………………………………550
東京地判平成 7・ 2・20金法1417号61頁………………………………………448
東京地判平成 7・ 2・23判時1550号44頁、判夕891号208頁、金法1415号43頁、
金判966号32頁…………………………………………………66・75・77
東京地判平成 7・ 3・24判時1559号70頁、判夕894号207頁、金法1430号72頁
……………………………………………………450・466・467・468・487

641

東京地判平成7・3・24判時1579号89頁、判タ894号202頁……………452・462
東京高判平成7・4・27金法1434号43頁………………………552・566・568
最二小判平成7・7・7金法1436号31頁…………………………………………70
東京高判平成7・7・19金法1462号75頁………………………………………555
福島地会津若松支判平成7・8・29判タ997号213頁…………………298・300
大阪地堺支判平成7・9・8判時1559号77頁、金法1432号35頁、金判978号35頁…………………………………………………………………………………455
東京地判平成7・9・25判時1572号62頁、判タ925号233頁…………………458
岐阜地判平成7・10・5判タ910号177頁…………………………………………70
東京地判平成7・10・16判タ912号209頁………………………………………351
東京高判平成7・10・18判時1585号119頁、金法1470号34頁、金判1002号3頁……72
東京高判平成7・10・25判時1579号86頁………………………………………462
東京地判平成7・11・6金法1455号49頁、金判1032号35頁………354・364・366
仙台地判平成7・11・28金法1444号64頁……………………356・359・361
東京地判平成7・12・13判タ921号259頁………………………………………463
静岡地判平成7・12・15判時1583号116頁………………………………………11
東京高判平成7・12・26金法1445号49頁…………………………………………75
東京地判平成8・1・22判時1581号127頁、判タ915号264頁…………………78
東京高判平成8・1・30判時1580号111頁、判タ921号247頁、金法1469号52頁、金判995号21頁………………………………………………………466・487
東京地判平成8・2・21判時1589号71頁…………………………………………80
東京地判平成8・2・28判時1588号112頁、判タ928号161頁……………………11
東京地判平成8・3・25判時1572号75頁、判タ920号208頁…………………468
東京地判平成8・3・26判時1576号77頁、判タ922号236頁……470・499・502・503
東京地判平成8・5・10判時1596号70頁……………………82・93・95・108・109
東京地判平成8・5・10（平成6年(ワ)第10840号等）……………………………108
富山地判平成8・6・19判時1576号87頁、金法1465号110頁…………………473
東京地判平成8・7・10判時1576号95頁、判タ939号188頁…………………475
東京地判平成8・7・30判時1576号103頁、判タ924号193頁、金法1465号90頁、金判1001号13頁………………………………………………………………478
横浜地判平成8・9・4判時1587号91頁、判タ922号160頁、金法1465号56頁、金判1007号31頁………………………………………………………………482
最二小判平成8・10・28金法1469号51頁………………………………………487
東京地判平成8・10・30判時1615号64頁、判タ949号156頁…………………232

東京地判平成8・12・25金法1505号59頁 ……………………………………………235
東京地判平成8・12・27判時1616号81頁 ………………………………………………11
名古屋地判平成9・1・20判時1600号144頁、判タ946号108頁、金法1475号
　114頁、金判1012号14頁 ………………………………………………………………617
仙台地判平成9・2・27金法1503号88頁 …………………………………………………11
仙台高判平成9・2・28金法1481号57頁、金判1021号20頁 …………………………359
大阪地判平成9・3・21判時1628号64頁、判タ956号295頁、金判1053号26頁 …179
東京地判平成9・4・2判タ966号235頁 ………………………………………………361
長野地判平成9・5・23判タ960号181頁 ………………………………………………86
札幌地判平成9・5・26判タ961号185頁 ………………………………………………296
東京高判平成9・5・28判タ982号166頁、金法1499号32頁、金判1032号28頁 …364
東京地判平成9・6・9判時1635号95頁、判タ972号236頁、金法1489号32頁、
　金判1038号38頁 ………………………………………………………………………488
東京高判平成9・9・18判タ984号188頁、金判1036号34頁 ……………………………11
東京地判平成9・10・31判時1650号103頁、金法1515号49頁 ………………………366
山形地判平成9・11・5判時1654号129頁 ………………………………………………91
仙台高判平成9・12・12判時1656号95頁、判タ997号209頁 …………………………298
東京地判平成10・1・20金判1048号45頁 ……………………………………………237
東京地判平成10・1・23金判1053号37頁 …………………………………93・123・126
最二小判平成10・3・27金判1049号12頁 ………………………………………………11
東京地判平成10・5・13判時1666号85頁、判タ974号268頁、金法1525号59頁、
　金判1046号5頁 ………………………………………………………………………558
東京地判平成10・5・15判時1651号97頁、判タ1015号185頁、金法1543号69頁…491
東京地判平成10・7・17判時1666号76頁、判タ997号235頁 ………………………369
東京地判平成10・7・17金判1056号21頁 ………………………………………………11
東京地判平成10・7・28金法1526号65頁 ………………………………………………11
東京地判平成10・7・30金法1539号79頁 ……………………………………………301
岡山地判平成10・8・18金判1113号30頁 …………………………………95・121・122
大阪地判平成10・8・26（平成9年(ワ)第8507号等）…………………………………102
東京地判平成10・8・31金法1547号49頁 ……………………………………………239
東京地判平成10・12・25金法1572号42頁 ……………………………………………181
東京地判平成11・1・14金法1582号50頁、金判1085号31頁 …………………………98
東京地判平成11・1・22判時1687号98頁、金判1078号44頁 ………………564・569
東京地判平成11・1・25金判1089号33頁 ……………………………………………242

東京地判平成11・1・25金判1075号44頁	11
東京地判平成11・1・28判時1693号92頁	245
東京地判平成11・2・4金法1579号68頁	248
大阪地判平成11・2・23金判1062号39頁	11
大阪地判平成11・3・4判時1705号100頁、判タ1025号209頁	302
大阪高判平成11・3・18金判1067号28頁	11
最一小判平成11・3・25判時1674号61頁、判タ1001号77頁、金法1553号43頁、金判1069号10頁	566
大阪高判平成11・3・26金判1069号18頁	11
東京地判平成11・3・29金法1565号92頁	372
水戸地下妻支判平成11・3・29金判1066号37頁	100
東京地判平成11・3・30判時1700号50頁	494
東京地判平成11・4・15金判1080号12頁	250・252
東京地判平成11・4・22金法1549号32頁、金判1066号3頁	11
松山地判平成11・4・28判タ1046号232頁	617
大阪高判平成11・5・18金判1075号27頁	102
東京高判平成11・5・18金判1068号37頁	11
大阪高判平成11・5・27金判1085号25頁	105
東京地判平成11・5・31判タ1017号173頁	374
東京地判平成11・6・28判時1703号150頁、金判1083号49頁	568
大阪地判平成11・7・22金法1589号54頁	570・573
札幌地浦河支判平成11・8・27判タ1039号243頁	618
東京高判平成11・8・31高民集52巻1号36頁、判時1684号39頁、金法1558号24頁	108・126
東京高判平成11・10・13金判1089号31頁	245
東京高判平成11・10・20判タ1039号148頁、金判1080号9頁	250
東京地判平成11・10・25金判1082号42頁	110・114・115・116
東京地判平成11・10・25判時1729号47頁、金判1082号48頁	112・116・117・118・119
東京地判平成11・11・26金判1082号3頁	11
東京地判平成12・1・24判時1713号79頁	183
大阪地判平成12・2・10金法1580号62頁、金判1092号29頁	11
東京高判平成12・2・23金法1585号38頁、金判1087号12頁	11
東京高判平成12・4・11金判1095号14頁	115

東京地判平成12・4・28金判1103号32頁 ……………………………306
佐賀地判平成12・5・1判タ1038号215頁、金判1098号35頁 …………11
東京高判平成12・5・24金判1095号18頁 ………………………116・117
大阪地判平成12・5・24判時1734号127頁、金判1097号21頁 …618・619
浦和地判平成12・5・29金判1113号42頁 ……………………………253
大阪高判平成12・6・8判時1742号114頁、判タ1040号271頁、金法1589号50頁
　　……………………………………………………………………………570
大阪地判平成12・7・18金法1598号53頁 ……………………………119
大阪高判平成12・9・5金判1109号16頁 ………………………………11
大阪地判平成12・9・8判時1756号151頁 ……………………………619
東京高判平成12・9・11判時1724号48頁、判タ1049号265頁 ………499
広島高岡山支判平成12・9・14金判1113号26頁 ……………………121
東京高判平成12・10・30金判1109号23頁 ……………………………11
横浜地判平成12・10・30判時1740号69頁、判タ1087号200頁、金判1109号29頁 …11
大阪地判平成12・10・30判時1740号65頁 ……………………………12
東京高判平成12・11・9金判1109号19頁 ……………………………12
東京高判平成12・12・14判時1755号65頁、金法1621号33頁、金判1108号15頁 …123
大阪地判平成12・12・21判時1774号75頁、判タ1072号159頁、金判1115号22頁
　　…………………………………………………………575・579・581
東京地判平成12・12・28金法1615号68頁 ……………………………12
東京地判平成13・1・17（平成7年(ワ)第16044号等） …………508
東京地判平成13・2・7判時1757号104頁、判タ1099号233頁、金判1110号11頁
　　……………………………………………………………………………379
大阪地判平成13・3・29判タ1072号155頁 ……………………………12
大阪地判平成13・3・30判タ1072号242頁 ……………………………619
大阪地判平成13・5・28判時1768号121頁、判タ1088号246頁、金判1125号30頁
　　…………………………………………………………………620・622
東京地判平成13・5・31民集57巻6号655頁、判時1759号131頁 …620
東京地判平成13・7・12判時1766号55頁 ……………………………307
大津地判平成13・7・18金判1189号14頁 ………………………260・262
東京地判平成13・7・19判時1780号116頁 ……………………………257
名古屋高判平成13・9・11金判1131号10頁 ……………………………12
大阪地判平成13・9・17金法1631号101頁、金判1131号15頁 ………12
津地判平成13・10・3判時1781号156頁、判タ1207号255頁 ………621

645

大阪地判平成13・10・11金法1640号39頁 ……………………………………185
東京地判平成13・11・12判時1789号96頁、判タ1087号109頁、金判1134号40頁…311
大阪高判平成13・12・19金判1189号12頁 ……………………………260・263
東京地判平成14・1・30金法1663号89頁 …………………………………383
東京地判平成14・1・30（平成11年(ワ)第22286号等）……………………512
大阪地判平成14・2・14金法1647号63頁 ……………………………………12
東京地判平成14・2・19判タ1099号217頁、金法1662号72頁 ………………12
大阪地判平成14・2・26判タ1127号177頁 …………………………………12
東京地判平成14・2・27金判1197号55頁 …………………504・516・517・518
大阪高判平成14・3・5 金判1145号16頁 …………………………………579
東京地判平成14・3・22金法1660号42頁 ……………………………………12
大阪高判平成14・3・26金法1648号56頁、金判1147号23頁 …………………12
大阪地判平成14・3・27判タ1119号194頁 …………………………………621
大阪高判平成14・3・29判タ1143号16頁 …………………………………622
東京高判平成14・4・23判時1784号76頁、金判1142号7頁 ………………507
東京地判平成14・4・25判時1793号140頁、判タ1098号84頁 ………………622
東京地判平成14・4・25金判1163号24頁 ……………………………………12
東京高判平成14・7・17金法1667号99頁 ……………………………………12
東京地判平成14・7・18判時1794号131頁、判タ1105号194頁、金判1155号27頁 ……………………………………………………………………………623
札幌地判平成14・7・25判タ1131号232頁 ……………………………623・635
東京地判平成14・7・26判タ1212号145頁 …………………………………386
札幌地判平成14・9・3 判時1801号119頁、判タ1133号194頁 ………624・632
東京地判平成14・9・6 金法1682号174頁 …………………………………316
大阪地判平成14・9・9 金判1163号21頁 ……………………………………12
大阪地判平成14・10・16判タ1134号248頁 …………………………………624
大阪地判平成14・10・30判タ1163号304頁 …………………………………625
東京地判平成14・10・31判時1810号110頁、判タ1115号211頁 ……………625
東京高判平成14・12・17判時1813号78頁、金法1666号73頁、金判1165号43頁……12
札幌地判平成14・12・25（平成10年(ワ)第3160号）…………………………631
東京地判平成15・1・15金判1163号17頁 ……………………………………12
名古屋高判平成15・1・21金法1673号44頁、金判1163号8頁 ………………12
大阪地判平成15・1・24金判1245号28頁 …………………274・275・282
水戸地下妻支判平成15・2・5判時1816号141頁 …………………………626

東京地判平成15・2・28金判1178号53頁 …………………………………… 12
東京地八王子支判平成15・3・10金判1169号45頁 ………………………… 12
神戸地判平成15・3・12判時1818号149頁、判タ1218号244頁、金判1167号20
　頁 ……………………………………………………………… 427・430・433
最三小判平成15・4・8民集57巻4号337頁、判時1822号57頁、判タ1121号96
　頁、金法1681号24頁、金判1170号2頁 …………………………………… 12
東京地判平成15・5・29金法1692号61頁 …………………………………… 12
東京地判平成15・6・25金法1698号94頁、金判1176号29頁 ……………… 12
横浜地判平成15・7・17判時1850号131頁、金法1683号57頁、金判1176号21頁 … 12
東京高判平成15・7・23判時1841号107頁、金判1176号12頁 …………… 12
東京地判平成15・7・31金判1207号49頁 …………………………………… 12
大阪高判平成15・8・27金判1179号33頁 …………………………………… 12
福岡地飯塚支判平成15・9・3判タ1153号173頁 …………………………… 13
札幌地判平成15・9・16判時1842号130頁 …………………………… 626・633
大阪地判平成15・9・24判時1848号134頁、判タ1144号252頁、金判1177号31
　頁 ……………………………………………………………………………… 627
横浜地判平成15・9・26判時1850号136頁、金法1693号100頁、金判1176号2
　頁 ………………………………………………………………………………… 13
千葉地判平成15・9・26判時1850号94頁、判タ1145号287頁、金判1207号40頁 … 13
東京地判平成15・10・9判時1842号109頁、判タ1162号286頁、金法1699号53
　頁、金判1177号15頁 ………………………………………………………… 188
最二小判平成15・11・7判時1845号58頁、判タ1140号82頁、金法1703号48頁、
　金判1189号4頁 ……………………………………………………………… 260
静岡地判平成15・11・26金判1187号50頁 ………………………………… 582
東京地判平成15・11・28（平成13年(ワ)第25455号等） ……………………… 269
東京高判平成15・12・1金判1193号31頁 …………………………………… 13
東京高判平成15・12・3金法1696号79頁、金判1181号12頁 ……………… 13
東京高判平成15・12・10判時1863号41頁 ………………………………… 512
大阪地判平成16・1・19判時1847号44頁 ………………………………… 318
新潟地判平成16・1・22金判1184号41頁 …………………………………… 13
東京高判平成16・1・27金法1704号65頁、金判1193号19頁 ……………… 13
福岡地判平成16・1・27金法1704号59頁 …………………………………… 13
東京高判平成16・1・28金法1704号59頁、金判1193号13頁 ……………… 13
東京高判平成16・2・25金判1197号45頁 ………………………………… 516

647

東京地判平成16・2・27金判1222号44頁 …………………………… 264・266・268
大阪地判平成16・3・11金判1193号51頁 ………………………………………… 13
大阪高判平成16・3・16金判1245号23頁 ………………………… 274・276・284
新潟地判平成16・3・16金判1193号46頁 ………………………………………… 13
東京高判平成16・3・17金法1713号58頁、金判1193号4頁 …………………… 13
大阪地堺支判平成16・3・24（平成15年(ワ)第62号） ………………………… 588
東京地判平成16・3・25判時1851号21頁、判タ1149号120頁 ……………… 628
東京地判平成16・3・25金判1200号45頁 ………………………………………… 13
東京地判平成16・3・26判時1863号128頁 ……………………………………… 628
札幌地判平成16・3・26判タ1158号196頁 ……………………………………… 629
福岡地小倉支判平成16・4・9金判1193号37頁 ………………………………… 13
東京地判平成16・5・25判タ1177号267頁、金判1195号37頁 ……………… 629
新潟地判平成16・6・2判時1883号124頁、金判1200号37頁 ………………… 13
札幌地判平成16・6・4金判1200号24頁 ………………………………………… 13
東京地判平成16・6・11金判1230号36頁 ………………………………………… 13
横浜地判平成16・6・25金判1197号14頁 ……………………………………… 518
さいたま地判平成16・6・25金法1722号81頁、金判1200号13頁 …………… 13
東京地判平成16・7・2判時1868号75頁 ……………………………… 584・630
大阪地判平成16・7・23金判1207号34頁 ………………………………………… 13
大阪地判平成16・7・28判タ1167号208頁 ……………………………………… 630
東京高判平成16・8・9金判1222号37頁 ………………………………………… 266
東京高判平成16・8・26金判1200号4頁 ………………………………………… 13
東京地判平成16・8・27判時1890号64頁 ……………………………………… 393
福岡地判平成16・8・30金判1207号17頁 ………………………………………… 13
福岡地判平成16・9・1金判1207号24頁 ………………………………………… 13
東京地判平成16・9・6金判1230号44頁 ………………………………………… 13
名古屋地判平成16・9・15判時1886号92頁 ……………………………………… 13
名古屋地判平成16・9・17金判1206号47頁 ……………………………………… 13
東京地判平成16・9・24判タ1170号227頁、金判1206号14頁 ………………… 13
東京高判平成16・9・30金判1206号41頁 ………………………………………… 14
京都地判平成16・10・1金法1730号70頁 ………………………………………… 14
東京地判平成16・10・14判時1907号63頁 ……………………………………… 14
東京地判平成16・11・2判時1896号119頁 …………………………………… 399
静岡地浜松支判平成16・11・30（平成12年(ワ)第454号） ………………… 129

東京高判平成16・12・15判時1883号116頁	14
東京地判平成16・12・20判タ1189号258頁	14
大阪高判平成17・2・3金判1221号51頁	588
東京地判平成17・2・21判時1907号73頁	14
東京地判平成17・2・28判時1907号77頁、金判1213号34頁	14
札幌高判平成17・3・25判タ1261号258頁	631・635
札幌高判平成17・3・25資料版商事法務255号205頁	635
東京地判平成17・3・25金判1223号29頁	126
大阪高判平成17・3・30判時1901号48頁、金判1215号12頁	430
東京高判平成17・3・31判タ1186号97頁、金判1216号6頁	269
東京地判平成17・5・19判時1900号3頁、判タ1183号129頁	632・633
福岡地判平成17・6・3判タ1216号198頁	14
高知地判平成17・6・10資料版商事法務260号194頁	636
最一小判平成17・7・14民集59巻6号1323頁、判時1909号30頁、判タ1189号163頁、金法1762号41頁、金判1222号29頁	411・412
大阪地判平成17・7・21判時1912号75頁、判タ1192号265頁	402
東京高判平成17・8・10判時1907号42頁、判タ1194号159頁、金法1760号30頁、金判1226号15頁	129
東京地判平成17・10・31判時1954号84頁、金判1229号12頁	522
大阪地判平成17・11・4判時1934号77頁	14
大阪高判平成17・11・29判時1929号59頁	14
大阪地判平成18・1・19判時1939号72頁	433
甲府地判平成18・2・28金法1776号36頁	321
札幌高判平成18・3・2判タ1257号239頁	632・636
札幌高判平成18・3・2判時1946号128頁	633
大阪地判平成18・4・11判タ1220号204頁、金判1249号55頁	14
最一小判平成18・6・12判時1941号94頁、判タ1218号215頁、金法1790号57頁、金判1245号16頁	274・280・282
東京地判平成18・7・6判時1949号154頁、判タ1235号286頁、金法1811号68頁	633
東京高判平成18・7・13金法1785号45頁	14
東京地判平成18・8・2金法1795号60頁	404
福岡高判平成18・8・9判タ1226号165頁	14
東京高判平成18・11・29判タ1275号245頁	633

649

東京地判平成18・12・21判時1959号152頁、判タ1246号288頁 ……………………634
東京地判平成19・1・18判時1979号85頁…………………………277・284・286・287
横浜地判平成19・1・26判時1970号75頁……………………………………590・593
東京地判平成19・2・14金法1806号58頁 …………………………………………326
東京地判平成19・3・15判タ1256号124頁 …………………………………………14
高松高判平成19・3・16資料版商事法務310号260頁 ……………………………637
東京地判平成19・3・29金法1819号40頁、金判1279号48頁 …………………193
大阪地判平成19・4・12金法1807号42頁 ……………………………………………14
大阪地判平成19・5・25判タ1252号257頁 …………………………………………14
東京高判平成19・6・6判タ1255号271頁 ………………………………………593
盛岡地判平成19・7・27判タ1294号264頁、金判1276号37頁…………………634
大阪高判平成19・9・27金判1283号42頁 ………………………………………280
最二小判平成20・1・28判時1997号143頁、判タ1262号63頁、金法1838号48頁、金判1291号32頁 ………………………………………………………………635
最二小判平成20・1・28判時1997号148頁、判タ1262号69頁、金法1838号55頁、金判1291号38頁 ………………………………………………………………635
最二小判平成20・1・28民集62巻1号128頁、判時1995号151頁、判タ1262号56頁、金法1838号46頁、金判1291号24頁 ……………………………………636
大阪高判平成20・2・28判時2008号94頁 ……………………………………………14
大阪地判平成20・3・18判時2015号73頁 …………………………………………594
東京高判平成20・3・27金法1836号54頁 ……………………………………………14
東京地判平成20・4・9判タ1299号227頁 ………………………………………284
東京地判平成20・4・21金法1842号115頁 ………………………………………132
福岡地大牟田支判平成20・6・24判タ1364号170頁、金判1369号38頁
　………………………………………………………………………406・417・419
東京地判平成20・8・1金法1875号81頁 ………………………135・138・139
東京地判平成20・11・12判時2040号51頁、判タ1305号117頁 ………………328
東京高判平成21・4・23金法1875号76頁 …………………………………………138
大阪地判平成21・6・4判時2109号78頁、金法1895号105頁………198・200・202
名古屋高判平成21・7・23金法1899号102頁、金判1337号37頁 ………………14
岡山地判平成21・7・31金判1393号62頁 ………………140・143・144・149・150
最二小判平成21・11・27判時2063号138頁、判タ1313号119頁、金法1891号52頁、金判1335号20頁 ………………………………………………………………636
大阪高判平成22・2・18判時2109号89頁、金法1895号99頁 …………………200

広島高岡山支判平成22・3・26金判1393号60頁‥‥‥‥‥‥‥‥‥‥‥‥‥‥143・152
東京地判平成22・5・25判時2086号65頁‥‥‥‥‥‥‥‥‥‥‥‥‥‥‥‥‥‥‥598
東京地判平成22・7・23金法1907号121頁‥‥‥‥‥‥‥‥‥‥‥‥‥‥‥‥‥‥‥611
大阪地判平成22・8・26判時2106号69頁、判タ1345号181頁、金法1907号101
　頁、金判1350号14頁‥‥‥‥‥‥‥‥‥‥‥‥‥‥‥‥‥‥‥‥‥‥‥‥‥‥‥408
東京地判平成22・9・30金法1939号114頁、金判1369号44頁‥‥‥‥413・422・424
新潟地判平成23・3・2金法1962号102頁、金判1401号44頁‥‥‥‥‥‥145・155
宮崎地判平成23・3・4判時2115号118頁‥‥‥‥‥‥‥‥‥‥‥‥‥‥‥‥‥‥637
最二小判平成23・4・22民集65巻3号1405頁、判時2116号53頁、判タ1348号
　87頁、金法1928号106頁、金判1372号30頁‥‥‥‥‥‥‥‥‥‥‥‥‥‥‥‥438
福岡高判平成23・4・27判時2136号58頁、判タ1364号158頁、金判1369号25頁‥417
岡山地判平成23・4・27金判1393号58頁‥‥‥‥‥‥‥‥‥‥‥‥148・151・152
東京地判平成23・6・1判タ1375号158頁‥‥‥‥‥‥‥‥‥‥‥‥‥‥601・611
広島地判平成23・7・14金法1970号136頁、金判1398号43頁‥‥‥‥420・425・426
前橋地判平成23・7・20判時2127号105頁‥‥‥‥‥‥‥‥‥‥‥‥‥‥‥‥‥637
東京地判平成23・7・28判時2143号128頁、判タ1383号284頁、金法1928号122
　頁、金判1373号25頁‥‥‥‥‥‥‥‥‥‥‥‥‥‥‥‥‥‥‥‥‥‥‥‥‥‥‥604
広島高岡山支判平成23・10・27金判1393号54頁‥‥‥‥‥‥‥‥‥‥‥‥‥‥‥151
甲府地判平成23・11・8金判1394号54頁‥‥‥‥‥‥‥‥‥‥‥‥‥‥‥‥‥‥152
東京高判平成23・11・9判時2136号38頁、判タ1368号171頁、金法1939号106
　頁、金判1383号34頁‥‥‥‥‥‥‥‥‥‥‥‥‥‥‥‥‥‥‥‥‥‥‥‥‥‥‥422
前橋地判平成24・4・25金判1404号48頁‥‥‥‥‥‥‥‥‥‥‥‥287・290・291
東京高判平成24・5・24判タ1385号168頁、金法1962号94頁、金判1401号36頁‥155
広島高判平成24・6・14判1387号230頁、金法1970号126頁、金判1398号32
　頁‥‥‥‥‥‥‥‥‥‥‥‥‥‥‥‥‥‥‥‥‥‥‥‥‥‥‥‥‥‥‥‥‥‥‥‥425
東京高判平成24・9・27金判1404号42頁‥‥‥‥‥‥‥‥‥‥‥‥‥‥‥‥‥290
東京地判平成24・10・5判1389号208頁、金法1971号124頁、金判1403号124
　頁‥‥‥‥‥‥‥‥‥‥‥‥‥‥‥‥‥‥‥‥‥‥‥‥‥‥‥‥‥‥‥‥‥‥‥‥609
最一小判平成25・3・7判時2185号64頁、判タ1389号95頁、金法1973号94頁、
　金判1419号10頁‥‥‥‥‥‥‥‥‥‥‥‥‥‥‥‥‥‥‥‥‥‥‥‥‥‥‥‥‥420

【著者紹介】

升田　純　（ますだ　じゅん）

〔略　　歴〕昭和25年4月15日生まれ。
　　　　　　昭和48年　　　国家公務員試験上級甲種・司法試験合格
　　　　　　昭和49年3月　 京都大学法学部卒業
　　　　　　昭和49年4月　 農林省（現農林水産省）入省
　　　　　　昭和52年4月　 裁判官任官、京都地方裁判所判事補
　　　　　　昭和56年7月　 在外研究・米国ミシガン州デトロイト市
　　　　　　昭和57年8月　 最高裁判所事務総局総務局局付判事補
　　　　　　昭和62年4月　 福岡地方裁判所判事
　　　　　　平成2年4月　　東京地方裁判所判事
　　　　　　平成4年4月　　法務省民事局参事官
　　　　　　平成8年4月　　東京高等裁判所判事
　　　　　　平成9年4月　　裁判官退官、聖心女子大学教授
　　　　　　平成9年5月　　弁護士登録
　　　　　　平成16年4月　 中央大学法科大学院教授

〔主要著書〕『実務　民事訴訟法〔第4版〕』（民事法研究会、平成21年）
　　　　　　『要約マンション判例155』（学陽書房、平成21年）
　　　　　　『現代社会におけるプライバシーの判例と法理』（青林書院、平成21年）
　　　　　　『モンスタークレーマー対策の実務と法〔第2版〕』（共著、民事法研究会、平成21年）
　　　　　　『最新　PL関係判例と実務〔第2版〕』（民事法研究会、平成22年）
　　　　　　『警告表示・誤使用の判例と法理』（民事法研究会、平成23年）
　　　　　　『一般法人・公益法人の役員ハンドブック』（民事法研究会、平成23年）
　　　　　　『平成時代における借地・借家の判例と実務』（大成出版社、平成23年）
　　　　　　『判例にみる損害賠償額算定の実務〔第2版〕』（民事法研究会、平成23年）
　　　　　　『風評損害・経済的損害の法理と実務〔第2版〕』（民事法研究会、平成24年）
　　　　　　『不動産取引における契約交渉と責任』（大成出版社、平成24年）
　　　　　　『民事判例の読み方・学び方・考え方』（有斐閣、平成25年）
　　　　　　『現代取引社会における継続的契約の法理と判例』（日本加除出版、平成25年）
　　　　　　『インターネット・クレーマー対策の法理と実務』（民事法研究会、平成25年）
　　など

変貌する銀行の法的責任

平成25年10月31日　第1刷発行

定価　本体5,700円（税別）

著　者　升　田　　純
発　行　株式会社　民事法研究会
印　刷　シナノ書籍印刷株式会社

発行所　株式会社　民事法研究会
　　　　〒150-0013　東京都渋谷区恵比寿 3-7-16
　　　　〔営業〕☎03-5798-7257　FAX03-5798-7258
　　　　〔編集〕☎03-5798-7277　FAX03-5798-7278
　　　　http://www.minjiho.com/　　info@minjiho.com

カバーデザイン／袴田峯男　ISBN978-4-89628-897-1　C3032　¥5700E
落丁・乱丁はおとりかえします。

■インターネットの利用に伴う弊害・被害をめぐる問題を法的な観点から検討し・分析！■

インターネット・クレーマー対策の法理と実務
― 判例分析を踏まえて ―

升田 純 著

Ａ５判・349頁・定価 3,045円（税込 本体 2,900円）

本書の特色と狙い

▶「ネットリンチ」、「ＳＮＳ炎上」、「電凸」、「本人特定」など変化の激しいインターネット・クレーマー被害の根底を究明するとともに、法的救済を理論・実務の視点から分析・解説！

▶《被害を受けたら》営業妨害、信用・名誉毀損、プライバシー侵害、著作権侵害等、法的追及を行う際の主張ごとに類型化した100以上の判例を基に、法理と実効性を分析！

▶《加害者とされたら》気軽にしてしまった書込みにより法的責任を追及された際の手順・留意点をポイントごとにまとめ、わかりやすく解説！

本書の主要内容

第1章　インターネット・トラブルの概要と裁判の実効性
　1　インターネットの普及とトラブルの増大
　2　インターネット上の権利侵害の背景事情
　3　クレーマー時代におけるインターネットの利用に伴う被害
　4　インターネットをめぐる権利侵害の内容・態様
　5　裁判の利用と実効性
第2章　インターネット・トラブルをめぐる判例と被害救済の実情
　1　侵害情報による被害の防止、救済の対策
　2　侵害類型にみる判例
　（1）営業権の侵害、営業の侵害・妨害
　（2）営業妨害・業務妨害
　（3）信用毀損
　（4）名誉毀損
　（5）プライバシーの侵害
　（6）肖像権の侵害
　（7）データの流出
　（8）著作権等の侵害
　（9）守秘義務違反
　3　インターネットの利用・侵害方法類型にみる判例
　（1）電子掲示板をめぐる判例
　（2）ホームページ等のウェブサイトをめぐる判例
　（3）ブログ
　4　行為者類型別にみる判例
　（1）プロバイダ、システム管理者の責任
　（2）書込者の責任
　（3）開示請求の可否・当否
　5　クレーム対応
第3章　法的な責任を追及された場合の対応
終章　インターネットを安全・安心して利用するために

発行　民事法研究会

〒150-0013　東京都渋谷区恵比寿3-7-16
（営業）TEL. 03-5798-7257　FAX. 03-5798-7258
http://www.minjiho.com/　info@minjiho.com

■第一線で活躍する弁護士によるＲＥＩＴ解説の決定版！

ＲＥＩＴのすべて
―新規組成・上場から倒産処理まで―

Ａ５判・743頁・定価 7,875円（税込、本体価格 7,500円）

西村あさひ法律事務所 弁護士 新家 寛・弁護士 上野 元 編

本書の特色と狙い

▶ J－REITの法務・実務を網羅的に解説した本格的専門書！

▶ 設立・上場、コーポレートガバナンス、資金調達から事業再生・事業再編まで、関係する法令等を踏まえて多面的に解説！

▶ 投資法人の民事再生手続の実例を踏まえて、投資法人の事業再生、その他の法的倒産手続の概要および問題点についても検証！

▶ 不動産投資法人にかかわるすべての実務家必携の１冊！

本書の主要内容

序 章　Ｊ－ＲＥＩＴの歩み
　Ｉ　はじめに
　ＩＩ　Ｊ－ＲＥＩＴの歴史
　ＩＩＩ　市場の変化と課題
第１章　Ｊ－ＲＥＩＴの仕組みと法律関係
　Ｉ　全体の仕組み―プレイヤー間の構造を含めて―
　ＩＩ　投資法人スキームを規律する法令等
第２章　投資法人のコーポレートガバナンス
　Ｉ　総論
　ＩＩ　各論
　ＩＩＩ　ガバナンスに関する課題
第３章　投資法人の設立および上場
　Ｉ　総論
　ＩＩ　資産運用会社の設立ならびに許可、認可および登録の取得
　ＩＩＩ　投資法人の設立および登録
　ＩＶ　上場
第４章　Ｊ－ＲＥＩＴと資本市場
　Ｉ　総論
　ＩＩ　金商法に基づく開示規制
　ＩＩＩ　適時開示
　ＩＶ　不公正取引規制

第５章　Ｊ－ＲＥＩＴと資金調達
　Ｉ　はじめに
　ＩＩ　Ｊ－ＲＥＩＴによる資金調達手法―その意思決定メカニズムを含めて
　ＩＩＩ　デットマネジメントの重要性
　ＩＶ　ファイナンス手法のさらなる多様化の必要性
第６章　Ｊ－ＲＥＩＴの買収・事業再編
　Ｉ　総論
　ＩＩ　Ｊ－ＲＥＩＴの合併
　ＩＩＩ　資産運用会社株式の譲渡・資産運用会社の交代によるスポンサー交替
　ＩＶ　保有資産の全部譲渡
　Ｖ　Ｊ－ＲＥＩＴにおける少数投資主のスクイーズアウトの手法
　ＶＩ　Ｊ－ＲＥＩＴの買収・事業再編に際して行われる新投資口の第三者割当て・既存投資口の取得
　ＶＩＩ　Ｊ－ＲＥＩＴの敵対的買収と買収防衛策
第７章　Ｊ－ＲＥＩＴと事業再生、倒産処理
　Ｉ　総論
　ＩＩ　民事再生手続による処理とその限界
　ＩＩＩ　破産手続による処理
　ＩＶ　私的整理（事業再生ＡＤＲ）とＪ－ＲＥＩＴ

発行　民事法研究会

〒150-0013　東京都渋谷区恵比寿3-7-16
（営業）TEL. 03-5798-7257　FAX. 03-5798-7258
http://www.minjiho.com/　info@minjiho.com

■再生可能エネルギー事業を推進するための法制度と資金調達を詳解！■

再生可能エネルギーの法と実務

TMI総合法律事務所 弁護士 深津功二 著

A5判・319頁・定価 3,465円（税込 本体 3,300円）

本書の特色と狙い

▶再生可能エネルギー発電設備を設置、または設置しようとしている企業を対象に、事業者の立場から発電設備の設置・運営をめぐる法規制や留意点を詳解！

▶平成25年度の調達価格・調達期間を反映した再生可能エネルギー特別措置法の内容を、立法過程における各小委員会等の報告書や平成24年6月に公表されたパブリックコメントに関する意見概要および回答を踏まえ検討！

▶再生可能エネルギー発電設備を設置・運営する際にクリアすべき規制に関して、電気事業法をはじめ、法規制のうち代表的なものをとりあげて解説！

▶再生可能エネルギー発電設備の設置に必要となる資金調達については、プロジェクト・ファイナンスを用いて資金調達した場合や、ファンドを組成して発電事業に投資する際の規制等について検討！

本書の主要内容

第1章　再生可能エネルギーの固定価格買取制度の概要
　Ⅰ　立法の過程
　Ⅱ　固定価格買取制度の対象となる電気
　Ⅲ　買取主体
　Ⅳ　発電の認定
　Ⅴ　調達価格・調達期間
　Ⅵ　特定契約
　Ⅶ　接続
　Ⅷ　賦課金（サーチャージ）
　Ⅸ　RPS法の取扱い
　Ⅹ　苦情・紛争解決手続──電力系統利用協議会

第2章　再生可能エネルギー発電設備をめぐる法規制
　Ⅰ　発電および電気の供給に関する法令──電気事業法
　Ⅱ　各再生可能エネルギー電気に関する法令上の規制

第3章　発電設備の設置・運用と資金調達
　Ⅰ　再生可能エネルギー発電設備の設置・運営主体
　Ⅱ　再生可能エネルギー発電設備の設置・運営
　Ⅲ　再生可能エネルギー発電設備取得に関する税務
　Ⅳ　資金調達
　Ⅴ　ファンド（集団投資スキーム）

発行　民事法研究会

〒150-0013　東京都渋谷区恵比寿3-7-16
（営業）TEL. 03-5798-7257　FAX. 03-5798-7258
http://www.minjiho.com/　info@minjiho.com